현대 사회 문제와 그리스도인의 책임

IVP(InterVarsity Press)는
캠퍼스와 세상 속의 하나님 나라 운동을 지향하는
IVF(InterVarsity Christian Fellowship)의 출판부로
생각하는 그리스도인을 위한 문서 운동을 실천합니다.

Originally published in the U.S.A. under the title: *Issues Facing Christians Today*
Copyright © 1984, 1990, 1999 and 2006 by John Stott
Translation copyright © 2011 By John R.W. Stott and John Wyatt
Translated by Ok-Bae Chung
This Korean Edition was published by Korea InterVarsity Press in 2011
by permission of Zondervan, Grand Rapids, Michigan, U.S.A.
through arrangement of rMaeng2, Seoul, Republic of Korea.
All rights reserved.

본 저작물의 한국어판 저작권은 알맹2 에이전시를 통하여
Zondervan과 독점 계약한 IVP에 있습니다.

현대 사회 문제와 그리스도인의 책임

존 스토트 | 정옥배 옮김

 차례

존 스토트의 글　　　7
4판 편집자 서문(2006)　　　9
3판 서문(1999)　　　13
2판 서문(1990)　　　15
초판 서문(1984)　　　17

1부 상황

1. 변화하는 세계: 그리스도인의 사회 참여는 필요한가?　　　23
   복음주의적 사회 참여의 유산 | '대역전' | 사회적 관심의 회복
   교회와 정치 | 세 가지 정치적 선택권 | 그리스도인의 정치적 책임

2. 복잡한 세계: 기독교적 사고는 독특한가?　　　53
   다섯 가지 토대 | 기독교적 지성 | 4중 틀 | 세 가지 적용 | 네 가지 선물

3. 다원적 세계: 그리스도인의 증거는 영향력이 있는가?　　　81
   다원주의를 감수함 | 다원주의에 대한 세 가지 반응 | 분열과 소외
   기독교 영향력의 본질 | 기도와 전도 | 증거와 저항 | 시위와 조직

2부 세계

4. 전쟁과 평화　　　113
   냉전의 종식 | 대량 살상 무기 | 신학적·도덕적 성찰 | 평화주의에 대한 헌신
   질문과 제한 조건들 | 테러리즘의 부상 | 화평케 하는 그리스도인으로의 부르심

5. 창조 세계를 돌봄　　　157
   환경에 관심을 갖는 이유 | 성경적 관점 | 자연 보호 논쟁 | 현재의 인식

6. 개발과 원조　　　185
   새 천년 발전 목표 | 원조, 무역, 부채 | 원조의 영향 | 총체적 개발 | 문화의 변혁
   단일성의 원리 | 평등의 원리 | 개인적·경제적 추론

7. 인권　　　217
   극악무도한 인권 침해 | 인권의 등장 | 인권에 대한 성경적 기초 | 인권을 위한 운동

3부 사회

8. 노동과 실업　　　247
   일의 목적 | 일이 잘못될 때 | 교회의 역할 | 문제 해결

9. 비즈니스　　　275
   사업 관계 내에서의 상호성 | 차별 철폐의 필요성 | 참여 확대의 필요성
   의사 결정과 정의 | 다국적 기업

10. 인종 문제와 다문화 사회　　　305
    미국의 노예제도 | 독일의 반유태주의와 남아프리카공화국의 인종차별 정책
    남아프리카공화국에서 일어나는 변화 | 영국의 태도와 긴장 | 인종적 다양성에 대한 성경적 토대

11. 경제적 불균형　　　333
    빈곤에 대한 세 가지 접근 | 가난한 자들은 누구인가? | 빈곤의 역설
    가난한 자들을 위한 복된 소식 | 부유한 그리스도인들의 세 가지 선택

4부 인간

12. 여자와 남자　　　367
    남성과 여성의 평등 | 상호 보완 | 책임의 역할 | 머리됨이 사역에 함의하는 것
    섬기는 리더십으로의 부르심

13. 결혼, 동거, 이혼　　　405
    결혼의 목적 | 변화하는 태도 | 동거 | 구약의 가르침 | 예수님의 가르침 | 음행에 근거한 이혼
    바울의 가르침 | 돌이킬 수 없는 와해 | 개인적·목회적 현실

14. 낙태와 안락사　　　439
    하나님과 인간에 관한 교리 | 대중의 태도의 혁명 | 핵심 이슈 | 성경적 기초
    현대의 기독교적 논쟁 | 기술과 예외들 | 행동하라는 명령 | 안락사 | 가치의 문제
    공포라는 망령 | 자율권

15. 새로운 생명공학　　　473
    과학 기술의 진보 | 핵심 문제들 | 성경적 주제 | 그리스도인의 반응

16. 동성애　　　503
    동성애 발생률 | 핵심 질문 | 성경의 금지 | 성경에서 말하는 성과 결혼
    현대의 논증들에 대한 고찰 | 믿음, 소망, 사랑

결론

17. 기독교적 리더십에 대한 요구　　　551
    비전 | 근면 | 인내 | 섬김 | 훈련

　　스터디 가이드　　　571
　　주　　　589

존 스토트의 글

다른 사람이 쓴 책을 손질하여 수정하는 일은 힘만 들고 생색은 나지 않는다! 하지만 로이 맥클러리는 상당한 호의와 기술과 인내를 가지고 그 일을 해냈다.

나는 맥클러리에게 「현대 사회 문제와 그리스도인의 책임」 4판을 맡아 달라고 부탁했다. 85세인 내 나이로는 그 일을 감당하지 못하리라는 것을 알았고, 그가 할 수 있으리라고 믿었기 때문이다.

그는 나를 실망시키지 않았다. 나는 맥클러리에게 전적으로 맡겼고, 그는 처음부터 끝까지 샅샅이 작업하였고 때로는 근본적으로 개정했다. 하지만 결국 이 책은 나의 책이며, 여전히 나의 책이라고 인식할 수 있어야 한다는 전제 하에 한 것이다. 이를 나타내기 위해, 여러 곳에서 일인칭 단수("나는…")가 나오며 몇몇 개인적 일화들은 그냥 두었다.

나는 이 편집 작업에 엄청난 시간을 투자한 맥클러리에게, 그리고 그를 도운 모든 사람에게 감사한다. 특히 당시 나의 연구 조교였던 매튜 스미스에게 감사한다. 이 책이 새로운 세대의 독자들로 하여금 오늘날의 몇 가지 중대한 문제들에 대해 기독교적으로 생각하도록 자극하기를 기도하면서 4판을 내놓는다.

2005년 9월
존 스토트

4판 편집자 서문(2006)

이 책 4판을 작업하게 된 것은 특권이었다. 1984년 초판이 나온 이래 이 책이 많은 사람의 기독교적 사고에 영향을 끼쳤기 때문만은 아니다. 내가 학생이었을 때 런던에서 존 스토트가 이 주제들에 대해 설교하는 것을 듣고 깊은 영향을 받았기 때문이기도 하다. 25년 전인 당시, 존 스토트의 첫 연구 조교였던 나는 이 문제들에 대한 스토트의 사고가 발전함에 따라 계속 영향을 받았다. 현대의 사회적·경제적·정치적 문제에 대해 성찰해야 하는 그리스도인으로서 나는 스토트의 접근이 이해를 도우면서도 영감을 고취시킨다는 것을 알게 되었다.

4판에서는 이전 판들보다 더 많은 개정을 했다. 3판에 실린 몇몇 장이 지금은 별로 시의성이 없는 사건들이나 논쟁들을 언급하고 있기 때문이다. 예를 들어, 브란트(Brandt) 보고서는 더 이상 세계 빈곤 논쟁의 핵심이 아니다. 또한 이전 판들에서 다룬 노사 관계에 대한 논의들도 오늘날의 기업계에서는 그때처럼 적절하지가 않다. 어떤 장들은 통계 수치만 바꾸고 다른 부분은 별로 손대지 않았다. 스토트가 여전히 그 장들이 그 주제에 대한 자신의 생각을 요약하고 있다고 여겼기 때문이다. 예를 들어, 4장 "전쟁과 평화"는 여전히 핵전쟁에 대한 상당한 신학적 통찰을 담고 있다. 또 어떤 장들은 더 대폭적으로 개정했다. 하지만 스토트와 나는 이 책에서 다루는 각 영역의 상황이 급속도로 변하고 있다는 사실을 잘 안다. 상자에서 꺼내는 순간 바로 구형이 되어 버리는 컴퓨터처럼, 독자들은 여기에서 논한 사건 중 일부는 우리가 이 책을 인쇄한 이래 더 진전되었음을 알게 될 것이다. 다행히 이 책을 읽는 많은 사람은 인터넷을 통해 최신 자료를 접할 수 있을 것이다.

　책 전체에서 배경 지식에 관한 부분과 스토트 자신의 성찰 및 신학적 분석을 구분했다. 전자는 좀 고쳤지만, 후자는 손대지 않았다. 비평가들은 신학적 논쟁이 계속 진전되어 왔다고 말할 것이다. 물론 감사하게도 지금은 본서에 나오는 각 주제에 대해 그리스도인들이 쓴 권위 있는 책과 논문이 많이 있다는 점에서, 그들의 말은 옳을 것이다. 그들 중 많은 사람이 복음주의자다. 하지만 이 4판이 나온 이유는 이 주제들에 대한 스토트의 지혜와 통찰이 여전히 많은 사람에게 유익하기 때문이다. 앞으로도 오랫동안 사람들은 스토트가 성경을 노련하게 다루면서 현대의 많은 문제에 적용하는 내용에 열심히 귀를 기울일 것이다.

　이 책에 나 자신의 편견과 선입관이 스며들지 않도록 주의를 기울였다. 특히 스토트와 내가 상황을 다르게 표현할 만한 영역에서는 더욱 그랬다. 이 책은 내 책이 아니라 그의 책이며, 나는 독자들이 이 책을 읽으면서 그의 독특한 음성을 여실히 인식하기를 바란다. 이 책에서 중요한 문제들에 대한 스토트의 견해가 바뀌었다고 여기는 사람이 있다면 잘못 생각하는 것이다. 12장 "여자와 남자"에 나오는 짧은 삽입구만 빼고, 스토트는 이번 판에서 새로운 내용은 전혀 쓰지 않았다. 이 개정판을 읽고 필요한 경우 수정했을 뿐이다. 이 책에서 바뀐 부분이 있다면, 모두 내가 쓴 것이거나 친절하게 전문 지식을 제공해 준 몇몇 사람에게서 나온 것이다. 그들은 크리스토퍼 애시(Christopher Ash), 앤드류 콘즈(Andrew Cornes), 마크 그린(Mark Greene), 마틴 할렛(Martin Hallet), 피터 해리스(Peter Harris), 마크 로바트(Mark Lovatt), 스티븐 랜드(Stephen Rand), 닉 릴리(Nick Riley), 트레버 스태머스(Trevor Stammers), 닐 서머튼(Neil Summerton), 비벌리 토머스(Beverly Thomas), 스코트 토머스(Scott Thomas) 등이다. 그들은 모두 관대하게도 무보수로 그런 지식을 제공해 주었다. 여기에서 그들을 언급한다고 해서 그들이 자신의 전문 분야에서 피력한 모든 것에(혹은 어떤 것에든) 동의한다는 의미는 아니다.

특별히 세 사람에게 감사를 표하고 싶다. 친구 존 와이어트는 엄청나게 바쁜 중에도 14장 "낙태와 안락사"에 대한 조언을 해주었을 뿐 아니라, 이번 판에 추가된 15장 "새로운 생명공학"을 써 주었다. 그에게 깊이 감사한다. 이 프로젝트가 수행되는 동안 스토트의 연구 조교였던 매튜 스미스(Matthew Smith)는 통계 수치를 최신 것으로 고치는 세세한 일뿐 아니라, 9장 "비즈니스"를 기고함으로써 큰 도움을 주었다. 그는 또한 스터디 가이드를 써 주었는데, 그것은 개인적으로뿐 아니라 그룹으로 이 책을 공부하고자 하는 사람들에게도 도움이 될 것이다. 나의 개인 조수 카자 지슬러(Kaja Ziesler) 역시 이 책에 대단히 많은 기여를 했다. 그녀는 연구에 도움을 주었을 뿐 아니라, 초고를 쓰고 조언을 해주었다. 빠진 것이나 잘못된 것이 있다면 모두 내 책임이다!

이 책을 완성하는 데는 참여한 이들이 처음에 예상했던 것보다 훨씬 더 많은 시간이 걸렸는데, 스토트가 인자하게 인내해 준 데 감사한다. 존더반 출판사는 처음부터 끝까지 대단히 많은 지원을 해주었다. 특히 에이미 바우처 파이(Amy Boucher-Pye), 매릴 다코(Maryl Darko), 앤젤라 쉐프(Angela Scheff)에게 감사한다.

독자들이 이 개정판을 즐겁게 읽기 바라며, 이 책이 계속해서 새로운 세대들에게 영감을 불어넣고, 그들이 세상에 대해 기독교적으로 생각하며 세상을 하나님이 더 기뻐하시는 것으로 만들도록 도전하는 데 사용되기를 기도한다.

2005년 9월
웨스트 브리지포드에서
로이 맥클러리

3판 서문(1999)

「현대 사회 문제와 그리스도인의 책임」은 1984년에 처음 출간되었으며, 새롭게 다듬은 2판은 1990년에 출간되었다. 2판 출간 후 8년이 흘렀으며, 개정된 3판은 나올 때가 지나 버렸다. 그러나 놀랍게도 이 책의 각 장에서 다루는 주제에 대한 논의가 계속 진행되었으며, 어떤 주제는 그 상황이 상당히 달라졌다.

베를린 장벽이 무너진 후, 유럽의 마르크스주의가 붕괴됨에 따라 유럽 지도의 많은 부분을 다시 그려야 했다. 냉전 종식으로 인해 몇몇 국제 군비 축소 조약이 이루어졌다. 1992년 브라질 리우에서 열린 '세계 정상 회담'은 오존층 고갈과 지구 온난화에 대한 대중의 경각심 증대를 반영하고 또 자극했다. 새로운 개발 정책들과 부채 말소안들은 최빈국들에 현실적인 소망을 안겨 주었다. 만델라 대통령의 중재적인 지도력과 남아프리카 인종차별 정책의 붕괴는 인종적 동기로 인한 폭력의 증가와 유럽 민족주의의 재등장에 밝은 빛을 비춰 주었다. 그리스도인들은 결혼과 가정을 손상시키고(특히 동거와 동성 부부) 인간 생명의 신성함에 도전을 가하는(특히 낙태와 안락사) 영향력에 불안해한다.

각 분야의 전문가인 열 명의 자문 위원이 친절하게도 자신의 전문 분야를 다룬 장을 읽고 바꾸어야 할 점, 읽을 책, 생각해 보아야 할 새로운 쟁점들을 추천해 주었다. 그들의 비판과 제안에 감사한다. 그들은 프레드 캐서우드(Fred

Catherwood) 경, 마틴 이든, 데이비드 그린(David Green) 박사, 게리 하우겐(Gary Haugen), 존 호튼(John Houghton) 경, 로이 맥클러리, 일레인 스토키 박사, 프래딥 수드라(Pradip Sudra), 닐 서머톤(Neil Summerton), 존 와이어트 교수 등이다.

현재 나의 연구 조교인 존 예이츠(John Yates)에게 특별히 감사하고 싶다. 그는 이 책 2판을 서너 번 읽고, 나름의 통찰력 있는 제안을 하고, 통계 수치를 최신 것으로 개정하는 자잘한 일을 해주었다. 또한 자문 위원들의 제안을 수렴하고, 초고를 일부 고쳐 썼으며, 어떤 책과 글을 읽고 신중히 고려해야 할지 조언해 주었다. 성실하고 세심한 노력에 깊이 감사한다.

1998년 가을
존 스토트

2판 서문(1990)

「현대 사회 문제와 그리스도인의 책임」을 펴낸 지 6년이 지난 이 짧은 기간에 세상에는 많은 변화가 일어났다. 초강대국들 간의 긴장이 완화되고 군비가 축소되었다. 1년 전만 해도 꿈도 꿀 수 없었던 자유와 민주주의가 동유럽과 소련에서 뿌리를 내렸다. 중국에서는 잔인한 억압이 그 여린 싹을 짓밟았지만 말이다. (핵 위협 같은) 옛 쟁점들은 물러나고 (에이즈 같은) 새 쟁점들이 등장했다.

그런 이유로 이 책을 개정해야 했다. 군비, 인권 침해, 타종교, 실업, 이혼과 낙태에 관한 통계 수치들은 모두 최신 것으로 바꾸었다. 거의 모든 주제에 대해 새로 발간된 책들을 읽고 검토해야 했다. 그 책들 가운데 상당수가 복음주의 저자들이 쓴 것인데, 이는 우리의 사회적 양심이 개발되고 있다는 고무적인 표시다. 또한 런던 현대 기독교 연구소가 기독교 사회 참여를 위한 샤프츠베리 프로젝트(Shaftesbury Project for Christian Involvement in Society)와 합병하여 크리스천 임팩트(Christian Impact)를 결성하고 연구, 교육, 사고와 행동을 공동으로 진행하게 되었는데 이 역시 고무적인 것이다. 그리고 또 한 가지는 마닐라 선언(Manila Manifesto)에 명시된 바, 사회 활동에 대한 더 강력한 헌신이다. 마닐라 선언은 세계 복음화를 위한 제2차 로잔 회의(1989)와 영국 복음주의 동맹(British Evangelical Alliance)이 후원한 "소금과 빛"(Salt and Light) 프로젝트를 마무리할 때 채택되었다.

2판에서는 많은 주제에 대해 새로운 자료를 추가했다. 환경 운동의 급속한 성장 및 오존층 고갈과 온실 효과에 대한 이 운동 주체들의 경고에 대해, 브룬트란드 보고서(Brundtland Report)인 "인류 공동의 미래"(Our Common Future)와 '지속 가능한 개발'이라는 개념에 대해, 서구의 핵가족들이 제3세계에 지고 있는—그들을 무력하게 만들 만한—부채에 대해, 최근 남아프리카에서 발간된 세 편의 중요한 기독교 문서에 대해, 여성의 역할과 사역과 지도력에 대한 복음주의 그리스도인들의 더욱 폭넓은 사고에 대해, 인간의 수태 및 현대의 복제 기술들에 대해, 에이즈의 신학적·도덕적·목회적·교육적 측면에 대해, 그리고 그리스도인들의 사회적 주장 및 증거의 효율성에 대해서다.

나의 전 연구 조교인 토비 하워스(Toby Howarth)와 현 연구 조교인 토드 샤이(Todd Shy)가 책 전체를 공들여 읽고 또 읽으면서 수많은 제안을 해준 데 깊이 감사한다. 또한 마틴 이든, 일레인 스토키(Elaine Storkey), 로이 맥클러리, 모리스 홉스(Maurice Hobbs), 존 와이어트(John Wyatt), 스티븐 랜드(Stephen Rand)가 각 부분이나 장을 정독하고 몇 가지 수정 사항을 제안해 준 것과, 프랜시스 화이트헤드가 원고를 수없이 다시 타이핑하고 정말로 솜씨 있게 '잘라 붙이는' 편집을 몇 군데 해준 것에도 감사한다.

결론적으로, 초판 서문에 썼던 말을 다시 써야겠다. 이 책은 자신이 무오하다고 주장하지 않는 사람, 세속적인 사회 전반의 압력에 대항해 그리스도인으로서 더욱 온전해지고자 노심초사하는 사람, 그러한 목적을 위해 계속 성경에서 새로운 빛을 찾는 사람의 분투를 대변한다.

1990년 1월
존 스토트

초판 서문(1984)

지난 10여 년 동안 전 세계 복음주의 운동에서 가장 주목할 만한 특징 하나는 우리가 잠시 잊었던 사회적 양심이 회복된 것이다. 약 50년간(대략 1920-1970년) 복음주의 그리스도인들이 자유주의 신학의 공격에 맞서 역사적·성경적 신앙을 변호하고, 자유주의의 '사회 복음'에 반발하는 일에 몰두했기 때문이다. 우리는 하나님이 그분의 세상에 대한 전도의 책임뿐 아니라 사회적인 책임 또한 주셨다고 확신한다. 하지만 반 세기 동안 그 문제를 소홀히 하다 보니 상당히 뒤처졌다. 따라잡으려면 시간이 한참 걸릴 것이다.

나는 그렇게 따라잡는 과정에 나름대로 기여하고자 이 책을 썼다. 1978-1979년, 지금은 체스터의 주교이고 당시에는 올소울즈 교회 담임 목사였던 마이클 보겐(Michael Baughen)이 내게 "오늘날 영국이 직면한 문제들"이라는 제목으로 특별 시리즈 설교를 해 달라고 부탁했을 때, 이 책의 저술이 시작되었다고 볼 수 있다. 이 책의 몇 장은 당시의 설교 내용에서 시작해서, 그 후 런던 현대 기독교 연구소(London Institute for Contemporary Christianity)의 강의로 발전했다. 그 연구소는 사람들이 복잡한 현대 사회에 대한 기독교적 관점을 개발하도록 돕는 일을 한다.

이 글을 쓰는 도중 몇 번이나 그만두고 싶은 생각이 들었다. 이런 글을 쓰려는 것이 때로는 어리석고 때로는 주제넘게 느껴졌다. 나는 도덕 신학이나 사회 윤리의 전문가가 아니며, 내가 다룬 어떤 분야에 대해서는 전문 지식이나 경험이 전혀 없기 때문이다. 더구나 각각의 주제는 복잡하고, 그에 대해 광범위한 글들이 있는데, 나는 그중 일부만 읽었을 뿐이고, 잠재적으로 분열을 일으킬 수 있는, 심지어 어떤 경우에는 폭발할 수도 있는 문제들이었다. 하지만 나는 참고 해냈다. 내가 과감히 대중에게 제공하려고 하는 것은 잘 다듬어진 전문가의 글이 아니라 기독교적으로 생각하려고, 즉 성경의 계시를 오늘날의 긴급한 쟁점들에 적용하려고 몸부림치는 보통 그리스도인이 쓴 투박한 글이기 때문이다.

이것이 나의 관심사다. 먼저 나는 '기록된 하나님의 말씀'인 성경에 헌신한다. 영국 성공회 조항에서는 성경을 그렇게 설명하고 있으며, 비교적 최근까지 거의 모든 교회가 그것을 받아들였다. 그러한 성경관을 주장하는 것이 이 책을 쓰는 목적은 아니지만 이 책의 기본 전제다. 우리 그리스도인들에게는 두 번째 헌신의 대상이 있다. 그것은 하나님이 우리를 보내 거하게 하신 세상이다. 성경과 세상에 대한 헌신은 종종 충돌을 일으키는 것처럼 보인다. 성경은 먼 과거에 일어난 특정한 사건들에 대해 말하는 문서들의 모음이므로 케케묵은 듯하다. 그것은 우주 탐사 로켓이 왕래하고 컴퓨터의 마이크로프로세서가 모든 일을 처리하는 현대 문화와 양립할 수 없을 듯 보인다. 다른 모든 그리스도인과 마찬가지로 나 자신도 엄청나게 동떨어진 이 두 세상 간의 고통스러운 긴장 속에 있다. 하지만 나는 한 세상에 굴복함으로 다른 세상에서 발을 빼려는 유혹에 애써 저항했다.

일부 그리스도인들은 타협하지 않고 하나님의 계시에 충실하려고 노심초사한 나머지 현대 세상이 던지는 도전들을 무시하고 과거에 묻혀 산다. 다른 그리스도인들은 세상에 반응을 보이는 데 골몰한 나머지 하나님의 계시를 잘라 내고 왜곡해 버린다. 나는 두 가지 함정을 모두 피하려고 애썼다. 그리스도인은 고대성(antiquity)에도 현대성(modernity)에도 마음대로 굴복하면 안 되기 때문이다. 나는 오늘의 현실에서 어제의 계시를 성실하게 따르고자 애써 왔다. 과거에 대한 충성과 현재에 대한 민감함을 결합시키는 것은 쉬운 일이 아니다. 하지만 세상에서 하나님의 말씀 아래 사는 것은 우리 그리스도인들의 소명이다.

많은 사람이 내가 생각을 발전시키는 데 도움을 주었다. 내 연구 조교들의 '사도적 계승'—로이 맥클러리(Roy McCloughry), 톰 쿠퍼(Tom Cooper), 마크 래버튼(Mark Labberton), 스티브 잉그래엄(Steve Ingraham), 봅 위스머(Bob Wismer)—에 감사한다. 그들은 참고 문헌 목록을 만들어 주고, 설교 주제에 대해 토론하는 그룹을 모아 주었으며, 정보를 수집하고 참고 문헌을 검토해 주었다. 봅 위스머는 특히 마지막 단계에 도와 주었는데, 원고를 두 번이나 읽고 귀중한 제안을 해주었다. 28년간 내 비서로 일해 온 프랜시스 화이트헤드(Frances Whitehead)도 마찬가지다. 프랜시스와 비비엔 커리(Vivienne Curry)는 원고를 타이핑해 주었다. 연구 조교인 스티브 앤드루스(Steve Andrews)는 꼼꼼하게 원고를 교열해 주었다. 또한 각기 다른 장들을 읽고 논평을 해준 친구들에게도 감사한다. 올리버 바클레이(Oliver Barclay), 레이먼드 존스턴(Raymond Johnston), 존 글래드윈(John Gladwin), 마크 스티븐스(Mark Stephens), 로이 맥클러리, 마이라 체이브존스(Myra Chave-Jones), 그리고 런던 연구소의 동료인 앤드류 커크(Andrew Kirk, 부교장)와 마틴 이든(Martyn Eden, 학장)이 그런 이들이다. 밴쿠버에 있는 리젠트 칼리지(Regent College)의 설립 총장이자 지금은 영예 총장으로 있는 짐 휴스턴(Jim Houston)에게 특별히 감사한다. 그리스도인들이 통합된 세계관을 가져야 한다는 그의 비전은 나의 사고를 자극했고 또한 런던 연구소의 설립에 자극제가 되었다.

1984년 6월
존 스토트

1부
상황

1
변화하는 세계:
그리스도인의 사회 참여는 필요한가?

21세기가 시작되면서 우리는 50년 전에는 전혀 상상할 수 없었던 당혹스러운 도전들에 직면해 있다. 한편으로 과학기술의 변화 속도는 인류가 얼마나 똑똑한지 확증해 주었다. 다른 한편으로 변함없는 전 세계적 빈곤은 우리의 정의감에 계속 도전한다. 세계는 점점 더 서로 의존하며 기업 활동의 기회도 풍부하지만, 빈부의 격차는 언제나처럼 크게 벌어져 있다. 대단히 복잡하면서도 목적의식은 거의 없는 물질 사회에서, 우리는 시민이라기보다 소비자로 취급받는다. 의도한 것은 아니지만, 우리가 한 행동의 결과로 모두의 미래를 심각하게 위협하는 환경 문제들이 야기되었다. 핵전쟁의 위협은 줄었지만, 우리는 전 세계에서 일어나는 테러 행위, 자살 폭탄, 종교적 이유로 인한 폭력의 재등장 등에 익숙해지고 있다. 가정의 붕괴는 편부모에게 무거운 짐을 지웠으며, 공동체의 유대를 위협했고, 많은 경우 젊은이들에게 소외감을 주었다. 우리는 인간 정체성의 본질에 대해 혼란을 겪는데, 이러한 혼란은 낙태와 안락사를 통한 생명의 파괴에서도, 유전공학과 복제를 통해 생명을 창조해 내려는 시도에서도 볼 수 있다.

왜 이런 세상에 참여해야 하는가? 우리가 이런 질문을 던져야 한다는 것, 복음 전도와 사회적 책임의 관계에 대해 논란이 확대되었다는 것은 대단히 이상한 일이다. 이런 모든 문제와 다른 많은 문제는 그리스도인들에게나 종교가 없는 사람들에게나 영향을 미친다. 그런 문제들은 우리의 정체성과 목적의식에 도전을 가한다. 그것들은 급속도로 생겨나는 새로운 쟁점들에 대해 기독교적으로 사고하도록 도전한다. 다음 장에서는 어떻게 그리스도인들이 기독교적 지성을 개발하도록 부름받는지 살펴볼 것이다. 하지만 이 장에서는 이 세상에 참여하라는 부르심을 살펴보고자 한다. 유감스럽게도 여전히 어떤 사람들은 그리스도인들에게 사회적 책임은 없으며 복음을 듣지 못한 사람들에게 복음을 전하라는 위임령만 받았을 뿐이라고 믿는다. 하지만 예수 그리스도를 따르는 제자들이 사회 참여에 관심을 가져야 하는지 묻지 않을 수 없었다는 것과, 복음 전도와 사회적 책임의 관계에 대해 떠들썩한 논쟁이 일어났어야 했다는 것은 대단히 이상한 일이다. 예수님은 공생애 동안 "다니시사…가르치시며…전파하시며"(마 4:23; 9:35), "두루 다니시며 선한 일을 행하신"(행 10:38) 것이 분명하다. 그 결과 "복음 전도와 사회적 관심은 교회사 전체에 걸쳐 서로 밀접한 관계를 맺어 왔다.…그리스도인들은 전혀 남의 이목을 의식하지 않고, 자신이 무엇을 하며 왜 하는지 규정할 필요도 전혀 느끼지 않고 두 활동에 관여해 왔다."[1] 우리 하나님은 회개하고 그분께 돌이키는 사람들을 용서하시는 사랑의 하나님이시다. 하지만 그 하나님은 또한 정의를 바라시고 그분의 백성인 우리에게 정의롭게 살 뿐 아니라 가난하고 힘없는 자들을 옹호하라고 명하신다.

왜 그리스도인들이 사회에 참여해야 하는가? 그리스도인은 세상에 대해 오직 두 가지 태도만 취할 수 있다. 도피 아니면 참여다. (또 다른 태도, 즉 적응이 있다고 말할지도 모른다. 그렇게 되면 그리스도인들을 세상과 구분할 수 없으며, 더 이상 세상에 대해 구별된 태도를 개발할 수 없다. 그냥 세상의 일부가 될 것이다.) '도피'란 세상을 거부하여 등을 돌리고, 거기서 손을 씻으며(본디오 빌라도처럼, 손을 씻어도 책임이 면제되지 않는다는 것을 알게 되지만), 도움을 청하는 세상의 괴로운 부르짖음에 마음을 닫아 버린다는 의미다. 이에 반해 '참여'란 긍휼의 마음으로 세상을 돌아보고, 세상을 섬기느라 우리의 손이 더러워지고 아프고 상처나게 되며, 마음속 깊은 곳에서 억누를 수 없는 하나님의 사랑이 일어나는 것을 느낀다는 의미다.

너무나 많은 복음주의자가 무책임한 도피주의자였거나, 어쩌면 아직도 그렇다. 교회 안에서 서로 교제를 나누는 것이, 냉담하고 적대적인 교회 밖에서 사람들을 섬기는 것보다는 훨씬 더 마음에 드는 일이다. 물론 우리는 이따금 적진으로 나아가 기습 공격 식으로 전도한다(그것이 우리 복음주의자들의 특기다). 하지만 그러고 나서는 다시 철수하여 성곽 둘레의 해자를 건너 그리스도인들의 성(복음주의자들의 교제라는 안전지대)으로 들어와서는, 해자에 걸쳐 놓은 다리를 치워 버리고 심지어 사람들이 문을 두드리며 간청해도 귀를 막아 버린다. 우리는 대개 주님의 재림이 임박한 것을 고려하면 사회적 행동은 시간 낭비라고 말한다. 집에 불이 날 텐데, 새 커튼을 달거나 가구 배치를 바꾸는 것이 무슨 의미가 있는가? 중요한 것은 죽어 가는 사람들을 구하는 것뿐이다. 그래서 우리는 가짜 신학으로 양심을 달래려 애쓴다.

복음주의적 사회 참여의 유산[2]

하지만 복음주의자들이 사회적·경제적 정의에 헌신한 놀라운 역사가 있다. 특히 18세기에 유럽과 미국에서 그러했다. 양 대륙을 각성시킨 복음주의 신앙 부흥을, 복음을 전파하고 죄인들을 그리스도께로 회심시킨 사건으로만 생각해서는 안 된다. 부흥 때문에 자선 활동이 널리 보급되었으며, 대서양을 사이에 둔 양쪽 사회가 깊은 영향을 받았다. 존 웨슬리(John Wesley)는 순회 전도자이자 옥외 설교자였다. 그가 설교한 복음은 그리스도의 이름으로 사회적 대의를 추구하도록 사람들을 고무했다. 역사가들은 영국이 프랑스처럼 피비린내 나는 혁명의 공포를 겪지 않았던 것은 다른 어떤 요인보다 웨슬리의 영향 덕분이라고 본다.[3]

이 시기 영국을 휩쓴 변화는 웨슬리 브레디(J. Wesley Bready)의 비범한 책 『웨슬리 이전과 이후의 영국』(*England Before and After Wesley*)에 잘 기록되어 있다. 그 책의 부제는 "복음주의의 부흥과 사회 개혁"이다. 그는 연구 끝에 "영어권 전역에 무료 시설들을 설립하고 유지시킨 정신과 가치관의 참 어머니"
이자 "앵글로 색슨 사회의 도덕적 분기점"은 "지나치게 소홀히 여겨지고 종
종 풍자 비방되어 온 복음주의 부흥이다"⁴⁾라는 결론에 이르렀다. 브레디는
"18세기 대부분에 걸쳐 행해진 엄청난 만행"⁵⁾을 다음과 같이 기술했다.

스포츠를 즐기기 위해 동물들을 무자비하게 학대하고, 대중이 짐승처럼 술에
취했으며, 아프리카 흑인들을 비인간적으로 매매했고, 동포들을 노예로 수출
하거나 팔기 위해 유괴했다. 교구 어린이들의 높은 사망률, 보편적인 도박 중
독, 감옥 제도와 잔인한 형법, 부도덕에 대한 탐닉, 극장의 매춘, 만연해 가는
무법 풍조, 미신과 외설, 정치적 수뢰와 부패, 교회의 교만과 흉포, 이신론(理神
論)의 피상적인 겉치레, 교회와 정부에 만연하던 불성실과 품위 저하 등 명백
한 표지들은 아마도 영국민이 당시 다른 어떤 기독교 국가 사람들 못지않게
심하게 타락했고 사나웠다는 것을 시사한다.⁶⁾

하지만 상황이 변화하기 시작했다. 19세기에는 노예제와 노예 무역이 폐
지되었고, 감옥 제도가 인간다워졌으며, 공장과 광산의 환경이 개선되었고,
가난한 사람들이 교육을 받게 되었고, 노동 조합이 생겨났다.

그렇다면 이 두드러진 인간애는 어디에서 왔는가? 사회 정의에 대한 이러한
열정과, 인간이 저지르는 잘못에 대한 이러한 민감성은? 엄연한 역사적 사실
과 균형을 이루는 대답은 단 하나뿐이다. 그것은 새로운 사회적 양심에서 유래
했다. 그리고 그 사회적 양심은 일반적으로 인정하듯 여러 기원을 갖고 있지
만, 생동감 있고 실제적인 기독교의 복음주 부흥에서 태어나고 자랐다. 그
부흥 운동은 신약 윤리의 중심적 근본 원리들을 조명하고, 하나님이 진정 아버
지이시며 사람들은 진정한 형제라는 것을 생생하게 느끼게 해주었으며, 재산
보다 인격이 먼저임을 지적하고, 마음과 영과 생각이 모두 이 땅에 의의 나라
를 세우는 데 향하게 했다.⁷⁾

복음주의 부흥은 "일반 대중의 도덕적 성품을 변모시키는 데 영국 역사상 다른 어떤 운동보다 많은 기여를 했다."[8] 웨슬리는 복음 설교자이자 사회적 의를 선포하는 예언자였기 때문이다. 그는 "민족에게 영혼을 회복시켜 준 사람"[9]이었다.

다음 세대의 복음주의 지도자들도 동일한 열심을 가지고 전도와 사회 활동에 힘을 쏟았다. 그중 유명한 사람들로는 그랜빌 샤프(Granville Sharp), 토머스 클락슨(Thomas Clarkson), 제임스 스티븐(James Stephen), 재커리 매콜리(Zachary Macaulay), 찰스 그랜트(Chrales Grant), 존 쇼어[John Shore, 테인머스 경(Lord Teignmouth)], 토머스 바빙턴(Thomas Babington), 헨리 손튼(Henry Thornton) 그리고 그들의 정신적 지주인 윌리엄 윌버포스(William Wilberforce)를 꼽을 수 있다. 이들 중 몇 명이 당시 런던에서 5킬로미터 정도 떨어진 클라팜(Clapham)에 살면서 클라팜 교구 교회에 속해 있었고 담임 목사 존 벤(John Venn)도 그들과 뜻을 같이하는 사람이었기 때문에, 그들은 '클라팜파'로 알려졌다. 의회와 언론에서는 그들을 '성도당'(the Saints)이라고 조롱했다.

그들은 처음에 아프리카 출신 노예들이 처한 곤경에 대한 관심으로 함께 모였다. 존 웨슬리는 1791년 죽기 사흘 전에 윌버포스에게 편지를 써서 하나님이 그분의 '영광스러운 계획'을 위해 그를 일으키셨다고 확신시키면서, 선을 행하다가 지치지 말라고 격려했다. 자유인이 된 노예들이 서아프리카 시에라리온에 최초로 정착하게 된 것(1787), 노예 매매 제도가 폐지된 것(1807), 노예들을 식민지에 등록시킨 것(1820), 그로 인해 노예 밀매매가 종식되고 마침내 그들이 해방된 것(1833)은 대체로 클라팜파의 공로였다. '성도당'이 부유한 귀족들로서 당시의 사회적 맹점을 일부 공유했던 것은 사실이지만, 그들은 매우 후하게 자선을 베풀었으며, 아주 광범위한 영역에 관여했다. 그들은 노예제 문제 외에도 형벌과 의회법 개혁, 대중 교육[주일 학교, 소책자, "크리스천 옵저버"(Christian Observer) 신문], 식민지(특히 인도)에 대한 영국의 의무, 복음 전파[그들은 성서 공회(Bible Society)와 교회 선교회(Church Missionary Society) 설립을 도왔다], 공장과 관련된 법률 제정에 관여했다. 또한 결투, 도박, 음주, 음란, 동물을 이용한 잔인한 스포츠 등에 반대하는 캠페인을 벌였다. 처음부터 끝까지 그들을 지도하고 동기를 부여한 것은 강한 복음주의적 신앙이었다. 어니스트 마셜 하우스(Ernest Marshall Howse)는 그들에 대해 이렇게 썼다.

이 클라팜 그룹 친구들은 점차 놀라운 친밀함과 유대감으로 굳게 밀착되었다. 그들은 결코 해산되지 않는 위원회처럼 계획을 세우고 일했다. 그들은 클라팜 지역의 대저택들에서 공동의 관심사와 욕구를 지니고 모였는데, 그 모임을 자신들의 '내각 회의'라고 부르면서 조국의 치욕인 악과 불의에 대해, 그 의를 확립하기 위해 치러야 할 싸움에 대해 논했다. 그리고 나서는 그 후에는 의회 안팎에서 한 몸처럼 움직이면서 각 사람에게 그가 가장 잘 할 수 있는 일을 맡겨 공동의 원리들이 유지되고 공동의 목적들이 실현되도록 했다.[10]

레지날드 코플랜드(Reginald Coupland)는 윌버포스 전기에서 이렇게 잘 말했다. "그리스도인 정치가들의 형제애, 그것은 정말 독특한 현상이었다. 영국 공인들이 이와 유사한 예를 보인 적이 없다."[11]

앤서니 애쉴리 쿠퍼(Anthony Ashley Cooper)는 1826년, 25세의 나이로 영국 의회에 선출되었다. 처음에는 하원 의원으로, 그 다음에는 상원 의원으로 제7대 샤프츠베리 백작(Earl of Shaftesbury)으로 뽑힌 그는 정신 이상자, 공장과 제재소의 아동 근로자, 아동 굴뚝 청소부, 탄광의 여자와 어린아이, 빈민가의 아이들—런던에만도 이런 이들 중 3만 명 이상이 집이 없었으며 전국적으로는 100만 명 이상이 학교에 다니지 못했다—이 처한 상태에 잇따라 관심을 가졌다. 그의 전기를 쓴 조지나 바티스콤(Georgina Battiscombe)은 종종 그를 날카롭게 비판하지만, 다음과 같은 아낌없는 찬사로 전기를 결론 맺었다. "인간의 불행을 줄이기 위해, 인간의 행복을 늘리기 위해 그보다 많은 일을 한 사람은 없다."[12] 그리고 "금세기 위대한 자선 운동은 대부분 복음주의자들이 시작했다"[13]고 생각했다.

19세기 미국도 마찬가지라고 할 수 있다. 사회 참여는 복음주의 기독교의 자식이자 복음 전도의 쌍둥이 자매였다. 이는 찰스 피니(Charles G. Finney)에게서 분명하게 볼 수 있는데, 그는 복음 전도자가 된 변호사이자 「종교의 부흥에 대한 강의」(Lectures on Revivals of Religion)의 저자로 잘 알려져 있다. 그의 설교를 듣고 수많은 사람이 그리스도를 믿었다. 그러나 그가 '부흥'뿐 아니라 '개혁'에도 관심을 가졌다는 사실은 잘 알려지지 않았다. 도널드 데이튼(Donald W. Dayton)이 「다시 보는 복음주의 유산」(Discovering an Evangelical Heritage, 요단)에서 보여 주듯이, 피니는 복음이 "사회 개혁을 향한 강력한 추진력을 일으킨다"는 것과 교회가 사회 개혁을 소홀히 하면 성령을 근심하게 하는 동시에 부흥에 방해가 된다는 것을 확신하고 있었다. 피니가 부흥에 대한 스물세 번째 강의에서 "교회의 중대한 임무는 세상을 개혁하는 것이다.… 그리스도의 교회는 원래 개혁자 집단이 되도록 조직되었다. 기독교 신앙에 대한 고백 자체가 세상의 전반적인 개혁을 위해 최선을 다하겠다는 고백이며 사실상 그러한 맹세다."[14]라고 말한 것을 읽어 보면 놀라울 따름이다.

그러므로 하나님이 피니의 복음 전도를 통해 "당시 개혁 운동의 군대가 된 젊은 회심자 무리"를 일으키신 것은 그리 놀랄 일이 아니다. 특히 "반 노예제 세력들…은 피니의 부흥 운동 때 회심한 사람들 가운데서 나왔다." 이 중 가장 앞장선 사람은 테오도어 웰드(Theodore Weld)였는데 그는 반 노예제 투쟁에 전 생애를 바쳤다. 그는 피니의 사역을 통해 회심했으며, 한동안 그의 조수로 일했다.[15]

19세기는 또한 기독교 선교가 엄청나게 팽창한 시기로 알려져 있다. 하지만 선교사들이 오로지 설교에만 집중했다거나 개발과 사회 정치적 활동은 소홀히 한 채 원조와 구제에만 관심을 기울였다고 생각해서는 안 된다. 사실 그렇게 명확하게 구분된 적이 있었는지조차 의심스럽다. 그들은 선교와 긍휼의 표현으로 의약품과 교육, 농업 기술과 다른 기술들을 가지고 사람들에게 다가갔다. 그들은 복음의 이름으로 불의와 억압에 맞서 싸웠다. 그들의 선교는 말로만 하는 선교가 아니라 말과 행동으로 하는 선교였다.

'대역전'

그런데 사회에 관심을 둔 복음주의자들의 헌신에 도전하는 어떤 일이 일어났다. 20세기가 시작된 후 첫 30년간, 제1차 세계대전 후 10년간 중대한 변화가 일어났는데, 미국 역사가 티모시 스미스(Timothy L. Smith)는 그것을 '대역전'(Great Reversal)이라고 불렀으며, 데이비드 모버그(David O. Moberg) 박사는 동일한 제목의 책에서 그에 대해 연구했다.[16]

자유주의와의 싸움

대역전이 일어난 첫째 원인은 20세기에 들어서면서 유럽과 미국의 교회들을 휩쓴 신학적 자유주의와의 싸움이다. 복음주의자들은 진퇴양난에 빠졌다고 느꼈다.[17] 그들이 복음을 변호하고 선포하는 일에 몰두했던 것은 이해할 만하다. 다른 어느 누구도 역사적·성경적 기독교를 옹호하여 투쟁하는 것처럼 보이지 않았기 때문이다. 이때(1910-1915년) 미국에서 「근본적인 것들」(*The Fundamentals*)이라는 제목의 열두 권짜리 소책자 시리즈가 발간되었으며, 거기서 '근본주의'(fundamentalism)라는 말이 나왔다. 복음주의자들은 믿음의 근본적인 사항의 정당성을 옹호하느라 사회적 관심에는 할애할 시간이 없었다.

'사회 복음'에 대한 거부

둘째로, 복음주의자들은 당시 신학적 자유주의자들이 발전시켰던 소위 '사회 복음'에 반발했다. 사회 복음의 가장 인기 있는 대변인은 1897년부터 1917년까지 뉴욕 로체스터 신학교(Rochester Seminary)에서 교회사 교수를 지낸 월터 라우센부쉬(Walter Rauschenbusch)였다. 그는 자본주의를 비판하고 단순한 형태의 '공산주의' 혹은 기독교적 사회주의를 주창했다.[18] 첫째, 그는 하나님 나라를 "기독교적 기초 위에 사회를 재건하는 것"[19]과 동일시했다. 둘째, 인간들이 나름의 힘으로 하나님 나라를 이룩할 수 있음을 암시했다(그에 반해 예수님은 언제나 그것을 하나님의 선물이라고 말씀하셨다).

하지만 하나님 나라는 기독교화된 사회가 아니다. 그것은 그리스도를 인정하는 사람들의 삶 속에 이루어지는 하나님의 통치다. 예수님은 겸손하고 회개하는 마음으로 그분을 믿음으로써 그것을 '받거나' '들어가거나' '유업으로 받아야' 한다고 말씀하셨다. 또한 중생하지 않으면 하나님 나라에 들어가는 것은 고사하고 그것을 볼 수도 없다. 하지만 어린아이와 같이 그것을 받는 사람들은 자신이 새로운 메시아 공동체의 일원임을 알게 되는데, 그 공동체는 세상에서 하나님의 이상적인 통치가 무엇인지를 보여 주고 그리하여 대안적인 사회적 현실을 세상에 제시하도록 부름받았다. 하나님 나라 복음의 이러한 사회적 도전은 '사회 복음'과는 전혀 다른 것이다. 그래서 라우센부쉬가 하나님의 나라를 정치적으로 해석했을 때, 복음주의자들이 그에 대한 반발로 전도와 개인적 자선 행위에 집중하고 사회 정치적 행동을 도외시한 것은 유감스럽지만 이해할 만한 일이다.

전쟁의 영향

복음주의자들이 사회적 책임을 소홀히 하게 된 셋째 이유는, 제1차 세계대전 이후 전쟁으로 인간의 악이 폭로되자 환멸과 비관주의가 만연한 탓이다. 이전의 사회 프로그램들은 실패했다. 인간과 인간의 사회는 개혁할 수 없는 것처럼 보였고, 개혁하려는 시도들은 아무 소용이 없었다. 복음주의자들은 원죄와 인간의 부패성에 대한 성경의 교리를 알고 있었기 때문에 불시에 기습 공격을 당한 듯 놀라지 않았어야 했다. 하지만 제1차 세계대전과 제2차 세계대전 기간에 하나님의 섭리와 일반 은총이야말로 꺾이지 않는 소망의 근거라고 명료하게 표현한 복음주의 지도자는 하나도 없었다. 역사적인 개혁적 기독교는 빛을 잃고 있었다.

전천년설의 영향

넷째로, 전(前)천년설이 만연해 있었다[특히 다비(J. N. Darby)의 가르침과 그것이 스코필드 성경에서 대중에게 보급된 것을 통해]. 전천년설은 현재의 악한 세상이 개선되거나 구속될 여지가 없다고 묘사하며, 예수님이 오실 때까지 세상은 꾸준히 나빠질 것이고 그런 다음에 예수님이 오셔서 지상에 천년 왕국을 세우실 것이라고 예언한다. 그러한 논지대로 세상이 나빠지고 있고 예수님이 다시 오실 때에만 바로잡을 수 있다면, 그 사이에 세상을 개혁하려고 애쓰는 것은 아무 의미도 없어 보인다. "정치적 프로그램을 채택하는 것은 타이타닉 호가 빙산에 부딪힌 후에 그 배의 특등실을 청소하는 것과 같다.… 복음을 전하고 내세를 위해 영혼을 구하는 일이 훨씬 더 중요하다."[20]

중산층의 부상

복음주의가 사회적 관심에서 소원해진 다섯째 이유는, 기독교가 중산층 사이에 전파되었기 때문일 것이다. 그들은 기독교를 자신들의 문화에 동화시킴으로써 희석시키는 경향이 있었다. 우리는 구원을 중요하게 생각하는 많은 사람이 문화적으로 매우 보수적이고, 사회적·정치적 활동이라는 '성가신' 일에 관여하기보다 현상 유지를 더 좋아한다는 사실을 인정해야 한다. 고정 관념에 사로잡힌 많은 그리스도인이 가난하고 힘없는 사람들의 곤경은 등한시한 채 자신의 구원에 몰두하는 이유 중 하나는 바로 그것이다. 기독교 복음에 충실하다면, 불의를 만날 때 어디서든 그것에 반대하여 행동을 취해야 한다. 앞에서 18세기와 19세기의 사회 활동에 관한 몇 가지 훌륭한 예를 들었지만, 교회가 억압과 착취를 묵인하고 이런 악에 대해 아무런 행동도 취하지 않으며 항변조차 하지 않았던 경우도 분명 있었다.

'대역전'은 이러한 다섯 가지 이유로 설명할 수 있다. 복음주의 선조들을 비난하는 것이 아니다. 그들과 같은 처지였다면 우리도 당시의 압력들에 대해 그들처럼 반응했을 것이다. 모든 복음주의자가 20세기 초에 그리고 제1·2차 세계대전 사이에 사회적 양심을 잃어버린 것은 아니었다. 어떤 사람들은 그러한 압력에 굴하지 않고 복음 전도 사역뿐 아니라 사회 활동에도 깊이 관여했으며, 복음의 필수 불가결한 외적 활동—그것이 없다면 복음주의는 진정성을 일부 상실하게 된다—을 계속해 갔다. 그리고 나서 저항의 시기였던

1960년대, 젊은이들이 자신들이 물려받은 어른 세계의 물질주의와 피상성과 위선에 반발하던 그때, 복음주의 주류는 사기를 되찾았으며 "대역전을 역전시키는" 과정이 시작되었다.

사회적 관심의 회복

복음주의자들이 그 사회적 책임을 다해야 한다고 처음으로 말한 사람은 미국의 그리스도인 학자이자 "크리스채너티 투데이"(Christianity Today)의 설립 편집자 칼 헨리(Carl F. H. Henry)일 것이다. 그는 자신의 책 「복음주의자의 불편한 양심」(The Uneasy Conscience of Modern Fundamentalism, 한국 IVP)에서 그렇게 주장했다. 그리 많은 사람이 귀를 기울이는 것 같지는 않았지만, 사람들은 점차 그 메시지에 담긴 뜻을 이해했다. 1966년 미국 세계 선교 대회를 마치면서, 참가자들은 만장일치로 "휘튼 선언"(Wheaton Declaration)을 채택했다. 그것은 "모든 사람에게 복음을 전파하는 것이 우선"임을 분명히 했고, "예수 그리스도를 말로 증거해야 한다"는 것과 "복음주의적 사회 활동"을 단단히 결합시켰으며, "모든 복음주의자는 인종적 평등, 인간의 자유 그리고 전 세계 모든 형태의 사회 정의를 위해 공개적으로 분연히 일어서라"고 촉구했다.

영국에서는 60년대에 많은 복음주의 지도자가 복음을 사회적으로 적용하는 문제와 씨름하기 시작했다. 그들은 대부분 전문직에 종사하거나 사업을 하는 평신도였으며, 그중에는 조지 고이더(George Goyder), 프레드 캐서우드, 노먼 앤더슨(Norman Anderson) 등이 포함된다. 사회적 관심에 대한 이 같은 초기의 관심은 1967년 킬(Keele) 대학교에서 열린 제1차 전국 복음주의 영국 성공회 대회에서 공개적으로 표명되었다. 거기에서 영국 성공회 복음주의자들은 더 넓은 범위의 교회와 세속 사회에 관심을 기울이지 않았던 것을 공개적으로 회개하고 그 둘 모두에 성실하게 관여할 것을 다짐했다. 선교의 범위와 관련하여 그 대회에서 작성된 보고서에 의하면 "복음 전도와 자선 활동은 하나님의 선교 안에서 한데 결합되어 있다."[21]

전 세계 복음주의자들의 전환점은 말할 것도 없이 1974년 7월 스위스 로잔에서 열린 국제 세계 복음화 대회(International Congress on World Evangelization)였다. 150개가 넘는 나라에서 온 2,700명 가량의 참석자가 "온 땅이 그분의 음성을 듣게 하라"(Let the Earth Hear His Voice)는 표어로 모였으며, 대회를 마치면서 로잔 언약에 서명했다. 하나님의 목적, 성경의 권위, 그리스도의 유일성에 대한 서론 격의 세 항목이 나온 후, 넷째 항목은 "복음 전도의 본질", 다섯째 항목은 "그리스도인의 사회적 책임"이라고 표제가 붙어 있다. 다섯째 항목은 "복음 전도와 사회 정치적 참여는 둘 다 우리 그리스도인의 의무 일부"라고 단언한다. 하지만 로잔 언약에서 그 두 항목은 서로 관련되기를 피하는 듯 따로 놓여 있다. 다만 6항에서 "희생적 섬김이라는 교회의 사명에서 복음 전도가 첫째다"라는 말이 나오는 것만 빼고는.

로잔 대회 이후 몇 년 동안 복음주의 운동 내에는 어느 정도 긴장이 있었다. 어떤 사람들은 전도를 강조하고 또 어떤 사람들은 사회 활동을 강조했으며, 모두가 어떻게 하면 성경에 따라 그 둘의 관계를 명쾌하게 설명할 수 있을지 궁리했기 때문이다. 그래서 1982년 6월 로잔 위원회(Lausanne Committee)와 세계 복음주의 협회(World Evangelical Fellowship)의 공동 후원 하에 "복음 전도와 사회적 책임의 관계에 대한 협의회"(Consultation on the Relationship between Evangelism and Social Responsibility: CRESR)가 미국 그랜드래피즈에서 열렸으며, "복음 전도와 사회적 책임: 복음주의적 헌신"(Evangelism and Social Responsibility: An Evangelical Commitment)이라는 보고서가 발행되었다. 물론 우리의 견해가 모든 점에서 완전히 일치하지는 않았지만, 하나님은 우리가 놀랄 만큼 의견 일치를 보도록 해주셨다. 사회 활동이 전도의 결과인 동시에 다리임을 천명했고, 실로 그 두 가지는 서로 동반자라고 선포했다. 게다가 그것들은 복음에 의해 연합한다. "복음은 뿌리며, 복음 전도와 사회적 책임은 둘 다 그 열매이기 때문이다."[22]

그때부터 복음주의자들은 사회 활동에 점차 엄청나게 헌신했다. 환경, 장애, 전쟁과 평화, 경제적·정치적 생활의 여러 측면 등 다양한 주제들에 대해 많은 협의회가 열리고 성명서가 발표되었다. 기독교적 사회 활동을 하는 많은 기관이 생겨났으며, 수많은 지역교회들은 이제 기독교적 원리들을 사회 활동에 적용하려는 프로젝트를 진행하고 있다. 많은 선교 기관은 복음 전도와 사회 활동을 결합시키는 총체적 선교 개념을 지지한다. 이 책 전체에 복음주의적인 사회적 관심이 회복되었음을 입증하는 많은 프로젝트와 캠페인과 조직들이 언급되거나 열거된다. 하지만 유감스럽게도, 최근 들어 이 같은 기독교적 사회적 유산의 재발견에 대한 반발 역시 생겨나고 있다. 어떤 사람들은 성경 해설에만 집중해야 한다고, 사회적 행동을 중심으로 하는 개인 전도는 시선을 분산시킨다고 주장한다. 하지만 그럴 리가 없다. 성경이 복음 전도를 사회 활동과 분리하지 않으며, 예수님의 삶과 가르침이 그것을 가장 잘 보여 준다는 사실을 발견하게 된 것은 바로 성경을 중요하게 생각하고 그것을 주의깊게 읽었기 때문이다. 예수님은 사랑과 정의를 분리할 수 없다고 가르치신다. 사랑이 바라는 것을 정의가 요구하기 때문이다.

교회와 정치

이런 맥락에서, 기독교와 정치의 관계를 주의 깊게 살펴봐야 한다. 사회 활동을 하다 보면 이런저런 정치적 활동을 피할 수 없기 때문이다. 과거에 복음주의자들은 기독교와 정치의 관계에 대해 극도로 조심했다. 그 둘이 서로 어울리지 않는다고 생각했기 때문이다. 그러나 클라팜파는 분명 그렇게 생각하지 않았다!

최근 들어, 정치 활동에 가장 미심쩍은 눈초리를 보내던 사람 중 일부가 그런 활동을 전심으로 받아들였다. 20세기 말-21세기 초에 낙태, 동성애, 안락사, 줄기 세포 연구 등에 대해 반대 운동을 벌이고 목소리를 내기 시작한 많은 미국 보수주의 복음주의자들을 말하는 것이다. 그들은 그러한 것들을 기독교 복음에 반대하는 세속 자유주의자들의 위협으로 간주했다. 그들은 '도덕적 다수'(Moral Majority)라는 이름으로 널리 알려졌으며, 투표에 대단한 영향력을 발휘했기 때문에, 사람들은 2004년 조지 부시 대통령이 재선되는 데 그들이 핵심 역할을 담당했다고 생각한다. 부시 대통령이 그린 믿음에 공감했기 때문만이 아니라, 그가 개인적으로 기독교 신앙을 고백했기 때문이다. 다른 사람들은 기독교 신앙과 하나의 정치적 입장을 그렇게 깊이 동일화하는 것에 대해 여전히 조심스러운 입장이지만, 반면에 사회 정의에 초점을 맞춘 집단들은 또한 성경에 헌신한다면 반드시 정치적 활동을 해야 한다고 보았다.[23]

그러므로 기독교와 정치의 관계를 검토하는 것은 두 가지 이유 때문에 대단히 중요하다. 첫째, 그리스도인들이 정치에 적절하게 참여할 수 있으며 그것이 그리스도인의 부르심 중 일부라는 것에 대해 지나치게 조심스러워하는 사람들에게 확신을 주기 위해서다. 둘째, 그 부르심에 경계선을 그어서, 정치에 깊이 관여한 사람들이 어디까지 참여할 수 있는지 알고 복음을 정치화하는 것이 위험하다는 사실을 인식하도록 하기 위해서다.

이러한 논쟁에는 몇 가지 다른 쟁점이 관련되어 있으며, 그것들을 구분하지 못하면 토론은 혼란에 빠진다. 첫째는 '정치'라는 단어에 대한 정의다. 둘째로 규정해야 할 것은, 사회적인 것과 정치적인 것의 관계와, 그 둘이 서로 분리되어야 하는 이유다. 셋째로, 사람들이 교회의 정치 참여를 반대하는 이유는 무엇이며, 그들이 보호하고자 애쓰는 것은 무엇인지를 살펴보아야 한다. 넷째로, 그리스도인의 정치적 책임이 누구에게 속해 있는지 알아보아야 한다.

정치의 정의

첫째로, 우리가 사용하는 용어들을 규정해야 한다. '정치'와 '정치적'이라는 단어는 넓은 의미로 쓰일 수도 있고 좁은 의미로 쓰일 수도 있다. 넓은 의미에서 '정치'는 도시-'폴리스'(*polis*)-의 생활과 시민-'폴리테스'(*polites*)-의 책임을 나타낸다. 그러므로 그것은 인간 사회의 삶 전체와 관련되어 있다. 정치는 공동체 안에서 함께 살아가는 기술이다. 좁은 의미에서 규정하면 정치는 통치의 학문이다. 그것은 법령으로 표현될 것을 염두에 두고 특정한 정책들을 발전시키고 채택하는 것과 관련되어 있다. 그것은 사회 변혁을 위해 권력을 얻는 것이다.

일단 이러한 구분이 명확해지면 우리는 예수님이 정치에 관여하셨는지를 따져 볼 수 있다. 좁은 의미에서 그분은 분명 정치에 관여하지 않으셨다. 그분은 정당을 결성하거나, 어떤 정치적 프로그램을 채택하거나, 조직적으로 정치적 항의를 한 적이 한 번도 없으셨다. 그분은 가이사나 빌라도나 헤롯의 정책에 영향을 미치기 위한 조치를 일체 취하지 않으셨다. 그분은 정치에 발을 들여놓으려 하지 않으셨다. 하지만 좀더 광범위한 의미에서는 그분의 사역 전체가 정치적이었다. 그분은 인간 공동체의 삶에 참여하기 위해 세상에 오셨으며, 제자들도 동일한 일을 하도록 세상에 보내셨기 때문이다. 게다가 그분이 선포하시고 막을 여신 하나님 나라는 철저히 새롭고 다른 사회 체제로서, 그 사회의 가치관과 표준은 타락한 옛 공동체의 가치관에 도전을 가했다. 이렇듯 그분의 가르침은 '정치적' 함의를 지니고 있었다. 그것은 현 상태에 대한 대안을 제시했다. 더구나 그분의 왕권은 가이사의 왕권에 도전을 가하는 것으로 여겨졌으며, 그 때문에 그분은 선동죄로 고소당하셨다.

예수님과 사도들이 정치에 관심이 없었으며, 그들 스스로 정치적 활동에 참여하기는커녕 그런 활동을 요구하거나 심지어 권하지도 않았다는 말은 적절치 못하다. 맞다. 그들은 그렇게 하지 않았다. 하지만 정치는 국가의 일에 대한 것이기도 하지만, 권세를 얻고 발휘하는 것과 관련된 일이기도 하다. 예수님이 당시 정치가들에게 두려운 대상이었고 정치적 지도자들이 그분이 정부를 공격한다고 본 이유 중 하나는 그분이 권세에 대해 대단히 다른 견해를 가지고 계셨기 때문이다. 마리아의 송가에서 "권세 있는 자를 그 위에서 내리치셨으며 비천한 자를 높이셨고"(눅 1:52)라고 한 것은 괜한 말이 아니다. 예수님의 말씀은 공공연하게 정치적이지는 않았지만, 불의한 정치 구조를 뒤엎고 억압에 도전했으며 사람들에게 정의라는 특징을 지닌 새로운 나라를 약속했다. 그곳에서는 정치적 약속보다 진리가 사람들을 자유케 했다. 이것이 사회적·정치적 삶에 미친 영향은 너무나 심오해서, "예수의 정치"[20]

라고 말하는 게 타당하다.

이러한 가르침이 실제로 성취되는 데는 얼마간 시간이 걸렸다. 우리는 그리스도를 따르던 사람들이 로마의 전체주의 체제하에 있던 미약하고 보잘것없는 소수 집단이었음을 기억해야 한다. 도처에 군대가 주둔했으며, 그 군대는 이의를 제기하는 사람들을 억누르고 반대를 짓밟고 현상 유지에 힘쓰라는 명령을 받고 있었다. 그들이 성공할 만한 기회와 가능성이 있었다면 정치적으로 행동을 취했을까? 나는 그랬으리라 믿는다. 적절한 정치적 활동 없이는 결코 충족될 수 없는 사회적 필요가 있기 때문이다. 사도들은 노예제를 폐지하라고 하지 않았다. 하지만 19세기 그리스도인들이 노예제 폐지를 요구한 것이 기쁘고 자랑스럽지 않은가? 그 운동은 인간의 존엄성에 관한 성경의 가르침에 기초한 타당한 것이다. 사도들은 또한 병원을 세우지도, 세우라고 요구하지도 않았다. 하지만 기독교 병원들은 병든 자들에 대한 예수님의 긍휼에서 유래한 타당한 것이다. 마찬가지로, 정치적 활동(그것은 억압받는 자들을 위해 정의를 추구하는 사랑이다)은 예수님의 가르침과 사역에서 유래한 타당한 것이다. 데스몬드 투투(Desmond Tutu) 대주교가 특유의 화려한 표현으로 말했듯이 "나는 사람들이 종교와 정치는 아무 관계가 없다고 주장할 때 그들이 도대체 어떤 성경을 읽고 있는 것인지 당혹스럽다."[25]

사회 봉사와 사회 활동

둘째로, 우리는 좁은 의미의 '사회적'이라는 말과 '정치적'이라는 말의 관계에 대해 생각해 보아야 한다. 그랜드래피즈 보고서 마지막 장은 이 문제에 관한 것인데, '사회 봉사'(social service)와 '사회적 행동'(social action)을 구분하면서 다음과 같은 유용한 도표를 제시한다.

사회 봉사	사회 행동
■ 곤경에 처한 사람을 도움	■ 곤경을 발생시키는 원인을 제거함
■ 자선 활동	■ 정치 경제적 활동

- 개인과 가정을 대상으로 봉사함
- 자비 사역
- 사회 구조를 변혁하려 함
- 정의를 이루려는 노력[26]

그 보고서는 이어서 사회 정치적 활동을 다음과 같이 서술한다. "가난한 자들을 돌보는 것을 넘어 경제 제도(어떤 제도든)와 정치 제도(역시 어떤 제도든)를 개선하고 필요하면 변혁해 그 제도가 그들을 빈곤과 억압에서 해방하는 일을 촉진하기를, 사람을 넘어 구조를, 수감자들의 사회 복귀를 넘어 감옥 제도의 개혁을, 공장 환경 개선을 넘어 근로자들이 더욱 참여적인 역할을 하기를 지향한다."[27]

그렇다면 진정 기독교적인 사회적 관심은 사회 봉사와 사회 활동을 다 포함하는 것이 분명한 듯하다. 그 둘을 분리하는 것은 매우 인위적인 일이다. 어떤 경우에는 정치적 행동 없이는 사람들의 필요를 전혀 채워 줄 수 없다(노예들을 가혹하게 취급한 행태는 개선할 수 있었을지 모르지만, 노예제 자체는 개선할 수 없었다. 노예제는 폐지되어야 했다). 다른 필요들을 계속 채우는 것은 중요한 일이지만, 그러한 필요들이 생겨나는 상황을 묵과하는 것일 수 있다. 예루살렘에서 여리고로 가던 여행자들이 상습적으로 폭행을 당하고 계속해서 선한 사마리아인의 보살핌을 받았다면, 이는 무장 강도들을 제거할 법의 필요를 간과했기 때문일 것이다. 특정한 교차로에서 계속 사고가 발생한다면, 더 많은 앰뷸런스를 대기시킬 것이 아니라 신호등을 설치해야 한다. 주린 자를 먹이는 것은 언제나 좋은 일이다. 하지만 가능하다면 그 원인을 근절하는 편이 더 낫다. 그러므로 정말로 이웃을 사랑하고 그들을 섬기기 원한다면, 그들을 섬기기 위해 정치적 행동을 취하지(혹은 호소하지) 않을 수 없을 것이다.

기독교의 정치 참여

셋째로, 우리는 교회의 정치 참여에 대해 냉담한 사람들을 이해해야 한다. 실제로 복음을 정치화할 위험이 물론 있다. 기독교 신앙을 정치적 프로그램과 동일시할 수 있다는 뜻이다. 그것은 두 가지 이유 때문에 잘못이다. 첫째 이유는 그것이 기독교 신앙의 일차적 관심사를 무시한다는 것이다. 그 관심사란 "첫째이자 가장 큰" 계명인 하나님을 사랑하는 것이다. 우리 이웃을 우리 몸과 같이 사랑하는 것 역시 중요하다. 그리고 그 둘은 서로 연관되어 있다. 둘째 이유는 타락한 세상에서는 어떤 정치적 프로그램도 하나님 뜻의 표현이라고 주장할 수 없다는 것이다.

20세기 캔터베리 대주교 중 사회에 가장 관심이 많았던 윌리엄 템플(William Temple)이 말했듯이, "원죄에 대한 교회의 주장은 교회를 대단히 현실주의적으로, 유토피아적 이상에 빠지지 않게 만들어야 한다."[28] 세계 복음화를 위한 국제 회의(International Congress on World Evangelization, 1974)에서 로잔에 모인 복음주의 그리스도인들은 로잔 언약을 통해 단도직입적으로 이렇게 선언했다. "우리는…사람이 지상에 유토피아를 건설할 수 있다는 생각은 교만하고 자만심에 찬 몽상으로 거부한다."[29]

또한 사회 참여에 대한 부르심이 영적 삶과 통합되어야 한다는 것을 잊어서는 안 된다. 예를 들어, 사회 활동이나 사회 봉사를 기도와 분리시켜서는 안 된다. 이것을 잘 보여 주는 한 가지 좋은 예는 콜카타의 마더 테레사다.

마더 테레사와 그녀가 이끄는 자선 선교단을 방문하는 많은 사람은, 그들이 날마다 점심시간 무렵이면 무료 진료소와 말기 환자들의 집에서 사람들을 돌보는 일을 마무리하는 것을 보고 놀란다. 왜 그렇게 일찍 돌아가는가? 기도하기 위해서다. 그들은 기도 없이 일하는 것은 인간적으로 가능한 일만 하는 것이라고 배웠다. 그들은 신적 가능성에 참여하기를 바란다.[30]

그러므로 교회는 일차적 부르심인 기도하고, 예배드리고, 복음을 전하고, 사람들에게 그리스도를 따르라고 촉구하는 일을 잊지 말아야 한다. 정치적으로, 교회는 또한 인간 사회를 위해 최선의 것을 추구하고 기독교적 지성을 추구하면서 하나님의 말씀을 연구하는 그 순간에도, 기독교적 사고를 특정한 정치 프로그램에 안치할 수 없다는 것을 알아야 한다. 앞으로 보겠지만, 민주주의의 미덕 중 하나는 우리가 겸손하게 서로에게 귀를 기울여야 한다는 것을 깨닫게 한다는 점이다. 특히 우리가 서로 의견이 일치하지 않은 채 앞으로 나아가는 길을 찾고 있을 때는 더욱 그렇다.

원리와 프로그램의 관계

1942년에 윌리엄 템플은 잘 알려진 저서 「기독교와 사회 질서」(*Christianity and the Social Order*)[31]에서 여전히 동일한 구분을 강조했다. "교회는 영원한 복음에 헌신한다.…교회는 결코 세부적인 행동이라는 덧없는 프로그램에 헌신해서는 안 된다."[32] 템플의 글을 읽는 독자들은 그가 종교와 정치가 뒤섞여서는 안 된다고 말하는 게 아님을 알 것이다. 그가 말하는 요점은 다르다. 즉, "교회는 정책이 아니라 원리에 관심을 가진다."[33] 그가 교회 전체로서는 특정한 프로그램을 개발하고 주장하는 '직접적인 정치적 행동'을 자제해야 한다고 본 이유는 '진실성'(일부 교인은 필요한 전문 지식을 지닐 수 있지만 교회는 그렇지 않다), '신중함'(교회는 오해받을 수 있고 그래서 불신당할 수도 있다), '정의'(각 그리스도인은 서로 다른 의견을 가지고 있으며, 교회는 교인 대다수의 의견이라 해도 똑같이 충성된 소수자들에 반대하여 다수의 편을 들어서는 안 된다)로 요약할 수 있다.

> 교회는 자신의 본분을 다하면 양측 모두에게 공격받을 가능성이 있다. 실제로는 조심스럽게 원리들을 진술하고 그 원리들을 어기는 것에 대해 지적했을 뿐인데, 어떤 사람들은 교회가 정치적이 되었다고 말할 것이다. 특정 정책을 주창하는 사람들은 교회가 그 정책들을 지지하지 않기 때문에 아무 쓸모가 없다고 말할 것이다. 교회가 자신의 임무에 충실하다면, 양쪽 불평을 다 무시하고, 모든 기관에 영향을 미치고 모든 정당에 고루 영향력을 발휘하기 위해 할 수 있는 일을 계속해 나갈 것이다.[34]

물론 개개 그리스도인들과 전문적인 기독교 기관들은 정책 문제에 대한 전문 지식을 가지고 있으며, 그런 문제들에 대해 의견을 개진하고, 운동을 벌이고, 연구를 하리라는 것을 인정해야 한다. 또한 많은 그리스도인이 특정 정책에 동의해서 그 정책을 지지하거나 반대할 수도 있을 것이다. 하지만 그것은 교회가 특정 정책에 헌신하는 것과는 다르다. 설사 우리가 이 같은 역할 설명에 동의하고 모든 그리스도인이 정책을 실행할 책임은 없다는 것을 인정한다 해도, 우리는 여전히 원리들을 붙잡고 씨름해야 하며, 이러한 원리들을 언제나 명확하게 말하기는 결코 쉽지 않다.

세 가지 정치적 선택권

지금까지 살펴본 사회적 변화에 대해 우리가 보일 수 있는 세 가지 태도가 있다. 그 태도들을 정치적으로 해석해 보고, 각 태도가 인간에 대한 어떤 태도를 전제하는지를 보아야겠다.

권위주의

권위주의적 정부는 세계에 대한 자신들의 시각을 국민에게 강요한다. 그런 정부들은 헌법, 권리장전, 혹은 자유롭고 공정한 선거 같은 견제와 균형이 없다. 권위주의적 정부는 통제에 집착하며, 인간의 본성을 비관적으로 본다. 그들은 신뢰가 인간 사회의 핵심이라고 믿지 않으며, 인간의 자유와 개인적 선택의 결과들에 대해 미심쩍어 한다. 역사에 나타난 권위주의적 정부는 파시스트든, 공산주의든, 몇몇 나라에서 볼 수 있는 독재 정권이든 간에 사회적 담화를 믿지 않는다. 국민에게 배울 것이 있다고 믿지 않기 때문이다. 사람들은 인권을 갖고 싶어 하고 어떻게 살아갈지 자유롭게 선택하기를 원하므로, 권위주의적 정부는 세상을 보는 시각을 국민에게 부과할 뿐 아니라 그것을 받아들이도록 강요한다. 그로 인해 많은 사회에서 폭력과 인권 억압이 일어났다. 자유의 이름으로 저항한 사람들의 인권뿐 아니라 권위주의 체제가 두고 볼 수 없는 집단의 인권도 억압했다. 20세기의 경우, 그 가장 극단적인 형태는 나치 강제 수용소와 구소련의 수용소 군도였다. 설령 어떤 독재 정권이 아무리 자비롭다 해도 그 국민의 품위는 볼품없을 것이다. 국민에게 의사 결정 과정에 참여할 권한이 있다고 믿지 않기 때문이다.

무정부주의

반대 극단은 무정부주의(anarchism)다. 이 철학은 개인에 대해 너무나 낙관적이어서, 사실상 모든 권위나 정부는 불필요할 뿐 아니라 인간 자유에 대한 위협이라고 본다. 러시아 철학자 바쿠닌(Bakunin)은 권력의 모든 불평등한 분배에 반대했다. 그는 이렇게 말했다. "누구도 다른 사람을 도저히 억압할 수 없게 만들고 싶은가? 그렇다면 누구도 권력을 소유하지 못하게 하라."[35] 저술가 브라이언 모리스(Brian Morris)는 이렇게 말했다.

> 무정부주의라는 말은 헬라어에서 나온 것으로, 본질적으로 '통치자가 없다'는 의미다. 무정부주의자들은 모든 형태의 정부나 억압적 권위, 모든 형태의 계급 제도와 지배를 거부한다. 그렇기 때문에 그들은 멕시코인 무정부주의자 플로레스 마곤(Flores Magon)이 말하는 "우울한 삼위일체"인 국가, 자본, 교회에 반대한다. 무정부주의자들은 이렇게 자본주의와 국가를 둘 다 반대하며, 모든 형태의 종교적 권위에도 반대한다. 하지만 무정부주의자들은 다양한 수단으로 무정부 상태, 즉 억압적 제도 없이 권력이 분산된 사회, 자발적인 연합들의 동맹을 통해 조직된 사회를 설립하거나 실현하려 한다.[36]

이러한 정의를 보면 무정부주의가 별로 해롭지 않은 것처럼 보이지만, 그 또한 폭력과 연관되어 왔다. 일부 무정부주의자들은 폭력으로 국가나 다른 제도들을 몰락시키려 했으며, 대중은 무정부주의 하면 사회 질서보다는 혼돈을 연상한다. 문제는, 권위주의가 인간 상황에 대해 비관적이고 인간의 자유와 존엄성을 부인하는 반면, 무정부주의는 인간 본성에 대해 지나치게 낙관적이고 인류가 타락했으며 크게 부패할 수 있다는 사실을 무시하는 듯하다는 것이다. 우리는 시민 사회에 대한 어떤 기독교직 견해도 유토피아적 꿈으로 표현될 수 없다는 것을 안다. 사람들은 하나님의 형상으로 창조되었을 뿐 아니라 타락했으며, 어떤 사회든 인간 본성의 이 두 요소를 다 받아들여야 하기 때문이다. 바로 이러한 이유로 이제 민주주의에 주의를 돌려 보자.

민주주의

민주주의는 셋째 선택 사항으로, 논증에 의한 설득이 정치적으로 표현된 것이다. 권위주의가 비관적이라 법을 제멋대로 강요하고, 무정부주의는 낙관적이라 권위에 대해 부적절한 견해를 가지고 있다면, 민주주의는 창조되었으며 타락한 존재인 인간에 대한 견해가 현실적이고, 법의 틀을 만들 때 시민들을 관여시킨다. 적어도 이론적으로는 그렇다. 실제로는, 언론 매체가 사람들을 조종하고 부패가 정치적 과정에 개입하기가 쉽다. 모든 민주주의에는 소수 집단을 짓밟을 위험이 상존한다.

많은 정치 철학은 민주주의와 일맥상통한다. 여러 형태의 사회주의들은 민주주의를 시민 사회의 핵심으로 보며, 사회민주주의는 복지가 정의로운 사회에 필수적이라고 본다. 여기서 목표는 사회가 모든 사람의 유익을 위해 움직이는 것이다. 자유민주주의에서 초점이 되는 것은 평등과 공동체보다는 자유와 개인이다. 시장이 사회의 중심이며, 국가의 역할은 개인의 선택에 비해 부차적인 것으로 여겨진다. 사회민주주의와 자유민주주의는 오늘날 실제로 볼 수 있는 가장 익숙한 모델일 것이다. 하지만 다른 두 모델도 언급할 만하다. 자유지상주의(libertarianism)는 전적으로 개인의 선택에 초점을 맞추며, 국가의 역할은 개인이 억압받지 않도록 보호하는 것으로 한정된다. 이 견해에 따르면, 불리한 입장에 있는 사람들을 돕는 것은 자유를 침해하는 것이다. 어떤 면에서 이것은 더 극단적인 자유주의다. 공산사회주의(communitarianism)는 개인보다 공동체와 전통을 강조한다. 이것은 자유주의와 자유지상주의의 대안이며, 도덕적 가치관과 가족 등 우리의 정체성이 담긴 제도들을 유지할 필요성을 환기시킨다.

존 루카스(John R. Lucas)는 「민주주의와 참여」(Democracy and Participation)에서 "'민주주의'라는 말과 거기서 파생한 말들은 결정 절차에 적용된다"라고 했다. 이 말은 의사 결정 과정의 세 측면을 묘사한다. 첫째는, 누가 그 결정을 내리는가 하는 것이다. "'누가 결정하는가?'라는 질문에 대한 대답이 '대체로 모든 사람'이라면 민주적으로 결정한 것이다. 이것은 능력주의 사회에서처럼 자격을 가장 잘 갖춘 사람들이 결정을 내리는 것이나, 독재 혹은 군주정에서처럼 단 한 사람이 결정을 내리는 것과는 대조된다." 둘째로, 민주주의는 어떻게 결정에 이르는지를 말한다. "토론, 비판, 타협에 의해 어떤 결정에 이르렀다면 민주적으로 결정한 것이다." 셋째로, 민주주의는 어떤 정신으로 결정을 내렸는지를 말한다. 즉, "한 분파나 당의 이익이 아니라 모든 사람의 이익에 관심을 갖고"[37] 결정을 내린다는 것이다.

그래서 현대 민주주의는 인간에 대한 균형잡힌 견해를 반영할 가능성이 가장 높다. 우리는 현대 민주주의가 종교개혁 이후의 유럽에 뿌리를 두고 있다는 사실에 비추어 그것을 예상할 수 있다. 그것은 또한 그리스도인들에게 다원주의 사회에서 건설적으로 기여할 수 있는 기회를 제공한다. 그리스도인들은 공개 토론에 참여함으로써(군비 철폐에 관한 것이든 이혼, 낙태 혹은 체외 수정에 관한 것이든), 여론에 영향을 미쳐 하나님을 더 기쁘시게 할 법률 제정을 공개적으로 요구함으로써 기여할 수 있다. 민주주의가 동의에 의한 통치라면 동의는 의견 일치에 좌우되며(적어도 선거 절차가 정말로 민주적일 때는), 의견 일치는 쟁점들을 분명하게 정리하는 토론에서 나오기 때문이다.

20세기에는 파시즘과 공산주의 이데올로기가 사람들에게 강요되었다. 둘 다 인류가 역사적 투쟁들을 뛰어넘는 이상적 상태에 이를 수 있다고 주장했다. 그 결과 수많은 사람이 불행과 불의와 공포를 경험했다. 21세기가 시작될 때, 우리는 공산주의가 붕괴되고 구소련에 민주주의의 물결이 밀어닥치며 사담 후세인의 독재 정권 하에 있던 이라크에서 놀라운 선거를 치르는 광경을 보았다. 이라크는 여전히 취약하고 혼란에 빠져 있지만 말이다.

민주주의가 매력적인 이유는 무엇인가? 무엇보다 섬세한 방식으로 사회의 체계를 잡는다는 점이다. 그것은 힘있는 자들에 의해 장악되거나 부패하거나 오용될 수 있다. 하지만 그리스도인들은 어떤 정치적 색채를 지녔든 민주주의를 주창하는 경향이 있다. 에이브러햄 링컨은 민주주의를 "국민의, 국민에 의한, 국민을 위한 정부"라고 규정했다. 윈스턴 처칠이 1947년 11월 11일 하원에서 인정했듯이, 민주주의가 "완벽하거나 대단히 지혜롭다"는 것은 아니다. 그는 이어서 "이따금씩 시도된 다른 모든 형태의 정부들을 제외하면 민주주의는 실로 최악의 정부 형태라고들 말한다."라고 말했다.

사실 민주주의는 지금까지 고안된 것 중 가장 지혜롭고 안전한 정부 형태다. 이는 그것이 우리 인간됨의 역설을 반영하기 때문이다. 한편으로 그것은 창조를 진지하게 받아들인다(즉, 인간의 존엄성). 그것은 사람들의 동의 없이 그들을 통치하기를 거부하고, 의사 결정 과정에서 그들에게 책임 있는 역할을 부여할 것을 고집하기 때문이다. 다른 한편으로, 그것은 타락을 진지하게 받아들인다(즉, 인간의 부패성). 그것은 한 사람이나 몇 사람의 손에 권력을 집중시키지 않고, 권력을 분산시켜 인간들을 각자의 교만과 어리석음에서 보호하기 때문이다. 라인홀드 니버(Reinhold Niebuhr)는 그것을 간결하게 표현했다. "정의를 실현할 수 있는 인간의 능력은 민주주의를 가능하게 한다. 하지만 불의를 향하는 인간의 성향은 민주주의를 필요하게 한다."[38]

가톨릭 철학자 리처드 노이하우스(Richard Neuhaus)는 민주주의의 중요성에 대해 이렇게 말했다.

민주주의는 타락한 창조 세계에 적절한 통치 형태다. 그 세계에서는 교회를 포함해서 어떤 사람이나 제도도 한 치의 오차 없이 하나님을 대변할 수 없다. 민주주의는 모든 사람과 제도가 불완전하게 파악한 초월적인 목적들에 대해 책임을 지는, 겸손의 필연적 표현이다.…물론 민주주의는 불만족스럽다. 하나님 나라 외의 모든 체제는 불만족스럽다. 민주주의의 임시성과 불완전성을 불평하는 것은 정치적 건강을 나타내는 표시다. 세상을 정돈하는 진정 만족스러운 방식이 무엇인지 찾아내려는 열망은 칭찬할 만하다. 하지만 그것은 하나님 나라에 대한 열망이며, 그 열망을 정치적 영역에 쏟아붓는 것은 위험할 정도로 잘못된 것이다.[39]

그리스도인들은 모든 정치 이데올로기(우파든 좌파든 중도파든)가 마치 진리와 선을 독점하는 것처럼 '세례를 베풀지' 않도록 주의해야 한다. 정치 이데올로기와 그 프로그램은 기껏해야 하나님의 뜻과 목적에 근사한 것일 뿐이다. 대놓고 기독교적이라 자부하는 정당들 역시 이것을 알아야 한다. 사실 대다수 정당에는 그리스도인들이 있으며, 양심적인 기독교적 근거를 바탕으로 자신들이 왜 그 당의 당원인지 변호할 수 있다. 그래서 직설적으로 지나치게 단순화해서 말해 보자면, 서구 사회의 두 주요 정치 이데올로기는 서로 다른 이유로 그리스도인들에게 호소력을 지닌다. 자본주의는 개인의 주도권과 진취적 정신을 고무하기 때문에 호소력이 있다. 하지만 그것이 야기하는, 격심한 경쟁에 약한 자들이 굴복하는 것에 대해서는 관심이 없는 것처럼 보이기 때문에 역겹다. 다른 한편, 사회주의는 가난한 자들과 약자들에게 대단히 깊은 동정심을 갖고 있지만, 또한 그것이 야기하는, 큰 정부에 의해 개인의 주도권과 진취적 정신이 질식당하는 것에 대해서는 관심이 없는 것처럼 보이기 때문에 역겹다. 각각은 인간에 대한 어떤 진리, 곧 그들의 창의적 능력을 마음껏 발휘할 필요성 혹은 그들이 불의로부터 보호받을 필요성을 강조하기 때문에 매력이 있다. 하지만 각각은 상호 보완적인 진리를 똑같이 진지하게 받아들이지 않기 때문에 역겹다. 둘 다 해방하는 것이 될 수 있지만, 둘 다 억압하는 것도 될 수 있다. 경제학자이자 정치가인 갤브레이스(J. K. Galbraith)가 말하듯, "자본주의 체제에서는 사람이 사람을 착취한다. 공산주의 체제에서는 그저 그 반대다." 많은 그리스도인이 현재의 대립을 극복하고 둘의 가장 좋은 특징들을 통합시킨 제3의 대안을 꿈꾸는 것은 이해할 만하다.

민주주의 사회에서 우리는 사회에 대한 하나님의 목적들을 추구하면서도,

우리가 진리를 독점하는 것은 아님을 인식하고 서로의 말을 겸손하게 경청해야 한다. 인간은 타락했고, 신적 이성과 인간의 현실 사이, 하나님이 계시하신 것과 인간이 가능하다고 생각하는 것 사이에는 간극이 있게 마련이다.

그리스도인의 정치적 책임

그리스도인들은 복잡한 현대의 삶을 살면서, 두 극단 중 한쪽에 치우치고자 하는 유혹을 받을 수 있다. 첫째로, 절망과 심지어 냉소주의에 굴복할 수 있다. 그들은 그리스도인들 간의 의견 불일치, 오래된 성경, 전문가들이나 이해할 수 있는 사회 문제들 때문에 상황이 절망적이라고 말한다. 그들은 하나님이 성경을 통해 우리에게 말씀하시며 우리를 진리로 인도하신다는 것을 신뢰하지 않는다. 둘째로, 어떤 사람들은 순진하고 단순하다. 그들은 속성 해결책을 원하며, 문제를 성경에 비추어 지혜롭게 성찰하기보다 종종 흑백논리로 본다. 그들은 문제를 부인할 수도 있고, 증거가 될 만한 본문들을 인용할 수도 있고, 의견이 다른 사람들을 비난할 수도 있다. 우리가 직면한 문제들을 성경에 비추어 붙잡고 씨름하는 것 외에 모든 것을 다 할 수 있는 것이다. 다음 장에서 논의하겠지만, 필요한 것은 기독교적 지성을 개발하는 일이다. 그것은 문제를 분석하고, 성경을 읽고, 다른 사람들의 말을 듣고, 행동을 취하는 것을 의미한다.

하지만 사전 조사를 완벽하게 하고 함께 논의하고 토론하고 기도했을 때도, 우리는 "정치적 책임은 누구에게 있는가?"하고 물어야 한다. 이러한 질문을 하지도 않고 그에 대답하지도 않는 것이야말로 기독교의 정치 참여에 대해 현재 우리가 겪는 혼란의 주된 이유 중 하나다. 우리는 그리스도인 개인, 기독교 집단, 교회를 구분해야 한다. 모든 그리스도인은 정치적으로 활발하게 활동할 수 있다. 성실한 그리스도인으로서 선거에서 투표권을 행사하고, 시대의 문제에 대해 알며, 공적 토론에 참여하고, 신문사에 투고하고, 지역구 국회의원에게 압력을 가하거나 시위에 참여할 수 있다는 의미다. 어떤 개인들은 지방 자치 정부나 중앙 정부에서 정치인으로 헌신하도록 하나님께 부름받는다. 특정한 도덕적·사회적 관심사를 공유하는 그리스도인들은 집단을 만들어 더 깊은 차원에서 문제들을 연구하고 적절한 행동을 취해야 한다. 어떤 경우 이 집단들은 그리스도인들만의 모임이 될 수도 있다. 어떤 경우에는 정당이든 노동조합이든 직업별 협회든 그리스도인들과 비그리스도인들이 섞여 있는 집단에 들어가 그리스도인의 관점을 제시할 수 있을 것이다.

그리스도인 개인과 집단이 정치적으로 생각하고 행동하는 것은 타당하다 하더라도, 교회 전체가 정치에 관여해야 하는 것일까? 분명 교회는 하나님의 율법과 복음을 둘 다 가르쳐야 한다. 이것은 교회의 목사, 교사, 지도자들의 의무다. "교회가 성경적 믿음 혹은 의에 따라 어떤 문제에 대해 공적 입장을 취해야 한다는 결론을 내릴 때, 교회는 하나님의 말씀에 순종하고 결과는 그분께 맡겨야 한다."[40] 교회가 가르칠 뿐 아니라 공동으로 모종의 정치적 행동을 취해야 한다고 생각하는지의 여부는 개신교 내에서도 루터교 전통을 따르는지, 개혁주의 혹은 재세례파의 전통을 따르는지에 따라 달라질 것이다. 적어도 우리는 교회가 필요한 전문 지식 없이 이 분야에 뛰어들어서는 안 된다는 데는 합의할 수 있다. 하지만 교회 지도자들이 사전 조사를 거쳐 철저히 준비하고, 일반 기독교 지성에 영향을 미치고 기독교의 공동 행동을 권하기 위해 함께 어떤 주제를 시간을 들여 연구한다면, 정보에 근거해서 연합한 입장은 대단한 영향력을 가질 것이다.

먼저 그리스도인 개인을 살펴보자. 일반적으로 모든 그리스도인은 증인인 동시에 종이 되라는 부름을 받는다. 우리 각자는 신앙을 증거하셨으며 또한 "나는 너희 중에 섬기는 자로 있노라"라고 말씀하신 주 예수님의 제자이기 때문이다. 따라서 '디아코니아'(*diakonia*, 섬김)와 '마르튀리아'(*marturia*, 증거)는 떼려야 뗄 수 없는 쌍둥이다. 하지만 그리스도인들은 각자 서로 다른 전문 사역으로 부름받는다. 열두 제자는 말씀과 기도의 사역으로 부름받은 반면, 일곱 집사는 날마다 과부들에게 양식을 나누어 주는 책임을 맡은 것과 마찬가지다(행 6장을 보라). 교회를 그리스도의 몸으로 보는 비유도 동일한 교훈을 강력히 주장한다. 우리 신체의 각 지체가 서로 다른 기능이 있는 것과 마찬가지로, 그리스도 몸의 각 지체 역시 서로 다른 은사를 받고 다른 사역을 맡고 있다. 한편, 우리가 어떤 특정 사역으로 부름받았든 긴급 상황에는 그것을 무시해야 할 것이다. 선한 사마리아인의 비유에 나오는 제사장과 레위인은 성전에서 일하도록 부름받았다는 핑계로, 공격받고 강도당한 사람을 방치한 것을 정당화할 수 없다. 우리가 주로 사회 사역으로 부름받았다 해도, 여전히 우리는 복음을 증거할 의무가 있다. 우리가 주로 복음 전도 사역으로 부름받았다 해도 사회적 책임이 없다고 말할 수 없다.

지역교회에 관해 말하자면, 갖가지 다른 은사와 소명을 가진 모든 교인이 나선다면 다방면의 활동이 크게 늘어날 것이다. 지역교회의 감독이나 지도 하에 비슷한 관심사를 가진 사람들이 연합하여 '특별 관심' 그룹이나 '연구 및 활동' 그룹을 결성하도록 격려하는 것은 매우 건전한 일이다. 어떤 사람들은 전도를 목적으로 가가호호 방문하거나, 음악 그룹, 세계 선교 그룹 등을 결성할 수 있을 것이다. 또 어떤 사람들은 환자나 생활 보호 대상자 방문, 주택 조합, 공동체나 인종 관계, 자연 환경 보호, 낙태 반대 캠페인, 소수 민족의 필요 등에 관심을 가질 것이다. 그런 전문 집단들은 서로를 보완해 준다. 가끔씩 그들이 전체 교인 앞에서 보고를 할 수 있다면, 그들이 교인 대표로 일한다는 사실이 확인될 것이고, 모교회에서 조언과 격려와 기도와 재정 후원 등 귀중한 지원을 받을 수 있을 것이다.

모든 종류의 사역에 관여할 수 있는 그리스도인은 아무도 없고 또 그렇게 하려 해서도 안 된다. 하지만 각 지역교회(어느 정도 규모를 갖춘)는 교회 내 그룹들을 통해 가능하면 많은 사역에 참여할 수 있고 또 참여해야 한다. 그 그룹들은 교회의 관심과 활동을 다각화할 수 있다.[41]

나는 가톨릭이 사용하는 미사라는 말에 대한 다소 놀라운 언급으로 이 장을 맺고자 한다. '미사'라는 말은 오래전 라틴어로 예배드릴 때 예전의 마지막 문장이었던 '이테 미사 에스트'(*ite missa est*)에서 나온 것이라고 한다. 고상한 말로 옮기면 "이제 여러분은 해산하십시오"라고 할 수 있다. 투박한 말로는 '나가시오!'라고 할 수 있다. 하나님이 만드셨고 하나님을 닮은 존재들이 사는 세상, 그리스도가 오셨고 이제 그리스도가 우리를 보내시는 그 세상으로 말이다. 우리가 속한 곳은 그곳이기 때문이다. 세상은 우리가 살고 사랑하고, 증거하고 섬기며, 그리스도를 위해 고난받고 죽어야 하는 장이다.

2
복잡한 세계: 기독교적 사고는 독특한가?

우리가 직면해 있으며 행동을 취하려 하는 문제들에 관해 정확히 아는 것이 대단히 중요하기는 하지만, 먼저 사회 참여의 신학적 토대를 공고히 해야 한다. 우리 그리스도인들은 확고한 기독교 세계관이 있어야 하는데, 신앙의 기본 교의를 철저히 이해해야만 그런 세계관을 가질 수 있다. 이것만이 앞 장에서 말한 순진한 단순화와 절망감에서 우리를 구할 수 있다. 하나님은 다음의 다섯 가지 영역에서 성경이 말하는 것을 우리가 더 충분히 파악하도록 도전하고 계신다.

다섯 가지 토대

하나님에 대한 더 온전한 교리

먼저 우리는 하나님에 대한 더 온전한 교리가 필요하다. 우리는 그분이 인류 전체에 대해, 다채롭고 복잡한 인간 생활 전체에 대해 관심을 갖고 계시다는 사실을 잊어버리는 경향이 있기 때문이다. 이러한 보편적 경향은 우리의 사고에 중대한 결과들을 초래한다.

먼저, 살아 계신 하나님은 종교의 하나님일 뿐 아니라 자연의 하나님이며, '신성한' 것의 하나님일 뿐 아니라 '세속적인' 것의 하나님이다. 사실상 그리스도인들은 언제나 이런 구분을 불편하게 생각한다. 모든 것은 하나님께 속해 있다는 의미에서 '신성하며', 하나님이 배제된다는 의미에서 '세속적인' 것은 아무것도 없기 때문이다. 하나님은 물리적인 우주를 만드시고, 그것을 유지하시며, 여전히 그것이 좋다고 단언하십니다(창 1:31). 실로 "하나님께서 지으신 모든 것이 선하매 감사함으로 받으면 버릴 것이 없다"(딤전 4:4). 우리는 선하신 창조주가 주신 선한 선물에 대해—성(性), 결혼, 가족에 대해, 자연 세계의 아름다움과 질서에 대해, 일과 여가에 대해, 우정과 타인종·타문화 공동체 경험에 대해, 인간의 삶을 풍성하게 해주는 음악과 다른 창조적 예술에 대해—더욱더 감사해야 한다. 우리는 하나님을 종종 너무 종교적으로 보고 너무 축소한다. 우리는 그분이 주로 종교—종교적 건물(교회와 예배 장소), 종교 활동(예배와 종교 의식), 종교 서적(성경과 기도서)—에만 관심을 두신다고 상상한다. 물론 그분은 이러한 것들에 관심을 두신다. 하지만 그것이 삶 전체와 관계되어 있을 때만 그러하다. 구약의 예언서들과 예수님의 가르침에 따르면, 하나님은 '종교'에 대해 매우 비판적이시다. 종교라는 것이 실생활, 사랑의 봉사, 마음에서 우러난 도덕적 순종과 분리된 종교 의식을 의미한다면 말이다. "하나님 아버지 앞에서 정결하고 더러움이 없는 경건은 곧 고아와 과부를 그 환난중에 돌보고 또 자기를 지켜 세속에 물들지 아니하는 그것이니라"(약 1:27). 종교 의식이 지닌 유일한 가치는, 우리 삶 전체의 헌신을 공적으로, 소리를 내어, 회중이 함께하는 활동으로 한 시간 남짓 동안 집약시킨다는 것이다. 예배 의식이 그러하지 않다면, 교회 밖 일상 생활에 아무런 필연적 결과도 가져오지 못하는 것들을 말하고 노래한다면, 그것은 무가치한 것보다 더 나쁘다. 그 위선은 단연 하나님을 역겹게 한다.

둘째로, 살아 계신 하나님은 언약 백성의 하나님일 뿐 아니라 열방의 하나님이다. 때로 우리 그리스도인들은 구약에서 이스라엘 백성이 언약의 하나님, 그들을 열방 가운데서 택하여 거룩한 나라가 되게 하시고 "나는 너희 하나님이 되고 너희는 나의 백성이 될 것이다"라고 맹세하신 하나님께만 집중했을 때 저질렀던 실수를 되풀이한다. 분명 이것은 영광스러운 진리다. '언약'이라는 개념은 성경의 중대한 주제다. 그것 없이는 성경의 계시를 이해할 수 없을 것이다. 하지만 이스라엘의 하나님은 위험한 절반의 진리다. 이스라엘은 그것을 지나치게 강조하다가 살아 계신 하나님을 축소시켜 버렸다. 그들은 그분을 일개 부족의 신, 시시한 하급 신의 지위로 격하시켰다. 그분을 이스라엘의 신 여호와, 곧 모압 족속의 신 그모스나 암몬 자손의 신 밀곰과 비슷하고 고만고만한 신으로 오해받게 만들었다. 또한 그들은 다른 민족들을 잊어버렸다. 혹은 그들을 멸시하고 거부했다.

하지만 성경은 이스라엘에서 시작하는 것이 아니라 열방에서 시작한다. 아브라함이 아니라 아담에서, 언약이 아니라 창조에서 시작한다. 하나님이 이스라엘을 선택하신 것은, 열방에 대한 관심을 잃어서가 아니었다. 아모스는 용감하게 여호와의 말씀을 토로한다. "여호와의 말씀이니라. 이스라엘 자손들아, 너희는 내게 구스[에디오피아] 족속 같지 아니하냐. 내가 이스라엘을 애굽 땅에서, 블레셋 사람을 갑돌[그레데]에서, 아람 사람을 기르에서 올라오게 하지 아니하였느냐"(암 9:7). 이런 맥락에서, 교만한 황제 느부갓네살은 "지극히 높으신 이가 사람의 나라를 다스리시며 자신의 뜻대로 그것을 누구에게든지 주시는 줄을"(단 4:32) 배워야 했다. 그분은 열방을 다스리신다. 그들의 운명은 그분의 통제 아래 있다. 사탄은 '이 세상 통치자'라고 불리고 사실상 그것을 찬탈하는 자이지만, 하나님은 여전히 자신이 만든 모든 것을 다스리시는 궁극적인 통치자이시다. "여호와께서 하늘에서 굽어보사 모든 인생을 살피심이여 곧 그가 거하시는 곳에서 세상의 모든 거민들을 굽어살피시는도다. 그는 그들 모두의 마음을 지으시며 그들이 하는 일을 굽어살피시는 이로다"(시 33:13-15). 그뿐 아니라 하나님은 아브라함과 그 후손에게 축복을 주시면서 땅의 모든 족속에게 축복을 주겠다고 약속하셨으며, 타락이 망쳐 놓은 것을 언젠가 회복하시고 자신이 만든 모든 것을 완성하겠다고 약속하셨다.

셋째로, 살아 계신 하나님은 칭의의 하나님일 뿐 아니라 정의의 하나님이다.[1] 물론 그분은 칭의의 하나님, 죄인들의 구세주, "자비롭고 은혜롭고 노하기를 더디하고 인자와 진실이 많은 하나님"(출 34:6)이다. 하지만 또한 그분은 우리의 공동체가 정의롭게 되는 데 관심을 가지신다.

> 억눌린 사람들을 위해 정의로 심판하시며
> 　주린 자들에게 먹을 것을 주시는 이시로다.
> 여호와께서는 갇힌 자들에게 자유를 주시는도다.
> 　여호와께서 맹인들의 눈을 여시며
> 여호와께서 비굴한 자들을 일으키시며
> 　여호와께서 의인들을 사랑하시며
> 여호와께서 나그네들을 보호하시며
> 　고아와 과부를 붙드시고
> 　악인들의 길은 굽게 하시는도다. (시 146:7-9)

이는 그분이 이 모든 일을 반드시 하신다는 뜻이 아니라, 하나님이 바로 이런 분이라는 뜻이다.

하나님은 특별히 자신의 백성에게서 정의를 기대하시지만, 정의에 대한 하나님의 관심은 그들을 넘어 모든 백성에게까지 확대된다. 하나님이 보시기에 사회적 동정심과 정의는 이스라엘뿐 아니라 열방에서도 중요한 것이다. 이에 대해 아모스서의 처음 두 장은 가장 분명한 증거가 된다. 아모스는 하나님의 율법을 거부하고 우상숭배로 돌아선 유다를 책망하기 전에, 가난한 자들을 억누르고 억압받는 자에 대한 정의를 저버린 이스라엘을 책망하기 전에 (2:4-8), 모든 주변 민족에 대한 하나님의 심판을 선포한다(1:3-2:3). 포악하고 잔인한 수리아를, 공동체 전체를 사로잡아 와서 그들을 노예로 판 블레셋을, 형제의 맹약을 깨뜨린 두로를, 이스라엘을 무자비하게 적대한 에돔을, 전쟁에서 잔학한 행위를 저지른 암몬을, 이웃 왕의 뼈를 더럽힌 모압을 심판하실 것이었다.

다른 몇몇 예언서에도 이와 비슷하게 민족들에 관한 혹은 민족들을 질타하는 하나님의 말씀이 실려 있다. 하나님이 정의의 하나님이며 모든 민족과 공동체에 정의를 바라신다는 것은 나훔서에 특히 분명하게 나타난다. 그것은 앗수르의 수도이며 상징인 니느웨에 대한 예언이다. 여호와가 앗수르를 비난하신 것은 단지 앗수르가 이스라엘의 오랜 원수이기 때문이 아니라(예를 들어, 1:9 이하; 2:2 이하) 그들의 우상숭배 때문이며(1:14), "그 안에는 거짓이 가득하고 포악이 가득하며 탈취가 떠나지 아니하기"(3:1) 때문이었다. 여호와는 두 번에 걸쳐 "내가 네 대적이 되어"(2:13; 3:5)라는 무시무시한 말씀을 하시며, "이는 그들이 항상 네게 행패를 당하였음이 아니더냐"(3:19)라는 수사적 질문으로 마치신다.

이 구약 본문들로 보아 하나님은 모든 곳에서 불의와 억압을 미워하시며 모든 곳에서 정의를 사랑하고 고취시키신다는 것을 분명하게 알 수 있다. 실로 우리가 사는 타락한 세상에서는 의가 있는 곳마다 하나님의 은혜가 있는 것이다. 모든 인간이 이것을 안다. 우리는 선천적으로 정의에 대한 감각이 있다. "불공평해!"라는 어린아이의 외침이 이를 웅변적으로 증거해 준다. 그것은 하나님의 도덕법이 인간의 마음에 적혀 있다는 바울의 가르침을 뒷받침하는 확실한 증거다(롬 2:14, 15). 하나님의 율법과 하나님의 복음은 모두 우리의 유익을 위한 것이다.

이것이 성경에 나오는 살아 계신 하나님이다. 그분의 관심사는 모든 것을 포괄한다. '신성한' 것뿐 아니라 '세속적인' 것도, 종교뿐 아니라 자연도, 언약 백성뿐 아니라 모든 백성도, 칭의뿐 아니라 모든 공동체 내의 사회 정의도, 그분의 복음뿐 아니라 율법까지도 다 포괄한다. 그러므로 우리가 그분의 관심사를 좁혀서는 안 된다. 나아가 우리의 관심사 역시 그분처럼 광범위해야 한다.

인간에 대한 더 온전한 교리

우리가 행하는 모든 박애적 사역(인간에 대한 사랑으로 고무된 사역)은 그들에 대한 우리의 평가에 좌우된다. 그들의 가치를 더 높이 평가할수록 우리는 그들을 더 섬기고자 할 것이다.

세속적인 인본주의자들은 자신이 '인간의 상황과 인간의 대의'[2]에 헌신하고 있다고 진지하게 말하며, 때로는 그리스도인들보다 더 인도적인 것처럼 보인다. 하지만 왜 인류에게 그처럼 헌신하는지 물으면, 아마 그들은 줄리안 헉슬리(Julian Huxley)의 말처럼 영원한 미래에 인간이 무한한 진화의 잠재력을 지니고 있기 때문이라고 대답할 것이다. "이처럼 실현 가능한 인간의 광대한 잠재력이 발전하는 것은 집단 행동에 가장 중요한 동기를 부여한다"[3]라고 그는 썼다. 이것이 섬김의 기초로 부적절하다는 것은 명백하다. 진화가 방해 없이 진전되는 것이 우리의 주된 관심사라면, 왜 상습범, 정신병 환자, 고질병 환자, 굶주린 사람들을 돌봐야 하는가? 그들이 진화 과정을 방해하지 않도록, 사랑하던 개처럼 잠재우는 편이 현명한 것 아닐까? 동정심에서 우러난 섬김이 아니라 강제 안락사가 인본주의 전제의 논리적 귀결일 것이다. 그들이 이렇게 하지 않는다는 사실은, 그들의 마음이 머리보다 나으며 그들의 인정이 철학보다 낫다는 것을 나타낸다.

그리스도인들에게는 동료 인간들을 섬기는 더 온전한 기초가 있다. 그것은 인류가 이론적으로 미래에 발전할 것이기 때문이 아니라, 이미 하나님의 피조물로서 존재하기 때문이다. 인간은 하나님의 형상을 따라 지음받은 신과 같은 존재이며, 짐승과 달리 독특한 능력이 있다. 인간이 타락했고 신적 형상이 훼손된 것은 사실이다. 겉으로는 정반대로 보이더라도 그 형상은 파괴되지 않았다(창 9:6; 약 3:9). 인간에게 고유한 가치가 있음을 뒷받침하고 언제나 기독교의 박애 정신을 고무한 것이 바로 이것이다.

이처럼, 신을 닮은 피조물인 인간은 영혼(영원한 구원에만 관심을 가져야 하는)만도 아니고, 육체(의식주와 건강만 살펴야 하는)만도 아니며, 사회적 존재(공동체 문제에만 전념해야 하는)만도 아니다. 그들은 그 셋 모두이다. 성경적 관점에서는 인간을 '공동체 내에 있는 육체를 가진 영혼'이라고 규정할 수 있다. 하나님이 우리를 그렇게 만드셨기 때문이다. 그러므로 우리가 정말로 이웃을 사랑한다면, 또한 그들은 섬기고자 하는 마음이 들 정도로 가치 있는 존재이기 때문에, 우리는 그들의 총체적인 복지, 그들의 영혼과 육체와 공동체의 복리에 관심을 가질 것이다. 그런 관심으로 전도와 구제와 개발이라는 실제적인 프로그램을 만들 것이다. 한 노숙자 여인이 도움을 청하자 (자신은 바쁘고 도울 방법이 없었기에, 물론 진심으로) 그녀를 위해 기도하겠다고 약속했던 한 시골 교회 목사처럼, 말만 번드르르하고 계획만 세우고 기도만 하지는 않을 것이다. 그 집 없는 여인은 후에 다음의 시를 썼으며 그것을 쉘터(Shelter: 노숙인을 위한 민간 단체—편집자 주)의 지역 담당자에게 전해 주었다.

나는 배고팠어요.
　그런데 당신은 나의 굶주림에 대해 논하기 위해 자선 단체를 결성했어요.
나는 감옥에 갇혔어요.
　그런데 당신은 살며시 예배당에 들어가 내가 석방되도록 기도했어요.
나는 벌거벗었어요.
　그런데 당신은 마음속으로 나의 외모가 단정한지 생각했어요.
나는 아팠어요.
　그런데 당신은 무릎을 꿇고 자신이 건강한 것에 대해 하나님께 감사했어요.
나는 집이 없었어요.
　그런데 당신은 내게 하나님의 사랑이라는 영적 쉼터에 대해 설교했어요.
나는 외로웠어요.
　그런데 당신은 나를 위해 기도한다며 나를 혼자 버려두고 갔어요.
당신은 너무나 거룩하고 하나님께 아주 가까이 있는 듯 보이네요.
　하지만 나는 여전히 아주 배고프고 외롭고 춥답니다.

그리스도 시대 때부터 그리스도인들은 가난한 자들, 힘없는 자들, 병든 자들, 마약 중독자들, 감옥에 갇힌 자들과 함께해 왔다. 눈앞에 닥친 필요를 채워 주었을 뿐 아니라 그들을 위해 정의를 추구해 왔다. 왜 그렇게 했는가? 인간에 대한 기독교의 교리 때문이다. 그들은 모두 타락했지만, 모두 하나님의 형상으로 지음받은 존재다. 모든 남자와 여자와 어린아이는 인간으로서 고유하고 박탈할 수 없는 가치가 있다. 이 사실을 알고 나면 우리는 인간성을 말살하는 모든 것에서 사람들을 해방하는 일에 뛰어들 것이며, 그들을 섬기는 일과 인간의 삶을 더 인간답게 만들기 위해 가능한 모든 일을 하는 것을 특권으로 여길 것이다.

그리스도에 대한 더 온전한 교리

예수님에 대해서는 아주 다양한 재해석과 재구성이 있었다. 실상 모든 세대의 그리스도인들이 예수님을 자신의 시대와 문화에 맞게 이해하고 소개하려 애쓰는 것은 옳은 일이다. 그래서 우리는 예수님을 고행자, 고난받는 자, 제왕, 신사, 광대, 슈퍼스타, 자본주의자, 사회주의자, 혁명가, 게릴라, 만병통치약 등으로 묘사해 왔다. 물론 이런 묘사 중에는 모순되는 것들이 있으며, 어떤 것들은 역사적 근거가 거의 혹은 전혀 없다.

그렇다면 우리는 로잔 언약에서 '역사적·성경적 그리스도'(제4항)라고 선언한 분의 진정한 모습을 회복해야 한다. 우리는 그분의 역설적인 모든 면을 알아야 한다. 그분의 고난과 영광, 그분의 종 됨과 주권, 자신을 낮추신 성육신과 우주적 통치 등. 우리 복음주의자들이 가장 무심히 여기는 것은 아마도 성육신일 텐데, 그 신학적 의미와 실제적 함의를 모두 놓치는 경향이 있다.

하나님의 아들은 하늘의 안전한 곳에 머물지 않으셨다. 그분은 자신의 영광을 버리고 섬기기 위해 자신을 낮추셨다. 그분은 보잘것없고 힘없고 연약한 존재가 되셨다. 그분은 우리가 겪는 고통과 소외와 시험이 있는 곳으로 들어오셨다. 그분은 하나님 나라의 복된 소식을 선포하셨을 뿐 아니라 병든 자를 고치시고, 주린 자를 먹이시고, 죄인을 용서하시고, 낙오한 자의 친구가 되시고, 죽은 자를 살리셔서, 그 나라가 임했음을 알리셨다. 그분은 섬김을 받으러 온 것이 아니라 섬기려고, 다른 사람들을 해방하는 대속물로 자신의 생명을 주려고 왔다고 말씀하셨다. 그래서 법정에서 엄청난 불의의 희생자가 되셨으며, 십자가에 못 박힐 때 원수들을 위해 기도하셨다. 그리고 하나님께 버림받은 무시무시한 어두움 속에서 죄 없이 우리의 죄를 짊어지셨다.

그리스도의 이러한 모습은 "아버지께서 나를 보내신 것같이 나도 너희를 보내노라"(요 20:21)라고 하신 위임 명령을 이해하는 것과 상관이 없을까? 기독교의 선교가 그리스도의 선교를 본받아야 한다면, 분명 그분이 그러셨던 것처럼 우리도 다른 사람들의 세계로 들어가야 할 것이다. 복음 전도에서 그것은, 다른 사람들이 현재 있는 곳에서 그리스도를 소개하기 위해 그들의 사고 세계와 그들의 비극과 방황의 세계로 들어가는 것을 의미한다. 사회 활동에서 그것은, 문화가 다른 사람들 곧 우리가 이전에 알았거나 경험해 보지 못한 필요를 지닌 사람들을 섬기기 위해 우리의 안락하고 안전한 문화적 배경을 기꺼이 포기하는 것을 의미한다. 성육신적 선교는, 전도든 사회 활동이든 둘 다든, 사람들의 실제 상황 속에 들어가 그들과 동일해지는 큰 희생을 요구한다. 나사렛 예수는 병들었거나 사별했거나 굶주리거나 괴롭힘을 당하거나 무력하거나 곤핍한 사람들을 보고 동정심을 느끼셨다. 같은 광경을 볼 때 그 백성의 마음에도 동정심이 일어나야 하지 않을까?

레오니다스 프로아뇨(Leonidas Proaño)는 에콰도르의 수도 키토에서 남쪽으로 160킬로미터 정도 떨어진 리오밤바의 가톨릭 주교였다. 그는 성경에 기초하여 사고하면서 조국의 사회 정의를 위해 열심히 일했다. 특히 인디언 문화를 손상시키고 심지어 파괴하려고 위협하는 사람들에 맞서 그 문화를 보존하고자 애썼다. 그는 마르크스주의자로 여겨지기를 거부했으며 사실 마르크스주의자도 아니었지만, 에콰도르의 정치 제도와 교회 제도에 비판적이었고 실제로 도전을 가했다. 그는 봉건 제도와 부유한 지주들의 억압적 권력에 반대했다. 때로는 암살 위협에 시달렸다. 1973년에 칠레 대통령 살바도르 아옌데(Salvador Allende)가 타도되고 죽은 후, 프로아뇨 주교는 키토의 마르크스주의자 학생들 앞에서 설교했다. 그는 예수님을 급진적인 분으로, 체제의 비판자요 짓밟힌 자들의 투사요 가난한 자들을 사랑하신 분으로 묘사했으며, 예수님이 복음을 전파하셨을 뿐 아니라 궁핍한 자들에게 동정의 사역도 베푸셨다고 말했다. 설교가 끝나고 질문 시간이 있었는데, 그때 몇몇 학생이 이렇게 말했다. "우리가 이런 예수님을 알았더라면 마르크스주의자가 되지 않았을 겁니다."

우리는 어떤 예수님을 믿는가? 그리고 우리는 어떤 예수님을 전하는가? 일부 교회에서 젊은이들에게 거짓된 예수('다른 예수', 고후 1:14)를 소개하여 그들이 예수님을 거부하고 칼 마르크스의 품에 안기는 것은 아닐까?

구원에 대한 더 온전한 교리

교회는 구원의 본질을 사소한 것으로 만드는 고질적인 경향이 있다. 마치 구원이 자기 혁신이나 죄사함, 낙원에 들어가기 위한 여권이나 사회적·도덕적 결과가 따르지 않는 사적이고 신비한 체험에 불과한 것처럼 취급한다. 우리는 긴급히 구원을 이러한 희화적 표현에서 구해 내고, 성경적으로 온전한 의미의 구원 교리를 되찾아야 한다. 구원은 세 단계의 철저한 변혁으로, 우리가 회심할 때 시작되고 이 땅에 사는 동안 지속되며 그리스도가 오실 때 완성된다. 특히 우리는 한데 결합되어 있는 진리들을 분리하려는 유혹을 극복해야 한다.

먼저, 구원을 하나님 나라와 분리해서는 안 된다. 성경에서는 이 두 표현이 하나님의 동일한 역사를 묘사하는 사실상 동의어이기 때문이다. 이사야 52:7에 따르면, 평화의 좋은 소식을 전하는 사람들은 또한 "구원을 공포하며 시온을 향하여 이르기를 네 하나님이 통치하신다 하는 자"이다. 즉, 당신이 통치하시는 곳에서 하나님은 구원하신다. 구원은 그분의 통치가 가져오는 복이다. 또한 예수님이 제자들에게 "하나님의 나라에 들어가기가 얼마나 어려운지"에 대해 말씀하셨을 때, 그들은 자연스럽게 "그런즉 누가 구원을 얻을 수 있는가"라고 질문했다(막 10:24-26). 분명 그들은 하나님 나라에 들어가는 것을 구원받는 것과 동일시했다.

이렇게 동일화하고 보면 구원은 더 넓은 측면을 지닌다. 하나님 나라는 하나님의 역동적인 통치로서, 예수님을 통해 인간의 역사에 개입하시고, 악을 싸워서 정복하시고, 개인과 공동체의 온전한 복지를 펼치시고, 총체적인 축복과 총체적인 명령으로 자기 백성을 소유하시는 것이기 때문이다. 교회는 하나님 나라 공동체, 즉 인간 공동체가 하나님의 통치 아래 있을 때 어떤 모습인지를 보여 주는 모델이며 세속 사회에 도전을 주는 대안이어야 한다. 하나님 나라에 들어가는 것은 구약에서 오랫동안 약속했던 새 시대에 들어가는 것이며, 하나님의 새로운 창조의 시작이기도 하다. 지금 우리는 우리 몸과 사회와 우주가 모두 새롭게 되고, 죄와 고통과 무의미와 질병과 사망이 근절될 하나님 나라의 완성을 고대한다. 구원은 큰 개념이다. 우리 마음대로 그것을 축소할 자유는 없다.

둘째로, 우리는 구세주 예수님과 주 예수님을 분리해서는 안 된다. 일부 복음 전도자들이 구세주 예수님을 받아들이면서 주님이신 그분께 복종하는 것은 뒤로 미룰 수도 있다고 가르치는데, 이는 터무니없는 일이다. 하나님은 예수님을 자신의 우편으로 높이셨으며 우리의 주로 삼으셨다. 그분은 최고의 권세와 집행권을 가지고 계시므로 구원과 성령의 선물을 주실 수 있다. 그분이 구원하실 수 있는 것은 바로 그분이 주님이기 때문이다. "예수님은 주님이시다"라는 단언과 "예수님은 구세주시다"라는 단언은 바꿔 쓸 수 있는 말이다. 그분의 주권은 우리 삶의 종교적인 부분을 훨씬 능가한다. 그것은 우리의 공적·사적 경험 전체, 가정과 직장, 교인으로서의 의무와 시민으로서의 의무, 복음 전도의 책임과 사회적 책임을 전부 포괄한다.

셋째로, 우리는 믿음을 사랑과 분리해서는 안 된다. 복음주의 그리스도인들은 언제나 믿음을 강조해 왔다. '솔라 피데'(Sola fide), '오직 믿음으로'는 종교개혁가들의 중대한 표어 중 하나였으며, 지당한 것이다. '칭의' 혹은 하나님께 받아들여지는 것은 우리가 행했거나 행할 수 있는 선행 덕분이 아니다. 그것은 오직 하나님이 아무 공로 없이 주시는 은총(은혜)에 의해, 예수 그리스도의 대속의 죽음이라는 유일한 근거에 의해, 그분만을 단순하게 믿는 믿음에 의해 주어지는 것이다. 복음의 이 중심적 진리는 어떤 것과도 타협할 수 없다. 칭의는 오직 믿음으로 이루어지는 것이지만, 이 믿음이 혼자 뚝 떨어져 있을 수는 없다. 그것이 생생하고 진정한 믿음이라면 반드시 선한 행실을 낳을 것이며, 그렇지 않다면 겉만 번지르르한 가짜 믿음이다. 예수님은 심판날의 '양과 염소'를 묘사하면서 이것을 직접 가르쳐 주셨다. 예수님은 그분에 대한 우리의 태도가 지극히 작은 자에게 행한 선행에서 드러날 것이며, 그러므로 그 선행에 따라 심판받을 것이라고 말씀하셨다. 사도들도 모두 사랑의 선행이 필요하다는 것을 강조했다. 야고보가 가르친다. "행함이 없는 믿음은 그 자체가 죽은 것이라.···나는 행함으로 내 믿음을 네게 보이리라 하리라"(약 2:17, 18). 요한도 가르친다. "누가 이 세상의 재물을 가지고 형제의 궁핍함을 보고도 도와줄 마음을 닫으면 하나님의 사랑이 어찌 그 속에 거하겠느냐"(요일 3:17). 바울도 그렇게 가르친다. 그리스도는 "선한 일을 열심히 하는"(딛 2:14) 새로운 백성을 창조하기 위해 죽으셨다. 우리는 "하나님이 전에 예비하사 우리로 그 가운데서 행하게 하려" 하신 "선한 일"을 위해 그리스도 안에서 재창조되었다(엡 2:10). "사랑으로써 역사하는 믿음뿐이니라.···사랑으로 서로 종 노릇 하라"(갈 5:6, 13). 믿음, 사랑, 섬김, 이것은 놀라운 순서다. 참 믿음은 사랑을 낳으며, 참 사랑은 섬김을 낳는다.

신약의 이러한 강조를 마음 깊이 새겨야 할 사람은 특히 우리 '복음주의' 그리스도인들이다. 우리는 사랑을 희생하면서 믿음과 지식을 과도하게 강조하지 않도록 주의해야 한다. 바울은 그러지 않았다. 그는 "모든 비밀과 모든 지식을 알고" 또 "산을 옮길 만한 모든 믿음이 있을지라도" 사랑이 없으면 아무것도 아니라고 썼다(고전 13:2). 구원하는 믿음과 구원하는 사랑은 한데 결합되어 있기 때문이다. 어느 하나가 없으면 다른 하나도 없는 것이다. 둘 중 어느 것도 따로 존재할 수 없다.

교회에 대한 더 온전한 교리

많은 사람이 교회를 지역 골프 동호회처럼 생각하며, 차이점이라고는 회원들의 공동 관심사가 골프가 아닌 하나님이라는 것뿐이다. 그들은 종교적인 것을 함께하는 종교적인 사람들이다. 그들은 기부금을 내고 동호회의 회원 자격을 누릴 권한을 받는다. 이런 사고 방식 때문에 그들은 "교회는 비회원의 유익을 위해 존재하는 유일한 협동 조합이다"[4]라는 윌리엄 템플의 통찰력 있는 말을 잊어버린다.

교회를 '동호회'로 보는 대신, 우리는 교회의 '이중 정체성'이라는 진리를 되찾아야 한다. 한편으로 교회는 세상에서 나와 하나님께 속하라는 부르심을 받은 '거룩한' 사람들이다. 하지만 다른 한편으로 '내세 지향성'을 버리고 증거하고 섬기도록 다시 세상으로 보냄받는다는 의미에서 '세상적인' 사람들이다. 이것이 바로 본회퍼(Bonhoeffer)의 본을 따라 알렉 비들러(Alec Vidler)가 교회의 '거룩한 세속성'[5]이라고 부른 것이다. 장구하고도 다사다난한 교회사에서 교회가 이중 정체성을 기억하거나 보존했던 적은 거의 없었다. 교회가 '거룩'을 강조한 것은 옳았지만, 그러다 보니 때로는 세상에서 잘못 물러나 세상과 격리되곤 했다. 교회가 '세상'(즉, 교회가 세상사에 골몰하는 것)을 강조한 것은 옳았지만, 때로는 세상의 기준과 가치관에 잘못 동화되어 그것에 오염되기도 했다. 하지만 교회는 정체성의 양면을 모두 보존하지 않으면 선교에 관여할 수 없다. 선교는 사회 속에서의 교회에 대한 성경 교리를 기초로 한다. 균형잡히지 않은 교회론은 선교 역시 균형을 잃게 만든다.

예수님 자신이 이 진리를 가르치셨다. "세상에 있되 세상에 속하지는 않았다"(요 17:11-19)라는 유명한 표현을 통해, 또한 소금과 빛에 대한 생생한 비유들을 통해서도 가르치셨다. 그분은 "너희는 세상의 소금이라" 그리고 "너희는 세상의 빛이라"라고 말씀하셨다(마 5:13-16). 그분은 새 공동체와 옛 공동체, 즉 교회와 세상은 빛이 어두움과 아주 다른 것처럼 그리고 소금이 부패와 거리가 먼 것처럼 서로 완전히 다르다는 것을 암시하셨다. 또한 조금이라도 쓸모가 있으려면 소금은 고기 속에 스며들어야 하고 빛은 어둠 속을 비추어야 한다고 암시하셨다. 마찬가지로 그리스도인들도 비그리스도인들의 사회에 침투해 들어가야 한다. 따라서 교회의 이중적 정체성과 책임은 명백하다.

사도 베드로 역시 하나님의 새로운 백성은 한편으로는 "세상의 나그네와 행인"으로, 다른 한편으로는 그 안에서 성실한 시민으로 살아가야 한다고 설명한다(벧전 2:11-17). 우리는 완전히 '세상을 긍정할' 수도(그 안에 악한 것이 하나도 없는 듯이), 완전히 '세상을 부인할' 수도(그 안에 선한 것이 하나도 없는 듯이) 없다. 우리는 어느 정도 양쪽 모두를 견지해야 하며, 특히 하나님의 세상으로서 세상에 있는 잠재 가능성을 인식하고 세상사를 하나님의 주권에 맞추어 가는 노력을 하면서 '세상에 도전해야' 한다.

교회가 사회에 미치는 영향에 대한 이러한 비전은 '구속'보다는 '개혁'이라는 용어로 가장 적절히 묘사할 수 있다. 트리튼(A. N. Triton)이 표현했듯이 "구속은 사회 구조에 영향을 미치는 것이 아니다.…그것은 개인이 하나님과 올바른 관계를 회복하게 한다. 그런 관계는 사회에 수평적인 충격파를 주는데, 우리 모두는 거기서 유익을 얻는다. 그 유익이란, 하나님의 율법에 따라 사회를 개혁한다는 점에서 유익하다는 뜻이지 그리스도의 죽음으로 사회를 구속한다는 점에서 유익하다는 뜻이 아니다."[6]

교회의 영향력은 '거룩함'과 '세속성'을 결합시키는 데 달려 있다. 이 개념들은 나중에 살펴보겠다.

기독교적 지성

사회 참여를 위한 다섯 가지 토대를 분명하고 철저하게 파악했으니, 이제 다음 단계로 넘어가 우리의 목표인 기독교적 지성을 개발할 준비가 되었다. 기독교적 지성을 갖추어야만 현대 사회의 문제들에 대해 기독교적으로 온전하게 생각할 수 있다.

이런 제안을 하면 오늘날의 반지성적인 분위기에 동화되어 버린 그리스도인들은 즉각 이의를 제기한다. 그들은 지성을 사용하라는 말은 듣기 싫다고 말한다. 어떤 사람들은 심지어 그렇게 하는 것이 '영적이지 않다'고까지 말한다. 그에 대한 대답으로 바울이 고린도 사람들에게 권고한 내용을 귀담아 듣기 바란다. "지혜에는 아이가 되지 말고…지혜에는 장성한 사람이 되라"(고전 14:20). 지성을 적절히 사용하는 것은 놀랄 만큼 유익하다. (1) 지성은 하나님을 영화롭게 한다. 하나님은 우리를 그분의 형상을 따라 이성적 존재로 지으셨으며, 성경 안에 이성적인 계시를 주셔서 그것을 연구하도록 하셨기 때문이다. (2) 지성은 우리를 풍요롭게 한다. 기독교 제자도의 모든 측면(예를 들어, 우리의 예배, 믿음, 순종)이 성숙하는 정도는 하나님의 영광과 신실하심과 뜻에 대한 우리의 성찰에 좌우되기 때문이다. (3) 지성은 세상에서 우리의 증거를 힘있게 해준다. 우리는 사도들처럼 복음을 '전파할' 뿐 아니라, 그것을 '변호하고' '논증하며', 그 진리를 사람들에게 '권하라는' 부르심을 받았기 때문이다(예를 들어, 행 17:2-3; 19:8; 고후 5:11; 빌 1:7).

로마서 12장 첫머리에서 바울은 '마음을 새롭게' 하라는 표현을 사용한다. 그는 이제 막 로마 독자들에게 하나님의 자비에 감사하여 그들의 몸을 '산 제물'로, '영적 예배'로 드려야 한다는 유명한 호소를 했다. 이어서 하나님의 사람들이 세상에서 그분을 섬기는 것이 어떻게 가능한지를 설명한다. 그는 우리에게 양자택일을 요구한다. 한 가지 길은 이 세상 혹은 이 '세대'를, 즉 그 기준(혹은 기준이 없는 것)과 가치관(대체로 물질주의적인)과 목표(자기 중심적이고 불경건한)를 '본받는' 것이다. 이것이 서구 문화의 특징이다. 더구나 기세등등한 문화는 (기세등등한 바람처럼) 거스르기가 쉽지 않다. '바람에 흔들리는 갈대'처럼 최소한의 저항만 하고 그 앞에 절하기가 더 쉽다. 현대의 세속주의는 강하고 미묘하며, 자신을 본받으라는 압력이 매우 크다.

하지만 바울은 이 세상을 본받지 말고, 하나님의 기뻐하시고 온전하신 뜻을 분별할 수 있도록 마음을 새롭게 하여 "변화를 받으라"고 권한다. 여기서 사도 바울은 그리스도인이 새로워진 마음을 지니고 있다고 혹은 지녀야 한다고 전제하며, 또한 새로워진 마음이 우리 삶에 근본적인 영향을 미칠 거라고 전제한다. 그 마음이 우리가 하나님의 뜻을 분별하고 시인할 수 있게 할 것이며, 따라서 우리의 행동을 변화시킬 것이기 때문이다. 그러한 인과적 연쇄 작용은 당연한 것이다. 바르게 살려면 바르게 생각해야 한다. 바르게 생각하려면 새로워진 마음을 지녀야 한다. 마음이 새로워지면 세상의 길이 아니라 하나님의 뜻에 몰두할 것이며, 그러면 우리는 변화될 것이다.

그리스도인에게 회심은 전적으로 새로워지는 것이다. 타락은 전적인 부패에 이르게 했다. 내 생각에, 이 교리를 거부하는 이들은 그것을 오해했을 뿐이다. 이 교리는 모든 사람이 더 이상 타락할 수 없을 만큼 타락했다는 의미가 아니며, 오히려 타락으로 인해 지성을 포함한 인간성의 모든 부분이 왜곡되었다는 의미다. 그러므로 구속은 전적인 쇄신(지금 우리가 선해질 수 있는 한 가장 선해졌다는 의미가 아니라, 지성을 포함한 우리의 모든 부분이 새로워졌다는 의미다)을 포함한다. 분명한 대조가 나타난다. 우리의 옛 관점은 대중을 따르게 했다. 그러나 새로운 관점은 하나님의 뜻을 벗어난 사람들의 도덕을 따르지 않게 한다. 타락한 지성은 세상의 길을 따랐다. 그러나 새로워진 지성은 하나님의 말씀에 계시된 하나님의 뜻에 몰두한다. 그 둘 사이에는 회개를 뜻하는 '메타노이아'(metanoia), 곧 지성 혹은 관점의 완전한 변화가 있다.

바울은 '새로워진 마음'에 대해서뿐 아니라 '그리스도의 마음(mind)'에 대해서도 쓴다. 그는 빌립보 사람들에게 "너희 안에 이 마음을 품으라. 곧 그리스도 예수의 마음이니"(2:5)라고 권면한다. 예수님의 가르침과 본보기를 연구하고 의식적으로 우리 지성을 그분의 권위라는 멍에 아래 둘 때(마 11:29), 우리는 그분이 생각하셨던 것처럼 생각하게 된다. 그리스도의 영이신 성령에 의해 그분의 마음이 점차 우리 안에 형성된다. 우리는 그분의 방식으로 행동하고 그분의 관점으로 사물을 본다. 우리의 견해는 그분의 것과 비슷해진다. 우리는 사도가 말한 대로 감히 말할 정도가 된다. "우리가 그리스도의 마음을 가졌느니라"(고전 2:16).

'새로워진 마음.' '그리스도의 마음.' '기독교적 관점.' '기독교적 지성.' 해리 블레마이어스(Harry Blamires)는 이 중 네 번째 표현을 제목으로 한 책에서 이 말을 일반에 널리 알렸다. 이 책은 1963년에 출간된 이후 광범위한 영향을 미쳤다. 그가 말하는 '기독교적 지성'이란 '종교적인' 주제들에 전념하는 지성이 아니라, 가장 '세속적인' 주제라도 '기독교적으로' 즉 기독교적 관점으로 생각할 수 있는 지성을 말한다. 그것은 "대화 주제가 성경에서 그날의 신문 기사로 바뀜에 따라 기독교적 정신 세계를 드락날락하는"[7] 정신 분열적인 그리스도인의 지성이 아니다. 기독교적 지성은 "세속적 논쟁거리를 기독교적 전제로 구성된 판단의 틀 안에서 다루도록 훈련되고 지식을 갖추고 구비된 마음"[8]이다. 블레마이어스는 현대 그리스도인들, 심지어 교회 지도자들도 기독교적 사고를 상실한 것을 한탄한다. "기독교적 지성은 기독교 역사에서 전례 없을 정도로 맥없이 세속적 동향에 굴복하고 말았다."[9] 블레마이어스는 그 상실을 개탄하고 회복을 꾀하기 시작했다. 그는 "현재의 편견들에 도전하고…자신의 우월성에 만족하는 풍조를 휘저어 놓으며…분주한 실용주의를 차단하고…자신에 대한 모든 기초에 의문을 제기하는…성가신 존재"[10]인 그리스도인 사상가가 일어나는 것을 보고 싶어 했다.

블레마이어스는 이어서 기독교적 지성의 여섯 가지 필수적 '표지'라고 생각하는 것을 열거했다. (1) '초자연적 지향'(시간을 넘어 영원을, 지상을 넘어 천국과 지옥을 보며, 동시에 하나님이 만드시고 유지하시며 '관심하시는' 세상에 사는 것), (2) '악에 대한 인식'(가장 고상한 것들마저도 '굶주린 허영'의 도구로 왜곡시켜 버리는 원죄를 인식함), (3) '진리에 대한 개념'(신적 계시가 주어졌다는 타협할 수 없는 사실), (4) '권위를 받아들임'(하나님의 계시는 우리에게 '대등한 애착이 아니라 허리 굽혀 복종할 것'을 요구한다), (5) '사람에 대한 관심'(인간성의 가치를 인정하고 그것이 기계에 종속되는 것을 반대하는 것), (6) '신성한 성향'(예를 들면, 성적 사랑은 사람이 실재에 대해 마음을 열도록 하는 '하나님의 가장 효율적인 도구'라고 인식하는 것)이다.

4중 틀

나는 성경 전체가 제공하는 틀을 익히는 것이 유용하다는 것을 알았다. 참된 기독교적 지성은 '증거 본문 삼기'(proof-texting, 하나님은 우리에게 포괄적인 계시를 주셨는데, 모든 교리적·윤리적 문제를 하나의 고립된 본문을 인용함으로써 해결할 수 있다고 생각하는 것)를 회개하고, 성경의 풍성함에 깊이 잠기기 때문이다. 특히 기독교적 지성은 성경 역사의 4중 틀을 수용한다. 성경은 인간의 역사를 몇 개의 시대로 나누는데, 제국이나 왕조나 문명의 흥망이 아니라 창조·타락·구속·완성이라는 네 가지 주요 사건으로 구분한다.

창조

첫째로, 창조다. 태초에 시간이 시작되었을 때 하나님이 무에서 우주를 만드셨다는 것은 기독교 신앙의(그러므로 기독교적 지성의) 절대적인 토대를 이룬다. 그분은 이어서 지구와 땅과 바다와 그 안에 있는 모든 생물을 만드셨다. 창조 활동의 절정인 마지막에는 남자와 여자를 자신의 형상으로 만드셨다. 이야기가 전개됨에 따라 인류가 하나님을 닮은 존재라는 점이 드러난다. 남자와 여자는 이성적이고 도덕적인 존재(하나님의 명령을 이해할 수 있고 그에 반응할 수 있는), 책임 있는 존재(자연에 지배력을 발휘하는), 사회적 존재(사랑하고 사랑받는 능력이 있는), 영적 존재(창조주를 알고 예배하는 데서 최고의 성취감을 느끼는)이다. 창조주와 그 피조물인 인간은 동산에서 함께 걷고 이야기한 것으로 묘사되어 있다. 이 모든 것이 하나님을 닮은 모습으로, 아담과 하와에게 독특한 가치와 존엄성을 부여했다.

타락

그 다음으로, 타락이다. 그들은 하나님의 진실 대신 사탄의 거짓말에 귀를 기울였다. 불순종한 결과, 그들은 동산에서 쫓겨났다. 인간에게 이보다 더 큰 비극은 없으며, 하나님이 하나님을 위해 하나님의 형상으로 만드신 그들이 하나님 없이 살게 되었다. 우리의 모든 인간적 소외, 방향 감각 상실, 무의미하다는 느낌은 모두 궁극적으로 여기에서 유래한 것이다. 우리의 관계는 왜곡되었다. 성적 평등은 무너져 버렸다. "남편은 너를 다스릴 것이니라"(창 3:16). 어머니가 되는 데 고통이 따랐다. 가인은 동생을 시샘하여 그 증오를 살인으로 분출했다. 자연마저 혼란에 빠졌다. 땅이 사람 때문에 저주를 받아 토지를 경작하는 것은 힘든 일이 되었으며, 창조적인 일은 고역으로 전락했다. 오랜 세월 동안 사람들은 맡겨진 환경을 책임 있게 돌보는 대신 삼림을 벌목하고, 땅을 사막과 먼지 바람 부는 불모지로 만들었으며, 강과 바다를 오염시키고, 대기를 유독성 물질로 더럽혔다. '원죄'는 우리가 물려받은 인간의 본성이 재앙을 부르는 자기 중심성으로 꼬여 있음을 의미한다. 악은 뿌리 깊고 만연한 실재다. 우리가 지닌 하나님의 형상은 파괴되지는 않았으나 심각하게 왜곡되었다. 우리는 더 이상 우리의 온 존재를 다하여 하나님을 사랑하지 않고, 하나님을 대적하며, 하나님의 정당한 정죄 아래 있다.

구속

셋째로, 구속이다. 하나님은 반역을 일으킨 피조물에게 응분의 벌을 주시어 그들을 버리거나 멸망시키는 대신 구속할 계획을 세우셨다. 그들이 죄를 지은 직후에 하나님은 여자의 씨가 뱀의 머리를 상하게 할 것이라고 약속하셨는데(창 3:15), 그것은 오실 구세주에 대한 최초의 예언이다. 구속의 목적은, 하나님이 아브라함을 부르시고 그와 그의 후손을 통해 땅의 모든 족속에게 복을 주시겠다고 엄숙한 언약을 맺으실 때 더 분명해졌다. 우리는 이 약속 역시 그리스도와 그분의 전 세계적 공동체 안에서 성취되었음을 안다. 하나님은 시내 산에서, 이번에는 이스라엘과 언약을 새롭게 하셨다. 예언자들을 통해서는 메시아 왕국 시대에 훨씬 더 큰 이가 오리라고 약속하셨다. 때가 차매 메시아가 오셨다. 그분과 함께 새 시대가 밝았으며, 하나님 나라가 시작되었고, 종말이 시작되었다. 오늘날 예수님의 죽으심과 부활과 성령을 통해 하나님은 우리를 구속하겠다는 약속을 이루시고, 손상된 인류를 새롭게 하시며, 개인들을 구원하고 그들을 새로운 화목 공동체에 포함시키신다.

완성

넷째로, 완성이다. 하나님 나라의 복된 소식이 온 세상에 전파될 때(마 24:14), 예수 그리스도가 장엄하게 나타나실 것이다. 그분은 죽은 자를 살리실 것이고, 세상을 심판하실 것이며, 우주를 쇄신하시고, 하나님 나라를 완성하실 것이다. 거기에서는 모든 고통과 부패와 죄와 슬픔과 죽음이 사라질 것이며, 그 안에서 하나님은 영원토록 영광받으실 것이다. 우리는 그 사이에, 이미 온 하나님 나라와 오는 하나님 나라 사이에, 구속의 '지금'과 '그때' 사이에, '이미'와 '아직' 사이에 살고 있다.

여기 네 가지 실재에 상응하는 네 사건, 즉 창조('선한 것'), 타락('악한 것'), 구속('새로운 것'), 완성('완전한 것')이 있다. 이 네 가지 성경적 실재는 그리스도인이 그리스도인다운 시야로 역사를 볼 수 있게 한다. 그것은 두 영원 사이에 펼쳐지는 과정을 보는 참된 시각, 목적을 성취하시는 하나님의 비전을 제공한다. 그것은 모든 것의 기준이 되는 하나의 틀, 우리의 이해를 통합하는 한 가지 방법, 가장 복잡한 문제들에 대해서도 조리 있게 생각할 수 있는 가능성을 제공한다.

지금까지 살펴본 네 가지 사건 혹은 시점을 연관 지어서 파악하면 기독교적 사고에 방향을 제시하는, 하나님과 인간과 사회에 관한 중대한 진리들을 깨닫게 될 것이다.

세 가지 적용

하나님의 실재

먼저 하나님의 실재를 알아보자. 앞서 말한 성경의 4중 틀은 본질상 하나님 중심적이며, 그 네 단계는 그분의 관점에서 드러나는 것이다. 심지어 타락도 그러하다. 타락은 인간의 불순종 행위이기는 하지만, 신적 명령, 재가, 심판이라는 맥락에 있다. 그러므로 창조하시고 심판하시며 구속하시고 완성하시는 분은 하나님이다. 주도권은 처음부터 끝까지 그분에게 있다. 따라서 근본적으로 기독교 신앙과 양립할 수 없는 대중적 태도가 있다. 예를 들면, 맹목적인 진화론적 발전이라는 개념, 예술과 과학과 교육에서 인간의 자율성을 주장하는 것, 역사는 되는 대로 흘러 가고 인생은 부조리하며 모든 것은 무의미하다는 선언 등이다. 기독교적 지성은 이러한 개념들이 '세속적'이기 때문에, 즉 하나님이 개입할 여지를 주지 않기 때문에 이러한 개념들과 정면으로 충돌하게 된다. 기독교적 지성은 인간은 하나님과의 관계 안에서만 규정될 수 있다고, 하나님 없이는 진정한 인간이 되지 못한다고 주장한다. 우리는 창조주에게 의존하는 피조물이고, 그분의 심판 아래 있는 죄인이며, 그분의 구속에서 멀리 떨어져 길을 잃은 방랑자요 미아이기 때문이다.

이러한 하나님 중심성이 기독교적 지성의 기본이다. 기독교적 지성은 경건한 지성이다. 그것은 무엇보다 '경건'(godliness)이라는 견지에서 '선'(goodness)을 이해한다. '경건하지 못한' 사람을 '선하다'고 할 수는 없다. 이것은 성경의 지혜 문학이 분명하게 증언하는 바다. 다섯 권의 지혜서(욥기, 시편, 잠언, 전도서, 아가)는 방법과 강조점은 다르지만 모두 인간적이라는 것이 무슨 의미이며, 고난과 악과 억압과 사랑이 우리의 인간됨과 어떻게 맞아 떨어지는지에 초점을 맞춘다. 전도서는 "헛되고 헛되니 모든 것이 헛되도다"라는 비관적 반복구로 잘 알려져 있다. NIV는 이 구절을 "무의미하고 무의미하니 완전히 무의미하도다"라고 잘 번역해 놓았다. 그것은 시공간의 제한을 받는 인생사의 어리석음과 무익함을 보여 준다. 인생이 짧은 수명에 제한되어 있고, 고통과 불의로 그늘지며, 누구나 할 것 없이 죽음이라는 동일한 운명으로 최후를 장식하게 된다면, 인생이 또한 공간의 차원에서 '해 아래서' 경험하는 것으로 제한된다면, 인생은 '바람을 잡으려는 것'처럼 정말로 무익한 것이다. 오직 하나님, 창조주이며 심판자이시고 처음이며 마지막이신 그분만이 인간의 삶에 빠져 있는 차원, 곧 초월과 영원이라는 차원을 더하여 거기에 의미를 부여하시고, 그리하여 어리석음을 지혜로 바꾸실 수 있다.

전도서의 비관주의와는 대조적으로, 지혜 문학에는 "주를 경외함이 지혜 [혹은 지혜의 '근본' 혹은 '원리'] 요 악을 떠남이 명철이니라"(욥 28:28; 참고 시 111:10; 잠 1:7; 9:10; 전 12:13)라는 금언이 반복해서 등장한다. 여기에는 인간이 경험하는 두 가지 주요 실재가 나오는데, 그것은 하나님과 악이다. 그 둘은 대등한 실재가 아니다. 그리스도인은 이원론자가 아니기 때문이다. 하지만 그 둘은 이 땅의 생명을 지배한다. 하나님은 인간에게 성취, 심지어 환희를 주고, 악은 인간에게 소외, 심지어 절망을 준다. 지혜는 양자에 대한 올바른 태도를 택하는 것이다. 즉, 하나님을 사랑하는 것과 악을 미워하는 것, 하나님의 무한한 가치를 인정하는 예배로 하나님을 '경외하고' 악의 무가치함을 멸시하는 거룩함으로 악을 '떠나는' 것이다. 하나님이 우리를 영적이고 도덕적인 존재로 만드셨기 때문에, 종교와 윤리, 경건과 선은 진정한 인간성의 기본이다. 그래서 '세속주의'가 만들어 내는 영적 진공 상태에서 하나님과 그 영광을 부인하는 닫힌 세계관의 비극이 탄생하는 것이다. T. S. 엘리어트가 그것을 '황무지'라고 부른 것과, 테오도어 로작(Theodore Roszak)이 「황무지가 끝나는 곳」(Where the Wasteland Ends)에서 그것을 영혼의 광야라고 묘사한 것은 적절하다. "과학이 측량할 수 있는 것은 인간이 알 수 있는 것의 일부에 불과하기 때문이다. 우리의 지식은 신성한 것을 포괄하기에 이른다." 초월이 없으면 "사람은 축소된다."[11] 세속주의는 하나님을 폐위할 뿐 아니라 인간을 파괴한다.

기독교적 지성이 하나님이라는 실재 때문에 경건한 지성이라면, 또한 겸손한 지성이기도 하다. 이것은 성경이 일관되게 말하는 또 하나의 주제다. 느부갓네살은 나라와 권세와 영광이 하나님의 것이라고 하지 않고 자기 것이라고 주장하면서 바벨론 궁전에서 공작처럼 거들먹거리며 돌아다녔다. 그는 미쳐 버렸다. 하나님의 통치를 인정하고 그분을 예배하자 비로소 그의 이성과 그의 나라가 동시에 회복되었다. 다니엘은 그 사건이 주는 교훈을 이렇게 지적했다. "교만하게 행하는 자를 그가 능히 낮추심이라"(단 4:28-37). 정신이 번쩍 드는 이야기다. 교만과 광기가 서로 짝이라면, 겸손과 온전한 정신도 서로 짝이다.

예수님이 성인들에게 하나님 나라에 들어가려면 어린아이와 같아야 한다고, (더욱 심하게는) 하나님 나라에서는 위대함을 어린아이와 같은 겸손으로 측정할 수 있다고 말씀하셨을 때, 그 시대 사람들은 말문이 막혔을 것이다. 우리는 이 가르침을 익히 알고 있다. 그래서 충격을 받거나 놀라서 되새겨 보지 않는다. 예수님은 그것을 가르치셨을 뿐 아니라 몸소 보여 주셨다. 그분은 자신을 비우고 자신을 낮추셨다. 그래서 바울은 "너희 안에 이 마음을 품으라. 곧 그리스도 예수의 마음이니"라고 덧붙인다. 중세 도덕주의자들이 교만을 '일곱 가지 죽음에 이르는 죄' 중에서도 가장 악한 것으로, 다른 모든 죄의 뿌리로 본 것은 옳다. 교만처럼 지긋지긋한 것은 없으며, 겸손처럼 매혹적인 것도 없다.

아마도 기독교적 지성이 세속 지성과 가장 격렬하게 충돌하는 지점은 겸손을 주장하고 교만에 대해 화해할 수 없는 적의를 보이는 점일 것이다. 세상의 지혜는 겸손을 멸시한다. 서구 문화는 알려진 것보다 더 깊이 니체의 힘의 철학에 동화되어 있다. 이 세상이 따르는 본보기는 니체가 제시한 본보기와 마찬가지로 '초인'이다. 그러나 예수님의 본보기는 여전히 어린아이다.

그러므로 하나님의 실재(창조주, 주님, 구속주, 아버지, 심판자로서)는 기독교 지성에 으뜸이자 가장 근본적인 특질을 부여한다. 그리스도인은 어떤 것이든 하나님의 명예를 손상하는 것에는 영광 돌리기를 거부한다. 우리는 하나님께 영광을 돌리는지 그러지 않는지로 모든 것을 평가하는 법을 배운다. 바로 그 때문에 기독교적 지성의 지혜는 하나님을 경외하는 것이며, 겸손은 뛰어난 미덕이다.

인간됨의 수수께끼

이제 하나님에게서 인간에게로, 모든 '신적인' 것을 특징 짓는 순수한 광휘에서 모든 '인간적인' 것에 첨부되어 있는 고통스러운 모호함으로 눈을 돌려 보자. 우리는 이미 성경이 창조와 타락을 같은 비중으로 이해한다는 것을 살펴보았다. '인간의 역설'은 바로 이것이다. 인간은 하나님의 형상으로 창조된 피조물로서 독특한 존엄성과 하나님의 심판 아래 있는 죄인으로서 독특한 부패성을 둘 다 가지고 있다. 전자는 우리에게 소망을 준다. 후자는 우리의 기대에 한계를 설정한다. 세속 지성은 인간이 처한 상황을 너무 순진하게 낙관적으로 평가하거나, 너무 부정적으로 비관적인 평가를 내린다. 반면 성경의 현실주의에 확고하게 뿌리박은 기독교적 지성은 인간의 영광을 찬탄하면서도 그 수치를 한탄한다. 우리는 하나님의 형상대로 지음받은 존재이면서 마치 자신이 하나님이라도 된 양 행동할 수 있으며, 그리하여 야수의 수준으로 내려갈 수도 있다. 우리는 생각하고, 선택하고, 창조하고, 사랑하고, 예배할 수 있다. 하지만 또한 생각하기를 거부하고, 악을 선택하고, 파괴하고, 미워하고, 자신을 숭배할 수도 있다. 우리는 교회를 세우고, 또한 폭탄을 투하한다. 우리는 심한 병을 앓는 사람들을 위해 치료 시설을 세우고, 같은 과학 기술로 우리의 정적들을 고문한다. 이것이 이상하고 당혹스러운 역설인 '인간', 땅의 흙인 동시에 하나님의 생기, 수치인 동시에 영광인 것이다. 그러므로 기독교적 지성은, 이 세상에서의 인간의 삶과 개인적·사회적·정치적 일들을 다룰 때, 우리가 얼마나 역설적인 존재인지─고상하면서도 야비하고, 합리적이면서도 불합리하고, 사랑이 많으면서도 이기적이고, 하나님을 닮았으면서도 짐승 같은─를 기억하고자 애쓴다.

사회 변혁의 가능성

성경의 4중 틀을 적용하는 것이 도움이 될 만한 셋째 영역은 사회 변혁의 가능성이라는 영역이다. 우리는 사회가 개선될 수 있다는 기대를 품어야 하는가? 이 문제에 대해서는 그리스도인들 사이에서도 교단이나 교파에 따라 의견 차이가 크다.

'자유주의' 그리스도인들은 사회 활동가 성향을 보여 왔다. 인간의 성취에 대한 거의 무한한 확신 때문에 그들은 지상에 유토피아(이것은 때로 '하나님 나라'와 잘못 동일시되기도 한다)를 이루는 꿈을 꾼다.

'복음주의' 그리스도인들은─적어도 20세기 초에는─사회적 정적주의자(quietist: 인간의 의지와 노력을 최대한 억제한 정적 상태에서 하나님의 능력과 활동에 전적으로 의지하려는 정적주의를 따른다─편집자 주) 성향을 보여 왔다. 인간의 부패성에 대한 비관적 견해 때문에, 인간에 대한 확신이 부족하다(적어도 거듭나기 전까지는). 그렇기 때문에 그들은 사회 활동을 시간 낭비라고 생각하고 사회 변혁이 거의 불가능하다고 여긴다.

나는 의도적으로 양측 입장을 더 극단적으로 표현했다. 이렇게 써 놓고 보면, 그러한 양 극단은 인간 역설의 두 부분을 화합시키지 못한다.

인간은 하나님의 형상으로 지음받았고 그 형상을(비록 훼손되기는 했지만) 완전히 잃어버린 것은 아니므로, 하나님을 기쁘시게 할 만한 의롭고 동정심 많은 사회를 어느 정도는 마음에 품고 그것을 이루고자 하는 의욕을 어느 정도 간직하고 있다. 대체로 인류는 여전히 전쟁보다는 평화를, 억압보다는 정의를, 불화보다는 조화를, 혼돈보다는 질서를 선호한다. 그러므로 사회 변혁은 가능하며 실제로 이루어져 왔다. 세계 여러 지역에서 위생과 보건의 기준을 재고하고, 여성과 어린이를 더욱 존중하며, 교육 기회가 더 많아지고, 인권에 대한 인식이 더 분명해지고, 자연 환경을 보존하려는 관심이 자라나며, 광산·공장·감옥의 형편이 더 나아지는 것을 볼 수 있다. 이 중 많은 것은 (직접적으로든 간접적으로든) 기독교의 영향에 기인한 것이다. 물론 모든 사회 개혁가가 헌신된 그리스도인인 것은 아니지만, 하나님의 백성이 공동체에서 효과적으로 소금과 빛의 역할을 담당할 때 부패는 줄고 사회는 발전했다. 예를 들어, 19세기 초 미국에서 찰스 피니가 주도하는 각성 운동이 일어난 후에 "거듭난 그리스도인들이 미국 내 모든 주요 사회 개혁의 선봉에 섰다.…그들은 노예 제도 폐지 운동, 금주 운동, 평화 운동, 초기 여권 신장 운동에 앞장섰다."[12]

하지만 인간은 타락했기 때문에, 또한 자기 중심성이라는 왜곡된 특성을 물려받았기 때문에, 완전한 사회를 건설하지 못할 것이다. 개선은 가능하다. 하지만 완전한 정의는 불가능하다. 유토피아의 꿈은 비현실적이며 환상의 세계에서나 가능한 것이다. 인간은 어떤 계획이든 큰 희망을 품고 시작하지만 어느 정도 실망할 수밖에 없다. 이기심이라는 반석 위에 세우기 때문이다. 그리스도인들은 대개 이것을 기억했다. 인간의 성취에 대해 지나치게 낙관적인 경향을 보여 온 것은 사회주의자들이다. 조드(C. E. M. Joad) 교수가 좋은 예다. 영국 성공회의 "1662 공동 기도서"에 나오는 고백과 기도문을 배우며 자란 그는, 처음에는 인간의 타고난 죄성을 믿었다. 하지만 후에 "무한히 완전해질 수 있는 가능성"에 찬성하여 이러한 개념을 버렸다. 그러다가 제2차 세계대전이 그런 환상을 산산히 부수어 버리자 그는 다시 "악은 인간 특유의 것"이라고 확신하게 되었다. 그는 「믿음의 회복」(*Recovery of Belief*)에서 숨김없이 썼다. "우리 좌파들이 항상 실망하는 이유는 원죄 교리를 거부하기 때문이다. 사람들이 합리적이기를 거부하는 데 실망하고, 지성이 감정에 굴종하는 데,

참된 사회주의가 실현되지 못하는 데…무엇보다도 전쟁이 계속 재발되는 데 실망한다."[13]

그러면 사회 변혁의 가능성에 대해 "인본주의자의 태평스러운 낙관주의도 냉소주의자의 어두운 비관주의도 아닌 성경의 철저한 현실주의"[14]를 반영하는 태도를 어떻게 요약할 수 있는가? 어떻게 하면 창조와 타락과 구속과 완성이라는 진리를 똑같이 정당하게 취급할 수 있는가? 나는 바울이 데살로니가전서 1:9-10에서 성경적 균형을 잘 표현한다고 생각한다. 그는 우상들에게서 하나님께로 회심한 결과에 대해 "살아 계시고 참되신 하나님을 섬기는…그의 아들이 하늘로부터 강림하실 것을…기다린다"라고 묘사한다. '섬김'과 '기다림'이 결합된 것은 인상적이다. 전자는 이 땅에서 그리스도를 위해 적극적으로 열심히 일하는 것인 반면, 후자는 그분이 하늘에서 오시기를 소극적으로 기다리는 것이기 때문이다. 우리는 섬겨야 한다. 하지만 우리가 이룰 수 있는 것에는 한계가 있다. 우리는 기다려야 한다. 하지만 게으르게 아무것도 하지 않고 기다릴 자유는 없다. 그리하여 '일하는 것'과 '기다리는 것'이 결합되어 있다. 그리스도가 하늘에서 오시는 것을 기다려야 한다는 사실은 우리가 모든 것을 할 수 있다는 외람된 생각에서 우리를 구해 낼 것이다. 이 땅에서 그리스도를 위해 일해야 한다는 사실은 우리가 아무것도 할 수 없다는 비관주의에서 우리를 구해 낼 것이다. 성경적 관점을 갖춘 기독교적 지성만이 균형을 유지할 수 있다.

나는 이 장을 시작하면서 오늘날 우리가 직면한 개인적이고 사회적인 윤리 문제들이 매우 복잡하다는 것을 인정했다. 칼로 무 자르듯 명확하게 결정된 해결책을 찾기란 대개 불가능하다. 진짜 문제들을 무시하고 극단적으로 단순화한 지름길은 도움이 되지 않는다. 동시에 절망에 빠져 포기하는 것도 그리스도인답지 못하다.

우리는 하나님이 우리에게 주신 네 가지 선물을 기억하고 힘을 얻어야 한다.

네 가지 선물

우리의 지성

그분이 주신 첫째 선물은 생각할 수 있는 정신이다. 그분은 우리를 이성적이고 지성적인 피조물로 지으셨다. 그분은 우리가 무지한 말이나 노새같이 행동하는 것을 금하시며, 지혜에는 어린아이가 아니라 장성한 사람이 되라고 말씀하신다(시 32:9; 고전 14:20).

성경

둘째로, 그분은 생각의 방향을 잡고 통제할 수 있도록 우리에게 성경과, 그리스도에 대한 성경의 증거를 주셨다. 성경의 가르침을 받아들일 때, 우리의 생각은 점점 더 그분의 생각을 따르게 될 것이다. 이는 우리가 적절한 때 꺼내 보일 수 있는 많은 증거 본문들, 질문에 대한 답을 달고 있는 본문들을 외워서가 아니다. 오히려 우리가 성경의 위대한 주제들과 원리들, 그리고 이 장에서 살펴본 4중 틀을 이해했기 때문이다.

성령

하나님이 주시는 셋째 선물은 진리의 영이시며, 성경을 우리에게 열어 주시고 우리의 마음을 조명하셔서 우리로 하여금 성경을 이해하고 적용할 수 있게 하시는 성령이다.

기독교 공동체

넷째로, 하나님은 우리 사고의 배경이 되는 기독교 공동체를 주셨다. 그 공동체의 다양함과 이질성은 시야가 좁아지지 않게 해주는 최고의 안전장치다. 교회에는 남자와 여자가 있고, 온갖 연령과 기질과 경험과 문화를 가진 사람들이 있다. 그리고 각 지역교회는 이러한 다채로운 다양성을 반영해야 한다. 서로 배경이 다른 사람들이 성경을 해석하는 데 풍성한 통찰을 내놓을 때, 우리가 계속 편견에 빠지기는 어려울 것이다.

이러한 네 가지 선물—지성, 교과서, 교사, 학교—을 조화롭게 잘 사용하면 우리는 점점 더 기독교적 지성을 개발하고 올바로 사고하는 법을 배울 수 있다.

이 문제들은 이 책 나머지 모든 장에 명확하게 혹은 함축적으로 제시된다. 이미 언급한 정치적 진전이든, 성(性)이나 전쟁이나 환경과 관련된 문제들이든, 기독교적 지성은 독특한 접근, 겸손한 태도, 경건한 특성을 지닌다.

3
다원적 세계:
그리스도인의 증거는 영향력이 있는가?

우리는 세상에 관여해야 한다는 것을 인정하고, 사회 문제에 대해 기독교적으로 생각하려고 애쓴다. 그 결과 우리는 어떤 강한 확신을 지니게 되지만 그 확신을 다른 사람들은 공감할 수 없다. 실로 서구 그리스도인들은 기독교 이후(post-Christian) 사회에서 점점 더 조화되기 어렵다는 것을 느낀다. 그러면 우리는 우리나라가 법과 제도와 문화 면에서 기독교적 가치관을 되찾도록 어떻게 영향을 미칠 수 있을까? 그리스도인들은 비기독교 국가에 자신들의 견해를 강요해야 하는가?

다원주의를 감수함

유럽과 미국, 그리고 서구의 '기독교 문명'을 물려받은 민주 국가들은 분명 새로운 '다원주의'를 감수해야 한다. 그것은 기독교 세계관을 공유하지 않은 갖가지 민족 및 종교 집단으로 이루어진 사회를 의미한다. 다원주의는 대체로 세 가지 요소를 통해 생겨난다.

세속화 과정

첫째는 세속화 과정이다. 그것은 사람들에 대해서나 제도들에 대해서나 교회의 영향력이 줄어드는 데서 볼 수 있다. 2001년 영국에서 행한 인구 조사에서는 인구의 72퍼센트가 자신이 기독교인이라고 말했지만, 이는 1980년의 76퍼센트보다 줄어든 것이다. 쇠퇴 유형을 나타내는 한 가지 지표는 전체 인구 중 영국 교인이 차지하는 비율에서 볼 수 있다. 1990년에는 인구 아홉 명 중 한 명이 교인이었다. 2020년까지는 열네 명 중 한 명만 교인이 될 것이다.[1] 현재의 동향이 정확하다면, 1990-2040년 사이에 영국의 주일 학교 출석자 수는 절반 이상 줄어들 것이다. 그래서 예배를 드리는 건물 수나 현존하는 모든 종류의 사역자 수가 어떻게 변화되든, 교회에 출석하는 사람들은 상당히 줄어들 것이다. 또한 이 같은 수적 감소는 제2차 세계대전 이래 지속되어 온 더 큰 쇠퇴 유형의 일부라는 사실을 주목하는 것이 중요하다.

전반적인 교인 수는 최근 들어 계속 줄어든 반면, 통계 수치는 보기보다 우울하지 않다. 많은 복음주의 교회와 은사주의 교회들이 성장하고 있으며, 교회의 새로운 존재 양식을 탐구하고 있고, 교회 개척에 대한 새로운 관심이 일어나고 있다. 그것은 부분적으로는 현재의 위기에 자극 받아 일어난 것이다. 2040년까지의 동향을 고려할 때, 몇몇 교단에서는 큰 교회들이 성장할 것이라고 볼 수 있다. 영국 성공회, 기독교 형제회(Christian Brethren), 독립 복음주의 교회 연합(Fellowship of Independent Evangelical Churches), 은사주의 교회인 새 교회(New Churches) 등이 그런 경우다. 각 경우에 '큰'이라는 말은 그 특정 교단에서 상대적으로 크다는 뜻이다. 한편 대단히 큰 교회들은 성장하고 있다. 물론 등록교인 수보다는 교회 출석자 수가 늘어나는 것일 가능성이 많다. 하지만 전반적인 교인 수는 줄어들고 있기 때문에, 이것은 단지 작은 교회의 교인 수는 줄어드는 반면, 큰 교회의 교인 수는 늘어나고 있다는 의미일 수도 있다.[2] 특히 복음주의자들의 비율은 선진국에서나 다수 세계(majority world: 제3세계를 일컬음-편집자 주)에서나 커지고 있다. 또한 영국의 제도 교회에서나 자유 교회에서도 마찬가지다.

교회의 상태를 전 세계적 관점에서 분석할 때, 많은 나라에서 교회가 급속도로 성장하고 있다는 것을 기억하는 것이 중요하다. 다수 세계의 여러 지역에서 많은 사람이 교회에 들어오고 있다. 심지어, 교회가 핍박을 받는 중국 같은 나라들에서도, 교회는 팽창하고 있다.

종교적 대안들의 증가

기독교의 쇠락과 더불어 종교를 대체하는 대안들이 많아지고 있다. 다원주의의 둘째 원인은 전쟁 직후 시행된 개방적 이민 정책이다. 그 결과, 이제 대부분의 서구 국가 인구에 아프리카, 중동, 아시아, 카리브해 출신의 인종 집단들이 상당수 포함되었다. 이로 인해 문화적 다양성을 풍성하게 체험할 수 있다. 하지만 그 때문에 종교적 경쟁이 일어나고, 그 결과 교육 체계, 법, 제도 안에서 다른 종교들을 인정하라는 요구가 제기된다.

영국에서는 최근 몇 년 동안 이러한 현실이 주류 문화에서의 종교 단체들의 영향력에 대한 관심을 갖게 했다. 이슬람 연구가들과 서구인들 사이의 갈등이 커지면서, 때때로 이러한 갈등은 영국 사회에서 평화롭게 예배하는 무슬림들에게 투영되었다. 무슬림이나 타종교인들이 자유롭게 예배할 권리가 존중되는 것도 중요하지만, 사회를 구성하고 함께 살아가는 방식에 대해 서로 논의하고 동의하지 않을 권리를 갖는 것도 중요하다. 캐나다, 좀더 구체적으로는 온타리오에서는, 주(州)의 규제에 의해서보다 사람들이 속한 신앙 공동체의 원칙에 근거하여 몇 가지 중재가 시행될 수 있다. 다른 말로 하면, 이혼의 경우 세속법보다는 유태인과 무슬림의 율법에 따라 행해질 수 있다. 이러한 사례는 한동안 지속됐고, 지금은 종교 율법에 따른 이혼이 계속되어야 하는가에 관해 논쟁중이다. 회교 율법 하에 이혼한 여자는 그 지위가 약화된다고 믿는 사람들은 이를 반대한다. 그래서 우리는 다른 종교에 속한 사람들의 견해를 존중하면서, 우리가 사는 사회에서 그들이 미치는 영향력을 주의 깊게 인식해야 한다. 또한 우리가 사는 방식과 우리가 견지하는 입장에 대해 논쟁하도록 그들을 초청해야 한다. 우리가 다른 종교 단체의 세계관에 동의하지 않으면서 그들에게 우리의 세계관을 받아들이도록 청할 수는 없다. 하지만 종교 집단들을 국가가 영적으로 위축되는 원인으로 탓하며 진짜 이유는 다른 데 있는데도 말이다. 고정 관념을 형성하거나 음모설에 넘어가서는 안 된다.

세계의 다른 곳에서는, 설령 그리스도인들이 꽤 큰 소수 집단을 이루고 있더라도 지배적인 문화는 힌두교, 불교, 유교, 이슬람, 마르크스주의 혹은 세속 문화다. 그러므로 여기서도 그리스도인들은 더욱 격렬한 형태로 동일한 딜레마에 직면한다. 많은 문제 속에서 그들은 하나님의 뜻을 알고 있다고 믿는다. 또한 하나님의 뜻이 이루어지도록 기도하고 일하는 것이 그리스도인의 의무라고 믿는다. 그렇다면 그들은 비그리스도인들에게 기독교적 확신을 강요해야 하는가? 만일 그것이 가능하다면, 그것은 바람직한 일인가? 그들이 그렇게 할 수 있다 하더라도, 그렇게 하려 애써야 하는가?

포스트모던 상상력

우리의 세계, 특히 서구는 여러 면에서 그 축이 '모던'에서 '포스트모던'으로 이동했다. 오래전 우리는 인간이 삶의 문제들에 대한 확실한 대답을 갖고 있다는 확신이 있었다. 그러나 인간의 많은 행동이 의도하지 않은 비참한 결과들을 초래했음(특히 환경 분야에서)을 깨달으면서 그것은 새로운 불안과 염려로 바뀌었다. 또한 우리는 결혼 같은 제도가 선택 사항이 되어버린 탈 전통 사회에 살고 있다. 그렇다면 다원주의는 단지 사회 내 민족이나 종교 집단의 수를 표현하는 것만은 아니다. 그것은 공유하던 가치관이 붕괴되고 모든 종류의 권위, 특히 정치적·종교적 권위를 불신하게 되면서 생겨난 온갖 종류의 믿음의 분열을 포함한다. 소위 '메타 내러티브'—삶의 모든 것을 설명한다고 주장하는 큰 이야기로, 기독교도 그중 하나다—는 이제 분해되었으며, 진리는 공적이라기보다는 개인적이며 객관적이라기보다는 주관적인 것으로 여겨진다. 각 사람이 진리에 대해 서로 다른 견해를 갖고 있지만, 누구도 그 믿음의 진실성에 관해 다른 사람에게 도전할 권리가 없다는 생각이야말로 포스트모던 세계관의 핵심이다.

이런 사회에서 기독교는, 하나님이 그리스도를 통해 진리를 계시하셨으며 이 진리는 프랜시스 쉐퍼(Francis Schaeffer)가 "참된 진리"라고 부른 바로 그것이라는 본질적 주장을 굽힐 수 없다. 그리스도 안에 나타난 하나님의 계시는 복음의 핵심이다. 그것은 타협할 수 없다. 동시에 우리는 현재와 같은 포스트모던 사회가 그리스도의 증인들에게 대단히 긍정적인 창조적 과제를 제공한다는 사실을 깨달아야 한다. 이제 1950년대의 전도 방법으로 전도할 수는 없다. 21세기에 선교를 수행할 방법을 다시 생각해 보아야 한다. 진리를 상대적인 것으로 보는 다원주의 사회에서, 어떻게 하면 그리스도를 가장 잘 증거할 수 있는가? 이 질문은 교회를 신뢰하지 않고 교회의 메시지에 관심이 없는 사람들에게 전도를 한다는 것이 어떤 의미인지 탐구하는, 여러 새로운 창조적 실험의 핵심이다. 지금은 교회가 쇠퇴한다고 절망하거나 다문화 사회에서 방어적 자세를 취할 때가 아니다. 지금은 신학자 레슬리 뉴비긴(Lesslie Newbigin)이 말한 것처럼 복음에 대한 "정당한 확신"을 회복하고 (그것을 다른 사람들에게 강요하지도, 그 진리를 고수하는 것을 두려워하지도 말고) 무너져 내리는 모래 위에 세워진 공동체 한가운데 굳게 설 때다.

이와 같이 다원주의는 주로 세 가지 요소에 기인한다. 그것은 제도 교회의 쇠퇴, 종교적 대안들의 부상, 믿음의 본질 붕괴다. 우리는 이에 대해 무엇을 해야 하는가?

다원주의에 대한 세 가지 반응

이 질문에 대한 가장 평범한 답변 두 가지는 서로 정반대다. 하나는 '강요'로, 기독교적 방식을 받아들이도록 법률로 강제하려는 십자군식 시도다. 다른 하나는 '자유 방임'으로, 사람들을 비기독교적 방식에 내버려두고 간섭하거나 어떤 식으로든 영향을 미치려 애쓰지 않겠다는 패배주의자들의 결정이다. 더 나은 제3의 선택을 생각해 보기 전에, 몇 가지 역사적 예를 들어 이 두 대응을 주의 깊게 살펴보아야 한다.

강요

하나님에 대한 열심이 칭찬할 만큼 대단한 그리스도인들이 있다. 그들은 계시를 믿으며, 계시된 하나님의 진리와 뜻에 깊은 관심을 기울인다. 그들은 사회에 그것이 반영되기를 간절히 바란다. 따라서 힘으로 이러한 목적을 이루려는 유혹도 이해할 만하다. 이에 대한 한 가지 예는, 1252년에 시작되어 300년간 지속된 종교 재판이다. 이 기간 동안 로마 가톨릭 교회는 이교도로 보이는 사람들을 열심히 색출해서 고문과 다른 억압적 수단들을 이용해 신앙을 고백하게 했고, 거절하면 재판에 회부하고 사형에 처했다. 그것은 종종 화형이었다. 물론 오늘날 우리는 그런 방법을 부끄럽게 생각한다. 그것은 기독교 신앙과 양립할 수 없기 때문이다. 나는 어떠한 권위주의 체제도 기독교와 양립할 수 없다는 것을 이미 말한 바 있으며, 이것은 그에 대한 또 하나의 예다.

성경적 인간관을 지닌 사람들이 강요 정책을 쓰는 것은 있을 수 없는 일이다. 하나님은 남자와 여자를 책임 있는 존재로 만드셨다. 하나님은 그들에게 번성하라고(출산 능력을 발휘하라고), 땅을 정복하고 그 피조물들을 다스리라고, 일하고 안식하라고, 그분께 순종하라고("너는…해야 한다.…하지 말라") 말씀하셨다. 하나님이 인간에게 두 가지 독특한 선물을 주지 않으셨다면 이러한 명령들은 무의미할 것이다. 그 선물이란 양심(여럿 중에서 분별하도록)과 자유(그중에서 선택하도록)다. 성경 나머지 부분은 이것을 확증한다. 성경은 처음부터 끝까지 인간을 도덕적 존재, 자기 행동에 책임을 져야 하는 존재로 간주한다. 인간은 도덕법을 안다. 그것은 "그 마음에 새겨"(롬 2:14-15) 있으며, 그들은 순종하라는 권고와, 불순종하면 벌을 받는다는 경고를 받는다. 하지만 인간은 강요받지 않는다. 강제로 지배받지 않는다. 하나님은 논쟁으로 설득하실 뿐이다. "여호와께서 말씀하시되, 오라 우리가 서로 변론하자"(사 1:18).

사람들에게 믿지 않는 것을 믿으라고 강요하거나, 하고 싶지 않은 것을 하라고 강요할 수는 없다. 마찬가지로 오늘날 우리가 (예를 들어) 유럽인들에게 기독교적 확신과 기준을 강요할 수 있다고 생각하는 것은 완전히 비현실적이다. 그것은 오래전에 사라져 버린 기독교 왕국을 갈망하는 어리석은 향수일 뿐이다.

자유 방임

강요의 반대는 자유 방임이라고 말하고 싶다. 이 용어는 원래 18세기 자유 무역 경제학자들이 사용한 것으로, 19세기 경제 담론과 정치 정책에 중요한 개념이다. 그것은 정부의 간섭이 불필요하다는 원칙에 의거한 신념이었다.

현재의 포스트모던 시대는 관용과 자유 방임을 혼동한다. 때로 어떤 사람들과 의견이 다른 것을 그 사람들을 관용하지 못하는 편협함으로 여길 정도다. 모든 세계관은 평등하게 여겨져야 하며, 어떤 관점이든 다른 관점보다 더 권위 있다고 볼 권리는 없다는 것이다. 하지만 앞에서 언급했듯이, 하나님이 예수 그리스도 안에서 진리를 계시하셨다고 믿는 그리스도인은 그러한 입장을 취할 수 없다. 다른 사람들과 의견이 다르면서도 그들의 견해를 존중하는 참된 관용은 사라지고, 굳이 관여하려 하지 않고 무관심한 것을 관용이라 여기고 있다. 관용은 거짓되거나 공허한 것이 되어 버렸다. 또한 다른 모든 관점은 관대하게 묵인하면서 기독교적 관점에 대해서는 극도로 불관용하며, 다른 의도를 드러내는 경우가 많다.

그리스도인들은 다르게 생각하고 행동하는 사람들을 존중해야 하며, 사회적으로도 관용해야 한다. 이는 우리가 비기독교 국가에 있는 그리스도인 소수 집단들이 법적으로 자유롭게 복음을 고백하고 실천하고 전하기를 기대하는 것과 마찬가지로, 정치적·종교적 소수 집단이 우리 사회에서 받아들여지고 법적으로 보호받기를 기대해야 한다는 의미다. 하지만 어떻게 우리 그리스도인들이 잘못된 견해나 악한 행동을 알면서도 관용할 수 있단 말인가? 무도한 방종이 아닌가? 하나님은 사회 정의에 무관심하지 않으시다. 그렇다면 어떻게 교회가 그런 문제에 무관심할 수 있는가? 오류나 악이 창궐할 때 침묵하는 것은 매우 심각한 결과를 가져온다. 기독교의 입장은 부전패, 즉 싸워 보지도 못한 채 탈락할 것이기 때문이다. 영국이 기독교라는 정박지에서 벗어나 멀리 표류하게 된 것은 부분적으로는 그리스도인들이 예수 그리스도를 위해 목소리를 높이지 않았기 때문은 아닌가?

현대 기독교의 자유 방임에 대한 가장 심각한 예는 독일 교회가 나치의 유태인 처단에 반대하여 용기 있게 말하지 못한 것이다. 그것은 길고도 참담한 이야기로, 리처드 거터리지(Richard Gutteridge)가 「너는 벙어리를 위하여 네 입을 열지니라」(Open Thy Mouth for the Dumb)에서 철저히 증명해 보인 바 있다.[3] 제1차 세계대전 후 기독교를 유대교와 분리하여 순수하게 유지해야 한다고 하면서 아리안족 중심의 관점을 신학화하려는 잘못된 시도를 했다. 그때 교회는 전국 사회주의 운동(National Socialist Movement)과 결탁한 것처럼 보였다. 몇몇 용감한 사람(칼 바르트, 폴 틸리히 같은)만이 항의의 목소리를 높였다. 하지만 그러는 동안에도 '독일 기독교 신앙 운동'(Faith Movement of German Christians)은 나치의 비호 아래 아리안 인종을 지지했다.

1933년 히틀러가 권좌에 오른 뒤, 비아리안계 공무원을 축출하는 법률이 통과되었으며, 믿을 수 없을지 모르지만 인종 문제에 타협한 '독일 그리스도인들'은 이 '아리안 조항'을 교회에 적용하고자 했다. 마르틴 니묄러(Martin Niemöller), 발터 퀸네스(Walter Künneth), 한스 릴제(Hans Lilje), 디트리히 본회퍼 같은 사람들의 반대에도 몇몇 종교 회의는 그것을 채택했다. 하지만 "복음주의 교회는 아리안 법률 일반에 반대하여 공식적으로 의견을 표명한 적이 없다." 본회퍼는 교회의 침묵에 매우 분노했으며 잠언 31:8, "너는 말 못하는 자…를 위하여 입을 열지니라"라는 말을 자주 인용했다.[4]

1938년 11월, 끔찍한 유태인 학살이 일어났다. 119개의 회당이 불탔고(그 중 76개가 완전히 소실되었다), 유태인 2만 명이 체포되었으며, 가게들은 약탈당했고, 저명한 유태 시민들이 공개적으로 굴욕을 당했다. 일반 대중은 혼비백산했으며, 일부 교회 지도자는 항의했다. 하지만 복음주의 교회와 가톨릭 교회 모두 거의 침묵을 지켰다. 히틀러가 제2차 세계대전이 발발하기 전에 이미 결정한 소름끼치는 '최종 해결안'(Final Solution)은 1941년부터 실행되었다. 하지만 2년이 지나서야 루터 교회 지도자들의 한 협의체는 독일 라이히 정부의 반유태적 잔학 행위들을 공격하기로 결의했다. 바르트는 그것을 "성령을 거스르는 죄"이며 "하나님의 은혜를 저버리는 짓"[5]이라고 일컬었다. 몇몇 다른 교회 지도자들도 그와 같이 담대한 언동으로 용기에 대한 값비싼 대가를 치렀다. 전쟁 직후에 모인 복음주의 교회 지도자들은 "슈투트가르트 선언"(Stuttgart Declaration)을 발표하면서 이렇게 인정하지 않을 수 없었다. "그것은 우리가 더 용기 있는 고백을 하지 않았다는 자기 고발장이다."[6] 물론 교회 지도자들은 비난받아야 마땅하다. 하지만 점잖은 보통 그리스도인들 역시 의로운 분노를 표현하지 않았다. 폭넓은 다수가 규탄했더라면 나치 지도자들이 심각하게 받아들이지 않을 수 없었을 것이다.

리처드 거터리지의 이야기는 자명하여 내가 추가로 논평할 필요가 없다. 나치의 뻔뻔스러운 인종차별주의에 대해 성경적으로 비판하지 못한 '독일 그리스도인들'의 공모는 자유 방임을 영원히 추방하기에 충분할 것이다. 그들이 유태인 대학살을 막을 수는 없었을까?

설득

강요와 자유 방임이라는 극단적인 방식보다 나은 것은 논쟁에 의한 설득 전략이다. 이것이 바로 기독교적 지성이 지지하는 방식이다. 그것은 하나님과 인간에 대한 성경의 교리에서 자연스럽게 흘러나오는 것이기 때문이다.

하나님의 본성

성경에 계시된 살아 계신 하나님은 우주를 창조하고 유지하시며, 자신이 창조한 인간들이 사랑의 공동체 안에서 살도록 하셨다. 하나님은 모든 사람을 무조건적으로 사랑하시며 그들이 구원받기를 바라신다. 우리도 다른 사람들을 사랑해야 한다. 우리는 하나님의 형상으로 지음받은 남자와 여자를 존중하고, 정의를 추구하고 불의를 미워하며, 궁핍한 자들을 돌보고, 일의 존엄성을 수호하고, 안식의 필요성을 깨닫고, 결혼의 신성함을 유지하고, 예수 그리스도의 영광을 위해 열심을 내며, 모든 이가 그분께 무릎 꿇고 모든 혀가 그분께 고백하기를 간절히 바랄 것이다. 왜 그런가? 이 모든 것이 하나님의 관심사이기 때문이다. 어떻게 우리가 그분이 격노하시는 일을 묵인하거나, 그분이 맹렬히 전념하시는 일에 냉담할 수 있는가? 성경적인 신론이 있는 그리스도인들에게 자유 방임 정책은 생각할 수도 없는 것이다.

양심에 대한 존중

이에 대한 기본 토대는, 인간의 양심은 무엇보다 존중되어야 한다는 것이다. "하나님과 사람에 대하여 항상 양심에 거리낌이 없기를 힘쓰나이다"(행 24:16). 이 구절은 바울의 개인적 결단을 표현한 것이다. 그는 또한 다른 사람들의 양심에 대해서도 많은 이야기를 한다. 양심은 '강할'(교육으로 잘 다듬어지고 자유로울) 수도 있고, '연약할'(지나치게 세심하고 양심의 가책으로 가득할) 수도 있다. 하지만 사람의 양심은, 어떤 상태든, 실수를 범했을지라도 존중해야 한다. 연약한 양심은 강해져야 하고, 속이는 양심은 깨우쳐야 한다. 하지만 양심을 위협해서는 안 된다. 아주 극단적인 상황이 아니라면 사람은 양심을 거슬러 행동하지 않아야 한다. 일반적으로 양심은 육성되어야 하며, 침해받지 않아야 한다. 이 원리는 인간에 대한 기독교 교리에서 나오는 것으로, 우리의 사회적 행동과 제도들에 반영되어야 한다. 이것이 바로 그리스도인들이 독재를 반대하고 민주주의에 찬성하는 이유다. 독재 정치는 양심을 짓밟는다. 민주주의는 (적어도 이론적으로는) 양심을 존중한다. 민주적 정부는 '통치받는 자들의 동의에서 정당한 권력'을 끌어내기 때문이다(미국 독립 선언문).[7] 하지만 일단 법이 공포되면 모든 시민은 (독재 정치 하에서와 마찬가지로 민주주의에서도) 그 법을 준수해야 한다. 그들은 자기 마음대로 행동할 수 없다. 하지만 대단히 중대한 문제들에 대해서는(예를 들어, 전쟁시의 강제 징집) 문명 정부라면 '양심적 거부'를 허용할 것이다. 이러한 규정 또한 기독교적 사고의 산물이다.

그러므로 성경적 신론과 성경적 인간론은 둘 다 다원주의 사회에서 우리가 취할 행동의 방향을 지도한다. 전자는 자유 방임을 막고, 후자는 강요를 막는다. 하나님의 본성 때문에, 우리는 그분의 진리와 율법이 멸시당할 때 무관심할 수 없다. 하지만 인간의 본성 때문에, 우리는 사람들에게 억지로 강요할 수 없다.

그렇다면 그리스도인들은 무엇을 해야 하는가? 우리는 하나님의 뜻을 알고 바라도록 대중의 양심을 교육하려 애써야 한다. 교회는 국가의 양심이 되고자 노력해야 한다. 우리가 법령을 통해 하나님의 뜻을 강요할 수 없다면, 그저 성경을 인용하여 사람들에게 그것을 확신시킬 수도 없다. 이 두 접근법 모두 사람들이 분개하고 저항하는 '위로부터의 권위'의 일례이기 때문이다. 더 효과적인 것은 '아래로부터의 권위', 즉 자명하며 따라서 스스로 진정성을 획득하는 본질적인 진리와 가치다. (그 둘이 양립할 수 없다는 말은 아니다. 하나님의 권위는 본질적으로 양쪽 모두에 해당한다.) 이 원리는 복음 전도와 사회 활동에 똑같이 적용된다.

복음 전도에서 우리는 사람들이 복음을 믿도록 강요하거나, 그들의 반응에 무관심한 듯 침묵을 지키거나, 성경 본문을 교조적으로 선포하는 일에만 의지해서는(성경 강해가 매우 중요하기는 하지만) 안 된다. 그보다는 사도들처럼 자연과 성경을 모두 동원해 이성적으로 논쟁하면서 하나님의 복음을 사람들에게 권하고 설득해야 한다.

마찬가지로, 사회 행동에서도 내켜하지 않는 대중에게 기독교적 기준을 억지로 강요하거나, 눈앞에 벌어진 사태를 방관하며 침묵을 지키거나, 성경적 가치관을 교조적으로 주장하는 일에만 의지하지 않아야 한다. 그보다는 기독교 윤리의 유익에 대해 이성적으로 논쟁하면서 사람들에게 하나님의 율법을 권하고 설득해야 한다. 우리는 하나님의 율법이 그 자체로 선하며 보편적으로 적용된다고 믿는다. 그것은 독단적이지 않으며, 하나님이 만드신 인간들에게 맞는 것이기 때문이다. 하나님은 처음부터 율법에 대해 그렇게 주장하셨다. 그분은 그 율법을 "네 행복을 위하여"(신 10:13) 주었다고 말씀하셨으며, 백성에게 "그들과 그 자손이 영원히 복 받도록" 그 율법에 순종하라고 말씀하셨다(신 5:29 등). 그러므로 "하나님 여호와의 목전에 선과 의"를 행하는 것과

"그들에게 영영히 복이 있는"것은 본질적으로 상관되어 있다(신 12:28). '선'과 '복'은 일치한다. 게다가 모든 사람이 그것을 어렴풋이 알고 있는 것 같다. 하지만 그들은 그것을 인정할 수 없거나 인정하고 싶어 하지 않기 때문에, 우리는 하나님의 율법이 개인과 사회 모두의 복을 위한 것임을 설명하기 위해 논쟁을 펼쳐야 한다.

그러므로 복음 전도에서는 (복음의 진리를 주장하는) 교리적 변증학이, 사회 행동에서는 (도덕적 율법의 선함을 주장하는) 윤리적 변증학이 필요하다. 오늘날 교회와 세계는 두 종류의 변증학이 절실히 필요하다.

여러 의미에서 이 책은 논쟁에 의한 설득의 몇 가지 예를 제공한다. 당신이 어떤 주제에 대해 토론을 하든, 어떤 운동을 조직하든, 정보에 근거한 그리스도인으로서 확신 있게 오늘날의 토론에 참여할 수 있도록 다음 장들에서는 필요한 성경의 통찰과 사회적 분석을 제공할 것이다.

분열과 소외

다원주의를 차이의 표출로 볼 때, 우리에게 참된 관용, 존중, 헌신적 설득 의지가 필요하다는 사실을 깨닫게 된다. 하지만 공유된 가치관을 상실한 사회는, 분열과 궁극적으로는 소외로서의 다원주의를 경험한다. 다른 많은 나라에서와 마찬가지로 오늘날 영국에서도 특정 집단, 특히 소수 집단은 주류에서 소외되어 있다고 느낀다. 이것은 사실이며, 영국 도심 지역에 사는 젊은 무슬림 남자들과 주변으로 밀려났다고 느끼는 많은 젊은이가 이에 해당한다. 오랫동안 실직 중인 사람들이나, 자신이 공동체에 기여하기보다 공동체의 자원을 소비하는 사람으로 여겨진다고 느끼는 장애인들도 마찬가지다. 말은 하지 않을지 모르지만, 사람들은 자신이 더 이상 사회와 관계를 맺을 수 없으며 자신의 상황을 변화시킬 힘이 없다고 느낄 수 있다.

민주주의 이론을 신학적으로 변호하려 했고, 그리스도인들이 민주적 과정을 이용하여 공개 토론에 참여해야 한다고 호소했음에도, 나는 민주주의가 언제나 소외를 치유해 주지는 않는다는 것을 인정한다. 많은 사람이 현실에 환멸을 느끼기 때문이다. 앞에서 인용한 존 루카스의 책 「민주주의와 참여」는 이론과 실천 간의 이러한 격차를 핵심으로 다룬다. 사람들은 투표라는 민주주의의 권리를 행사하는데, 분명 "투표는 최소한의 참여 형태를 초래한다."[8] 하지만 "민주주의는 단 하나만 빼고는 모든 결정을 독재자가 하는 독재 정치가 된다. 국민에게 남겨지는 유일한 결정권은 이따금 독재자를 선택하는 것뿐이다." 그래서 그는 민주주의를 "선거에 의한 독재 정치"라고 새로 이름 지었다. 그것은 "사람들이 보잘것없는 정도로만 정부에 참여할 수 있기" 때문이다. 그것은 또한 "통치받는 사람들이 바라는 점과 정의를 요구하는 목소리에 정부가 유난히 무감각해지게 만든다."[9] 게다가 "비록 선거에 의한 독재 정치는 나름대로 민주적 측면이 있지만, 사안들을 결정하는 방법과 정신은 대단히 비민주적이다.…그것은 비참여적이다."[10] 민주주의의 실제 운영에 대한 이러한 각성은 의심할 바 없이 널리 퍼져 있다. 그리스도인들은 의회의 논의가 "나라 안의 모든 여관과 작업장에서 반향을 일으킬 때까지" 공적 토론의 장을 확대하려는 관심을 다른 사람들과 공유해야 한다. 루카스 박사는 "민주주의는 술집이 있는 나라에서만 번창할 수 있다"[11]는 유쾌한 말로 책을 맺는다.

많은 그리스도인이 소외의 분위기에 물드는 것은 슬픈 일이다. 그들도 동의한다. "사회 정의는 분명 우리의 관심사이며, 우리는 이 사실에서 벗어날 수 없다. 하지만 장애물들이 너무 거대하다. 문제가 복잡할 뿐 아니라(우리는 전문가가 없다고 주장한다), 사회는 다원적이며(우리는 권력이나 특권에 대한 독점권이 없다고 주장한다), 반발력이 지배한다(우리는 아무런 영향력도 없다). 공동체 내에서 기독교 신앙이 썰물처럼 밀려 나가면서 우리는 좌초하여 시대에 뒤떨어진 존재가 되었다. 게다가 인간은 이기적이고 사회는 썩었다. 사회 변혁을 바라는 것은 전적으로 비현실적이다."

역사의 증거

이 같은 세속적 소외와 기독교적 비관주의의 혼합에 대한 첫 번째 해결책은 역사다. 첫 장에서는 기독교가 어떻게 잔인하고 불경한 사회에 복음 전도와 사회 정의로 큰 영향을 미치고 바꿀 수 있는지 보았다. 기독교는 전 세계에 사회적 영향력을 미쳤다. 라투렛(K. S. Latourette)은 일곱 권짜리 「기독교 확장사」(History of the Expansion of Christianity) 결론부에서 그것을 요약했다. 그는 그리스도의 제자들을 통해 그리스도의 삶이 미친 영향력을 선명하게 언급한다.

이 세상에 살았던 그 누구의 삶도 인간사에 그처럼 영향력을 미치지 못했다.… 그 짧은 생애와 외견상 좌절로 보이는 사건에서 사람들의 오랜 투쟁을 승리로 이끄는 다른 어떤 것보다도 강력한 힘이 흘러나왔다.…그것을 통해 수많은 사람이 문맹과 무지에서 벗어났으며, 점차 지적 자유를 누리고 자신의 물리적 환경을 통제할 수 있는 길에 서게 되었다. 그것은 질병과 기아라는 육체적 재난을 완화하는 데 인간에게 알려진 어떤 추진력보다 큰 기여를 했다. 그것은 수많은 사람을 물질의 노예가 되는 데서 해방했으며, 또 다른 많은 사람을 악의 노예가 되는 데서 해방했다. 그것은 수없이 많은 사람을 동료들의 착취로부터 보호했다. 그것은 전쟁의 공포를 줄이고, 사람과 국가가 정의와 평화에 기초하여 관계를 맺게 하는 운동의 가장 생산적인 원천이 되었다.[12]

성경의 증거

그러므로 기독교적 비관주의는 역사적으로 근거가 없다. 그것은 또한 신학적으로 부적절하다. 우리는 기독교적 지성이 창조, 타락, 구속, 완성이라는 성경의 사건들을 한데 결합한다는 것을 살펴보았다. 기독교적 비관주의는 타락('인간은 구제 불능이다')과 완성('그리스도가 상황을 바로잡기 위해 오고 계시다')에 집중하며, 이러한 진리들이 사회적 절망을 정당화한다고 생각한다. 하지만 그들은 창조와 구속은 간과한다. 인간 안에 있는 하나님의 형상은 지워지지 않았다. 예수님이 분명하게 가르치신 것처럼, 사람들은 악하지만 여전히 선을 행할 수 있다(마 7:11). 그리고 우리가 목격하는 증거들이 그것을 확증해 준다. 비그리스도인들 중에도 결혼 생활을 잘 해 나가고, 자녀를 사랑하며 잘 기르는 사람들이 있다. 비그리스도인 의사들 중에도 여전히 히포크라테스의 정신을 지침으로 삼아 양심적으로 환자를 돌보는 사람들이 있다. 이는 부분적으로는 하나님의 율법이 모든 인간의 마음에 새겨져 있기 때문이며, 또 부분적으로는 하나님 나라의 가치관이 기독교 공동체 내에서 구현될 때 공동체 밖의 사람들이 종종 그것을 인식하고 본받아 어느 정도 따라 하기 때문이다. 이런 식으로 복음은 여러 세대 동안 서구 사회에서 열매를 맺어 왔다.

게다가 예수 그리스도께서 사람들을 구속하시며 그들을 새롭게 하신다. 우리는 거듭나고 새롭게 된 사람들이 사회를 견제하거나 개혁하는 일을 아무것도 할 수 없다고 말하는 것인가? 그런 견해는 터무니없다. 이것이 찰스 콜슨(Charles Colson)의 책 「충돌하는 나라들」(Kingdoms in Conflict)의 요지다. 예수 그리스도에 의해 시작된 하나님 나라의 혁명적인 가치관은 인간의 나라와 대결하고, 그 나라에 도전하고, 그 나라를 변화시킨다. 특히 18세기에 에드먼드 벌크(Edmund Burke)가 "작은 플래툰"(little platoons)이라고 부른 기관을 통해서. 찰스 콜슨은 하나님과 이웃을 사랑하고, 세속주의의 한가운데서 초월함을 보여 주며, 악을 묵인하기를 거부하고, 불의를 반대하고, 세상에 자비와 화해를 퍼뜨리는 사람들의 작은 자발적 연합들을 염두에 두고 있다.[13]

역사의 증거와 성경의 증거를 결합해 보면 그리스도인들이 사회에 엄청난 영향을 미쳐 왔다는 것을 알 수 있다. 우리는 무력하지 않다. 상황은 달라질 수 있다. 니콜라이 베르쟈예프(Nikolai Berdyaev)는 다음과 같은 말로 감탄할 만한 상황을 요약했다. "인간 본성의 죄성은 사회 개혁과 개선이 불가능하다는 것을 의미하지 않는다. 그것은 단지 완벽하고 절대적인 사회 질서가 불가능하다는 것을 의미할 뿐이다.…세상이 변형되기 전에는."[14]

기독교 영향력의 본질

이제 역사와 성경에서 눈을 돌려 예수님이 제자들에게 기대하셨던 것을 살펴보자. 예수님은 산상수훈에서 소금과 빛의 은유로 그것을 아주 생생하게 표현하셨다.

> 너희는 세상의 소금이니 소금이 만일 그 맛을 잃으면 무엇으로 짜게 하리요 후에는 아무 쓸데없어 다만 밖에 버려져 사람에게 밟힐 뿐이니라.
> 너희는 세상의 빛이라. 산 위에 있는 동네가 숨겨지지 못할 것이요 사람이 등불을 켜서 말 아래 두지 아니하고 등경 위에 두나니 이러므로 집 안 모든 사람에게 비치느니라. 이같이 너희 빛이 사람 앞에 비치게 하여 그들로 너희 착한 행실을 보고 하늘에 계신 너희 아버지께 영광을 돌리게 하라. (마 5:13-16)

누구나 소금과 빛은 익히 알고 있다. 실제로 세상의 모든 집에 소금과 빛이 있다. 예수님 자신이 어린 시절에 나사렛 집 부엌에서 어머니 마리아가 소금을 방부제로 사용하는 것과 해가 졌을 때 등불을 켜는 것을 자주 보셨을 것이다. 그분은 그것들이 실제로 유용하다는 것을 아셨다.

그래서 예수님은 제자들이 인간 사회에서 어떤 영향력을 발휘하기를 기대하는지 설명하실 때 이러한 이미지들을 사용하셨다. 당시 그들은 소수였으며, 그분이 만드신 새로운 사회의 최초 핵심이었다. 하지만 그들은 전 세계에 소금과 빛이 되어야 했다. 그분의 말씀이 의미하는 바는 무엇인가? 놓쳐서는 안 될 두 가지 진리가 있다.

그리스도인은 구별되어야 한다

첫째, 그리스도인들은 비그리스도인들과 근본적으로 달라야 한다. 두 이미지 모두 두 사회를 별개의 것으로 분리한다. 세상은 어둡지만—예수님은 그렇게 암시하셨다—그리스도인은 세상의 빛이 되어야 한다. 세상은 썩고 있지만 그리스도인은 세상의 소금이 되어 부패를 막아야 한다. 영어 관용어로는, 그것들은 '분필과 치즈처럼' 혹은 '물과 기름처럼' 서로 완전히 다르다고 말할 수 있다. 이것은 성경 전체의 주요 주제다. 하나님은 우리를 그분 자신을 위한 백성이 되도록 세상에서 불러 내셨으며, 백성의 소명은 '거룩하게' 혹은 '다르게' 되는 것이다. 그분은 백성에게 되풀이해서 '거룩하라'고 말씀하신다. "내가 거룩함이니라."

그리스도인은 그리스도인다운 독특성을 간직해야 한다. 소금이 짠맛을 잃으면 아무 쓸모가 없다. 빛도 밝지 않으면 아무 쓸모가 없다. 그러므로 그리스도의 제자라고 주장하는 우리가 그분께 조금이라도 도움이 되려면 두 가지 조건을 충족해야 한다. 한편으로 우리는 비그리스도인 사회에 스며들어 세상에 깊이 잠겨야 한다. 다른 한편으로 우리는 세상에 동화되는 것을 경계하고 기독교적 확신, 가치관, 기준, 생활 방식을 고수해야 한다. 2장에서 언급한 교회의 '이중적 정체성'('거룩함'과 '세속성')이 우리의 배경이다.

기독교적 거룩함의 '짠맛'과 '밝음'이 무엇인지 묻는다면, 산상수훈 나머지 부분에 그 답이 있다. 거기서 예수님은 우리에게 주변의 다른 사람들과 같이 되지 말라고 말씀하신다. "그들을 본받지 말라"(마 6:8). 그 대신에 그분은 우리를 더 큰 의(마음의), 더 넓은 사랑(원수까지도), 더 깊은 헌신(자기 아버지께 오는 자녀의), 더 고상한 야망(먼저 하나님의 통치와 의를 구하는)으로 부르신다.[15] 그분의 길을 선택하고 따를 때에만 우리의 소금은 짠맛을 유지할 것이고, 우리의 빛은 밝게 비칠 것이며, 우리는 그분의 착하고 유익한 증인과 종이 되고, 사회에 건전한 영향력을 행사하게 될 것이다.

그리스도인은 영향력이 있어야 한다

둘째, 그리스도인은 사회에 스며들어야 한다. 그리스도인은 도덕적으로나 영적으로나 비그리스도인과 다르지만(혹은 달라야 하지만), 사회적으로 격리되어서는 안 된다. 그와 반대로, 그들의 빛은 어둠을 밝혀야 하며, 그들의 소금은 썩어 가는 고기에 스며야 한다. 그리스도인은 기독교 신앙을 강하게 거부하는 사회에서도 영향을 미칠 수 있다. 냉장고가 발명되기 전에는 소금이 가장 좋은 방부제였다. 소금을 생선과 고기에 비벼 넣거나, 생선과 고기를 소금에 담가 놓았다. 그렇게 해서 세균으로 인한 부패를 지연했다. 빛은 훨씬 더 분명한 효과를 발휘한다. 등불을 켜면 어둠은 달아나 버렸다. 마찬가지로 예수님은 그리스도인들에게 사회의 부패를 저지하고 악의 어둠을 쫓아 없애라는 의미로 말씀하신 것이 분명하다. 윌리엄 템플은 "그리스도의 마음을 지닌 사람들이 삶과 모든 인간 관계에 달콤함이 배어들게 하는 것"[16]에 대해 썼다.

그러면 왜 그리스도인들이 비기독교 세계에 좋은 영향을 훨씬 더 미치지 못했는지 궁금해진다. 미국을 예로 들어도 미국인 친구들이 양해해 주었으면 좋겠다. 미국 기독교에 대해 발표된 통계 수치는 놀랍다. 2002년 인구 조사에 따르면, 미국인들은 85퍼센트가 자신은 '그리스도인'이라고 말하며, 41퍼센트는 자신이 '거듭난 혹은 복음주의적인' 사람이라고 말한다.[17] 2005년에는 미국인 성인 중 45퍼센트가 주말에 교회에 출석했다. 여기에는 결혼식이나 장례식 같은 특별한 경우는 포함되지 않았다.[18]

그렇다면 왜 이렇게 많은 그리스도인 군대가 악의 세력을 격퇴하는 데 좀 더 성공하지 못했는가? 미국인 미래학자 톰 사인의 설명은 이렇다. "우리는 그분의[그리스도의] 극단적 가르침을 희석하고, 그분의 과격한 복음을 생략하는 일을 놀랄 만큼 효율적으로 해 왔다. 그것은 왜 우리가…우리 사회의 도덕에 그처럼 당혹스러울 정도로 아무런 영향을 미치지 못했는지 설명해 준다."[19] 신앙을 고백하는 제자들의 숫자보다 중요한 것은 그 제자도의 질(타협 없이 그리스도의 기준을 지켜내는)과 그들의 전략적인 배치(그리스도를 위해 영향력 있는 지위를 차지하는)다.

우리 그리스도인들은 점점 나빠지는 세상에 대해 점잖빼며 자신을 의롭게 여기면서 애통해하는 습관이 있다. 우리는 세상의 폭력, 부정직, 부도덕, 생명에 대한 경시, 물질주의적 탐욕을 비판한다. 우리는 "세상이 점점 나빠지고 있어"라고 어깨를 으쓱하면서 말한다. 하지만 그것은 누구의 잘못인가? 누가 비난받아야 하는가? 이렇게 말해 보자. 해질녘이 되었을 때 집이 어둡다고 집을 비난하는 것은 말이 안 된다. 해가 지면 집은 어두워지게 마련이다. 문제는 "등불이 어디 있는가"다. 마찬가지로 고기가 썩어서 먹지 못하게 되었다고 고기를 비난하는 것은 말이 안 된다. 세균이 번식하도록 내버려두면 그렇게 되게 마련이다. 문제는 "소금이 어디 있는가"다. 마찬가지로, 사회가 타락하고 그 수준이 하락하여 어두운 밤이나 냄새 나는 생선처럼 되었을 때, 사회를 비난하는 것은 말이 안 된다. 타락한 사람들을 그냥 내버려두고 인간의 이기심을 억제하지 않으면 그렇게 되게 마련이다. 문제는 "교회는 어디 있는가? 왜 예수 그리스도의 소금과 빛은 우리 사회에 스며들어 사회를 변화시키지 않는가?"다. 눈썹을 치켜올리고 어깨를 으쓱하거나, 주먹을 움켜쥐는 것은 순전히 위선이다. 주 예수님은 우리가 세상의 소금과 빛이라고 말씀하셨다. 그러므로 어둠과 부패성이 꽉 차 있다면 그것은 대체로 우리의 잘못이며, 우리가 비난받아야 한다.

그리스도의 이러한 의도와 기대는 우리의 소외감을 극복하기에 충분하다. 우리는 직장이나 지역의 어떤 사람들에게 배척당할 수도 있다. 세속 사회는 우리를 관심의 주변으로 밀어 내기 위해 최선을 다할 것이다. 하지만 우리는 주변부로 밀려나는 것을 거부하면서 그리스도를 위해 영향력 있는 활동 범위를 차지하려 애써야 한다. 야망은 성공하고자 하는 욕구다. 하나님의 뜻과 영광에 진정으로 복종한다면, 그러한 야망에 잘못된 점은 아무것도 없다. 권력은 부패할 수 있는 것이 사실이다. 그리스도의 권세는 우리의 연약함에서 가장 잘 드러나는 것도 사실이다. 실제로 우리는 자신이 부적절하다고 느낀다. 하지만 그분의 은혜로 사회의 세속적 부분에 스며들어, 거기에 그분의 깃발을 꽂고, 사랑과 진리와 선이라는 그분의 기준을 타협 없이 주장하겠다고 결단해야 한다.

어떻게 그리스도를 위해 영향력을 발휘할 수 있는가? 세상의 소금과 빛이라는 것은 실제로 무엇을 의미하는가? 우리는 사회 변혁을 위해 무엇을 해야 하는가? 여섯 가지 방법을 셋으로 묶어 살펴보겠다.

기도와 전도

먼저, 기도의 능력이 있다. 이것을 경건한 상투어로, 즉 기독교적 관례에 따라

예의상 삽입하는 말로 치부하지 말기를 간절히 바란다. 성경을 읽으면 기도의 능력을 끊임없이 강조하는 데서 깊은 인상을 받는다.

기도의 능력

야고보는 "의인의 간구는 역사하는 힘이 큼이니라"(5:16)라고 썼다. 예수님은 "너희 중의 두 사람이 땅에서 합심하여 무엇이든지 구하면 하늘에 계신 내 아버지께서 그들을 위하여 이루게 하시리라"(마 18:19)라고 말씀하셨다. 중보 기도의 이론적 근거를 이해하라고 하는 말이 아니다. 하지만 어쨌든 기도는 우리가 영적 투쟁의 장에 들어갈 수 있도록 그리고 우리 자신을 하나님의 선한 목적에 맞추어 그분의 능력이 드러나고 악의 지배를 저지하도록 해준다.

기도는 개개 그리스도인의 삶에서 절대로 빼놓을 수 없는 부분이다. 그것은 지역교회에서도 필수불가결한 것이다. 바울은 기도에 우선순위를 두었다. "그러므로 내가 첫째로 권하노니 모든 사람을 위하여 간구와 기도와 도고와 감사를 하되 임금들과 높은 지위에 있는 모든 사람을 위하여 하라. 이는 우리가 모든 경건과 단정함으로 고요하고 평안한 생활을 하려 함이라. 이것이 우리 구주 하나님 앞에 선하고 받으실 만한 것이니 하나님은 모든 사람이 구원을 받으며 진리를 아는 데에 이르기를 원하시느니라"(딤전 2:1-4). 여기에 국가 지도자들을 위한 기도, 그들이 평화와 질서를 유지할 책임을 완수하도록, 그리하여 그 안에서 교회가 자유롭게 하나님께 순종하고 복음을 전파할 수 있도록 하는 기도가 나온다.

이론적으로 우리는 이같이 기도할 의무가 있다고 확신한다. 하지만 일부 그리스도인 사회 활동가들은 잠시 활동을 멈추고 기도하는 경우가 거의 없다. 그리고 일부 교회는 그것을 진지하게 생각하지 않는 것 같다. 사회 속에(실로 세상 속에) 평화보다 폭력이, 정의보다 억압이, 경건함보다 속됨이 더 많다면, 그리스도인들과 교회들이 마땅히 해야 할 만큼 기도하지 않기 때문은 아닐까?

우리는 또한 하나님의 백성이 기도하도록 자극하는 것을 목표로 삼는 선교 단체 운동이 성장하는 것을 기뻐한다[예를 들어, 영국에서는 '루디아회' (Lydia Fellowship), '크로스윈즈'(Crosswinds), '영국을 위한 중보자들' (Intercessors for Britain), 그리고 미국에서는 '미국을 위한 중보자들'(US Intercessors for America)과 '서기 2000년'(AD 2000) 등이다[20]].

복음의 능력

이제 기도의 능력에서 복음의 능력으로, 그리하여 복음 전도로 주의를 돌려 보자. 이 책은 복음 전도가 아니라 그리스도인의 사회적 책임에 대한 책이다. 그럼에도 그 둘은 한데 결합되어 있다. 그리스도인들은 서로 다른 은사와 부르심을 받았지만, 어떤 상황에서는 복음 전도와 사회적 행동을 결합하지 않고 둘 중 하나에 집중하는 것이 더할 나위 없이 적절하지만, 그럼에도 일반적으로, 이론적으로 그 둘은 분리할 수 없다. 이웃에 대한 우리의 사랑은 그들의 몸, 영혼, 공동체에 대한 모든 필요에 총체적 관심을 기울일 때 구체적으로 표현될 것이다. 바로 그 때문에 예수님의 사역에서 말과 일은 한데 결합되어 있었다. 그랜드래피즈 보고서(Grand Rapids Report)에서 말하듯이, 복음 전도와 사회 활동은 "가위의 양 날 혹은 새의 양 날개"[21]와 같다.

두 가지 특별한 방식으로 복음 전도는 사회적 행동의 필수적 서곡이자 토대로 여겨져야 한다.

복음은 사람들을 변화시킨다

첫째로, 복음은 사람들을 변화시킨다. 모든 그리스도인은 바울의 이 말을 확신 있게 되풀이해야 한다. "내가 복음을 부끄러워하지 아니하노니 이 복음은 모든 믿는 자에게 구원을 주시는 하나님의 능력이 됨이라"(롬 1:16). 우리는 자신의 삶을 통해 그것을 알며, 다른 사람들의 삶을 통해 그것을 보았다. 죄가 자기 중심성의 뿌리라면, '자아'에서 '비자아'로의 변혁은 구원의 필수 요소다. 믿음은 사랑으로 이끌며, 사랑은 섬김으로 이끈다. 그래서 사회적 행동—궁핍한 자를 사랑으로 섬기는 것—은 구원의 믿음에 따르는 피할 수 없는 결과다. 언제나 그렇지는 않다는 것을 인정해야 하지만 말이다.

　기독교와는 별개로 적극적인 사회 변혁이 일어나는 상황들도 있다. 그러므로 우리는 복음 전도와 사회 변혁을 지나치게 결합해 전자가 언제나 후자를 낳고 후자는 결코 전자 없이 일어나지 않는다고 말해서는 안 된다. 그럼에도 규칙성을 입증하는 예외들이 있다. 우리는 여전히 복음 전도가 사회 변혁의 주요 도구라고 주장한다. 복음은 사람들을 변화시키며, 변화된 사람들은 사회를 변화시킬 수 있기 때문이다. 우리는 사회에 소금과 빛이 필요하다는 것을 보았다. 하지만 오직 복음만이 그것들을 만들어 낼 수 있다. 이 점에서 우리는 복음 전도가 사회적 행동보다 우위에 있다고 부끄러움 없이 선포할 수 있다. 논리적으로 말해서 "그리스도인의 사회적 책임은 사회적으로 책임 있는 그리스도인들을 전제한다." 그런 사람들을 만들어 내는 것은 복음이다.[22]

　후에 윈체스터 주교가 된 존 테일러는 교회 선교회 총무로 있을 때, CMS 소식지(1972년 5월)에서 제프리 무어하우스(Geoffrey Moorhouse)의 책 「캘커타」(Calcutta)와 절망적으로 보이는 그 도시의 문제들에 대한 자신의 반응을 설명했다. 그는 이렇게 썼다. "하지만 한결같이 절망에서 믿음으로 국면을 바꾸는 것은 그 상황들 위에 우뚝 서 있는 사람이다." 그런 사람들은 그 도시에 '갇히지도' 않고, 거기에서 '빠져나오지도' 않는다. "그들은 상황을 초월한다.······구원은 해결책과 같은 것이 아니다. 그것은 해결책보다 앞서며 그것을 하나의 가능성으로 만든다.······개인의 구원―1단계 구원―이 여전히 그 길로 진입하는 입구다. 그것은 결정론의 문을 여는 열쇠이며 상황을 초월할 수 있는 사람들을 길러내어 공동 조직과 제도의 '구원'―2단계 구원―을 가능하게 한다."

　복음 전도에 의해 사회가 더욱 개선되는 또 한 가지 방식이 있다. 복음이 신실하게 널리 전파될 때, 그것은 개인들을 철저히 새롭게 할 뿐 아니라, 레이먼드 존스턴이 "방부제적 환경"이라고 부른 것을 낳는다. 그런 환경에서는 신성 모독, 이기심, 탐욕, 부정직, 부도덕, 잔학 행위, 불의 등이 번성하기가 어렵다. 복음이 가득 스며들어 있는 나라에서는 이런 독초들이 무성하게 자라기는커녕 쉽게 뿌리를 내릴 수도 없다.

복음은 문화를 변화시킨다

둘째로, 사람들을 변화시키는 복음은 또한 문화를 변화시킨다. 사회 변혁의 가장 큰 장애물 중 하나는 문화의 보수성이다. 한 나라의 법, 제도, 관습은 수 세기를 거쳐 발전해 온 것이므로 개혁에 대한 내재적 저항성을 가지고 있다. 모든 정치 프로그램, 경제 제도, 개발 계획은 그 동기를 유발하고 지탱해 주는 가치관에 좌우된다. 그것은 정직과 어느 정도의 이타주의 없이는 작동할 수 없다. 그러므로 민족 문화(그리고 그것을 형성하는 종교나 이데올로기)가 부패와 이기심을 묵과한다면, 절제나 희생을 하도록 동기를 부여하지 않는다면, 진보는 사실상 차단되어 버린다. 그렇게 되면 문화가 발전하는 데 차질이 생긴다. 그러므로 브라이언 그리피스(Brian Griffiths)가 경제 생활에 대한 기독교적 접근을 다룬 책에서 다음과 같이 결말을 맺은 것은 전적으로 논리적이다.

> 기독교는 그리스도에 대한 믿음으로 시작하여 세상을 향한 섬김으로 끝난다.…이 때문에 나는 복음 전도가 더 의로운 경제 질서를 수립하는 데 필수 불가결한 역할을 한다고 믿는다. 그리스도에 대한 순종은 변화를 요구하며, 세상은 그분의 세상이 되고, 가난한 자, 연약한 자, 고난받는 자는 그분의 형상으로 지음받은 남자들과 여자들과 어린아이들이다. 불의는 그분의 피조물에 대한 모욕이다. 절망과 무관심과 무목적은 소망과 책임과 목적으로 대체된다. 그리고 무엇보다도 이기심이 사랑에 의해 변화된다.[23]

그래서 복음은 사람과 문화 둘 다를 변화시킨다. 이는 복음 전도 없이는 어떠한 발전도 가능하지 않다는 말이 아니라, 복음이 가져다주는 문화적 변화들이 없으면 발전이 저해되며, 문화적 변화에 의해 발전이 촉진된다는 말이다. 복음이 더 많이 퍼질수록 상황은 더 희망적이 된다. 공직에 소수의 그리스도인들만 있어도 사회 변혁을 주도할 수 있다. 하지만 19세기 복음주의 개혁자들이 그랬던 것처럼 그들이 다수 민초들에게 폭넓은 지지를 받는다면 그 영향력은 훨씬 더 클 것이다. 그러므로 모든 나라의 그리스도인들은 복음이 광범위하게 받아들여지도록 기도해야 한다. 19세기 미국의 복음주의자들이 분명히 보았던 것처럼, 부흥과 개혁은 한데 결합되어 있다.

증거와 저항

우리는 복음이 구원을 위한 하나님의 능력이라는 것을 보았다. 사실 모든 진리에는 능력이 있다. 하나님의 진리는 사탄의 비뚤어진 거짓보다 훨씬 더 강력하다. 우리는 결코 진리에 대해 위축되어서는 안 된다. 또한 진리가 위태로운 상태에 있기라도 한듯이 진리를 위해 걱정할 이유가 전혀 없다. 하나님이 그것을 지켜보시며 그것이 완전히 억압되는 것을 결코 허락하지 않으실 것이기 때문이다. 바울이 말했듯이 "우리는 진리를 거슬러 아무것도 할 수 없고 오직 진리를 위할 뿐"(고후 13:8)이다. 그리고 요한이 말했듯이 "빛이 어둠에 비치되 어둠이 깨닫지(overcome) 못했다"(요 1:5). 솔제니친(Solzhenitsyn)은 이런 확신을 지닌 현대 기독교 사상가 중 한 명이다. 그가 발표한 노벨 문학상 수상 연설(1970) 제목은 "진리의 한 마디"(One Word of Truth)였다. 그는 저술가들에게는 로켓이나 탱크 같은 물리적 무기가 없다고 했다. 그렇다면 "공공연한 폭력의 무자비한 맹공격에 직면하여, 문학은 무엇을 할 수 있는가?"라고 그는 물었다. 첫째, "거짓에 참여하기"를 거부할 수 있다. 둘째, 저술가들과 예술가들은 "거짓을 격파한다." "한 마디 말은 전 세계보다 무겁기 때문이다. 그것은 질량과 에너지 보존의 법칙을 멋지게 뒤집어엎는데, 나 자신의 활동과 세계의 작가들에 대한 호소에서 그것이 입증되는 것을 보았다."[24]

모든 그리스도인은 주님과 마찬가지로 '진리에 대하여 증거하도록' 부름받는다. 주님은 바로 이 때문에 태어나셨으며 세상에 오셨다고 덧붙이셨다(요 18:37). 우리가 증거해야 하는 최고의 진리는 물론 예수 그리스도 자신이다. 그분이 바로 진리이기 때문이다(요 14:6). 하지만 과학적·성경적·신학적·도덕적 진리는 모두 그분의 것이며, 우리는 그것을 변호하고 주장하고 논증하는 일을 두려워하지 말아야 한다. 앞 장에서 촉구했듯이, 바로 이 점에서 윤리적 변증학을 발전시켜야 하고, 현대의 문제들에 대해 공적 토론을 해야 하는 것이다. 설교 강단(이는 일반적으로 생각하는 것보다 여전히 훨씬 더 영향력 있는 '연단'인데, 특히 여론을 형성하는 면에서 그렇다)에서, 중앙 신문과 지방 신문에 보내는 편지와 글을 통해, 가정과 직장에서 벌이는 토론을 통해, 라디오와 텔레비전에 출연할 기회를 통해, 시와 드라마와 대중 가요를 통해, 우리는 그리스도인으로서 두려워하거나 변명하지 않고 하나님의 율법과 복음을 전파하라는 부르심을 받는다. 예수님과 마찬가지로 제자들도 참된 증인(martyr)이라면 자신의 증거를 위해 고난받고 필요하면 죽을 준비까지도 갖추어야 한다. 그 같은 희생적 증언은 억압적 체제 아래 살아가면서 민주적 과정을 박탈당한 사람들이 가진 주된 무기다.

진리에 대한 적극적인 증거와 더불어, 소극적으로는 어리석음과 사기와 악함에 대한 저항도 같이 이루어져야 한다. 많은 사람이 합리적 저항이라는 무기에 매력을 느끼지 않는 듯 보인다. 하지만 나는 그러지 말아야 한다고 생각한다. 공적 호소는 효과적인 무기다. 몇 가지 예를 들어 보자.

첫째 예는 대규모 저항이 성공한 경우를 보여 주며, 둘째 예는 즉각적 목표를 달성하는 데는 실패했지만 공적 저항을 강력히 표출한 경우를 보여 준다.

첫째로, 2004-2005년 우크라이나에서 일어난 '오렌지 혁명'은 2004년 11월 우크라이나 대통령 선거 기간에 자행된 대규모 부패, 유권자 협박, 직접적인 선거 부정 등에 반대하여 전국 방방곡곡에서 일어난 일련의 시위와 정치적 사건들을 말한다. 당시 주요 대통령 후보는 빅토르 야누코비치(Viktor Yanukobych) 수상과 야당 지도자 빅토르 유셴코(Viktor Yushchenko)였다. 수십만 명의 시위대가 독립 광장에 모여 재선거를 요구했다. 그들은 대부분 야당을 상징하는 오렌지색 옷을 입고 있었다. 시위대는 우크라이나 전역에서 조직되었으며, 일반 쟁의와 연좌 농성도 벌였다. 우크라이나 대법원은 전 세계에서 모여든 선거 감시인단의 엄격한 감시 하에 재선거를 치르라는 판결을 내렸으며, 유셴코가 대통령으로 선출되었다. 그가 2005년 1월 23일 키에프에서 취임하면서, 오렌지 혁명은 성공리에 평화롭게 마무리되었다. 하지만 이 일을 성공적인 저항의 예로 인용했다고 해서 그 정부에 부패나 부정한 통치의 문제가 없었다는 의미는 아니다. 그 다음 선거에서 문제의 통치자는 투표를 통해 자리에서 물러났으며, 정권은 다시 공산주의에 찬성하는 사람들에게 돌아갔다.

둘째 예는, 두 번째 이라크 전쟁에 대한 대규모 저항이다. 2003년 2월 15일, 영국이 이라크와 전쟁을 벌이는 것을 반대하는 대규모 시위가 벌어졌다. 그 시위는 영국 역사상 가장 큰 규모로, 경찰 추산으로는 75만 명이 모였고, 주최측은 200만까지 모였다고 보았다. 그 시위는 평화 시위였다. 행진을 한 후 집회가 열렸다. 명확한 입장을 가진 강사들이 나와서 정부에게 전쟁에 저항하고 협상을 계속하도록 요구했다. 기독교 단체들이 다른 단체들과 함께 전쟁이 아닌 평화를 요구했다(전쟁을 하자는 결정을 지지하는 다른 그리스도인들도 있었다). 그 저항의 목적 중 하나는, 정부가 전쟁을 한다면 전 국민이 전폭적으로 지지하지는 않을 거라는 점을 확실히 하려는 것이었다. 결국 영국은 실제로 이라크와 전쟁을 벌였다. 따라서 이 대규모 저항은 구체적 목표에 대해서는 실패였다. 하지만 정부에 그 결정과 처신을 해명하도록 요구한 점에서, 많은 사람이 도덕적으로 잘못되었고 전략적으로 처참한 결과를 일으킬 일에 끌려가고 있다고 느낄 때 기꺼이 공적으로 저항할 용의가 있음을 보여 주었다.

시위와 조직

진리는 논의될 때 힘이 있다. 또한 증명될 때 더욱 강력해진다. 사람들은 논증을 이해해야 할 뿐 아니라, 그 유익이 눈에 드러나는 것을 보아야 한다. 한 명의 그리스도인 간호사, 교사, 비서, 점원, 공장 근로자가 숫자와 비율을 능가해서 영향력을 미칠 수 있다. 남편과 아내가 서로 신실하고 서로에게 만족하며 자녀들은 사랑의 훈육으로 안정감 있게 자라고 자신들의 일뿐 아니라 공동체의 일에도 적극적으로 참여하는 단 하나의 그리스도인 가정이 전체 이웃에 미치는 선한 영향을 그 누가 가늠할 수 있겠는가? 그리스도인들은 직장에서나 가정에서나 주목받는 사람들이다. 온 세상이 우리를 지켜보고 있다.

그리스도인 개인이나 가정들보다 더 영향력 있는 것은 지역교회다. 하나님이 교회로 하여금 하나님의 구속받은 새로운 공동체로서 하나님 나라의 이상을 구현하도록 하셨기 때문이다. 존 하워드 요더(John Howard Yoder) 박사는 "대안적 사회 그룹을 만들어 내는 것이 사회에 미치는 강력한…영향"[25]을 과소 평가해서는 안 된다고 했다.

그리스도인의 소그룹은 눈에 보이는 복음의 구현체가 될 수 있다. 그들은 또한 내가 지금까지 언급했던, 사회에 영향을 미치는 수단들을 모두 활용할 수 있다. 기도와 복음은 능력이 있다. 함께 기도하고 복음을 전한다면 훨씬 더 큰 능력이 생긴다. 증거와 저항은 능력이 있다. 함께 증거하고 행동한다면 훨씬 더 큰 능력이 생긴다. 조직은 우리 주님이 선택하신 방법이다. 그분은 먼저 12명으로 시작하셨다. 오랜 교회사에는 소그룹들이 전략적으로 영향을 미친 예가 대단히 많다. 16세기 케임브리지에서 초기 종교개혁가들이 에라스무스의 헬라어 신약 성경을 공부하기 위해 화이트호스 법학생 기숙사(White Horse Inn)에 모였다. 18세기에 웨슬리 형제(Wesleys)와 휫필드(Whitefield)가 속해 있던 경건 클럽(Holy Club)은 처음에는 사소한 선행에 참여했으나, 복음주의 부흥이 시작되는 배경이 되었다. 19세기에 남부 런던 클라팜파는 윌버포스의 노예 제도 반대 운동과 다른 많은 사회적·종교적 운동을 지지했다. 오늘날 현대 교회 생활에서 가장 전도 유망한 특징 중 하나는 소그룹 활동에 대한 갈망이다. 수많은 교회가 교인들을 소그룹으로 혹은 가정 모임들로 나누었다. 많은 교회가 전문가 그룹—전도 방문 그룹, 선교사 중보 기도 그룹, 음악 그룹, 현대 문제 그룹, 독서 그룹, 사회 연구 및 활동 그룹 등—을 형성했다. 이런 그룹 목록은 끝이 없다.

새로운 방식으로 함께 살고 나누고 일하는 것을 실험하는 공동체들이 있다. 예를 들면, 부에노스아이레스의 카이로스 공동체(Kairos Community: 세속 사회에서 제자도를 신학적으로 성찰한다), 워싱턴의 소저너스 공동체(Sojourners Community: "Sojourners"를 발간하고, 평화와 정의에 대한 관심을 촉진하며, 지역의 흑인 가정들을 섬기는 일에 관여한다), 뉴델리의 TRACI(The Research and Communication Institute: 젊은 인도 사상가들과 저술가들을 위한 연구 및 정보 교환 연구소) 등이다. 영국에는 사회 내에서 도덕적 기준들을 증진시키는 케어 트러스트(CARE Trust)와 케어 캠페인(CARE Campaigns: 기독교적 행동, 연구, 교육) 등이 있다. 런던현대기독교연구소도 언급할 수 있는데, 목표는 세상에서 기독교적 사고와 행동을 통합하도록 촉진하는 것이다.[26]

브라질 북동부 라시페의 전 대주교 돔 헬더 카마라(Dom Helder Camara)는 은퇴한 지 오래되었으나 아직도 널리 존경받는 가톨릭 지도자로, 소그룹의 잠재력을 강하게 믿는 사람이다. 체제를 전복하려 한다는 비난을 받고 언론 접촉을 금지당했으며, 끊임없이 암살 위협을 받고 있는 이 "폭력적 평화 유지자"는 정의와 평화를 위해 헌신하고 있다. 그는 수년간 여러 단체에 호소하면서 지구를 반 바퀴나 여행하면서 집단의 힘을 더욱 믿게 되었다. 이웃과 대학과 노동 조합들 안에, 언론 매체 안에, 경영자들과 정치가들 사이에, 그리고 군대 안에 '아브라함의 소수들'("아브라함처럼, 가망이 없지만 희망을 버리지 않기에")[27]을 결성하도록 용기를 북돋운다. 그들은 정의와 자유에 대한 공동의 열망을 공유하며 정보를 교환한다. 주택 문제, 실업, 노동력 착취, 사회 구조 등과 관련된 문제들을 진단하려 애쓴다. 그들은 함께 경험을 짜 내어 적절한 '평화로운 폭력'을 모든 형태로 행사한다. 돔 헬더는 그러한 소수 집단들이 "가장 작은 원자 속에 수백만 년 동안 갇혀서 방출되기를 기다리는 핵 에너지에 견줄 만한 사랑과 정의의 능력"[28]을 가지고 있다고 믿는다. 그는 "이 모든 소수 집단이 연합하면 저항할 수 없는 세력이 된다"고 덧붙였다.[29] 어떤 사람들은 그를 비웃지만, 그는 굴하지 않는다. 그는 이렇게 썼다. "내 계획이 골리앗과의 싸움을 연상시킨다는 것을 잘 안다. 하지만 하나님의 손이 그 어린 목자와 함께했으며, 다윗은 믿음과 물매와 다섯 개의 작은 돌로 블레셋 사람들을 정복했다."[30] 그는 이렇게 촉구했다. "역사를 통틀어 담대한 소수 집단이 인류를 이끌어 왔다는 것을 명심하라."[31]

거인과 소년, 칼과 물맷돌, 교만한 자랑과 겸손한 신뢰 간의 대조가 세상에서 하나님의 활동이 보여 주는 특징이다. 톰 사인은 「겨자씨 vs 맥세상」(*The Mustard Seed Conspiracy*, 예수전도단)에서 그것을 잘 포착했다. 그 책의 제목은 작은 씨에서 커다란 관목이 자라는 것을 암시한다. 그 책의 부제는 이렇다. "당신은 내일의 불안한 세상에 변화를 가져올 수 있다." 그는 이렇게 썼다.

> 예수님은 우리에게 놀라운 비밀을 알려 주신다. 하나님은 비천하고 겸손하고 눈에 띄지 않는 사람들을 통해 세계를 변화시키기로 하셨다.…하나님의 전략은 언제나 그러했다―하찮은 사람들의 음모를 통해 세상을 변화시키는 것. 그분은 초라한 유대인 노예들을 그분의 새 질서를 일으키는 반란자 집단으로 택하셨다.…하나님이 구유에 누운 한 아기를 통해 세상을 바로잡기로 작정하실 줄이야 누가 꿈이나 꾸었겠는가! "하나님은 어리석은 자들…약한 자들…비천한 자들…아무것도 아닌 자들을 택하셨다."…자신의 세상을 변화시키고 자신의 미래를 창조해 나가기 위해 당혹스러울 정도로 보잘것없는 사람들을 통해 일하시는 것이 변함없는 하나님의 정책이다.…[32]

하나님이 종종 자신의 목적을 이루시기 위해 보잘것없고 연약한 사람들을 통해 역사하시는 것이 사실이라면, 그리스도인들이 느끼는 소외감은 구실이 되지 않는다. 그와 정반대다. 우리는 하나님이 세상을 변화시키기 위해 사용하실 수 없을 만큼 하찮은 사람은 없다는 사실에 기뻐해야 한다.

2부
세계

4
전쟁과 평화

오늘날 우리가 직면한 세계 문제 중 인류의 자멸에 대한 위협보다 더 중대한 것은 없다. 전쟁은 더이상 군대 간의 교전에만 국한되지 않는다. 민족 국가들은 꾸준히 대량 살상 무기들을 개발해 왔다. 그 무기들은 사회 전체를 뿌리째 뽑아 버리고, 인간의 문명을 파괴할 능력을 가지고 있다. 또한 세계가 주목하는 가운데 강력하고 상징적인 폭력 행동을 자행하는 테러 집단이 자라나고 있다. 21세기 초부터 우리는 테러리스트 혹은 '깡패 국가'가 핵무기든 생물학적 무기든 화학 무기든 대량 살상 무기를 손에 넣고 자신들의 목적을 위해 사용함으로써 무시무시한 결과를 일으키지 않을까 우려하고 있다.

물론 원시적 무기라도 집단 학살을 노리는 사람들이 사용하면 끔찍한 피의 대학살을 일으킬 수 있다. 1994년에 르완다에서 100일이 넘는 기간 동안 80만 명 이상이 학살당했다. 그중 많은 사람은 날이 넓은 큰 칼로 살해당했다. 보스니아 스레브레니카라는 마을 이름만 들어도, 수많은 무고한 사람을 '인종 청소'라는 이름으로 학살한 잔학 행위가 떠오른다.

최근 수십 년간 아프리카에서 펼쳐진 최악의 비상 사태는 콩고(구 자이레) 민주주의 공화국에서 일어난 내전일 것이다. 전투의 직접적인 결과나 질병과 영양실조로 250만 명 이상이 사망한 것으로 추산된다.[1]

그러니 인간의 충돌이 어떠한 고난을 야기하는지 알고자 대량 살상 무기에만 초점을 맞출 필요는 없다. 2003년에 미국의 베트남전 참전 용사들이 설립한 국제 지뢰 금지 캠페인(International Campaign to Ban Land Mines)은 아직도 땅 속에 1억 개의 지뢰가 남아 있으며, 해마다 지뢰에 의한 사상자가 1만 5천에서 2만 명씩 늘어난다고 추산했다. 앙골라, 스리랑카, 수단 같은 나라에서 정전이 이루어지면서 더 많은 나라가 지뢰 제거 활동에 매진한 결과 2002년에는 고무적일 만큼 감소했음에도,[2] 2003년에 지뢰 자문단(Mines Advisory Group)[3]은 1991년과 2003년에 일어난 두 번의 걸프전으로 인해 800만에서 1,200만 개 정도 남아 있다고 추산했다. 쿠르드족이 지배하는 이라크 북부에서는 2003년 교전 기간과 그 이후에 지뢰나 다른 불발탄으로 인한 사상자 수가 90퍼센트까지 증가했다.

전쟁의 가장 가슴 아픈 측면 중 하나를 생각해 보자. 그것은 바로 아이들이 전쟁에 동원되는 것이다. 무력 충돌 도중 죽는 아이들이 점점 더 많아지고 있다. 30만 명이나 되는 아이들이 직접 전투를 하고, 수많은 다른 아이들이 지원군 역할을 한다. 2,500만 명의 아이들이 이런 충돌로 인해 집을 잃어야 했다.[4] 여자아이들과 장애아들은 특히 더 상처가 크다. 한 어린이 군인은 끔찍한 경험을 이렇게 말했다. "나는 지뢰를 심고, 차량들을 막고, 집에 불을 지르고, 농작물들을 망가뜨렸어요…가장 괴로웠던 건, 어떤 아이가 너무 지치면 우리 같은 포로들이 그 아이를 죽여야 했던 거였어요."[5]

우리는 또한 과거의 문명이 남긴 유산 전체, 생물권이 이루는 미묘한 균형, 미래의 유전적 잠재력을 모조리 파괴할 수 있는 가능성을 갖고 있다. 인류와 지구의 생존이 달려 있다. 기독교적 지성은 진공 상태에서 작동할 수 없다. 우리는 하나님이 그리스도와 성경 안에서 자신을 단번에 계시하셨다는 것을 굳게 붙잡을 뿐 아니라 그것을 현재의 냉엄한 현실에 결부하기 위해 애써야 한다. 우리가 하나님의 뜻을 분별하고자 할 때, 계시와 현실은 한데 결합된다. 그리스도인들이 거친 세상에서 화평케 하는 자로 부름받은 것에 대해 말하기 전에, 먼저 다섯 가지 문제를 살펴보겠다.

냉전의 종식

1989년 11월 9일 베를린 장벽이 무너지고, 공산주의 이데올로기가 붕괴하고 소련의 군사력이 약해지면서 세계 권력의 균형 축이 이동했다. 한때 소련이라고 불렸던 세계 초강대국이 빠른 속도로 변화했으며 산산조각 나기 시작했다. 그것은 부분적으로는 소비에트 지도자 미하일 고르바초프의 적극적인 비전으로 인한 것이었다. 그 비전은 페레스트로이카(개혁)와 글라스노스트(개방)라는 개념으로 대표되는데, 제도에 어느 정도 민주주의적 책임을 도입하기 위한 것이었다. 또한 관료들이 도저히 손을 쓸 수 없게 되어 버린 소비에트의 경제적 퇴보, 정치적 억압, 산업적 후퇴 등으로 인한 것이었다.

1989년 7월, 레흐 바웬사가 이끈 폴란드 연대 운동은 자유 선거에서 공산주의자들을 물리쳤다. 당시 고르바초프는 바르샤바 조약을 맺은 나라들은 미래를 자유롭게 결정하라고 발표했다. 그러자 헝가리는 서구에 국경을 개방했다. 체코슬로바키아는 '벨벳 혁명'을 통해 극작가 바츨라프 하벨을 대통령으로 선출했다. 루마니아에서는 대통령 차우세스쿠와 그의 아내가 크리스마스에 처형되면서 그의 무자비한 통치도 막을 내렸다.

새로운 조처들에도 불구하고 소련은 경제적으로 계속 쇠퇴했다. 고르바초프는 해외에서는 여전히 영웅이었으며 노벨 평화상을 수상했지만, 자기 나라에서는 더 인기가 없어졌다. 그는 새로이 권력을 장악하고 강경노선을 강화하면서, 선조들처럼 공산당 지도자가 되는 대신 소련 대통령이 되었다. 하지만 러시아는 첫 번째 선거에서 고르바초프의 최대 경쟁자인 보리스 옐친을 대통령으로 뽑았다. 옐친은 러시아의 공산당이 불법이라고 선언했으며, 그에 따라 고르바초프는 공산당 중앙 위원회를 해체해야 했다. 1991년 네 개의 소비에트 공화국이 투표를 통해 독립하기로 결정했다. 모스크바는 1991년 9월 6일 그들의 주권국 지위를 승인했다. 다른 공화국들, 곧 우크라이나, 아르메니아, 그루지야, 몰도바 등도 독립할 계획을 세웠다. 우크라이나, 러시아, 벨로루시 지도자들은 1991년 9월 8일 민스크 부근에서 만나 소련을 해산하고,

독립 국가 연합(Commonwealth of Independent States: CIS)을 구성하기로 합의했다. 1991년 12월 25일 고르바초프는 텔레비전에 나와 소비에트 대통령직을 사임한다고 발표했다. 크렘린 궁전에 소비에트 국기 대신 러시아 국기가 게양되었다. 소련은 끝났다. 1950년에 한국의 분단을 놓고 미국과 공산주의 세력 간에 일어난 격렬한 전쟁과 1960년대의 베트남 전쟁을 막지는 못했지만, 이전에 공산주의 국가였던 중앙 유럽과 동유럽의 대부분 나라들이 2004년 5월 1일 유럽 연합(EU)에 가입했다는 사실에서 분명한 변화를 볼 수 있다. 불가리아와 루마니아 두 나라는 2007년 1월 1일에 가입했다.

구소련을 휩쓴 민주화의 물결을 보면서 사람들은 세계가 더 안전한 곳이 되리라고 기대했다. 하지만 거의 10년 후, 평화에 대한 기대는 착각으로 드러났으며, 새로운 갈등이 야기되었다. 1945년부터 1995년까지 50년 동안 80회의 전쟁이 났다. 하지만 이 중 28회만이 정규 군대들과 국가들 간의 '전통적인' 전쟁이었으며, 46회는 내전 혹은 게릴라전이었다.

이처럼 폭력이 단계적으로 확대된 원인은 무엇인가? 하버드 대학교의 새뮤얼 헌팅턴(Samuel Huntington) 교수는 「문명의 충돌」(*The Clash of Civilizations and the Remaking of World Order*, 김영사)에서 냉전 시대에는 국제 정치가 '양극적'(두 초강대국 간)이었던 반면, 냉전 이후에는 '다국적이고 다문명적'이 되었다는 논지를 전개했다.[6] 특히 사람들이 "정체성의 위기를 극복해 나갈 때, 중요한 것은 혈연과 신앙, 믿음과 가정이다. 사람들은 비슷한 조상, 종교, 언어, 가치관, 제도를 가진 사람들끼리 규합하며, 그런 면에서 다른 사람들과는 거리를 둔다."[7] 따라서 오늘날 사람들 간의 중요한 구별은 이데올로기나 정치적인 것이기보다는 문화적인 것이다. 헌팅턴 교수는 이어서 세계를 일고여덟 개의 주요 문명권으로 나누는데, 각각의 주요한 특징은 종교적인 것이며, 그것은 '국가들 간의 적대와 제휴'를 형성한다.[8]

헌팅턴 교수는 세계 주요 문명권에 속한 핵심 국가들을 포함하는 세계 전쟁은 "일어날 것 같지는 않지만, 불가능한 것은 아니다"라고 단언했다. 그는 미국, 유럽, 러시아, 인도가 한 편이 되어, 중국, 일본, 대부분의 이슬람권을 상대로 싸우는 생생한 시나리오를 묘사하기도 했다.[9] 그의 결론은 "문명의 충돌은 세계 평화에 가장 큰 위협이며, 문명에 기초한 국제 질서는 세계 전쟁을 막는 가장 확실한 안전 장치"[10]라는 것이다. 하지만 우리는 충돌이 불가피한 것같이 생각하는 숙명론에 굴복하지 않도록 주의해야 한다. 9·11 사태 이후 어떤 사람들은 이러한 '문명의 충돌'이 이미 일어난 것처럼 말했다. 그런 태도는 서구와 이슬람 세계의 관계에 부정적 영향만 미칠 뿐이다.

전 유엔 사무총장 페레스 데 쿠엘라(Perez de Cuellar)는 내전이 급증하는 현상을 "새로운 무정부 상태"라고 말했다. 1993년에 42개 나라가 큰 분쟁에 휘말려 있었고, 37개 나라가 소규모 분쟁에 휘말려 있었다는 사실은 분명 "무정부 옹호 추세"[11]를 나타내는 것처럼 보인다. "우리는 통제할 수가 없다"고 그는 결론을 내린다. "유엔과 같은 국제 엘리트가 현실을 감독할 수 있다는 생각은…불합리한 것이다.…우리는 '국지화된 축소판 대학살의 시대'에 살고 있다."[12]

냉전의 종식 이래 변화된 세계 상황에 비추어 볼 때, 서구의 국방 전문가들이 전략을 완전히 수정한 것은 놀라운 일이 아니다. 그들은 이제 소련과 치를 단 한 번의 대규모 전쟁을 준비하는 것이 아니라, 여러 번의 국지적 분쟁에 대비하고 있다. 그럼에도 핵무기가 남아 있는 한 국지적 분쟁에서든 미치광이 같은 테러 행위에서든 사용될지도 모른다는 두려움도 남아 있다.

대량 살상 무기

핵무기

핵무기와 발사 시스템을 둘 다 보유하고 있는 나라는 7개국으로 알려져 있다. 미국, 러시아, 영국, 프랑스, 중국, 인도, 파키스탄이다. 아마도 이스라엘이 이 죽음의 클럽의 여덟 번째 회원국이 될 것이다. 얼마 전 한 파키스탄 핵물리학자가 리비아, 이란, 북한 등에 핵과 관련한 기밀을 알려준 것이 적발되었다. 이 나라들은 대체로 '깡패 국가'로 간주되는 나라들이며, 미국 대통령 조지 부시가 말하는 '악의 축'의 일부다.

많은 사람이 핵무기(그리고 그것에 대한 윤리적 추론)를 더 이상 위협이 되지 않는 무가치한 것으로 여기려는 유혹을 받는다. 그 무기들을 냉전에 의한 위협과 동일시하기 때문이다. 냉전 시대 동안 미국과 소련 양측은 모두 엄청난 무기와 과잉 살상력을 보유했었다. 우리는 이러한 유혹에 저항해야 한다. 2006년에 세계 국제 관계에서 핵심적인 관심사 중 하나는 이란이 핵무기를 만들 수 있는 농축 우라늄을 만들었다는 사실이었다. 그들은 원자력을 에너지 공급원으로 쓰려고 만들었다고 했다. 하지만 그들의 핵 프로그램에 전 세계가 이목을 집중했다. 그 이유는 새로이 이란 대통령으로 선출된 극단적 민족주의자 마흐무드 아흐마디네자드(Mahmoud Ahmadinejad)가 이스라엘을 "지도에서 지워 버릴 것"을 요구했기 때문이다. 그가 "문화, 논리, 문명을 가진 민족은 핵무기가 필요하지 않다"는 말도 했다는 사실을 언급하는 편이 공정하겠지만 말이다.

미래에 그러한 무시무시한 시나리오가 실현될 수 있다는 가능성 때문에, 우리는 핵무기가 마지막으로 사용되었을 때 무슨 일이 일어났는지 혹은 왜 절대 다시는 그것을 사용해서는 안 되는지 기억해야 한다. 히로시마와 나가사키에서 일어난 일을 직접 목격한 사람들의 이야기는 핵폭발의 무시무시한 결과를 생생하게 깨우쳐 준다. 마운트베튼(Mountbatten) 경은 몰상식한 폭력 행위로 살해당하기 직전에 그런 이야기 중 하나를 인용했다.

갑자기 이상한 진동과 함께 번쩍하는 희끄무레한 연분홍색 빛이 하늘에 나타나더니, 거의 동시에 앞에 있는 모든 것을 쓸어 버린 숨막힐 듯한 열풍이 밀려왔다. 몇 초도 안 되어 도시 중심가에 있던 수천 명의 사람이 뜨거운 열의 파도에 완전히 타 버렸다. 많은 사람이 그 자리에서 죽었고, 다른 사람들은 참을 수 없는 화상의 고통에 괴로워하며 땅에 널브러져 몸부림쳤다. 폭발 전에 똑바로 서 있던 모든 것은…전멸해 버렸다…이제 히로시마는 존재하지 않았다.[13]

작은 원자폭탄이 단 한 번 폭발한 결과가 그처럼 처참했다. 핵전쟁의 결과가 어떠할지는 정확한 예측이 도저히 불가능하다. 사용된 탄두 수, 목표 지점의 인구 분포, 동원할 수 있는 민방위 정도, 당시의 기후 상황 등과 같이 헤아리기 힘든 요소들이 매우 많기 때문이다. 하지만 미국 의회 문서 "핵전쟁의 결과"(*The Effects of Nuclear War*, 1979)는 "최소한의 결과도 엄청날 것"이라고 말한다.

냉전 시대 동안 두 초강대국 간의 핵 교환이 어떤 영향을 미칠 것인지 분석하기 위해 많은 시나리오가 검토되었다. 예를 들어, 디트로이트나 레닌그라드 같은 대도시 하나에 메가톤급 핵폭탄을 하나만 떨어뜨려도 200만 명까지 사망하고, 100만 명까지 부상당할 수 있다. "군사적·경제적 표적에 대한 대규모 공격"으로 구소련이 선제 공격을 하고 미국에 보복 공격을 감행한다면, 미국 인구의 77퍼센트(혹은 2억 2천만 명)까지 그리고 러시아 인구의 40퍼센트까지(인구가 농촌 지역에 더 흩어져 있으므로) 사망할 수 있다. 이 경우 열, 폭발, 바람, 열 폭풍, 직접적인 방사능 등이 직접적인 사인이 될 것이다(처음 30일 이내에). 더 많은 사람이 부상으로 인해(의료 시설이 턱없이 부족할 것이므로), 전염병으로 인해(하수도가 파손되고 깨끗한 물을 구할 수 없어서) 죽을 것이며, 아니면 굶어죽거나 첫 번째 겨울에 얼어죽을 것이다(가스와 수도 공급이 끊겨서). 황폐해진 지역을 덮은 유독성 연기 장막은 많은 생존자를 독살할 뿐 아니라 태양의 온기와 빛을 완전히 차단해 버려서, 지구는 빙하기 상태로 돌아갈 것이다. 장기적으로는 암이 더 많은 사람의 목숨을 빼앗을 것이며, 유전학적 영향과 생태학적 황폐화가 수십년 간 지속되어 이루 헤아릴 수 없는 막대한 피해를 입힐 것이다.[14]

생물학적 무기

생물학전은 탄저균, 천연두, 보툴리누스 균, 페스트와 같은 질병을 의도적으로 퍼뜨리는 것이다. 1925년 제네바 의정서는 전쟁에서 화학 무기나 생물학적 무기 사용을 금했으며, 1972년에 체결되고 1975년부터 시행된 생물학적 무기와 독성 무기 협정(BWC)은 그런 무기들을 개발, 생산, 취득, 비축, 보유하는 것을 금한다. 하지만 다수가[15] 그런 무기들을 생산해 왔다.[16] 러시아 대통령 보리스 옐친이 1992년에 구소련이 20년간 생물학적 무기 프로그램을 보유했었다는 것을 인정했을 때, 그 무기들이 사용될 수도 있다는 우려가 커졌다. 1995년 BWC 가맹국인 이라크 역시 생물학적 무기 프로그램을 가지고 있다는 것이 드러났다. 그 후 이라크가 1991년 걸프전 때 생물학적 병원체가 담긴 폭탄과 미사일을 사용한 것이 드러났다. 2003년 이라크와의 전쟁에서 핵심이 된 쟁점 중 하나는 이라크가 대량 살상 무기를 가지고 사용할 준비를 하는지 여부였다. 실제로 그런 무기는 발견되지 않았다.

생물학적 무기는 사용 유형에 따라 효과가 발휘되려면 어느 정도 시간이 걸릴 수 있지만, 전염병이나 유행병이 일어날 가능성은 무시할 수 없다. 국제 여행이 쉽고 빠르기 때문에 본토에서 어떤 질병을 미처 발견하기도 전에 다른 대륙에 전파될 수도 있다.

생물학적 무기가 지닌 이점은 다른 무기들에 비해 상대적으로 값이 싸다는 것이다. "한 분석을 보면, 비전투원(무방비 상태)을 사상하는 데 들어가는 비용을 비교할 때, 평방 킬로미터 당 재래식 무기는 2,000달러, 핵무기는 800달러, 독가스 무기는 600달러, 생물학적 무기는 1달러다.…생물학적 무기가 가난한 사람의 원자탄이라고 알려진 것은 놀라운 일이 아니다."[17]

생물학적 무기는 또한 다른 무기들과 비교할 때 놀랄 만큼 치명적이다. "한 유명한 시나리오에서, 항공기 한 대가 워싱턴 D.C. 위로 바람을 안고 100킬로그램의 탄저균을 뿌리면서 날아가면 100-300만 명을 죽일 수 있다. 이에 비해, 미국 국회의사당 위에 1메가톤 짜리 수소폭탄을 하나 떨어뜨리면, 50-190만 명을 죽일 수 있을 뿐이다."[18]

당시 미국 연합 참모총장이었던 콜린 파웰(Colin Powell)은 "나는 생물학적 무기를 생각할 때 겁이 나서 죽을 지경이다. 어쩌면 전술적 핵무기보다 더 겁난다. 우리가 그것에 대항할 역량은 더 부족하다"라고 말했다. 그 무기들은 복잡한 발사 장치가 필요 없다. 테러리스트들은 차량이나 작은 비행기로 그것을 사용할 수도 있고, 아니면 그저 바람이 부는 대로 뿌리기만 해도 된다.

한번은 옴 진리교 숭배자가 송풍기가 달린 밴 차량을 도쿄 거리로 몰고 다니면서 보툴리누스 독을 퍼뜨리려 한 적도 있다. 하지만 그때는 아무도 피해를 입지 않았다.[19] 9·11 이후에 전문적으로 배양된 소량의 탄저균이 우편으로 배달되면서 우려는 더욱 증폭되었다. 그럼에도 많은 과학자가 생물학적 무기는 보통 생각하는 것보다 사용하기가 훨씬 더 어렵다고 주장해 왔다. 상황은 언제라도 변할 수 있겠지만, 아직까지는 알카에다 같은 테러 집단이 생물학적 무기를 선택하지는 않았다.

화학 무기

화학 무기는 부상이나 사망을 유발하는 물질과 직접 접촉할 때 작용한다. 화학 무기는 서너 가지 유형으로 나뉜다. 염소나 포스진 같은 '질식제'는 흡입을 통해 호흡기에 작용하며, 제1차 세계대전 때 광범위하게 사용되었다. 머스터드 가스 같은 '수포제'는 흡입을 통해 작용하며, 피부에 접촉하면 눈과 호흡기와 피부에 영향을 미치는데, 처음에는 자극을 주다가 그 다음에는 세포를 파괴한다. 수소시안화물과 같은 '혈액제'는 혈액을 통해 퍼지며, 일반적으로 흡입을 통해 신체로 들어간다. 그런 것들은 본질적으로 신체가 질식사하게 만드는 독성 물질이다. 마지막으로 사린이나 타분 같은 '신경제'는 신경 세포 혹은 시냅스를 가로지르는 자극을 차단한다. 신경제에는 서너 가지가 있는데, 가장 잘 알려진 최루 가스의 일종인 CS 가스는 폭동진압원(RCAs)이 사용하는 것이고, VX 가스처럼 가장 치명적인 것은 몇 밀리그램만 있어도 사망에 이르게 할 수 있다.

1989년 1월, 거의 150개국의 대표들이 화학 무기를 금지하는 사안을 협의하기 위해 파리에 모였으며, 1997년 4월 29일에는 117개국이 서명한 화학 무기 사용 금지 협정이 시행되었다. 그것은 정해진 기간 내에 대량 살상 무기를 폐기하는 것을 준비하는 세계 최초의 다각적 군비 철폐 협정이었다. 이 과정을 감독하기 위해 화학 무기 금지 기구(Organization for the Prohibition of Chemical Weapons: OPCW)가 설립되었다.

실제로 이런 일이 일어난다면, 1675년 프랑스와 독일이 독 묻힌 탄알을 비난하고 금지한 이래 계속되어 온 절차가 완성될 것이다. 1875년 브뤼셀 총회에서는 독가스와 무기 사용을 금지했다. 1899년 헤이그 협의회에서는 "질식성 가스나 유독가스"를 퍼뜨릴 수 있는 발사체를 금지했다. 하지만 제1차 세계대전에서는 화학 무기가 대량 사용되었다. 특히 1915년 4월 22일 벨기에 이프르 전투에서 사용된 것이 유명하다. 전쟁이 끝날 무렵까지 약 12만 4천 톤의 염소, 머스타드 및 다른 화학제들이 방출되었으며, 그로 인해 9만 명 이상의 군인들이 고통스럽게 죽었다.[20]

이는 1907년의 헤이그 협약을 어긴 것이다. 1925년 제네바 의정서는 조약 가맹국(이제는 거의 모든 나라)에 먼저 그런 무기를 사용하지 못하도록 했다. 제2차 세계대전에서는 조약 가맹국들 중 어느 나라도 그 서약을 어기지 않았다. 1930년대에 이탈리아가 아비시니아에서 화학 무기를 사용한 것을 제외하면. 하지만 '황색비'(비행기에서 뿌리는 황색 유독 화학물질로, 이것을 맞으면 경련과 출혈이 일어나 죽게 된다—역주)에 대한 이야기들은 소비에트 군대가 아프가니스탄에서, 공산주의 군대가 캄보디아와 라오스에서 유독가스를 사용했다는 믿음을 널리 퍼뜨렸다. 이라크는 분명 쿠르드족에게, 그리고 이란과의 전쟁에서 그것을 사용했다.

하지만 민족 국가들이 화학 무기를 사용하는 것만 문제가 아니다. 1995년에 옴 진리교 숭배자들이 도쿄 지하철에서 사린 가스를 방출해, 수십 명이 죽고 5,500명이 병원에 입원했다. 사용자를 보호하기 위해 농도를 30퍼센트로 희석한 것이었다. 농도가 70퍼센트였더라면 수천 명이 죽었을 것이다. 이 사건은 생화학 무기를 사용하겠다는 테러 집단의 위협이 현실로 나타났음을 보여 주었다. 아직은 생화학 무기로 대량 살상이 일어나지 않았지만, 많은 분석가는 조만간 그런 시도가 일어날 것이라고 생각한다.

한편 대중은 화학자들에게는 신경가스가 물리학자들의 핵무기와도 같다는 것을 이해해야 한다. 가스 마스크는 사람들을 보호하지 못할 것이다. 어떤 화학 무기는 피부를 뚫고 들어갈 것이기 때문이다. 그러한 화학 무기를 공중에서 투하하면, 전투원 한 명 당 민간인 스무 명이 죽을 것으로 예상된다. 전투원들은 보호복을 지급받을 것이기 때문이다.

이 세 가지[원자력(atomic), 생물학적(biological), 화학적(chemical) 무기]는 "ABC" 무기라고 불린다. 분명 가장 섬뜩한 알파벳이다. ABC 무기, 특히 핵무기의 발명과 개발은 전쟁의 도덕성에 대한 생각을 철저히 바꾸어 놓았다. 그것은 '의로운 전쟁' 이론이 과연 적절한지에 대해 도전을 가한다. 어떤 전쟁은 의로운 원인과 의로운 목표가 있을 수 있다. 하지만 대량 살상 무기가 사용된다면('전략적' 혹은 '전술적'), 그 목표를 달성할 합리적 가망성은 없을 것이다. 핵전쟁은 이길 수가 없기 때문이다. 또한 그 수단은 의롭지 않을 것이다. 핵무기는 무차별적이며, 균형잡히지도 통제되지도 않기 때문이다. 수많은 민간인이 죽을 것이다. 핵으로 인한 대학살로 무고한 사람들이 피를 흘릴 것이다. 그러므로 기독교적 양심은 무차별적 핵무기를 사용하는 것과 화학 무기 및 생물학적 무기를 사용하는 것은 부도덕하다고 선포해야 한다. 핵전쟁은 절대 의로운 전쟁이 될 수 없다. 레이건 대통령과 고르바초프가 1985년에 제네바에서 선언했듯이, "핵전쟁은 이길 수가 없으며, 절대 해서는 안 되는 전쟁이다."

신학적·도덕적 성찰

전쟁에 대해 그리스도인들 간에 의견이 완전히 일치하지는 않지만, 의견 불일치를 과장해서도 안 되며, 마음을 모은 영역에 대해 과소 평가해서도 안 된다. 예를 들어, 모든 그리스도인은 예수님에 의해 시작된 하나님 나라가 하나님의 의와 평화의 통치라는 것, 예수님이 자신이 선포한 하나님 나라의 이상을 완벽하게 본을 보이셨다는 것, 하나님 나라 공동체는 의에 주리고 평화를 추구하고 보복을 억제하고 원수를 사랑해야 한다는 것, 다시 말해 십자가의 특징을 지녀야 한다는 것을 믿는다. "이 나라와 저 나라가 다시는 칼을 들고 서로 치지 아니하며 다시는 전쟁을 연습하지 아니할"(사 2:4) 것이기 때문에 완성된 하나님 나라에서는 "무리가 그들의 칼을 쳐서 보습을 만들고 그들의 창을 쳐서 낫을 만들 것"을 확신한다.

이 모든 것은 우리가 그리스도인으로서 본래 평화와 의에 헌신하고 있음을 의미하는 것이 분명하다. 정의와 함께 평화를 추구하는 데는 타협책을 찾는 것보다 훨씬 큰 희생이 따른다. 우리는 또한 군복무 중인 군인들의 충성과 자기 희생과 용기를 칭찬한다. 하지만 어떤 전쟁의 동기가 아무리 의롭더라도 전쟁 자체를 미화하거나 찬미해서는 안 된다. 일부 그리스도인들은 어떤 상황에서는 전쟁을 차악(次惡)으로 볼 수 있다고 생각한다. 하지만 그리스도인들은 그것을 타락한 세상에 존재하는 고통스러운 필요악 이상으로 여겨서는 절대 안 된다.

이런 일반적인 성경적 배경과는 별개로, 그리스도인들이 지지하고 변호하는 세 가지 주된 입장이 있다. 곧 의로운 전쟁론, 급진적 평화주의, 상대적 평화주의다.[21]

'의로운 전쟁' 전통[22]

'의로운 전쟁'이라는 개념은 기독교 시대 이전부터 있었으며, 구약의 '성전'(聖戰)과 일부 고대 그리스와 로마의 윤리적 가르침에서 기원을 찾을 수 있다. 그 개념을 4세기에 아우구스티누스가 기독교화하고 13세기에 토마스 아퀴나스가 체계화했으며, 16세기 비토리아의 프란시스코(Francisco de Vitoria)가 더 발전시켰고, 대부분의 종교개혁가들이 인정했다. 이것이 바로 오늘날 대부분의 가톨릭교도와 개신교도의 입장이다. 그것은 여러 가지 형태로 진술되어 왔으나, 보통 일곱 가지 조건이 명기되었다. 공식적 선포, 최후의 수단, 정당한 근거, 올바른 의도, 균형잡힌 수단, 비전투원 배제, 합리적인 기대. 하지만 이 일곱 가지의 판단 기준에는 약간 중복된 부분이 있으며, 나는 그것을 전쟁의 시작, 시행, 종결과 관련하여 세 가지로 줄이는 것이 더 유용하다고 생각한다.

그렇다면, 어떤 전쟁이 의로운 것인지 아닌지 어떻게 판단할 수 있는가?

첫째, **이유가 의로워야 한다.** 그것은 공격적이 아니라 방어적이어야 한다. 그 목적은 정의를 확보하거나 불의를 바로잡는 것, 무죄한 사람들을 보호하거나 인권을 옹호하는 것이어야 한다. 그것은 모든 협상과 화해의 시도가 무산된 후 최후의 수단으로만 시행되어야 하며, 어떤 집단이나 개인이 아닌 합법적인 권위에 의한 공식적 선포(최후 통첩에 따른) 후에 비로소 개시되어야 한다. 이유만큼이나 의도 역시 의로워야 한다. 불의한 동기로 의로운 이유들을 충족시켜서는 안 된다. 그러므로 증오도, 악의도, 보복에 대한 열망도 있어서는 안 된다.

둘째, **수단이 통제되어야 한다.** 억제되지 않거나 불필요한 폭력이 없어야 한다. 의로운 이유로 합법적으로 폭력을 쓰는 것을 설명하는 데 두 개의 핵심 어휘가 사용된다. 하나는 '비례하는'(proportionate)이고 다른 하나는 '차별적인'(discriminate)이다. '비례하는'이라는 말은, 전쟁이 차악으로 인식되어야 한다는 것, 실제로 가해진 폭력은 그것이 바로잡고자 하는 폭력보다 비례상 더 적어야 한다는 것, 궁극적인 이득이 손실을 능가해야 한다는 것을 의미한다. '차별적인'이라는 말은, 전쟁이 적군의 전투원과 군사적 목표를 향한 것이며, 민간인들은 공격하지 말아야 한다는 뜻이다. 비전투원을 공격에서 완전히 배제하는 게 불가능하다는 것은 인정해야 한다. 하지만 '의로운 전쟁'에서는 그 구분을 반드시 유지해야 하고 의도적으로 민간인을 죽이는 것을 금지해야 한다. 비전투원 배제 원리는 헤이그 협약(1899년과 1907년)에 암시되어 있으며, 제네바 협약 및 추가 의정서(1949년과 1977년)에서 명시되었고, 유엔 총회(1970년)에서 단호히 재확인되었다.

셋째, **결과가 예측 가능한 것이어야 한다.** 예수님의 짧은 비유에 나오는, 전쟁에 나가기 전에 "비용을 계산하는"(눅 14:31-32) 왕처럼, 전쟁을 시작하게 된 의로운 이유를 성취할 수 있는 가망성을 계산해야 한다. 적국이 더 강하기 때문에 승산이 적다는 것을 알면서도 원칙 때문에 전쟁을 할 때가 있을 것이다. 어떤 사람들은 영국이 협정 의무를 다하기 위해 제2차 세계대전에 참여한 것이 이런 경우였다고 주장할 것이다. 그럼에도 승리하리라는 합리적 예상 없이 전쟁에 나가는 것은 무모하며, 무엇을 위해 죽는지도 모른 채 수많은 생명을 잃게 만들 위험이 있다.

요약하면, '의로운 전쟁'은 의로운 이유를 위해, 통제된 수단을 사용하여, 승리에 대한 합리적인 기대를 갖고 싸우는 전쟁이다.

하지만 '의로운 전쟁' 이론은 단지 전통일 뿐이다. 성경을 근거로 그것을 권할 수 있을까? 어떤 사람들은 구약에서 여호와가 전쟁을 명하고 지시하셨다는 것을 근거로 삼으려 한다. 하지만 그것은 위험한 발상이다. 그것은 하나님이 특별히 재가하신 것이었으며, 오늘날 '거룩한 나라', 하나님의 특별한 언약 백성, 독특한 신정 체제였던 이스라엘과 같은 특권적 지위가 있다고 주장할 수 있는 나라는 하나도 없기 때문이다.

더 안전한 근거는 로마서 13:1-7에서 바울이 국가에 대해 가르친 내용과 그 전후 문맥에 나와 있다. 그것은 이웃 사랑에 대한 본문들 사이에 있다. 앞에는 원수들을 사랑하고 섬기라는 명령이 나오고(12:14-21), 그 뒤에는 사랑은 이웃에게 결코 해를 끼치지 않는다는 내용이 나온다(13:8-10). 우리는 어려운 해석 문제에 봉착한다. 특히 로마서 12장 끝부분과 로마서 13장 첫부분은 상충되는 것처럼 보인다. 전자는 산상수훈을 반영하면서 누구에게든 악을 악으로 갚지 말라고 금한다. 후자는 구약을 어느 정도 반영하면서, 국가는 악행하는 자들을 처벌하기 위한 하나님의 대행자라고 설명한다. 전자는 악행하는 자들을 섬기라고 말하고, 후자는 그들을 벌하라고 말한다. 어떻게 이 명령들을 조화시킬 수 있는가?

사도 바울은, 통치 당국은 하나님이 세우신 것이며 하나님이 그분의 권위를 그들에게 위임하셨으므로, 우리가 그들에게 복종하는 것은 하나님께 복종하는 것이고 그들에게 반역하는 것은 하나님을 거스르는 것이라고 천명한다. 게다가 '권세'(어떤 국가의 관리든)는 선한 시민에게 상을 주고 악행자에게 벌을 주기 위한 '하나님의 사자'다. 사실상 바울은 세 번에 걸쳐 국가의 '권세'는 하나님의 권세라고 말하며, 세 번에 걸쳐 국가의 '사역'은 하나님의 사역이라고 말한다(롬 13:4상, 4하, 6). 내가 보기에 이것은, 하나님이 국가에 '하나의 직무를 할당하시긴' 했지만 국가가 악을 벌할 때 폭력을 사용하는 것은 그럼에도 '죄를 짓는 것'임을 마지못해 인정하는 것이 아니라, 하나님이 자신의 권위로 국가를 '제정하셨으며' 악을 벌하기 위해 국가가 권세를 발휘하는 것은 하나님의 뜻을 행하는 것이라는 천명이다. 그렇기 때문에 나는 그리스도인들은 공직을 맡지 말아야 한다고 말할 수 없다. 오히려 그런 일에 참여해야 한다. 그리고 공직자가 됨으로써 자신이 '하나님의 사역자'가 된다는 것—목사들과 마찬가지로—을 알아야 한다. 그리스도인이 경찰서나 교도소에서 섬기거나, 정치가나 판사나 시의원으로 섬기는 것은 전혀 이례적인 일이 아니다. 그리스도인은 의로우시며 정의를 추구하시는 하나님을 예배하기 때문이다. 기독교 공동체는 세속 공동체와 떨어져 있어서는 안 되고, 그리스도를 위해 세속 공동체에 침투해 들어가려 애써야 한다.

평화 교회(Peace Churches)에 속한 대부분의 평화주의자는 그리스도인이 세속적 권위를 지닌 일에 참여하는 것이 적법하다는 것을 받아들인다. 하지만 그들은 다른 모든 그리스도인과 마찬가지로, 비판적이고 조건적으로 참여해야 한다고 여긴다. 예를 들어, 그들은 무기를 집어 들라는 정부의 명령을 거부할 것이다.

그렇다면 원수를 사랑하고 섬기라고 요구하는 로마서 12:17-21과 악행하는 자들을 벌하라고 요구하는 로마서 13:1-7의 모순처럼 보이는 문제를 어떻게 해결해야 하는가? 용서와 처벌의 대조가 이 두 문단 간에 이루어질 뿐 아니라, 앞 문단 자체에도 들어 있음을 주목할 때, 그 해답을 파악할 단서를 찾게 된다. "아무에게도 악을 악으로 갚지 말고"라는 명령 다음에 "내가 갚으리라"라는 말이 나오며, "내 사랑하는 자들아 너희가 친히 원수를 갚지 말고"라는 말 뒤에 "진노하심에 맡기라. 기록되었으되 원수 갚는 것이 내게 있으니"라는 말이 나온다(17, 19절). 그러므로 우리에게 진노와 원수 갚는 것과 보복이 금지된 이유는 그 자체가 악에 대한 잘못된 반응이기 때문이 아니라 그것이 우리의 특권이 아닌 하나님의 특권이기 때문이다. 마찬가지로, 예수님도 "욕을 당하시되 맞대어 욕하지 아니하실" 뿐 아니라 "오직 공의로 심판하시는 이에게 부탁하셨다"(벧전 2:23).

그렇다면 로마서 12장의 끝부분과 13장의 첫부분을 서로 보완하는 것으로 보는 편이 낫다. 하나님의 새로운 공동체의 구성원들은 사사로운 개인인 동시에 국가의 관리일 수 있다. 전자의 역할에서 우리는 개인적으로 보복을 하거나 악을 악으로 갚아서는 안 되고 오히려 우리를 핍박하는 자들을 축복하고(12:14), 우리의 원수들을 섬기며(12:20), 선으로 악을 이기고자 애써야 한다(12:21). 하지만 후자의 역할에서, 우리가 하나님께 경찰이나 교도소 관리나 재판관으로 섬기라는 부르심을 받았다면, 악행하는 자들을 벌하는 일에 하나님의 대행자가 되어야 한다. '복수'와 '진노'는 하나님께 속한 것이 사실이다. 하지만 그분이 오늘날 악행하는 자들에게 그분의 심판을 시행하시는 한 가지 방법은 국가를 통한 것이다. "진노하심에 맡기라"(12:19)는 것은 국가가 "악을 행하는 자에게 진노하심을 따라 보응하는 자"(13:4)가 되도록 허용하라는 의미다. 이는 재판을 할 때 자비를 보이면 안 된다는 말이 아니다. 그래야 한다. 그리고 국가의 관원들은 악을 '벌하는' 것뿐 아니라 악을 '이기는' 것에도 관심을 가져야 한다. 응보적 정의와 교정적 정의가 서로 보조를 맞추어야 하기 때문이다. 그럼에도 성경이 본문에서 강조하는 것은, 악을 벌해야 한다면(악은 마땅히 벌해야 하므로) 자기 마음대로 린치를 가하는 개인이 아니라 국가와 관리가 처벌을 시행해야 한다는 것이다.[23]

그렇다면 처벌하는 국가의 역할은 분명 엄격하게 제한되고 통제되어 있다. 로마서 13:1-7을 근거로 '법과 질서'를 독재와 동의어로 보는 억압적 체제를 정당화할 수는 없다. 그렇지 않다. 국가는 오직 악행하는 자들에게만, 즉 잘못을 행하였고 법에 비추어 처단할 필요가 있는 특정하고 신원 확인이 가능한 사람들에게만 하나님의 진노를 시행하는 그분의 대행자다. 이것은 국가의 권력에 세 가지 제한이 있음을 암시한다. 첫째, 국가가 벌하는 사람들은 악행자 혹은 법을 어기는 자들에 제한되어야 한다. 둘째로, 그들을 저지하기 위해 사용하는 강제력은 그들을 법에 비추어 처단하는 데 필요한 최소한의 강제력으로 제한되어야 한다. 셋째로, 처벌은 그들이 행한 악에 비례하여 제한되어야 한다. 이 세 가지—사람, 무력, 벌—는 모두 주의 깊게 통제되어야 한다.

경찰과 마찬가지로 군인들에 대해서도 동일한 원리를 적용해야 한다. 사실 경찰과 군인의 역할은 비교적 현대에 구분되었다. 법의 시행, 질서 유지, 무죄한 자의 보호 등은 오늘날 보통 경찰의 일이지만, 바울의 시대에는 로마 군사들의 책임이었다. 오늘날에도 민란이 일어났을 때는 경찰을 보완하기 위해 군대가 소환되는 경우가 있다(예를 들어, 케냐의 마우마우 반역 때). 이런 일이 일어날 때마다 군사적 행동은 확장된 형태의 경찰 행동으로 이해하고 그에 따라 조절해야 한다. 예를 들어, 영국 국방부 장관은 안전 작전과 관련된 기존 법을 "'필요한 최소한의 강제력'이라는 유용한 표어"로 설명한다. "그 상황에서 필요하고도 합리적인 것 이상의 강제력은 사용할 수 없다. 강제력의 정도가 당면한 목적을 성취하는 데 필요한 것 이상이라면 결코 합리적이라 할 수 없다." 주된 목적은 범죄 예방과 범인 체포다.

하지만 치안을 어지럽히는 것이 개인이나 집단이 아니라 다른 나라라면 어떻게 되는가? 알지 못하는 사항을 알고 있는 사실에 따라 추정하는 논리적 외삽법에 의하면, 정의를 시행하도록 하나님이 국가에 부여하신 권위에는 범죄자라기보다는 억압자인 악행자들을 억제하거나 저항하는 것, 내부뿐 아니라 외부에서 시민들의 권리를 위협할 때 그 권리를 보호해 주는 것이 포함된다는 게 현재의 논증이다. 사실 이러한 유추는 정확하지 않다. 전쟁을 수행하는 국가는 제3의 중재인이 아니라 나름의 대의를 위해 재판관 노릇을 하는 반면, 법정의 냉정한 사법 절차들은 전쟁을 선포하고 수행하는 것과 유사점이 없기 때문이다. 이러한 차이들은, 인정할 만한 국제적 사법 절차(중재, 조정, 평화 유지에 대한)가 아직 걸음마 단계에 불과하기 때문에 생겨난다. 그럼에도 '의로운 전쟁' 이론은 "전쟁 행위를 민간 정부의 행위에 유추하여 해석하려 하며", 그 행위들을 '사법 집행이라는 맥락'으로 그리고 '사법 집행 억제 기준'에 속한 것으로 본다.[24]

하지만 사법 집행은 범죄와 관련된 것이든 시민 소요와 관계된 것이든 국제 전쟁과 관계된 것이든, 언제나 차별적 행동(법에 비추어 처벌받는 사람을 악행자들로만 제한하는)과 통제된 행동(이러한 목적을 달성하는 데 필요한 최소한으로 무력을 제한하는)이 둘 다 반영되어야 한다.

평화주의에 대한 헌신[25]

핵무기와 다른 대량 살상 무기들이 존재하는 시대에는, 평화주의는 전면적인 것일 수도 있고 상대적인 것(핵 평화주의)일 수도 있다. 먼저 전면적 평화주의에 대해 살펴보자.

전면적 평화주의

평화주의자들은 산상수훈으로 시작하는 경향이 있다. 많은 사람이 예수님의 가르침 가운데서 이 부분을 발판으로 삼아 비폭력에 헌신한다. 예수님은 악한 사람에게 저항하지 말라고 말씀하셨다. 그가 오른 뺨을 때리면, 우리는 다른 뺨을 돌려 대야 한다. 우리는 원수를 사랑하고, 우리를 미워하는 사람들에게 선을 행하고, 우리를 핍박하는 사람들을 위해 기도해야 한다. 그렇게 하는 것이 하늘 아버지의 자녀다운 자질이다. 그분의 사랑은 무차별적이며 악인에게나 선인에게나 비와 햇빛의 축복을 똑같이 내려 주시기 때문이다. 우리를 사랑하는 자들을 미워하는 것은 사탄의 길이다. 우리를 사랑하는 자들을 사랑하고 우리를 미워하는 자들을 미워하는 것은 세상의 길이다. 하지만 우리가 예수님을 따른다면, 그분의 나라의 기준을 받아들인다면, 우리를 미워하는 자들을 사랑해야 한다(마 5:38-48; 눅 6:27-36).

게다가 예수님은 자신이 전파하신 것을 실천하셨다. 그분은 우리에게 요구하신 무저항을 몸소 보여 주셨다. 그분은 배신에도, 체포에도, 재판에도, 선고에도, 고문에도, 십자가 처형에도 저항하지 않으셨다. 모욕당할 때 보복하지 않으셨다. 그분은 죄 없이 고난받는 여호와의 종이었다. "마치 도수장으로 끌려 가는 어린 양과 털 깎는 자 앞에서 잠잠한 양 같이 그의 입을 열지 아니하였도다"(사 53:7). 자신을 멸시하고 거부한 자들을 사랑하셨다. 심지어 자신을 십자가에 못 박은 사람들을 용서해 달라고 기도하셨다.

따라서 평화주의자들은, 예수님의 가르침과 모범은 우리가 무저항과 비폭력의 길에 헌신하도록 이끈다고 결론짓는다. 이것이 십자가의 길이며, 예수님은 우리에게 자기 십자가를 지고 그분을 따르라고 명하시기 때문이다. 게다가 콘스탄티누스 대제가 회심하기까지 두 세기 동안 대다수 그리스도인이 군인으로 복무하기를 거부했다는 것이 역사적으로 입증된 듯하다. 로마 군대 생활의 우상숭배적인 관행이 그 이유라는 분명한 증거가 있다. 평화주의자들은, 자신들이 전쟁이 기독교적 순종과 양립할 수 없음을 인식하고 군 복무를 거부했다고 주장한다. 이것은 확실하지 않다.

평화주의적 입장은 16세기의 소위 '급진적 개혁자들'(다양한 재세례파 집단)이 채택했고, 오늘날의 '평화 교회들'(퀘이커, 메노파, 모라비아파 등)이 간직하고 있으며, '역사적' 개혁주의 교회에서 상당수 소수 집단 역시 이를 고수하고 있다.

상대적 혹은 핵 평화주의[26]

대량 살상 무기의 발명은 전쟁에 대한 논의에 전적으로 새로운 차원을 부여했다. 전통적 지혜는 전통적 전쟁의 옛 무기들만큼이나 구식 취급을 받는다. 과학자들이나 신학자들이나 새롭고 대담한 사고를 요구하고 있다. 로마 가톨릭 주교들이 제2차 바티칸 공의회에서 말했듯이, 교회는 "전쟁에 대해 완전히 새로운 평가를 내려야 한다."[27] 일단 핵전쟁이 발발한다면, 사상자 수는 수억 명이 될 것이며 서로 대결하는 양측 군대에만 국한(금세기에는 덜했지만 과거에는 대체로 그랬으므로)되지 않으리라는 것을 누구나 다 알기 때문이다.

우리가 환기하여 적용해야 하는 성경 원리는 "무죄한 자의 피를 흘리는" 큰 악에 대한 것이다. 성경에서는 '피'를 중요하게 여기는데 그것이 생명을 담지하며 생명의 상징이기 때문이다(예를 들어, 창 9:4; 레 17:11; 신 12:23). 그러므로 '피를 흘리는 것'은 폭력적 수단으로 생명을 취하는 것, 다시 말해 죽이는 것이다. 하지만 인간의 생명은 하나님의 형상으로 지음받은 존재의 생명이므로 신성불가침한 것이다. 구약에서 인간의 피를 흘리는 것은 하나님이 정하신 경우, 즉 살인자들을 처형하거나 하나님이 명확히 정당하다고 인정하신 전쟁의 경우를 제외하고는 엄격히 금지되었다. 모세 율법에 몇 가지 심각한 범죄[예를 들어, 유괴, 부모를 저주하는 것, 마술, 수간(獸姦), 우상숭배, 신성모독 등. 출 21, 22장과 레 24장을 보라]를 사형으로 다스리도록 되어 있는 것은 사실이다. 하지만 이것은 원칙을 뒤엎는 것이 아니다. "다른 사람의 피를 흘리면 그 사람의 피도 흘릴 것이니 이는 하나님이 자기 형상대로 사람을 지으셨음이니라"(창 9:6). 즉, 살인하여 남의 피를 흘린 사람은 마땅히 사형을 받아 피를 흘려야 한다. 후자의 '흘릴 피'는 유죄 판결을 받은 자의 피다. 사람을 피 흘리게 하는 다른 모든 경우는 "무죄한 피를 흘리는" 죄를 범하는 것이다. 그래서 아비가일은 다윗이 나발에게 복수하지 않은 것을 두고, 그가 "무죄한 피를 흘리셨다든지…함으로 말미암아 슬퍼하실 것도 없고 내 주의 마음에 걸리는 것도"(삼상 25:31) 없음을 감사했던 것이다.

이러한 설명은 구약에서 여섯 개의 '도피성'을 통해서도 볼 수 있는데, 그 위치는 나라 전체로부터의 거리를 고려해 요단 강 양쪽에 각각 세 곳씩 배치했다. 도피성은 살인(의도적)과 과실치사(비의도적)를 구분하여, 과실치사로 살인을 한 사람을 '피의 복수'로부터 보호하고 무죄한 자의 피 흘리는 것을 방지하기 위한 것이었다(민 35:9-34; 수 20:1-9).

구약 시대에는 살인과 과실치사를 구분했을 뿐 아니라, 전쟁 때 피를 흘리는 것(이는 허용되었다)과 평화 시에 피를 흘리는 것(이는 허용되지 않았다)도 구분했다. 그래서 요압이 이스라엘 군대의 두 장관 아브넬과 아마사를 죽였을 때, 다윗은 그가 "태평 시대에 전쟁의 피를 흘리고" 다윗의 집에 무죄한 자의 피를 흘린 죄를 지은 것을 비난했다(왕상 2:5, 31-34).

이러한 구약 율법을 배경으로, 예언자들은 이스라엘 백성에게 맹렬한 비난을 퍼부었다. 예레미야는 그들이 하나님을 버리고 예루살렘을 더럽혔기 때문에 하나님의 심판이 임할 것이라고 경고했다. 그들은 과연 어떻게 했는가? 그들은 다른 신들에게 "이곳에서…분향하며", "무죄한 자의 피로 이곳에 채웠다"(19:4). 이처럼 우상숭배와 피 흘림이 한데 뒤엉켰다. 우상을 숭배하는 것보다 하나님께 더 악한 죄는 없었다. 무죄한 자의 피를 흘리는 것보다 인간에게 더 악한 죄는 없었다. 에스겔은 예루살렘이 "자기 가운데에 피를 흘린" 것과 "우상을 만들었던" 것으로 멸망을 자초했다고 말한다(22:1-4; 참고. 36:18). 이 두 예언자는 우상을 숭배하는 것과 무죄한 자를 죽이는 것을 두 가지 가장 큰 죄로 생각했다.

무죄한 자의 피를 흘리는 것에 대한 정죄는 신약에서도 계속된다. 유다는 자신이 "무죄한 피를 팔았다"(마 27:4)라고 고백했으며, 빌라도가 "이 사람의 피에 대하여 나는 무죄하니"라고 주장하자 백성은 "그 피를 우리와 우리 자손에게 돌릴지어다"라고 무모하게 대답했다(마 27:24-25).

이 문제에 대한 성경의 증거는 족장 시대부터 율법과 예언서를 거쳐 신약에 이르기까지 인상적으로 결합되어 있다. 인간의 피는 하나님을 닮은 인간의 생명이기 때문에 신성불가침한 것이다. 그렇기 때문에 무죄한 자의 피를 흘리는 것은 개인적으로 저지른 살인이든, 억압적 체제가 사법적으로 저지른 살인이든 가장 중대한 사회적 죄다. 주전 7세기에 이스라엘 백성이 무죄한 피를 많이 흘린 것 때문에, 주후 1세기에는 그들이 예수 그리스도의 무죄한 피를 흘린 것 때문에 하나님의 심판이 임했다. "무죄한 자의 피를 흘리는 손"은 여호와께서 미워하시는 것 중 하나다(잠 6:16-17).

이러한 성경의 메시지를 교묘하게 회피해서는 안 된다. 하나님이 국가에게 주신 사법적 권위는— '칼'(롬 13:4)을 사용하는 것을 포함하여—엄격히 제한되어야 한다. 경찰은 그것을 범인을 체포하고 그들을 법에 따라 처단하는 데만 사용해야 하며, 군대는 의로운 목적을 위해 의로운 수단으로 의로운 전쟁을 하는 데만 사용해야 한다. 두 경우 모두 무죄한 자들—평화시에는 법을 지키는 시민들, 전시에는 비전투원들—은 반드시 배제해야 한다. 그러므로 무력을 통제하지 않고 조금이라도 무제한으로 혹은 무차별적으로 사용하는 것은 금지되어 있다. 특히 전시에는 전투원과 비전투원, 군인과 민간인은 항상 구별되었다. 군대가 하나님의 형상으로 만들어진 인간들로 구성되어 있는 것은 사실이다. 그들은 자신의 의지와 상관없이 징집되었을 수도 있고 정부가 저지른 범죄에 전혀 관련 없이 결백할 수도 있다. 그럼에도 침략국에 저항하는 것이 정당하다면, 침략국의 군대를 민간인과는 달리 국가의 대행자로 간주하는 것도 정당하다. 이러한 구분은 국제법('전시의 민간인 보호')과 성경의 가르침(무죄한 자의 피를 흘리는 것을 금함)이 지지하는 바다. 이것은 두 가지로 적용된다.

첫째, 비전투원 배제의 원리는 '재래식' 무기(즉, 비핵무기)를 무차별적으로 사용하는 것을 정죄한다. 예를 들어, 기독교적 양심은 1942년과 1943년 함부르크, 쾰른, 베를린에, 특히 1945년 드레스덴에 '말살'(obliteration) 혹은 '집중'(saturation) 폭격을 한 것에 반대한다. 영국과 미국의 지도자들(특히 처칠과 루스벨트)은 전에 나치가 여러 도시에 폭격을 가한 것을 증오스럽고 충격적인 일로 비난했으며, 영국 정부는 나치가 어떤 짓을 하든 비군사적 목표물에 폭격을 가하는 정책은 사용하지 않겠노라고 공공연히 발표했다. 하지만 동맹군은 그 말을 철회했다. 독일이 동일한 제한 사항을 준수하지 않는다면 그들도 그럴 권리가 있었기 때문이다. 1943년 함부르크에, 1945년 드레스덴에 가한 연합군의 포격은 상상할 수 없을 만한 공포의 '폭풍'을 일으켰다. 1945년 2월 드레스덴에 이틀 동안 가한 공습에서 13만 5천 명이 죽은 것으로 추산되었다(히로시마와 나가사키에 떨어진 원자폭탄으로 그 자리에서 죽은 사람들보다 훨씬 많은 수다). 거기에는 러시아의 진군 이전에 피난하던 수천 명의 난민이 포함되어 있었다. 나는 치체스터의 조지 벨(George Bell) 주교가 하원에서 이 정책에 용감하게 항의한 데 대해 감사한다. 말살 폭격은 "정당화할 수 있는 전쟁 행위가 아니다"라고 그는 말했다. "편의주의적 논쟁으로 무자비한 방법을 정당화하는 것은, 힘이 곧 정의라는 나치의 철학과 같은 냄새를 풍긴다." 영국 성공회 위원회의 보고서인 "교회와 원자"(The Church and the Atom, 1948)는 그의 판단에 동의하여, 드레스덴에 가한 공습은 "의로운 전쟁의 제한된 목적에 부합하지 않는다. 그것은 차별의 원리를 위반했다"[28]라고 서술했다.

둘째로, 비전투원 배제의 원리는 모든 무차별적 무기 사용을 정죄한다. 나는 이 장에서 이미 무차별적인 결과를 초래하는 핵무기와 생화학 무기의 개발에 대해 고찰했다. 그리스도인들은 이 문제에 대해 의견을 같이하고 있다. 제2차 바티칸 공의회는 이렇게 말했다. "전체 도시 혹은 광범위한 지역을 그곳 주민들과 함께 무차별적으로 파괴하는 것이 목표인 전쟁 행위는 모두 하나님과 인간에 대한 범죄 행위다. 그것은 명백하고 단호히 비난받아 마땅하다."[29] 영국 교회 협의회(British Council of Churches)는 1980년 총회에서 다음과 같은 결의안을 통과시켰다. "핵무기를 개발하고 사용하는 것은 그리스도인들에게 새롭고 중대한 윤리적 문제들을 제기한다. 핵무기를 사용함으로써 얻는 어떠한 유익도 그것이 일으킬 전멸을 정당화할 수 없으며, 현재와 미래의 세대들에게 미치는 영향은 군인들에게나 민간인들에게나 전혀 차별이 없으므로, 핵무기를 사용하는 것은 소위 의로운 전쟁의 요건에 정면으로 위배된다."[30]

복음주의 그리스도인들은 다른 교파들의 관점을 잘 감지하지 못했다. 하지만 1980년에 한 에큐메니컬 단체(복음주의자들이 많이 참여하는)가 미국에 모여서, 19세기의 노예제 폐지 운동과 20세기의 핵무기 폐지 운동의 필요성에 유사점이 있음을 보고 "새로운 폐지론자 언약"(The New Abolitionist Covenant)을 발표했다. 거기에는 이런 문장이 포함되어 있다. "핵무기는 무제한적 폭력과 무차별적 희생자 그리고 통제되지 않는 황폐화로 인류를 역사적 교차로로 데려왔다. 유사 이래 그 어느 때보다도, 선택은 평화 아니면 파괴뿐이다. 핵전쟁에 승자는 없다."[31] 그리고 핵무기에 대해 이 기독교적 선언이 천명한 바는 화학 무기와 생물학 무기에도 동일하게 적용할 수 있다. 셋 모두 그 결과가 무차별적이므로, 사용을 옹호할 수 없기 때문이다.

그리스도인들은 평화를 원하는 모든 사람과 함께 어디서나 대량 살상 무기의 폐지를 위한 캠페인을 벌여야 한다. 미국과 구소련 사이에 핵무기 감축과 관련하여 상당한 진전이 있어 왔지만, 인도나 파키스탄 같은 나라들은 핵무기를 보유한 채 카슈미르 이슈로 대립하고 있다. 이는 냉전 시대에 겪은 가장 끔찍하고 세상에 종말이 온 것 같은 두려움은 감소했을지라도, 세상에 핵무기의 위협은 분명 실재한다는 것을 의미한다. 이는 생화학 전쟁과 관련해서도 사실이다. 생명공학이 점차 우리 삶의 중요한 부분을 차지하지만, 주로 몸을 치료하는 신기술들은 몸을 파괴하는 더 효과적인 방법도 제공할 수 있다. 이러한 모순을 해결할 수 있는 방법을 찾기란 쉽지 않다. 왜냐하면 우리가 신체의 작용에 대해 더 많은 것을 발견할 때 그 발견을 더 효과적인 형태의 전쟁을 만들어 내는 데 사용하기보다 자비로운 일에 사용하게 만드는 사람들의 선한 의지에 의지할 수밖에 없기 때문이다. 지금은 세상이 평화를 이루도록 행동하는 것이 그 어느 때보다 중요한 시기다.

질문과 제한 조건들

하지만 현실과 맞붙어 싸우려면 네 가지 문제를 해결해야 한다.

전투원과 비전투원 간의 구분

전투원과 비전투원 간의 구분은 진부한 것이 아닐까? 즉, 현대의 전쟁은 전면전이며 더 이상 비전투원은 없다는 것이다. 국가의 인구 전체가 전쟁의 소용돌이에 말려들어 간다. 모든 납세자는 전쟁 자금을 조달한다. 심지어 민간 업종에 종사하는 사람들도 다른 사람들이 군 복무를 할 수 있도록 지원하는 셈이다. 모든 사람이 군에 개입되어 있으므로 무차별적으로 무기를 사용하는 것도 합법적이다.

우리는 한 나라와 그 나라의 소수 직업 군인을 더 이상 예전처럼 명확하게 구분할 수 없으며, 분명 무기의 제조와 배치 혹은 사용에 관여한 모든 사람을 전투원으로 간주할 수 있다는 데 동의한다. 그럼에도 노인, 어린이, 육체적·정신적으로 아픈 사람들과 같이 비전투원 배제의 보장을 받아야 하는 사람들은 여전히 존재한다. 그런 사람들을 죽이는 것은 무죄한 피를 흘리는 것이기 때문이다.

모든 사람을 죽이는 구약의 예를 인용해서는 안 된다. 그런 경우에는 죄를 지은 것도 모든 사람이라고 명확히 나와 있기 때문이다. 그러므로 그것은 '무차별적' 심판이 아니었다. 홍수 이전에 "여호와께서 사람의 죄악이 세상에 가득함과 그의 마음으로 생각하는 모든 계획이 항상 악할 뿐임을 보셨다"(창 6:5). 소돔과 고모라는 의인 열 명만 있었더라도 멸망을 면할 수 있었다(창 18:32). 한편 가나안 사람들의 관행은 너무나 부패하고 혐오스러워서 그 땅이 "스스로 그 주민을 토하여 내었다"(예를 들어, 레 18:25).

구약의 보편적 심판이 무차별적 전투의 전례가 되지 않는다면, 구약의 공동 연대 또는 공동 책임 원리는 어떠한가? 하나님은 자신을 미워하는 사람들에게 "죄를 갚되 아버지로부터 아들에게로 삼사 대까지 이르게 하거니와"(출 20:5)라고 묘사하시며, 예루살렘 멸망 때 굴욕을 당하고 살아남은 자들은 "우리의 조상들은 범죄하고…우리는 그들의 죄악을 담당하였나이다"(애 5:7)라고 불평했다. 이러한 하나님의 행동은 '전쟁에서 무죄한 자를 죄 있는 자들과 함께 학살하는 것을 정당화하는 것이 아닌가?' 하는 의문을 일으킨다. 그렇지 않다. 그 원리는 하나님이 그 백성을 한 나라로 다루시는 데 예시되어 있었다. 그러나 그것이 범죄를 확증해야 하는 법정까지 이어진 것은 아니었다. 그렇기 때문에 '의로운 전쟁'은 법 집행의 연장으로 볼 수 있을 때만 가능하다는 우리의 도덕적 주장이 옳다면, 무죄한 자와 유죄한 자의 구분을 어떻게든 유지해야 한다.

국지전과 내전에서조차 종종 전투원과 비전투원을 명확히 구분하지 않는다는 사실을 주목하는 것은 중요하다. 또한 우리를 심란하게 한다. 무기 거래 반대 캠페인(The Campaign Against Arms Trade: CAAT)에서 말하듯이, "1945년 이래 수천만 명이 전쟁에서 죽임을 당했다. 1990년 말에 이르기까지 전쟁 희생자의 90퍼센트는 비전투원이었으며, 이 중 적어도 절반은 어린아이들이었다."[32]

우리는 전쟁의 위협을 강 건너 불이라고 생각할지 모르지만, 무죄한 사람들이 학살당하는 것을 보면 우리 안에서 의로운 분노가 일어나야 한다. 전쟁에서 피치 못하게 일어나는 일이라고 넘어가서는 안 된다. 우리는 아무 죄 없는 사람들이 생명을 잃을까 봐 두려워하거나 아무 이유 없이 고문당하는 것이 어떤 의미인지에 대한 감각을 회복해야 한다. 그런 악의 권세에 비하면 우리의 항변은 미약해 보인다. 하지만 각성하여 행동하다 보면, 무엇을 하는 것이 아무것도 하지 않는 것보다 낫다는 것을 분명 느낄 것이다. 편지를 보내 언론 매체가 그런 상황에 주의를 기울이게 하거나, 지역구 국회의원에게 국회에서 그런 문제들을 제기하도록 요구하거나, 그런 나라들의 무죄한 사람들을 위해 인권 향상을 도모하는 인권 단체에 가입하는 것은 모두 문제를 해결하는 데 어느 정도 도움이 될 것이다. 또한 전쟁이 발발할 조짐이 보일 때, 중재를 하면 전쟁을 예방하는 데 효과가 있을 것이다. 그러므로 평화를 원하는 그리스도인들은 전란의 조짐이 있는 곳에서 중재자 역할을 해야 한다. 하지만 그리스도인들은 이 모든 것에 더하여 기도해야 한다. 이는 기도가 세상을 변화시킬 수 있다고 믿기 때문이며, 그것이 하나님의 목적에 결속하는 행위이기 때문이다. 그분은 정의의 하나님, 무죄한 자를 옹호하는 데 관심을 쏟는 하나님이시다.

차별적 무기와 무차별적 무기의 구분

어떤 사람들은 모든 ABC 무기가 무차별적인 것은 아니라고 지적한다. 예를 들어, 화학 무기는 전쟁터에서 상당히 통제된 방식으로 사용될 수 있다. 핵무기도 매우 정교해져서 대단히 정확하게 목표물에 명중할 수 있다고 한다. 성능이 향상된 방사능 무기나 '중성자탄'으로는 탱크 탑승원을 죽여 탱크를 움직이지 못하게 할 수 있다. 소형화되고 정확도가 향상되면서 핵무기는 점차 더 차별적 효과를 지니게 될 것이며, 그 무기를 사용하는 것을 전면적으로 비난할 수 없다는 것이 그들의 논지다.

이러한 추론에는 분명 일말의 설득력이 있다. 무기가 덜 무차별적이 될수록 더 받아들이기 쉽다. 그렇기 때문에 어쩌면 대단히 제한적인 핵무기 사용을 도덕적으로 허용할 만한 상황이 있을 것이다. 방사성 낙진이 어느 정도 있을 것이며, 그 때문에 비전투원들이 죽을 수도 있을 것이다. 극도로 긴급한 상황, 그것을 사용하지 않으면 불경한 체제에 굴복하는 더 심한 악을 초래할 만한 상황에서만 허용되어야 한다.

냉전 시나리오에서 두 초강대국은 각자 핵무기를 가지고 대치하고 있었다. 핵무기를 조금이라도 사용한다면 그것이 단계적 확대로 이어질 것인지가 문제였다. 하지만 두 강대국은 핵무기를 상당히 비축해 놓았으나 소련의 붕괴로 대치할 가능성은 별로 없어졌다. 우려할 일은 오히려 핵기술이 널리 보급되면서, 어떤 깡패 국가가 특정 지역을 불안정하게 만들거나 적군을 공격하기 위해 핵무기를 사용하고, 그 적군이 핵무기로 대응할 능력이 있거나 없는 경우다. 이란이 핵무기를 만든다면, 중동이 불안정해질 가능성은 우려할 만한 수준이다. 특히 이스라엘 역시 핵무기를 갖고 있다면 더욱 그렇다. 제한된 핵무기를 사용하더라도 분쟁의 불씨를 안고 있는 중동에서는 엄청난 재앙을 가져올 것이다. 그 무기는 물리적 힘이라는 면에서는 제한되었다고 할 수 있을지 모르지만, 그런 무기가 제한된 정치적·사회적 결과를 가져오리라는 주장은 순진한 것이다. 일단 어떤 식으로든 핵을 주고받게 되면, 어떻게 진전될지 도저히 예측할 수 없고 통제할 수도 없을 것이다.

무기 사용과 소유의 구분

ABC 무기가 악하다면, 전쟁 억지책으로 그 무기를 보유하는 것도 똑같이 악하다고 선언해야 하지 않을까? 무차별적 파괴를 가져오는 대규모 핵무기의 사용은 부도덕하며 소규모 무기의 사용은 정당하다고 하기에 단계적 확산의 위험이 너무 크다는 데 동의한다면, 그것은 모든 그리스도인이 일방적인 핵무장 해제를 주장해야 한다는 의미가 아닌가? 그렇지 않다. 모든 상대적 (혹은 핵) 평화주의자들은 일방주의자(unilateralist)가 아니다. 핵무기를 소유하는 것과, 사용하겠다고 위협하는 것과, 실제로 사용하는 것에는 도덕적 차이가 있기 때문이다.[35] 어떤 행동이 부도덕하다면 그 행동을 하겠다고 적극적으로 위협하는 것 역시 부도덕하다. 하지만 핵무기를 소유하는 것은 공격적인 위협이기보다는 조건적인 경고에 더 가깝다. 핵무기를 보유한 의도는 사용을 장려하는 것이 아니라 저지하는 것이므로, 핵무기를 소유하는 것을 사용하는 것처럼 부도덕한 일이라고 단언할 수는 없다.

그렇다면 우리는, 사용은 포기하지만 보유는 옹호해야 하는가? 이것이 우리가 도달한 결론인 것 같다. 물론 우리는 즉시 그 논리적 모순을 보게 된다. 전쟁 억지의 효과는, 필요하면 그것을 사용할 수 있는 기술(전문적인)과 의지(도덕적이고 정치적인)가 있는지 그리고 우리가 그렇게 하리라는 것을 적군이 믿는지에 달려 있다. 적군이 우리가 그것을 절대 사용하지 않으리라는 것을 안다면 억지 효과는 확실하지 않으며, 확실하지 않으면 억지 능력을 상실한다. 그러므로 '계속 소유는 하되 사용은 포기하는 것'은 도덕적으로는 변호할 만하지만, 실제로는 자멸적인 일이다. 우리는 비효율과 부도덕 사이에 혹은 비효율적인 도덕적 태도와 (사용한다면) 부도덕한 것이 될 효율적인 억지책 사이에 끼어 있으며, 원리와 신중함 사이에, 옳은 것과 현실적인 것 사이에 끼어 있다. 볼프하르트 판넨베르크(Wolfhart Pannenberg) 교수는 이러한 긴장을 정확히 지적하고, "두 개의 서로 다른 윤리적 태도 간의 갈등, 곧 도덕적 원리들의 순수함을 고수하는 확신의 윤리와 결정에 뒤따르는 결과들을 생각해야 할 의무를 느끼는 책임의 윤리 간의 갈등"[34)]에 대해 썼다.

하지만 나 자신에 대해 말하자면, 나는 기독교적 이상주의와 기독교적 현실주의―그 용어들을 다소 막연하게 사용한다면―사이에서 반드시 선택을 해야 한다는 것이 별로 내키지 않는다. 핵 평화주의자들은 분명 이상주의자로서, 무차별적 파괴를 사용하는 것이 부도덕하다는 원리를 분명하게 인식하고 타협을 거부한다. 하지만 우리는 이러한 이상을 고수하는 한편, 타락한 세상에 있는 악의 실체와 그것을 반영하는 현 상황에 직면해야 한다. 그렇다면 이상과 현실을 어떻게 조화시켜야 하는가? 내가 "사용하는 것은 부도덕하고, 소유하는 것은 신중한" 것이라고 표현한 딜레마에서 탈출할 길은 있는가?

핵 억지책과 핵무장 해제 간의 균형

나는 즉각적인 일방적 무장 해제는 핵전쟁의 가능성을 감소시키는 것이 아니라 증대시키리라는 주장을 받아들인다. 그것은 적으로 하여금 우리가 스스로 부과한 약점을 이용하려는 유혹을 느끼게 할 것이다. 그들은 보복의 두려움 없이 핵무기를 사용하여 우리를 항복하게 할 수도 있을 것이며(그런 경우 우리는 사용을 포기함으로써 적이 그것을 사용하도록 자극한 것이다), 그것을 사용하겠노라고 위협함으로써 우리를 갈취할 수도 있다(그런 경우 우리는 사용을 자제함으로써 적이 사용하도록 장려한 것이다). 어떻게 하면 양측 모두 핵무기를 사용하지 못하게 막으면서, 동시에 우리의 자유를 수호할 수 있는가? 그러므로 핵 억지책을 보유하는 한편, 상호적이고 점진적이고 입증 가능한 핵무장 해제를 위해 노력하는 것이 더 안전한 듯하다.

핵무장 해제를 향한 임시 단계로서의 핵 억지책

사용하기에 부도덕한 억지책을 보유하는 것은 일시적 방편으로서만 도덕적으로 정당화될 수 있다. 교황 요한 바오로 2세가 1982년 6월 유엔 제2차 군비 축소 특별 회의에서 말한 것처럼, 핵 억지책은 "여전히 도덕적으로 받아들일 만한 것으로 판단될 수 있지만", "분명 그 자체가 목적이 아니라 점진적인 군비 축소로 향하는 하나의 단계"[35]로 간주될 때만 그렇다. 이것은 효과적인 무장 해제안들을 더욱 긴급히 찾아야 한다는 것을 시사한다.

대담한 평화의 제스처

쌍방적인 군비 축소라는 틀 안에서, 어느 한 쪽이 먼저 창의적 주도성을 발휘하여 일방적으로 핵을 폐기할 여지는 있다. 이를 교황 요한 바오로 2세는 "대담한 평화의 제스처"라고 불렀다. 서구 국가들은 이전에 일부 그런 행동을 취한 적이 있으나, 상대방은 그에 대응하는 조치를 취하지 않았다(예를 들어, 미국은 1979년에 유럽에서 1,000개의 핵탄두를 제거했다. 분명 오래전에 폐물이 된 것이긴 하지만). 하지만 분명 지나친 위험 없이 더 많은 탄두를 제거할 수 있었을 것이다. 적군을 누구로 인식하든, 우리는 "먼저 사용하지는 않는다"라고 선포할 수 있는 용기를 가져야 한다.

우위가 아니라 충분성

우리의 양심이 제한된 핵무기와 무제한적 핵무기의 구분을 받아들일 수 있든 없든 후자는 가능하면 빨리 포기하여 폐기해야 한다는 데 동의해야 한다. 예를 들어, 키스 와드(Keith Ward) 교수는 "훨씬 더 큰 악을 예방하기 위해 악한 행동(해를 유발하는 행동)을 할" 수도 있다는 도덕적 원리에 근거해서, 제한된 핵무기의 사용이 극단적 상황에서는 차악이 될 수도 있다고 생각하지만, 그럼에도 "전면적인 핵전쟁은 반드시…명백하게 비난받아야 한다.…그것은 도덕적으로 정당화될 수 없다"고 단언했다. 그는 또한 "그렇기 때문에 전면전을 가능하게 하는 장치를 해체하는 것이 필수적"[36]이며, '제한된 핵 억지책'만은 보유하되 실제로 억제하는 데 필요한 최소한의 양만을 보유하는 것이 필수적이라고 덧붙인다. 핵 '우위'는 전혀 불필요하다. 핵 '충분성'으로 충분하다. 게다가 초강대국 군수 공장들은 엄청난 '과잉 살상력'을 가지고 있기 때문에, 그것들을 감축하더라도 용인할 수 없는 위험이 따르지는 않을 것이다. 그리고 그런 삭감은 양측 모두 군비 축소의 하향 곡선을 가속화하는 데 필요한 추진력이 될 것이다.

확실하나 반신반의하는

한편 그 억지책은 어떻게든 확실성을 유지해야 한다. 핵무기 사용이 부도덕하다면 우리는 그것을 사용하겠다고 위협해서는 안 된다. 그리고 억지책이 실제로 가능하기를 원한다면, 허세를 부려서도 안 된다. 유일한 대안은 반신반의하는 상태를 조성하는 것이다. 우리는 적으로 인식되는 상대에게 이렇게 말할 수 있을 것이다. "우리는 무차별 파괴 무기를 사용하는 것은 미친 짓이고 부도덕하다고 생각한다. 우리는 그런 무기를 사용하지 않기로 결정했다. 당신들도 그 무기를 사용하지 않을 것이라고 확신한다. 당신들이 우리를 공격하는 것은 우리가 이성과 양심에 거슬러서 행동하도록 자극할 수도 있다. 우리를 그런 상황에 몰아넣지 않기를 바란다."

정복과 전멸의 구분

'적에게 접수되는 것이 핵전쟁보다 더 큰 악이 아닐까?' 사람들이 종종 상상하며 큰 두려움을 느끼는 시나리오는, 우리와 동맹국들이 우월한 재래식 무기로 무장한 침략군에 패할까 두려워서 자기 방어 차원에서 핵무기에 의지하려는 유혹을 받고, 그럼으로써 세계를 핵전쟁으로 몰아넣는 것이다. 사람들은 '그것은 정당화되지 않을까?' 하고 질문한다. 우리나라가 침략을 당해 정복될 가능성에 대해 심각하게 상상해 볼 수 있는가? 최악의 경우, 삶의 질에 필수 불가결한 자유를 무지막지하게 억압당할 것이다. 그런 악은 문자 그대로 '참을 수 없는' 것, 심지어 핵무기의 악보다 더 심한 악이 아닐까? 사실 정복이라는 악은 우리가 아니라 무신론적 억압자들이 저지를 것이다. 하지만 우리 쪽에서 몇 가지 도덕적 행동을 취함으로써 그것을 피할 수 있는데도 우리가 행동을 취하지 않는다면, 우리는 악의 공범자가 될 것이다. 무엇을 할 수 있을 때 아무것도 하지 않는 것은 악이다. 정복되는 것을 막기 위해 할 수 있는 '무엇'이 핵전쟁에 의지하는 것이라면, 우리는 '어떤 것이 더 큰 악인가?'라는 원래의 질문으로 돌아가게 된다.

하지만 상대적 평화주의자들은 신중한 균형이 아니라 도덕적 원리에 관심이 있다. 우리의 입장은 이것이다. 핵전쟁을 시작하는 것(혹은 시작하는 일에 참여하는 것)은 너무나 중대한 도덕적 악이라서, 어떤 상황이라도 도저히 그것을 정당화할 수는 없을 것이다. 심지어 핵전쟁을 일으키지 않으면 우리 자신이 정복되거나 멸망한다는 우려가 있다 해도 그렇다. 어떻게 우리의 가치관을 범함으로써 그 가치관을 보존하기를 기대할 수 있겠는가? 인류 문명 전체를 멸망시키는 책임을 지는 것보다는 온갖 고통과 노예 상태를 수반한다 해도 억압적 체제 아래 사는 편이 낫지 않겠는가? 수백만, 수천만의 사람이 자유를 빼앗긴 채 산다는 것은 실로 섬뜩한 일이다. 하지만 그 일이 일어나는 것을 막기 위해 수백만, 수천만의 사람을 태워서 재로 만들 일을 벌여야 할까? 다른 사람들에게 불의를 가하는 것보다는 우리가 불의를 당하는 편이 낫지 않을까?

그렇다면 결국 우리는 어떤 복을 더 귀중하게 여길 것이지 결정해야 한다. 핵전쟁을 시작함으로써 도덕적 온전함을 잃는 한이 있더라도 사회적 자유를 중시할 것인가, 아니면 우리나라가 침략당하여 사회적 자유를 잃는 한이 있더라도 한 국가로서 도덕적 온전함을 더 귀하게 여길 것인가? 언젠가 이 중 하나를 선택해야 할 날이 온다면, 어떤 것을 선택해야 할지 알기를 바란다. 도덕적 패배보다는 육체적 패배를 당하는 편이 나을 것이다. 하나님 앞에서 양심의 자유를 잃는 것보다는 언론과 집회와 심지어 종교의 자유를 잃는 편이 나을 것이다. 그분이 보시기에는 정직이 자유보다 훨씬 더 귀중하기 때문이다.

테러리즘의 부상

지금까지 나는 핵전쟁에 대해, 그와 관련해서 모든 대량 살상 무기에 대해 많은 것을 말했다. 하지만 21세기가 시작되면서 우리가 씨름하는 것은 국가 간에 핵을 주고받게 될지 모른다는 위협이 아니라 테러리즘의 부상이라 할 수 있다. 지난 10년간 테러 행위는 엄청나게 증가했다. 미국, 케냐, 스페인, 페루, 인도네시아, 이스라엘, 팔레스타인, 북아일랜드, 영국을 포함한 여러 나라는 이러저러한 배경을 가진 테러리스트들이 자행하는 무서운 폭력을 보았다.

1989년 베를린 장벽의 붕괴가 억압 아래 있던 사람들에게 새로운 자유의 시작을 알렸다면, 2001년 9월 11일 뉴욕 쌍둥이 빌딩의 붕괴는 자유에 익숙해 있던 사람들에게 새로운 억압감을 알렸다. 분명 미국은 다시는 미국 국경 내에서는 자신들이 천하무적이라고 여기지 못할 것이다. 여객기 두 대가 의도적으로 세계무역센터에 충돌했을 때, 그리고 또 한 대가 워싱턴 D.C.에서 목표물을 아슬아슬하게 비껴 갔을 때, 테러에 대한 대중의 관심은 폭증했다. 갑자기 전 세계가 테러리스트들에게 주목했다. 2005년 7월 7일 런던 역시 자살 폭탄의 표적이 되었다. 세 대의 지하철에서 50초도 안 되는 사이에 세 개의 폭탄이 폭발했다. 네 번째 폭탄은 버스에서 폭발했다. 56명이 사망했고, 700명이 부상을 입었다. 9·11 사건은 270명의 사망자를 냈던 1988년 팬암

103편 피격 사건 이래 가장 심각한 테러 행위였다. 지하철 폭발 사고는 제2차 세계대전 이래 영국에서 일어난 가장 치명적인 폭발이었다.

세계 전역에서 많은 폭력 행위가 자행되고 있다. 하지만 뉴스 매체를 통해 그중 일부를 테러 행위로 분류하는 사람들은 우리다. 마크 윌겐스마이어(Mark Juergensmeyer)는 「하나님이 보시는 테러: 종교적 폭력의 세계적 증가」(*Terror in the Mind of God: The Global Rise of Religious Violence*)[37]에서 테러가 "분명한 군사적 목적 없이 저지르는, 폭넓은 공포 의식을 불러일으키는 공적 파괴 행위"라고 말했다.

테러 행위라는 말은 '테레레'(*terrere*)라는 라틴어에서 왔는데, "떨게 만들다"라는 의미다. 그러므로 우리의 반응이 그 용어의 의미 일부인 것이다. 다시 말해, 테러 행위라는 말의 의미는 그 행동을 저지르는 이들만이 아니라, 그 행동에 영향을 받은 사람들이나 그것을 목격한 사람들 안에서 일어나는 전율을 반영한 것이다. 테러 행위는 그 규정이 어렵기로 악명 높다. 하지만 테러에 대한 모든 정의는 무엇보다 폭력 사용이 특징이라는 공통점이 있다. 하지만 폭력을 사용하는 목적과 배후의 동기가 분명하지 않은 경우가 많다. 그것은 종종 일말의 정치적 정당성을 지니기 때문에 범죄 행위와 구별된다. 하지만 그런 경우에도 대개 테러리스트들은 자신들의 일관된 목표가 무엇인지조차 규정하지 못한다.

테러 행위는 종종 많은 무고한 희생자를 낸다. 사람들이 우연히 그 폭력에 말려들게 되기 때문이다. 이것은 많은 사람이 그들의 행동에 공감하지 못한다는 의미다. 테러리스트들은 대중이나 국제 여론이 자신들의 폭력 행위에 치를 떤다는 것을 알 것이다. 그래서 자신들의 목표를 달성하기 위해 정치적·외교적 수단을 동원할 수도 있다. 아마 아일랜드공화국군(Irish Republican Army: IRA)은 무기를 내려놓고 정치적 협상을 하는 테러 집단으로 볼 수 있을 것이다. 변함없이 테러 집단으로 남을지는 아직 두고 볼 일이다. 이 글을 쓰는 지금, 이스라엘을 인정하려 들지 않는 팔레스타인 테러 조직 하마스(Hamas)가 팔레스타인 선거에서 압도적 승리를 거두었다. 이것은 국제 사회를 딜레마에 빠뜨린다. 팔레스타인 경제가 기능을 발휘하려면 국제 사회의 원조를 받아야 하기 때문이다. 하지만 팔레스타인에 자금을 조달하는 국제 단체들과 국가들 중, 하마스가 지배하는 팔레스타인이 폭력을 포기하거나 이스라엘을 인정하지 않는 한 그들을 기쁘게 인정할 만한 단체나 국가는 거의 없다. 이 시나리오가 어떻게 풀려 나갈지는 두고 보아야 한다.

최근 들어 테러리즘의 성장은 무시무시한 결과를 가져왔다. 특히 알카에다는 처음에는 서방 세계에 알려지지 않은 단체였으나 이제는 최악의 급진 폭력 집단의 대명사가 되었다. 하지만 국가가 테러 행위에 반응하는 데는 어려움이 따른다. 테러는 대단히 색다른 형태의 폭력이며 전통적인 전쟁 규칙에 따라 그것과 싸우기는 어렵기 때문이다. 그렇기 때문에 특출한 군사력을 가진 국가가 대단히 실제적인 테러 위협에 지나치게 심한 반응을 보일 수도 있다. 무엇보다도 9·11 사태에 대해 미국과 영국이 보인 반응에 대해 사람들은 열띤 토론을 벌였다. 그런 공포와 폭력 행위에 맞서 싸워야 하며 그런 행동을 범하는 사람들은 재판에 회부해야 한다는 데는 의문의 여지가 없다. 하지만 조지 부시는 9·11 사태에 대한 반응을 '테러와의 전쟁'이라고 부름으로써 어떠한 폭력에 대해서든 정부가 전쟁을 선포할 때 늘 수반되어야 하는 윤리적 토론의 시작을 알렸다.

미국이 활동의 초점을 아프가니스탄에서 오사마 빈 라덴과 알카에다를 찾아내는 것에서 이라크와의 교전으로 바꾸었을 때, 사람들은 심각한 우려를 표명했다. 대량 살상 무기가 있다는 것이 전쟁의 핵심 이유 중 하나였으나, 그런 무기는 존재하지 않는다는 사실이 드러났다. 무기 조사관들은 무기류가 있을 만한 장소들을 면밀히 조사하는 작업을 아직 끝내지 않았다. 유엔이 그 행동을 타당하다고 인정하지도 않았다. 하지만 미국과 영국은 다른 협력자들과 함께 선제 공격을 감행했다. 전쟁에 반대하는 사람들 중 일부는 그것이 합법적 당국에 의해 선포된 것인지, 의로운 전쟁 원칙에 따르면 선제 공격이 정당화될 수 있는지에 대해 의문을 제기했다.

이 책을 쓰는 지금, 이라크는 첫 번째 국회를 구성하기 위한 선거를 치렀으며 정부를 구성하려 하고 있다. 서구의 군사적 개입이 없었다면 이런 민주적 선거가 불가능했으리라는 군사 행동 지지자들의 말은 옳은가? 또 다른 사람들은 외교 수완을 발휘해서 큰 인명 피해 없이 사담 후세인과 부패한 체제를 퇴위시킬 수 있었을 것이라고 주장한다. 우리는 알 수 없다. 이라크의 많은 사람은 자신들이 억압에서 해방되었다고 생각한다. 다른 사람들은 미국이나 영국 같은 나라들의 행동을 그들이 어떤 저의를 가지고 점령군이 된 것이라고 생각한다. 이로 인해 일부 이라크인들뿐 아니라 다른 나라의 테러리스트들도 반란을 일으키게 되었다. 그 군사적 행동의 결과들에 대한 판결은 아직 나오지 않았지만, 우리는 이라크에 평화가 임하고, 그 결과 생겨난 정부가 정의로, 백성들의 자유와 인권을 보장하는 헌법으로 통치하기를 소망해야 한다.

테러 행위는 몇 가지 뿌리를 가지고 있는데, 특히 세 가지를 생각해 볼 수 있다. 첫째, 서구인들은 근대화와 민주주의의 보급을 불가피할 뿐 아니라 바람직한 것으로 본다. 하지만 다른 사람들은 서구의 세속적 물질주의의 보급을 그들 자신의 문화적 정체성을 위협하는 것으로 볼 수 있다. 소규모 집단들은 자신들의 현지 문화가 세계화의 영향에 압도당하는 것처럼 느낄 수 있으며, 극단으로 흐르면 자신들의 문화를 보존하기 위해 폭력적 수단에 의지할 수도 있다. 둘째, 경제적 설명 역시 중요하다. 세계화가 삶의 기대치를 더 높이기 때문에 기대 수준과 자신들의 빈곤 간의 격차가 점점 더 커지는 것을 보는 사람들은 '제도'에 반발할 수도 있다. 그런 생활 수준이 자신들의 삶에서 실현되지 않으리라는 것을 알기 때문이다. 그렇다면 이 경우 테러리스트들의 폭력은 세계 제도의 불평등에 대한 공격이라고 말할 수 있다. 이런 견해를 취하는 사람들은 테러리스트들이 1993년과 2001년 두 차례에 걸쳐 세계무역센터를 공격한 것을 자본주의 우상에 대한 공격으로 해석할 수 있다는 점을 지적할 것이다. 역설적인 것은, 테러 집단이 군사 작전을 계획하고 자금을 조달할 때 세계 금융 시스템의 권력과 효율성을 자주 이용한다는 점이다. 셋째, 때로 '새로운 테러리즘'이라 불리는 것은 종교에 기원을 두고 있다. 이것은 또한 '포스트모던 테러리즘'이라고도 한다. 무력을 사용해서 이런 종류의 테러 행위를 물리치기는 어렵다. 대의를 위해 죽으면 죽음 이후에 순교의 상을 받는다고 여기는 사람들을 어떻게 무력으로 물리칠 수 있겠는가? 종교적 언어 및 종교와 관련된 행동들은 다른 정치적 목적들을 성취하기 위해 사용되는 갖가지 테러의 한 요소로 보일 것이다.[38]

종교적 폭력 집단들은 20세기 마지막 수십 년 동안 커졌다. 윌겐스마이어는 1980년대에 미 국방부 국제 테러 집단 목록에는 종교적 조직이 단 하나도 없다고 말했다. 1998년에 미 국무장관 매들린 올브라이트(Madeleine Albright)는 세계의 가장 위험한 집단 30개를 열거했는데, 그중 절반 이상이 종교 집단이었다. 다른 분석가들은 거기에 더 많은 집단을 추가했으며, 그로 인해 전(前) 미 국무장관 워렌 크리스토퍼(Warren Christopher)는 종교와 인종적 정체성이라는 이름으로 행해지는 테러 행위는 "냉전에 이어 우리가 직면한, 안보를 위협하는 가장 큰 도전 중 하나"가 되었다고 말했다.

한편, 어떤 종교에서 영감을 받았다거나 그 종교에서 명령을 받았다고 주장하는 테러리스트들의 폭력 행동 때문에, 다른 세계 종교들을 마귀로 보지 말아야 한다. 이슬람 공포증은 그리스도인들이 취할 태도가 아니다. 그것은 이슬람에 대해 왜곡된 고정관념을 갖게 하며 그리스도인들과 무슬림들 간의 좋은 관계를 손상시킬 뿐이기 때문이다. 하지만 비노스 라마찬드라(Vinoth Ramachandra)가 「충돌하는 믿음: 다문화 사회에서 그리스도인의 통합성」(*Faith in Conflict: Christian Integrity in a Multicultural World*)에서 지적했듯이, 이러한 도전은 상호적이다. 여러 종교와 문화들은 서로 상대방을 마귀라고 부르며, 상대방이 그들에게 미칠 영향에 대해 방어적이고 두려워하게 된다. 중동의 많은 나라는 서구의 가치관을 날카롭게 비판한다. 인권이라는 명목으로 서구의 가치관을 강요하는 것도 포함된다. 하지만 이슬람 역시 전투적인 '서구 공포증'과 '기독교 공포증'을 피해야 한다. 그것은 그리스도인들과 기독교 신앙에 대한 왜곡된 고정관념이다. 라마찬드라는 이렇게 말한다.

'이슬람 공포증', '서구 공포증', '기독교 공포증'—이것은 추한 용어들이다. 하지만 이 말들은 우리로 하여금 추한 현실에 주의를 기울이게 한다. 모든 공포증은 무지와, 자신과 자신의 공동체를 비판적으로 보지 못한 결과다. 그리스도인들이 서구에서 반 이슬람적 편견을 나타내는 모든 표현을 솔직하게 드러내고 옳지 않음을 인정해야만, 그리고 무슬림 지도자들이 서구에서 그리고 이슬람(이슬람의 세계—역주)이라고 여기는 곳에서 무슬림들이 보이는 유사한 편견과 차별을 똑같이 옳지 않다고 인정해야만, 그리스도인과 무슬림 사이에 좋은 관계가 확립될 수 있다.[39]

우리는 또한 종교적 요인으로 인한 폭력은 세계의 모든 종교에서 나타났음을 기억해야 한다. 거기에는 북아일랜드 개신교도와 가톨릭교도 간의 폭력도 포함된다. 힌두 극단주의자든 유태인 근본주의자든, 폭력은 어느 한 종교에 국한되지 않는다.

종교적 요인으로 인한 폭력이 증가하는 것은 21세기에 종교가 점차 더 영향력을 발휘한다는 표지 중 하나다. 21세기 유럽 사람들은 종교가 더 이상 세계 무대에서 활약하지 않는다고 잘못 생각해 왔다. 이는 전혀 사실이 아니다. 종교적 정체성은 세계 전역에서 점차 더 중요해지고 있다. 많은 군사 충돌의 근원을 살펴보면, 서로 싸우는 사람들을 분리하고 뚜렷하게 규정하는 특징은 종교다. 예를 들어 보스니아에서 그랬다. 거기에서 종교는 충돌의 본질을 결정하는 데 있어 민족성이나 어떤 정치적 충성 못지않게 중요했다.

테러리즘이 한 사람의 생각에 뿌리를 내리기 위해서는 세계가 이미 폭력적이며, 어떤 의미에서 전쟁 상태라는 믿음이 필요한 듯하다. 어떤 사람이 자신의 폭력 행위를 정당화하기 위해서는 그것이 필요하다. 폭력적 세계가 존재한다는 생각은 테러리스트들이 폭력에 가담하는 것을 정당화해 준다. 또한 국가가 약하거나 그 기능을 제대로 발휘하지 못하거나 잘못을 바로잡을 수 없는 상태라면 폭력이 그 공백을 채울 것이다. 때로 그리스도인들은, 자신들이 행동을 취하면 현상을 유지하는 것보다 더 정의롭거나 의로운 결과가 나온다고 보고 종교를 테러 행동의 이유로 잘못 내세우는 경우가 있다. 미국에서 낙태 시술소에 폭격을 가한 경우가 그랬다. 그 일을 한 사람들은 세상에서 악을 제함으로써 기독교적 사회를 이루려 했다고 말했다. 그렇지만 그들은 스스로 악을 범했을 뿐 아니라, 그들이 신봉한다고 하는 바로 그 믿음에 수치와 불명예를 끼쳤다.

이런 많은 행동은 구체적인 목적을 성취하기 위해서가 아니라 상징적 진술을 위해 행해지는 것 같다. 이 점에 대해 월젠스마이어는 이렇게 말했다. "종교적 테러 행위를 '상징적'이라 함은 그 행위들이 직접적 표적 너머의 어떤 것을 예시하거나 언급하려 한 것이라는 의미다. 예를 들어, 보이는 것 이상의 더 웅대한 정복 혹은 더 끔찍한 투쟁을 보여 주려는 것이다."[40]

종교적 요인으로 인한 폭력 사용에 주의하는 것이 중요하다. 그것은 권력을 쥔 사람들이 정치적 목적을 위해 냉소적으로 사용하는 것일 수 있기 때문이다. 반면 '순교자'가 될 정도로 헌신된 사람들은 그것 자체를 목적으로 할 수 있다. 일부 사람들은 이슬람 국가를 일으키기 위해 그런 정치적 목표를 바랄 수 있다. 하지만 또한 종교적 폭력은 중요하고 우리가 반드시 관심을 가져야 하는 상징성을 지니기도 한다.

종교적 요인으로 인한 폭력은 훨씬 더 깊고 큰 맥락에서 보아야 한다. 많은 경우 종교적 폭력은 우리 주위에서 불가피하게 일어나는 신적 투쟁, '우주적' 전쟁의 맥락 안에서 일어난다. 이 말은 종교적 폭력을 훨씬 더 깊은 영적 대결로 볼 수 있다는 의미다. 이것을 강력하게 상징하는 것 중 하나는, 이슬람 자살 폭파범들이 이슬람의 적들을 죽임으로써 자신들이 낙원으로 영접되며 그 행동 때문에 더 큰 상을 받는다고 믿는 것이다. 앞에서 이미 말했듯이, 자살 폭파범들과 싸워 이기기는 대단히 어렵다. 그들이 채택하는 전략 때문이다. 하지만 자살 폭파 같은 잔학 행위를 저지름으로써 자신이 낙원으로 영접될 것이라 믿는 자살 폭파범들의 상상력과 싸우는 것은 훨씬 더 어렵다. 그 사람들의 생각 속에서 그런 믿음은 그들의 어떠한 행동도 정당화하는 것 같다. 사람들로 가득 찬 식당이든, 붐비는 버스든, 심지어 거기 아이들이 있어도 상관없다.

하지만 종교의 본질에 대한 그런 왜곡된 견해는, 오히려 비폭력적 입장을 취하며 그런 입장이 강력한 것—폭력으로 달성하는 목적들보다 강력한 것은 아닐지라도—이라고 보는 사람들에게 화평케 하는 기회를 제공할 수 있다. 평화를 바라는 모든 사람이 느끼는 혐오감은, 사람들이 공동체와 상호 존중과 이해를 촉진하려는 마음으로 많은 문화적 종교적 차이를 넘어 하나되게 하는 도구가 될 수 있다. 그리스도인은 개인이 변화될 수 있고 사회 정의가 이루어질 수 있다는 소망을 갖도록 부름받으므로, 사람들이 폭력을 중단시킬 수 있고, 화평케 하는 일을 소명으로 받아들일 수 있다고 믿는다. 이를 위해 우리는 폭력적 세상에서 평화를 유지하려는 투쟁을 포기해서는 안 된다.[41]

기독교가 우주적 전쟁에 대해 말하는 것은 사실이다. 바울은 에베소서에서 우리가 혈과 육을 상대로 싸우는 것이 아니라 또한 "통치자들과 권세들과" 싸운다고 말한다. 그는 에베소 그리스도인들에게 "하나님의 전신 갑주"를 취하라고 권한다. 이 갑주는 기독교적 미덕과 기독교 선교라는 특징으로 구성되어 있다. 예를 들어, 갑주의 한 부분은 평안의 복음으로, 또 하나는 진리로, 또 다른 하나는 믿음으로 묘사된다. 갑주라는 개념은 종교적 폭력을 사용한 악한 싸움이라는 개념과 정반대다. 거짓이 판치는 세상에서 바울은 진리와 정직이 유일한 무기라고 말한다. 폭력이 난무하는 세상에서, 화평케 하는 일은 유일하게 효과적인 저항이다. 종교적 요인으로 인한 폭력은 오직 참된 기독교 신앙을 재발견함으로써 종식시킬 수 있다.

화평케 하는 그리스도인으로의 부르심

예수님은 전쟁과 평화 둘 다에 대해 말씀하셨다. 한편으로 그분은 우리에게 "전쟁과 전쟁의 소문들"에 대해 경고하셨다. 다른 한편으로 하나님 나라 시민의 특징에 화평케 하는 적극적 역할을 포함하셨다. 그분은 화평케 하면서 자신을 따르는 자들은 하나님의 복을 받으며 또 하나님의 자녀라고 선언하셨다(마 5:9). 화평케 하는 것은 하나님의 활동이기 때문이다. 하나님은 그리스도를 통해 우리와 화평을 이루셨으며 우리끼리 화평하도록 하셨다. 우리 역시 화평케 하는 일에 참여하지 않는다면 그분의 진정한 자녀라고 주장할 수 없다.

우리는 화평케 하기 위해 실제로 어떻게 주도권을 쥐고 행할 수 있을까?

화평케 하는 그리스도인은 사기를 회복해야 한다

오늘날의 교회에는 그리스도인의 사기를 저하시키는 두 가지 경향이 있다. 우리는 이 둘을 모두 확고히 거부해야 한다.

첫째는 핵의 공포를 사소한 것으로 만들려는 경향이다. 우리는 참여하여 도전하기보다 수동적으로 받아들이는 것을 선호한다. 우리 자신의 문제에만 골몰함으로써 세상의 여러 문제를 무시하기는 쉽다. 하지만 자멸의 위협, 고난받는 수많은 사람, 혹은 우리 생활의 파괴보다 더 긴급한 것은 없을 것이다.

사기를 저하시키는 둘째 경향은 미래에 대해 너무 비관적인 나머지 무력감이라는 일반적인 분위기에 묵종하는 것이다. 하지만 무관심과 비관주의는 둘 다 예수님을 따르는 제자들에게 적절한 자세가 아니다. 우리는 현대 문화에 무관심하기보다 참여하도록, 사람들이 더 나은 변화의 가능성에 대해 냉소적일 때 절망의 문화 속에서 소망의 본이 되도록 부름받는다. 기독교 교회가 어느 한 지방뿐 아니라 전국적으로 그리고 국제적으로 목소리를 내는 것이 중요하다. 이것은 언론 매체를 통해서, 변화가 필요할 때 정부에 로비를 함으로써, 우리의 주장을 분명히 표현하는 것을 의미한다. 세상에는 전투적인 화평케 하는 자가 필요하다.

화평케 하는 그리스도인은 기도해야 한다

이 권고를 경건하지만 적절하지 않은 말로 여기고 거부하지 않기를 바란다. 그리스도인들에게는 그것이 결코 그런 문제가 아니기 때문이다. 기도의 이론적 근거 및 효용성과 무관하게, 기도는 우리에게 주어진 명령이다. 우리 주님이신 예수님은 원수들을 위해 기도하라고 명확하게 말씀하셨다. 바울은 예배하는 공동체로 모일 때, 우리의 첫째 의무가 국가 지도자들을 위해 기도하여

"우리가 모든 경건과 단정함으로 고요하고 평안한 생활을 하도록"(딤전 2:2) 하는 것이라고 분명히 말했다. 하지만 오늘날 "종종 공중 예배에서 목회 기도는 짧고 형식적이다. 간구 내용은 너무나 상상력이 빈곤하고 진부하여 '공허한 반복'이 될 지경이다. 사람들은 기도를 하는 대신 꾸벅꾸벅 졸고 꿈을 꾼다."[42] 공중 예배에서 중보의 시간을 심각하게 여기고 통치자들과 정부를 위해, 평화와 정의, 친구들과 원수들, 자유와 안정을 위해 그리고 전쟁 발발의 두려움에서 구원해 주시도록 반드시 기도해야 한다. 살아 계신 하나님은 자기 백성의 진지한 기도를 들으시고 응답하신다.

화평케 하는 그리스도인은 평화의 공동체로서 본을 보여야 한다

우리에 대한 하나님의 명령은 '평화를 전파하고' '화평케 하는' 것뿐 아니라, 그것을 구현하는 것이기도 하다. 그분의 목적은 그분의 아들과 성령의 역사를 통해 새롭고 화목된 사회를 만들어 내는 것이기 때문이다. 그 안에는 어떠한 장막도 벽도 장애물도 허용되지 않으며, 그 안에서는 인종과 국적과 계층과 성이라는 분열을 일으키는 영향이 무효하다. 그분은 자신의 교회가 자신의 나라의 표상이 되도록, 즉 인간 공동체가 그분의 의와 화평의 통치 아래 들어갈 때 갖출 모습에 대한 본이 되도록 하신다. 진정한 하나님 나라 공동체는 그리하여 세속 공동체의 가치 체계에 도전을 가하며 실행 가능한 대안을 제시한다. 교회가 하나님이 의도하시는 화목한 공동체가 되지 못하는 한, 우리는 도저히 세상을 화평으로 이끌 수 없다. 자선이 가정에서 시작된다면, 화해도 마찬가지다. 우리는 교회에서나 가정에서나 모든 악의와 분노와 비통함을 떨쳐 버리고 그곳을 사랑과 희락과 화평의 공동체로 만들어야 한다. 평화의 공동체들이 평화를 위해 미치는 영향은 측량할 수 없는 것이다.

화평케 하는 그리스도인은 신뢰 구축에 기여해야 한다

"신뢰 구축 조치"(confidence building measures: CBMs)라는 개념이 유독 군사적인 문제에만 국한되어야 할 이유는 없다. 사람들이 위협을 느끼는 모든 상황에서, 우리 그리스도인들은 두려움을 제거하고 신뢰를 구축하려 애써야 한다. 나는 '대담한 평화의 제스처'의 필요성에 대해 이미 말했으며, 신뢰 구축 조치가 뒤따라야 한다. 개신교도와 로마 가톨릭교도 아이들을 위한 연합 학교를 건립하는 것이든, 팔레스타인 가정과 이스라엘 가정을 맺어 주어 그들이 문화를 공유하도록 하는 것이든, 신뢰 구축 조치는 평화에 매우 중대하다. 개인적인 접촉은 사람들이 서로를 그림이 아니라 인간으로 보도록 돕는다. 그리스도인들이 교제하고, 섬기고, 나누는 일, 그리하여 그들이 서로를 그리스도 안에 있는 형제요 자매로 발견하는 일은 훨씬 더 중요하다.

화평케 하는 그리스도인은 공적 토론을 촉진해야 한다

평화 운동은 정보에 입각한 토론을 자극할 수 있어야만 화평케 하는 일에 기여할 것이다. 항상 새로운 문제들에 대해 새로운 토론을 할 필요가 있다. 핵 축적은 지금도 억지책 역할을 하는가? '도덕적 보유, 부도덕한 사용'은 유지할 수 있는 입장인가, 아니면 완전히 모순적인 것인가? 우리는 핵 억제와 일방적 폐기 중 하나를 선택해야 하는가, 아니면 '대안적 방어 정책'[43]이 있는가? '재래식' 군대를 양성하는 것이 핵 축적을 줄이는 더욱 안전한 길인가, 아니면 둘 다 동시에 줄일 수 있는가? 수많은 민간인의 생명을 희생하면서 국가를 방어하는 것은 정당화될 수 있는가? 종국에 국가의 도덕적 정직과 안전 중 무엇이 더 중요한가? 그러한 질문들—그리고 다른 많은 것—을 제기하고 토론에 부쳐야 한다.

모든 그리스도인은 화평케 하는 자가 되라는 부르심을 받았다. 산상수훈에 나오는 팔복은 어떤 사람은 온유한 자가 되기로 선택하고, 어떤 사람은 자비로운 자가 되기로 선택하고, 또 어떤 사람은 화평케 하는 자가 되기로 선택하는 것이 아니다. 그것들은 다 합쳐져 그리스도의 나라에 속한 구성원들을 묘사하는 말씀이다. 사실 우리는 지상에 유토피아를 설립하지 못할 것이며, 역사가 끝나기 전에 그리스도가 다스리는 의와 화평의 나라가 전 세계로 퍼지지도 못할 것이다. 그리스도가 재림하실 때까지는 칼을 쳐서 보습을, 창을 쳐서 낫을 만들지 못할 것이다. 하지만 이 사실이 검과 창을 제조하는 공장을 확장하는 정당한 근거가 되지는 않는다. 기근이 닥치리라는 그리스도의 예언 때문에 우리가 식량을 더 공정하게 분배하려고 애쓰지 말아야 하는가? 전쟁에 대한 그분의 예언 때문에 우리가 평화를 위한 노력을 그치지 않는 것도 마찬가지다. 하나님은 화평케 하시는 분이다. 예수 그리스도는 화평케 하시는 분이다. 그러므로 우리가 하나님의 자녀요 그리스도의 제자라면, 우리 역시 화평케 하는 자가 되어야 한다.

5
창조 세계를 돌봄

2002년 9월, 세계 지도자들은(특이하게도 조지 부시 대통령만 제외하고) 1992년 6월 리우데자네이루에서 열린 제1차 환경과 개발에 대한 유엔 회의(United Nations Conference on Environment and Development)의 후속 회의를 위해 요하네스버그에 모였다. 일반적으로 '지구 정상 회담'(Earth Summit)이라고 알려진 원래의 모임은 100개국 이상의 국가 수반들과 정부, 과학계, 특수 이익 집단 대표들이 모인 것으로, 일찍이 열렸던 회의 중 최대 규모였다. 10년 후 열린 요하네스버그 회의는 1992년 이래 더욱 심화되기만 한 문제들을 다루기가 얼마나 힘든지를 여실히 드러냈다. 2002년의 의제는 환경 친화적 개발, 생물학적 다양성, 자원 고갈, 환경 오염과 기후 변화 등에 초점을 맞추었다. 하지만 물 보존에 대한 논의만 빼고 다른 모든 주제에 대해서는 논쟁이 오가고 서로에 대한 실망이 커져 가는 분위기였다. 따라서 명확한 제안들은 거의 나오지 못했다. 심지어 10년 전에 리우에서 시작되었던 협정조차 그 후에 비준하는 정부가 거의 없었다. 그럼에도 경제 사회적 발전과 환경 문제는 서로 충돌하는 것이 아니라 깊이 연관된 문제라는 인식이 확장되었으며, 이런 창의적 과정을 통해 앞으로 나아갈 길을 더욱 쉽게 발견할 수 있으리라는 인식이 점차 커진 결과 긍정적인 발전이 있었다. 유엔 개발 계획(United Nations Development Program: UNDP) 행정관 마크 말로흐 브라운(Mark Malloch Brown)

은 이렇게 말했다. "이전의 환경 운동은 엘리트주의라는 소리를 들었다. 지금 우리는 사람을 가장 우선으로 삼고 환경을 그 다음으로 여긴다. 하지만 자원이 고갈되면 사람들이 파멸한다는 것을 기억해야 한다." 다른 많은 사람과 마찬가지로, 브라운은 지속 가능한 환경 친화적 개발이야말로 새로운 10년의 슬로건이라고 생각했다.

한편, 2002년 통계학자 비욘 롬버그(Bjorn Lomberg)의 『회의적 환경 보호론자』(The Skeptical Environmentalist)가 출간된 후 과학계는 격렬한 논쟁을 시작했다. 그 책에서 그는 환경 단체 및 비정부 기구(NGOs)의 비관주의적인 여러 시나리오에 도전을 가했다. 격렬한 토론은 이데올로기와 경제 이론이 환경 문제에 대한 논의에서 계속 중심 역할을 한다는 것을 보여 주었다. 심지어 주제가 자료와 자료 해석에 국한될 때도 그랬다. 슬프게도, 그 결과 부유한 세계의 기독교 공동체들은 가난한 사람들의 일상생활과 창조 세계에 광범위한 영향을 미치는 문제들에 직면하기를 꺼리게 되었다.

그러나 일반 사회에서는 20세기의 마지막 수십 년간 헌신적으로 운동에 참여해 온 소수 집단이 일반 대중들에게 환경 문제에 대해 놀라울 정도로 신속하게 경각심을 불러일으키고 있다. 오늘날 부유한 나라에 사는 상당수 사람들은 열대우림의 파괴, 오존층 고갈, 기후 변화, 시베리아 호랑이 같은 대형 포유동물의 멸종 위기 등에 대해 우려하는 듯하다. 중요한 것은 이러한 관심을 생활 습관의 변화와 정치적 행동으로 바꾸는 것이다. 전에는 무관심했던 정치가들도 이제는 환경 문제들을 의제에 추가하지 않을 수 없게 되었다. 기업들은 사업의 생태학적 측면을 전문적으로 담당하는 부서를 두고 있다. 도로를 질주하는 휘발유 자동차들은 대부분 무연 휘발유를 사용하며, 배기가스에 대한 법률이 더욱 강화되고 있다. 주부들은 환경 친화적인 제품을 더 많이 쓰고, '자연' 식품 혹은 '유기농' 식품을 먹으며, 종이·유리·금속을 재활용하도록 권하는 '녹색 소비자'가 되고 있다.[1]

대중들 사이에 이런 인식이 높아지고 있는 것은, 광범위하게 퍼져 있는 다섯 가지[2] 환경 관련 문제 때문인데, 그 문제들은 서로 연관지어 살펴보아야 한다.

환경에 관심을 갖는 이유

인구 성장

첫째, 인구 성장이다. 수세기 동안 세계 인구가 성장하고 있다는 것은 주지의 사실이다. 성장률이 가속화된다는 사실은 제2차 세계대전 이후에야 분명하게 인식되었으며, 인구 폭발을 저지하지 않으면 그 여파로 심각한 재앙이 올 수 있다는 이론이 제기되었다. 1800년에는 지구상에 인구가 10억 명 정도 있었다고 한다. 1900년이 되자 인구는 두 배가 되었으며, 1974년이 되자 다시 두 배인 40억이 되었다. 1996년에 총 인구는 거의 60억에 달했으며, 유엔은 2015년이 되면 세계 인구가 80억에 달할 것이라고 예고한다.

1980년대에는 40억 인구 중 5분의 1(8억)이 가난했으며, 35년 후에 70억 이상의 인구를 도대체 어떻게 먹여 살릴 수 있을지를 우려하는 질문들이 나왔다. 이것은 90퍼센트의 인구 성장이 일어나고 있는 개발도상국에서 특히 문제가 된다. 지구는 더 많은 인구를 부양할 수 없는데, 인구가 더 많아지면 가난과 기아로 인해 단기적 유익만을 위해 자원을 사용하게 되고, 장기적인 파괴가 불가피해진다. 이것은 제3세계만의 문제가 아니다. 영국 인구는 해마다 11만 6천 명씩 비교적 느린 비율로 성장하고 있다. 하지만 새로 태어나는 영국 사람 한 명은 방글라데시 사람이 소비하는 화석 연료의 30배 이상을 소비한다. 그래서 10만 명이 약간 넘는 영국의 인구 증가가 환경에 미치는 영향은 인구 증가율 339만 명인 방글라데시에 필적한다.[3] 부유한 사람들은 너무 많이 소비하고 낭비적인 한편, 가난한 사람들은 장기적으로 지구를 돌보기보다는 당장 먹고 사는 데 급급하다. 세계적으로, 인구가 조밀한 도시 환경과 농촌 지역 땅의 황폐화로 인한 문제가 수백만 명을 기아 직전으로 몰아가고 있다.

하지만 여전히 사람들은, 심지어 그리스도인들 사이에서도 인구 문제가 얼마나 심각한지 그리고 그에 대한 반응으로 무엇을 해야 하는지에 대해 의견이 분분하다. 1994년 카이로에서 열린 인구와 개발에 대한 유엔 국제 회의 (UN International Conference on Population and Development)에 발표문을 제출했던 로이 맥클러리는, 「인구 성장과 기독교 윤리」(Population Growth and Christian Ethics, 1995)에서 인구 문제는 일차적으로 경제적인 것도 환경적인 것도 아니고 도덕적인 것이라고 주장했다. 그것은 기본적으로 관계의 문제이기 때문이라는 것이다. 그는 '인간의 삶에 대한 긍정적인 비전'을 가질 것을 호소하는데, 그 비전에서 다음과 같이 말한다. (1) 인간은 하나님의 형상으로 지음받았기 때문에 고유의 본질적 가치를 지니고 있다. (2) 특히 여성과 어린이들은 교육을 받아 인간적 존엄성에 걸맞은 삶의 질을 누리고 충분한 잠재력을 개발할 수 있다. (3) 자녀 수와 터울은 정부의 강요가 아니라 부모의 자유로운 의사대로 결정된다.[4] 인구에 대한 모든 논의는, 먼저 모든 인간 생명의 존엄성과 인간이 자신의 잠재력을 충분히 실현할 권리를 재천명하는 것으로 시작해야 한다.

존 길버드(John Guillebaud) 교수가 주장했듯이, 빈곤과 인구 증가의 악순환, 곧 빈곤한 가정 수입을 늘리기 위해 더 많은 자녀를 낳지만 그 많은 수의 식구를 다 감당할 수 없어져 버리는 일이 되풀이되지 않으려면, 가족 계획과 사회 정의가 둘 다 필요하다. 가족 계획은 그들이 가족의 규모에 대해 책임 있는 결정을 내릴 수 있게 해주며, 사회 정의는 가난한 사람들이 빈곤을 벗어날 수 있게 해준다.[5]

에이즈가 많은 나라에 미치는 영향을 생각해 볼 때, 과연 사람들이 그들의 잠재력을 충분히 실현하면서 살 수 있을지 우려된다. 몇몇 나라의 경우는 한 세대가 너무 영향을 많이 받아서, 사회 모든 분야가 타격을 받았다. 이에 대해서는 다음 장에서 더 상세히 살펴보겠다.

자원 고갈

환경에 관심을 갖는 또 다른 원인은 자원 고갈 그리고 생물학적 다양성(biodiversity)의 감소다. 1972년 지구 자원의 유한성에 세계의 이목을 집중시킨 것은 소위 '로마 클럽'(Club of Rome)이다. 그때까지 서구 지도자들은 매년 4퍼센트 성장을 자신 있게 예측하고 있었다. 그런데 현재, 계속적인 성장과 무한

한 자원은 양립할 수 없는 것으로 보인다. 1973년에 "인간 중심의 경제를 위하여"라는 부제가 붙은 「작은 것이 아름답다」(*Small is Beautiful*, 문예출판사)에서 슈마허(E. F. Schumacher)는 그다지 유쾌하지 않은 진리를 대중화했다. 그는 "수입과 자본—이 구분이 가장 중요하다.…즉, 사람이 만든 것이 아니라 그저 발견했을 뿐인 대체 불가능한 자본—을 구분하는 데 실패한 것"에 대해 썼다. 그는 이 같은 '자연 자본'의 첫째 예로 화석 연료를 들었다. "화석 연료는 인간이 만든 것이 아니다. 그것은 재활용할 수도 없다. 그것은 한 번 사라지면 영원히 사라져 버린다." 2003년에 석유 생산 정점 연합(Association of Peak Oil: ASPO)은 2015년이 되기 전에 세계 석유 수요가 세계 유전의 경제적 생산 능력을 웃돌 것이라고 예측했다. 이것은 땅에 매장된 석유량이 문제가 아니라, 점차 더 제한된 속도로 추출 가능한 양이 줄어든다는 것이다. '손쉽게 캐낼 수 있는 석유'는 이미 많이 산출되었다.[6]

다른 예는 '살아 있는 자연'(바다의 플랑크톤, 지구의 녹색 표면, 깨끗한 물 등)인데, 그중 많은 것이 오염으로 인해 파괴되었다. 그는 "화석 연료를 낭비하는 것은 문명을 위협하는 것이다. 하지만 주변에 있는 자연 자본을 낭비한다면, 생명 자체를 위협하는 것이다"라고 썼다. 그는 계속해서 이렇게 말한다. '현대 산업 제도의 어리석음'은 "그것이 서 있는 토대 자체를 소비한다는 것이다. 경제학자의 말을 빌리면, 대체 불가능한 자본을 먹고 살면서 그것을 수입이라고 여기며 즐거워한다."[7]

관심의 초점인 희소 자원 중 하나는 물이다. 오래 전부터 사람들은 앞으로 50년 내에 물이 위협받는 희소 자원으로 석유보다 훨씬 더 중요해질 것이라고 말해 왔다. 어떤 사람들은 물 접근권과 여러 나라 국경에 걸쳐 있는 강에 대한 권리를 놓고 국가 간에 폭력이 일어날 것이라고 예측하기도 했다. 2002년에는 깨끗한 물과 적절한 위생 설비를 접하는 것이 '인권'이라고 선포되었다. 유엔 경제 문화 사회적 권리 위원회(The United Nations Committee on Economic, Cultural and Social Rights)는 "전반적 논의"에서 "물은 생명과 건강에 근본이 된다. 물에 대한 인간의 권리는 인간이 존엄성을 지니고 건강한 삶을 영위하는 데 필수불가결하다. 그것은 다른 모든 인권이 실현되기 위한 선행조건이다"[8]라고 진술했다.

환경 파괴의 다른 두 측면은 극히 중요하며, 따로 다룰 수도 있다. 첫째는 삼림 벌채이며, 둘째는 토지의 황폐화다.

삼림 벌채는 오랜 세월 동안 지속적으로 일어났다. 하지만 현재와 같은 속도는 아니었다. 그것은 이제 어느 한 지역이 아니라 전 세계적으로 영향을 미치고 있다. 현재와 같은 속도로 삼림 벌채가 계속된다면, 세계의 열대 우림은 100년 안에 사라질 것이며, 그로 인해 기후와 땅과 동물계에 헤아릴 수 없는 영향을 미칠 것이다. 가축을 방목하거나 가난한 농부들이 농작물을 심기 위해 '화전'을 일구는 과정에서 많은 삼림이 벌채되었다. 집약적 농업의 경우 가축이 풀을 뜯도록 한 번에 수십 평방 킬로미터를 벌채하기도 한다. 상업적인 벌목을 통해서도 수백 평방 킬로미터의 나무들을 베어 넘길 수 있다. 삼림 벌채의 원인들과 그 영향은 대단히 복잡하다. 소비 지향적 사회에서 제품에 대한 욕구가 더 커지면서 수요를 충족시키기 위해 더 많은 목재가 필요하다. 도시를 건설하기 위해 삼림을 베어 내는 경우도 있으며, 댐 건설로 인해 삼림 지역이 묻히기도 한다. 삼림이 기후에 영향을 미치는 이유는 그것이 '지구의 허파'이기 때문이다. NASA 지구 관측소에 따르면, 열대우림의 식물들과 땅은 전 세계적으로 4,600억에서 5,750억 톤의 탄소를 함유하고 있다. 열대우림 한 에이커마다 약 180톤의 탄소를 저장하고 있는 것이다. 경작지와 목초지를 확보하기 위해 삼림을 베어 내고 태워 버리면, 나무에 저장되어 있던 탄소(목재는 약 50퍼센트가 탄소로 되어 있다)가 산소와 결합하여 이산화탄소가 되어 대기 중에 방출된다. 열대우림이 파괴되면 수백만 종의 동물과 식물들이 멸종될 수 있다.[9]

한때 비옥한 농경지였던 미국, 아프리카, 아시아의 방대한 지역들이 함부로 오용됨으로써 이제는 회복할 수 없는 사막이나 건조 지대가 되어 버렸다. 전 세계적으로 사막은 지난 100년간 150퍼센트 증가했다. 그래서 지구 육지 표면의 50퍼센트 이상이 지금은 사막이나 반사막이 되어 버렸다. 한때 중앙 아시아에서 가장 고기가 잘 잡히는 곳이었으며, 세계에서 네 번째로 큰 연해였던 아랄 해의 넓이는 현재 30년 전에 비해 절반으로 줄었다. 바다에 물을 공급하는 강들에 수로를 연결해 물을 끌어가는 좋지 못한 관개 계획으로 인해, 아랄 해는 사실상 말라 버렸다. 어떤 곳에서는 해안이 50킬로미터나 이동했으며, 모래와 소금 퇴적물이 그 자리에 들어찼다.[10] 삼림 벌채는 토지를 심각하게 붕괴한다. 해마다 250억 톤의 표토가 유실되는 것으로 추산된다. 세계 여러 지역에서 토양이 너무나 오용되어, 전 세계에서 초목이 자라는 토양의 11퍼센트는 이제 도저히 회복할 수 없게 되었다. 그것은 중국과 인도만 한 면적이다.[11] 이러한 환경 파괴 중 일부는 분명 인간의 무지 때문에 일어난다(예를 들어, 초기 건조 지대들). 그럼에도 "토지를 훼손하는 것은 단지 판단의 오류나 실수가 아니라 신성모독"[12]이라는 영국 성공회 사회 책임 위원회의 말은 과장이 아니다. 그것은 인간에 대한 죄일 뿐 아니라 하나님에 대한 죄다.

생물학적 다양성 상실

큐(Kew)에 있는 왕립 식물원 원장인 길리안 프랜스(Ghillean Prance) 경에 따르면, 생물학적 다양성이란 "지구 상에 살아 있는 다양한 종류의 유기체, 거기 포함되어 있는 유전자 혹은 유전자 정보, 그리고 그들이 살고 있는 복잡한 생태계"[13]를 축약한 말이다. 지구 상에 사는 생물체 종의 수는 5백만에서 5천만으로 추산되며, 일반적으로 가장 낮게 잡은 추산치는 천만 정도다.[14] 각 종은 독특한 유전 암호를 갖고 있으며, 특정한 서식지에 살고, 종종 매우 특수한 생존 조건이 필요하다. 종들이 엄청난 양의 변화를 겪는 가운데, 멸종은 통상적으로 날마다 일어나는 일이다. 하지만 생물학적 다양성에 대한 논의에서 관심의 대상이 되는 것은 종들의 자연적 멸종이 아니라 자연 환경에 대한 인간의 개입이 멸종을 가속화하는 비율이다. 인간이 일으킨 기후 변화가 점차 더 중요한 문제가 되어 가면서 서식지 상실, 외래종, 천연 자원의 과잉 개발 등이 주된 위협 요인으로 떠올랐다. 가장 크고 명성 높은 자연 보호 네트워크인 국제 자연 보호 연합(World Conservation Union: IUCN)에 따르면, 현재의 멸종 비

율은 '자연적' 멸종 비율에 비해 적어도 100배에서 1,000배 정도 높다.[15]

과학자들이 생물학적 다양성 상실을 염려하는 이유는 그저 개개 종이 멸종할 뿐 아니라 생태계의 미묘한 균형이 깨지기 때문이다. 소위 '중추'종(keystone species)이 멸종하면 순식간에 거대한 문제들에 직면하게 된다. 유명한 예는, 미국 서부 연안 먼 바다에서 해달이 거의 멸종된 것이다. 스탠포드 대학의 생물학 교수인 스티븐 슈나이더(Stephen Schneider)는 그로 인해 어떤 일이 일어났는지 설명했다. "해달들의 개체수가 줄어든 후, 앞 바다 생태계가 중대한 교란 상태에 빠졌다. 해달의 주요 먹이인 성게가 급속히 증식했으며 그로 인해 켈프(kelp: 다시마 등의 대형 갈조—역주)가 급속히 줄어 성게 황야—불모의 생물학적 사막 같은—라는 해저 띠를 형성하게 되었다. 해달을 복원시키자는 논쟁적인 정치 압력이 성공을 거둔 후에야 성게 수가 줄어들고, 켈프는 다시 자라고, 새로운 물고기 무리와 오징어와 작은 생물체들이 다시 자리잡았다."[16]

2004년 IUCN에서 발표한 위협받는 종 목록에 따르면, 총 15,589종이 멸종 위기에 직면해 있다. 조류 중 8분의 1과 포유류 중 4분의 1이 위급(Critically Endangered), 위기(Endangered), 취약(Vulnerable) 범주에 들어가는 위험에 처해 있을 뿐 아니라, 양서류 중 3분의 1과 모든 민물 거북의 거의 절반이 멸종 위기에 처해 있다.[17] 이제 양서류의 3분의 1(32퍼센트), 거북이와 바다거북의 거의 절반(42퍼센트)도 이 범주에 들어간다. 양서류는 민물에서 살기 때문에, 양서류가 대재앙 수준으로 줄어드는 것은 지구의 수자원 상태에 대한 경고로 볼 수 있다. 민물 서식지의 상태는 뭍에 있는 서식지의 상태보다 덜 알려졌지만, 초기 징후들을 보면 똑같이 심각하다는 것을 알 수 있다. 마다가스카르 민물고기의 절반 이상(53퍼센트)이 멸종 위협을 받고 있다. 광대한 바다 밑바닥은 멸종에 이를 정도로 남획되고 있는 많은 해양 종에게 피난처를 제공하지 못한다. 환경 평가가 가능한 상어와 가오리의 거의 5분의 1(18퍼센트)도 멸종 위협을 받고 있다. 많은 식물 역시 평가되었다. 하지만 침엽수와 소철류만이 완전히 평가되었으며, 각각 25퍼센트와 52퍼센트가 멸종 위기에 처해 있다.

좋은 소식은 멸종 위기에 처한 조류 중 4분의 1은 자연 보호 조치를 받고 있다는 것이다. 하지만 멸종 위기에 처한 종들의 수는 과소평가되어 있다. 평가된 것이 너무 적기 때문이다.

쓰레기 처리

인구 증가는 생산과 포장과 소비가 낳은 바람직하지 않은 부산물들을 어떻게 하면 안전하게 처리할 것인가 하는 문제를 증대시킨다. 평균적으로 영국인은 석 달마다 자기 몸무게만큼의 쓰레기를 배출한다. 미국인의 평균 쓰레기 배출량은 지난 40년간 거의 두 배로 늘었으며, 미국은 쓰레기의 3분의 1 이상을 재활용하지만, 그들이 배출하는 쓰레기는 대부분의 다른 나라들이 배출한 전체 양보다 많다. 1990년대 중반에, OECD 국가들은 1인당 연간 2톤에 달하는 가정용 산업 폐기물을 생산했다. 아프리카 사람들은 폐기물을 덜 배출하지만, 그들이 배출한 쓰레기의 3분의 2 이상은 공식적으로 처분되지 않는다. 하지만 가난한 국가들에서 배출되는 일반적인 가정 폐기물의 96퍼센트는 음식물이며 미생물로 분해할 수 있는 것들이다.[18] 경제적으로 부유한 곳에서 나온 쓰레기는 대부분 재활용할 수 있지만, 재활용 대신 소각로나 쓰레기 매립지로 보내진다.[19] 이에 대한 주목할 만한 예는 1987년 소위 '쓰레기 화물선'이 뉴욕 롱아일랜드를 떠나 3천 톤 이상의 쓰레기를 받아 줄 항구를 찾느라 여섯 달을 보낸 것이다. 그 화물선은 미국과 다른 나라의 수많은 항구에서 입항을 거부당하고 마침내 문제의 발원지인 뉴욕으로 돌아갔다.

1994년 1월에 영국 정부는 "환경 친화적 개발: 영국의 전략"(Sustainable Development: The UK Strategy)이라는 광범위한 보고서를 펴냈다. 그것은 네 단계 '쓰레기 관리 체계', 곧 '줄이기', '재사용', '회수'(재활용 및 에너지 회수를 포함하여), '소각로나 매립에 의한 에너지 회수 없는 처리'를 권한다. 이 중 마지막 것은 가장 흔하지만 가장 환경 친화적이지 못하다. 하지만 "쓰레기 재활용의 환경적 비용은 에너지 소비와 배출이라는 견지에서 볼 때 쓰레기 처리 비용보다 높다"는 이유로 이 방법은 어쩔 수 없이 계속 채택되고 있다. 앞서 말한 네 단계에서 최선의 선택은 우리가 생산하고, 처리하는 쓰레기를 줄이는 것이다. 쓰레기를 잘못 폐기할 경우 자연 자원에 큰 재앙이 닥치기 때문이다. 캘빈 드위트(Calvin B. Dewitt)는 남극 대륙에 사는 펭귄들의 지방 세포 조직에서 DDT가 검출된 예와, 화학 물질이 사용되는 곳에서 멀리 떨어진 수페리어 호 안에 있는 로이얼 섬의 외딴 호수에서 농약이 검출된 예를 언급했다.[20]

기후 변화

마지막으로, 1980년대 이래 논의의 중심에 있는 것은 손상된 대기다. 이는 오존 고갈과 지구 온난화라는 두 가지 문제의 결합으로 인한 것이다.

우리를 보호해 주는 오존층이 고갈되어 자외선에 노출되면, 피부암이 생기고 면역 체계가 망가진다. 1985년 남극에서 발견된 대륙 크기만 한 오존 구멍은 대중의 경각심을 촉구했다. 1991년이 되자 이 구멍은 기록적인 크기에 이르러 2,100만 평방 킬로미터 이상으로 퍼졌으며, 1993년 남극 오존 농도는 측정 이래 최저치를 기록했다. 아르헨티나, 칠레, 호주, 뉴질랜드 등 인접 국가들은 인간뿐 아니라 동식물들에게도 피해가 나타난다고 보고했으며, 1990년대 중반이 되자 북반구의 가장 온화한 지역들에서도 심각한 오존 고갈이 기록되었다.[21] 2005년 봄, 북반구의 오존 고갈은 이제까지 기록된 것 중 가장 심했다.

남극에서 오존 구멍이 발견된 직후, 그 원인이 스프레이 분사제, 에어컨, 냉장고 등에 사용되는 화학 물질인 염화불화탄소(CFCs)로 드러났다. 이에 유엔 환경 프로그램은 심각한 위기 상황임을 인식하고 조치를 취했다. 몬트리올 의정서(1987)는 1999년까지 염화불화탄소 사용을 절반 수준으로 줄일 것을 요구하는 한편, 1991년과 1992년 개정안은 선진국들은 1996년까지, 비선진국들은 2006년까지 염화불화탄소를 단계적으로 완전히 금지할 것을 결의했다. 2006년 무렵, 몬트리올 의정서가 대기 중의 오존 가스 고갈을 줄이는 데 성공했는지 묻는 질문을 받았을 때, 미국 상무부의 한 분과인 전국 대양 및 대기부(National Oceanic and Atmospheric Administration: NOAA)는 이렇게 답변했다.

그렇다. 몬트리올 의정서가 나온 결과, 대기 중 오존을 감소시키는 가스 총량은 최근 줄어들기 시작했다. 세계의 국가들이 몬트리올 의정서를 계속 따른다면, 21세기 내내 감소가 계속될 것이다. 할론과 수소염화불화탄소(HCFS) 같은 가스들은 여전히 대기 중에서 증가하고 있지만, 의정서를 계속 준수한다면 그것들도 이후 수십 년간 줄어들 것이다. 금세기 중반까지, 오존을 감소시키는 가스의 실제 양은 남극의 '오존 구멍'이 형성된 1980년대 초 이전 수준으로 줄어들 것이다.[22]

지구 온난화의 문제는 이와 관련되어 있기는 하지만 다른 문제다.[23] 지구 표면의 온기(이는 식물이 생존하는 데 필수적이다)는 지구가 태양으로부터 흡수하는 복사열과 대기 중에 방출하는 적외선의 결합에 의해 유지된다. '온실 효과'란, 소위 '온실 가스' 즉 메탄, 질산화물, 특히 탄산가스(전체의 50퍼센트)가 지구의 적외선 방출량을 줄여 지구 표면의 기온을 상승시키는 것이다.

인간이 온실 효과에 얼마나 심각하게 기여했는지에 대해서는 과학자들의 의견이 일치하지 않는다. 대중의 반응도 천차만별이다. 임박한 재앙을 두려워하는가 하면 그러한 위협을 하나의 가설로 무시해 버리는 사람도 있다. 하지만 2100년에 지구의 평균 온도가 섭씨 2도에서 6도까지 상승하리라는 예측에는 일반적으로 의견이 일치한다. 북극은 지구 평균보다 두 배나 따뜻해지고 있으며, 거의 모든 빙산이 줄어들고 있다. 앞으로 20년이 지나면 지난 9,000년간 온갖 기후 변동을 겪고도 건재했던 킬리만자로 산 꼭대기의 얼음이 사라질 것이다. 장기적인 영향으로는 상당한 기후 변화와 바다 온도의 심각한 상승이 예상되고, 많은 섬과 항구 도시와 방글라데시 같은 저지대 국가들이 범람할 것이며, 비옥했던 지역이 메마르고 서식지 변화에 적응하지 못한 식물들은 멸종할 것이다.

2005년에는 기후 변화를 나타내는 지표의 목록에 허리케인이 추가되었다. NOAA 행정관 콘래드 루텐바허 2세(Conrad C. Lautenbacher Jr.)는 "이번 허리케인 철에는 수십 년간 유지되었던 기록이 다 깨졌다. 가장 유명한 폭풍우, 가장 많은 허리케인, 가장 많은 5급 태풍이 기록되었다. 현대에 이 나라가 경험한 가장 파괴적인 허리케인 철이었다"라고 말했다.[25] 뉴올리언즈 마을을 황폐화한 카트리나는 미국에서 가장 큰 피해를 입힌 허리케인으로 기록될 것이다. 최종 피해 총액은 바로 전 해에 세운 기록을 갱신하는 것으로, 미국 역사상 가장 클 것이다. 카트리나는 또한 1928년 이래 가장 많은 사상자를 낸 허리케인으로, 최소한 1,200명의 생명을 앗아 갔다. 그런 엄청난 기상 상태를 검토해 보면, 그런 허리케인들이 일부 사람들이 주장하는 것처럼 결국은 사라질 일시적인 이변이 아니라 기후 변화의 결과로 오는 것임을 알 수 있다.

바다의 산성화 역시 심각한 문제다. 영국 학술원의 보고[26]에 따르면, 바다는 지속 불가능한 비율로 이산화탄소를 빨아들이고 있다. 바다는 기후 변화를 늦추는 데 기여하는데, 지난 200년 동안 인간들이 주로 화석 연료를 소각함으로써 발생시킨 이산화탄소의 약 절반을 흡수했다. 바다는 현재 매년 지구 상에 있는 사람 1명당 1톤의 이산화탄소를 흡수하고 있다. 그러나 바다의 산도가 높아지면서 이산화탄소 흡수 능력은 줄어들고, 그것이 바다의 생태계를 유지하는 정교하게 균형잡힌 복잡한 기제에도 영향을 미치고 있다. 이것이 대기 중에 온실가스 특히 이산화탄소 방출을 줄여야 하는 또 하나의 이유다.

2050년까지는 전 세계 온실가스 방출 증가율을 2000년도의 60퍼센트 이하로 줄여야 한다.[27] 그러려면 전 세계 공동체가 다각적 행동을 통해 2025년까지 점진적으로 상당한 감축을 이루어야 할 것이다.[28]

1997년 12월, 전 세계 협상자들이 온실가스 산출을 제한하고 줄일 방법을 논의하기 위해 일본 교토에 모였다. 11일 동안 격렬한 토론을 벌이고 타협하고 양보한 끝에 참석자들은 임시 합의안에 도달했다. 미국, 유럽 연합, 러시아, 일본을 포함한 38개 선진국은 2008년부터 2012년까지 방출량을 1990년 수준 이하로 6-8퍼센트 줄이기로 합의했다. 개발도상국들은 이러한 요구 조건을 지키지 않아도 되지만, 그에 응할 경우 기술 및 물질 원조를 받을 수 있는 선택권이 주어졌다. 개별적인 삭감 목표에 이르기 위한 일환으로, 선진국들은 서로 배출량을 '거래'할 수 있다. 유럽 연합이 배출량을 1990년 수준 이하로 8퍼센트 줄이기로 약속했는데 12퍼센트 삭감을 이루었다면, 목표를 달성하지 못한 다른 나라에 잉여 삭감량을 팔 수 있다. 그 잉여 삭감량을 사는 나라는 그것을 자국의 삭감 목표에 적용할 수 있다. 이렇게 온실가스 삭감 과정에 경제적 인센티브 제도가 도입될 가능성이 열린 것이다.

교토 의정서는 2005년 2월 16일에 두 가지 조건이 만족되어 법적 구속력을 가진 조약이 되었다. 첫째, 그것은 적어도 55개국의 비준을 받았다. 둘째로, 전 세계 배출량의 55퍼센트에 대한 책임이 있는 '부속서 1'에 나오는 나라들, 배출 축소 과제를 받은 산업화된 38개국, 벨라루시, 터키, 카자흐스탄 등의 비준을 받았다. 하지만 호주와 미국은 그 협정에 비준하지 않았으며, 2001년에 세계에서 방출되는 온실가스 전체의 거의 4분의 1을 방출한 미국은 그것을 이행하면 미국 경제에 중대한 손상이 올 것이라는 조지 부시 대통령의 말과 함께 손을 떼 버렸다. 부시 행정부는 그 조약이 "치명적 약점을 가지고" 있다고 말했다. 개발도상국들에게는 방출 축소를 요구하지 않기 때문이라는 것이다. 경제가 급속히 발전하고 있는 중국과 인도가 이 범주에 들어간다. 또한 부시 대통령은 자신은 자발적 행동과 새로운 에너지 기술로 방출 감소를 뒷받침했다고 말했다. 하지만 중국과 인도는 의정서에 비준했다. 환경 단체들은 2005년 G8 세계 정상 회담에서 여덟 나라 간에 합의를 이끌어내야 할 기후 변화 협정이 실제로는 일곱 나라의 비준만 받음으로써 영향력이 약화되었다고 했다. 그것을 보여 주는 한 예로, 공식 발표 초안에 있던 기후 변화의 "위협"이라는 단어가 공식 발표에서는 "심각한 장기적 도전"이라는 말로 바뀌었다. 미국과 대화를 유지하고 모든 나라 간에 광범위한 합의를 도출하기 위해, 명확한 목표와 문제의 긴급성에 대한 일치된 입장을 희생한 것이었다.

이러한 다섯 가지 문제—인구 성장, 자원 고갈, 생물학적 다양성의 상실, 쓰레기 처리, 대기 오염—는 서로 완전하게 연관되어 있으며 '서로 맞물린 세계적 위기'(interlocking global crisis)를 빚어 낸다. 이는 1987년 환경과 개발에 대한 유엔 세계 위원회 공식 보고서인 "인류 공동의 미래"에서 쓰인 표현이다. 그 보고서의 중심 개념은 지구를 괴롭히는 다양한 환경 문제, 개발과 에너지 문제들은 모두 동일한 위기의 여러 측면으로, 그 해결책은 '지속 가능한 개발'에 있다는 것이다. 이것은 1992년 리오에서 열린 지구 정상 회담에서 재천명되었으며, "의제 21 : 21세기를 향한 전 세계 지속 가능한 개발을 위한 행동 청사진"(Agenda 21: A blueprint for action for global sustainable development into the 21st century)에서 전폭적인 인정을 받았다. 리오에서 나온 공식 문서 중 하나인 이 "의제 21"은 178개국 정부가 채택한 광범위한 문서다. 그것은 인간과 국가의 광범위한 활동을 포괄하는 환경적·개발적·경제적 목표들을 설정한다. "의제 21"은, 완전한 법적 문서의 위력은 없지만, '국제 연성법'(soft law)으로 불려 왔다. 도덕적 권위를 가지고 있으며, 모든 나라가 최선을 다해 지지해야 한다는 의미다. '지속 가능한 개발'이라는 용어는 다양하게 해석되어 왔지만, "인류 공동의 미래"에서는 "미래 세대들이 그들의 필요를 채우는 것을 방해하지 않고 현재의 필요를 채우는 것"[29]으로 규정했다. '지속 가능한'이라는 말에 암시되어 있는 세대 간의 책임은 '우리 아이들의 것을 부당하게 빼앗지 않기'라는 널리 알려진 표현에 잘 드러나 있다.

성경적 관점

환경 문제에 대한 성경적 접근은, '지구는 누구에게 속했는가?'라는 기본적인 질문을 던지는 것이다. 그것은 오해를 불러일으킬 만큼 기초적인 질문이다. 우리는 어떻게 대답해야 하는가? 첫째 대답은 단도직입적이다. 그것은 시편 24:1에 나와 있다. "땅과 거기에 충만한 것과 세계와 그 가운데 사는 자들은 다 여호와의 것이로다." 하나님은 그 모든 것의 창조주이시다. 그리고 창조의 권리에 의해 그분은 그 세상의 주인이시다. 하지만 이것은 부분적인 대답일 뿐이다. 시편 115:16을 보자. "하늘은 여호와의 하늘이라도 땅은 사람에게 주셨도다." 그렇다면 우리의 질문에 대한 성경의 균형잡힌 대답은, 땅이 하나님과 인간 둘 다에게 속해 있다는 것이다. 하나님이 만드셨기 때문에 하나님께 속해 있으며, 그것을 우리에게 주셨기 때문에 우리에게 속해 있다. 물론 하나님이 땅에 대한 권리나 통제권을 아예 포기하고 완전히 우리에게 넘겨주셨다는 것이 아니라, 우리가 그분 대신 그것을 다스리도록 주셨다는 것이다. 그러므로 우리가 땅을 소유한 것은 자유롭게 보유한 게 아니라 임차한 것이다. 우리는 소작인일 뿐이다. 하나님이 여전히 '지주'(가장 문자적인 의미에서), 온 땅의 주인(Lord)이시다.

이러한 2중의 진리(땅이 그분의 것이며 또한 우리의 것이라는 진리)는 창세기 1장과 2장에 더 자세하게 설명되어 있다. 창세기 1장 서너 구절에 '땅'이라는 말이 나온다.

> 하나님이 뭍을 땅이라 부르시고 (10절)
> 하나님이 이르시되 땅은 풀…을 내라 하시니 그대로 되어 땅이 풀…을 내니. (11, 12절)
> 하나님이 이르시되 땅은 생물을…내라 하시니 그대로 되니라. (24절)
> 우리의 형상을 따라…사람을 만들고…땅…을 다스리게 하자 하시고 (26절)
> 하나님이 그들에게 복을 주시며 하나님이 그들에게 이르시되…땅에 충만하라. 땅을 정복하라. (28절)

이 성경 자료를 근거로 우리는 다음 세 가지 단언을 내릴 수 있다.

땅에 대한 지배

첫째, 하나님은 우리에게 온 땅에 대한 지배권을 주셨다. 26절에는 두 가지 신적 결의가 실려 있다. "우리의 형상을 따라…사람을 만들고"와 "그들로…땅…을 다스리게 하자"는 것이다. 또한 그 결의가 표현된 두 가지 신적 행동이 눈에 띈다. "하나님이 자기 형상…대로 사람을 창조하시되"와 "하나님이…그들에게 이르시되…땅에 충만하라. 땅을 정복하라"(27-28절)는 것이다. 이처럼 인간들은 처음부터 이중적 독특함을 부여받았다. 우리는 하나님의 형상(우리가 하나님을 알 수 있도록 만들어 주는 이성적·도덕적·사회적·영적 특성들로 구성되어 있는)을 지니고 있으며, 땅과 땅의 생물들을 지배한다.

우리가 땅을 독특하게 지배하게 된 것은 우리와 하나님의 독특한 관계로 인한 것이다. 하나님은 창조의 질서, 심지어 계급 체계를 조정하셨다. 그분은 인간을 창조주이신 자신과 나머지 피조물 중간에 두셨다. 어떤 면에서 우리는 나머지 자연의 일부이며 피조물이기 때문에 자연과 하나다. 다른 면에서 우리는 하나님의 형상으로 창조되고 지배권을 부여받았기 때문에 자연과 별개다. 생물학적으로 우리는 동물들과 같다. 예를 들어, 우리는 그들처럼 숨을 쉬고('생물', 창 1:21, 24; 2:7), 그들처럼 먹으며(1:29-30), 그들처럼 번식한다('생육하고 번성하여', 1:22, 28). 하지만 우리는 더 높은 차원의 경험을 누린다. 그런 경험을 하는 우리는 동물들과 다르며 하나님과 비슷하다. 우리는 생각하고, 선택하고, 창조하고, 사랑하고, 기도하고, 지배권을 행사할 수 있다. 이것이 하나님과 자연 사이에, 창조주와 그분의 나머지 피조물 사이에 있는 우리의 중간적 위치다. 우리는 하나님에 대한 종속을 땅에 대한 지배와 결합시킨다. 게르하르트 폰 라트(Gerhard von Rad)는 이렇게 말했다. "큰 권력을 가진 세속의 왕이 자신의 소유권을 주장하기 위해 직접 자주 가기 어려운 여러 지방에 자신의 형상을 건립하는 것과 마찬가지로, 사람은 하나님의 주권적 표상으로서 하나님이 그분의 형상을 입혀 세상에 두신 것이다."[30]

일반적으로 말해서, 인간은 땅에 충만하고 땅을 정복하라는 하나님의 명령에 순종해 왔다. 처음에는 진보가 서서히 일어났다. 전에는 식량을 모으다가 경작을 시작했다. 그에 따라 그들은 땅을 개간하고, 개간된 지역을 습격하는 짐승들로부터 보호하고, 자신과 가족이 먹고 입고 거주하기 위해 땅의 산물을 이용하는 법을 배웠다. 그 다음에 짐승을 길들이는 법을 배우고, 자신의 수고를 덜고 기쁨을 얻기 위해 짐승을 부리는 법을 배웠다. 그러고는 하나님이 창조 세계에 넣어 주신 동력, 곧 불과 물의 동력, 후에는 증기, 석탄, 가스, 기름의 동력, 이제는 우라늄, 원자, 강력한 실리콘 칩의 동력을 배웠다.

이 모든 것에서, 즉 인간의 연구와 발견과 발명에서, 생물학과 화학과 물리학과 다른 영역들에서, 그리고 과학 기술로 이룬 모든 업적에서, 인간은 하나님께 순종하고 하나님이 주신 지배권을 행사해 왔다. (적어도 원칙적으로는) 그들이 신들에게서 불을 훔친 프로메테우스처럼 행동했다고 생각할 필요는 전혀 없다. 그들이 땅에 대한 지배를 넓혀 간 것은 하나님의 영역을 침범하고 하나님과 맞붙어 싸워 권력을 빼앗은 것이 아니며, 하나님이 잠복해 계시던 틈새를 막고 그분을 쫓아낸 것은 더더욱 아니다. 이러한 추론은 어리석다. 인간이 그 사실을 몰랐든 혹은 겸손하게 인정했든, 그들이 온갖 연구와 지략을 발휘할 때 이는 하나님의 특전이나 권세를 빼앗는 것이기는커녕 하나님이 그들에게 주신 지배권을 행사하는 것이다. 도구와 과학 기술을 발전시키는 것, 땅을 경작하는 것, 땅을 파서 광석을 캐내는 것, 연료를 추출하는 것, 수력 발전을 위해 강에 댐을 만드는 것, 원자 에너지를 이용하는 것, 이 모두가 하나님의 태곳적 명령을 성취하는 것이다. 하나님은 이 땅 안에 우리에게 필요한 식량, 물, 의복, 주거지, 에너지, 온기 등을 공급하셨으며, 이 자원들이 비축되어 있는 땅에 대한 지배권을 우리에게 주셨다.

땅과의 협력

둘째, 우리의 지배권은 협력적 지배권이다. 하나님이 주신 지배권을 행사하는 것은, 우리가 자연의 과정을 창조해 내는 것이 아니라 그 과정에 협력하는 것이다. 창세기 1장을 보면 사람이 땅에 충만하고 땅을 정복하라는 지시를 받기 전에 이미 땅은 풍성한 열매를 맺었다. 물론 우리는 땅이 더 풍성하게 열매 맺도록 할 수 있다. 땅을 개간하고 경작하고 물을 대고 비료를 줄 수 있다. 햇빛을 더 많이 받도록 식물을 온실 아래 둘 수도 있다. 농작물을 번갈아 심어 토양을 관리할 수도 있다. 선택적인 품종 개량으로 저장성을 높일 수도 있다. 우리는 환상적인 산출량을 내는 잡종 곡물을 생산할 수 있다. 커다란 컴바인 수확기로 수확과 타작을 기계화할 수도 있다. 하지만 우리는 이 모든 활동으로 하나님이 이미 확정해 놓으신 풍성한 생산의 법칙에 협조할 뿐이다. 심지어 하나님이 땅을 '저주하셨기' 때문에(창 3:17) 농사를 짓는 일이 힘들어졌다고 해서, 하나님의 '복'(시 65:9 이하)을 받으며 땅을 계속 돌보는 책임이 무효가 되는 것은 아니다.

사실상 우리는 매사를 인위적으로 통제하고 심지어 가속화한다. 하지만 그것은 본질적으로 자연적인 과정을 인위적으로 통제하는 것이다. 인간은 하나님과 협력하는 존재다. 우리는 하나님이 주시는 '자연'을 '재배' 혹은 '경작'하는 존재다.

하나님은 우리의 협력을 필요로 하실 만큼 자신을 낮추셨다(즉, 그분이 땅을 정복하고 토지를 경작하시는 데 우리가 필요하다). 하지만 우리 역시, 하나님이 땅을 풍성한 열매를 맺도록 만들지 않으셨다면 그리고 계속해서 '증식시켜' 주지 않으셨다면 우리가 자연을 지배하더라도 아무런 성과가 없음을 겸손히 인정해야 한다.

이 같은 자연과 재배의 결합, 인간의 무력함과 훌륭한 솜씨의 결합, 자원과 노동의 결합, 믿음과 일의 결합은 '인간은 이제 성년에 이르렀다'고, (이렇게 성인기에 이르렀으니) 하나님 없이도 살 수 있다고 선포하는 최근 풍조에 중요한 일침을 가한다. 사실상 인류는 과학 기술적으로는 성년에 이르렀다. 우리는 자연을 길들이고, 통제하고, 사용하는 면에서 엄청난 전문 기술을 개발해 왔다. 이 점에서 우리는 바로 주인(lord)이다. 하나님은 우리가 그렇게 되도록 하시고 그렇게 되라고 명하셨다. 하지만 우리는 궁극적으로 햇빛과 비와 열매 맺는 계절을 주시는 아버지 하나님의 섭리에 의지한다는 점에서 자녀다. 슈마허는 이 점에서 탐 데일(Tom Dale)과 버넌 질 카터(Vernon Gill Carter)의 말을 인용한다. "인간은 문명인이든 야만인이든 자연의 자녀다—인간은 자연의 주인이 아니다. 환경을 계속 지배하려면 특정한 자연 법칙들에 순응해야 한다."[31]

땅을 위임받음

셋째, 우리의 지배는 위임된 것이며, 그러므로 책임이 따른다. 우리가 땅에 대해 발휘하는 지배권은 당연한 권리가 아니라, 오직 은총에 의해 받은 것이다. 땅이 우리에게 '속한' 이유는 우리가 그것을 만들었거나 소유했기 때문이 아니라, 그것을 만드신 분이 우리에게 돌보는 일을 맡기셨기 때문이다.

여기에는 중요한 결과가 따른다. 땅을 하나의 왕국으로 생각한다면, 우리는 자신의 영토를 다스리는 왕이 아니라 왕을 대신하여 다스리는 총독이다. 왕이 자신의 보위를 버린 것이 아니기 때문이다. 또 땅을 한 국가의 소유지로 생각한다면, 우리는 지주가 아니라 지주 대신 그것을 관리하고 소작하는 토지 관리인이다. 하나님은 우리를 가장 문자적인 의미에서 자신의 재산 관리인으로 삼으신다.

하나님이 계속 소유권을 갖고 계시며, 땅(사실은 우주)을 돌보고 감독하신다는 것은 성경에 여러 번 명기되어 있다. 우리는 이미 시편 24:1에 나오는 "땅과…다 여호와의 것이로다"라는 주장을 살펴보았다. 여기에는 땅에 사는 모든 생물이 포함된다. "이는 삼림의 짐승들과 뭇 산의 가축이 다 내 것이며 산의 모든 새들도 내가 아는 것이며 들의 짐승도 내 것임이로다"(시 50:10-11). 예수님은 산상수훈에서 자신의 신적 통치권을 가장 큰 피조물로부터 가장 작은 피조물에 이르기까지 확대하신다. 하나님은 한편으로 '해'를 떠오르게 하시고(그것은 그분께 속한 것이다), 다른 한편으로 새들을 먹이시고, 백합화와 들풀을 입히신다(마 5:45; 6:26, 28, 30). 그렇게 해서 그분은 자신의 피조물 전체를 유지하신다. 그것을 우리에게 위임하셨다고 해서 그분이 그에 대한 책임을 포기하신 것은 아니다.

이것이 바로 '이스라엘의 땅' 가나안마저도 이스라엘에게 속하지 않았던 이유다. 하나님이 가나안을 아브라함의 후손에게 주시겠다고 약속하셨고 실제로 주셨기 때문에 그것이 '약속의 땅'이었음은 분명하다. 하지만 개인들은 그들 지파의 대표로서만 땅을 소유했다. 어느 누구도 씨족 외의 사람에게 땅을 양도하거나(민 36:5 이하) 누군가에게 영구히 팔아서는 안 되었다. 50년마다 희년이 되면 모든 땅은 원래 소유주에게 돌려주어야 했다. 하나님은 땅이 여전히 그분의 것이며 어떤 인간도 자유 보유권을 가지고 있지 않다고 가르치셨다. 재산권이 인정된 것은 사실이다. 그래서 율법은 도둑질뿐 아니라 탐심도 금한다. 그럼에도 소유주들은 두 가지 근본 진리를 기억해야 했다.

첫째, 그들은 일시적인 거주자일 뿐이다. "토지를 영구히 팔지 말 것은 토지는 다 내 것임이니라. 너희는 거류민이요 동거하는 자로서 나와 함께 있느니라"(레 25:23).

둘째로, 그들은 땅의 모든 소산을 혼자 가져서는 안 되고 일부를 궁핍한 이웃에게 나누어 주어야 했다. 마르틴 헹겔(Martin Hengel) 교수가 말했듯이, "재산에 대한 권리는 원칙적으로 사회의 더 연약한 구성원들을 돌보는 책임보다 하위에 있었다."[32] 교황 요한 바오로 2세가 이 문제에 대한 기독교적 전통을 비슷한 용어로 요약한 것은 흥미롭다. 그는 "인간의 일"이라는 제목의 회칙(1981)에서 마르크스주의자의 '집단주의'와 자유주의자의 '자본주의' 양측 모두와 거리를 두었다. 후자의 경우 문제는 어떻게 "소유권 혹은 재산권을 이해하는가"이다. 그는 이어서 이렇게 말했다. "기독교 전통은 이 권리를 절대적이고 손댈 수 없는 것이라고 인정한 적이 결코 없다. 그와 반대로 언제나 전체 피조물이 지닌 모든 물자를 사용할 수 있는 공동의 권리라는 더 넓은 맥락에서 이해해 왔다. 즉, 사유 재산권은 공동 사용권보다 하위의 것이며, 재화는 모든 사람을 위한 것이라는 사실에 종속된다."[33]

그러므로 우리가 하나님께 협력하고 생산품을 다른 사람들과 나누도록 하나님께 땅에 대한 지배권을 위임받은 것이라면, 우리는 청지기로서 그분께 책임을 져야 한다. 우리는 자연 자원을 제멋대로 사용할 자유가 없다. 그것은 우리 것이 아니다. '통치'(dominion)라는 말은 '지배'(domination)와 동의어가 아니다. 하물며 '파괴'(destruction)의 동의어는 더욱 아니다. 하나님은 우리에게 자연 자원을 맡기셨고, 우리는 자신과 이후 세대를 위해 그것을 책임 있고 생산적으로 관리해야 한다.

자연 보호 논쟁

수탁자의 임무에는 자연 보호가 포함된다. 인류에게 가장 위협적인 것은 전쟁 시가 아니라 평화 시의 위험, 즉 인간의 어리석음이나 탐욕으로 지구의 자연 자원을 손상하는 것일지도 모른다. 지구 상의 모든 생명체는 우리가 사는 물과 토양과 공기의 좁은 층인 생물권에 의존하고 있다. 하지만 우리의 자연 보호 성적은, 특히 20세기의 성적은 그리 좋지 못하다.

더구나 그리스도인조차 성경이 규정하는 책임을 받아들이지 않는 경우가 많다. 어떤 사람들은 자신의 무책임을 변명하기 위해 창세기 이야기를 이용하기도 한다. 수달에 대한 책인 「맑은 물 고리」(Ring of Bright Water)에서 개빈 맥스웰(Gavin Maxwell)은 자신이 나이지리아에서 데려온 사랑스러운 새끼 수달 두 마리를 어떻게 잃었는지 썼다. "한 스코틀랜드 교회 목사가 엽총을 가지고 바닷가를 걷다가 그 수달들이 물가에서 놀고 있는 것을 보고는 총을 쏘았다. 한 마리는 그 자리에서 죽고 다른 한 마리는 부상으로 물 속에서 죽었다. 목사는 유감을 표명했으나, '여호와께서는 사람에게 들의 짐승들에 대한 통제권을 주셨다'는 한 저널리스트의 말을 상기시켰다."[34] 모울(C. F. D. Moule) 교수가 잘 논평한 대로, "감각과 감성에 대한 범죄를 그저 성경 본문에 호소하는 것으로 변호할 수는 없다."[35]

분명 성경 본문들은 여러 가지로 다양하게 해석되어 왔다. 예를 들어, 중세에 토마스 아퀴나스는 짐승들이 오로지 인간의 즐거움과 이익을 위해 존재한다고 가르친 반면, 아시시의 프란체스코는 짐승들을 자신과 동등한 존재로, 형제와 자매로 취급했다. 18세기 말, 짐승들도 고통을 느끼는 감각이 있는 피조물이므로 권리를 가지고 있다고 최초로 주장한 사람은 제레미 벤담이었다. 오늘날 호주 멜버른에 소재한 모나쉬 대학교의 철학 교수인 피터 싱어(Peter Singer) 박사는 한 걸음 더 나아갔다. 논란이 된 「동물 해방」(Animal Liberation, 인간사랑)[36]이라는 책에서, 그는 인간과 동물 간에 차이가 있음을 인정하면서도 '기본적인 평등의 원리'가 동물들(그의 표현대로 '인간 아닌 동물들')에게까지 확장된다고 주장했다. 그는 자신이 '종 차별주의'(speciesism)라고 부르는 것을 인종차별주의와 성 차별주의만큼이나 격렬히 거부한다. 그는 그것을 "자신의 종에 속한 구성원의 유익을 위해 다른 종 구성원의 유익을 반대하는 편견 혹은 치우친 태도"[37]라고 규정한다. 그 결과 '인간 동물'이 '다른 동물들'을 다스릴 권리가 있다는 가정은 그가 볼 때 "이제 시대에 뒤진"[38] 것이다.

하지만 이것은 극단적인 과잉 반응이다. 우리는 하나님의 모든 피조물 중 인간만이 하나님의 형상으로 지음받았으며, 땅과 그 안의 피조물들에 대한 책임 있는 지배권을 받았다는 근본 진리를 도저히 내버릴 수 없다. 그러므로 동물들이 소유한 권리에 대해 말하기보다는 동물들에 대한 그리고 동물들을 위한 우리의 책임에 대해 말하는 것이 더 의미가 있다. 하나님이 그것들을 창조하셨기 때문에(창 1장), 그분이 그들에게 생명과 식량과 서식지를 주심으로써 그들에 대한 관심을 보여 주셨기 때문에(시 104편), 예수님이 그것들 고유의 '가치'를 말씀하셨기 때문에(마 10:31; 12:12), 우리도 그것들의 복지에 헌신해야 한다. 성경은 이 점에 대해 매우 분명하게 말한다. 율법에 따르면 안식일의 유익은 인간들뿐 아니라 짐승들도 누려야 했다(출 20:10). 지혜 문학에 따르면, "의인은 자기의 가축의 생명을 돌본다"(잠 12:10).

생체 해부, 집약 농업, 식용으로 짐승을 수송하고 도살하는 것, 짐승을 길들여 일을 시키거나 공연을 하게 하는 것, 애완 동물을 기르는 것 등의 관행에 이 성경의 원리들을 적용하는 것에 대해, 특히 그리스도인들 사이에서 열렬한 공개 토론이 계속된다. 그리스도인들은 짐승에 대한 잔혹 행위로 인지되는 모든 관행에 이의를 제기해야 하며, 각 관행이 그 짐승의 가치(하나님의 피조물로서)와 우리의 책임(하나님의 청지기로서)과 조화를 이루는지 자문하면서 어떤 상황에서도 짐승을 자비롭게 다루도록 하는 운동을 벌여야 한다.[39]

그러면 창세기 본문은 어떻게 되는가? 우리는 그 본문들을 올바로 해석했다고 확신하는가? 아니면 이 구절들이 현대의 생태학적 무책임을 비난하는 것이라는 기독교 비판가들의 말이 맞는가? 예를 들어, 버클리 소재 캘리포니아 주립대학교의 역사학 교수인 린 화이트(Lynn White)는 이렇게 썼다. "기독교는…인간과 자연을 구분하는 이원론을 세웠을 뿐 아니라, 인간이 자신의 적절한 목적을 위해 자연을 착취하는 것이 하나님의 뜻이라고 주장했다.…기독교는 큰 죄의 짐을 지고 있다."[40] 이안 맥하그(Ian L. McHarg)는 더 노골적이다. 그는 스코틀랜드 사람으로, 글래스고(스코틀랜드 남서부의 항구 도시―역주)의 추함과, 클라이드 만과 서부 산악 지방과 섬들의 아름다움을 보며 어린 시절을 보냈다. 그는 도시 계획자, 생태학자, 그리고 펜실베이니아 대학교 조경 건축 및 지역 계획부의 설립자이자 의장이 되었다. 그는 1969년에 창세기 이야기는 "자연을 지배하고 정복하라고 주장함으로써 인간 안에 있는 경외와 창의력의 본능보다는 가장 착취적이고 파괴적인 본능을 자극한다. 방사능을 증가시키거나, 원자 폭탄을 써서 운하와 항구를 만들거나, 제한 없이 독극물을 사용하거나, 불도저식 사고 방식에 동의하려는 사람들에게 허가장을 내주고자 한다면, 이 본문(창 1:26, 28)보다 더 좋은 명령은 없을 것이다. 이것을 이해할 때, 정복과 약탈과 파괴가 일어난 이유를 알 수 있다"[41]라고 말했다. 하나님이 인간의 정복을 긍정해 주신 것은 "또한 자연에 대한 전쟁의 선포"였다며, 이런 말로 결론을 맺었다. "우리는 자연과 인간의 관계를 지시하는 성경의 명령인 지배와 정복 개념을 과감히 지워 버려야 한다."[42]

1972-1973년에 행한 더닝 트러스트(Dunning Trust) 강좌에서, 이안 맥하그는 공격을 더욱 확장했다. 그는 자연 세계에 대한 서구인들의 태도는, 하나님이 인간에게 주신 지배권을 묘사하는 창세기 1장의 '무시무시한 세 줄'에 기원을 두고 있다고 본다. 그는 "정복은 협상이 없는 관계"라고 말했다. "자연에 대한 인간의 관계가 오직 파괴일 뿐임을 보증하고, 어떠한 창의적 기술도 위축시키며…적어도 지난 2,000년간 서구인들이 자행해 온 모든 파괴와 약탈을 설명해 줄 복합적인 구절을 찾는다면, 이 소름끼치고 재앙을 일으키는 구절 외에는 없다."[43]

이안 맥하그는 자신의 주장을 펼치기 위해 대단한 폭언을 사용한다. 뭔가를 잘못 알고 있는 어떤 사람들(예를 들어, 개빈 맥스웰의 이야기에 나오는 목사)이 창세기 1장을 무책임하게 이용했을 수도 있다. 하지만 이 본문을 '무시무시한', '소름끼치는', '재앙을 일으키는' 것이라고 부르고, 2,000년에 걸친 서구인들의 환경 착취를 그 본문 탓으로 돌리는 것은 불합리하다.

옥스퍼드 대학교의 사회 역사가인 키스 토머스(Keith Thomas)는 훨씬 더 온건한 판단을 내린다. 「사람과 자연 세계」(*Man and the Natural World*)에서 그는 1500년부터 1800년 사이에 영국에서 일어난 자연에 대한 태도의 변화를 철저한 증거 자료를 통해 꼼꼼하게 입증한다.[44] 그의 주제는 이 시기의 초반에는 '인간의 패권'을 당연한 것으로 여겼다는 것이다. 사람들은 "세상이 인간을 위해 창조되었으며 다른 종들은 인간의 소망과 필요에 종속되도록 의도되었다는…오래된 견해"[45]를 받아들였다. 하지만 창세기 처음 몇 장에 대한 이 같은 해석은 점차 폐기되었다.[46] 일부 그리스도인이 피조물에 대한 '지배권'을, 곰 놀리기(bearbaiting: 개를 부추겨 쇠사슬로 맨 곰을 물게 하는 옛 놀이-역주)와 투계 같은 잔인한 스포츠를 지지하는 데 이용한 것은 사실이다.[47] 하지만 토머스 박사는 생태학적 문제들에 대해 창세기 1장을 비난할 수 없다고 했다. (1) 그런 문제들은 '유대 기독교적 전통이 아무런 영향력을 발휘하지 않는 세계 여러 지역'에 존재하며, (2) 창세기는 '하나님의 피조물에 대한 인간의 청지기직과 책임이라는 독특한 교리' 또한 포함하고 있고, (3) 구약의 다른 부분들은 짐승 피조물을 돌볼 것을 분명하게 되풀이하여 가르치기 때문이다.[48] 사실상 그는 "자연의 균형이라는 현대의 개념은…과학적인 기초를 얻기 전에 이미 신학적 기초를 가지고 있었다. 그것은 생태계의 사슬 개념보다 훨씬 앞서는 하나님의 계획은 완벽하고 그 사슬 중 하나라도 제거하면 위험하다는 믿음"[49]이다. 이제 창세기 본문을 다시 한 번 살펴보자.

창세기 1:26과 1:28에 사용된 두 개의 히브리어 단어는 강력한 느낌을 준다. '다스리다'로 번역된 동사는 '짓밟다' 혹은 '밟아 뭉개다'라는 의미다. 시편 8편에서는 그 단어를 "만물을 그 발 아래 두셨으니"라고 바꾸어 말한다. 그 단어는 구약에서 종종 왕들의 통치에 사용된다. 다른 단어인 '정복하다'라는 동사는 전쟁에서 적군을 진압하고 사람들을 복종시키거나 종으로 속박하는 의미로 사용되었다. 사람은 바다와 하늘과 땅의 모든 피조물을 다스리고(26절) 땅을 노예로 만들어 정복하라고(28절) 명령받았다. 그렇다면 이안 맥하그의 말은 옳은가? 그렇지 않다. 단어의 의미를 어원에 의해서만 확증해서는 안 되고, 특히 전후 문맥에서 사용된 방식에 따라 확증해야 한다는 것은 성경 해석의 기초적인 원리다. 내가 앞에서 성경의 이러한 지시에 대해 쓴 내용은 이 본문들에 대한 해석과 밀접한 관계가 있다. 우리는, 하나님이 우리에게 주신 지배권이 위임된 것이며 책임이 따르는 것이고 협력적인 것이라는 사실, 창조주의 보살핌과 똑같이 환경을 지속적으로 보살피도록 의도되었다는 것, 땅과 거기 있는 생물들을 착취할 것이 아니라 하나님께 책임을 지고 다른 사람들을 섬기는 방식으로 이용해야 한다는 것을 살펴보았다. 우리는 이안 맥하그가 어느 강의에서 한 것처럼 창세기 1장과 2장을 서로 대립시켜 창세기 2장은 '경작'에 대해, 창세기 1장은 '파괴'에 대해 가르친다고 볼 자유가 없다. 그와 반대로 두 본문은 서로를 해석해 준다. 하나님이 인류에게 주신 지배권은 땅의 자원을 소중히 관리하며, 양심적이며, 보살피는 청지기직이다. 하나님이 땅을 창조하시고는 우리에게 그것을 파괴하도록 넘겨주셨다는 생각은 어이없는 것이다.

현재의 인식

분명 우리는 환경에 대한 책임을 우리의 직전 선조들보다 더 심각하게 받아들이고 있다. 과학자들은 자연의 정교한 균형을 강조한다. 하나님은 자연 안에 믿을 수 없을 만한 회복과 재생의 능력, 특히 에너지 재생 주기(태양에서 식물로, 동물로, 박테리아로, 땅으로, 다시 식물로)를 확립해 놓으셨다. 그것은 바버러 워드(Barbara Ward)가 "가장 장엄한 단위"라고 부른 것이다. "가장 미묘한 억제와 균형으로 제 위치를 점유하는 생물학적 힘의 역동적 평형 상태"[50]는 자연 법칙들로 인한 것이다. "그것은 너무나 복잡해서 우연히 발전되었을 리가 없다"[51]라고 미국의 자원 보호론자 존 클로츠(John Klotz)는 논평했다. 하지만 지구의 녹색 표면을 파괴하거나 바다의 플랑크톤을 파괴한다면, 머지않아 재순환 과정을 되풀이할 수 없는 지경에 이를 것이다. 현대 과학에 대한 우리의 광대한 지식은 '가장 중요한 한 가지'를 가르쳐 준다고 바버러 워드는 썼다. 그것은 "극도의 주의에 대한 필요성으로, 방출될 수 있는 힘들의 막대함과 복잡함에 대해, 뒤집힐 수 있는 동인들의 부서지기 쉬운 민감함에 대해 인식하는"[52] 것이다.

최근 들어 고무적인 일이 많았다. 환경은 다시 세계 정상 회담의 중요한 의제가 되었다. 하지만 조약에 서명하는 것은 하나님이 만드신 세상을 맡은 선한 청지기로 일관된 삶을 사는 것보다 훨씬 쉽다.

그리스도인들은 생태학적 논쟁에 독특한 기여를 해야 하는가? 그렇다. 우리는 하나님이 땅을 창조하고 그것을 돌보도록 우리에게 맡기셨다는 것과, 언젠가 그분이 그것을 재창조하여 '새 하늘과 새 땅'을 만드시리라는 것을 믿는다. 왜냐하면 "피조물이 다 이제까지 함께 탄식하며 함께 고통을 겪고 있기" 때문이다. 피조물이 탄식하는 이유는 '썩어짐의 종노릇'을 하기 때문이며, 그 결과 '허무한 데 굴복하기' 때문이다. 하지만 결국 '하나님의 자녀들의 영광의 자유'에 참여하게 될 것이다. 즉, 피조물의 속박은 자유에, 썩어짐은 영광에, 고통은 새 세계가 탄생하는 기쁨에 자리를 내어 줄 것이다(롬 8:19-22). 역사의 처음과 끝, 창조와 완성에 관한 이 두 교리는 우리의 관점에 심오한 영향을 미친다. 두 교리는 땅에 대해, 실로 물리적 피조계 전체에 대해 적절한 존중을 표하게 한다. 하나님이 그것을 만드셨고 또한 새로 만드실 것이기 때문이다.

그러므로 우리는 생태학적으로 생각하고 행동하는 법을 배워야 한다. 우리는 낭비와 오염, 파괴를 일삼은 것을 회개해야 한다. 우리는 인간이 자신을 정복하는 것보다 땅을 정복하는 것을 더 쉽게 여긴다는 사실을 인정해야 한다. 로널드 히긴스(Ronald Higgins)의 책 「일곱 번째 적」(The Seventh Enemy)은 이런 관점에서 중요하다. 그가 말하는 여섯 가지 '적'은 인구 폭발, 식량 위기, 자원 부족, 환경의 황폐화, 핵 남용 그리고 과학 기술이다. 그런데 일곱 번째 적은 우리 자신, 오늘날 생태학적 도전에 직면한 우리의 개인적 무지와 정치적 무력증이다. 바로 그 때문에 로널드 히긴스의 책 부제는 "전 세계적 위기에서 인간이라는 요소"다. 인류에게는 새로운 자기 인식, 새로운 비전, 도덕적·종교적 능력에 대한 재각성이 필요하다.[53] 하지만 그것이 가능한가? 그렇다. 그리스도인들은 그렇다고 확신한다.

고(故) 클라우스 보쿰웰(Klaus Bockmuhl) 교수가 쓴 소책자의 특별한 진가 하나는 환경적 책임에 대한 '그리스도인의 기준'을 넘어 '그리스도인의 동기들'까지 다룬다는 점이다. 그는 결론에서 그 도전을 역설한다. "그리스도인들에게는 한때 기독교적 유산의 특색이었던 이타적 섬김의 동기가 있어야 한다. 우리는 인류를 돌보는 일에서 선구자가 되어야 한다.···우리는 그러한 기여를 할 수 있는 힘과 관점이 어디에서 오는지 보여 주어야 하며, 본보기가 되어야 한다." 우리는 "복음 윤리의 핵심을 다시 각성시켜야 한다."[54] 우리는 피조물을 돌보는 영역에서 일하는 많은 기독교 기관에 감사해야 한다. 그중에는 국제 복음주의 환경 네트워크(International Evangelical Environmental Network), 로차 트러스트(A Rocha Trust), 아우 세이블 협회(Au Sable Institute), 기독교 녹십자회(Christian Society of the Green Cross)가 있다. 생태학적 위기의 뿌리에는 '환경적 손실에 의한 경제적 이득'이라는 인간의 탐욕이 있다. 종종 그것은 상업적 이익을 두고 경쟁하는(몇몇 다국적 기업에는 환경 전담부가 있지만) 문제와 긴밀히 연결되어 있다. 그래서 가격을 올려서든, (제조업자에 대한 정부 보조금을 통해) 세금을 올려서든, 오염 없는 생산의 대가를 소비자들이 지불해야 한다는 주장은 분명 논리적이라 할 수 있다. 그리스도인들은 책임 있는 생태학적 청지기직의 비용을 지불하는 것에 대해 인색하게 굴지 않아야 한다.

환경과 그것을 둘러싼 현재의 위기들에 대한 성경적 비전에 비추어 책임 있게 살고자 하는 사람들은 루스 발레리오(Ruth Valerio)가 쓴 책 「L, 생활 방식」(L Is for Lifestyle)에서 많은 실제적인 제안을 볼 수 있다. 그 책의 부제는 "땅을 희생시키지 않는 기독교적인 생활"[55]이다. 그 책은 우리가 직면한 특정한 문제들을 알파벳별로 정리해서 살펴보고, 어떻게 우리 생활 방식을 바꿀 수 있는지 그리고 그 특정한 문제에 대해 더 잘 알 수 있는지를 다룬다. A는 활동주의자(activists)를 나타내며, B는 바나나(banana)를, H는 HIV를, R은 재생(recycling)을, S는 검소함(simplicity)을, T는 관광(tourism)을 나타낸다. 이 책에는 실제적 제안과 세계화나 검소함 같은 문제들에 대한 신중한 묵상이 결합되어 있다. 또한 어디에서 더 많은 정보와 도움을 얻을 수 있는지도 알려 준다.

다수 세계 나라들은 생활 수준을 올리려고 애쓰면서 환경 문제는 종종 영양 부족, 질병, 빈곤이라는 더 다급한 문제들 뒤로 제쳐 놓는다. 이해할 만한 일이다. 자연 환경을 보존하고 강화하기 위해서는 이러한 더 심각한 문제들을 다루어야 한다. 자신의 나라에서는 이산화탄소 배출을 줄이려 하지 않으면서 다수 세계의 열대림을 보호하자고 주장하는 것은 지독한 위선이다. 또한 우리는 자연 파괴를 억제하는 데 도움이 되는 기술들을 기꺼이 함께 나누고 환경적으로 안전한 사업에 경제적 혜택을 주어야 한다. 부자와 가난한 자 사이의 거대한 불균형이 남아 있는 한, 그리스도인들의 양심은 불편할 수밖에 없다. 우리는 가난한 자들과 연대하고 삶의 환경을 존중하는 마음으로 힘을 다해 모든 낭비와 탐욕을 피해야 한다.

6
개발과 원조

루스벨트 대통령은 연합군이 어떤 가치를 위해 제2차 세계대전을 치르고 있는지에 대해 유명한 말을 했다. "우리는 인간의 네 가지 본질적 자유에 근거해 세워진 세계를 기대한다. 첫째는 언론과 표현의 자유다. 둘째는 모든 사람이 자기 방식대로 하나님을 예배하는 자유다. 셋째는 결핍에서의 자유다.…넷째는 두려움에서의 자유다." 전쟁이 휩쓸고 간 후 유럽은 난민들로 가득하고 식량 부족으로 허덕였다. 그때 유럽을 재건하기 위한 마샬 플랜에서 가난한 사람들의 필요를 채우려는 새로운 비전이 비롯되었다. 그 가난한 사람들은 바로 제3세계다. 더 정확히 말하면 다수 세계라고 불러야 한다.[1]

세계의 빈곤 문제에 대해 각국이 진지하게 정치적 주의를 기울이기 시작했다. 1964년에 열린 첫 번째 무역과 개발에 대한 유엔 회의(United Nations Conference on Trade and Development: UNCTAD)에서는 개발도상국들이 정치 조직을 결성하기 시작했다. 하지만 1980년에 브란트 위원회 보고서인 「북반구와 남반구: 생존을 위한 프로그램」(*North and South: A Programme for Survival*)이 출간되면서 빈곤에 대한 논쟁은 새로운 국면에 접어들었다. 그 보고서는 긴급히 행동해야 할 필요성을 강조하고, 세계 빈곤 문제를 해결하는 것은 가난한 사람들뿐 아니라 부자들을 위한 것이기도 하다고 주장했다. "상호 이익의 원리가 우리 논의의 중심이었다"라고 그들은 썼다.[2] 즉 "북반부와 남반구는 하나의 세계 경제에서 서로 의존하고 있다." 이제 그들은 "상호 의존을 점차 더 분명히 인식하고 있으므로, 불평등과 자선의 정신보다는 협력과 상호 이익의 정신으로 구체적인 목표를 이루기 위해 대화를 재개해야 한다."³⁾

세계의 필요에 대한 반응의 일환으로 옥스팜(Oxfam, 1942)과 크리스천 에이드(Christian Aid, 1953) 같은 자선 기관들이 설립되었다. 티어펀드(Tearfund)는 1968년 복음주의 동맹(Evangelical Alliance)에서 공식적으로 시작했는데, 명시된 목적은 그리스도인들이 구제와 개발에 대한 도전을 다른 사람들에게 떠넘기지 못하도록 "알리바이를 제거"하는 것이었다. 티어펀드가 조지 호프만(George Hoffman)의 지도 아래 "기도를 먹고 살 수는 없다"는 표어를 내걸고 출범할 당시, 텔레비전에서는 나이지리아 내전에서 분리된 비아프라 주 사람들이 기근에 시달리는 모습이 최초로 방영되었다.

1984년 10월, 기근이 에티오피아를 덮쳤으며, 전 세계는 굶어 죽어가는 사람들의 생생한 모습을 보게 되었다. 텔레비전 방송사 기자 마이클 뷰어크(Michael Buerk)는 그것을 "성경에 나오는 규모"의 기근이라고 말했다. 록 가수 밥 겔도프(Bob Geldof)는 가난한 사람들이 처한 곤경에 마음이 상하고 서구에서 아무 반응을 보이지 않는 데 분노하여, 1985년 밴드 에이드(Band Aid)와 라이브 에이드(Live Aid) 콘서트를 통해 다른 음악가들과 함께 기금을 모금했다.

그 굉장한 각성에 한 세대 전체가 감동을 받았고 아낌없는 반응을 보였다. 하지만 그 후 10년간 세계의 가장 부유한 몇 나라에서 극적이고 폭발적인 경제 성장이 일어났으며, 그로 인해 생겨난 부를 나누는 데는 완전히 실패했다. 그 결과 1990년대 내내 원조 수준은 사실상 하락했으며,⁴⁾ 부유한 나라와 가난한 나라 간의 간격은 도저히 손을 쓸 수 없을 정도로 벌어졌다. 일부 나라들, 특히 아시아 몇 나라는 세계화로 인한 경제 성장 기회를 이용했으나, 아프리카의 사하라 이남 대부분을 포함한 일부 나라들은 뒤처졌다.

그래서 새 천년이 시작되었을 때, 세계 빈곤은 단순히 북반구와 남반구라는 구분보다 더 복잡하다는 것이 분명해졌다. 어떤 나라들은 그들 사회의 빈곤 수준에 영향을 미칠 만한 경제 성장을 이룰 가능성이 전혀 없어 보인다.

급속한 경제 성장을 이루고 있지만 국민 중 대다수는 여전히 빈곤의 덫에 빠져 있는 나라들도 있다. 특히 세계 인구 전체의 거의 3분의 1에 이르는 중국과 인도가 이에 포함된다. 어떤 나라들은 다른 나라들에 비해 점점 더 부유해지고 있지만, 그중 일부 나라에서는 사회 내부에 엄청난 불균형이 자리잡고 있다.

그래서 우리의 세상, 곧 하나님의 세상은 여전히 나라 안에서나 나라들 간에나 부자와 가난한 자들의 간격이 점점 넓어지는 특징이 있다. 관련된 통계 수치는 너무 엄청나 때로 받아들이기가 힘들다. 11억 명이 1달러 미만의 하루 수입을 가지고 극도로 빈곤하게 살고 있는 것으로 추산된다. 세계 인구의 거의 절반인 28억 명은 하루에 2달러 이하의 수입으로 산다. 11억 명은 깨끗하고 안전한 식수를 구할 수 없다. 24억 명은 기본적인 위생 시설조차 없는 곳에서 산다.[5]

2004-2005년의 만성 빈곤 보고서(Chronic Poverty Report)는 '만성 빈곤'은 그 지속 기간으로 구분한다고 하면서 다음과 같이 말했다.

3억에서 4억2천만 명 정도가 만성 빈곤에 빠져 있다. 그들은 오랜 세월 동안, 종종 평생토록 궁핍했으며, 보통 자녀들에게도 빈곤을 대물림한다. 만성적으로 가난한 많은 사람은 쉽게 예방할 수 있는 질병으로 일찍 죽는다. 그들의 빈곤은 단지 수입이 적다는 것만이 아니라 다각적인 궁핍이다. 굶주림, 영양실조, 더러운 식수, 문맹, 의료 혜택을 받지 못하는 것, 사회적 고립, 착취 등이다. 이러한 궁핍과 고통이, 그것들을 근절할 수 있는 지식과 자원이 있는 세계 안에 존재한다.[6]

새 천년 발전 목표

이러한 배경으로, 우리는 세계 역사의 독특한 순간에 살고 있다. 새 천년이 되면서 세계 지도자들이 역사상 가장 큰 규모로 모여 세계 빈곤과 관련하여 무엇을 할 수 있을지 토론했다. 그 결과 2000년 9월, 새 천년 선언(Millennium Declaration)에서 나온 새 천년 발전 목표(The Millennium Development Goals)에 147개국 정상을 포함하여 189개국이 서명했다. 그 목표들에는 일련의 상세한 세부 목표(여기에는 약술하지 않았다)가 첨부되어 있는데, 그것은 그 목표들을 달성했는지 나타내는 지표다. 그 지표들은 선언서에서 밝히듯이 "발전과 빈곤 근절에 이바지하는 국가적·세계적 차원의 환경을 만들어 내겠다는" 결의를 나타낸다.[7]

그 선언서는 각 나라들이 힘을 합쳐 환경 파괴, 전쟁, 빈곤과 같은 문제들과 싸울 방법들을 개략적으로 서술한다. 세계 지도자들은 2015년까지 세계 빈곤 인구 비율을 반으로 줄이는 일에 착수했다. 새 천년 발전 목표는 주의를 집중시킬 초점이자 진보를 판단할 수 있는 척도가 되었다.[8] 그것이 중요해진 이유는 몇몇 정치가와 지도자들이 그것을 이상적인 비전 선언서가 아니라 진지한 계획으로 받아들이려 했기 때문이다. 20세기가 저물면서 행동을 해야 한다는 유례없는 전 세계적 합의에 이르렀을 뿐 아니라, 세계 빈곤 문제에 민감한 세계 지도자들[9]이 선출됨으로써 독특한 정치적 분위기가 조성되었다.

새 천년 발전 목표[10]
1. 절대 빈곤 및 기아 퇴치
2. 보편적 초등 교육 달성
3. 양성 평등과 여성 능력 고양
4. 아동 사망률 축소
5. 모성 보건 증진
6. HIV/에이즈, 말라리아 및 기타 질병 퇴치
7. 환경의 지속 가능성 확보
8. 개발을 위한 범세계적 협력 구축

물론 그런 문서에 서명하는 것에 대해 냉소하기 쉽다. 세계 지도자들은 수십 개나 되는 그런 서약서에 서명했지만 그 목표에 이른 적이 없다. 새 천년 발전 목표는 이루어질 것인가? 반반이다. 새 천년 발전 목표의 진전을 감시하는 문서인 2005년 세계 감시 보고서(Global Monitoring Report 2005)는 희망의 표지들을 보여 준다. 1990년부터 2015년 사이에 소득 빈곤을 반으로 줄인다는 첫째 목표에 관해서, 그 보고서는 이렇게 말했다.

전 세계적으로 1990년부터 2015년 사이에 소득 빈곤자의 수를 절반으로 줄이는 첫째 발전 목표가 이루어질 전망은 밝다. 가난한 사람들이 가장 많은 두 나라, 중국과 인도가 강력하고 지속적인 성장을 이루었으며 빈곤 감소 면에서 중대하고 신속한 진보를 이루었다. 대체로 그들의 노력에 힘입어 동아시아는 벌써 빈곤 퇴치 목표를 달성했고, 남아시아는 목표를 향해 나아가고 있다.[11]

특히 인상적인 예는 베트남이다. 저소득 국가인 베트남은 빈곤율을 1990년 51퍼센트에서 2002년 14퍼센트로 감소시켰다. 하지만 다른 나라들은 상황이 비참하다. 특히 사하라 사막 이남의 아프리카 국가들은 모든 목표에서 어려움에 처해 있다.

아프리카의 이런 어려움 때문에, 당시 영국 재정 법원 대법관이었던 고든 브라운(Gordon Brown)은 2005년 3월, 아프리카 보고서(Commission on Africa Report) 서두에서 이렇게 말했다.

현재의 진전 상태로 보아 사하라 사막 이남 아프리카의 새 천년 발전 약속—모든 사람에게 무상 초등 교육을 실시하는 것—은 아무래도 2015년까지는 이루어지지 않을 것이다. 사실상 현재와 같은 추이로는 2130년까지도 이루어지지 않을 것이다. 빈곤을 반감하겠다는 약속은 2015년까지는 이루지 못하겠지만 2150년에는 이루어질 것이다. 피할 수 있는 유아 및 임산부 사망을 3분의 2까지 줄이겠다는 약속은 약속한 대로 2015년까지는 이루지 못하겠지만 2165년에는 이루어질 것이다. 아프리카 사람들은 오랫동안 인내의 미덕을 알고 있었다. 하지만 정의가 실현될 때까지 150년을 기다리라고 하는 것은 너무 길다는 것을 이제 전 세계는 알아야 한다. 우리가 던져야 하는 질문은 이것이다. "지금이 아니라면, 언제인가? 우리가 아니라면, 누가 그 일을 할 것인가?"[12]

고든 브라운의 말은 행동 없는 말이 유해무익하다는 것을 다시 한 번 보여 준다. 부자 나라들에게 정치적 의지가 없다는 것은, 우리가 가난한 자들을 위한 정의라는 성경의 요구에 못 미치고 있다는 뜻이다.

2002년에 있었던 재정 발전에 대한 회의의 결과물인 몬테레이 합의서(Monterrey Consensus)는 새 천년 발전 목표를 달성하려면 무엇을 해야 하는지에 대해 논했다. 1980년 브란트 보고서가 그랬듯이, 몬테레이 합의서는 선진국과 개발도상국들이 서로를 상호 의존적인 동반자로 보아야 한다고 재천명했다. 또한 개발도상국들이 건전한 정책을 마련하고, 유능한 통치를 하고, 부패와 싸우고, 민주주의의 틀 안에서 사유 재산권과 법치를 시행하도록 요청했다.[13] 다시 말해, 개발도상국들은 국제 사회가 믿을 수 있는 건전한 정책과 제도들을 구성해야 했다.

원조, 무역, 부채

세계 빈곤을 살펴볼 때, 언제나 의제가 되는 세 가지가 있다. 원조, 무역, 가난한 나라들이 지고 있는 부채다.

원조

2005년은 1970년 유엔 회원국들이 총회 결의안에서 원조 목표를 최초로 천명한 지 35년이 되는 해다.

공식적 개발 원조로만 달성할 수 있는 특별히 중요한 성과를 인정하여, 개발도상국으로 들어가는 재정 자원 상당 부분은 공식적 개발 원조 형태로 제공해야 한다. 경제적 선진국들은 개발도상국에 대한 공식적 개발 원조를 점차 늘려 나갈 것이며, 1970년대 중반까지 GNP의 최소 0.7퍼센트에 이르도록 최선을 다 할 것이다.[14]

부자 나라들은 1992년 리오에서 열린 지구 정상 회담에서 이것을 다시 다짐했다. 몬테레이 합의서 역시 부자 나라들에게 GNP의 0.7퍼센트를 공식적 개발 원조금으로 제공할 것을 다시 약속하라고 요청했다. 하지만 이 목표에 근접한 나라는 거의 없다. 몇 안 되는 나라들, 노르웨이, 덴마크, 스웨덴, 룩셈부르크, 네덜란드는 목표에 이르렀다. 미국은 양적인 면에서는 가장 많이 기여했지만, GNP 대비 비율로는 가장 적게 기여했다(2003년에 0.14퍼센트). 실제로 부유한 나라들의 GNP 대비 재정 지원 분담금 비율은 1990년대 동안 0.3퍼센트에서 0.2퍼센트로 떨어졌다.[15] 하지만 얼마 전 고든 브라운은 새 천년 발전 목표를 달성하려면 원조를 두 배로 늘려야 한다고 주장했다.[16]

최근 아프리카에서는 아프리카 발전을 위한 새로운 협력(The New Partnership for Africa's Development: NEPAD)이 탄생했다. 그것은 아프리카 다섯 나라(알제리, 이집트, 나이지리아, 세네갈, 남아프리카)의 국가 수반들이 주도한 것이었다. 아프리카의 갱신을 위한 이 조직은 아프리카의 발전은 아프리카의 책임이라고 말했다. 그것은 아프리카를 세계 시장에 효과적으로 참여하는 대륙으로 발전시키는 것, 건강과 평화와 투명성을 촉진하는 것, 안정된 사회를 실현하기 위해 필요한 다른 조건들을 충족하는 것을 과업으로 한다.

원조는 다수 세계 국가들이 성장하고 발전하는 것을 도울 뿐 아니라 쓰나미나 기근과 같은 재해로 긴급 구제가 필요할 때도 중대한 역할을 한다. 뒤에서 말하겠지만, 성경의 평등 원리를 실행하는 한 방법이기도 하다.

무역

모든 나라가 평등한 기회를 가지려면 국제 무역에서 정의가 대단히 중요하다. 개발 원조는 중요하지만 그 자체가 목적은 아니다. 원조의 목적은 반드시 나머지 세계와 대등한 입장에서 무역할 수 있는 건강하고 안정된 나라가 되도록 준비시키는 것이어야 한다. 우리 그리스도인들은 불의한 국제 무역 체제를 방관해서는 안 된다. 따라서 정부, 다국적 기업, 정부 간 국제 기구들이 여론을 무시하지 못하도록 기독교 기관과 교회들이 무역 불공정에 사람들의 주의를 집중시키는 일에 앞장서야 한다. 2005년에 세계 빈곤 퇴치를 위한 캠페인(Global Campaign for Action Against Poverty)은 "가난을 과거의 역사로"라는 표어를 걸고, 공정 무역을 지지하고 부채를 탕감하며 다수 세계 국가들에 양질의 원조를 효과적으로 전달할 필요성에 다시 초점을 맞추라고 요청했다. 평등을 이루는 것은 어렵고 어쩌면 불가능할지 모르지만, 불평등을 줄이는 것은 분명 가능하다. 이를 무시하는 것은 위험을 각오하는 것이다. 정치적·경제적으로뿐 아니라 도덕적·영적으로도 마찬가지다.

많은 다수 세계 국가들은 세계 시장에서 무역을 하려 할 때 부자 나라들의 보호주의에 부딪힌다. 가나가 토마토 산업을 발전시켰을 때, 이탈리아는 그것을 전멸하기 위해 가나에 잉여 토마토를 아주 싼 값에 팔아 넘겼다.[17] 모잠비크는 1년에 20만 톤의 설탕을 생산한다. 하지만 쿼터제로 제한된 수출 한도 때문에, 사탕무 생산에 보조금을 지급하는 유럽과 미국에 아주 적은 양의 설탕만 팔게 되고 결국 손해를 본다.[18] 그런 예는 끝없이 많다. 불공정 거래물들 중 유명한 예로는 바나나, 직물, 커피 등이 있다. 우리 그리스도인들은 할 수 있는 한 어디서든 공정 무역을 지지해야 한다.

부채

오늘날 세계에는 빈곤을 영속시키는, 우리가 도전해야 하는 거대한 구조적 불평등이 여전히 존재한다. 예를 들어, 다수 세계 국가들은 수많은 사람이 빈곤에 처해 있으면서도 부자 국가들에 빚을 갚기 위해 하루에 3천만 파운드씩 지불해야 한다. 1998년에는 52개국이 총 3,750억 달러를 빚졌다. G8 국가들은 이 중 1천억 달러를 취소(혹은 '탕감')해 주기로 합의했다. 그러나 2005년 4월 현재 480억 달러만이 실제로 취소되었다.[19] 2005년 2월, 'G7' 회의에서(러시아가 포함될 때는 'G8'), 캐나다, 독일, 프랑스, 일본, 이탈리아, 미국, 영국은 일부 국가들, 특히 42개 악성 채무 빈국(Heavily Indebted Poor Countries: HIPC)에 대해서는 부채를 100퍼센트 감면해 주어야 한다는 데 동의했다.

많은 나라가 1970년대의 대규모 대출로 인해 악성 부채의 짐을 안고 있다. 물론 원칙적으로 모든 계약서는 지켜야 하고 부채는 갚아야 하지만, 현재 상황이 구약에서 정죄하는 고리대금에 해당하는 것이 아닌지 궁금하다. 그것은 분명 부자들이 터무니없이 높은 이자로 돈을 빌려 주고 가난한 사람들을 착취하는 양상이다. 잠비아가 IMF에 상환한 부채만 해도 2,500만 달러에 달하는데, 이는 농촌 여성의 40퍼센트가 읽고 쓰지 못하는 그 나라의 교육비보다 많은 금액이다. 말라위는 국민 중 거의 5분의 1이 HIV 양성으로 나타났음에도 국민 보건보다 빌린 돈에 대한 이자를 지불하는 데 더 많은 돈을 쓴다. 볼리비아는 (우간다 다음으로) 두 번째로 부채를 탕감받은 나라임에도 여전히 보건보다 부채에 대한 이자에 더 많은 돈을 지급한다. 유아 사망률이 영국의 열 배나 되는데도 말이다.[20]

부채 위기를 단순히 파렴치한 정부와 그들을 지지하는 상류층이 잘못된 국가 경영과 사치를 일삼은 탓으로만 볼 수는 없다. 그것은 주로 국가 지도자들이 도저히 통제할 수 없는 요소들로 인한 것이다. 1980년대와 같은 전 세계적 불경기, 채권국의 이자율 상승, 채무국의 극심한 인플레이션, 생필품 가격의 불안정, 때로는 붕괴 등이다. 그래서 매우 많은 경우 부채 상환 능력은 줄고 부채는 늘었다.

물론 파렴치한 정부들이 자원을 낭비할 수도 있으므로, 부채를 탕감해 주는 나라들은 종종 부채 탕감 전에 그들의 경제를 개조하고 시민 사회를 개혁하는 조건들을 부과했다. 이것은 정당한 조치로 볼 수도 있지만 이미 참을 수 없는 압력을 받고 있는 나라에 또 하나의 짐이 되는 경우가 많다. 다수 세계 국가들이 그들의 정책과 효과적인 통치에 대한 책임을 져야 하는 것은 사실이다. 하지만 채무 상환 일정을 다시 조정하고 탕감 계획을 정할 때, 부자 나라들이 채무국 정부들에 교육, 보건, 고용 등과 같은 사회적 프로그램에 대한 공공 지출을 줄이라고 강요하는 것은 도덕적으로 옳지 않다. 그런 삭감으로 가장 고통을 받는 것은 가난한 사람들이기 때문이다. 비평가들은 세계은행에 의해 시작된 구조 조정과 IMF 안정화 정책들—모두 비생산적인 경제 관행에 대한 장기적 구조 변화를 목표로 한다—로 인해 그런 일이 종종 일어난다고 주장한다.

부채 탕감은 한 나라에 진정한 변화를 가져온다. 희년 부채 운동(Jubilee Debt Campaign)은 이에 대한 네 가지 예를 제시한다. 베냉(서아프리카의 공화국—편집자 주)에서는 부채 경감으로 절약된 돈의 54퍼센트를 보건에 사용했다. 여기에는 농촌의 기초적인 보건과 HIV 프로그램이 포함된다. 탄자니아에서는 부채 경감으로 인해 정부가 초등학교 수업료를 폐지할 수 있었다. 이로 인해 출석률이 66퍼센트 증가했다. 모잠비크는 부채 경감을 받은 후 모든 아동에게 무료 예방접종을 해줄 수 있었다. 우간다에서는 부채 경감으로 220만 명이 물을 공급받게 되었다.

기독교 기관과 비기독교 기관들이 연합하여 후원하는 희년 2000 캠페인(Jubilee 2000 Campaign) 사역을 통해 부채 경감에 많은 관심이 집중되었다. 은퇴한 외교관 빌 피터스(Bill Peters)와 킬 대학교의 교수 마르틴 덴트(Martin Dent)는 부채 문제에 대한 자선 활동을 조정하는 부채 네트워크(Debt Network)에서 일한 비전 있고 영감 있는 지도자 앤 피티포(Ann Pettifor)와 손잡게 되었다. 당시 런던 바이블 칼리지(London Bible College)에서 일하던 마크 그린(Mark Greene)은 밥 겔도프를 포함한 많은 사람이 불가능하다고 생각했던 일을 해내도록 도왔다. 그것은 난해한 경제적 문제에 대한 대중적 캠페인이었다. 티어펀드는 그것을 궤도에 오르게 하는 데 핵심 역할을 했는데, 특히 스티븐 랜드(Stephen Land)가 두드러진 역할을 했다. 크리스천 에이드와 CAFOD는 영국에 폭넓게 퍼져 있는 교회들을 통해 그 운동을 확산시켰고, 마더스 유니온(Mothers' Union)의 뒷받침을 받은 가톨릭 교회가 그 운동을 국제화하는 데 앞장섰다. 2,400만 명 이상이 희년 2000 부채 탕감 캠페인 탄원서에 서명했다. 그것은 캠페인을 성공시킨 강력한 도구였으며, 서명자 한 사람당 부채가

4,000파운드 이상 탕감된 것으로 추산되었다. 그리고 모든 악성 채무 빈국의 사회적 지출은 약 20퍼센트 상승한 것으로 추산된다.[21]

불의에 대한 지각과 도덕적 분노가 변화를 이루려는 욕구에 불을 질렀으며 행동하도록 에너지를 공급했다. 그것은 구약 율법의 희년에 대한 가르침을 적용하여 분명히 표현한 것이다. 그것은 성경 구절을 면밀하게 주해한 것이라기보다는, 성경의 가치관과 공명하는 열망의 표현이었다. 그 표현이 너무 강렬해서, 경제학자 윌 휴턴(Will Hutton)은 "옵저버"(Observer) 지에서 "20세기 말에 세계 정세에서 중대한 변화를 고무한 것은 칼 마르크스의 가르침이 아닌 레위기에 나온 구절이다"라고 썼다. 고든 브라운은 2002년 12월에 개최된 희년 2000 집회에서 이렇게 말했다. "희년 2000의 성공은 교회들이 지닌 이상주의와 지치지 않는 힘 덕분이다. 우리는 우리가 함께 해야 하는 일에 재헌신하기 위해 여기 모였다. 이사야서를 인용하면 '멍에의 줄을 끌러 주며 압제당하는 자를 자유하게' 하기 위해서다."[22]

원조의 영향

다수 세계의 여러 지역은 사회를 황폐화시킨 에이즈의 출현으로 더욱 가난해졌다. 예를 들어, 잠비아에서는 평균 수명이 40세 이하로 줄어들었다. 에이즈는 1981년 미국에서 의학적으로 처음 확인되고 규명되었다.[23] 그것은 HIV 바이러스에 의해 유발된다. HIV는 인간 숙주 안에서 최대 10년간 모습을 감추고 잠복할 수 있다. 하지만 때가 되면 정체를 드러내 신체의 면역과 신경계를 공격하고 손상시키며, 결국에는 신체를 치명적 질병들에 무방비 상태로 만든다. HIV는 몇 가지 원인으로 전염될 수 있는데, 수혈, 주사 바늘을 공유하거나 오염된 주사 바늘로 정맥 주사를 놓는 행위, 성적 접촉, 모자 전염 등이 그 원인이다.[24] 현재 에이즈의 진행을 늦출 수 있는 항레트로바이러스 약은 있지만, 에이즈는 언제나 치명적이다.

서구에서 처음으로 에이즈를 발견했을 때는 주로 동성애자들이 걸리는 병으로 여겼다. 초창기에 그것은 '동성애자 전염병'으로 불렸는데, 그 병에 걸린 남성 동성애자 수와, 그들의 성적 상대의 수, 그들이 탐닉하는 '위험성 높은' 성적 관행 때문이었다. 하지만 이제 우리는 에이즈가 남자든, 여자든, 어린아이든, 이성애자든, 동성애자든 누구에게든 침범할 수 있다는 것을 안다. 실제로 곧 HIV에 감염된 성인 여자와 여자 어린이 수가 성인 남자와 남자 어린이 수보다 많아질 것이다. 사하라 사막 이남 아프리카에서는 15세에서 24세 사이의 젊은 여자들이 또래의 남자들에 비해 HIV에 세 배나 더 잘 감염된다. 그들은 육체적으로 더 민감하며, 종종 자신의 삶을 통제하지 못하고, 학대와 착취에 더 노출되어 있기 때문이다.

에이즈는 세계 전역에 존재하지만, 다수 세계에서 더 심각하다. 에이즈는 인도, 중국, 동유럽 전역에서 점점 더 유행하고 있지만, 아프리카 대륙에 가장 만연해 있다. 바로 여기에서 최대의 비극이 발생하고 있다. 향후 20년간 아무 조치도 취하지 않는다면, 거의 9천만 명에 달하는 아프리카인들이 HIV에 감염될 수 있다. 이는 대륙 인구의 10퍼센트에 해당한다. 하지만 원조를 늘리고, 보건, 농업, 교육을 개선하면 그중 많은 이의 죽음을 예방할 수 있다. 좀더 일반적으로 말해 2005년에 전 세계에서 HIV/에이즈를 지닌 채 살아가는 사람들 수는 4,030만 명이었다.[25] 2005년에 새로 HIV에 감염된 사람은 총 490만 명이었는데,[26] 에이즈에 걸린 317만 명이 죽었다.[27] 어떤 나라에서는 정확한 숫자를 파악하거나 감염 가능성이 있는 사람들에게 다가가기가 쉽지 않다. 마약 중독자라는 낙인이나, 남자끼리 하는 성관계를 숨기는 문화에서 그런 행동을 하는 사람이라는 낙인이 찍힐까 우려하기 때문이다.

가난과 에이즈는 순환 고리처럼 연결되어 있다. 건강이 좋지 않으면 가난해지고, 가난해지면 건강이 나빠진다.[28] 가난하면, 치료를 받을 여유가 없고 적절한 건강 관리를 하지 못하며 영양이 좋지 못한 경우가 많다. 그러면 장기적 유익을 위해 투자하기보다 단기적으로 목숨을 부지하는 데 급급하게 된다. 에이즈에 걸리면, 가족이 땅을 경작할 수 있는 능력이 줄어들고 자금이 의료비로 편중되며 저축이 줄어든다. 제프리 삭스(Jeffrey Sachs)는 「빈곤의 종말」

(*The End of Poverty*, 21세기북스)에서 다음과 같이 말했다.

아프리카는 교사와 의사들, 공무원과 농부들, 어머니와 아버지들을 잃고 있다. 벌써 고아가 천만 명이 넘는다. 근로자들에게 들어가는 엄청난 의료비, 수그러들지 않는 장기 결석, 근로자 사망 사태로 인한 혼란 등으로 기업이 치러야 할 비용이 치솟았다. 외국 투자자들은 아프리카 에이즈의 늪에 발을 들여놓으려 하지 않는다. 수백만 가족들은 가장이 병들면서 악전고투를 하고, 시간과 비용 면에서 엄청난 희생을 치른다. 가정의 정서적 상처는 말할 것도 없다.[29]

우간다에서 HIV의 유행은 1991년 약 15퍼센트로 정점에 이르렀다가 2001년에 5퍼센트로 떨어졌다. 에드워드 그린(Edward Green)과 아프리카 에이즈에 대한 숙련된 분석가 네 사람은 함께 이러한 희망의 원인을 검토하고 논문을 썼다.[30] 그들은, 상황은 복잡했지만 에이즈에 대해 공개적으로 말한 무세베니(Museveni) 대통령의 지도력이 결정적이었음을 발견했다. 학교와 지역별 모임과 종교 기관들에서는 HIV/에이즈에 대한 교육에 우선순위를 두었다. 정부는 신앙 공동체 지도자들에게 적극적으로 참여하라고 권유했으며, 지역교회 지도자들을 훈련시켜 활용했다. '자발적 상담과 검사'(Voluntary Counselling and Testing: VCT) 역시 중요했다.

하지만 아마도 우간다에서 HIV/에이즈가 감소한 가장 중요한 요소는 여러 상대와 성관계를 맺는 사례가 줄어들었다는 점일 것이다. 1995년에 15세에서 19세에 해당하는 우간다 남자들은, 케냐, 잠비아, 말라위 남자들에 비해 성관계를 경험했을 가능성이 더 적었으며, 결혼을 하고 배우자에게 충실할 가능성이 더 많았고, 여러 상대와 성관계를 가질 가능성이 더 적었는데, 특히 결혼하지 않은 경우 더욱 그랬다.

우간다의 대통령과 그의 부인은 종종 에이즈에 대한 'ABC 접근법'[31]에 대해 말했다. 성관계를 자제하고(abstain), 배우자에게 충실하며(be faithful), 그 두 가지를 할 수 없다면 콘돔을 사용해야 한다는 것이다. 앞의 두 가지를 지킴으로써, 콘돔을 사용하는 것만으로는 일어나지 않을 변화가 일어났다. 그 논문의 저자 중 한 명인 스톤버너(Stoneburner)에 따르면, "지난 10년간 우간다에서 HIV를 예방하기 위해 개입한 결과(특히 성적 상대 감소)는 80퍼센트 효력이 있는 백신과 비슷한 영향력을 보였다."[32] 이 접근법을 비판하는 사람이 없었던 것은 아니다. 금욕과 정절을 지지하는 사람들은 콘돔 사용에만 초점을 맞춘 사람들이 난잡한 성생활을 조장한다고 비판한 반면, 콘돔 사용을 권장하는 것이 가장 중요한 전략이라고 믿는 사람들은 금욕과 정절에 대한 요청은 비현실적이고 부적절한 것이라고 보았다. 그들의 접근법은 대단히 달랐다. 한 집단은 사람들의 성적 선택을 변화시키려 애쓴 반면, 다른 집단은 그들이 내린 성적 선택을 존중하려 했다.

그리스도인에게는 이런 상황에서 금욕과 정절이 미치는 영향력이 그다지 놀랍지 않을 것이다. 우리 삶에 대한 하나님의 부르심에는 결혼 관계 안에서 성관계를 즐겁게 경축하는 것과 그 외에는 금욕하는 것이 포함되어 있다. 이런 명령을 무시하거나 거부할 때, 그 결과는 비극적일 수 있고 어떤 경우에는 대재앙이 될 수도 있다. 이런 위험은 신뢰할 수 없는 피임 기구인 콘돔을 사용해서 피할 수도 없다. 에이즈 치료와, 교육, 훈련 협회(AIDS Care, Education and Training) 설립자인 패트릭 딕슨(Patrick Dixon)은 이 문제를 다음과 같이 요약했다. "콘돔은 성관계를 완전히 안전하게 만들어 주지 못한다. 단지 '좀더' 안전하게 해줄 뿐이다. 안전한 성관계는 감염되지 않은 두 사람 간의 성관계다! 그것은 동정을 지키고 있었으며 이제 평생 서로에게 정절을 지킬 두 사람 간의 평생에 걸친 신실한 관계를 의미한다."[33] 미국 가톨릭 협의회(United States Catholic Conference)에서 나온 말을 인용하면 "결혼 밖에서 금욕하고 결혼 안에서 정절을 지키며 정맥을 통한 약물 남용을 피하는 것만이, 에이즈 확산을 막는 도덕적으로 올바르고 의학적으로 확실한 방법이다."[34]

이러한 절망적인 상황에 우리 그리스도인들은 어떻게 반응해야 하는가?

신학적 반응

첫째로, 그것은 신학적인 것이어야 한다. 세계 도처에서 HIV/에이즈에 걸린 채 살아가는 사람들 중에는 본인은 전혀 잘못한 것이 없는데 그 병에 걸린 경우가 많다. 그들은 정조를 지켰으나 감염된 남편을 통해 병에 걸린 아내일 수도 있고, 모유를 통해 감염된 어린아이일 수도 있고, 수혈을 통해 감염되었을 수도 있다. 우리 그리스도인들은 사람들에게 먼저 긍휼의 반응을 보여야 한다. 하지만 그렇다고 해서 에이즈가 부도덕한 행동을 하는 사람들에 대한 하나님의 심판인가 아닌가 하는 문제를 회피할 필요는 없다. 사도 바울은 "스스로 속이지 말라. 하나님은 업신여김을 받지 아니하시나니 사람이 무엇으로 심든지 그대로 거두리라"(갈 6:7)고 썼다. 심은 대로 거둔다거나 악한 행동이 악한 결과를 가져온다는 사실은 하나님이 도덕적 세계 질서에 새겨 놓으신 법칙인 것 같다. 그리스도인들은 이를테면 난잡한 성생활을 하면 성병에 걸린다는 것, 심한 흡연을 하면 폐암이 생길 수 있다는 것, 과도한 알코올 섭취는 간 질환을 유발하고 과식은 심장에 이상을 일으킬 수 있다는 것을 우연으로 여겨서는 안 된다. 게다가 성경에서는 이러한 인과관계 구조를 "하나님의 진노", 즉 악에 대한 하나님의 의로운 심판이 나타나는 방식 중 하나로 여긴다(롬 1:18-32). 예수님은 심판의 날이 이르기 전에 이미 심판 과정이 일어나고 있다고 가르치셨다(요 3:18-21; 5:24-29). 그렇다면 에이즈는 "사회에 대한 하나님의 심판의 일부"라고 보아도 무방할 것이다. "그것은 난잡한 성행위를 통해 성적 해방을 누릴 수 있다고 주장하는 방만한 사회의 허세에 대한 외침이다."[35]

예언자적 반응

둘째로, 그것은 예언자적이어야 한다. 우리 그리스도인들은 당국에 책임 있는 행동을 하도록 요구할 의무가 있다. 에이즈 문제는 너무나 중요하고도 긴급한 문제이기 때문이다. 그리스도인들은 세계 전역의 에이즈 위기에 대해 정부와 다른 기관들이 적절하고도 효율적인 반응을 보이도록 그들의 행동을 반드시 감시해야 한다. 에이즈와의 싸움을 위해 자원을 제공하려는 국제적·정치적 의지가 있다면 수많은 사람의 생명을 살릴 수 있다. 우리는, 고통받고 있지만 아무 힘도 없는 사람들을 돕기 위해 어떤 일이 진행되고 있는가 하는 불편한 질문을 기꺼이 던져야 한다. 부자 나라들은 자기 나라에도 문제가 많다고 생각할 것이다. 하지만 많은 사람이 에이즈로 죽어가는 나라에 사는 사람들이 직면한 문제를 생각한다면, 우리가 처한 상황에 대해 불평할 수 없을 것이다. 제프리 삭스가 지적했듯이, 2001년 9월 11일에 세계 무역 센터에서는 3,000명이 비극적으로 죽었지만, 날마다 그리고 9월 11일 이후 하루도 빠짐없이 아프리카인 1만 명이 에이즈와 결핵과 말라리아로 비극적 죽음을 맞이한다. 게다가 그중 많은 이의 죽음은 얼마든지 예방할 수 있는 죽음이다.[36]

목회적 반응

셋째로, 그것은 목회적이어야 한다. 설령 사람들이 잘못된 행동의 결과로 에이즈에 걸렸다 해도, 우리가 그들을 피하거나 방치해도 되는 것은 아니다. 미국의 로마 가톨릭 감독들이 말했듯이, "에이즈에 걸린 사람들의 이야기는 고정관념이나 편견, 분노나 비난, 거부나 고립, 부당함이나 정죄의 계기가 되어서는 안 된다." 대신 "그 이야기들은 우리가 고난받는 자들과 함께 걷고, 우리가 두려워했을 만한 사람들에게 긍휼을 베풀고, 죽음에 직면한 사람에게나 그들이 사랑하는 사람들에게나 힘과 용기를 불어넣어 주는 기회를 제공한다."[37] 감사하게도 다수 세계와 서방의 많은 교회는 HIV/에이즈에 걸린 사람들을 실제적으로 도울 뿐 아니라 그들과 그들의 가족들을 정서적으로 지원하는 일에 관여하고 있다.

교육적 반응

넷째로, 그것은 교육적이어야 한다. 에이즈 위기의 범위를 고려할 때, 교육은 약물이나 다른 의학적 개입에 비해 부적절한 반응이라고 생각할 수 있다. 하지만 많은 경우 빈곤과 무력함은 무지의 결과이므로, 교육은 선을 이루는 강력한 힘이 된다. 에이즈 예방에 대한 ABC 접근법의 세 측면은 모두 교육과 정보에 의지한다. 많은 나라에서 '자발적 상담과 검사'(VCT)는 HIV/에이즈 확산을 예방하는 데 중요한 역할을 해 왔다. 그러므로 서방에서는 끊임없이 그 문제를 환기시켜야 한다. 앞으로 올 세대들은 난잡한 성행위나 정맥 주사를 통한 약물 남용의 위험에 대해 무관심하거나 현실에 안주할 수 있기 때문이다. 교회는 이 영역에서 중대한 역할을 감당해야 한다. 우리는 사회가 성적 절제와 정절을 지니도록 분명하게 도전하고, 죄사함과 능력의 근원이신 예수님을 제시해야 한다.

총체적 개발

환경과 개발에 대한 유엔 세계 위원회(UN's World Commission on Environment and Development, 의장은 당시 노르웨이 수상이었던 그로 할렘 브룬트랜드였다)는 개발 논쟁에서 중요하고 신선한 사고를 하는 데 기여했다. 그 위원회의 보고서인 「인류 공동의 미래」(*Our Common Future*)는 1987년에 발간되었다. 그것은 브란트 보고서와 마찬가지로 긴급한 어조가 특징인데, 세계의 환경과 개발 문제들을 통합할 것과(경제와 생태 환경은 분리할 수 없는 관계이므로), 그 문제들을 풀어 나가는 데 모든 나라가 협조할 것을 요구했다. 그 보고서는 '지속 가능한 개발'이라는 개념을 대중화했는데, 그것은 "미래의 세대들이 그들의 필요를 채우는 데 손상을 가하지 않고 현재의 필요(특히 가난한 자들의 필수적 필요)를 채우는 것"[38]이다. 이 정의는 '두 가지 핵심 개념', 곧 필요를 채우는 것과 한계를 설정하는 것을 결합한 것이다. 따라서 개발을 촉진하는 동시에 환경을 보호한다. 지속 가능한 개발은 1992년 리우데자네이루에서 열린 환경과 개발에 대한 유엔 회의의 핵심 의제였다. 그 회의에서는 환경과 개발의 상호 작용에 대한 세부 사항들을 더 철저하게 규명했다. 하지만 환경 친화적 개발에 대한 2002 요하네스버그 정상 회담의 관점에서 보면, 지난 10년간의 진보는 극히 실망스럽다. 환경 문제의 중요성에 대해서는 이 책 다른 부분에서 더 이야기했다.

1990년대의 특징은 개발의 기본 개념들에 계속 의문을 제기하고 그것을 나른 식으로 진술한 것이다. 그럼으로써 순전히 경제학에만 초점을 맞추어 다루는 것보다 훨씬 더 광범위한 관심사를 다루게 되었다.[39] 특히 '개발의 세 가지 핵심 가치관'은, (1) '생명 유지' 혹은 어떤 사람의 기본적 필요(즉, 음식, 보건, 주거지)를 채울 능력, (2) '자존감' 혹은 하나의 인격체가 될 수 있는 능력(교육과 고용에서 오는 존엄성을 지닌), (3) '예속이 아닌 자유' 혹은 선택할 수 있는 능력(경제적·사회적·정치적으로)이다.[40] 최근 들어, 빈곤은 점차 경제적 견지뿐 아니라 기대 수명, 문맹률, 생활비, 나라마다 다른 여러 요소에 맞게 조정한 1인당 실질 소득에 따라 측정된 '생활 수준' 등의 견지에서 총체적으로 측정한다. 사람들이 이런 광범위한 의미에서 얼마나 가난해졌는지 그 정도를 분석하기 위해 인간 개발 지수(Human Development Index: HDI)를 고안했다. 좀더 최근에는, 개발에 대한 '권리 중심적' 접근에 초점을 맞추고 있다. 사람들이 인권을 부여받을 때 건강한 민주적 사회에 온전히 기여할 수 있다는 것을 강조하는 관점이다.

　특히 여성들은 가난의 모든 차원에 희생당할 수 있으며 종종 인권을 부인당한다. 그들은 경제적 자원을 접하기 어려운 경우가 많으며, 사유 재산권을 인정하는 곳에서도 종종 그것을 누릴 수 없고 남성들만이 누릴 수 있다. 많은 여성이 필요한 의료 혜택을 받을 여유가 없으며, 성인 여성들과 여자 아이들의 교육은 남자 아이들보다 뒷전이다. 실제로 아시아 일부 지역에서는 여자 아이를 낳는 데 비용이 든다는 이유로 태아를 검사해서 여아로 밝혀지면, 사설 시술소나 뒷골목 시술소에서 태아를 낙태하는 경우도 있다. 그렇기 때문에 어떤 연구자들은 "빈곤의 여성화"[42]에 대해 말했다. 남자와 여자는 모두 하나님의 형상에 따라 지음받았으므로, 개발은 성별에 더욱 민감해져야 한다. 기쁜 소식은, 최근 들어 여성들이 삶의 질을 높이는 데 필요한 자원을 이용할 수 있고 여성의 권리가 점차 강조되고 있다는 것이다.

　하지만 여성의 필요에 초점을 맞추는 일부 국제 회의에서 '생식 건강'(reproductive health)에 과도하게 관심을 갖는 것은 유감스러운 일이다. 그것은 일견 여성의 건강 면에서 중요한 부분처럼 보이지만, 실제로는 낙태 시설을 늘리라는 요구를 나타내는 경우가 많다. 물론 여성들은 삶의 모든 단계에서 지금보다 훨씬 더 양질의 의료 혜택을 받을 수 있어야 하지만, 다수 세계의 많은 여성이 '안전하지 못한 낙태' 때문에 죽는 것도 사실이다. 또한 전 세계 빈곤과 환경 문제를 생각할 때, 인구 성장 및 인구학적 변화와 관련된 문제들을 중요하게 다루어야 하겠지만, 서구 국가들이 이 문제들에 대한 논쟁을 교묘히 조종해서 다른 문화권에 서구 문화를 강요하는 일이 있어서는 안 된다. 1996년 6월 이스탄불에서 열린 '인간 주거에 대한 유엔 회의'(United Nations Conference on Human Settlement, 해비타트 II로 알려져 있다)에서 이런 일이 일어났다. 그 회의는 다수 세계의 지속 가능한 도시 개발 문제를 다룰 계획이었으나 '생식 건강'에 대한 싸움으로 전락하고 말았다. 다수 세계 국가들은 유럽과 북미국가가 밀어붙이는 낙태 찬성 관련 정치적 의제에 반대했다. 그들의 완강한 의지와, 존 굼머(John Gummer, 당시 영국 환경부 장관)의 용기 있는 연설, 그 자리에 참석한 낙태 합법화에 반대하는 비정부 기구들의 노력에 결실이 있었다. 다수 세계 국가들은 몇몇 회의 결의문에 나오는 낙태 지지 어휘를 근본적으로 수정하고, 가정이 사회의 초석임을 재확인했으며, 요구하면 언제든지 낙태를 행할 수 있는 여지를 없애 버렸다. 그런 논쟁은 1994년에 카이로에서 열린 인구 및 개발에 대한 유엔 회의(UN Conference on Population and Development)와 1995년에 열린 여성에 대한 베이징 회의(Beijing Conference on Women), 2000년에 열린 베이징+5(Beijing+5)에서도 벌어졌다.

문화의 변혁

어떤 나라가 장차 궁핍함에서 벗어나 번영하려면, 경제 이상의 것을 다루어야 한다. 바로 문화적 요소와 자기 인식 방식이다. 참된 개발은 위에서 강요해서 되는 것이 아니라 스스로 시작해야 하기 때문이다. 유명한 그리스도인 경제학자이자 은행가이며 정책 자문가인 브라이언 그리피스 교수(현재는 그리피스 경이다)는, 다수 세계의 빈곤 원인들은 사람들과 그들의 정치적, 경제적, 문화석 행동과 관계되어 있음을 상기시킨다.[43] 정치적 요소에는 경영 실패, 소수 인종 추방, 정부와 정부 지도자들의 사치와 부패 등이 포함된다. 그 다음으로 그들이 선택하고 운용하는 경제 체제가 있다. 하지만 무엇보다도 문화적 요소가 있다. 즉, 사람들의 문화적 배경이 그들의 동기, 생각, 열망, 행동에 깊은 영향을 미친다는 것이다.

브라이언 그리피스는 브란트 위원회를 대표한 윌리 브란트의 주장, 곧 "우리는 당연히 모든 문화가 동등한 존중과 보호와 증진을 받을 자격이 있다고 생각한다"[44]는 주장을 적절히 수정했다. 브라이언 그리피스는 "모든 문화는 존중받을 자격이 있지만, 모두 평등하게 보호하고 증진할 만한 것은 아니다"라고 했다. 이를테면 숙명론과 무관심을 주입함으로써 적극적으로 개발을 방해하는 문화를 어떻게 "보호하고 증진"할 수 있겠는가? 그는 이어서 이렇게 말했다.

다수 세계 국가들의 빈곤의 기원을 진정으로 이해하려 한다면, 여러 다른 나라들의 문화를 다시 검토해 보고 기본적인 질문들을 던져 보아야 한다. 왜 어떤 사회에서는 개인들이 물리적 세계와 일에 대한 가치관과 자기 절제에 대한 감각을 가지고 있는가? 왜 다른 사회의 사람들은 그렇지 않은가?…나는 이러한 질문들에 대해 순전히 경제적인 견지에서 만족스럽게 대답하기는 불가능하다고 생각한다. 바로 이 점에서 경제적 분석에 종교적 차원이 필요하다.…어떤 문화가 유대 기독교적 가치관을 가지고 있다면, 그 정도 만큼 특별히 보호받고 증진될 자격이 있는 것이다.[45]

기독교적 관점에서 볼 때, 우리는 인류가 영적으로 변화될 필요성 역시 개발에 포함해야 되며, 이것은 개발에 대한 전통적인 견해들의 핵심인 다른 목표들과 분리할 수 없다. 이 개념은 브라이언트 마이어스(Bryant Myers)의 「가난한 자들과 함께 걷기: 변혁적 개발의 원리와 실천」(*Walking with the Poor:*

Principles and Practices of Transformational Development)[46]이라는 책에 나와 있다. 브라이언트 마이어스가 생각하는 변혁은 사람들의 사회적·경제적 자원뿐 아니라 그들의 영적 안녕과 자존감도 포함하는 계속적인 과정이다. 그는 '개발'이라는 말을 사용하기는 하지만, 그 말이 종종 서구화 혹은 현대화와 연관되어 있다는 주의를 덧붙인다. 가난한 사람들과 가난하지 않은 사람들이 직면하는 도전은 서로 다르다.

> 가난한 자들은 손상된 정체성과 자신들에게는 강한 자들을 섬기는 것 외에 다른 의미 있는 소명은 없다는 생각으로 고통받는다. 가난하지 않은 자들과 개발 촉진자들은 가난한 자들에게 하나님 노릇을 하려는 유혹을 받으며, 그들이 가진 돈과 지식과 지위가 영특한 그들 자신의 결실이거나 그들이 속한 집단의 권리라고 믿는다. 가난한 자들이나 가난하지 않은 자들이나 참된 정체성과 참된 소명을 회복해야 한다.[47]

그는 성경적 통찰과 개발 관행을 결합해서, 참된 변혁적 개발은, 가난한 사람들이 하나님의 형상으로 지음받았다는 것과 그들이 생산적인 소명을 추진할 수 있는 은사들을 가지고 있다는 것을 이해할 때 이루어진다고 주장했다. 또한 참된 변혁은 가난하지 않은 사람들이 자신들의 자원과 은사를 가난한 사람들을 섬기도록 하나님이 주신 선물로 인식할 때 일어난다.

이것은 '총체적 선교'(integral mission)에 필요한 개념이며, 가난한 사람들을 위해 함께 일하는 기독교 개발 기관인 미가 네트워크(Micah Network)의 핵심 개념이기도 하다.[48] 총체적 선교에 대한 미가 선언서는 2001년 9월 옥스퍼드에서 개최된 협의회에서 나온 것이다. 그것은 이 책 다른 곳에 개략적으로 나오는, 복음 전도와 사회 참여가 서로 의존한다는 개념을 담고 있다. 미가 선언서는 교회가 총체적 선교의 핵심인 그리스도 중심성과 하나님의 은혜로 돌아갈 것을 요청했으며, 가난한 사람들을 존중하여 그들이 자신을 변화시키는 설계자가 될 수 있게 해야 한다고 말했다. 또한 가난한 사람들 가운데 있는 교회는 하나님이 주신 그들의 존엄성을 회복하는 독특한 위치를 점유한다고 보았다. 그것이야말로 모든 참된 변혁의 핵심이 되어야 한다. 기관명을 미가 네트워크라고 정한 이유는 예언자 미가가 "여호와께서 네게 구하시는 것은 오직 정의를 행하며 인자를 사랑하며 겸손하게 네 하나님과 함께 행하는 것이 아니냐"(미 6:8)라고 말했기 때문이다.

이 구절은 미가의 도전(Micah Challenge)으로 표현되었다. 미가의 도전은 그리스도인들이 희년 2000의 추진력을 기반으로 행동을 취하도록 권면하고, 세계 지도자들이 새 천년 발전 목표를 이행하도록 도전하는 세계적 운동이다. 이 운동은 개인과 교회들에 '미가의 부름'에 서명하라고 권면하는 일로 시작되었다. 미가의 부름은 복음의 핵심인 총체적 선교의 중심성과 긴급성, 그리고 오늘날 세계에서 그리스도인으로서 살아가기 위해 필요한 조건들을 천명한다.[49]

나는 경제학자나 개발 전문가가 아니기 때문에,[50] 여기서 개략적으로 말한 개발 문제의 핵심인 기술적 문제들과 정책들에 대해 의견을 개진할 만한 전문 지식을 가지고 있지 않다. 하지만 전 세계적으로 경제적·환경적 협조를 계속 해야 하는 이유로서 몇 가지 성경적 사고를 제시할 수는 있다. 정책의 틀을 구성하는 일은 필요한 훈련과 지식과 영향력을 갖춘 사람들에게 맡겨 두고, 관련된 원리들을 명확하게 정리해 보자. 내가 보기에는 이 문제에 적용할 두 가지 기본적인 성경 원리가 있다.

단일성의 원리

첫째는 단일성의 원리다. 즉, 지구는 하나며, 인류 역시 하나라는 것이다. 하지만 우리는 이러한 이중의 단일성을 고려하지 않는다. 오히려 인간이 처한 근본적인 곤경은 "지구는 하나이지만 세계는 그렇지 않다는 것이다."[51] 그러므로 하나님이 창조하신 두 가지 단일성을 의식하는 것은 매우 중요하다. 이것은 분명한 성경적 시각이다. "땅과 거기 충만한 것과 세계와 그 가운데에 사는 자들은 다 여호와의 것이로다"(시 24:1). 앞에서 환경과 관련하여 이 구절을 인용했다. 땅은 하나님께 속한 것이다. 그 안에 사는 사람들 역시 그분께 속한 것이다. 하나님이 단 하나의 백성(인류)을 창조하시고 단 하나의 거주지(지구)에 두셨기 때문이다. 우리는 한 땅에 사는 한 백성이다. 더구나 이 두 단일체(땅과 사람)는 서로 긴밀하게 연관되어 있다. 하나님이 "생육하고 번성하여 땅에 충만하라. 땅을 정복하라"(창 1:28)라고 말씀하셨기 때문이다. 그러므로 한 백성은 한 땅에 거주하면서 그 땅을 길들여 자신들을 위해 자원을 이용해야 한다. 태초에는 땅을 분할했다거나 국가들 간에 경쟁을 했다는 암시가 전혀 없다. 전체 백성이 공동 유익을 위해 세상을 개발했다. 모든 사람은 하나님이 주신 땅의 부유함을 함께 나누었다. 이 '분배 정의'의 원리는 오늘날도 여전히 적용된다.

하지만 이러한 신적 목적은, 땅 표면을 분할해서 나누고 땅에 매장된 광물들과 화석 연료들을 시샘하면서 감시하는 국가들 간의 경쟁으로 좌절되었다. 물론 성경은 (현실적인 책이므로) 국가들의 존재를 인정하고, 그들이 발전하는 역사와 영토와 국경이 궁극적으로는 하나님의 주권적인 통제 하에 있음을 나타내며, 그들이 만들어 낸 문화적 다양성을 환영하고(모든 문화적 관행을 환영하는 것은 아니지만), 끝까지 "민족이 민족을 대적하여 일어나리라"라고 경고한다. 하지만 성경은 이런 국제적 경쟁을 묵과하지 않는다. 오히려 여러 나라가 서로 이해할 수 없는 언어를 사용하고 상호 적대적인 것은 인간의 불순종과 교만에 대한 하나님의 심판의 결과라고 말한다(창 11장).

성경은 하나님의 주된 구속 목적 중 하나는 나라들을 분리시키는 대립을 극복하고 그리스도 안에서 인류를 재결합하는 것임을 암시한다. 그래서 바벨탑 사건 직후에, 하나님은 아브라함의 후손을 통해 땅의 모든 족속에게 복을 주겠다고 약속하셨다(창 12:1-3). 그분은 예언자들을 통해 모든 민족이 언젠가는 예루살렘으로 '모여들' 것이라고 예언하셨으며(예를 들어, 사 2:2), 부활하신 예수님은 제자들에게 가서 모든 족속으로 제자를 삼으라고 말씀하셨고(마 28:19), 성령은 '모든 육체'에 임했다[누가가 언급하는 19개 민족 집단은 당시 알려져 있던 전 세계를 나타낸다(행 2:5-11, 17)]. 바울은 그리스도의 십자가가 성취한 것을 유대인과 이방인 사이를 가르는 적대감의 벽이 무너졌다는 말로, 또한 그 둘에서 '한 새 사람' 혹은 하나의 새 인류가 창조되었다는 말로 묘사했다(엡 2:14-15). 구속받은 자들이 하나님 앞에 있는 비전은, "각 나라와 족속과 백성과 방언에서"(계 7:9) 아무도 능히 셀 수 없는 큰 무리가 있는 장면이다. 이렇게 성경 계시 전체를 면면히 흐르는 국제주의의 요소는 도저히 놓칠 수 없는 것이다.

그러므로 우리는 세계의 가난한 사람들에 대한 책임을 그들이 다른 민족이거나 우리의 관심사가 아니라는 이유로 회피할 수 없다. 선한 사마리아인의 비유에서 주된 요점은 인종적 반전이다. 이웃 사랑이 인종적·국가적 경계를 무시한다는 뜻이 아니라, 어떤 유대인도 사마리아인에게 행할 꿈도 꾸지 않았던 일을 사마리아인이 유대인에게 행했다는 뜻이다.

애국심은 하나님의 섭리로 우리가 속하게 된 조국에 대한 타당한 사랑이다. 알프레드 더프 쿠퍼(Alfred Duff Cooper) 경은 "자신의 나라에 대한 사랑은 모든 참된 사랑과 마찬가지로 맹목적이고, 편견을 가지며, 열정적이다"라고 말했는데(1950년대 초반에 그렇게 말한 것 같다), 그것은 대단히 잘못된 생각이다. 그 말이 빈정대는 말이었기를 바란다. 그가 묘사한 것은 '애국심'이 아니라 '옳건 그르건 내 나라'에 좁은 시야로 과장되게 충성하는 '민족주의'였기 때문이다. 개발도상국들을 희생시켜 우리에게 유리한 무역 정책을 세우도록 하는 것은 애국심이 아니라 민족주의다. 민족주의는 성경의 관점과도, 그리스도의 마음과도 양립할 수 없다. 우리 그리스도인들은 단일성(한 지구, 한 백성)이라는 성경의 원리를 천명하고, 세계적 관점을 개발하며, 모든 사람이 불가피하게 상호 의존하고 있음을 인정하는 더 헌신적인 국제주의자가 되고자 애써야 한다.

평등의 원리

둘째 원리는 평등이다. 고린도후서 8:8-15에 나오는 사도 바울의 가르침을 생각해 보자.

8절 내가 명령으로 하는 말이 아니요, 오직 다른 이들의 간절함을 가지고 너희의 사랑의 진실함을 증명하고자 함이로라.

9절 우리 주 예수 그리스도의 은혜를 너희가 알거니와, 부요하신 이로서 너희를 위하여 가난하게 되심은 그의 가난함으로 말미암아 너희를 부요하게 하려 하심이라.

10절 이 일에 관하여 나의 뜻을 알리노니, 이 일은 너희에게 유익함이라. 너희가 일 년 전에 행하기를 먼저 시작할 뿐 아니라 원하기도 하였은즉.

11절 이제는 하던 일을 성취할지니 마음에 원하던 것과 같이 완성하되 있는 대로 하라.

12절 할 마음만 있으면 있는 대로 받으실 터이요 없는 것은 받지 아니하시리라.

13절 이는 다른 사람들은 평안하게 하고 너희는 곤고하게 하려는 것이 아니요 **균등**하게 하려 함이니.

14절 이제 너희의 넉넉한 것으로 그들의 부족한 것을 보충함은 후에 그들의 넉넉한 것으로 너희의 부족한 것을 보충하여 **균등**하게 하려 함이라.

15절 기록된 것 같이, 많이 거둔 자도 남지 아니하였고 적게 거둔 자도 모자라지 아니하였느니라.

본문에서 바울은 평등(균등)이라는 목표를 두 번 언급했는데, 간과하지 않도록 강조체로 표시해 놓았다. 바울이 그리스 교회에서 가난한 유대 그리스도인들을 위한 모금을 계획하고 가르친 내용이라는 전체 맥락에서 살펴보아야 한다. 바울은 먼저 그들에게 그 가르침이 명령이 아니라 시금석이라고 안심시킨다. 그는 그들의 사랑이 진실한 것이라는 증거를 찾는다(8절). 그러므로 그들은 자발적으로 주어야 한다. 해도 되고 안 해도 된다는 의미가 아니라(그들은 더 궁핍한 그리스도인 형제 자매들과 나눠야 할 의무가 있으므로), 자연스럽고 자유롭다는 의미에서 자발적이다(단지 사도에 대한 순종이 아니라 가난한 자들에 대한 사랑의 표현이다).

바울은 곧바로 그리스도의 자발적인 숭고한 은혜를 진술한다(9절). 그는 혜택받지 못한 자들을 위해 성육신의 신학과 성육신에 따른 자비로운 포기에 근거해서 호소한다. 그는 부에 대해 두 가지, 가난에 대해 두 가지를 언급한다. 그리스도는 부유하셨으나 가난해지셨다. 의미 없는 금욕 행위로서가 아니라 "너희를 위하여" 그렇게 되신 것이다. 그분의 가난함을 통해 너희가 부유하게 되도록, 다시 말해, 우리의 가난 때문에 그분은 자신의 부유함을 포기하시고 우리가 그 부유함을 차지하도록 하셨다. 그것은 평등을 염두에 둔 포기였다. 우리의 가난을 종식하려는 그분의 관심과 부유함을 포기하려는 결심은 '은혜'(9절)의 표현이었다. 이와 비슷한 행동을 하는 것이 우리의 '사랑' 표현이다(8절). 은혜는 값 없이 공로 없이 주는 사랑이기 때문이다.

바울은 그들에게 사랑을 증명해야 한다고 권고하면서 어떻게 그렇게 할 수 있는지 몇 가지 실제적인 조언을 덧붙인다. 그들은 1년 전에 그들이 원했고 하기 시작한 일을 이제 완성해야 한다. 원하는 것과 행하는 것은 그들의 수단에 따라('있는 대로') 결합되어야 하기 때문이다(10-12절). 그리스도인의 구제는 비례적으로 주는 것으로, 기꺼이 주려는 마음이 있는 경우 그 사람이 가진 것에 따라 받으실 것이다('있는 대로 받으실 터이요'). 바울이 바란 것은 그들이 궁핍해짐으로써 다른 사람들을 구제하는 것이 아니다. 그것은 한 가지 문제를 해결하여 다른 문제를 일으키는, 단순한 상황 역전일 뿐이기 때문이다. 그렇지 않다. 그가 바란 것은 "균등하게 하려는"(13절) 것이다. 그는 일부 사람들의 부와 다른 사람들의 결핍을 나란히 놓고 조정하기를, 즉 부요함으로 결핍을 덜어 주기를 요구한다(14절). 두 번에 걸쳐 그는 '이소테스'(*isotēs*)를 하려는 것이라고 말한다. 그 말은 통상 '평등'을 의미하지만 '공정' 혹은 '정의'를 의미하기도 한다. 마지막으로(15절), 그는 만나에 대한 구약의 본문에 호소한다. 하나님은 모든 사람에게 충분하게 공급하셨다. 식구가 많으면 많이 모았지만 너무 많이 모으지는 않았다. 전혀 남지 않았기 때문이다. 식구가 적으면 조금 모았지만 너무 적게 모으지는 않았다. 전혀 모자라지 않았기 때문이다. 각 가정이 충분하게 가졌다. 탐욕이 아니라 필요에 따라 모았기 때문이다.

이 교훈들을 역순으로, 오늘날 세계 상황에 적용하며 요약해 보자. (1) 하나님은 모든 사람의 필요에 따라 충분하게 공급하셨다(해, 비, 땅, 공기, 물 등 적절한 자원을). (2) 부유함과 결핍, 부와 가난 간의 커다란 불균형은 하나님께 용납받을 수 없다. (3) 심각한 불균형 상태가 일어나면 '평등' 혹은 '정의'를 확보하기 위해 조정해서 바로잡아야 한다. (4) '정의'를 바라는 그리스도인의 동기는 '은혜', 사랑의 관대함이다. 부유하셨으나 가난해지셔서 자신의 가난함으로 우리를 부요하게 하신 예수 그리스도의 경우처럼 말이다. (5) 우리는 이 점에서 그리스도의 본을 따라야 하며 우리 사랑이 진실함을 증명해야 한다. 어떻게 전 세계적으로 평등을 이룰 수 있는지, 이루어야 하는지는 또 다른 문제다. 경제학자마다 견해가 다르지만 방법이 어떠하든 평등이나 공정을 추구하는 동기는 사랑이다.

어떤 사람들은, 바울의 교훈이 하나님의 가족 안에서의 평등, 그리스 출신 이방인 그리스도인들이 유대 그리스도인들을 돕는 것과 관련되어 있으며, 그것을 교회에서 세상으로 확대 적용해서는 안 된다고 반대할 수도 있다. 하지만 나는 그러한 제한을 받아들일 수 없다. 부유하신 그리스도께서 스스로 가난해지신 이유였던 '가난한 자들'은, 우리와 같은 믿음 없는 죄인이었다. 게다가 심각한 불균형을 바로잡아야 한다는 원리는 보편적 진리로 보인다. 바울이 "우리는 기회 있는 대로 모든 이에게 착한 일을 하되 더욱 믿음의 가정들에게 할지니라"(갈 6:10)라고 쓰면서 '더욱'이라는 말을 쓴 목적은, 불신자들을 배제하려는 것이 아니라 우리의 첫 번째 책임이 그리스도인 형제 자매들에게 있음을 상기시키려는 것이었다.

이제 바울의 가르침을 중요한 단서를 가지고 해석할 차례다. 그가 우리에게 목표로 제시하는 '평등'은 절대적이기보다 상대적이다. 그는, 모든 사람이 똑같은 보수를 받고 똑같은 가구가 딸린 똑같은 집에 살며 똑같은 옷을 입고 똑같은 생활 방식을 영위하면서 정확하게 똑같이 되는, 완전한 '평등주의'를 권하는 것이 아니다. 살아 계신 하나님은 단조로운 획일성의 주님이 아니라 다채로운 다양성의 주님이기 때문이다. 그분이 우리를 만드실 때 평등한 존엄성과 가치를 지니도록 하신 것은 사실이다(우리는 모두 그분의 생명을 공유하고 그분의 형상을 지니고 있으므로). 또한 그분이 모든 인류에게 차별 없이 햇빛과 비의 복을 주시는 것도 사실이다(마 5:45). 하지만 그분이 우리를 능력 면에서 평등하게 만드신 것은 아니다. 창조될 때부터 우리는 서로 다르다—지적으로(우리는 지능 지수가 서로 다르다), 심리적으로(우리의 기질은 다양하다), 육체적으로(어떤 사람은 잘생겼고, 어떤 사람들은 못생겼으며, 어떤 사람은 튼튼하고, 어떤 사람은 허약하다). 그리고 우리의 새 창조는 이러한 차이를 확장한다. 우리는 "그리스도 예수 안에서 하나"(갈 3:28)이고, 똑같은 하나님의 자녀이며, 믿음으로 말미암아 은혜로 의롭다 하심을 받았으며, 같은 성령이 우리 안에 내주하시지만, 그리스도는 그분의 영을 통해 우리에게 서로 다른 영적 은사를 주시며, 그 은사의 가치는 교회를 세우는 정도에 따라 서로 다르다.[52]

개인적·경제적 추론

그렇다면 성경에서 발견한 것—단일성과 다양성, 평등성과 불평등성—을 어떻게 결합할 수 있는가? 두 가지 대답을 할 수 있다. 첫째로, 우리 개인의 경제적 생활 방식의 문제가 있다. 우리가 어떤 수준으로 살기로 해야 하는지, 자신과 이웃에 사는 다른 사람들 간에 어느 정도 차이를 허용해야 하는지 결정할 수 있는 판단 기준이 있는가? 그것은 모든 선교사가 직면해야 하는 문제다. 특히 그들이 부유한 상황에서 개발도상국으로 가게 된다면 더욱 그렇다. 윌로우뱅크 보고서(Willowbank Report)는 이 주제에 대해 도움을 주었다. "우리는 '현지인과 같은 생활을 해야' 한다고는 생각하지 않는다. 주된 이유는, 외국인이 그렇게 하면 진정이 아니라 연기를 하는 것으로 보일 수 있기 때문이다. 하지만 우리의 생활 방식과 주변 사람들의 생활 방식 사이에 뚜렷한 불균형이 있어야 한다고도 생각하지 않는다. 우리는 이러한 두 극단 사이에서, 돌보고 나누는 사랑을 표현하는 생활 수준, 다른 사람들을 대접하는 것을 자연스럽게 여기는 생활 수준을 개발할 수 있다는 것을 알았다."[53] 이것은 대단히 실제적인 경험 법칙인 듯하다. 내가 다른 사람의 집을 방문하거나 다른 사람들을 우리 집으로 초대할 때 서로 생활 방식의 격차가 커서 당혹스럽다면 뭔가 잘못된 것이다. 불평등은 교제를 깨뜨린다. 이쪽이나 저쪽으로, 혹은 양 방향으로 평등화해야 한다. 니에레레(Nyerere) 대통령은 "어떤 사람도 다른 사람의 부에 비추어 자신의 가난을 부끄러워하지 않고, 어느 사람도 다른 사람의 가난에 비추어 자신의 부를 부끄러워하지 않는"[54] 탄자니아를 건설하는 데 이 도전을 적용했다.

둘째로, 이 원리는 우리가 북반구와 남반구 간의 경제적 불평등에 대해 생각할 때 도움을 줄 수 있다. 우리는 모두 평등한 가치를 가지고 있으므로(우리의 능력이 평등하지 않아도), 각 사람이 공동의 유익을 위해 하나님이 주신 자신의 잠재 능력을 개발할 평등한 기회를 확보하는 것이 분명 옳다. 우리는 모든 불평등을 폐할 수 없으며, 심지어 (창조의 다양성 때문에) 그렇게 하려고 해서도 안 된다. 우리가 폐하려 애써야 하는 것은 특권의 불평등인데, 이는 기회의 평등을 창출하기 위해서다. 수많은 사람이 자신의 잠재력을 개발하지 못하기 때문이다. 그리스도인들이 보기에는 이것이야말로 치욕이다. 그것은 인간을 좌절시키고 성취하지 못하게 만들기 때문에 인간에 대한 범죄이며, 낭비하지 않고 개발하고 섬기는 일에 사용하도록 은사를 주신 창조주께 범죄하는 것이다. 공정 무역의 중요성, 부채 탕감, 효과적인 원조의 필요성, 에이즈와 싸워야 할 긴급한 필요성에 대해서는 이미 논했다. 하지만 기회의 평등이 절실히 필요한 분야가 더 있다. 교육과 참여다.

교육

분명 첫째는 교육이다. 다수 세계에서 성인 네 명 중 한 명은 문맹이다. 6세부터 11세 사이의 세계 아동 1억 3천만 명은 학교에 다니지 않는다. 그중 9천만 명은 여자 아이다. 초등학교에 다니기 시작한 여자 아이 네 명 중 한 명은 4년 안에 중퇴한다.[55] 우리는 교육 기회의 평등을 추구하는 모든 프로그램을 지원해야 한다. 보편적 교육은 사회 정의를 이루는 가장 빠른 지름길일 것이다. 그것은 사람들의 사회적 의식을 개발하고, 자신의 운명을 이해하고 제어할 용기를 주기 때문이다. 잠비아에서 초등교육을 받은 엄마의 아이는 교육을 전혀 받지 못한 엄마의 아이보다 생존 가능성이 25퍼센트 더 높다. 필리핀에서 엄마가 초등교육을 받은 경우 아이가 사망할 위험이 절반으로 줄어든다.

참여

둘째로, 개발도상국들은 국제적 책임에서 평등성을 부여받아야 한다. 국제 통화 기금, 세계 은행, 무역과 관세에 관한 일반 협정(General Agreement on Trade and Tariffs, 지금은 WTO)은 모두 1944년에 열린 브레튼 우즈(Bretton Woods) 회의의 결과로 설립된 것으로, 다수 세계 국가 대표들이 최초로 개최한 UNCTAD(무역과 개발에 대한 유엔 회의) 첫 모임보다 20년 이상 앞섰다. 개발도상국들이 그들 경제 생활의 지나치게 많은 부분을 통제하는 이러한 국제 기구들 안에서 더 많은 발언권을 부여받아야 한다는 것은 기본적 정의다. 어떤 결정에 영향을 받는 사람들은 반드시 그 의사 결정 과정에 참여해야 한다. 몇 가지 긍정적 표지들이 있다. GATT가 1948년 1월에 실시되었을 때는 23개국이 조인했다. 2000년 1월 현재 WTO는 135개 회원국을 거느리고 있으며, 31개국이 가맹 절차를 밟고 있다. 하지만 다수 세계가 발휘할 수 있는 영향력은 부유하고 힘있는 나라들이 그들에게 가한 불의를 극복하기에는 여전히 미약하다.

무엇보다도 앞에서 논한 다른 중대한 영역에서 행동을 취하고 이 영역들(교육과 참여)에서 기회의 균등을 보장할 때, 세계의 재화를 더 공정하게 분배할 수 있을 것이다.

우리는 거시 경제가 복잡하다는 구실로 아무것도 하지 않고 가만히 있고 싶은 유혹을 받는다. 우리는 하나님이 그 백성을 더 많이 부르셔서 그들이 새로운 국제 경제 정책을 개발하고 정치적 해결책을 찾기 위해 애쓰며 다수 세계 개발과 실제적 자선과 복음 전도에 헌신하도록 기도해야 한다. 하지만 일부 사람들만 이런 부르심에 응답하고 있다.

우리 모두는 예수님이 느끼셨던 굶주린 자들의 고통, 가난한 자들의 소외, '땅의 비참한 자들'의 모욕감을 느낄 수 있다. 궁극적으로 북반구와 남반구 간의 불평등은 정치적인 것도 경제적인 것도 아니고 도덕적인 문제다. 우리는 전 세계에 만연한 사회적 불의에 도덕적 분노를 느끼고 전 세계에 만연한 인간의 고통에 동정을 느끼기 전에는 행동하려 하지 않을 것이다. 우리는 어떤 행동을 취할 수 있는가? 먼저 상황을 아는 것부터 할 수 있다. 나사로가 부자의 대문 앞에 누워 있듯이, 다수 세계는 우리의 대문 앞에 누워 있다. 부자는 몰랐다고 변명할 수 없다. 우리도 변명할 수 없다. 우리는 언론에서 다수 세계에 대한 내용을 보도하도록 해야 하며, 다수 세계의 필요를 채우기 위해 애쓰는 잡지를 구독하거나 세계 개발 운동에 참여할 수 있다. 개발도상국 출신의 사람들과 우정을 나누며 다수 세계에 가서 단기간 봉사를 할 수도 있다. 이런 노력이 정치적 운동으로 발전할 수도 있다. 그것은 또한 우리의 주머니에 영향을 미칠 것이다. 이 책을 읽는 사람들은 모두 비교적 부유한 사람들일 것이다. 그렇지 않다면 이 책을 살 돈이 없을 테니까. 우리는 하나님이 우리에게 주신 좋은 것들에 감사해야 한다. 하지만 단일성과 평등성이라는 성경의 원리도 기억해야 한다. 그러면 세계 개발과 세계 복음화 둘 다를 위해 아낌없이 헌금하게 될 것이다. 우리가 개인적으로 더 검소한 생활 방식을 지향한다고 해서 세계의 경제 문제를 해결할 수는 없을 것이다. 하지만 그것은 그리스도인의 순종, 가난한 자들과의 연대, 자신을 비우고 종의 모습을 취한 예수 그리스도의 은혜에 참여함을 나타내는 중요한 상징이다.

7
인권

사람은 가치 있는 존재이며 따라서 존엄하고 존귀하게 대해야 한다는 생각은 오랫동안 존재했지만, 20세기에 들어서야 비로소 인권이라는 말로 표현하게 되었다. 인권이란 특별 인권, 곧 어느 나라의 시민이기 때문에 혹은 판매 계약서에 서명을 했기 때문에 가질 수 있는 권리가 아니라 그저 인간이기 때문에 기대할 수 있는 인간다운 삶의 권리를 말한다.

인권에는 여러 가지가 있다. 하지만 매리 로빈슨(Mary Robinson)은 2002년 1월 유엔 인권 고등 판무관이 되었을 때, 주요한 두 가지 인권의 차이를 발견했다. 그녀는 의견이 일치하지 않는 원인이 인권 문제 때문임을 깨달았으며, 이렇게 썼다.

나는 이러한 여러 가지 고충을 주의깊게 들으면서 두 가지 요소를 발견했다. 첫째, 인권이라는 의제는 주로 서구 나라들이 개발도상국들을 비난할 때 등장하는데, 개발도상국들이 모든 시민의 자유를 지지하지 않고 선택적으로만 자유를 주었다고 주장한다. 둘째, 이러한 비난이 한정된 몇 가지만 강조한다는 것이다. 인권은 대체로 공정한 재판, 표현, 결사, 종교의 자유, 고문이 없는 것 등 시민의 자유에만 국한되는 것으로 여겨졌으며, 음식과 교육과 기본적인 보건 같은 경제적·사회적·문화적 권리는 무시되었다.[1]

인권의 두 요소를 모두 고찰하는 것이 중요하다. 넓게 말해서, 시민의 권리는 고문이나 폭력 같은 일을 당하지 않을 권리라고 말할 수 있다. 복지에 대한 권리라고 불리기도 하는 경제적 권리들은 교육이나 음식 같은 것을 가질 권리를 말한다. 하지만 성경은 빈곤과 억압 둘 다에 관심이 있다. 둘 다 인간에 대한 하나님의 의도를 모욕하기 때문이다.

극악무도한 인권 침해

인권이라는 개념이 크게 부상하고, 1948년의 세계 인권 선언(Universal Declaration of Human Rights)에 서명하면서 가장 강력하게 표현된 때가 바로 20세기였다는 사실은 우연의 일치가 아니다. 20세기는 전 세계를 구역질나게 하고 소름 끼치게 만든 극도의 폭력으로 얼룩졌다. 두 세계대전은 6천만 명의 생명을 앗아 갔으며, 수많은 사람의 희망을 파괴했다. 제2차 세계대전 때 강제 수용소와 가스실에서 6백만 명의 유태인이 죽임을 당했으며, 이후에도 세계 공동체는 여러 번에 걸쳐 계획적인 대량 학살을 목격했다. 스탈린, 이디 아민(Idi Amin), 밀턴 오보테(Milton Obote), 사담 후세인, 폴 포트라는 이름은 모두 무고한 사람들을 살해하는 혐오스런 모습을 상기시킨다.

아르헨티나 혹은 이라크와 같은 많은 사회에서, 사람들이 그냥 '사라져서' 다시는 볼 수 없었다. 보스니아나 이라크의 대규모 무덤은 인권이 잔인하게 유린당한 것을 증거한다. 인권과 인간의 생명에 많은 희생을 입힌 '잊힌' 전투들이 많이 있다. 국제 앰네스티(Amnesty International)는 콩고 민주 공화국에서 2003년까지 5년에 걸쳐 3백만 명이 목숨을 잃었다고 추산했다. 하지만 인권을 유린당한 곳의 목록은 너무나 많다. 고문은 세계적으로 비난을 받고 있음에도 세계 여러 지역에서 계속되고 있다. 에밀리오 카스트로(Emilio Castro) 박사가 썼듯이, 고문은 "고문하는 사람의 인간성을 말살하고, 고문당하는 사람의 인격을 짓밟는다."[2]

1989년 베를린 장벽이 무너졌으며, 많은 서방 사람은 세계 여기저기에서 사람들에게 자유와 안전의 시대가 밝아 오고 있다고 생각했다. 이전에 소련에 속해 있던 나라들이 민주주의를 택하고 일부는 유럽 연합 회원국이 됨에 따라, 민주주의의 물결이 몰아쳤다. 그러나 약간은 개선되었음에도 이후 10년간 세계에서 바야흐로 인권 학대가 만연하고, 여성과 아동에 대한 대규모 착취가 계속되고, 노골적인 집단 학살이 재등장하고, 그리스도인에 대한 핍박이 커지리라고는 짐작하지 못했다.

우리는 중앙 아프리카에서 인종적·부족적 분쟁이 일어나 1994년에만 르완다에서 50만에 달하는 투치족이 '체계적으로 계획되고 묵과된' 살해를 당하는 것을 지켜보았다.[3] 게다가 대다수 르완다 사람은 무장하지 않은 시민들을 향해 휘두른 곤봉이나 칼에 맞아 죽었다. 그중 많은 사람이 보호받기 위해 교회에 모여 있었다.[4] '인종 청소'(끔찍한 표현이다)는 격렬한 억압과 죽음과 '실종'으로 이어졌다. 보스니아 세르비아의 두 최고 지도자 라도반 카라지치(Radovan Karadzic)와 라트코 믈라디치(Ratko Mladic)는 세르비아 영토 내의 8천 명에 달하는 무슬림을 개인적으로 처형했다는 혐의를 받고 고소되었다. 몇 년 지나면 이 충돌에서 희생된 민간인 수가 정확히 얼마나 되는지 알 수 있을 것이다.

그리스도인들 역시 몇몇 지역에서 점점 더 억압을 받았으며, 해마다 신앙 때문에 정부나 폭도에게 죽임을 당한다. 특히 이집트, 수단, 이란, 인도네시아, 중국 등에서 그리스도인을 핍박하는데, 납치해서 종으로 삼거나 고문하거나 교회를 불태우는 일 등이 일어난다. 2004년, 중국 허난 성(중국 중동부) 카이펑 시에서 100개 이상의 개신교 가정 교회 지도자들이 수련회를 막 시작했을 때, 200명이 넘는 공안 관리들이 나타났다. 그들은 체포 영장이나 공식 신분증도 제시하지 않고 지도자들을 구금했다. 거기에는 어린아이들도 몇 명 있었다. 석 달 새 세 번째 대량 체포였다. 당시 대부분이 풀려났지만, 아직도 그리스도인 지도자들은 장기 징역형을 받을 수 있다.

소말리아에서는 그리스도인이라고 밝히면 죽임을 당할 수 있다. 소말리아는 역사적으로 오랫동안 기독교에 대해 적대적이었다. 독립 이후 교회들은 국유화되었으며, 모든 선교 활동이 중단되었다. 1991년, 시아드 바레(Siad Barre)가 실각한 후 국가가 붕괴되었을 때 심각한 핍박이 시작되었다. 호전적인 이슬람 교도들이 나라 전체를 장악하고 교인 전체를 몰살했다. 2004년 4월, 영향력 있는 소말리아 이슬람 집단인 쿨란카 쿨림다의 부의장 시크 누르 바루드(Sheikh Nur Barud)는 로이터와의 인터뷰에서 이렇게 말했다. "이슬람 법에 따르면 모든 소말리아 그리스도인들은 죽어야 합니다. 그런 사람들은 소말리아에서 발붙일 곳이 없으며, 우리는 절대 그들의 존재를 인정하지 않을 것이고 그들을 살해할 것입니다."[5]

이런 잔학 행위 목록을 보면서 우리는 몇몇 대상에 대해서만 분개할 우려가 있다. 마치 호전적인 인종 집단, 부패한 경찰, 악한 독재자들만 인권 침해를 저지르기라도 하는 듯이. 영국인들은, 1978년 프랑스 스트라스부르에서 열린 유럽 인권 법정(European Court of Human Rights)에서 1971년 영국 왕립 얼스터 경찰대(Royal Ulster Constabulary)가 IRA(아일랜드 공화국 군대) 테러리스트 용의자 14명을 심문한 방법이 인권에 대한 유럽 협약 제3조를 어긴 것이라고 판결한 일을 부끄러운 마음으로 기억해야 한다. 그 법정은 당시의 심문 방법들이 '고문'에 해당한다는 아일랜드 정부의 고발에 대해 영국 정부의 무혐의 판정을 내리기는 했지만, '비인간적이고 품위를 떨어뜨리는 처우'라고 묘사했다. 영국 정부는 그 법정의 판결을 받아들여 검토 위원회를 만들고 그 위원회의 권고 사항들을 이행했다.

2004년, 이라크에 주둔한 미국과 영국 병력이 현지인들의 인권을 학대하고 있다는 추측은 바그다드 인근의 아부 그라이브(Abu Ghraib)에 잡혀 있는 포로들의 상태가 폭로되면서 현실로 드러났다. 영국군이 수감된 무슬림들을 고문하고 수치를 주고 그들의 종교적 관습을 능욕했다는 이야기가 나돌았다. 그들이 학대받는 모습이 사진으로 찍혔고, 일반 대중들이 그런 사진을 입수했으며, 그 사진들은 신문과 텔레비전과 인터넷에 게재되었다. 무슨 일이 일어났는지 조사한 결과, 인권 학대가 흔했다는 사실이 드러났고 그런 일을 한 사람들 중 일부는 군법회의에 회부되었다.

같은 시기에, 쿠바 관타나모 만에 있는 감옥 시설에서 사람들을 처우한 실태에 대해 대규모 항의가 일어났다. 이 시설은 미국 정부가 운영하는 것으로, 테러리스트로 의심받아 투옥된 사람들과 미국이 아프가니스탄에 관여한 시기에 체포된 사람들을 수용하고 있었다. 항변의 내용은 관타나모 만에 투옥된 사람들이 정당한 과정을 거치지 않고 투옥되었다는 것이었다. 풀려난 사람들은 그들이 왜 잡혀 있는지 아무도 이야기해 주지 않았을 뿐 아니라 구금되어 있던 상황이 열악하고 심문 방법이 제네바 협정에 맞지 않았다고 주장했다.

인권의 등장

인권이라는 개념은 대단히 오랜 역사가 있다. 플라톤과 아리스토텔레스는 자유와 정의라는 개념을 가지고 씨름했으며, 토마스 아퀴나스와 다른 중세 신학자들은 헬라인들의 사상을 '자연권'이라는 견지에서 기독교화했다. 영국 역사를 짚어 보면, 1215년에 존 왕이 서명하고 헨리 3세 왕이 10년 후에 재발행한 마그나 카르타(대헌장. 영국 헌법의 근거가 된 최초의 문서—편집자 주)가 있다. 그 규정 중에는 교회의 자유와 공정한 재판을 보장해 주는 조항이 있었다. 영국 역사에서 또 다른 중대 사건은 왕이 국회에 종속되도록 한 권리장전(Bill of Rights, 1688-1689)이 확립된 것이다.

미국과 프랑스는 18세기 말에 일어난 혁명으로 시민들이 헌법상의 권리를 확보했다. 토머스 제퍼슨(Thomas Jefferson)이 초안을 작성한 미국 독립 선언문(1776)은 "모든 사람은 평등하게 창조되었으며", "창조주로부터 특정한 양도할 수 없는 권리", 특히 "생명, 자유, 행복을 추구할" 권리를 부여받았음은 "자명하다"고 천명했다. 1789년 국회에서 공포된, 인간과 시민의 권리 선언(Declaration of the Rights of Man and of Citizens)에도 비슷한 말이 실려 있다. 그것은 인간의 '천부적이고 양도 불가능한 불가침의 권리' 혹은 '천부적이고 양도 불가능하고 신성한 권리'에 대해 말한다. 토머스 페인(Thomas Paine)은 「인간의 권리」(The Rights of Man, 1791)에서 이 선언을 설득력 있게 변호했다.

인권을 세상에서 가장 중요한 의제로 만든 것은 히틀러의 만행과 일본의 잔인성을 보여 준 제2차 세계대전이었다. 1941년 6월, 루스벨트 대통령은 "연합 국가"(State of the Union)라는 연설을 하면서 "네 가지 필수적인 자유 위에 설립된 세계"가 등장하기를 고대했다. 그 네 가지는 언론과 표현의 자유, 모든 사람이 자기 방식대로 하나님을 예배할 자유, 빈곤으로부터의 자유, 두려움으로부터의 자유다. 그는 각각의 자유 뒤에 "세계 모든 곳에서"라는 말을 덧붙였다.[6]

유엔 기구는 1945년에 설립되었다. 그 헌장 전문(前文)에는 이렇게 되어 있다. "유엔에 소속된 우리는" "근본적인 인권, 인간의 존엄성과 가치, 남자와 여자 및 큰 나라와 작은 나라의 평등한 권리…를 재천명하기로 결의한다." 제1조는 "인종, 성별, 언어, 종교의 구별 없이 모든 사람의 인권과 기본적 자유를 존중하는 것을 증진하고 고무하는 일에" 국제적으로 협력할 것을 표명한다. 제55조는 한걸음 더 나아가, 유엔은 "인종, 성별, 언어, 종교의 구별 없이 모든 사람의 인권과 기본적 자유를 전 세계적으로 존중하고 준수하는 일"을 증진할 것이라고 표명한다.

그 다음해에 유엔은 고(故) 루스벨트 대통령의 부인 엘리너(Eleanor)를 의장으로 한 인권 위원회를 설립했다. 그 위원회의 임무는 작성을 위임받은 국제 권리장전의 첫 번째 구성 요소인 보편적 인권 선언서(Universal Declaration of Human Rights)를 준비하는 것이었다. 그 전문은 "인간 가족 모든 구성원의 타고난 존엄성, 평등하고 양도할 수 없는 권리들은 세계 자유와 정의와 평화의 토대다"라고 표명한다. 제1조에서는 "모든 인간은 자유롭고 평등한 존엄성과 권리를 지니고 태어났다"라고 선언한다. 제2조는 "모든 사람은 인종, 피부색, 성별, 언어, 종교, 정치적 견해 및 다른 의견들, 민족적 혹은 사회적 기원, 재산, 출생 혹은 다른 지위에 의해 구분되지 않고, 선언서에 나와 있는 모든 권리와 자유를 지닐 자격이 있다"고 덧붙인다. 선언서의 첫 번째 부분은 정치적 권리와 시민의 권리를 다루며, 두 번째 부분은 경제적·사회적·문화적 권리를 다룬다. 선언서는 1948년 12월 10일 파리에서 열린 유엔 총회에서 채택되었다. 물론 모든 나라가 비준하지는 않았지만 말이다.

레바논의 기독교 공동체에 속해 있었으며 후에 유엔 총회 의장이었던 고(故) 찰스 말릭(Charles H. Malik) 박사는 선언서가 준비되던 1940년대에 대해 이렇게 썼다. "가장 황폐화시키는, 육체적·경제적·정치적으로뿐만 아니라 도덕적·영적·인간적으로 더욱 황폐화시키는 전쟁에서 방금 벗어난 세계에서, 우리는 인간의 온전한 존엄성을 되찾고 재천명하는 것보다 더 필요한 일은 없다고 믿는다."[7]

지금은 인권을 보호하는 수백 개의 협약, 협정, 기타 문서들이 있다. 그리고 그 범위는 도덕적·법적·경제적인 것으로 다양하다.[8] 보통 그것을 잘 준수하도록 어떤 장치가 마련되어 있으나, 어떤 나라가 협정에 서명을 하고도 실제로는 그 책임을 소홀히 할 수도 있다. 하지만 여러 나라와 기업들과 여타 기관들이 국제 인권과 관련해서 책임을 지도록 요구하는 국제법이 점차 더 많아지고 있다. 인권 협정에 서명을 한다는 것은 어떤 정부가 자기 국민들을 다루는 방식에 국제 사회가 관여하는 것을 받아들인다는 의미다. 하지만 더 중요한 것은, 정부가 동의한 내용에 대해 책임을 지는 것이다. 사람들은 정부가 그들의 인권을 약속할 때가 아니라 실제로 그것을 이행할 때 권리를 누릴 수 있다. 그러므로 인권은 보호하는 것, 그것을 전적으로 이행하고 감시하는 것이 중요하다. 그렇게 하지 않으면, 인권에 대한 수많은 문서와 수십 번의 협의회와 정상 회담은 협의한 내용을 처박아 두고 무시하거나 공허한 미사여구나 만들 뿐이라는 회의주의만 키울 것이다. 하지만 세계 모든 나라가 인권을 보호하는 협정을 적어도 하나씩은 비준했다는 것은 엄청난 일이다.[9]

인권에 대한 성경적 기초

그리스도인들은 이러한 토론에 어떤 독특한 기여를 할 수 있는지 생각해 보아야 한다. 일부 그리스도인들은 인권이라는 개념 자체를 부인하는데, 우리는 서로에게 책임과 의무만 갖고 있다고 믿기 때문이다. 어떤 사람들은 인권 개념이 너무나 만연해 있어서 인간의 책임이 무시되고 있다는 데 관심을 갖는다. 또 다른 사람들은 인권에 대한 현대의 개념이 본질적으로 기독교적인 요소를 포함한다고 생각한다. 그래서 그것을 보존하는 것이 교회의 책임이며 그것을 전파하는 것이 교회의 선교라고 생각한다. 이런 논의를 평가하면서, 몇 가지 근본적인 질문이 제기된다. 인권은 어디에서 오는가? 그것은 무엇으로 구성되어 있는가? 그리스도인들이 독특하게 기여할 것이 있다면 무엇인가?

이에 대답하기에 앞서 토머스 페인의 답변을 소개하는 것이 좋을 것이다. 그는 이신론자였으며 결코 정통 그리스도인은 아니었지만, 아버지가 퀘이커 교도이고 어머니는 영국 성공회 교도였기 때문에, 인간이 지닌 권리의 기원이 인간의 창조로까지 거슬러 올라간다는 것을 인식하는 기독교적 식견이 있었다. 그는 1791년에 이렇게 썼다.

> 인간의 권리를 존중하면서 고대의 전례에서 그 근거를 추론하는 사람들의 오류는, 고대까지 충분히 거슬러 올라가지 않는다는 것이다. 그들은 끝까지 가지 않고 몇 백 혹은 몇 천 년 전이라는 중간 단계 어디쯤에서 멈춘다.…하지만 계속 나아가다 보면 마침내 우리가 옳다는 것을 알게 될 것이다. 우리는 사람이 창조주의 손에서 나온 그 때에 이를 것이다. 그렇다면 그때 그는 무엇이었는가? 사람이었다. 사람이야말로 그의 높고도 유일한 칭호였으며 그 이상의 높은 칭호는 그에게 주어질 수 없다.[10]

토머스 페인의 말은 옳았다. 인권의 기원은 창조다. 인권은 결코 그들이 '획득한' 것이 아니다. 어떤 정부, 어떤 권위도 그 권리를 수여하지 않았다. 우리는 처음부터 그 권리를 가지고 있었다. 우리는 창조주에게서 생명과 함께 그 권리를 받았다. 그것은 우리가 창조되었을 때 갖춘 것이다. 그것은 창조주가 우리에게 주신 것이다.

포스트모던 시대의 상대주의적이고 세속적인 세계관으로 인해 전통적인 인권 단체의 지지 기반이 거의 남아 있지 않은 요즘, 이것은 우리가 이해해야 하는 주요한 원리다. 유엔의 르완다 대학살 조사단 단장이었으며, 국제 정의 선교회(International Justice Mission)의 회장인 게리 하우겐은 인권 운동은 본래 유대 기독교 세계관과 윤리적 절대 원칙에 대한 헌신에 뿌리를 두고 있다고 말한다. 그리고 포스트모더니티와 문화적 상대주의가 출현하면서 이러한 헌신이 표류하고 있다는 것이다. 그는 이렇게 말한다.

> 제2차 세계대전 이래, 전통적인 인권 단체는 열정적이고 도덕적인 직관으로 정의를 위해 용감히 싸웠다. 그 직관은 의식적으로든 무의식적으로든 절대적 윤리에 대한 유대 기독교적 헌신에 뿌리를 두었다. 하지만 1990년대의 인권 활동가들은 도덕적 상대주의, 다문화주의, 급진적 다원주의라는 세속 철학의 자녀들이다. 따라서 다음 세기의 국제적인 인권 운동은, 새롭고 무질서한 세상에서 도덕적 나침반 없이 길을 헤쳐 나가고 도덕적 혼란을 피하며, 당대의 정치적 유행에 사로잡히지 않기가 점차 더 어려워진다는 것을 알게 될 것이다.[11]

하버드 대학교의 인권 증진을 위한 카(Carr) 석좌 교수인 마이클 이그나티에프(Michael Ignatieff)도 이에 동의한다. "인권은 자신이 다른 아무것도 믿지 않을까 봐 우려하는 세속 문화에서 중요한 신념이 되었다. 영어가 세계 무역의 국제 공통어가 된 것처럼, 그것은 현대 사상의 국제 공통어가 되었다."[12]

이그나티에프는 도덕적 절대가 부재한 가운데 인권이 일종의 세속 종교나 전 세계 도덕적 문제들의 궁극적 준거가 될지도 모른다고 우려했다. 그는 우상숭배로서의 인권에 대한 글 첫머리에서 이렇게 썼다.

> 인권을 세속 종교로 본다면 그것은 잘못된 생각이다. 그것은 교리가 아니다. 형이상학이 아니다. 그렇게 만드는 것은 인권을 일종의 우상으로 바꿔 버리는 것이다. 인본주의는 그 자신을 숭배한다. 인권을 옹호하기 위해 도덕적 형이상학적 주장을 높이는 것은 보편적 호소력을 얻으려는 것이지만, 실제로는 정반

대 효과를 가져온다. 그것은 서구의 세속적 교리가 불필요한 비시구 집난과 종교 집단들 사이에 의심을 불러일으킬 것이다.[13]

종교적 믿음이 있는 사람들은 꾸란에 나온 것이든 성경에 나온 것이든 그들의 근본적인 종교적 가르침에 따라 인권에 대한 견해를 형성할 것이다. 바로 이 때문에 무슬림들은 때로 보편적 인권 선언(Universal Declaration of Human Rights)에 동의하지 않는다. 그들 중 일부는 인권 선언에 나오는 말이 전혀 보편적이지 않다고 생각한다. 그것은 서구의 언어와 철학에 뿌리를 두고 있으며, 개인주의와 인간의 자율을 강조하기 때문이다. 실제로 1947년에 보편적 인권 선언의 초안이 작성되었을 때, 사우디아라비아 대표단은 특히 자유로운 결혼 선택에 대한 16항과 종교의 자유와 관련된 18항에 대해 이의를 제기했다. 그런 비판들은 지금도 이슬람과 서구 인권 단체의 관계에서 이따금 볼 수 있다.

학대받지 않거나 법률적 시정이나 교육을 받고자 한다고 해서 서구적 옷차림이나 언어나 태도를 채택해야 한다는 의미는 아니다. 마이클 이그나티에프는 이에 대해 말했다.

탈레반 민병대로부터 보호받으려고 서구 인권 단체에 오는 카불 여성들이 무슬림 아내와 어머니 역할을 포기하려는 것은 아니다. 그들은 자신들의 전통은 존중받으면서도 교육을 받고 여성 전문가에게 건강 관리를 받고 싶어 한다. 또한 자신들이 그런 권리들을 주장하는 것 때문에 매 맞고 핍박받지 않도록 인권 단체들이 변호해 주기를 바란다.[14]

그러므로 인권에 대해 논의할 때 타문화적 관점을 갖는 것이 중요하다. 어떤 나라가 자신들의 문화는 다르다고 주장하면서 인권 문제를 회피하게 하는 문화적 상대주의에 굴복해서는 안 된다. 하지만 서구의 문화를 다른 세계에 강요해서도 안 된다. 서구인들이 보편적이라고 생각하는 것을 세계 다른 곳의 사람들은 서구적이라고 생각할 수 있으며, 거리낌 없이 그것을 비판할 것이다.

인권의 언어는 옳고 선한 것을 묘사하려 한다는 점에서 도덕적인 언어다. 하지만 그것은 또한 정치적인 언어이기도 하다. 인권에 호소한다고 해서 논쟁이 종식되지는 않으며, 대개 그것은 논쟁을 일으킨다. 인권이 도덕적인 비장의 무기는 아닌 것이다. 인권의 기원이자 인권의 토대를 제공하는, 인권 너머의 어떤 도덕적 틀이 필요하다. 그런 틀이 없으면 그것은 도덕적 진공 상태 안에서 존재하며, 스스로가 자기에 대한 권위가 될 위험이 있다.

인권의 본질은 인간이 된다는 것의 의미를 어떻게 이해하는지에 따라 좌우된다. 왜 사람을 고문하면 안 되는가? 왜 사람들을 먹이고 교육하는 일에 관심을 가지는가? 사람이 무엇이기에 비참하게 사는 이들에게 주의를 기울여야 하는가? 하지만 21세기에 인권 문제의 초점은 생명이 위협받을 때나 적절한 삶의 질을 향유하지 못하는 경우에만 국한되는 것이 아니다. 인권은 우리가 인간의 생명을 창조하려 할 때도 반드시 이해해야 하는 부분이다. 이러한 이유로, 인권은 생명 복제와 유전 공학에 대한 논쟁의 핵심이기도 하다. 성경은 인간의 신성한 목적에 초점을 맞추므로, 이 주제에 대해 많은 것을 말해준다. 세 단어로 그것을 요약할 수 있다. '존엄성' '평등' '책임'이다.

인간의 존엄성

인간의 존엄성은 창세기 1:27-28의 연속된 세 문장에 나타나 있는데, 우리는 환경과 관련하여 그것을 이미 살펴보았다. 첫째로, "하나님이 자기 형상대로 사람을 창조하셨다." 둘째로, "남자와 여자를 창조하셨다." 셋째로, "하나님이 그들에게 복을 주시며 그들에게 이르시되…땅에 충만하라. 땅을 정복하라"라고 하셨다. 여기 보면 인간의 존엄성은 하나님이 창조로 우리를 위해 확립해 놓으신 독특한 세 관계로 이루어져 있다. 그것들은 우리 인간됨의 큰 부분을 구성하며, 타락으로 왜곡되었지만 완전히 파괴되지는 않았다.

첫 번째는 하나님과의 관계다. 인간은 하나님을 닮은 존재로서, 그분의 뜻에 의해 그분의 형상으로 창조된 존재다. 신적 형상에는 우리를 짐승들과 구분하고 하나님과 관련시키는 이성적·도덕적·영적 특성들이 포함된다. 그래서 우리는 복음 전도자들이나 교사들로부터 하나님에 대해 들을 수 있으며 (복음을 듣는 것은 인간의 기본적인 권리다), 그분을 알고 사랑하고 섬길 수 있다. 하나님을 의식적으로 겸손하게 의지하면서 살 수 있고, 그분의 뜻을 이해하고 그분의 명령에 순종할 수 있다. 그렇다면 우리가 종교를 고백하고 실행하고 전파하는 자유, 예배의 자유, 양심의 자유, 사상과 언론의 자유라고 부르는 모든 인권은 우리와 하나님의 관계라는 첫 번째 항목에 들어간다. 인상적이게도 미국 혁명과 프랑스 혁명을 이끈 이신론자들도 본능적으로 이것을 알았다. 앞에서 보았듯이, 미국 독립 선언문은 다음과 같은 유명한 선언을 한다. "우리는 이 진리들이 자명하다고 믿는다. 모든 사람은 평등하게 창조되었고, 창조주로부터 특정한 양도할 수 없는 권리들을 받았으며, 그 권리 중에는 생명, 자유, 행복 추구권이 들어 있다는 것이다."[15]

인간의 두 번째 독특한 능력은 인간들이 서로 맺는 관계와 관련되어 있다. 인류를 만드신 하나님 자신이 사회적 존재로서, 영원히 별개인 세 위격으로 된 한 분 하나님이다. 그분은 "우리의 형상을 따라…우리가 사람을 만들자" "사람이 혼자 사는 것이 좋지 아니하니"라고 말씀하셨다. 그래서 하나님은 사람을 남자와 여자로 만드셨으며 번성하라고 말씀하셨다. 성별은 하나님이 창조하신 것이며, 결혼은 그분이 제정하신 제도이고, 인간이 교제를 나누는 것은 그분의 목적이다. 그렇다면 우리가 성과 결혼과 가정의 신성함, 평화로운 집회를 할 권리, 연령이나 성별이나 인종이나 계층과 상관없이 존중받아야 할 권리라 부르는 인간의 모든 자유는 서로와의 관계라는 이 두 번째 항목에 들어간다.

인간의 세 번째 독특한 특징은 땅과 그 피조물과의 관계에 있다. 하나님은 우리에게 땅을 정복하고 열매가 풍성한 땅을 경작하며 그 피조물들을 다스리라는 지시와 함께 지배권을 주셨다. 그렇다면 일할 권리와 쉴 권리, 땅의 자원을 나눌 권리, 의식주를 해결할 권리, 생명과 건강에 대한 권리, 그것을 보존할 권리, 빈곤과 기아와 질병으로부터의 자유는 땅과의 관계라는 이 세 번째 항목에 들어간다.

지나치게 단순화한 것이기는 하지만, 인간의 존엄성이 의미하는 바를 이렇게 세 가지로 요약할 수 있다. 즉, 하나님과의 관계(예배드릴 권리와 책임), 서로간의 관계(교제를 나눌 권리와 책임), 우리와 땅의 관계(청지기직의 권리와 책임)이다. 물론 이 독특한 인간의 잠재력을 개발하기 위해 교육과 수입과 건강을 누릴 기회도 필요하다.

그러므로 모든 인권은 기본적으로 인간이 될 권리이며, 하나님의 형상으로 창조된 존엄성, 하나님과 동료 인간들과 물질 세계와 독특한 관계를 향유하는 존엄성을 누릴 권리다. 그리스도인들은 이에 덧붙일 중요한 무엇을 가지고 있다. 즉, 창조주께서 그 아들의 성육신과 속죄를 통해 몸소 큰 희생을 치르고 우리를 구속하고 재창조하셨다는 것이다. 하나님이 큰 희생을 치르고 구속 사역을 이루셨다는 점은 그분의 창조로 인해 우리에게 부여된 인간의 가치 의식을 더욱 강화해 준다. 윌리엄 템플은 특유의 명쾌함으로 이렇게 표현했다.

> 하나님에 대한 믿음에 기초하지 않으면 인간의 권리는 있을 수 없다. 하지만 하나님이 실재하신다면 또한 모든 사람이 그분의 자녀라면, 바로 그것이 모든 사람 하나하나의 참된 가치다. 나의 가치는 내가 하나님께 얼마나 가치 있는지에 따라 결정된다. 그것은 놀랄 만큼 엄청난 가치다. 그리스도께서 나를 위해 죽으셨기 때문이다. 그래서 덧붙여 말하면, 우리 각자에게 가장 높은 가치를 부여하는 그것이 모든 사람에게 동일한 가치를 부여한다. 가장 중요한 것에서 우리는 모두 평등하기 때문이다.[16]

그렇다면 우리의 가치는 우리에 대한 하나님의 견해 및 우리와 그분의 관계에 좌우된다. 그러므로 인권은 우리가 원하는 것은 무엇이든 마음대로 되고 마음대로 할 수 있는 무제한적 권리가 아니다. 그 권리들은 하나님이 만드신 인간 본연의 모습, 우리에게 의도하신 존재가 되는 것과 모순되지 않아야 한다. 참된 자유는 자기를 부정하는 것이 아니라 진정한 인간으로서 참된 자아가 되는 것에 있다. 그 때문에 '인권'(human rights)을 정의하기에 앞서 '인간'(human being)을 정의해야 한다. 이 원리는 '여성의 권리'와 '동성애자의 권리'를 고려할 때도 중요하다. 이러한 권리 요구는 여권 신장 운동과 동성애의 관행이 하나님이 창조하시고 보호하고자 하시는 인간됨과 얼마만큼 양립할 수 있는가 하는 문제를 제기한다. 이 주제들은 12장과 16장에서 논의할 것이다.

창조에 의한 인간의 존엄성과 그 결과 인간이 갖게 되는 권리를 무시해도 되는 상황은 없다. 유죄를 선고받은 범인들은 수감된 동안 당연히 자유를 빼앗길 것이다. 하지만 감금할 권리가 있다고 해서 수감자들을 독방에 감금하거나 비인도적 방식으로 다룰 권리가 있는 것은 아니다. 나는 찰스 콜슨(Charles Colson)이 사람을 짐승처럼 만드는 감금 효과를 몸소 경험한 후 설립한 국제 감옥 선교회(Prison Fellowship International)의 사역에 감사한다. 국제 감옥 선교회는 현재 75개국이 넘는 나라에, 10만 명 이상의 자원 봉사자를 두고 있으며, 수감자들이 비록 법정에서 자유를 박탈당했지만 다른 권리들은 빼앗기지 않도록 하기 위해 일하고 있다. 예수님은 "내가 옥에 갇혔을 때에 너희가 와서 보았느니라"라고 말씀하셨다.

인간의 평등으로 넘어가기 전에, 인권 개념의 기초인 인간의 존엄성을 존중하는 문제와 함께, 존엄성의 구성 요소가 되는 관습과 전통들을 제대로 분별하는 것이 중요하다. 마이클 이그나티에프는 이 문제를 알고 있다. 그는 여러 문화권에서 존엄성이라는 개념을 어떻게 표현하는지 그리고 그것 자체가 어떻게 문화적으로 상대적인지 지적한다. 그는 '궁극적 존중'이라는 개념을 천명하면서도, 이렇게 말했다.

나는 이 점을 인정하지만, 여전히 존엄성을 이해하기가 어렵다. 인간의 존엄성에는 여러 형태와 표현이 있으며, 그중 일부는 내가 생각하기에 대단히 비인간적이다. 예를 들어, 성기를 베는 등의 성적 성년식은 여성다운 존엄성과 가치라는 개념과 연관되어 있다. 마찬가지로, 초정통 유대교는 종교가 없는 여성들이라면 억압적이라고 생각하겠지만 종교가 있는 여성들은 뿌듯하고 자신들의 존엄성을 존중해 준다고 생각할 만한 역할들을 여성들에게 부여한다. 이렇듯 인권을 지지한다는 공통점으로 여러 문화를 연합시킬 줄 알았던 존엄성의 개념이 실제로는 분열을 일으킨다. 문화마다 독특하고 상대적인 존엄성의 개념을 다 아우를 수 있는 쉬운 길은 없다.[18]

그래서 우리는 다른 문화(혹은 우리 문화)의 관행들을 무조건적으로 받아들여서는 안 된다. 인간의 존엄성이 중요하다고 천명한다면, 높은 기준을 갖도록, 함께 살고 일하는 사람들을 어떤 식으로든 비인간화하지 않도록 주의해야 한다. 그리스도인들은, 여러 세기에 걸쳐 한편으로는 복음을 표현한다고 주장하면서 다른 한편으로는 기독교 신앙의 이름으로 사람들을 비인간화하고 심지어 고문하는 관행들을 재가한 것이 바로 교회라는 사실을 알아야 한다. 인류의 모든 삶에서 인간의 존엄성을 증진하고 싶다면, 바로 자신의 삶에서부터 시작해야 한다.

인간의 평등

슬프게도 '인권'이 언제나 '평등한 권리'를 의미하지는 않았다. 창조주의 선한 선물들이 인간의 이기심으로 망가졌다. 하나님이 모든 인간에게 평등하게 주신 권리가, 다른 사람들의 권리나 공동의 유익과는 상관없이 내가 주장하는 내 권리로 쉽게 전락해 버린다. 그래서 세계 역사는 나의 권리와 너의 권리가, 각자의 유익과 모든 사람의 유익이, 개인과 공동체가 충돌하는 이야기가 되어 왔다. 실로 우리가 어려운 윤리적 딜레마에 빠질 때는 서로의 인권이 충돌을 일으킬 때다. 낙태를 하려 할 때 어머니의 권리와 태어나지 않은 아이의 권리 간의 긴장, 땅주인들의 재산권 및 평화에 대한 권리와 새로운 도로나 공항을 내야 하는 공동체의 필요 간의 긴장, 시민의 권리를 옹호하는 집단이 시위를 하기 위해 주장하는 언론 및 집회의 자유와 지역 주민들이 주장하는 평온함을 방해받지 않을 자유 간의 긴장이다.

하지만 성경에 그려진 권리들 간의 충돌은 다소 다른 형태다. 그것이 강조하는 점은 어떤 힘있는 개인도 그들의 뜻을 공동체에 강요할 수 없다는 것과, 어떤 공동체도 개인이나 소수 집단의 권리를 침해할 수 없다는 것이다. 모세 율법에 따르면 약한 사람들을 세심하게 보호해야 한다. 하나님의 백성은 그런 사람들을 결코 착취해서는 안 되며, 목소리를 내지 못하는 사람들의 목소리요 자기 원수들을 포함하여 힘없는 사람들의 옹호자가 되어야 한다. 폴 오스트리처(Paul Oestreicher)는 그것을 잘 표현했다.

> 전원이 켜질 때, '보안' 담당자들이 자유 기업을 혁명으로부터 혹은 혁명을 반발로부터 구하고 있다고 생각할 때, 고문 희생자들은 똑같이 고통을 겪는다.…나 자신은 자유주의도 마르크스주의도 지지하지 않으며, 팔레스타인에서 반체제 설교자가 된 한 목수가 말한 바, 우리의 인간성은 원수들을 어떻게 취급하는지로 측정할 수 있다는 특이한 개념을 지지한다.…사회의 성숙도와 인간성은 혜택받지 못하고 힘없는 자들을 얼마나 존엄하게 여기는지로 측정될 것이다.[19]

인간의 평등함은, 하나님은 '사람을 특별 대우하지 않는 분'(no respecter of persons)이라는 흠정역 성경 한 구절에 분명하게 표현되어 있다. 이는 오해를 불러일으키는 문구인데, 사람은 어떤 희생을 치르더라도 존중해야 하는 대상이기 때문이다. 하지만 헬라어의 원래 표현은 문자적으로 '외모를 취하지 않는다'(no acceptance of faces)라는 의미다. 다시 말해, 우리는 다른 사람들에 대한 태도에서 '편파적이지 않아야'(no partiality, NIV) 하며, 어떤 사람이 부자이거나 유명하거나 영향력이 있다고 해서 그 사람에게 특별한 경의를 표하지 않아야 한다. 성경 저자들은 여러 차례 이것을 주장한다. 예를 들어, 모세는 이렇게 주장한다. "너희의 하나님 여호와는 신 가운데 신이시며 주 가운데 주시요 크고 능하시며 두려우신 하나님이시라. 사람을 외모로 보지 아니하시며…." 그러므로 이스라엘 재판관들도 사람을 외적 조건에 따라 보지 않고,

오히려 "귀천의 차별 없이" 정의를 시행해야 했다(신 10:17; 1:16-17; 참고. 16:18, 19).

신약에서도 똑같은 내용을 강조한다. 하나님은 공평한 재판관이시다. 그분은 외모나 환경을 보지 않으신다. 그분은 우리가 어떤 인종적·사회적 배경을 가졌든 편파적이지 않으시다(예를 들어, 행 10:34; 롬 2:11; 벧전 1:17). 예수님은 이런 말로 묘사된 적이 있다(아마도 아부였겠지만, 그래도 정확한 말이었다). "선생님이여, 우리가 아노니 당신은 참되시고 아무도 꺼리는 일이 없으시니 이는 사람을 외모로 보지 않고"(막 12:14). 즉, 그분은 부자와 힘있는 자들에게 경의를 표하지도 가난하고 약한 자들을 멸시하지도 않으시고, 사람들의 사회적 지위가 어떻든 똑같이 존중하셨다. 우리도 이와 똑같이 해야 한다.

나는 이 원리에 대한 가장 좋은 예를 욥기에서 찾아야 한다고 생각한다. 욥을 위로하는 세 친구가 부당하고 불친절하고 사실에 근거하지 않은 비난을 멈춘 후, 욥이 최후로 정의를 호소하는 부분이다. 욥은 자신의 결백함에 매달리는 동시에 하나님이 의로운 재판관이심을 인정한다. 그가 하나님의 율법을 어겼다면(부도덕, 우상숭배 혹은 억압을 통해), 하나님의 심판을 달게 받았을 것이다. 그는 이어서 이렇게 말한다.

> 남종이나 여종이 나로 더불어 쟁변할 때에
>   내가 그의 권리를 저버렸다면
> 하나님이 일어나실 때에 내가 어떻게 하겠느냐.
>   하나님이 심판하실 때에는 내가 무엇이라 대답하겠느냐.
> 나를 태 속에 만드신 이가 그도 만들지 아니하셨느냐.
>   우리를 뱃속에 지으신 이가 한 분이 아니시냐. (욥 31:13-15)

욥은 가난한 자들과 궁핍한 자들, 과부와 고아들에 대해서도 비슷한 맥락에서 말한다. 우리는 동일한 창조주를 모시고 있기 때문에 평등한 권리를 가지고 있다는 것이다. 성경은 인간의 존엄성과 평등, 양자 모두 우리가 창조되었다는 사실에서 유래한다고 말한다.

이 원리는 신약 공동체에서 훨씬 더 명백하게 나타나야 하는데, 우리가 또한 동일한 구세주를 모시고 있기 때문이다. 바울은 주인과 종이 동일한 하늘의 주인을 모시고 있으며 "그에게는 외모로 사람을 취하는 일이 없다"는 것을 상기시키면서 그들이 서로에게 어떻게 행동해야 할지 규정한다(엡 6:9; 참고 골 3:25). 야고보는 예수 그리스도를 믿는 신자들 사이에서는 부자와 가난한 자 간에 "외모로 취하는" 것이 없어야 한다고 촉구하면서 공중 예배에서 계층 차별을 떨쳐 버리려 애쓴다(약 2:1-9). 이 진리는 불신자들에게도 명백히 동일하게 적용된다. 우리가 다 같은 인간이라는 사실은, 외모나 특권을 폐하고 평등한 지위와 권리를 확립하기에 충분하다. 모든 인권 침해는 창조로 인한 평등과 모순되는 것이다. "가난한 사람을 학대하는 자는 그를 지으신 이를 멸시하는 자"(잠 14:31)이다. 하나님이 '가난한 자들에 대한 편향'(bias to the poor)을 보이시며 우리도 그렇게 하는 것은(지금 종종 주장되듯이, 그리고 6장에서 살펴본 것처럼), 그리고 그것이 '외모로 사람을 취하지 않는다는 원칙'을 어기지 않는다면, 그것은 정당하다. 사회 전체가 그들을 반대하는 편향이 있고, 그들을 옹호해 줄 사람이 아무도 없기 때문이다.

'하나님은 외모로 사람을 취하시는 일이 없다'는 사실은 예언자적 항변이라는 성경 전통의 기초를 이룬다. 예언자들은 지도자들, 특히 이스라엘과 유다 왕들의 폭정을 용감하게 비난했다. 그들이 군주라는 사실, 심지어 '여호와의 기름부음'을 받았다는 사실도 비난과 책망을 면할 구실이 되지 못했다. 분명 통치자들에게는 그들의 직무에 걸맞은 존중을 표해야 한다. 하지만 그들이 조금이라도 권위를 폭정으로, 통치를 압제로 바꾸려 하면 격렬히 저항해야 했다. 다윗은 이스라엘의 모든 왕 중 가장 유명한 왕이었으나, 그렇다고 우리아를 죽이고 그의 아내 밧세바를 빼앗은 것이 정당화되지는 않는다. 하나님은 예언자 나단을 보내 그를 꾸짖으신다. 아합이 사마리아 왕이었을 때, 그의 아내 이세벨은 그의 권세가 절대적이라고 생각했다. 그녀는 나봇이 왕에게 포도원 팔기를 거부하여 왕이 부루퉁해 있는 것을 보고는 "왕이 이제 이스라엘 나라를 다스리시나이까"라고 경멸조로 물었다. 후에 하나님은 엘리야를 보내 아합이 나봇을 죽이고 그의 재산을 압류한 것을 비난하신다. 여호야김은 주전 7세기 유다 왕이었으나, 강제 노동을 시켜 사치스러운 왕궁을 건설할 권리는 없었다. 예레미야는 외쳤다. "화 있을진저…네가 백향목을 많이 사용하여 왕이 될 수 있겠느냐." 그러고 나서 예레미야는 왕에게 그의 아버지 요시야를 상기시킨다. "네 아버지가…정의와 공의를 행하지 아니하였느냐. 그 때에 그가 형통하였었느니라.…그러나 네 두 눈과 마음은 탐욕과 무죄한 피를 흘림과 압박과 포악을 행하려 할 뿐이니라." 그가 죽을 때 아무도 그를 위해 애곡하지 않을 것이라고 예레미야는 덧붙였다. 그는 나귀같이 매장당할 것이며 끌려가 예루살렘 문 밖에 던져질 것이었다.[21]

오늘날 독재자들은 임의 체포와 구금, 심지어 정당한 재판 없이 투옥하거나 처형하는 것을 '국가의 안전'을 위해서라는 이유로 변호하려 한다. 성경의 예언자들이라면 어떻게 반응했을지 궁금하다. 예언자가 그런 나라 내부에서 항변하거나 비판하려면 분명 자기 목숨을 걸어야 했을 것이다. 하지만 역사를 보면 불의에 저항하고 그 결과 고난을 당한 사람들의 예가 많다. 어떤 경우에는 고문과 순교가 따르기도 했다. 다행히 오늘날에는 국제법의 견지에서 받아들일 만한 저항과 항변에 대해 점차 합의가 이루어지고 있다. 그뿐 아니라 이제 정부, 기업, 다른 기관들의 행동을 인권과 관련해서 면밀히 조사하는 기관들이 생겨났다. 그 기관들은 국제 앰네스티와 인권 감시 위원회(Human Rights Watch), 세계 기독교 연대(Christian Solidarity Worldwide), 국제 정의 선교회,[22] 바나바 기금(Barnabas Fund)[23] 등이다. 기관마다 다루는 의제는 다를지라도, 전 세계 인권 학대에 대해 명확한 태도를 취한다.[24] 이런 활동은 성경의 전례와 하나님은 "사람을 외모로 취함이 없으시다"[25]는 인식과 일맥상통한다. 인권은 보편적이며 평등한 것이다.

인간의 책임

그리스도인들은 인권이라는 개념을 불편해한다. 인권이라는 말이 한 사람이

상대방의 권리에 대항하여 자신의 권리를 주장하는 듯한 분위기를 풍기며, 따라서 충돌을 일으키는 것처럼 보이기 때문이다. 또한 이기심을 조장하고, 인간이 권리뿐 아니라 의무와 책임도 지고 있다는 사실을 쉽게 간과하는 것처럼 보인다. 솔제니친은 이러한 균형을 되찾을 것을 요구했다. "서구 문명이 펼쳐진 300년간, 의무는 일축되고 권리만 확장되어 왔다. 하지만 우리에게는 두 개의 폐가 있다. 한쪽 폐를 놔두고 다른 폐로만 숨을 쉴 수는 없다. 우리는 권리를 지니는 만큼 책임도 져야 한다."[26] 그렇다면 권리와 책임의 관계를 명확하게 규명해 보자.

성경은 다른 사람들의 권리를 변호하는 것에 대해서는 많이 말하지만, 자신의 권리를 변호하는 것에 대해서는 거의 말하지 않는다. 오히려 우리에게 권리가 아니라 책임을 강조한다. 우리는 하나님을 사랑하고 이웃을 사랑해야 한다. 이 으뜸 가는 요구 사항이 우리의 의무 전체다. "이 두 계명이 온 율법과 선지자의 강령"이라고 예수님이 말씀하셨기 때문이다(마 22:40).

다른 사람들을 우리 이웃으로 보는 것과 그들을 위해 행동을 취하는 것의 연관성은 성경에 분명하게 나타난다. 또 하나 분명한 것은 그러한 행동이 언제나 우리의 관대함의 문제만이 아니라 그들의 인권의 문제이기도 하다는 것이다. 니콜라스 월터스토프(Nicholas Wolterstorff)는 이렇게 말한다. "빈곤에 대한 우리의 관심은 단순히 관대함의 문제가 아니라 권리의 문제다. 어떤 부자가 굶주린 어떤 사람을 알고 그 사람을 도울 힘이 있는데 돕지 않는다면, 그는 그 굶주린 사람을 육체적으로 공격한 것과 똑같이 그 사람의 인권을 침해하는 것이다."[27]

크리스토퍼 라이트(Christopher Wright) 박사가 썼듯이, 사실상 성경에 담겨 있는 것은 인권이 아니라 "인간의 책임에 대한 보편적 선언"(특히 하나님과 이웃을 사랑한다는 견지에서)이다.[28] 그가 말하듯이 "그것은 내가 다른 사람들에 **대해** 의무를 갖고 있다는 것이기보다는 다른 사람들을 **위해** 하나님께 의무를 갖고 있다는 것이다."[29] 기독교 세계관에서는, 우리가 인권을 가지게 되는 것은 하나님이 다른 사람들에게 우리를 위해 특정한 일들을 하라고 명하시기 때문에 가능하다. 그 일들을 하지 않는 것은 불의를 행하는 것이며 하나님께 불순종하는 것이다. 그것은 인권에 대한 세속적 개념을 훨씬 뛰어넘는 것으로, 사랑과 정의를 하나님을 향한 사랑과 결부하며, 그 결과가 통치 행위에만 국한되는 것이 아니라 인격적 결과도 포함한다는 사실을 인식하는 것이다.[30]

성경은 이 점에서 급진적이다. 성경은 다른 사람들의 권리를 확보하는 것이 우리의 책임임을 강조한다. 심지어 우리는 그렇게 하기 위해 자신의 권리를 보류하기도 해야 한다. 예수 그리스도는 다른 사람들에 대한 책임 때문에 자신의 권리를 포기하는 최고의 본을 보이셨다. 그분은 영원히 '하나님의 본체'시지만 "하나님과 동등됨을 취할 것으로 여기지 아니하시고 오히려 자기를 비워 종의 형체를 가지사 사람들과 같이 되셨다"(빌 2:6-7). 일생 동안 그분은 인권 학대의 희생자이셨다. 그분은 이집트의 난민 아기, 고향에서 존경받지 못하는 예언자, 자기 백성의 종교 체제에 의해 거부당한 메시아가 되셨다. 그분은 석방받기 위해 타협하기를 거부한 양심수가 되셨다. 그분은 거짓 고발, 부당한 유죄 판결, 잔인한 고문을 당하셨으며 마침내 십자가에 못 박히셨다. 자신의 희생으로 우리를 구원하기 위해 시련을 받는 내내 자신의 권리를 변호하거나 요구하기를 거절하셨다.

"너희 안에 이 마음을 품으라. 곧 그리스도 예수의 마음이니"라고 바울은 썼다. 그리고 바울은 자신이 설교한 것을 실천했다. 그는 사도로서 권리를 가지고 있었다(결혼할 권리, 재정을 지원받을 권리). 하지만 복음을 위해, 모든 사람의 종이 되어 그들의 권리를 섬기기 위해 자신의 권리를 포기했다(예를 들어, 고전 9장을 보라).

권리를 포기하는 것은, 아무리 부자연스럽고 이상주의적인 것으로 보일지라도 하나님의 새로운 사회가 보여 주는 필수적인 특징이다. 바깥 세상에서 사람들은 자신의 권리를 주장하고 권위를 행사한다. "너희 중에는 그러지 않을지니"라고 예수님은 말씀하셨다. 그와 반대로, 그분의 공동체에서 위대함을 열망하는 사람은 종이 되어야 하며, 지도자는 종이, 처음은 나중이 되어야 한다. 사랑은 "자기의 유익을 구하지 아니하기" 때문이라고 바울은 썼다. 예수님에게서 배운 이 기본 자세는 모든 상황에 적용된다. 예를 들어, 신자들은 서로를 기소하면 안 된다. 특히 믿지 않는 자들의 법정에서는 더욱 그렇다. 그리스도인들의 소송은 고린도에서 하나의 추문이었다. 인도, 파키스탄, 스리랑카, 그 외 다른 국가들에서는 지금도 그렇다. 그리스도인들이라면 적어도 자신들의 분쟁을 해결할 줄 알아야 한다. "차라리 불의를 당하는 것이 낫지 아니하며 차라리 속는 것이 낫지 아니하냐." 이것이 그리스도의 길이 아닌가? 1세기에 이를 적용한 다른 경우는, 잔인한 주인을 모시고 있는 그리스도인 종들에 대한 것이다. 그들은 부당하게 매를 맞으면 어떻게 해야 하는가? 참을성 있게 견뎌야 한다. 이는 보복하지 않고 오직 공의로 심판하시는 분에게 맡기신 예수님의 발자취를 따르는 것이다.[31] 이 마지막 사실, 곧 예수님이 보복하지 않으신 것은 자신을 하나님께 의탁하셨기 때문이다. 이 사실이 중요하다. 권리를 포기하는 것은 잘못을 묵인하는 것이 아니다. 우리가 심판하지 않는 이유는 심판이 우리의 특권이 아니라 하나님의 특권이기 때문이다(롬 12:19). 게다가 그리스도께서 다시 오신다. 그때 모든 악이 심판받을 것이며 마침내 정의가 옳다고 공개적으로 입증될 것이다.

여기에 인권에 대한 기독교적 관점이 있다. 첫째로, 우리는 인간의 존엄성을 천명한다. 인간은 하나님의 형상으로서 하나님을 알고 서로 섬기며 땅의 청지기가 되도록 지음받았기 때문에 존중받아야 한다. 둘째로, 우리는 인간의 평등을 천명한다. 인간은 모두 동일한 창조주에 의해 동일한 형상으로 지음 받았기 때문에, 어떤 사람들에게는 아첨하고 어떤 사람들은 업신여겨서는 안 되며, 모든 사람을 편애하지 않고 대해야 한다. 셋째로, 우리는 인간의 책임을 천명한다. 하나님이 우리로 하여금 이웃을 사랑하고 섬기도록 하셨기 때문에, 그들의 권리를 위해 싸우는 한편, 그렇게 하기 위해 자신의 권리를 포기할 각오가 되어 있어야 한다.

두 가지 중요한 결론이 따른다. 첫째, 우리는 다른 사람들의 권리를 책임져야 한다. 우리는 형제를 지키는 자들이다. 하나님이 우리를 같은 인간 가족 안에 두시고 우리가 서로 관련을 맺고 책임을 지도록 하셨기 때문이다. 율법과 예언자, 예수님과 사도들은 모두 우리에게 가난한 자들을 섬기고 힘없는 자들을 수호하라는 특별한 의무를 부과한다. 우리는 그들이 우리의 책임이 아니라고 말하고 이 의무에서 벗어날 수 없다. 솔제니친의 말을 다시 인용하면, "우리가 사는 이 지구에는 내적인 개인의 문제는 아무것도 남아 있지 않다. 인류는 모든 사람이 다른 모든 사람의 일에 관심을 가질 때에만 구원받을 수 있다."[33] 그렇다면 우리는 억압당하는 사람들의 고통을 느껴야 한다. "너희도 함께 갇힌 것같이 갇힌 자를 생각하고 너희도 몸을 가졌은즉 학대받는 자를 생각하라"(히 13:3). 그렇게 하기 위해 현대의 인권 침해 사례들을 더 철저히 알아야 한다.[34] 그 다음에 우리가 어떤 행동을 취하는 것이 옳다고 생각하든, 그것이 우리가 옹호하려고 하는 인권을 침해한다면 과감히 버려야 한다.

둘째, 우리는 그리스도인 공동체가 다른 공동체에 모범이 되게 하신 그리스도의 의도를 더욱 진지하게 생각해 보아야 한다. 가정과 직장에서 그리스도인이 취하는 행동, 남편과 아내로서, 부모나 자녀로서, 고용주나 고용인으로서 우리가 그리스도를 경외함으로 피차 복종해야 하는(엡 5:21) 경우만을 생각하는 것이 아니다. 나는 특히 하나님 통치의 표지가 되어야 하는 지역교회를 말하고 싶다. 교회는 인간의 존엄성과 평등을 변함없이 인정하고 서로에 대한 책임을 받아들이는, 세상 속의 한 공동체가 되어야 한다. 그 안에서는 다른 사람들의 권리를 추구하고 결코 침해하지 않는 반면, 자신의 권리는 종종 포기한다. 그 안에는 편애나 편파성이나 차별이 없다. 그 안에서 가난한 자들과 약한 자들은 보호받으며 사람들은 하나님이 만드시고 의도하신 모습을 충분히 발휘할 수 있다.

미국에서 새롭게 일어난 한 흥미진진한 운동은 그리스도인들이 다른 사람들의 권리를 지키는 일에 어떻게 관여할 수 있는지 탁월한 모범을 제시한다. 1994년 11월, "당국에 도움을 청할 수 없는 상황에서 불의와 학대로 고통당하는, 해외에 있는 사람들을 도울 전문화된 기독교 사역"[35]의 필요성을 검토하는 연구가 시작되었다.

18개월간 광범위한 연구와 자문을 통해, 전 세계에 있는 해외 그리스도인 사역자들이 당국에 도움을 청할 수 없는 상황에서 인권 학대가 일어나는 현장을 통상 목격하고 있다는 엄청난 사실을 알게 되었다. 또한 선교사와 선교 기관들에 해를 끼치지 않으면서도 희생자들을 도울 수 있는 전문 기술을 가진 기독교 사역이 절대적으로 필요하다는 사실을 보여 주었다. 국제 정의 선교회가 설립되어 해외 선교회들과 손잡고 학대와 억압에 맞서 그리스도인과 비그리스도인을 가리지 않고 모든 사람의 권리를 지원하는 일을 시작한 것은 바로 이러한 필요에 응한 것이다. 최근 국제 정의 선교회는 아시아의 아동 성 착취, 남미의 토지 몰수, 아프리카의 기소나 재판 없는 구금 등에 주의를 기울여 왔다. 국제 정의 선교회는 학대를 입증하고 희생자들을 적절히 구제하기 위해 직업적 전문 지식과 의견을 동원하려 애쓴다. 이러한 운동은 그리스도인들이 다른 사람들의 필요와 권리를 위해 열심히 일한다는 것을 전 세계에 보여 준다.

인권을 위한 운동

그리스도인들은 인권 학대를 인식해야 할 뿐 아니라 그에 대해 적극적으로 반대 운동을 벌여야 한다. 노예제는 오늘날 여러 형태로 만연해 있다. 여성들을 성적으로 거래하는 것, 강제 노동이나 담보로 인한 노동, 아동 노동, 강요된 결혼이 될 수도 있다. 우리가 특히 관심을 갖는 세 집단이 있다. 바로 힘없는 집단인 어린이, 여성, 장애인들이다. 각 집단이 오직 그들에게만 적용되는 권리를 갖고 있다는 뜻이 아니라, 그들이 보편적인 근본적 인권을 인정받지 못하기 때문이다.

어린이의 권리

어린이 권리에 대한 세계적 상황을 살펴보면, 수많은 어린이가 날마다 그들의 권리를 유린당하고 있음을 알 수 있다. 예를 들어, 4장에서는 어린이 군인에 대해 이야기했다. 하지만 그 외에도 많은 어린이가 자기 집에 있을 때도 안전하지 못하다. 예를 들어, 라틴 아메리카에는 1억 8,500만 명의 어린이와 청소년이 있다. 600만 명이나 되는 아이들이 심한 공격을 받고 있으며, 또 다른 8만 명이 해마다 '안전한' 자기 집에서 죽임을 당한다. 사실상, 아동 살인률이 가장 높은 10개국 중 7개국이 라틴 아메리카에 있다.[36] 월드 비전에 따르면, 브라질에서는 18세 이하 아동의 3퍼센트가 성매매를 하는 것으로 추정된다(약 200만 명). 캄보디아에 있는 5만 명의 매춘부 중 3분의 1은 18세 이하다. 100만 명의 어린이들이 아시아 성매매 시장에서 일한다는 것을 알면 전 세계 에이즈의 문제는 우리의 가슴을 더욱 아프게 한다. 하지만 그런 착취는 개발도상국에만 존재하는 것이 아니다. 호주에서는 거의 4천 명에 달하는 어린이가 매춘부로 일하는 것으로 추정된다.[37] 전 세계에서 1천만 명의 어린이가 가사 도우미로 일한다.

얼마 전에, 서구에 내다 팔 사치품을 만드는 공장에서 어린이 노동력을 이용하는 것을 서구의 한 잡지가 조사하여 크게 다룬 적이 있다. 어린이 노동은 세계 곳곳에서 절실한 문제다. 국제 노예 반대 운동(Anti-Slavery International)은 1억 7,900만 명의 어린이들이 최악의 노동 형태로 건강과 복지에 해로운 일을 하고 있다고 추정한다. 가정이나 공동체가 수입이 없어 가난하게 살 때, 가장 취약한 것은 어린이들이다. 그들은 현장 감시가 가능한 적절한 일자리를 찾지 못하면 시야에서 사라져 노동 착취를 당할 것이다. 이러한 문제 때문에, 교회는 효과적인 어린이 인권 옹호를 우선순위로 삼아야 한다.

어린이의 권리에 대한 유엔 협약(UN Convention on the Rights of the Child: CRC) 초안은 바로 이 때문에 나온 것이다. 그것은 가장 신속하게 받아들여진 인권 협약이다. 몇몇 그리스도인은 이 협약이 반(反)가족적이며 어린이들에게 지나친 권한을 부여한다고 본다. 하지만 이 협약은 행복한 가정 환경이 어린이의 "충만하고 조화로운 발전"에 필수적이라고 말하며, 어린이 복지를 행복한 가정 생활의 핵심으로 본다. 또한 그것은 부모의 권리를 분명하게 천명한다. 앞에서 보았듯이 어린이의 권리가 노골적으로 무시되기 때문에, 정부와 여타 기관들이 어린이들을 대하는 방식에 책임을 물을 수 있는 보편적 기준이 있어야 한다. CRC는 처음으로 난민 어린이(22항), 장애가 있는 어린이(23항), 소수 인종 혹은 토착민 어린이(30항), 일하는 어린이(32항), 성적·육체적 혹은 다른 형태의 학대를 받는 어린이(34항과 36항), 전쟁과 무장 충돌 현장에 있는 어린이(39항), 법에 저촉되는 어린이(37항과 40항) 등에게 특별한 관심을 기울인다.[38] 하지만 그런 협약은 반드시 인간의 본질, 가족, 우리 사회에서의 어린이의 가치 등에 대한 성경적 이해에 근거해야 한다.

여성의 권리

1990년대의 표어 중 하나는 "여성의 권리는 인간의 권리다"라는 것이었다. 인권이 보편적인 것이 아니라면 인간의 권리라고 말할 수 없다. 하지만 오랜 세월 동안 여성들은 자신의 권리를 누리지 못했으며, 21세기가 시작된 지금도 여전히 수많은 여성이 세계 전역에서 학대와 억압을 당한다. 이것은 인권의 핵심인 평등과 차별 없음의 원리를 위반한다.

오래 전인 1792년에 매리 울스톤크래프트(Mary Wollstonecraft)는 「여성의 권리 옹호」(*A Vindication of the Rights of Women*)라는 책을 출간했다. 그 책은 여성에게 필요한 것은 자선이 아니라 정의라고 주장했다.[39] 그때 이후 세계 여러 나라에서 남성과 여성의 평등을 증대하기 위해 정책들을 수정했다. 하지만 여전히 상당한 차별이 남아 있다. 유엔은 1979년에 여성 차별 제거에 대한 협약(Convention on the Elimination of Discrimination Against Women: CEDAW)을 채택했으며, 그 협약은 1981년부터 효력이 발생했다. CEDAW를 비준한 165개국은 모든 분야에서 여성에 대한 차별을 없애고, 차별 철폐 조처를 취하며, 온갖 종류의 여성 거래 금지에 착수했다. 또한 여성들에게 투표권과 피선거권을 줄 것을 주장했으며, 여성들이 정부 정책에 참여하고 공직을 맡는 것이 중요하다고 천명했다. 세계 여러 곳에서 여성들은 교육, 고용, 보건 지출에서 낮은 우선순위를 차지하고 있다. CEDAW는 이러한 문제를 다루면서, 이런 영역들에서 남녀를 공평하게 대우하도록 조인국들에 요구한다. 마지막으로 그것은 시민과 가족의 권리를 다룬다. 평등을 법으로 정하고, 결혼 및 가정 관계와 관련된 모든 문제에서 차별을 제거하는 것이다. 다른 인권 협약에서와 마찬가지로, 국가는 네 가지 의무가 있다. 인권 실현을 존중하고, 보호하고, 증진하고, 보장하는 것이다.[40] 다시 말해, 국가는 여성의 존엄성과 가치를 정책의 핵심에 두어야 하며, 여성의 인권을 보호하고 증진하기 위해 할 수 있는 모든 것을 해야 한다.

장애인의 권리

오늘날 세계에는 장애인이 6억 명 정도 있는 것으로 추산된다.[41] 이 모든 장애인이 한 나라에 산다면, 그 나라는 세계에서 가장 가난한 나라가 될 것이다. 그들은 가난한 자들 중에서도 가난한 자, 세계에서 가장 힘없는 사람들이기 때문이다. 여성 장애인과 어린이 장애인은 그중에서도 가장 힘없는 사람들이다. 그들의 절대 다수인 약 80퍼센트는 필요한 재활 서비스를 거의 받을 수 없는 개발도상국에서 살고 있다. 그들의 직장과 가족들까지 고려해 보면, 장애는 세계 전역의 수많은 사람에게 영향을 미친다. 장애는 단지 신체의 손상에 대한 것만이 아니다. 그것은 자율권 부여, 고취, 인권의 필요에 대한 것이다.[42] 최근 수십 년간의 핵심 문제 중 하나는 장애인들에 대한 공동체의 인식 변화와 장애인들의 자기 인식 변화였다. 장애인들은 수동적이고, 의존적이고, 공동체에 아무것도 기여하지 못하는 사람으로 여겨지는 경우가 너무 많다. 그들은 공동체에 기여하기보다 그 자원을 소비하는 사람들로 인식되었다. 하지만 이러한 생각은 조금씩 변해 왔다. 아프가니스탄 장애인을 위한 자유 복지회(Free Welfare Society for Afghan Disabled)의 압둘 라만 사하크(Abdul Rahman Sahak)가 말했듯이, "장애는 무능이 아니다. 우리의 문제에 대한 해결책은 자선이 아니다. 우리에게는 평등과 삶의 모든 분야에서의 인권이 필요하다. 장애인들도 기여할 수 있는 것이 많다."[43]

"장애인 운동"이 강조하는 것은 장애인들의 권리뿐 아니라 장애인들을 위해 장애인들이 운영하는 조직이다. 그들의 대중적인 표어 중 하나는 "우리 없이 우리에 대해 아무것도 하지 말라"는 것이다. 그들은 장애를 주로 의학적 문제로 보는 대신, 사회적 문제로 본다. 장애인들이 비장애인들의 사회에 적응해야 하기보다 사회가 장애인들의 필요에 적응해야 한다. "장애인법 운동"은 건물 출입, 보건, 정치적 우선순위, 또한 언어 면에서 변화를 일으키기 위한 운동이다. 그들의 의제는 논의할 만한 것이며, 그들이 분노하는 것도 쉽게 이해할 수 있다. 하지만 그들은 거의 언제나 인권을 부인당해 왔고, 몇몇 문화권과 역사적 시기에는 인간성조차 부인당했다. 그들은 이 사실에 주의를 집중시키려 애쓰고 있다.

다른 많은 분야와 마찬가지로 이 분야에서도 우리는 인권을 신앙의 대상으로 삼는 사람들의 세속적 논증을 그냥 받아들일 수 없다는 것을 상기해야 한다. 각 개념을 성경으로 가져가서 그것이 기독교적 사고와 일맥상통하는지 확인해야 한다. 이렇게 해야만 그리스도인의 독특성을 유지할 수 있다. 존엄, 평등, 책임에 대한 기독교적 비전은 분명 하나님의 형상으로 지음받은 각 사람의 가치를 강조하는 운동에 우리가 무게를 실어 주어야 한다는 것을 의미한다. 교회는 당연히 빈곤과 억압이 있는 모든 곳에서 그것을 종식시키고, 가난한 사람들과 힘없는 사람들이 하나님이 의도하신 삶을 살 수 있게 하는 데 관심을 쏟아야 한다.

3부
사회

8
노동과 실업

일은 대부분의 사람의 삶에서 너무나 중대한 위치를 차지하기 때문에, 그리스도인들은 그것에 대해 기독교적으로 생각하는 법을 배워야 한다.[1] 우리는 일을 하나님이 주신 선물로 경축하고, 불의하고 억압적인 관행들이 있으면 그에 저항하며, 종종 타협이 이루어지는 일의 세계에서 사람들에게 진실하게 일하라고 요청하는 법을 배워야 한다. 세계에는 유급으로 고용되어 생산성 있는 일을 할 가망성이 거의 없는 지역도 있다. 나라가 내전, 기근 혹은 다른 형태의 비참한 빈곤에 시달리기 때문이다. 유급 고용은 여러 가지 형태로 나타난다. 나이로비 거리의 구두닦이 소년, 뱅갈로어의 콜센터 직원, 시베리아의 원유 노동자, 베이징의 어린이 근로자, 키예프의 착취하는 기업가, 런던의 법정 변호사, 멤피스의 교사는 모두 어떤 의미에서 일을 하고 있다. 어떤 사람들은 자신이 하는 일로 억압을 받으며, 어떤 사람들은 억압을 한다. 또 어떤 사람들은 작더라도 자신이 받은 은사를 사용하여 공동체에 창의적으로 기여한다. 이런 다양한 경우를 보면서 우리는, 하나님은 원래 일이 어떤 것이 되게 하셨는지, 오늘날 그것은 어떤 것이 되어야 하는지 묻게 된다.

지금 당신이 무슨 생각을 하는지 내가 말해 보겠다. 그것은, 성직자는 일에 대해 글을 쓰기에는 세상에서 가장 부적합한 사람이라는 것이다. 누구나 알듯이 성직자는 살면서 꼬박 하루를 제대로 일해 본 적이 없기 때문이다. 옛말에도 있듯이, 성직자는 "엿새 동안은 보이지 않고 하루는 이해할 수 없는" 사람이다. 몇 년 전 나는 기차로 남부 웨일스를 여행한 적이 있는데, 그때 약간 술에 취한 한 공산주의자 광부가 내가 탄 칸막이 객실에 들어왔다. 그는 내가 목사라는 것을 알고 나에게 일에 대해 훈계했다. "여보쇼, 이제 좀 생산적인 사람이 되어 보시지. 당신은 국가의 기생충이오."

그는 내가 고용되어 있다는 것은 알았지만 그것이 '진짜 일'이라고 생각하지는 않았다. 하지만 그 반대를 지적하는 것 역시 중요하다. 그것은 모든 일이 다 고용된 일자리는 아니라는 것이다. 어떤 사람이 애써 수고하고도 그에 대한 보수를 받지 않아 그 활동은 일이 아니라는 인상을 줄 때, 사람들은 민감하게 반응하며, 그런 반응은 옳은 것이다. 그것은 사실이 아니기 때문이다. 많은 사람이 집에서 일하며, 자원봉사를 하고, 자녀들과 다른 부양가족들을 돌본다. 그런 일들은 힘들지만 사람들이 알아주지 않을 수 있다. '은퇴한' 많은 사람은 한때 보수를 받고 열심히 일했던 것과 똑같이 열심히 자원봉사를 한다. 실제로 무보수로 일하는 사람들이 하는 일은 사회에 아주 큰 기여를 하기 때문에, 우리는 보수를 받고 고용되어 일하는 사람들에게 의지하는 만큼이나 보수를 받지 않고 기꺼이 일하는 사람들에게 의지한다. 분명 교회는 하나님을 섬기는 일에 기꺼이 자발적으로 자신의 시간을 들이는 사람들이 없으면 돌아가지 않는다.

일에 대해 생각해 보는 것이 지금 특별히 중요한 이유는, 새로운 과학 기술 덕에 우리가 일하는 방식이 바뀌고 있고, 사람들도 일과 생활의 균형을 재조정하고 싶어 하기 때문이다. 현대 사회에서는 모든 사람이 일 중심의 목표를 추구하면서 모든 것을 희생하고 싶어 하지는 않는다. '일 중독자'나 일 외에는 관심사도 끈끈한 관계도 개발하지 않는 사람을 보면 사람들은 '따분하게 살지 말라'고 한다. 자신의 묘비에 "사무실에서 더 시간을 보냈으면 좋았을 텐데"라고 쓰고 싶어 하는 사람은 아무도 없다는 농담이 끈질기게 나도는 것을 보면, 일이 삶의 중요한 부분이기는 하지만 전부는 아님을 알 수 있다. 그럼에도 인간이 된다는 것이 무엇인지 표현하는 중대한 방식 중 하나는 일이다.

그래서 일을 할 수 있는데도 게으름 부리는 사람을 빼면, 우리는 모두 일하는 사람들이다. 따라서 우리에게는 일에 대한 태도를 결정할 일의 철학이 필요하다.

일의 목적

일의 목적은 무엇일까? 일에 대한 기독교적 지성을 개발하려 애쓰는 사람들은 먼저 창조를 생각한다. 타락은 일부 노동을 고역으로 만들었다(땅은 저주를 받았고, 수고하고 땀을 흘려야 경작이 가능하게 되었다). 하지만 일 자체는 우리가 하나님의 형상으로 창조된 결과다. 창세기 1장에서 하나님은 일하는 분으로 나타난다. 날마다 혹은 단계마다, 그분의 창조 계획이 전개되었다. 게다가 하나님은 자신이 만드신 것을 보고 "좋았더라"고 말씀하셨다. 그분은 완전한 만족을 누리셨다. 그분이 일곱째 날 쉬기 전에 마지막으로 하신 창조 행위는, 인간을 만드시고 그 인간들도 일하게 하신 것이다. 그분은 그들에게 땅에 대한 지배권 일부를 주셨으며 창의적인 은사를 발휘해서 그것을 정복하라고 말씀하셨다. 그래서 처음부터 남자와 여자는 하나님의 이름으로 환경을 지키고 개발하는 일을 위임받은 하나님의 특권적 청지기였다.

인간에게 초점을 맞춘 창조에 관한 두 번째 기사에는 이렇게 기록되어 있다. "여호와 하나님이 동방의 에덴에 동산을 창설하시고…그 사람을 이끌어 에덴 동산에 두어 그것을 경작하며 지키게 하시고"(창 2:8, 15). 이처럼 하나님은 동산을 창설하셨고 또 사람을 창조하셨다. 그러고 나서 자신이 만든 사람을 자신이 창설한 동산에 두시고, 그에게 그것을 경작하고 보호하라고 말씀하셨다. 하나님은 땅 전체를 사람에게 맡기셨던 것처럼, 이제 특히 그 동산을 아담에게 맡기셨다. 후에(창 4:17 이하) 아담의 후손은 성을 쌓고, 가축을 기르고, 악기를 만들어 연주하고, 청동과 철 도구를 만드는 자로 나온다. 여기서 묘사하는 것은 중석기 시대의 모습인 듯하다.

여기에 하나님의 형상과 지배권을 공유하며 일하는 사람과 함께, 일하시는 하나님이 있다. 그리고(그리스도인들은 덧붙이고 싶을 것이다), 일하시는 예수님이 있다. 그분은 목수의 작업대에서 육체 노동의 존엄성을 보여 주셨다. 하나님과 그리스도와 인간에 대해 계시된 이 같은 진리에 비추어 볼 때, 일에 대한 그리스도인들의 관점은 무엇인가? 특히, 일에 대한 하나님의 원래 의도를 이해하고 일에 대한 우리의 긍정적이고 부정적인 경험을 비교해 볼 수 있는 성경적 패러다임은 무엇인가?

일하는 사람의 성취

먼저 일은 일하는 사람의 성취를 위한 것이다. 하나님의 목적에 따르면, 인간은 자아 성취의 주요한 부분을 일에서 발견해야 한다. 우리는 하나님이 남자와 여자에게 주신 첫 번째 지시에 비추어 이것을 확신 있게 단언할 수 있다. "생육하고 번성하여 땅에 충만하라. 땅을 정복하라"(창 1:28). 여기에 세 가지 연속적인 명령이 나오는데, 각 명령은 논리적으로 다음 명령으로 이어진다. 그들은 먼저 땅에 충만하지 않고는 땅을 정복할 수 없다. 먼저 번성하지 않고는 땅에 충만할 수 없다. 그렇다면 최초의 명령이자 혼합적인 이 명령은 인간으로서 우리 소명의 기본 측면을 나타내는 것이다.

5장에서 환경에 대한 우리의 책임을 생각할 때, 우리가 자연에 대해 지배권을 가진 것은 우리가 하나님을 닮았기 때문임을 이미 살펴보았다. 동일한 진리를 다른 견지에서 말한다면, 창의적인 일을 할 수 있는 우리의 잠재 능력은 우리가 지닌 하나님의 형상에서 필수적인 부분이다. 창조주는 우리를 창의적인 피조물로 만드셨다. 도로시 세이어즈(Dorothy Sayers)의 다음과 같은 경구는 옳았다. "일은 본래 살기 위해 하는 것이 아니라, 그것을 하기 위해 사는 것이다."[2] 창조주는 우리에게 재능을 주셨고, 우리가 그 재능을 사용하기를 바라신다. 그분은 우리가 좌절하는 것이 아니라 성취하기를 바라신다.

교황 요한 바오로 2세는 인간의 삶에서 일이 차지하는 근본 위치에 대해 분명하고 솔직하게 말했다. '인간의 일'에 대한 "라보렘 에세르센스"(*Laborem Exercens*)라는 제목의 회칙에서, 그는 이렇게 썼다. "일은 사람을 다른 피조물과 구분하는 특징 가운데 하나다. 생명을 부지하기 위해 다른 피조물들이 하는 활동을 일이라고 부를 수는 없다."[3] 창세기 앞부분 장들을 통해 "교회는 일이 이 땅에서 살아가는 인간 실존의 근본적 차원임을 확신한다."[4] 그는 이어서 이러한 이유로 "인간의 일은 전체 사회 문제의 열쇠, 아마도 필수적인 열쇠다"라고 말했다. 제2차 바티칸 공의회에서 말했듯이, 사회 문제의 핵심이 "삶을 더 인간적인 것으로 만드는" 것이라면, "그 열쇠, 곧 인간의 일은 근본적이고 결정적으로 중요하다."[5] 그렇다면 "일은 사람에게 좋은 것이다." 일을 통해 자신의 필요를 채우도록 자연을 변화시키기 때문이기도 하지만 일을 통해 "인간으로서 성취를 이루고, 실로 어떤 의미에서 '더욱 인간'이 되기 때문이다."[6]

하지만 일이 실제로 우리 인간됨에 '필수불가결하다'고 천명한다면 그것은 과장일 것이다. 창세기 1장의 절정은 남자와 여자를 창조하여 땅을 정복하도록 한 것이 아니라, 안식일을 제정한 것이기 때문이다. 우리는 일을 할 때보다 예배를 드리기 위해 일을 중단할 때 가장 인간다워진다. 이처럼 안식일은 "인류의 일, 일하는 6일 동안 한 일의 내용들을 상대화한다. 그것은 인류가 땅을 정복하는 일에 완전히 마음을 빼앗기지 않도록 보호하고, 일을 인간 삶의 전부이자 목적으로 만드는 왜곡을 미연에 방지한다."[7] 우리의 온전한 인간성을 깨닫게 하는 예배 행위가 필요하기 때문에, 일만으로는 만족할 수 없다.

그럼에도 우리가 (활발한 대신) 게으르거나 (창조적인 대신) 파괴적이라면, 우리는 인간성의 기본 측면을 부인하고 우리의 삶에 대한 하나님의 목적을 부정하며, 그래서 우리 자신의 성취에서 일부를 박탈당하고 있는 것이다. 물론 어린아이나 병원에 있는 환자나 은퇴한 사람은 일을 할 수 없으므로 인간이 아니라는 의미는 아니다. 하지만 어린아이는 자라기를 원하고, 아픈 사람은 낫기를 원한다. 무엇인가 일을 할 수 있기 때문이다. 마찬가지로, 은퇴한 사람은 적극적인 은퇴, 즉 보수를 받는 일이 아니라 해도 섬길 수 있는 건설적인 은퇴를 추구하는 것이 지혜롭다.[8] 뒤에서 나는 실업이라는 특별히 가슴 저린 곤경에 대해 말할 것이다. 전도서의 전도자는 하나님 없이 살아가는 삶의 무의미함과 "해 아래에서 수고하는 모든 수고"에 대해 비관적이지만, 우리가 날마다 행하는 일에 대해서는 적극적이었다. "사람이 먹고 마시며 수고하는 것보다 그의 마음을 더 기쁘게 하는 것은 없나니" 또한 "사람이 자기 일에 즐거워하는 것보다 나은 것이 없나니"(전 2:24; 3:22).

슈마허가 단조로운 일에 대해 이렇게 쓴 것은 과장이 아니었다. "기계적이고 인위적이고 자연과 분리되어 있으면서 인간의 잠재 능력 가운데 가장 적은 부분만을 사용하는 것은, 대다수의 근로자들의 일하는 삶을 허비하게 한다. 아무런 값진 도전도, 자기 완성에 대한 아무런 자극도, 어떠한 발전의 기회도, 어떠한 진선미의 요소도 포함하지 않은 방식으로 말이다."9) 그는 "현대 세계는 근로자의 신체가 사고나 다른 일로 손상을 입지 않도록 하는 데 많은 신경을 쓰며" 육체가 손상을 입으면 보상을 해준다. 하지만 '그의 영혼이나 정신'에 대해서는 어떠한가? "그의 일이 그를 로봇으로 전락시켜 그에게 손상을 입힌다면, 그저 안됐다고 여길 뿐이다"10)라고 지적함으로써 이것의 불합리성을 주장한다. 그러고 나서 그는 "예술 없는 산업은 잔인함이다"라고 말한 아난다 쿠마라스와미(Ananda Coomaraswamy)의 말을 인용한다. 왜 그런가? 그것은 일하는 자의 영혼과 정신에 손상을 입히기 때문이다.11) 슈마허의 해결책은 그의 이름이 나올 때면 언제나 같이 등장하는 "작은 것이 아름답다"는 개념이다.

따라서 인간의 삶이 예배 중심적이기보다 일 중심적일 때, 우리는 인간의 부르심의 필수적인 부분을 놓치는 것이다. 일이 휴식을 대신할 때, 우리는 인간으로서 제대로 인간답기 어렵다는 것을 깨닫는다. 점차 더 세계화되어 가는 세상에서는, 경제적 가치가 인격적·공동체적 가치를 지배한다. 이러한 현실은 기술적 효율성을 향상시키지만, 인간은 생산적이고 열매 맺는 삶을 살도록 지음받았지만 하나님 중심적이지 않은 가치관의 억압 아래 있도록 지음받은 것은 아니라는 사실을 분명히 보여 준다. 따라서 엿새 동안 일하고 하루 쉬면서 예배를 드리는 양식은 예언자적 기준이 된다. 교회는 세상이 인간의 삶의 품위를 떨어뜨리지 않고 고양시키는, 일하는 양식을 회복하도록 촉구해야 한다.

공동체의 유익

일은 일하는 사람에게 성취감을 줄 뿐 아니라 공동체를 이롭게 하기도 한다. 아담은 그저 자신이 즐기기 위해서가 아니라, 가족을 먹이고 입히기 위해 에덴 동산을 경작했다. 성경 전체에서 땅의 생산성은 사회의 필요와 관련되어 있다. 그래서 하나님은 이스라엘 백성에게 "젖과 꿀이 흐르는 땅"을 주시면서 수확물을 가난한 자들, 이방인들, 고아와 과부들과 나누어야 한다고 지시하셨다. 신약에서도 마찬가지다. 회심한 도둑은 더는 도둑질하지 않고 자기 손으로 일해야 했다. "가난한 자에게 구제할 수 있기"(엡 4:28) 위해서였다.

우리의 일이 유익하며 가치 있게 여겨진다는 것을 알면 일에 대한 만족도는 훨씬 커진다. 내가 알기로, 두 차례 세계대전 사이에 독일에서 헨리 데 만(Henri de Man)이, 같은 시기에 시카고에 있는 서부 전기 회사(Western Electric Company)에서 호손(Hawthorne)이, 지금은 당연하게 받아들여지는 사실을 최초로 과학적으로 연구했다. 호손의 연구는 특히 "근로자들이 자신의 노동을 다른 사람들이 중요하고 의미 있게 여긴다고 생각하면 조명이 달빛 정도로 희미해진다 해도 생산량이 늘어날 것"[12]임을 보여 주었다.

분명 성경은 일을 공동체를 위해 공동체에 의해 시행되는 공동체 프로젝트로 간주한다. 모든 일은 적어도 어느 정도는 공적 봉사로 여겨야 한다. 이윤이라는 동기와 사업의 역할의 관계에 대해서는 9장에서 논하겠다. 사업체는 공동체를 섬길 때만 고귀한 것이라고 주장하기 쉽지만, 예를 들어 증권 거래소에 상장된 사업체들은 주주들에게도 기여한다는 것을 고려해야 하며, 사업체의 역할을 살펴볼 때 그 둘의 관계는 중요하다. 하지만 여기에서는 일이 공동체에 기여하는 것이며 공동체를 손상시키는 것이 아니라고 다시 말해야겠다. 뒤에서는 어떤 일이든 하다 보면 타협을 하게 되며, 그 때문에 어떤 사람들은 자신들이 하는 일이 공동체에 긍정적인 기여를 한다고 생각하지 못한다는 점을 살펴볼 것이다. 설령 일이 유일하게 기여하는 점이 일하는 사람의 가족을 먹여살리고 그들의 생활을 유지하며 그들이 공동체 생활에 관심을 지속할 수 있게 하는 것뿐일지라도, 일은 가치 있는 것이다.

하나님께 영광

공동체를 섬기는 것보다 더 중요한 것은 하나님을 섬기는 것이다. 물론 그 둘은 서로 분리될 수 없다. 그리스도인들은 일의 세 번째이자 가장 고귀한 기능이 그 일을 통해 하나님이 영광을 받으신다는 것, 즉 그분의 목적이 드러나고 성취되는 것이라고 믿는다. 하나님은 의도적으로 자신의 목적들을 성취하려면 인간의 협력이 필요하게끔 생명을 배치하셨다. 그분은 지구가 저절로 생산력을 지니도록 창조하지 않으셨다. 인간들이 그것을 정복하고 개발해야 했다. 그분은 저절로 꽃들이 피고 열매가 익어 가는 동산을 창설하지 않으셨다. 그분은 땅을 경작할 정원사를 임명하셨다. 우리는 이것을 하나님이 인류에게 주신 '문화 명령'이라고 부른다. '자연'은 하나님이 우리에게 주신 것이고, '문화'는 그것을 가지고 우리가 하는 것이다. 인간 경작자가 없으면 정원이나 들판은 순식간에 황무지로 전락해 버린다.

하나님은 실제로 흙과 씨와 햇빛과 비를 주신다. 우리는 경작하고 씨를 뿌리고 거두어야 한다. 하나님이 과일나무를 주시지만, 우리가 나무의 가지를 치고 열매를 따야 한다. 루터가 창세기 31:3에 대한 강의에서 말했듯이, "하나님은 모든 일을 당신을 통해 하실 것이기 때문에, 당신을 통해 암소의 젖을 짜실 것이고 당신을 통해 대부분의 천한 의무를 수행하실 것이며, 의무는 가장 큰 것부터 가장 작은 것에 이르기까지 모두 그분을 기쁘시게 할 것이다." 하나님이 우유가 가득 찬 젖소를 주신들 우리가 짜 내지 않는다면 무슨 소용이 있겠는가?

그러므로 협력이 이루어지는데, 실제로는 우리가 하나님께 의지하지만, 또한 (공손하게 덧붙이자면) 그분 역시 우리에게 의지하신다. 하나님은 창조주이시고, 사람은 경작자다. 서로 상대방이 필요하다. 하나님의 선한 목적 안에서 창조와 경작, 자연과 양육, 원료와 인간의 숙련된 기능은 서로 조화를 이룬다.

신과 인간의 합작이라는 이러한 개념은 모든 영예로운 일에 적용할 수 있다. 하나님은 스스로 우리의 협력에 의지하심으로 자신을 낮추시고 우리를 영예롭게 하셨다. 인간의 아기, 하나님의 모든 피조물 중 아마도 가장 무력한 아기를 생각해 보자. 출산은 그 자체가 일종의 협력이기도 하지만, 아이들은 실로 '주님의 선물'이다. 아기가 태어날 때 마치 하나님이 그 아기를 엄마의 팔에 떨어뜨리고는 "이제 네가 맡아라!" 하고 말씀하시는 것 같다. 그분은 인간에게 아이의 양육을 맡기신다. 초기에 아기는 여전히 거의 엄마의 일부로, 서로 밀접하게 붙어 있다. 그리고 오랫동안 아이들은 부모와 교사에게 의존한다.

심지어 성인이 되었을 때에도 우리의 생명 자체는 하나님께 의지하지만, 생활 필수품을 얻는 일은 서로에게 의지한다. 여기에는 육체적 생활의 기본적인 필요들(의식주, 온기, 안전, 건강)뿐 아니라, 인간의 삶을 풍성하게 하는 모든 것(교육, 오락, 스포츠, 여행, 문화, 음악, 문학, 예술)도 포함된다. 영적 양육은 말할 것도 없다. 그러므로 우리가 하는 일이 무엇이든 우리는 그 일을 하나님과 협력하는 것으로 보아야 한다. 여러 가지 직업(교육, 의료, 법, 사회사업, 건축이나 건설 등) 중 하나에 종사하든, 국가나 지방 정치에 몸담거나 공무원이든, 산업·상업·농업·언론 분야에 종사하든, 연구·관리·서비스 분야나 예술계에 종사하든, 가정을 돌보든 그 어떤 경우에도 말이다. 16세기 프랑스 외과 의사로 '현대 외과의 창시자'로 불리기도 하는 앙브루아 파레(Ambroise Paré)의 말이 파리 의대 벽에 새겨져 있다. "나는 상처에 붕대를 감았고, 하나님은 그를 고치셨다."

시골 길을 걸어 내려가다가 많은 사람이 일하는 채석장에 이른 한 사람에 대한 이야기가 있다. 그는 몇 사람에게 무엇을 하느냐고 물었다. 첫 번째 사람은 버럭 화를 내며 대답했다. "보면 모르오? 돌을 쪼아 내고 있소" 두 번째 사람은 쳐다보지도 않고 대답했다. "나는 1주일에 200파운드를 벌고 있소" 세 번째 사람에게 똑같은 질문을 했을 때, 그는 들고 있던 정을 내려놓고는 똑바로 서서 가슴을 쭉 펴고 말했다. "내가 하는 일이 무엇인지 알고 싶다면 말해 드리죠. 나는 지금 성당을 짓고 있답니다." 그것은 우리가 얼마나 멀리까지 보는가 하는 문제다. 첫 번째 사람은 자신의 연장 이상을 보지 못했고, 두 번째 사람은 금요일에 받는 주급 이상을 보지 못했다. 하지만 세 번째 사람은 자신의 연장과 급여를 넘어서 자신이 기여하는 궁극적인 목적을 바라보았다. 그는 건축가와 협력하고 있었다. 기여하는 부분이 적더라도, 그는 하나님을 예배하는 건물을 짓는 일을 돕고 있었다.

그러므로 '라보라레 에스트 오라레'(Laborare est orare), '일은 곧 예배다.' 우리의 일이 아무리 미미하고 간접적인 것일지라도 인류를 위한 하나님의 목적을 촉진하는 데 어떻게 기여하는지 볼 수 있다면 그것은 예배다. 그렇다면 우리가 하는 일은 무엇이든 하나님의 영광을 위한 것일 수 있다(고전 10:31).

하지만 미로슬라브 볼프(Miroslav Volf) 박사는 그의 책 「성령 안에서 일하라」(Work in the Spirit)에서 이러한 견해가 틀린 것은 아니지만 불충분하다고 이의를 제기했다. 그는 주의 깊은 논증과 명쾌한 문체로 포괄적인 일의 신학을 전개했다. 본질적으로 그는 우리에게 원래의 창조를 되돌아볼 것이 아니라 아직 완성되지 않은 새 창조를 내다보라고 말한다. 우리가 현재 가지고 있는 몸과 미래의 부활체 간에 근본적인 연속성이 있게 될 것처럼, 우리는 세상이 멸망하는 것이 아니라 변혁될 것을 기다린다. 인간의 일에 의미를 부여하는 것은 바로 이러한 기대다. "그것을 통해 인간들은 불완전하지만 작게나마 하나님의 새 창조에 기여하기"[13] 때문이다.

볼프 박사는 우리의 서로 다른 '은사들'(charismata, '성령의 은사들')에 대한 바울의 가르침에 찬성하고, 우리의 서로 다른 '소명들'에 대한 루터의 가르침을 거부한다. 그는 여기에는 일상의 세속적 일들, 심지어 비그리스도인들이 행하는 일까지 포함된다고 주장한다. "인간의 모든 일은…일하는 사람 안에서 역사하시는 성령의 작용으로 가능하기"[14] 때문이다. 하지만 나에게는 몇 가지 거북한 질문이 남는다. 실로 성령이 세상에서 역사하시기는 하지만, 그리고 만국이 그들의 '영광'을 새 예루살렘으로 가져올 것이기는 하지만(계 21:24, 26), '카리스마타'에 대한 바울의 비전은 정말로 비그리스도인들의 일을 포함하는가? 정말로 인간은 세상의 종말론적 변혁에서 하나님과 협력할 수 있는가? 하나님 나라는 현실에서나 미래의 완성 측면에서나 인간의 업적이기보다 하나님의 선물이 아닌가? 그럼에도 장차 세상이 중생할 것을 기대할 때, 우리가 현재 한 "수고가 주 안에서 헛되지 않다"(고전 15:58)고 말하는 것은 정당하다.

우리가 살펴본 일의 세 가지 목적에 비추어 정의를 내릴 차례다.

일은 다른 사람을 섬기는 일에 에너지(육체적 혹은 정신적 혹은 둘 다)를 소비하는 것이다. 그것은 일하는 사람에게는 성취를, 공동체에는 유익을, 하나님께는 영광을 가져온다.

성취와 섬김과 예배(혹은 하나님의 목적과의 협력)는 모두 한데 얽혀 있다. 하나님과 다른 사람들과 자기 자신에 대한 우리의 의무가 거의 언제나 그런 것과 마찬가지다. 분명 자아 충족은 섬김과 분리할 수 없다. 공정한 임금, 좋은 조건, 안전, 일정량의 이윤 분배 등이 중요하긴 하지만, 일에 대한 만족이 주로 그런 데서 생겨나는 것이 아니기 때문이다. 그것은 일 자체에서 생겨나며, 특히 포착하기 어려운 '의미'에서 나온다. 게다가 일과 관련한 의미는 기술과 노력과 성취의 결합으로 구성되는 것이 아니라, 주로 일을 통해 우리가 공동체와 하나님을 섬기는 일에 기여한다는 의식으로 이루어진다. 만족을 주며, 다른 사람들에게 도움을 주면서 자신을 발견하게 하는 것은 바로 섬김이다. 우리의 일에 대해 이러한 관점을 개발해야 할 뿐 아니라, 만일 우리가 고용주나 경영자라면 종업원들 안에 그것을 개발하기 위해 최선을 다해야 한다.

몇 년 전에 방글라데시 다카에 있는 수공예품 센터를 둘러볼 기회가 있었는데, 그곳은 보건, 교육, 경제 개발 프로젝트(Health, Education and Economic Development project: HEED)에서 운영하고 있었다. 그곳에서 난민 수용소 출신 젊은이들이 수공예, 양탄자나 벽걸이 융단 만들기, 뜨개질, 밀짚 공예 등을 배우고 있었다. 내가 가장 깊은 인상을 받은 것은 그들이 일에 집중하는 정도였다. 그들은 우리가 왔다는 사실을 거의 눈치 채지 못했으며 우리가 옆으로 걸어가는데 쳐다보지도 않았다. 그들은 자신들이 하는 일에 푹 빠져 있었다. 일은 그들에게 존엄성, 의의, 섬김을 통한 자기 가치 의식을 부여했다.

2004년 7월에 일 재단(Work Foundation)이 시행한 조사를 보면, 많은 사람이 자신의 일에 대해 긍정적으로 느끼고 그 일을 하는 것을 즐긴다고 말했다. 그 조사 결과를 보면, 사람들은 보수는 일의 내용과 개인적인 야망을 성취하는 정도에 비해 덜 중요하다고 생각한다. 흥미롭게도 42.2퍼센트는 자신에게 가장 중요한 인간 관계가 일터에서의 관계라고 생각했다. 그러므로 우리가 누구든 어디서 살든, 일은 우리 인간의 본질적인 부분이다. 그것은 단지 우리가 하는 어떤 것이 아니다. 그것은 일하는 분이신 하나님을 반영하는 존재인 우리가 어떠한 존재가 되도록 만들어졌는지를 반영한다. 하지만 앞으로 보게 되듯이, 일은 때로 잘못되며 사람들이 그것을 통해 고통받거나 다른 사람들에게 고통을 주는 수단이 될 수 있다.

일이 잘못될 때

일의 세계는 여러 가지 이유로 우리 삶에서 부정적 영역이 될 수 있다. 이것은 일에 대한 우리의 태도, 일에 대한 불만족, 일의 스트레스가 우리에게 주는 영향, 혹은 실업 등과 관련되어 있다.

일에 대한 태도

일에 대한 태도는 계속 변한다. 재택 근무를 할 수 있게 해주는 새로운 기술, 맞벌이 부부가 맞닥뜨리는 새로운 압력, 일로 인한 스트레스를 가중시키는 변화들, 목표를 성취하면 승진하고 인정을 받는 시스템 등, 그 원인은 다양하다. 하지만 우리가 날마다 일하면서 겪는 이러한 변화의 기저에는 일에 대한 일반적 태도를 결정하는 중요한 암류가 흐르고 있다. 이제 그것들에 대해 살펴보자.

잠시 후에 스트레스가 많은 일이 사람들의 삶에 미치는 영향을 살펴볼 것이다. 하지만 어떤 사람들은 일에 대해 긍정적인 태도를 갖고 있고, 또 어떤 사람들은 부정적인 태도를 갖고 있다. 어떤 사람들은 어떻게 해서든 일을 피하고 싶어 하고, 끝없는 휴가를 바란다. 일하지 않으면 그런 휴가에 쓸 돈이 없기 때문에 그렇게 하지 못할 뿐이다. 또 다른 사람들은 일을 본질적으로 따분하고 성가신 것으로 여긴다. 그들은 자신이 하는 일에 대해 불평하며, 다른 태도로 접근했다면 그 일이 가져다주었을 성취와 그 일의 긍정적인 측면들은 무시하고, 그 일에서 최악의 요소들만 본다. 물론 일은 목적을 위한 수단이다. 개인과 그들의 가정에 의식주를 제공해 준다는 면에서 그렇다. 하지만 일은 그 자체가 목적이며, 그리스도인들은 일과 예배가 서로 뗄 수 없이 얽혀 있는 것으로 여겨야 한다.

2004년 7월에 일 재단에서 시행한 조사를 보면, 영국 내 400만 명 이상의 근로자들(15퍼센트)이 자기 일에 대해 불만족하거나 매우 불만족하다는 것을 알 수 있다. 가장 고통받는 사람들은 실직한 사람들과 경제적 활동을 못하는 사람들로, 그들의 행복은 어떤 일을 경험해 보았는지에 따라 좌우되었다. 거의 50만 명의 근로자들이 일주일에 60시간 이상 일하고, 1년에 1만 6천 파운드 이하를 번다. 거의 40퍼센트의 사람들이 일자리를 잃을까 두려워 오랜 시간 일한다는 것을 인정했으며, 특히 여성들이 더욱 그랬다.

스트레스가 많은 일

최근까지 일이 부정적인 영향을 미치는 경우는 본질적으로 인간의 육체를 파괴하고 인간의 영혼을 억압하는 직업들에 집중되어 있었다. 탄광에서 일하는 사람들은 형편없는 작업 환경에서 일하며, 그 결과 수명이 단축되는 경우가 많았다. 공장 생산 라인에서 일하던 일부 사람들은 숨막힐 듯한 일 속에서 기계의 부속품으로 전락했다. 또 우리는 세계 전역에 쥐꼬리만 한 수입을 얻기 위해 일하는 남자와 여자와 어린아이들이 있으며, 그렇게 일한 대가가 서구의 이익으로 돌아간다는 것을 통렬히 인식하고 있다. 몇 년 전에 서구에서 가장 큰 스포츠 용품 회사가 연루된 추문이 화제가 되었다. 그들은 어린이 노동력을 이용했으며, 정당한 근로 환경보다 훨씬 더 열악한 상황에서 상품을 만들게 했다. 우리는 일에 대해 세계적 관점을 가져야 하며, 충분한 보수를 받는 일만 있는 것이 아님을 깨달아야 한다. 일하는 사람으로서 우리는 다른 사람들의 이익을 고려해야 하며, 소비자로서 세계화로 인해 우리가 전 세계 생산자들과 연관되어 있다는 것을 알아야 한다. 우리 중 자신이 가진 물건을 보면서 그것들이 어떤 환경에서 만들어졌는지 궁금해하는 사람이 몇이나 될까.

파괴적이고 품위를 떨어뜨리는 업무 방침에 대해서도 계속 관심을 가져야 하지만, 지난 50년간, 특히 최근 들어 점차 증가하는 동향 한 가지가 있다. 전통적으로 은사의 표현이며 공동체에 크게 기여하는 것으로 여겨지는 일을 하는 사람들 사이에서도 일과 관련된 스트레스가 급격하게 증가한다는 것이다. 유엔 보고서에 따르면, 근로자들은 기록적인 스트레스 지수를 보이며, 염려, 탈진, 우울증 지수는 도저히 통제할 수 없을 만큼 상승하고 있다. 문제는 고용주가 직원들을 병가 보내고 그 근로 시간을 보충하는 데 수십억 달러를 사용하며, 불안에 빠진 근로자들은 그 후에도 상당 기간 동안 심리적·정서적으로 취약하다는 것이다. 이 연구는 영국, 미국, 독일, 핀란드, 폴란드에 초점을 맞춘 것으로, 이 다섯 나라 모두에서 근로자 10명 중 1명 정도가 그런 경험을 했으며, 직장에서의 우울증은 심장 질환 다음으로 근로자를 가장 무력하게 하는 질병으로 드러났다. 영국에서 2004년과 2005년에 일과 관련된 스트레스, 우울증, 염려로 작업 일수 중 1,300만 일이 손실되었으며, 50만 명이 평균 30일 간 근무를 쉬었고,[15] 그로 인해 영국의 고용주들은 약 370만 파운드라는 비용을 지불했다.[16] 이것은 물론 국민 건강 보험과 사회 복지 사업에 연쇄적으로 영향을 미쳤다. 이러한 이유로 일터에서 스트레스를 줄이는 데 훨씬 더 많은 주의를 기울이고 있다.

이것은 산업에 엄청난 영향을 미친다. 세계화가 직장 생활의 속도를 가속화하며, 소통이 늘어나면서 기대도 커지기 때문이다. 국제 노동 기구(International Labour Organization)는 비현실적인 마감 기한, 열악한 경영과 부적절한 육아 제도를 비난한다. 핀란드에서는 스트레스로 인한 자살률이 높다. 핀란드 근로자의 7퍼센트가 "심각한 탈진 상태"다. 독일에서는 근로자의 7퍼센트가 스트레스와 우울증으로 조기 은퇴를 선택한다. 폴란드에서는 공산주의 붕괴로 실업이 증가하면서 근로자들이 불안에 싸이는 경향이 있다. 세계 정신 건강 연맹(The World Federation for Mental Health)은 2020년이 되면 스트레스와 정신 질환이 교통사고, 에이즈, 폭력 등을 뛰어넘어 작업 일수 손실의 일차적 원인이 될 것이라고 경고한다.[17]

일은 하나님이 주신 선물이다. 일은 우리에게 성취감을 주도록 계획되었다. 하지만 창세기 3장에서는 타락 이래 우리가 일하는 환경이 적대적이 될 수 있으며 일이 투쟁이 될 수 있다고 말한다.

실업

남자와 여자를 위한 하나님의 목적 안에서 일이 얼마나 중심적인 위치를 차지하는지를 파악하면, 실업이 우리의 인간됨에 얼마나 심각한 타격인지를 단번에 알게 된다. 윌리엄 템플은 대공황기 때 영국 북부에서 벌어진 실업 상황에 대해 이렇게 썼다. "그 상황에서 겪는 가장 심각하고 쓰라린 상처는 굶주림이나 불편함이라는 동물적(육체적) 고충도, 마음의 공허함이나 지루함이라는 정신적 고충도 아니다. 그것은 공동체의 일반적 생활과 복지에 기여할 기회가 주어지지 않는다는 영적 고충이다."[18] '잉여' 노동자로 선언받는 것은 충격적인 경험이며, 자신을 그렇게 생각해야 한다는 것은 더 끔찍한 일이다. 많은 사람이 그런 일이 자신에게 일어날까 두려워하면서 살아간다.

1982년 영국에서 실업률은 노동 인구의 13퍼센트에 달했다. 엄청나게 높은 수치다. 하지만 2004년에 영국 경제는 거의 완전 고용에 이르렀는데, 노동 인구의 4.8퍼센트는 아직 실직 상태다.[19] 유럽 연합 전역에서 2003년도 실업률은 룩셈부르크 3.8퍼센트, 스페인 11.4퍼센트, 폴란드 20퍼센트에 이르기까지 대단히 다양했다. 어떤 나라에서는 실업이 증가하고 있었으며, 줄어드는 나라도 있었다. 하지만 유럽 연합 전체의 전반적 실업률은 안정적이었다. 일본에서는 실업률이 4.6퍼센트였으며, 미국에서는 5.6퍼센트였다.[20] 하지만 이것을 집단별로 세분화해 보면 인상적인 사실이 드러난다. "주요 근로자 집단의 실업률, 즉 성인 남자(5.0퍼센트), 성인 여자(5.0퍼센트), 십대(16.8퍼센트), 백인(5.0퍼센트), 흑인(10.1퍼센트), 남미 혹은 라틴계(6.7퍼센트)…아시아인의 실업률은 5.0퍼센트였다."[21] 유럽에서도 상황은 비슷하며 전 세계에서 젊은이 실업률은 꾸준히 높다.[22] 영국에서 장애인들은 비장애인들에 비해 고용될 가능성이 절반 정도다.

미래는 예측 불가능하며 전 세계적으로 문제는 더욱 악화될 것이다. 규제 철폐와 시장의 세계화의 가속은 이점이 많이 있지만, 노동 시장에는 종종 부정적인 영향을 미친다. 회사들은 여기저기서 값싼 노동력을 알아볼 수 있다. 이는 흔히 산업화된 나라에서는 일자리를 잃는 반면, 개발도상국에서는 사람들이 새로운 일자리를 얻지만 충분한 이익은 얻지 못한다는 의미다. 1990년대에 새로 창출된 일자리들은 대부분 시간제 일자리이며, 아주 기본적인 필요는 채울 수 있을지 몰라도 가계에 충분한 수입을 올리기는 어렵다.

실업은 통계 수치의 문제가 아니라 사람의 문제다. 임금과 관련된 실업 수당이 없는 다수 세계에서는 실업이 종종 생존의 문제다. 심지어 구직자 수당이나 실업 수당이 지불되는 서구에서도 실업자의 삶의 질은 상당히 낮으며, 실업은 열악한 주택, 음식, 보건 등과 연관된다. 더구나 그들은 심리적 고통도 받는다. 그것은 통렬한 개인적·사회적 비극이다. 물론 일자리가 많은 경기 호황기에 실직하는 것은 일자리가 거의 없을 때 실직하는 것과 다르다. 하지만 그렇더라도 실업의 영향은 상당할 것이다. 산업 심리학자들은 실업을 사별에 비유했다. 일자리를 잃는 것은 친척이나 친구를 잃는 것과 유사한 면이 있다는 것이다.

그들은 상처의 세 단계를 묘사했다. 첫 단계는 충격이다. 우리 교인 중 한 젊은 남성 실업자는 '굴욕감'에 대해 말했으며, 한 여성 실업자는 자신이 느낀 '불신'에 대해 말했다. 어떤 사람들은 해고당했다는 혹은 잉여 노동자가 되었다는 소식을 듣자마자 화를 내는 반면, 어떤 사람들은 자신이 거부당하고 품격이 떨어진 것처럼 느낀다. 하지만 이 단계에서는 아직 미래에 대해 낙관적이다. 둘째 단계는 절망과 비관주의다. 저축금은 바닥이 나고 앞날은 점점 더 어두워진다. 한 남자가 요약해서 말했듯이 "침체된다." 셋째 단계는 체념이다. 몇 달 동안 실업 상태로 지내면서 일자리를 구하다가 반복해서 실망을 겪다 보면, 소망은 쇠하고 정신은 비통하고 상하게 되며 사기가 현저히 떨어지고 인간성이 말살된다. 교회는 그런 사람들이 일자리를 찾을 때 실제적으로 도움을 줄 뿐 아니라 그들이 받아들여지고 사랑받는다고 느낄 수 있는 장소가 되어야 한다.

교회의 역할

일의 세계에서 일어나는 문제들을 다룰 때, 교회가 일의 중요성을 인정하고 직장에서 스트레스를 받는 사람들의 필요를 이해하며 실직한 사람들을 지원해 주는 것이 중요하다.

일의 중요성을 인정함

교회에 오랫동안 다녔는데도 일에 대한 설교를 한 번도 들어보지 못했다는 사람들이 많다. 하지만 교회의 교인들은 보수를 받고 하는 일이든 다른 맥락에서 하는 일이든 일을 하는 사람들이다. 그들은 일하는 공간에서 심각한 정서적·윤리적·영적 도전을 받을 수 있다. 그렇다면 교회가 일에 대해 가르침으로써, 교회 내의 일하는 사람들을 위해 기도함으로써—단지 그들이 한 가족이기 때문이거나 그들이 교회 안에서 하는 일 때문이 아니다—일이 중요하다는 것을 반드시 보여 주어야 한다.

    교회 지도자들은 또한 지역 사회 사람들과 교인들이 직업의 세계에 대해 갖고 있는 관심사에 귀를 기울여야 한다. 삶의 이 중대한 분야를 간과한다면 사람들을 목회적으로 대하거나 선교지에서 그들에게 다가가기가 어렵다. 사람들의 집보다 그들의 일터를 방문할 때, 그 사람의 삶에 대해 완전히 새로운 관점이 열릴 수 있다. 다시 말해, 사회에서 일이 중요하다면 교회에서도 그것을 중시해야 한다.

한번은 어떤 교회가 지역 사회에서 더 많은 일을 하려고, 외부 강사를 초빙해서 어떤 새로운 프로젝트를 하면 좋을지 조사해 보게 했다. 그 사람은 교인들이 의사, 교사, 사회사업가 등의 직업을 가지고, 혹은 자원봉사자로 채무 상환을 상담해 주거나 스카우트 리더로 활동하거나 난민들을 도우면서 지역 사회에 이미 많이 관여하고 있다는 것을 발견했다. 교인들이 자기 교회를 섬기려는 마음은 있지만, 더 이상 일을 할 여력은 없다고 그는 판단했다. 그래서 그는 교회가 기도해 주고 교제 모임을 후원하고 필요한 정보를 제공함으로써 이미 그들이 하고 있는 일들을 가시화하고, 그 일들을 공식적으로 인정해 주라고 권했다. 갑자기 교회가 지역 사회에서 기여하는 일이 열 배는 늘어난 것처럼 보였다. 사람들은 자신이 이제까지 해 온 일, 전에는 교회가 무시한다고 느꼈던 그 일들이 하나님께 정말로 중요하다고 느끼게 되었다.

교인들은 자신이 날마다 하는 일이 하나님께 중요하다는 것을 알아야 한다. 실로 그것은 세상을 위한 하나님의 목적들을 추진하는 데 반드시 필요하다. 그들은 '기독교 사역'을 하지 않는 사람들을 위해 만들어 놓은 대기실에 있는 것도 아니고, 주일마다 설교를 하지 않기 때문에 2군에 속해 있는 것도 아니다. 그들이 하는 일은 "주께 하듯이" 하도록 부름받은 일이다. 그것은 주님을 섬기는 일이기 때문이다. 모든 교회는 교인들이 무슨 일을 하는지 알아야 한다. 보수를 받고 하는 일이든 안 받고 하는 일이든 상관없다. **그들이** 교회이며 그들은 하나님이 그들에게 하라고 또 되라고 부르신 모든 것에서 지원이 필요하기 때문이다.

직장에서 받는 스트레스를 이해함

교회는 복잡한 문제에 단순한 대답을 제시하기가 대단히 쉽다. 하지만 직장에서 일하는 사람들은 직장의 체계, 그들에게 걸린 기대, 주변의 변화 속도, 동료들이 일하는 관례 등으로 부담이 생기는 상황 속에서 일하기 때문에 엄청난 스트레스를 받는 경우가 흔하다. 어떤 의사가 최근에 자신은 의료계의 변화 속도를 따라갈 수가 없다고 말했다. 그가 작성해야 하는 문서는 양적으로 방대할 뿐 아니라 끊임없이 변한다. 그가 마음대로 처리할 수 있는 자원 역시 언제나 변한다. 그는 아무리 오랜 시간을 일해도 그것을 해 나가기가 어렵다는 것을 깨달았다. 마찬가지로, 세계에서 가장 큰 한 호텔 체인의 건축가는 자신에게 지워진 기대가 어느 누구도 혼자서는 도저히 채울 수 없을 만큼 크다고 말했다. 그는 자신이 "실패하게 되어 있다"고 느꼈다. 갓 보육 교사 자격증을 딴 한 여성은 적정 인원보다 두 배나 많은 아이들을 배정받았는데, 제대로 감독해 주는 사람이 없었다. 그녀는 자신이 실수를 해서 무서운 결과가 일어날 것 같아 밤에 잠을 제대로 자지 못했다.

이러한 것들은 중요한 문제며, 직장에서의 스트레스를 개인의 실패나 영적 패배로 보는 대신 그것을 이해해 주어야 한다. 어떤 사람은 직장을 옮기는 동안 지원을 받아야 할 수도 있다. 또 어떤 사람은 병가를 내서 직장으로 복귀할 수 있도록 보살핌을 받아야 할 수도 있다. 하지만 어떤 사람들은 별 문제가 없으면서도 제도를 이용해서 스트레스를 핑계로 휴가("거짓 병가")를 낼 수도 있다.

구직자를 지원함

정치적 토론을 할 때면 양측 참가자 모두 영국의 사회 보건에서 신앙인들의 참여가 중요하다고 자주 말한다.[23] 미국의 경우도 마찬가지다. 미국에서는 교회들이 지역 사회에 깊이 관여한다. 복지 국가라는 개념이 유럽처럼 널리 퍼져 있지 않아서 자원봉사자들의 참여가 훨씬 더 절박하기 때문에 더욱 그렇다. 정부가 신앙인들의 참여가 얼마나 중요한지 인정하는 것은 좋지만, 정부가 궁핍한 사람들에게 필요한 것을 공급할 책임을 면하게 해서는 안 된다. 캔터베리 대주교 로완 윌리엄스(Rowan Williams)가 최근 힌튼 강좌(Hinton Lecture)에서 말한 바와 같다.

또한 정부가 행정에 드는 돈과 시간을 절약하기 위해 언제나 정부가 할 일을 외부의 자원봉사자들에게 맡기고 싶어 한다는 강하고도 근거 있는 의심이 든다. 그래서 꼭 해야 하는 일들이 자원봉사자의 열심이나 지역의 관심 혹은 기금 모금이나 다른 예기치 못한 요소들에 따라 좌지우지될 수 있다.[24]

구직자들이 일자리를 찾도록 돕는 일은 자원봉사자들에게 위임할 만한 일이 아니다. 하지만 교회는 도움을 주기 위해 많은 일을 할 수 있다. 구직자들은 배경, 기술, 능력에 따라 서로 필요 사항이 다르다. 영국에서 태어난 대학 졸업자와 최근에 망명을 신청해 영국에 들어온 사람의 필요 사항은 대단히 다르다. 망명해 온 사람의 경우는 단순히 일자리를 찾기만 하면 되는 문제가 아니다. 그런 사람은 살 집을 찾고, 해당되는 사회 보장 수당을 받고, 필요하면 영어 강좌에 등록하는 등 많은 일에 도움이 필요할 것이다. 또 어떤 사람들은 지원서 작성이나 인터뷰 연습을 하는 데 도움이 필요할 것이다. 어떤 사람들은 사업체를 시작하는 데 조언이 필요할 것이다. 교회는 이 모든 영역에서 매우 많은 것을 제공해 줄 수 있으며, 실제로 많은 교회가 그런 다양한 필요들을 채우기 위한 조직들을 두고 있다. 많은 교회가 지역 사회 모임, 오찬 모임, 부채 상환 상담 모임 등을 할 수 있도록 건물을 개조했고, 새로운 교회 건물들은 다목적으로 설계되었다.

지역교회나 자원봉사 조직을 통해 참여하거나 독자적으로 참여하는 전 영역의 봉사 공동체가 있다. 그들이 하는 봉사는 환자·노인·수감자 방문, 노인의 집 재단장, 정신적·심리적 장애인들과 함께 일하기, 아기 돌보기, 아이들을 학교에서 데려오는 일, 학습 장애가 있는 아동이나 영어가 모국어가 아닌 소수 민족 가족에게 읽기와 쓰기를 가르치는 일, 지역 병원, 학교, 동호회, 교회에서 돕는 일 등이다.

인류는 태초에 창의적 존재로 창조되었다. 하나님과 이웃을 섬기지 않는 한 우리 자신은 존재하지 않는다. 우리는 창의적 에너지를 발산할 출구를 찾아야 한다. 그러므로 직업이 없는 사람들이 이제까지 언급한 광범위한 활동에 필요한 시설이나 장비를 갖추고 있지 못하다면, 지역 사회 다른 곳에서도 그런 것을 구할 수 없다면, 교회가 공급해 주어야 하지 않을까? 교회가 워크숍 장소와 도구, 창고나 작업실 등 사람들이 새로운 기술을 배우고 적용할 수 있는 곳을 제공하는 것이 불가능한가? 대다수 지역교회가 지역 공동체를 대상으로 더 광범위한 봉사 프로그램을 개발할 수 있지 않을까? 점점 늘어나는 실업자, 반실업자, 은퇴자들이 여가 시간을 창의적으로 사용하도록 권면해야 한다. 1964년에 마셜 맥루언(Marshall McLuhan)이 썼듯이, 자동화로 인해 "우리는 갑자기 자유를 얻었지만, 그것은 우리가 스스로를 고용하고 창의적으로 사회에 참여할 수 있는 내적 힘을 빼앗아 갔다."[25]

문제 해결

일은 개인의 문제다

첫째, 앞에서 이미 논한 대로, 우리가 일에 대해 갖는 태도, 일에 대한 참여, 일에서 나오는 결과 등의 측면에서 볼 때, 일은 개인의 문제다. 일은 그리스도인의 성품을 표현하는 핵심적 방법 중 하나다. 우리가 어떻게 일하는지를 보면 우리가 정직한지, 효율적인지, 믿을 만한지가 분명하게 나타난다. 우리는 최고의 기준을 가진 사람이 되려고 노력해야 한다. 일은 종종 사람들에게 해결하기 어려운 윤리적 문제들을 제공한다. 그리스도인으로서 현상에 굴복하지 않고 그러한 문제들을 해결하려 고심하는 것은 중요하며, 이것은 일의 세계에서 진실한 사람이 되기 위해 대가를 치러야 한다는 의미일 수도 있다. 고용주들은 대부분 신뢰할 수 있는 사람을 원하며, 투명하고 믿을 만한 사업체들은 대개 평판이 좋아지면서 번창하게 된다. 우리는 일이 그리스도인의 성품을 표현한다는 것을 잊어서는 안 되며, 우리가 말과 행동을 달리 해서 그 때문에 사람들이 기독교를 빈정거리게 만들어서는 안 된다.

둘째, 자동화 기계가 출현하면서 나타난 반응 중 하나는 일의 개인화 경향이 증가한 것이다. 우리는 근무 시간을 자유로이 선택할 수 있는 시대, 자신이 하는 일들을 관리하면서 한 고용주만이 아니라 동시에 여러 고용주를 위해 일할 수 있는 시대에 살고 있다. 여기서 우리는 개인적 일의 궁극적 표현에 대해 다루고 있는데, 우리는 일이 도덕적 표현일 뿐 아니라 정서적 문제이기도 하다는 것을 반드시 기억해야 한다. 예를 들어, 재택 근무를 하는 사람들은 다른 사람들과 교제를 나누지 못해 허전하다는 것을 이내 느낄 것이다. 우리는 사회적 존재이며 고립된 개인들로 만들어지지 않았기 때문이다. 혼자 일할 때는 지나치게 열심히 일하거나 충분히 통제가 되지 않아 균형을 유지하기가 어려울 수도 있다. 따라서 일을 평가할 때는 일이 사람에게 미치는 영향을 새로운 기술의 견지에서뿐 아니라 잠재적으로 사람들을 고립시키는 근로 조건이라는 견지에서도 평가해야 한다. 어떤 환경에서 일하든 우리는 진실하게 일하고, 다른 사람들이 잘되는 데 도움을 주며, 하나님께 영광을 돌리기 위해 모든 일을 하도록 서로 격려해야 한다.

일은 관계의 문제다

오늘날 사람들이 직면하는 핵심 문제 중 하나는 일과 생활의 균형이다.[26] 그 문제는 고용주들에게 직원들이 스트레스에 굴복하지 않고 의욕적이고 긍정적인 마음으로 일하도록 해야 한다는 도전을 던진다. 그것은 또 가족, 친구, 일 외의 다른 관심사에도 시간을 들이고자 하는 근로자들에게도 도전을 준다.

첫째, 좋은 일은 일터 **밖에서** 양질의 관계를 허용한다. 우리는 창세기 1장과 2장에서 인간의 정체성이 몇 가지 관계에 달려 있다는 것을 배웠다. 그것은 하나님과의 관계, 서로와의 관계, 환경과의 관계, 우리가 하는 일과의 관계다. 우리는 앞에서 우리가 일하는 배경으로 안식일의 중요성을 논했다. 이 모든 것은 우리가 일을 올바른 관점으로 보기 위해 필요하다.

물질주의가 문화를 사로잡을 때, 일은 일에 따르는 물질적 보상과 동의어가 될 수 있다. 또한 이러한 관계들의 중요성이 희미해져 버릴 수 있다. 사람들은 특히 하나님과의 관계를 잊어버리며, 그와 함께 자신들의 정체성과 목적의식도 잊어버린다. 다른 사람들과의 관계 역시 압력을 받는다. 사람들은 남편, 아내, 자녀, 친구들과 느긋하게 보낼 시간이 거의 없다고 생각하기 때문에 시간은 새로운 희소 자원이 된다.

둘째로, 좋은 일은 일터 **안에서** 양질의 관계를 허용한다. 창세기 2장에 나오는 인간의 정체성에 대한 기본적 통찰, 곧 인간의 정체성은 개인주의가 아니라 관계에 근거한다는 것을 받아들인다면, 일이 더 관계적일수록 인간의 정체성을 더 잘 표현할 것이다. 1960년대와 1970년대 생산 라인에서 그처럼 많은 불만이 쏟아져 나온 이유 중 하나는 압력을 받으며 반복적인 과업을 해내야 했기 때문에 근로자들이 스트레스를 받았을 뿐 아니라 서로 협력하고 공동 작업을 하기는커녕 주위에 있는 사람들과 관계를 맺을 시간이 거의 없었기 때문이었다. 자동차 산업은, 어떻게 긴 생산 라인이 팀 위주의 자동차 건설로 바뀌었으며 여러 근로자가 차 한 대를 놓고 함께 작업하게 되었는지 보여 주는 좋은 예다. 생산성이 높아졌을 뿐 아니라 불안과 불평도 줄어들었다. 사람들이 한 가지 공동 목표를 향해 함께 일하고 있다고 느꼈기 때문이다. 크리스티안 슈마허(Christian Schmacher)는 「일하시는 하나님」(*God in Work*)에서 "팀워크를 다져 주는 여섯 가지 특성"에 대해 말한다. 이 여섯 가지 행동 특성을 익히고 정기적으로 실천하면 생산적인 팀 작업을 할 수 있을 것이다.

- 언제나 자신의 기술과 다른 사람들의 기술을 존중하려는 결의
- 서로 기꺼이 듣고 정직하게 의사소통하려는 마음
- 서로 돕고 격려하는 헌신
- 팀의 복지와 성과를 최대화하기 위해 애쓰는 지도자를 기꺼이 신뢰하는 마음
- 가치 있는 과업을 완수하기 위해 일하는 팀 전체에 대한 책임감
- 자신이 가진 창조성으로 팀이 더 나은 결과물을 내도록 기꺼이 기여하는 것

슈마허는 이러한 원리나 행동 특성들이 기독교 세계관에서만 나온 것은 아니지만 핵심적인 기독교적 통찰을 표현한다고 지적한다. 격려, 정직, 신뢰,

책임, 변혁은 긍정적이고 효과적인 인간의 모든 상호 작용의 핵심이다. 순전히 기능적으로 일하는 것과, 개인의 이익이 아니라 단체에 유익한 보상을 추구하면서 서로 존중하고 격려하며 일하는 것은 완전히 다르다.[27]

이러한 원리들에 비추어 일을 생각할 때, 우리는 많은 사람에게 일이 이상적이지 못하다는 것을 알 수 있다. 그들은, 너무 커서 그들을 소외시키는 조직에서 일한다. 그들은 총체적으로 일에 참여하지 못하고, 단지 회사가 하려는 것 중에서도 대단히 작은 부분만 볼 뿐이다. 그들은 많은 기여를 할 수 있는 인간으로 존중받기보다 기능적으로 움직이면서 은사의 적은 부분만을 사용하는 데 역점을 둔다. 그들은 자신이 일하는 조직의 비전에 기여하지 못하고 다른 사람들의 비전(왜곡되었을 수도 있는)을 받아 수행해야 한다. 직장에서 힘있는 자들과 힘없는 자들 사이에 의사소통이 부족하고 문화가 단절되어 있을 수 있다. 또한 그들의 실제 능력 면에서나 직장 생활 외에 다른 건전한 관계들 면에서 너무 많이 일하거나 너무 적게 일하라는 요구를 받을 수도 있다. 일이 역기능적인 것이 되고 어떤 경우에는 악하게 되는 것은, 모든 건강한 인간 관계와 노력 기저에 있는 이런 기본 원리들을 무시하기 때문이다.

일은 공동의 문제다

일은 개인적인 문제일 뿐 아니라 공동의 문제다. 그것은 직장 문화라는 면에서 공동적이다. 함께 일할 때 우리는 어떤 환경을 만들어 내는가? 서로 존중하고 탁월성을 격려하는 문화인가? 유감스럽게도 언제나 그렇지는 않다. 최근 영국에서는 자기 직업에서 최고의 자리에 있는 여성들조차 얼마나 파괴적이고 굴욕적인 대우를 받을 수 있는지, 심지어 사임하거나 부당하게 해고될 수도 있다는 것을 보여 주는 명확한 성희롱 사례가 있었다. 또 어떤 사람들은 인종차별을 당하거나 장애인 차별의 희생자가 된다. 나이든 사람들은 젊은 사람들에게 서서히 밀려나거나 승진에서 누락될 수 있다. 직장 문화는 항상 더 높은 이윤을 추구하면서 무자비한 경쟁을 벌이고 심지어 부정직한 방법을 동원할 수도 있다. 그런 환경에서 일한다는 것은, 그런 일이 일어난다는 사실을 제대로 알지 못하고 미혹당하거나 그러한 것들과 은밀히 결탁해야 한다는 것을 의미한다.

과연 그런 근로 관행을 얼마나 참을 수 있을까 하고 생각하는 사람들은 그리스도인들만이 아니다. 많은 사람이 자신이 일하는 환경이 달라지기를 바라면서 일하지만, 먹고살아야 하기 때문에 달리 어떤 대안도 없다고 생각한다. 하지만 우리는 모두 넘지 말아야 할 선을 그어 놓아야 한다. 우리는 선한 일을 통해 세워지는 바로 그 순간에도 나쁜 일을 통해 파괴될 수 있는 영적·도덕적 인간이기 때문이다.

일은 또한 우리가 사는 곳이라는 측면에서 볼 때도 공동적이다. 우리는 어떤 특정한 산업이 지배하는 지역에 살 수도 있다. 수십 년간 탄광촌이었던 곳이나 철강 산업이 지배하던 도시에 사는 것과 같은 경우다. 그런 환경에서는 좋은 일과 나쁜 일의 차이를 공동체에 속한 누구든 명백히 알 수 있다. 일이 인간의 영혼을 짓누르고 품위를 떨어뜨리는 곳에서는 공동체가 고통받을 수 있다. 그런 환경에서 교회는 하나님의 사랑과 각 사람의 가치에 대한 메시지를 전할 뿐 아니라, 상황이 더 좋은 쪽으로 변화되도록 명확하고 끈질기게 항변해야 한다.

일은 세계의 문제다

세계화된 현대에 사는 우리는, 이웃에 사는 근로자들의 상황뿐 아니라 수천 킬로미터 떨어진 아시아나 아프리카에서 우리가 구매하는 물건을 만드는 사람들의 상황과도 연관되어 있다는 것을 안다. 현재 우리는 윤리적 소비의 중요성을 이전 어느 시대보다 잘 알며, 어떻게 윤리적 소비자가 되고 어떻게 윤리적 여행객이 될지에 대해 기독교적 관점에서 쓴 지침서들도 많이 있다.[28] 어떤 유명 슈퍼마켓들은 자신들이 윤리적 제품들을 거래한다는 것을 마케팅의 일환으로 이용한다. 공정 무역(Fair Trade) 로고가 붙은 제품을 사는 것은 다수 세계 생산자들이 더 높은 수입을 받도록 해주는 한 가지 방법이다.

세계화는 일의 세계에 대해 세 가지 주된 관심사를 제시한다. 첫째는 근로

자의 신분이며, 둘째는 근로 조건의 질, 셋째는 급여의 적절성이다. 첫째로, 우리는 사람들이 그들의 신분 때문에 취약한 처지에 놓이는지에 관심이 있다. 중대한 예는 어린이 노동이다. 학교에 다니거나 다른 식으로 어린 시절을 누려야 할 어린이들이 열악한 근로 조건에서 일하고 있으며 잔인무도하게 착취당하고 있다. 다행히 최근에 훌륭한 연구 조사 언론들이 어린이 노동을 이용해 온 서구 회사들의 관행을 폭로하기 시작했다. 하지만 전 세계적으로 어린이 노동과 어린이 노예 제도(어린이 노동은 종종 노예 제도와 매한가지이므로)가 너무 흔하다.

여성들 역시 노동 시장에서 취약할 수 있다. 그들은 사회적 지위가 낮으며 저항의 가능성도 생각하지 못할 수 있기 때문이다. 이 경우 힘없는 여성들이 목소리를 낼 수 있게 해 달라고 요구하는 지지자들이 필요하다. 최근 국제 사회에서 가장 중요한 발전 한 가지는 변호, 특히 자기 변호에 새롭게 초점을 맞춘다는 것이다. 그것은 사람들이 자신의 삶을 더 낫게 변화시킬 능력을 지닌다는 의미다.

많은 사람은, 사람들이 신분 때문에 착취당하고 무력한 처지에 놓인다면, 그렇게 착취하는 회사들이 만든 제품에 대해 불매 운동을 벌이고, 그 회사들의 주주 회의에서 이의를 제기하며, 그런 관행들을 대중에게 폭로하여 언론의 혹평을 받게 함으로써, 그 회사들이 생각을 바꾸고 윤리적으로 행동하도록 해야 한다고 생각한다.

둘째로, 우리는 사람들의 근로 조건에 관심이 있다. 많은 사람이 노동력 착취 현장에서 일하고 있다. 서구 국가들에도 아직 그런 곳이 어느 정도 존재한다. 하지만 다수 세계에는 그런 곳이 서구와 비교할 수 없을 만큼 만연해 있다. 다행히 서구의 일부 회사들은 현재 낮은 가격으로 제품을 만드는 아시아나 아프리카 공장들에 가서 조사를 한다. 그 공장들의 근로 조건이 특정한 기준에 이르지 못하면 계약을 파기하고 다른 곳과 계약을 맺는다. 어떤 곳에서는 고용 계약이라는 개념 자체가 존재하지 않는다. 사람들은 장시간 일해야 하고, 근로 조건은 비위생적이고 비좁거나 심지어 안전하지 못하다. 광산업이나 화학 산업 같은 일부 경우는 근로 환경이 근로자의 생명을 위협하기도 했다. 근로자들의 가치가 너무 저평가되어 그들의 생명은 그들에게서 나오는 이윤보다 가치 없게 간주된다. 어떤 경우에는 근로 조건이 정서적으로나 심리적으로나 비참할 정도다. 관리직이나 경영주들은 자신들을 위해 일하는 사람들에게 잔인하게 굴며, 그 자리에서 해고할 수 있는 권한을 갖고 있어서, 근로자들에게 충분한 임금을 주지 않고도 해고되면 가족들이 먹고살 길이 있을지 두려워하면서 계속 일하게 만든다.

셋째로, 우리는 임금에 대해 관심을 가져야 한다. 물론 생활 수준과 생활비가 낮은 나라에 사는 사람들과 생활 수준과 생활비가 높은 나라에 사는 사람들이 동일한 임금을 받을 수는 없다. 우리가 관심을 갖는 것은 적절한 생활 수준을 유지할 정도의 임금을 받아 빈곤하지 않게 살아갈 수 있는가 하는 것이다. 일은 빈곤에 갇히게 만드는 것이 아니라 빈곤에서 벗어나게 하는 방편이 되어야 한다. 서구의 대기업 고위 경영진이 엄청나게 높은 급여와 상여금을 받는 것에 대해 사람들이 그처럼 격분하는 이유 중 하나는 조직의 꼭대기에 있는 사람들과 바닥에 있는 사람들 간의 엄청난 임금 격차다. 회사의 이윤을 창출하는 것은 바로 열악한 환경에서 충분치 못한 임금을 받으며 일하는 사람들이다.

이렇게 근로자의 신분, 근로 조건의 질, 임금의 적절성 문제를 살펴보는 것은, 곧 정의의 문제를 다루는 것이다. 세계화로 인해 우리는 텔레비전으로 착취당하는 근로자들의 얼굴을 보게 되었으며, 이전부터 내려온 성경의 질문 즉 '그러면 우리는 어떻게 살 것인가' 하는 질문에 직면한다. 사람들은 이 질문에 여러 가지로 대답할 것이다. 어떤 사람들은 윤리적 소비자가 되고자 할 것이다. 또 어떤 사람들은 교회가 주도권을 잡도록 나서거나 그것을 지원할 것이다. 많은 사람이 정부에 압력을 가하는 캠페인 조직에 참여할 것이고, 어떤 주주들은 주주 총회에서 이러한 문제들을 제기하고 경영진에게 윤리적 책임을 요구할 것이다. 우리는 파란만장한 일의 세계에 살고 있다는 사실을 무시할 수 없다. 하나님은 일의 세계를 사람들이 창조주 하나님의 형상으로 만들어졌다는 사실을 표현하고 경축할 수 있는 곳으로 만드셨다. 일의 세계의 현재 상태와 하나님의 원래 의도를 비교해 보면, 일이 때로 사람들을 비인간화하는 데 이용되어 그 책임자들이 정의의 하나님의 심판을 받아야 할 정도가 되었다는 사실에 슬퍼할 수밖에 없다.

다음 장에서는 사업이 세상을 하나님이 더욱 기뻐하실 곳으로 만드는 데 중요한 역할을 담당한다는 것을 살펴볼 것이다. 사람들이 빈곤에서 벗어난다면, 그것은 대개 스스로 소규모 사업을 할 수 있게 되었거나 고용되어 일함으로써 자신의 잠재력을 성취할 기회를 얻었기 때문일 것이다. 세상에서 우리의 소명과 위치가 무엇이든, 그리스도인들은 일에 대해 높은 견해를 고수해야 한다. 일은 참된 인간이 된다는 것이 무엇인지 표현하도록 우리에게 주어진 것이다. 우리는 일하시는 하나님의 형상을 따라 지음받았기 때문이다.

9
비즈니스

21세기 초, 세상은 세계 시장 및 지역 시장들의 방대한 네트워크를 이루고 있다. 그 시장들의 핵심부에는 재화와 용역을 다루는 사업체들이 있다. 그들은 그것들을 전 세계 소비자들에게 판다. 과거에는 종종 그리스도인들이 세상에서 사업의 역할을 무시하거나, 그리스도인이 사업에 관여하는 것을 어쩐지 꺼림칙하게 생각하는 경우가 많았다. 하지만 오늘날 세계에서 사업의 위치는 너무나 중요해서 그리스도인들은 사업에 관여할 뿐 아니라 사업 세계 전역에서 영향을 미쳐야 한다. 또한 성경적 틀 안에서 그 영향을 평가하기 위해 기독교적 지성을 사용해야 한다.

8장에서는 일에 대한 태도에 대해 논했고, 이 장에서는 사업 문화 내의 관계들과 사업이 문화 일반에 미치는 영향에 대해 살펴볼 필요가 있다. 앞으로 보겠지만, 사업 관계가 진정 기독교적인 것이 되려면 사랑과 정의가 둘 다 있어야 한다.

우리가 사업에 대해 어떻게 생각하든, 한 가지는 분명하다. 사업이 인류 발전을 위한 하나님의 계획에서 핵심 역할을 담당했다는 것이다. 인간 생활의 여러 중요한 측면, 특히 온 세상이 충당할 충분한 음식과 의복(우리가 그것을 적절히 나누기만 한다면)을 생산하는 데 기여하는 것이라면 무엇이든 하나님의 우선순위에서 밀려날 수가 없다. 우리는 전 세계적 관점에서 사업을 생각할 때 종종 규모가 큰 사업을 생각한다. 9장에서는 다국적 기업과 기업이 문화에 미치는 영향에 대해 살펴볼 것이다. 하지만 규모가 아주 작은 사업도 전략적으로 중요하다는 점을 기억해야 한다. 다수 세계 나라들을 여행해 본 사람이라면 누구나, 수십만 가지의 1인 사업체들과 그 사업체들이 대가족으로 구성된 가정들을 먹여 살리는 것을 보고 놀랄 것이다. 봄베이의 사탕 제조업자든 나이로비의 구두 수선공이든, 카불의 양탄자 직조공이든, 모두 자신의 재능과 기술과 창의성을 동원해 얼마 안 되는 자원으로 돈을 버는 사업가들이다. 많은 교회가 사람들이 자기 사업체를 일굴 수 있도록 무이자 소액 대출 기관들을 설립했다. 많은 사람이 이러한 소액 대출을 이용해 새로운 사업을 시작했다. 그 사업체들은 작지만, 그들은 자부심을 느끼며 사업을 성장시켜 가고, 다른 사람들을 고용하고, 가족을 부양한다. 사업 경험을 가지고 가난한 사람들이 자기 사업체를 시작하고 운영하도록 열정적으로 돕는 그리스도인들을 보면 매우 고무적이다. 그들이 그렇게 하는 이유는, 생산적 고용과 사업 투자가 사람들이 존엄성을 유지하고 은사를 사용하며 독립을 이루는 가장 좋은 길이라고 믿기 때문이다. 하지만 이 장에서는 다소 규모가 큰 사업체들에 대해 살펴보겠다.

사업의 세계는 영향력 있는 곳이 될 수 있다. 거기서는 세계를 발전시키는 혁신, 엄격한 기준, 비전, 끊임없는 변화가 이루어지기 때문이다. 또한 힘있는 모든 영역이 반드시 그러하듯, 나름의 위험들도 있다. 탐욕, 교만, 무자비함 등이 용기, 힘, 비전 등과 뒤섞여 있다. 하지만 성공적인 사업 환경은 특히 눈에 띄는 네 가지 측면을 가지고 있다.

첫째, **실제적이다**. 모든 행동 과정 핵심에 있는 본질적 질문은 '그것이 성공할 것인가' 하는 것이다. 이 측면은 사업의 가장 중요한 역량 중 하나다. 이 요소는 일을 추진하는 힘이며, 재량껏 사용할 수 있는 제한된 자원으로 목표를 달성할 수 있는지 솔직하게 가늠한다. 이것은 실패와 성공을 분명하게 확인하고 종종 그에 대해 직접 보상이나 응징을 받는 역동적인 환경을 만든다.

둘째로, **책임을 진다**. 사업을 할 때는 보통 누군가가 일을 제대로 하도록 책임을 묻고 책임을 지게 하며, 그 일의 성공 여부는 그 사람에게 달려 있다. 이렇게 책임을 지게 하면 분위기가 활기를 띤다. 그는 무슨 일을 이루어야 하는지 알며, 그 일을 이루는 것은 그가 할 일이다. 책임 소재가 불분명하면 사업 관계가 빈약해지거나 심지어 사기성 있는 행동을 할 수 있으며, 그렇게 되면 사업이 실패하거나 법정에 서게 될 수도 있다.

셋째로, **이윤이 남는다**. 이윤은 어떤 회사가 자원을 잘 관리하는지, 기존의 자원을 가지고 더 많은 것을 만들기 위해 정확한 판단을 내릴 능력이 있는지 측량하는 척도 중 하나다. 성공하는 회사들은 대부분 그 일을 제대로 한다. 계속 손해를 보는 회사는 살아남지 못할 것이다. 물론 이윤은 남기지만 비윤리적으로 행동하거나 근로자들을 부당하게 대하거나 환경에 파괴적 영향을 미치는 회사도 있다. 사업이 장기적으로 성공하려면 이윤을 내야 하지만, 공동체와 환경을 크게 희생시킨다면 그 사업체는 존재를 포기하거나 근본적으로 변화되어야 한다.

넷째로, **압력을 받는다**. 그 압력은 내부적으로나 외부적으로나, 상업 환경 전체에서 올 수 있다. 주주들, 이해 관계자들, 고객들, 혹은 상부에서, 혹은 사업체의 다른 부서에서 올 수 있다. 그런 압력은 관리가 필요하며, 그것은 사업에서 날마다 해야 하는 활동과 긴밀한 연관이 있다. 성공적인 업무란 자원을 활용해 그런 압력을 해결하고 해야 할 과업을 수행하는 것이다. 그 자원들이 부적절할 때, 즉 사람이나 장비나 시간이 너무 적을 때, 압력은 높아지고 지탱할 수 없는 지경에 이를 수 있다. 경영의 목표는 재량껏 사용할 수 있는 자원이나 힘이 어떤 과업의 요구와 맞아떨어지는 균형 지점에 이르는 것이다. 이것이 사업의 핵심 목표 중 하나다. 일을 잘 해내기 위해 필요한 것을 모두 갖추는 것이다. 불행히도 많은 사업가가 필요한 힘을 충당하지 않은 채 많은 시간을 들이며, 그로 인한 과도한 압력 속에서 최선을 다하면서 무력감과 좌절감을 견디고 있는 것 같다. 힘이 부족하면 압력을 받게 되며, 그 압력은 시간이 지나면 긴장이 되고, 그 다음에는 스트레스가 되고, 최종적으로는 바로잡지 않으면 붕괴되어 버린다.

사업 관계 내에서의 상호성

그런 환경에서 사업 공동체의 바람직한 특징들은 무엇인가? 어떤 공동체든 하나님의 성품을 반영하려면 사랑과 정의라는 두 가지 특징을 다 지녀야 하며, 이는 다른 어떤 공동체 못지않게 사업 공동체에도 해당된다. 여기에서는 먼저 사업 공동체의 특성에 적용되는 몇 가지 성경 원리를 살펴보고, 정의의 원리를 까다로운 사업상 결정들에 적용하는 몇 가지 방식을 살펴보며, 마지막으로 우리가 사는 국제화된 세계에서 강력한 다국적 기업들의 역할을 살펴보겠다.

우리는 어떤 공동체에서든 바른 관계를 발전시키려 애써야 한다. 사업 공동체들은 종종 충돌하고 타협할 수 있으므로 건강한 공동체가 된다는 것이 어떤 의미인지에 대한 분명한 비전이 있어야 한다. 물론 충돌과 경쟁은 탁월함을 추구하고 열등한 것을 경계하는 데 기여할 때 대단히 유익하다. 하지만 힘이 존재하면 힘없는 사람 역시 존재하며, 어떤 공동체에서든 권리를 빼앗긴 사람들, 불의의 희생자들, 열등한 존재로 취급받는 사람들을 변호하는 것은 그리스도인들에게 가장 중요한 관심사 중 하나다. 그리스도인들은 사업에서 탁월함을 추구하여 일을 성공적으로 해내는 데 관심을 가질 뿐 아니라 충돌이 있는 곳에서 화해를 이루고 모든 사람이 정의롭게 대우받도록 하는 데도 마음을 써야 한다.

윈체스터의 주교였던 존 테일러(John V. Taylor)는 하나님의 나라를 "의로운 관계의 나라"[1]라고 적절하게 묘사했다. 화해는 그리스도인들의 가장 중요한 의제다. 그것이 복음의 핵심이기 때문이다. 죄는 관계를 붕괴하고, 구원은 그것을 다시 세운다. 예수님은 화목케 하려고 오셨다. 그분은 최고의 화평케 하시는 분이다. 그분은 자신을 따르는 사람들에게도 화평케 하는 자가 되라고 말씀하신다.

그러므로 나는 이스라엘에서 솔로몬 왕이 죽은 이후의 상황에 대해 생각해 볼 것을 권한다. 산업이나 사업은 왕국이 아니며, 그 둘의 유사점은 부분적인 것뿐임을 인정한다. 하지만 몇 가지 중대한 유사점이 있다. 초기의 연합 군주국(사울, 다윗, 솔로몬 치하에서)이 완전히 전제주의적인 것은 아니었다. 때로는 어느 정도 협의를 거치기도 했다. 다윗이 궤를 예루살렘으로 다시 가져오는 것에 대해 그의 장수들과, 그 다음에는 온 회중과 더불어 '의논한' 경우가 그 예다. 그는 일방적인 결정을 내리려 하지 않았고, '만일 그들이 좋게 여기고 또 하나님 여호와께로 말미암은 것이면' 행동을 취하고자 했다. 의논을 한 후 "뭇 백성의 눈이 이 일을 좋게 여기므로 온 회중이 그대로 행하겠다 한지라"(대상 13:1-4)라고 기록되어 있다.

한편 다윗의 아들이며 후계자인 솔로몬은 무척 지혜롭고 위대했으나 독재자였다. 그는 야심 찬 건축 계획을 세우고 강제 노동을 통해 그것을 완성했다. 노사 관계(이 말을 사용할 수 있다면)는 대단히 좋지 않았다. 그가 죽었을 때, 백성은 그의 억압적 체제를 '무거운 멍에'라고 표현했으며 그의 아들 르호보암에게 그것을 가볍게 해 달라고 호소했다. 르호보암이 자기 아버지의 원로 정치가들에게 의논하자 그들은 "왕이 만일…이 백성을 섬기는 자가 되어 그들을 섬기…시면 그들이 영원히 왕의 종이 되리이다"(왕상 12:7)라고 조언했다. 르호보암은 협의라는 멋진 원리를 거부했으며, 그 결과 나라는 둘로 갈라졌다. 하지만 그 원리는 두 가지 면에서 여전히 모든 입헌 군주국의 필수적인 기초이며[14세기 이래 웨일스 군주의 좌우명은 "나는 섬긴다"(Ich dien)였다]. 실로 모든 민주적 제도의 기초다.

첫째, 바람직한 사업 관계는 상호 섬김의 원리를 구현한다. "네가 그들을 섬기면 그들이 너를 섬길 것이다." 예수님은 참된 지도력은 타산적인 타협(우리는 섬김을 받기 위해 섬긴다)을 넘어 섬김이라는 견지에서 해석해야 한다고 천명하셨다("너희 중에 누구든지 크고자 하는 자는 너희를 섬기는 자가 되고"). 후에 바울은 그와 같이 말하고("각각 자기 일을 돌볼 뿐더러 또한 각각 다른 사람들의 일을 돌보…라") 이어서 예수님의 성육신과 죽음을 예로 들어 설명했다(막 10:43; 빌 2:4, 5-8).

둘째, 상호 존중에 기초한 상호 섬김이다. 사리(私利)를 추구하는 것이 아니라 정의에 기초한 섬김이라고 말할 수 있다. 분명 개인의 유익 추구도 어느 정도 개입되겠지만("네가 그들을 섬기면 그들이 너를 섬길 것이다"), 그 원리의 진정한 토대는 정의, 곧 앞에서 살펴본 대로 상대방은 하나님의 형상으로 만들어진 인권을 지닌 인간이며, 그렇기 때문에 우리가 그들에게 존중을 받을 자격이 있는 것처럼 그들도 우리에게 존중을 받을 자격이 있다는 것이다. 가난한 사람을 학대하는 자는 그를 지으신 분을 모욕하는 것이며, 그들을 섬기는 것은 그분을 영예롭게 하는 것이다(잠 14:31; 17:5; 22:2을 보라). 구약의 상세한 사회적 명령 배후에는 바로 이러한 진리가 있다. 예를 들면, 종의 임금을 당일에 주라는 것, 귀먼 사람들과 눈먼 사람들을 돌보라는 것, 과부와 고아를 불쌍히 여기라는 것, 가난한 자들과 이방인들을 위해 수확물의 이삭을 남겨 놓으라는 것, 법정에서 공평하게 정의를 시행하라는 것이다. 그리고 주인과 종이 서로 존중해야 한다는 신약 명령의 배후에도 동일한 원리가 있다. 그들은 동일한 주님을 섬기며 동일한 재판관에게 심판받기 때문이다.

성경의 원리에서 현대의 현실로 눈을 돌려 보면, 뚜렷한 대조가 나타난다. 노사 관계에 긴장이 있을 때—충돌은 말할 것도 없고—한쪽만 잘못하는 경우는 거의 없다. 무엇으로 정의를 실현할 수 있는지 보려면 관련된 모든 사람의 입장을 살펴보아야 하는 것처럼, 화목할 수 있는 기회가 언제인지 보려면 우리 자신의 근시안적 자기중심성을 극복해야 한다. 우리 안에 있는 자기중심성은 우리의 시각을 왜곡시켜서 모든 것을 자신의 관점에서 보게 한다. 다른 사람들의 이익보다 자신의 이익을 구한다. 그것은 존중과 신뢰에서 나온 상호 섬김이 아니라 의심과 경쟁에서 나온 충돌을 빚어 낸다. 그 같은 상태는 말할 것도 없이 예수 그리스도의 마음과 정신에 전적으로 모순되며, 우리는 그분의 이름으로 그것에 단호히 저항해야 한다. 법인 주주에 의해 헌신이 약화될 수 있는 세상에서는 이런 헌신이 더 필요하다. 모든 주주가 회사 문화와 장기적 안녕에 관심을 기울이던 시절은 오래 전에 지나갔다. 주주들 중에는 투자신탁과 연금 기금 등 큰 기업체가 많다. 프레드 캐서우드(Fred Catherwood) 경은 그것을 "부재 지주"[2]라고 불렀다. 윌 휴턴이 말했듯이, 회사는 기업의 장기적 건강과 성장을 위협할 수 있는 단기 정책들을 채택하려는 유혹에 빠질 수 있다. 높은 단기 이익 배당을 이루는 데 관심이 있는 법인 주주들이 기업에 압력을 가하고 건강한 관계는 뒷전으로 밀어 놓을 수 있다. 최근 수년간 보았듯이, 엔론 스캔들(Enron Scandal: 월가를 뒤흔든 회계 부정 사건-역주) 같은 사건들은 회사가 받는 압력으로 인한 심각한 부정 행위가 회사 내 많은 관계와, 자문단 및 고문들과의 관계에 스며들어 있다는 것을 보여 주었다.

근로자들이 존중받고 있으며 존엄성을 지니고 있다고 느끼게 하려면 사랑과 정의가 둘 다 중요하다. 미국 실업가 웨인 앨더슨(Wayne Alderson)의 경우, 상호 존중으로 회사를 변혁시켰다. 웨인의 아버지는 탄광에서 돌아오면서 입버릇처럼 "그 사람들이 나를 노새만큼만이라도 귀중히 대해 주면 좋으련만" 하고 탄식했다. 그 탄광 회사는 실제로 잘 훈련된 노새보다 광부를 더 쉽게 교체했다. 1970년대 초 웨인 앨더슨은 피츠버그 인근에 강철 주조 공장을 둔 피트론 주식회사(Pitron Corporation) 부회장이 되었다. 그 회사는 타격이 컸던 장기 파업 후에 살아남기 위해 애쓰고 있었다. 바로 그때 그는 회사를 살리기 위해서는 인간 가치를 중요하게 여기는 것이 핵심이라고 보고 구태의연한 경영 방식인 대결을 종식시키고 협력을 증진했다. 그는 직원들의 이름을 하나하나 익혔고, 날마다 공장 주위를 누비고 걸어다니면서 가족들의 안부를 묻고, 그들이 아플 때는 가정을 방문했으며, 그들을 인간답게 대우했다. 또한 작은 성경공부 모임을 시작했는데, 그것이 점차 커져서 용광로 아래 있는 창고에 모여서 예배를 드리게 되었다. 상호 신뢰가 커지면서 그 일터는 변화되었다. 장기 결석과 불평불만은 사라지고 생산성과 이윤은 상당히 증가했다. 그는 '사람의 가치'라는 비전을 퍼뜨리는 사람으로 유명해졌다. 그가 말한 세 가지 핵심 요소는 사랑("나는 당신 편이다"라는 적극적인 태도), 존엄(사람이 중요하다), 존중(비판 대신 감사)이다. 그는 말했다. "'사람의 가치' 접근법 중심에는 그리스도가 계신다. 하지만 무신론자라도 사람의 가치를 받아들일 수 있다."[3]

차별 철폐의 필요성

사업에 대한 기독교적 비전은 차별을 철폐하지 않는 한 유지될 수 없다. 실제 차별이든, 차별을 상징하는 것이든 모두 폐지해야 한다. 그 두 가지가 결합해서 불건전한 "그들 대 우리"의 대결을 영속시킨다.

아직도 여러 사업체에서 경영진은 근로자들에게 주지 않는 급여 이외의 직책 수입과 상여금을 받는다. 최근 들어 회사 임원진에게 엄청난 상여금이 지급된 사례가 드러나면서 비난이 쏟아지고 있다. 특히 사업체는 망해 가는데 상여금이 지급된 경우도 있다. 호화로운 접대, 일등석 비행기, 개인 의료비, 최상급 연금, 무료 연극 티켓 등을 제공해 주는 경우도 있다. 그리스도인들은 불평등한 특권에 반대해야 하며, 특권이 아니라 공과를 따져서 차별을 두어야 한다. 사실상 어떤 인센티브로 차이를 두는지가 공개되어 있고, 그런 차이가 급여에만 국한되며 고위 경영 간부들의 감춰진 특전으로 확대되지 않는다면, 그것은 건전한 상호 신뢰 조성 장치가 된다. 최근 들어 많은 회사가 그런 불쾌한 우대를 폐지했다. 하지만 그렇게 하지 않은 회사들도 많이 있다.

"우리는 다른 나라들에 '불가촉 천민'이 있다는 것을 안다." 자동차 대리점 소장인 족 길모어(Jock Gilmour)는 말했다. "그러나 우리가 사는 산업화된 사회에도 나름의 불가촉 천민들이 있다는 것은 인식하지 못하고 있다." 물론 내가 든 예들은 그 자체로는 사소하거나 심지어 정당한 것으로 보일 수도 있다. 하지만 그것들은 의도적으로 어떤 사람들에게는 자존감을 부여하고 다른 사람들에게는 그것을 부인하는 것처럼 보이는 지위의 상징이다. 게다가 차별의 상징들 뒤에는 사회적 불의, 즉 고소득 근로자와 저소득 근로자 간의 과도한 불균형이라는 현실이 놓여 있다. 하지만 6장에서 제안했듯이, 기독교적 목표는 절대적인 평등이 되어서는 안 된다. 하나님 자신이 우리를 똑같은 자연적 은사나 영적 은사를 가진 존재로 만들지 않으셨기 때문이다.

인간은 내재적으로 공정함에 대한 감각을 가지고 있으며, 그래서 모든 노사 관계 협정에는 '공정성'에 대한 호소와 '불공정한 관행들'에 대한 불만이 깔려 있다. 이러한 개념은 "공정성과 불평에 대한 연구"라는 부제가 붙은 「사회적 가치관과 노사 관계」(Social Values and Industrial Relations)[4]라는 책의 초점이다. 이미 1881년에 엥겔스는 "공정한 하루 일에 대한 공정한 하루 임금"이라는 표현이 "영국 노사 관계의 유서 깊은 표어"[5]라고 말했다. 이를 표현한 것 중 하나는 1999년에 영국에서 최저 임금제를 도입한 것이다.

영국의 최저 임금은 현재 시간당 5.35파운드다.[6] 영국 산업 연맹(Confederation of British Industry : CBI)은 최저 임금제로 인해 고용인 120만 명의 수입이 실제로 달라졌다고 추산한다.[7] 그렇다면 일부 최고위층 중역들이 정기 투표를 통해 봉급을 터무니없이 인상하기로 한 것은 어떻게 보아야 하는가? 한 예로 월드컴(WorldCom)사의 CEO는, 2002년에 회사가 파산 신청을 하기 전인 1999년에 1억 4,200만 달러 이상을 받았고, 모두 합쳐 4억800만 달러를 대출받았다.[8] 이것은 극단적인 예일 수 있다. 하지만 세계은행의 전 수석 경제학자 조셉 스티글리츠(Joseph Stiglitz)는 2000년대에 미국 CEO는 고용인 평균 임금의 500배 이상을 급여로 받는 경우가 흔했으며, 이는 2000년대 초의 85배, 그보다 20년 전의 42배에서 급상승한 것이라고 보고했다.[9]

그린베리 위원회(Greenbury Committee)는 중역들의 급여에 대한 대중의 분노를 가라앉히기 위해 1995년에 설립되었으며, 1991년에 설립된 캐드베리 위원회(Cadbury Committee)는 회사 관리 일반의 재정적 측면들을 검토했다. 두 위원회가 모두 추천한 것은 현재 연합 규약(Combined Code)에 포함되어 있는데, 회사를 성공적으로 운영하기 위해 중역들을 끌어들이려고 급여를 필요 이상 지불하지 말라고 조언한다.[10] 2002년에는 중역 급여 보고서 규정(Directors' Remuneration Report Regulations)이 도입되었다. 이에 따르면, 상장 회사들은 중역 급여에 대한 연례 보고서를 발간해야 한다. 거기에는 개인의 급여 액수와 그 정당성을 증명하는 내용이 포함된다. 그들의 급여 보고서는 그 다음에 각 AGM에서 자문 주주 투표에 부쳐진다.[11] 이러한 법적 변화에 대해서는 갈채를 보낼 만하다. 우리는 전(前) 노동조합 회의(Trade Union Congress : TUC) 사무총장이었던 존 몽크스(John Monks)가 잘 요약한 원칙을 잊어서는 안 된다. "회사의 모든 직원은 역할은 분명히 다르지만 회사의 성과에 기여하며, 좋은 노사 관계의 핵심은 상호 의존이다."[12]

나는 슈마허의 「작은 것이 아름답다」에서 스코트 베이더 연방(Scott Bader Commonwealth)에 대해 처음 알고, 그 후 어니스트 베이더(Ernest Bader) 씨와 서신을 주고받은 이래 줄곧 그를 존경해 왔음을 고백한다. 베이더 씨는 퀘이커 교도로서, 제1차 세계대전 이전에 스위스에서 영국으로 왔다. 그가 설립한 회사는 손꼽히는 플라스틱 제조 회사로, 1951년에 그는 그 회사를 '소유주도 종업원도 없는' '연방체'로 전환했다. 그들 '모두 공동 소유주이며 공동 종업원'이기 때문이다.

1979년에 슈마허(그는 중역이었다)는 이렇게 썼다. "우리는 최고 임금을 받는 근로자와 최저 임금을 받는 근로자 간의 최대 범위를, 즉 세금 공제 전 급여 차이를 결정했다. 관련 당사자들이 기꺼이 받아들였음에도 그 범위가 여전히 1에서 7까지로 나누어져 있다는 것은 많은 사람(평등주의자들을 의미하는 것이 분명하다)에게 충격을 줄지 모른다. 그 간격을 좁혀야 한다는 공동체의 압력은 없다. 이러한 범위가 필요하다는 것을 이해하기 때문이다. 물론 여기에는 모든 사람, 곧 최저 임금을 받는 소년 근로자부터 최고 임금을 받는 고참 종업원까지 포함된다." 임금률은 '일종의 근로자 국회'[13]에서 검토하고 확정한다. 2006년에 스코트 베이더사의 공동체 협의회는 여전히 가장 높은 임금을 받는 근로자와 가장 낮은 임금을 받는 근로자 간의 비율을 결정한다.[14]

차등 장치는 있어야 한다. 하지만 급여나 조건이나 승진 면에서 정당하다고 할 수 없는 차별, 공로가 아니라 특권에 기초하기 때문에 '정당하다고 할 수 없는' 차별은 철폐해야 한다. 그것은 사회 정의와 상호 존중이라는 기독교적 이상과 양립할 수 없다.

마지막으로 이 항목에서 논의해야 할 중요한 문제는 여성의 급여에 대한 차별이다. 지난 20년간 남녀 간 급여 차이는 줄어들기는 했지만, 영국에서 상근직 여성의 시간당 평균 임금은 남자보다 18퍼센트 낮으며, 비상근직 여성의 경우는 남자보다 40퍼센트 낮다.[15] 사실상 영국은 유럽 연합에서 남녀 간

임금 격차가 가장 심한 나라다. 여기에는 상근직과 비상근직 근로자가 다 포함된다.[16] 흥미롭게도 금융 중개업에서 격차가 가장 크다.[17] 2004년에 "이코노미스트"(The Economist) 지는 런던 금융 중심지 내에 형성되어 있는 고액의 상여금을 포함하는 불투명한 급여 구조가 여성에 대한 차별을 더 쉽게 만든다고 보도했다. 한 고위 간부는 여성의 임금은 같은 일을 하는 남성의 임금보다 25퍼센트 낮은 경향이 있다고 말했다.[18] 하지만 상황은 개선되는 것 같다. 2004년에 "파이낸셜 타임즈"(Financial Times) 지는 조사를 통해 전통적으로 남성이 주도하는 직업이었던 런던 금융가의 펀드 매니저 중 20퍼센트가 지금은 여성이라고 밝혔다.[19] 미국 회사들이 앞장서서 남녀 차별을 비난하고 미국이 소유한 모든 대형 투자 은행은 차별 금지 프로그램을 마련하고 있다.[20] 연구에 따르면 여성을 덜 차별하는 곳은 사업 성과가 개선되는 경향이 있다. 미시간 대학교의 웰본(Welbourne) 교수는 주식 공모 사업체 견본 535개를 사용해서, 핵심 경영직의 남녀 비율의 조화가 장단기 주가 실적을 결정하는 중대한 요소였음을 밝혀 냈다.[21]

참여 확대의 필요성

근로자들의 기술과 노동력이 성공을 크게 좌우하는 기업에서 근로자들이 의사 결정과 이윤 분배 모두에 참여해야 한다는 인식이 점차 확산되는 것 같다. 비록 일부 관리자와 경영자가 이에 저항하고 당연히 위협을 느끼지만, 그 원리는 자연적 정의에 부합한다. 나는 의사 결정이라는 개념에 집중하고자 하는데, 기독교적 지성의 관점에서 볼 때 그 개념에 인간됨의 기본 요소가 있기 때문이다.

의사 결정과 참여

인간이 '하나님을 닮은 것'을 어떻게 규정하든, 거기에는 분명 선택을 하고 결정을 내리는 능력이 포함된다. 창세기 이야기에서 하나님은 아담을 도덕적으로 책임 있는 사람으로 간주하셨으며, 그런 존재로 취급하셨다. 그가 받은 첫째 명령이 바다의 생물들에게 내려진 명령과 동일한 것은 사실이다. "생육하고 번성하라"(창 1:22, 28)는 것이다. 물고기에게 내려진 그 명령이 그들에게 선택의 자유가 있다는 의미는 아니다. 짐승들이 본능에 따라 하는 일을 인간들은 자유로운 결정에 따라 한다. 땅을 정복하라는 신적 명령은 분명 책임을 의미하며 "동산 각종 나무의 열매는 네가 임의로 먹되 선악을 알게 하는 나무의 열매는 먹지 말라"(2:17)는 명령에는 더 높은 단계의 책임이 암시되어 있다. 여기에는 자유로운 허용과 유일한 금기가 나란히 들어 있다. 아담은 '해도 된다'와 '하면 안 된다'를 구분할 수 있고 둘 중 하나를 선택할 수 있다는 가정이 포함되어 있다. 또한 하나님은 그에게 선택에 따르는 책임을 지게 하셨다.

기독교 전통은 언제나 이 성경 진리, 곧 도덕적 자유는 인간 존엄성의 필수 요소임을 가르친다. 윌리엄 템플이 쓴 대로 "인간 최고의 표지는 의도적인 선택으로 자신의 삶을 정한다는 것이기 때문이다."[22] 그 결과 "사회는 모든 시민에게 의도적인 선택을 할 최대의 기회와, 그 기회를 이용하도록 가능한 최고의 훈련을 제공할 준비가 되어 있어야 한다. 다시 말해, 우리가 첫 번째로 고려해야 할 사항 중 하나는 개인의 책임을 최대한 확장시키는 것이다. 그것은 인격을 가장 충분히 표현하고 자유라는 위대한 이름에 가장 걸맞은 의도적인 선택을 책임 있게 실행하는 것이다."[23] 사람들은 이것을 직관적으로 안다. 그들은 스스로 결정할 자유를 지닌 성인으로 취급받고 싶어 한다. 그리고 의사 결정을 못하게 하면 인간성이 손상되리라는 것을 안다. 그들은 성인이 되는 대신 어린아이로 전락하거나 인격체가 되는 대신 로봇으로 전락하고 말 것이다.

'공동체'(community)와 '단체'(institution)의 본질적인 차이는, 전자는 구성원들이 선택의 자유를 보유하는 반면 후자는 그것을 어느 정도 빼앗긴다는 것이다. 어빙 고프만(Erving Goffman)의 흥미로운 책 『수용소』(*Asylum*)는 엄밀히 말하면 "정신병 환자들과 다른 피수용자들의 사회적 상황"에 대한 연구다.[24]

그는 몇 가지 일반적 관찰로 연구를 시작한다. 그가 '절대적 시설'이라고 부르는 것은, 사람들이 "에워싸이고 형식적으로 관리되는 삶을 영위하는"[25] 거주 혹은 작업 장소다. 여기에는 병원, 고아원, 양로원, 감옥, 군대 막사, 기숙 학교, 수도원, (거주하는 곳은 아니지만, 내 생각으로는) 사업체가 포함된다. 그런 곳에서 하루 활동은 "엄격한 시간표대로 진행되며 명백한 공식적 지배 체제와 관리들이 위에서 지시한다."[26] 여기서 핵심 요소는 관료적 통제, 그리고 "편리하게 '피수용자'라고 불리는 다수의 피관리자 집단과 소수의 감독 직원 간의 기본적인 구분"[27]이다. "그런 곳의 특징은 피수용자들이 자신의 운명이 걸린 결정에서 제외된다는 것이다."[28] 그러므로 '전체주의적 시설'에서 피수용자는 더 이상 "어른다운 자결성과 자율성과 자유를 지닌 사람"[29]이 되지 못한다. 의사 결정은 인간의 기본 권리이자 인간 존엄성의 본질적인 요소다.

근로자들이 자기 회사에 더 많이 참여하도록 촉진하려는 산업 민주주의에 대한 부르짖음은, 공장을 특별한 경우로 만드는 것이 아니라 사회를 인간화하려는 보편적인 부르짖음을 산업계에서 표출한 것이다. 우리는 지금 정치적 민주주의를 당연한 것으로 여기며, 일반 시민들이 자기 나라를 다스리고 자신들이 준수해야 할 법을 만드는 일에 참여할 수 있도록 보통 선거권을 확보하기 위해 오랫동안 애써 온 사람들에게 감사한다. 산업 민주주의의 적실성도 똑같이 자명한 것이 아닌가? 이미 50년 이전에 윌리엄 템플은 이렇게 썼다. "경제적 자유 안에서 정치적 자유가 성취될 때까지는 자유라는 대의는 확립되지 않을 것이다."[30] 그는 산업혁명의 억압적 시작 단계를 혐오하며 회고했다. "개척자들은 공장과 제재소에서 일하여 먹고사는 사람들의 인격을 거의 존중하지 않았다. 그들은 종종 '손'(hands)으로 불렸는데, 손이란 본래 '살아 있는 도구'로 노예를 정의하는 고전적인 표현이다."[31] 실제로 윌버포스와 그의 친구들이 영국 식민지에서 노예제 철폐를 확보하기 3년 전인 1830년에 요크셔의 그리스도인 지주 리처드 오슬러(Richard Oastler)는 리즈 머큐리(Leeds Mercury) 신문사에서 보낸 역사적 편지에서 용감하게 이와 유사한 비유를 썼다. "수많은 우리의 남녀 동포와 국민은 지금 이 순간 식민지 노예제라는 지옥 같은 제도의 희생자들보다 더 지독한 노예 상태로 살아가고 있다." 그는 이어서 공장에서 반 시간 정도밖에 쉬지 못하고 하루에 13시간씩 일하는 7-14세 어린이들을 언급했다.[32] 비참하게도 지금도 여전히 그런 상황에 처해 있는 나라들이 많다. 예를 들어, 인도에서는 어린아이들이 희미한 전등 아래서 '비단'이라는 권련을 만들면서 사실상 노예 같은 생활을 하고 있고, 다른 아시아 나라들에서는 아이들이 서구에 수출할 옷을 만들고 있다.[33]

우리는 지난 170년간 많은 변화를 이루어 왔다. 그러나 아직도 갈 길은 멀다. 윌리엄 템플은 계속해서 이렇게 말했다. "초기 공장들이 저지른 최악의 참사는 사라졌다. 하지만… '노동자들'은 보통 그들 삶의 너무나 많은 부분을 결정하는 경영자측의 통제에 대해 아무런 발언권이 없다."[34] 그는 그 원리를 다음과 같은 명확한 용어로 진술했다. "모든 시민은 그들의 노동으로 시행되는 사업 혹은 산업 행위에서 발언권을 가져야 한다."[35] 노예제와의 유사점은 전적으로 일치하지 않지만 이 점에서 교훈을 준다. 그리스도인들이 노예제를 반대하는 이유는 인간이 다른 인간의 소유가 됨으로써 비인간화되기 때문이다. 그리스도인들은 인간이 다른 인간에게 이용당하는 모든 형태의 노동에 반대해야 한다. 그것이 노예제에 비해 훨씬 덜 악하다는 것은 사실이다. 일은 자발적으로 하는 것이며, 계약에 의해 규정되기 때문이다. 하지만 계약이 인간의 책임을 포기하는 것과 협의 없이 순종할 의무를 포함한다면, 그것은 인간성을 축소하는 것이다.

그리스도인들은 최소한 협의 절차는 있어야 한다는 것, 계획 수립 과정 초기에 진정한 토론을 해서 최종 결정에 반영해야 한다는 것에 동의할 것이다. 결국 생산은 개인이 아닌 팀이 이루어 내는 과정이며, 그 과정에서 근로자의 기여는 필수불가결하다. 의사 결정에서도 똑같이 근로자의 기여가 필수불가결한 것이 될 수 없을까? 각 측의 관점은 분명 사리사욕을 근간으로 한다. 경영자는 회사의 생존이 달려 있는 이윤을 먼저 생각하는 반면, 근로자들은 비용 상승에 대해, 자신들의 생존이 달려 있는 임금에 대해 먼저 생각한다. 그들이 서로 다른 출발점에 서는 것은 이해할 만하다. 하지만 토론을 하면서 각

측은 상대방의 정당한 관심사를 이해하게 되고, 그들이 서로 공존할 수 없는 것이 아니라, 사실상 상호 의존적이라는 것을 깨닫게 된다.

2001년에 시작된 TUC 파트너십 협회(TUC Partnership Institute)는 이러한 상호 의존을 인정한다. 그 협회의 목적은 노동조합과 고용주들에게 직장에서 성공적 협력 관계를 개발하는 것에 대한 전문적 지식과 조언을 제공하는 것이다. 이 협회의 기저에 있는 핵심 믿음 중 하나는 "노동조합은 의사 결정 과정에 참여해야 하며, 노동자들은 자신에게 영향을 미치는 매일의 결정들을 통제할 수 있는 권한을 좀더 많이 가져야 한다"는 것이다.

일단 근로자 참여의 원리를 인정하고 나면, 가장 좋은 참여 방법과 수단이 무엇인지에 대해서는 정당한 차이가 있을 수 있다. CBI는 고용주와 피고용인 간의 협력 관계를 환영하지만, 반드시 노동조합이 개입해야 한다고 보지는 않는다. 사실 이 협력 관계가 은밀히 노동조합의 영향을 증대시키지나 않을까 우려한다.[36]

협력 관계에서 중요한 요소는 피고용인들에게 사업체에 대한 정보를 주고 그에 대해 그들과 협의하는 것이다. 이를 위해, 일선에서는 다양한 방식을 시도해 왔는데, 모든 단계에서 철저한 협의를 거치는 방식이나 관리직 노동자를 선출하는 방식 등이 있었다.[37] 정보와 협의에 관한 2002년 유럽 연합 법 (2002 EU directive on Information and Consultation)은 현재 영국법에서 시행되고 있으며,[38] 종업원 50명 이상인 회사에 소속된 근로자들의 권리를 개선할 것이다. 근로자들은 선출된 근로자 대표로 구성된 정보와 협의 위원회(Information and Consultation Committee)를 설립하기 위한 투표를 할 수 있을 것이다. 그 위원회는 특히 발전 가능한 조직 활동과 그것이 고용에 미치는 영향 등에 대해 듣고 그 문제로 협의하게 될 것이다.[39] TUC 사무총장 브렌던 바버(Brendan Barber)는 "이 새로운 권리들은 한 세대의 일터 관계에 가장 큰 변화를 가져올 것"[40]이라고 말했다. 2003년에 당시 무역산업부 장관인 패트리시아 휴이트 (Patricia Hewitt)는 이 법의 초안 이행 규정을 발표하면서 이렇게 말했다. "나는 이런 변화들이 고용주와 고용인들이 공통 분야를 논의하고 상호 문제에 대한 해결책을 찾는 '너무나 당연한' 직장 문화로 이끌기를 원한다."[41]

당시 워체스터 주교이자 영국 성공회 사회 책임 위원회(Church of England's Board for Social Responsibility) 위원장이었던 로빈 우즈(Robin Woods)가 "타임"(The Times) 지에 쓴 편지에 이의를 제기할 그리스도인이 과연 있을까? "각 사람이 선택하고 책임지고 자신의 환경을 만들어 나가는 일에서 하나님이 주신 능력을 발휘하는 방향으로 사회가 발전해야 한다는 것은 기독교적 비전과 일맥상통한다."[42]

노동조합들은 근로자들이 1998년 유럽 연합 근로 시간법(EU Working Time Directive)[43]을 마음대로 선택할 수 없는 경우가 있음을 우려한다. 그 법은 유럽 근로자들의 주당 평균 근무 시간을 48시간으로 제한하는 것이다. 그 법에는 특정 직업군, 이를테면 젊은 의사 등은 이런 근무 시간 제한에서 자동으로 배제되는 규정이 들어 있지만, 영국 정부는 어떤 근로자든 선택적 이탈(opt-out: 지역 당국의 통제를 받지 않는 자율적 운영—역주)을 원하는 사람에게는 그것을 허용한다. 이렇게 선택적 이탈을 택하는 사람들 때문에 초과 근무를 한 사람들 수가 3퍼센트밖에 줄어들지 않았고, 거의 400만 명에 달하는 사람들이 여전히 매주 48시간 이상 일한다.[44] 실제로 영국의 상근직 근로자들은 유럽 연합에서 가장 오랜 시간 일한다.[45] TUC는 근로자들이 보건과 안전 법령의 통제를 받지 않고 자율적으로 근로 시간을 정하는 선택적 이탈을 해서는 안 된다고 주장한다. 그들은 또한 많은 근로자가 이같은 선택적 이탈에 서명하라는 압력을 받는다고 주장한다. 2003년에 시행한 여론 조사 결과, 선택적 이탈에 서명한 사람 중 25퍼센트는 스스로 선택한 것이 아니라 강제로 서명했다는 사실이 드러났다.[46] CBI는 그런 주장들이 과장되었다고 말하지만,[47] 근로자들이 어떤 선택적 이탈에도 서명하도록 강요받지 않아야 한다.

이윤 분배와 참여

두 번째는 이윤 분배에 대한 참여다. 우리가 인식해야 할 또 하나의 분명한 성경적 원리는 "일꾼이 그 삯을 받는 것은 마땅하다"(딤전 5:18)는 것이다. 그렇다면 일과 임금 간에는 어느 정도 상호 관계가 있어야 할 것이다. 어떤 회사가 번창한다면 힘(책임)의 분배가 이윤 분배를 일으켜야 한다. 주주들이 이윤에서 이익을 얻는다면, 근로자들도 그래야 한다. 회사 주식을 상여금으로 받을 수도 있고 다른 보장(예를 들면, 연금)을 받을 수도 있다. 이와 반대되는 현상은, 많은 연금 제도가 종결되어 주식시장 침체로 인한 위험이 고용주에서 고용인에게로 넘어가는 것이다.

이 분야의 세계적 개척자는 독일 제나(Zena)사의 칼 자이스(Karl Zeiss)였다. 그는 1896년에 자신의 회사 소유권을 사원들에게 양도했다. 미국에서는 시어즈 뢰벅(Sears Roebuck)이 1916년에 회사의 세금 공제 전 연간 수익의 10퍼센트를 사원들이 공개 시장에서 그 회사 주식을 살 수 있도록 할당하기로 결정했다. 영국에서 최초의 이윤 분배는 런던 옥스퍼드 가의 루이스 파트너십(Lewis Partnership)이 시행했다고 볼 수 있다. 존 루이스(John Lewis)는 28세였던 1864년, 옥스퍼드 가에 작은 포목점을 열었다. 20세기가 시작될 무렵 그의 아들 스페던(Spedan)은 주주인 자신과 아버지와 형이 사원 전체가 가져가는 것보다 훨씬 더 많은 이윤을 얻고 있다는 데 양심의 가책을 느꼈다. 그래서 그는 더 공정한 이윤 분배 방식을 고안해 내기로 했고, 1920년에 최초로 '파트너십 이익'을 분배했다. 7주치 급여를 추가로 주는 방식이었다. 스페던 루이스는 후에 근로자들의 이익을 위해 취소할 수 없는 두 가지 결정을 내렸다. 1928년부터 1970년까지 '파트너십 보너스'(현재 이렇게 불린다)는 주식 형태로 지급되었으나, 1970년부터는 전부 현금으로 지급되었다. 그 회사의 정책은 다음과 같이 정해져 있다. "우선적 배당금과 이자를 지불하고, 편의 시설 비용, 연금, 적절한 예비금을 마련해 놓은 후에, 한 해의 남은 이윤은 파트너십의 모든 직원에게 봉급에 비례하여 분배한다. 이렇게 하여 사업체에서 일하는 모든 사람에게 이윤을 배당한다." 2004년에 존 루이스(John Lewis)는 이윤의 59퍼센트를 파트너십 직원 상여금으로 지급했다.[48]

1920년대에 그런 제도는 혁신적인 것이었다. 오늘날에는 이와 비슷한 이윤 분배 장치 혹은 이윤 관련 분배 계획이 영국과 유럽 대륙에서 늘어나고 있다. 아직 모든 근로자가 대상이 되지 못하고 경영진에 국한된 경우가 많아 유감스럽다. 후에 다국적 기업에 대해 살펴볼 때 짚어 보겠지만, 이윤 분배 장치는 불리한 점도 있다. 하지만 전반적으로 그것은 환영받으며, 회사의 모든 계층에 더 광범위하게 확대될수록 더 좋다.

참여의 두 가지 측면(의사 결정과 이윤 분배)은 편의성(노사 간의 화목과 생산성 증대)뿐 아니라 정의(근로자들이 힘과 이윤을 공유할 권리가 있다는 것)에 근거해서 기독교적 지성에 호소한다.

이제 정의가 요구하는 것들을 살펴보도록 하자. 사랑과 정의 둘 다 기독교적 관점에서 본 사업 활동의 중요한 특징이라는 것은 이미 말한 대로다. 상호성, 참여, 차별 철폐의 원리에는 사랑의 요소와 정의의 요소가 둘 다 들어 있다. 실로 사랑과 정의는 서로 구별되지만 상호 의존적이다. 다른 곳에서 말했듯이 "사랑이 바라는 것을 정의는 요구한다." 하지만 사업을 하다 보면, 경영진에게나 근로자에게나 사랑이 부적절한 반응이나 부적절한 지침처럼 보이는 상황이 많이 있다. 어려운 결정을 내려야 하는 사업 환경에서 정의는 어떤 역할을 하는가?

의사 결정과 정의

우리의 부르심이 개인 전도나 개인의 온전함(중요하기는 하지만)을 넘어서 사회 구조에 영향을 미치는 것까지 포함한다는 것을 받아들인다면, 그리스도인이 지침으로 삼을 만한 가치관으로는 어떤 것이 있는가? 사업은 공동체 안에서 이루어지므로, 어떤 사람들은 서로 사랑하라는 예수님의 명령(요 15:12)이 사업을 하는 그리스도인의 일차적 부르심이라고 보았다. 다음에 보겠지만, 사랑은 필요하다. 심지어 필수적이다. 하지만 그것으로 충분하지는 않다.

어려운 결정과 윤리적 충돌들을 기독교적 방식으로 잘 다루려면, 서로 사랑하라는 단순한 윤리 이상의 것이 필요하다. 하나의 대안은 모든 모호한 상황을 피하는 것이다. 하지만 그것은 방대한 사업 영역에 대한 그리스도인의 책임을 방기하는 것이다. 이렇게 가장 어려운 분야들이야말로 그리스도인들의 증거와 영향력이 가장 필요한 분야다! 그러므로 이러한 상황을 적극적이고 강력하게, 또한 하나님이 규정하시는 가치관에 따라 헤쳐 나갈 수 있는 충분히 강한 다른 접근법이 있어야 한다. 어떻게 그리 할 수 있는가? 다른 교훈이 필요하다. "사람아, 주께서 선한 것이 무엇임을 네게 보이셨나니, 여호와께서 네게 구하시는 것은 오직 정의를 행하며 인자를 사랑하며 겸손하게 네 하나님과 함께 행하는 것이 아니냐"(미 6:8). 우리는 단지 친절하게 행해야 할 뿐 아니라, **정의를 추구해야** 한다. 이것은 그리스도인 사업가가 된다는 것이 무엇을 의미하는지에 대한 접근법 전체를 바꾸어 놓는다.

사업 공동체는 사랑의 의무를 이행하지 않아도 된다는 말이 아니다. 힘과 충돌이 난무하고 대개 자신의 이익만을 추구하는 기업 환경에서, 크고 강력한 다국적 기업을 '사랑'할 수 있는 방법을 찾기는 쉽지 않다.

아마 사랑은 그리스도인들이 사업을 하면서 마주치는 어려운 도덕적 상황들을 해소해 줄 윤리를 제공할 것이다. 사랑은 사업 **공동체**를 향한 표현이다. 하지만 정의는 사업 **구조**에 대한 반응이다. 기업이라는 세계에서 그리스도인의 역할은 정의를 **성취하기** 위해 할 수 있는 한 모든 힘을 다 사용하는 것이다. 사업 공동체에서 활동하는 그리스도인들은 사랑과 정의가 둘 다 중요하며 그 둘이 상호 의존적임을 깨달을 것이다. 하지만 문제가 관계에 대한 것이든 징계 청문회든 환경적 영향이든 구조적 변화든, 상황에 따라 둘 중 하나가 더 높은 우선순위가 되거나 더 적절한 반응이 될 수 있다. 정의가 사랑보다 혹은 사랑이 정의보다 중요한 때가 언제인지 알면 그리스도인들은 하나님이 주신 부르심을 힘있고 확신 있게 수행할 수 있다.

정의를 확립하기 위해 애쓰는 그리스도인은 회사의 요구(그들의 역할에 따른 책임을 완수하는 것)와 경쟁자들의 폭넓은 상황 간에 균형을 이루기 위해 동원할 수 있는 모든 힘을 다해야 한다. 회사는 아마 대등한 회사들(혹은 더 큰 회사들)을 상대할 때는 자기 회사의 정당한 입장을 변호하라고 요구할 것이다. 하지만 더 작거나 약한 회사를 상대할 때는 상황이 바뀐다. 그럴 때는 으스대며 착취하거나, 지나칠 정도로 관대하게 불필요한 것까지 허용해 주고 싶은 유혹을 받게 된다. '지나칠 정도로'라는 말을 주목하라. 관대할 수 있을 때 관대한 것은 잘못이 아니다. 하지만 회사의 자원을 마음대로 사용하는 것은 회사에서 요구하는 것이 아니다. 정의는 우리와 좀더 마음이 통하거나 가장 강한 위치에 있는 상대방만이 아니라, **모든** 당사자가 마땅히 받아야 할 것을 받게 하는 것이다.

몇 가지 실제적 예를 살펴보자. 고질적으로 요금을 체납해서 전화나 전기 공급이 끊길 지경에 놓인 사람을 상대해야 하는 콜센터 교환원의 경우는 어떤가? 사랑과 친절이라는 순수한 윤리를 발휘해서 그 체납자를 곤경에서 모면하게 해줄 수는 있을 것이다. 하지만 그것은 그 교환원에게 봉급을 주는 회사의 신뢰를 저버리는 것이다. 회사는 정성들여 얻은 자원을 소비자에게 충실하게 공급했고 이제 손해를 보게 되었다. 회사가 그것을 감당할 여유가 있다는 주장은 사랑의 윤리로 보면 어느 정도 설득력이 있다. 하지만 이것은 양측 모두에 정당한 것이라고 보기는 어렵다. 정의를 이루려면 모든 당사자의 적법한 요구 사항들을 인정해야 한다. 어느 정도 적절하게 관용을 베풀 수는 있다. 예를 들어, 지불 기간을 연장해 주는 것 등이다. 하지만 그리스도인들이 올바른 윤리를 적용하면 이 어려운 상황에서 회사에나 체납자에게나 책임을 지면서도, 하나님의 가장 근본적인 특질 중 하나인 정의에 따라 행동할 수 있다. 또한 할 일을 안 했다는 이유로 해고를 당하지 않게 된다.

이 윤리를 적용함으로써 유익을 얻을 만한 상황들로는 또 무엇이 있을까? 팀 경영자들이 종종 직면하는 한 가지 어려움은 일을 제대로 하지 못하는 직원을 어떻게 다룰 것인가 하는 문제다. 정해진 사람들로 구성된 한 팀이 어떤 과업을 수행할 때, 그리스도인 경영자는 이를테면 심각한 개인적 문제로 인해 업무 수행 능력이 떨어지는 직원을 어떻게 다루어야 하는가? 그 상황을 제대로 처리하기 위해 어떤 원리를 적용해야 하는가?

여기에서도 우리는 상대방의 상태를 참작해 주고 "일흔 번씩 일곱 번" 용서해 주고 그 개인을 돕기 위해 필요한 모든 수단을 제공하라는 예수님의 명령을 인용하면서, 긍휼로 반응해야 한다고 직관적으로 느낄 수도 있다. 하지만 그렇게 하려면 그와 관련된 대가를 치러야 한다는 것도 인식해야 한다. 먼저 그렇게 헤매는 사람을 받쳐 주기 위해 추가로 더 일을 해야 하는 팀원들과, 둘째로 직무 수행 능력이 떨어지는 직원에게 계속 급여를 지불해야 하는 회사가 치러야 하는 대가다. 다른 한편, 문제가 처음 불거졌을 때 회사가 그 직원을 해고하는 것이 정당하다고 생각하는 사람은 아무도 없을 것이다. 그래서 두 가지 극단이 있다. 하나는 비용과 상관없이 개인의 필요를 회사보다 우선하는 경우고, 다른 하나는 회사를 개인보다 우선순위에 두고 직무 수행 능력이 떨어지는 직원들은 모조리 해고하는 것이다.

팀 내의 다른 사람들에게 폐를 끼쳐 가면서까지 어떤 개인을 지원하면 그 개인은 만족할지 모르지만 팀원들은 분개할 것이다. 관리자는 좀더 강력하게 대처하지 못한 것으로 인해, 어쩌면 팀의 목표를 달성하지 못한 것으로 인해 위태로운 지경에 놓일 것이다. 궁극적으로 이러한 행동을 감당할 수 없게 되면 사업체가 무너질 수도 있다. 하지만 정의를 우선순위로 본다면 어떻게 될 것인가? 다른 요소들이 더 작동하기 시작하며, 올바른 해결책에 이르기 위해 여러 힘의 균형을 이루는 것이 중요해진다. 그래서 힘들어하는 개인의 필요가 팀의 필요 및 회사의 목표와 균형을 이루어야 한다. 그러려면 압박 요인들을 비교 평가해 보아야 한다. 무슨 일을 해야 하며, 그 일들을 하기 위해 어떤 자원들을 입수할 수 있는가? 조직에서 느슨해진 부분이나 외부에서 구할 수 있는 자원을 적용할 만한 곳은 어디인가? 마지막으로, 충돌의 역할을 감안해야 한다. 어떤 부분에서 도전이 필요하며, 그 결과는 무엇이 될 것인가? 경영자는 결과들을 통해 정당한 결정을 내리고 경영을 할 수가 있다. 여기에는 해당 팀원을 공식적으로 징계하는 것, 혹은 경영자나 회사의 기풍을 환기시키는 것 등이 포함될 수 있다.

정의가 사업상의 결정에서 우선순위를 차지할 수 있음을 인식하면, 상황을 새롭게 볼 수 있다. 특히 상황에 정의를 도입하는 과정에서 갈등이 자연스럽고 때로는 필수적이라고 이해하는 경우에는 더욱 그렇다. 사실상 대결은 우리가 수행해야 하는 건전한 역할이며 예상하고 잘 준비해야 하는 것인데도, 우리는 대결을 피하기가 쉽다.

하나님의 권능으로 악을 드러내고 악에 도전하는 것은 분명 모든 상황에 처한 그리스도인의 핵심 과업 중 하나다. 많은 그리스도인이 악과 대결할 때 갖는 문제는, 단정적 행동은 어쩐지 불경한 것 같다는 생각 때문에 확실하고 단순명쾌하게 대결하지 못한다는 것이다. 물론 사실은 그 반대다. 진정한 사랑은 악과 강력한 대결을 펼치는 것을 두려워하지 않는다. 예수님이 성전 마당에서 장사꾼들을 쫓아내신 것과 같다. 구약에는 하나님이 이스라엘을 정결하게 하시기 위해 악에 대해 파괴적인 심판을 내리시는 예가 매우 많다. 정의라는 이상을 그리스도인 사업가의 행동 기준으로 삼을 때 비슷한 상황에서 무엇이 필요한지를 분명히 보여 준다.

그리스도인들은 삶을 강력하고 효과적인 방식으로 살아내라는 도전을 받는다. 날마다 '비그리스도인들'에게 둘러싸여 있고 막대한 재정적 자원을 사용할 뿐 아니라 수많은 사람의 안녕에 영향을 미칠 어려운 결정들에 자주 직면하는 사업이라는 환경은, 대단히 자극적이며 깊은 차원의 실제적 믿음을 요구한다. 특히 종종 도덕적 타협이 불가피한 '더러운' 분야로 알려진 판매, 광고, 저널리즘, 협상 등은 물론 그리스도인의 참여가 가장 필요한 분야들이다. 수준 높은 진실성과 용기가 있을 때 가장 좋은 결과를 낼 수 있고 세계 전역 사람들의 일상생활에 가장 큰 변화를 일으킬 수 있는 것이 바로 부담이 큰 이런 분야들이다. 오랜 기간 동안 그리스도인들은 사업 환경을 조성하고 그것을 통해 정계를 포함한 다른 유력한 영향권에 직접 영향을 미친 명예로운 전통을 갖고 있다.

하지만 그리스도인들이 운영하는 일부 조직들의 한 가지 단점은 직무를 제대로 수행하지 못하고 제대로 경영을 못하는 데 지나치게 관대하다는 것이다. 많은 경우 그렇게 되는 이유는 실제로는 정의의 윤리가 필요한데 사랑의 윤리를 적용하기 때문이다. 주류 기업에 고용되기 어려운 사람을 고용하는 것은 도덕적 행동이지만, 회사가 일을 전문적으로 해 낼 것이라는 고객들의 정당한 기대와 균형을 이루어야 한다. 직원의 무능력, 부주의, 늦은 납품, 무례함 등은 세속 회사에서와 마찬가지로 기독교 회사에서도 묵인해서는 안 된다. 실로 하나님 나라를 대표하는 공동체로서, 모든 기독교 조직은 함께 사업하고 싶은 파트너가 되어야 한다.

사업을 할 때 윤리적인 사업체가 되는 것이 좋은 것인지 아닌지가 여전히 논쟁의 대상이라는 것은 이해할 만하지만 슬픈 일이다. 결국 우리는 결과를 어떻게 측정하고 있는가? 사실은 결과가 어떻든 윤리적으로 사업하는 것이 중요하다. 하지만 앞에서 보았듯이, 이사회는 이러한 문제에 이따금 직면할 것이다. "이코노미스트"는 성공적인 리더십에 필요한 열 가지 점검표에서 "건전한 윤리적 범위"를 최상위에 두었다.[49] 캔자스 대학교 국제 사업 윤리 센터의 공동 책임자인 조셉 리츠(Joseph Reitz)는 올바른 방식으로 사업할 것을 고집하는 회사들은 단기적으로는 어려움을 겪을 수도 있지만 장기적으로는 일을 잘 수행한다는 것을 밝혔다.[50] 윤리적 행동을 하려는 동기 중 일부는 그렇게 하는 것이 재정적으로 유익하기 때문이다. 이것은 쉘(Shell)사 회장인 클리브 마터(Clive Mather)의 다음과 같은 말에서 엿볼 수 있다. "우리 마음이 착해서 지속 가능한 개발에 전념하는 것이 아니다. 쉘사는 지속 가능한 개발이 우리 회사를 경쟁사들과 차별화하는 데 도움이 되고 경쟁적인 사업에 유리한 훌륭한 사업 감각이라고 본다."[51]

한편, 아마르 비데(Amar Bhide)와 하워드 스티븐슨(Howard Stevenson)은 "하버드 비즈니스 리뷰"(*Harvard Business Review*)에 쓴 글에서 비윤리적 사업 행동, 특히 신뢰를 깨는 것은 일반적으로 장기적인 면에서 재정적 불이익을 초래하지 않는다고 주장했다.[52] 그들은 분명 정직하게 사업하는 것이 얼마간 가치가 있기는 하며, 호의를 베풀면 어려울 때 도움을 받을 수 있다는 것은 인정한다. 하지만 신뢰를 깸으로써 미래에 지불해야 할 대가보다 불편한 협약을 깸으로써 즉시 얻는 유익이 훨씬 더 크다고 보았다. 그들은 사업을 하는 사람들이 대부분 약속을 지키는 이유는 재정적 동기 때문이라기보다 사회적·도덕적 행동으로 보인다고 주장했다. "사람들이 약속을 지키는 이유는 그것이 사업상 유익하기 때문이 아니라 그렇게 하는 것이 옳다고 믿기 때문"[53]이라고 썼다.

사업을 할 때 윤리를 지키는 것이 이익이 되든 안 되든, 범사회적 차원에서는 사업을 진실과 정직으로 든든히 뒷받침하는 것이 중요하다. 시셀라 복(Sissela Bok) 박사가 「거짓말: 공적·사적 생활에서의 도덕적 선택」(*Lying: Moral Choice in Public and Private Life*)[54]이라는 책에서 썼듯이, 사회의 존속 자체가 그 사회의 구성원들이 '거짓말하지 말라'는 규칙을 받아들이는지의 여부에 좌우된다. 프랜시스 후쿠야마(Francis Fukuyama)는 1996년에 쓴 영향력 있는 책 「신뢰: 사회적 미덕과 번영의 창조」(*Trust: The Social Virtues and the Creation of Prosperity*)에서, 어떻게 신뢰가 본질적으로 스스로 경제적 가치를 지니고 있는지를 논했다. 실로, 신뢰는 모든 건강한 사회의 핵심이다.

이것을 생각하면서 마지막으로 다국적 기업의 역할과 영향에 대해 간략하게 논의해 보겠다. 오늘날 세계에서 다국적 기업은 널리 불신을 받고 있다는 말이 사실인 듯하다. 그들은 막강한 권력을 행사하지만, 그런 권력 행사로 누가 유익을 얻는지 분명하지 않을 때가 많다.

다국적 기업

다국적 기업은 오늘날 세계 경제에 엄청난 영향력을 행사한다. 그들은 현재 세계 상품 생산의 25퍼센트와 세계 무역의 70퍼센트를 담당하고 있으며, 판매량은 세계 총생산의 거의 50퍼센트에 달한다.[55] 오늘날 그들은 1990년보다 두 배나 많은 사람을 고용하고 있다.[56] 많은 요소가 그들의 성장을 촉진했는데, 특히 자본 시장의 규제 철폐와 교통 통신 및 정보 기술의 급속한 발전에 힘입었다.

다국적 기업의 상승세에 대한 반응은 상당히 엇갈리는데, 주요 비판은 두 가지다. 첫째는 그들이 지나치게 많은 권력을 가지고 있다는 것이다. 둘째는 그들이 지나치게 이기적이라는 것이다. 이 두 가지 함축적 특징으로 인해, 최근 수십 년간 이기적이고 무책임한 행위가 수없이 나타났다. 다음 몇 가지 사례는 리처드 히긴슨(Richard Higginson)이 2002년에 쓴 「사업계에 대한 질문들」(*Questions of Business Life*)[57]에서 밝힌 것이다.

- 1984년, 인도 보팔의 유니온 카바이드 공장에서 일어난 폭발. 수백 명이 죽고 수천 명이 건강에 손상을 입었다. 원인은 회사의 부주의로 인한 과실이었다.
- 네슬레가 수질 위생상 분유 사용이 위험한 나라의 엄마들에게 아기 분유를 판매한 것. 네슬레는 지금도 같은 비판을 받고 있다.[58]
- 스포츠 신발 제조사들이 근로자들에게 형편없이 낮은 급여를 지불한 것. 나이키는 1992년에 미국 최고의 농구 선수인 마이클 조던(Michael Jordan)에게 2,000만 달러를 지불했다고 한다. 이것은 그가 광고하는 신발을 만든 인도네시아 공장들의 1년치 임금 총액보다 많다.
- 남반구에 있는 사람들에게 흡연을 부추기는 필립 모리스 등 담배 제조사들의 광고 전략.
- 남반구 농부들에게 고유한 농업 지식을 배운 후 특허를 내는 식으로 그들을 착취하는 북반구 농기업. 1997년에 나온 「자연과 지식의 약탈자들」(*Biopiracy*, 당대)이라는 책의 저자 반다나 시바(Vandana Shiva)는 이렇게 썼다. "가난한 사람들이 알고 있는 지식이 세계적 기업들의 재산으로 바뀌어 가고 있다. 가난한 사람들이 자신들이 발전시켜 온 영양과 보건을 제공받기 위해 사용해 온 종자를 사고 의술로 병을 고치는 데 돈을 지불해야 하는 상황이 되었다."
- 제약 회사들이 남반구 국가들을 괴롭히는 질병은 본체만체하고 북반구의 질병에만 집중하는 것. 예를 들면, 세계 질병의 약 50퍼센트를 차지하는 말라리아 같은 열대병에 대해서는 연구 자금의 3퍼센트만 사용한다.
- 기업이 제공하는 교육 자료들을 학교에 나눠 주는 것. 미국 소비자 조합의 견해에 따르면, 그런 자료들은 거의 80퍼센트가 "후원사의 제품이나 서비스 소비를 부추기는 치우치거나 불완전한 정보"[59]를 담고 있다.

다국적 기업에 대한 두 번째 비판은, 그들이 너무 많은 권력을 갖고 있다는 것이다. 다음은 세계화에 대한 책인 「미래 완료」(Future Perfect)에 인용된 "가디언"(Guardian) 지 표제 기사다. "탄자니아와 골드만삭스의 차이는 무엇인가? 전자는 1년에 22억 달러를 벌어 2,500만 명이 나누어 갖는 아프리카의 한 나라다. 후자는 26억 달러를 벌어 161명이 나누어 갖는 한 투자은행이다."[60]

다국적 기업이 너무 많은 권력을 가지고 있다고 가장 격렬히 비판하는 사람 중 하나는 조지 몬비엇(George Monbiot)이다. 다음의 인용문은 그가 쓴 책 「사로잡힌 국가」(Captive State)에 나온다. "우리를 섬기도록 우리가 설립한 회사가 우리를 무너뜨리고 있다. 그것들은 정부가 부여받은 권력을 움켜쥐고 자신들의 목적에 맞게 공적 생활을 왜곡시키는 데 사용한다."[61]

다국적 기업들이 엄청나게 부유하다는 것은 분명하다. 세계 100대 경제 기구 중 50개가 다국적 기업이다.[62] 돈은 권력을 불러온다. 다국적 기업이 권력을 발휘하는 두 가지 중요한 방식은 공급자에 대한 것과 정부에 대한 것이다. 먼저 공급자에 대해 간략히 살펴보자. 영국 시장에서 굉장한 영향력을 발휘하는 슈퍼마켓을 예로 들어 보면, 그중 5대 회사들이 식료품 시장의 거의 80퍼센트를 좌지우지한다.[63] 이런 시장 지배력으로 인해 그들은 물품 공급자들에게 큰 영향력을 휘두른다. 그 공급자들은 대다수 시장에 접근하려면 슈퍼마켓에 물건을 팔아야 하는 사람들이다. 몬비엇은 슈퍼마켓들의 부당한 관행에 대한 몇 가지 예를 들었다. 하나는, 가격을 낮추기 위해 공급자들에게 필요한 것보다 훨씬 더 많은 식품을 주문하고 나서 온갖 핑계를 대고 많은 양을 반품한 다음 반품에 대해서는 한 푼도 지불하지 않는 것이다.[64] 또 한 가지 예는, 자선단체에서 슈퍼마켓에 기부를 요청하면 공급자에게 그 슈퍼마켓의 이름으로 대신 돈을 지불하라고 요구하는 것이다.[65] 그것이 사실이라면, 그런 부정직한 관행들은 막아야 한다.

다국적 기업들은 정부에도 영향력을 발휘한다. 빌 클린턴의 선임 고문으로 일했던 조셉 스티글리츠는 다음과 같은 통찰을 주었다.

클린턴 행정부에서 일하던 우리는 냉전 후 새로운 국제 질서에 대한 비전을 가지고 있지 않았다. 하지만 사업계와 재계는 그런 비전을 가지고 있었다. 그들은 이윤을 창출할 새로운 기회들을 본 것이다. 그들은 정부가 그들을 위해 어떤 역할을 해주기를 바랐다. 바로 그들이 시장에 접근할 수 있도록 돕는 것이었다. 우리가 해외에서 밀어붙인 정책 틀은 우리 기업들이 해외에서 사업하는 데 힘을 실어 주기 위한 것이었다.[66]

직접적인 정치적 로비 외에도, 회사들이 정부에 영향을 미치기 위해 사용한 주요 장치는 어떤 나라에 투자를 중지하겠다고 협박하는 것이다. 경쟁이 치열한 시장에서 회사들은 경쟁자들과 비슷하게 비용을 줄이려 애써야 하며, 지난 10년간 회사들은 다른 나라에 하청을 줌으로써 비용을 절감하기 위해 애썼다. 전 세계 하청 시장은 2001년 330억 파운드에서 2008에는 2,140억 파운드로 늘어날 것으로 예측된다.[67] 2002년에 경영 컨설턴트 회사인 액센츄어(Accenture)는 보험 회사들이 영국의 콜센터 일자리 6만 5천 개 이상을 인도로 옮길 수도 있다고 예측하여 놀라움을 불러일으켰다.[68] 회사들이 해외 하청을 주는 주된 이유는 비용이다. 미국 기업은 국내 IT 직원을 쓰려면 매일 평균 960달러가 들기 때문에, 하루에 단 200달러를 주고 적절한 자격과 의욕을 갖춘 해외 인원으로 대체하고 있다.[69]

회사들이 비용을 줄여야 한다는 것은 이해할 수 있지만, 가장 값싼 노동력을 찾으려는 욕구가 계속 늘어나기만 하는 데는 본질적 폐단이 있다. 몬비엇은 이렇게 주장한다.

회사들은 수천 명을 일자리에서 몰아내면서 회사를 다른 곳으로 옮기겠다고 위협하면, 자신들이 원치 않는 규정을 폐지할 수 있을 뿐 아니라 정부가 그들이 머물도록 회유하기 위해 막대한 자금을 지원하리라는 것을 알게 되었다. 회사들은 나라들이나 지역들이 서로 싸우도록 부추겨 어부지리를 얻고, 자신들의 서비스를 효과적으로 경매에 부쳐 수억 파운드를 벌어들일 수 있다.[70]

몬비엇의 분석이 옳다면, 사업계 전반과 특히 대기업들은 정부에 많은 권력을 행사한다. 아마 지나치게 많이 행사할 것이다.

우리는 또한 광고와 마케팅의 힘이, 사람들이 자신을 보는 관점과 자신이 살아야 하는 이상적 삶에 대한 견해에 어느 정도 영향을 미칠 수 있는지 기억해야 한다. 광고와 마케팅은 사람들이 현재에 만족하지 못하게 하여 소비를 부추긴다는 점에서 문제가 될 뿐 아니라 우리 자신의 몸에 대한 견해에 영향을 미치고 그것을 왜곡시키기까지 한다. 젊은 여성들이 식욕 부진을 겪는 이유는 부분적으로는 이상적인 여자는 날씬하다는 반복된 이미지 주입 때문이다. 어떤 문화권에서는 그 문화의 도덕적 정서와 맞지 않는 서구적 이미지를 묘사하거나 섹스를 광고에 이용하는데, 그것은 보는 사람들에게 불쾌감을 준다. 더 나아가, 위험한 제품들을 파는 제품 안전과 품질 관리 분야, 생산이 환경에 미치는 영향, 내부자 거래, 합병과 취득의 윤리 등 부지불식간에 일어나는 일들이 수많은 사람의 일상생활에 영향을 미치고 있다. 이런 목록은 사업 윤리에 대해 논의하고 행동을 취해야 할 영역들의 윤곽을 보여 주는 시작일 뿐이다. 악행에 대해 지나치게 단순하게 비난하게 되기 쉽다. 하지만 이러한 것들은 복잡한 문제이며, 이 책에서 연구한 다른 문제들과 마찬가지로, 이러한 논쟁들을 잘 알고 우리를 안내해 줄 그리스도인 사업가들이 필요하다.[71]

하지만 우리는 권력을 사용하는 사람들이 선을 위해 그 권력을 사용할 수 있다는 사실을 기억해야 한다. 다국적 기업이 행한 잘못들과, 그 잘못들이 대중의 높은 관심을 끈 것 때문에 그들을 마귀처럼 여기기 쉽다. 이 장 전체에서 나는 인간의 가치를 최고로 중요하게 여기고 사업 윤리를 중요하게 생각하는 기업들의 예를 몇 가지 살펴보았다. 악과 비윤리적인 행위가 있을 때 그것을 드러내는 것만큼, 좋은 관행에 이목을 집중하는 것도 필요하다.

사람들은 다국적 기업들은 강력하기 때문에 물리칠 수 없으며, 그들의 행동을 비판하고 변혁시키고 싶어도 아무것도 할 능력이 없다고 생각한다. 하지만 우리는 다윗과 골리앗의 싸움에서 이긴 사람은 다윗이었다는 것을 기억해야 한다. 다국적 기업들, 아니 모든 사업체에 대해 의문을 제기할 수 있는 몇 가지 방법이 있다. 첫째, 사업이 이루어지는 분야를 감시하는 압력 집단과 비정부 기구들의 활동을 통해서다. 생명공학 회사인 몬산토(Monsanto)가 '라운드업 레디'(Roundup Ready)라는 유전자 변형을 한 밀을 실지 실험하겠다고 발표했을 때, 그린피스(Greenpeace) 같은 단체들이 강렬한 압력을 가했다. 세계적인 반대에 부딪혀 몬산토는 2004년 5월에 그 계획을 취소했다. 이것은 비정부 기구들이 감시와 직접적 행동으로 회사에 압력을 주어 계획을 바꾸게 한 한 가지 예다.

둘째, 신문 방송의 조사 보도로 다국적 기업을 취약하게 만들 수 있다. 2000년 10월, BBC 다큐멘터리 프로그램 "파노라마"(Panorama)는 캄보디아 등 여러 나라에서 나이키 상표를 단 제품들을 만드는 환경을 조사해 방영했다. 회사에 윤리 규정이 있음에도 15세 이하의 어린이들이 여건이 열악한 공장에서 일하고 있다는 사실이 드러났다. 그 프로그램은 나이키를 수세로 몰았으며, 달갑지 않은 명성으로 나이키는 주가에 타격을 입었고 법정에 서게 되었다. 2005년 4월, 나이키는 자사 제품을 만드는 전 세계 830개의 공장 중 569개에 대한 철저한 감사 보고서를 출간하기로 결정했다. 그 보고서는 수많은 노동 기준 위반 사례를 있는 그대로 열거했다. 이를테면 주당 근무 시간 초과, 잘못된 급여 계산, 언어 학대, 화장실에 가지 못하게 한 것 등이었다. 총 65만 근로자들이 잠재적으로 위험한 상태에 처해 있었는데, 그중 대다수가 19-25세 여성이었다. 나이키의 반응은 솔직하고 공개적이라는 면에서 남달랐다. 그들은 감사 보고서를 자사 웹사이트에 올려 놓았다. 그렇게 한 이유 중 하나를 부회장 더스티 키드(Dusty Kidd)가 다음과 같이 설명했다. "3-4년 전이었다면 훨씬 더 염려했을 것이다.…하지만 지금은 그렇지 않다. 비정부 기구들과 더 긴밀히 협력하고 있기 때문이다."[72]

소비자들이 윤리 의식을 갖고 있다는 것이 점점 분명히 드러나고 있다. 공정 무역 커피와 같은 분야들에만 매달리지 않고, 여타 제품을 생산하는 공장 내의 근로 조건, 슈퍼마켓의 거래 관행, 부당한 보조금과 보호주의 정책 등에 대해 까다로운 질문을 던진다.

마지막으로, 상장 회사들은 주주들이 제기한 질문들에 민감하다. 회사의 주식을 소유한 사람은 누구든 주주 모임에 참석해 질문을 하거나 문제점을 지적할 권리가 있다. 근래 주주 모임에서 회사의 중역들이 받은 보수에 대해, 비윤리적인 관행들에 대해 주주들이 분노를 표출했고 대규모 주식회사들이 망신을 당했다. 또한 언론을 주목시켜서 해당 기업의 시장 점유율, 이윤, 주가에 부정적인 영향을 미칠 수 있다.

그리스도인들은, 사업상의 정의에 관심이 있는 다른 사람들과 함께, 어떤 기업이 아무리 힘이 있어도 그들에게 의문을 제기할 여지가 있다는 사실을 아는 것이 중요하다. 설령 한 기업이 윤리적으로 사업하려는 열의가 없다 해도, 사람들이 그 회사의 제품을 사야 회사가 유지되므로 시장 위축이라는 삭막한 현실에 대응하거나 맞서지 않으려면 윤리적으로 민감해져야 한다.

사업체들은 희소 자원을 사용하여 목표를 이루기 위해 존재하는 기업체이면서, 하나님의 형상으로 만들어졌으며 존엄과 존중이 필요한 사람들의 공동체다. 그러므로 사업의 역할을 기독교적 관점에서 볼 때, 사업 행위로 하나님을 영화롭게 하려면 사랑과 정의가 둘 다 필요하다는 것을 깨닫는 것이 중요하다. 그 둘이 함께할 때, 화해, 협력, 참여가 부산물로 생겨날 것이다. 세계화가 진행됨에 따라 우리가 전 세계 가난한 사람들의 필요에 더 민감해지고, 전 세계 근로자들의 근로 조건에 더 관심을 쏟으며, 회사들에 행동을 책임지도록 더 적극적으로 요구해야 한다. 그런 운동이 진행되고 있으며, 세계에서 가장 큰 회사들 중 적어도 몇몇은 회사의 윤리적 기준과 근로자들의 삶의 질을 높이는 것이 유익하다는 것을 깨닫고 있다. 그리스도인 사업가들이 이런 맥락에서 사업을 한다면, 그것은 세계 자원의 선한 청지기가 되라는 명령을 성취하며 많은 사람의 삶에 직접적 영향을 미침으로써 고귀한 부르심에 응답하는 것이다.

10
인종 문제와 다문화 사회

1963년 8월 28일, 차별 철폐와 비폭력, 다시 말해 정의와 평화에 헌신한 마르틴 루터 킹(Martin Luther King)은 4분의 3이 아프리카계 미국인[1]인 25만 명을 이끌고 워싱턴 시까지 행진했다. 거기서 그는 다인종 아메리카에 대한 꿈을 피력했다.

나에게는 꿈이 있습니다. 언젠가는 조지아 주의 붉은 언덕에서 노예였던 사람의 후손들과 주인이었던 사람의 후손들이 형제처럼 한 상에 앉을 수 있으리라는 꿈.

나에게는 꿈이 있습니다. 불의와…억압의 열기로 지친 미시시피 주도 언젠가 자유와 정의의 오아시스로 바뀔 것이라는 꿈.

나에게는 꿈이 있습니다. 지독한 인종차별의 땅 앨라배마에서 언젠가 흑인 소년 소녀들이 백인 소년 소녀들과 형제자매처럼 손을 마주 잡을 수 있으리라는 꿈.…

이런 믿음으로 우리는 우리 나라의 시끄러운 불협화음을 아름다운 형제애의 교향곡으로 바꿀 수 있을 것입니다.

이런 믿음으로 우리가 언젠가 자유로워질 것을 알기에 함께 일하고 함께 자유를 옹호할 수 있을 것입니다.[2]

우리는 여전히 그의 꿈이 성취되기를 기다린다. 그것은 그리스도인들의 꿈이다. 하나님은 성경에서 "각 나라와 족속과 백성과 방언에서 아무도 능히 셀 수 없는 큰 무리"(계 7:9)인 구속받은 자들에 대한 환상을 주셨기 때문이다. 우리는 이 꿈이 이루어질 것을 안다. 꿈이 이루어지는 동안, 우리는 그것에 고취되어 적어도 그와 유사한 세상을 만들기 위해 애써야 한다. 즉, 인종적 정의(차별이 없는)와 인종적 조화(충돌이 없는)가 특징인 사회를 추구해야 한다. 우리는 다양성을 경축하는, 전적으로 통합된 사회를 기대한다. 로이 젠킨스(Roy Jenkins)는 내무 장관이었을 때 이와 같이 말했다. "나는 인종 통합을, 단조롭게 만드는 동화 과정이 아니라 서로 포용하는 분위기 안에 문화적 다양성이 있는 평등한 기회라고 정의한다."[3]

인종에 대한 성경의 가르침을 살펴보기 전에, 인종차별을 정의해 보면 도움이 될 것이다. 이러한 정의는 인종차별주의자에게 살해당한 18세 소년 스티븐 로렌스(Stephen Lawrence)의 죽음에 대한 보고서에서 나온 것이다. 그것에 대해서는 이 장 뒷부분에서 다루겠다. 그 보고서는 인종차별을 다음과 같이 규정했다.

> 인종차별은 일반적으로 사람의 피부색, 문화, 인종적 기원 때문에 그 사람에게 손해를 끼치거나 이익을 주는 행동이나 말이나 관행으로 드러난다. 미묘한 인종차별이나 명백한 인종차별이나 마찬가지로 해롭다.[4]

제도적 인종차별은 이렇게 규정했다.

> 어떤 조직이 사람들의 피부색, 문화, 인종적 기원 때문에 집단적으로 그들에게 타당하고 전문적인 서비스를 제공하지 않는 것이다. 그것은 과정, 태도, 행동에서 볼 수 있거나 감지할 수 있다. 소수 인종 집단에 불리하게 작용하는 부지불식간의 편견, 무지, 부주의, 인종에 대한 고정관념 등을 통한 차별이 이에 해당한다.[5]

이제 인종차별의 그릇된 근거를 설명하면서 역사상의 인종차별과 현대의 인종차별 예를 몇 가지 살펴보겠다. 노예제도의 역사부터 시작해 보자.

미국의 노예제도

현대 인종 문제의 기원인 노예제도와 노예무역의 해악을 덮어 두고 현대의 문제를 바로 다룰 수는 없다. 민감한 미국인이라면 오늘날 미국의 인종차별 문제를 접하면서 남북전쟁 이전에 사탕수수 농장에서 자행된 잔인하고 타락한 행태를 돌아보지 않을 수 없을 것이다.

일반적으로 "노예는 세 가지 특징으로 규정된다. 그의 인성은 다른 사람의 재산이며, 그의 의지는 주인의 권위에 복종해야 하고, 그의 노동이나 섬김은 강압에 의해 갈취된다."[6] 노예들은 의지가 없으며 마음대로 처분할 수 있는 재산으로 간주되기 때문에, 통상 기본적인 인권, 예를 들면 결혼할 권리, 재산을 소유하거나 증여할 권리, 법정에서 증언할 권리를 부여받지 못한다. 고대 사회에서는 형태나 정도만 다를 뿐 노예제도가 보편적이었지만, 기독교 국가라고 공언하는 유럽 국가들(스페인, 포르투갈, 네덜란드, 프랑스, 영국)이 신세계 식민지를 개척하는 노동력을 확보하기 위해 이 같은 비인도적 관행을 이용했다는 것은 용서받을 수 없는 일이다. 더욱 나쁜 것은, 기독교의 가르침을 뻔히 아는 사람들이 다음과 같은 근거로 노예제도를 교묘히 변명했다는 점이다.

- 사회적·경제적 필요(식민지에는 유럽의 산업혁명에 필요한 원료를 제공해 줄 다른 노동력이 없었다)
- 인종적 우월감(검둥이들은 더 잘 대접해 줄 필요가 없다)
- 성경의 허용(성경은 노예제도를 규제하지만 정죄하지는 않는다)
- 인도주의적 유익(노예무역은 노예들을 미개한 아프리카에서 문명한 미국으로 이주시켜 주었다)

■ 선교적 기회(아프리카인 이교도들은 신세계에서 기독교를 소개받을 것이다)

노예 주인들의 이런 합리화는 당혹스러울 정도로 뻔뻔하다.

재산으로서의 노예

노예제도의 악(본질적으로는 인종차별주의의 악이기도 하다)은 하나님을 닮은 인간의 존엄성을 모욕하고 부인한다는 것이다. 노예들은 주인들의 소유물이므로 가축이나 옥수수나 농기구와 나란히 놓인 채 팔렸다. 그들은 서아프리카에서 잡혀 사슬에 매이고 낙인이 찍힌 후에 배를 타고 대서양을 건넜다. 지나치게 많은 사람을 배에 실었기 때문에 비좁고 비위생적이어서 절반이 죽었다. 도착하자마자 경매에 부쳐지고 일을 강요당하고 가족과 헤어져야 했고, 반항하면 채찍에 맞고, 도망하면 집요한 추적을 당했으며, 잡히면 죽임을 당했다.

짐승으로서의 노예

어떤 사람들은 노예들이 짐승이기 때문에 재산이라고 주장했다. 에드워드 롱 (Edward Long)은 「자메이카의 역사」(*The History of Jamaica*, 1774)라는 책에서 창조주의 "흙 한 덩어리가 완벽한 사람이 되는 연속 과정"에서 아프리카 흑인은 인간보다 열등한 존재가 되었다는 어처구니없는 주장을 폈다. "그들이 나머지 인류와 다른 점을 곰곰이 생각해 볼 때, 우리는 그들이 속(屬)은 같으나 종(種)은 다른 존재라고 결론내려야 하지 않겠는가?"[7] 프랑스인 저자 게네볼(J. H. Guenebault)은 「흑인 종족의 자연적 역사」(*Natural History of the Negro Race*, 1837)에서 한걸음 더 나아갔다. "그렇다면 그들이 한 종족일 뿐 아니라 사실상 지구상에 알려진 다른 인종들과는 별개의 종이라는 것을 도저히 부인할 수 없다." 그는 그들이 '원숭이 속'에 속한다고 단언하며, 오랑우탄과 백인 사이 어디쯤에 속하는 존재로 보았다.[8]

어린아이로서의 노예

세 번째 열등 이론은 울리히 필립스(Ulrich B. Phillips)가 쓴 「미국 흑인 노예제도」(*American Negro Slavery*, 1918)에 의해 대중화된 것으로, 흑인들은 재산도 짐승도 아니고 어린아이라는 것이다. 스탠리 엘킨스(Stanley M. Elkins)는 「노예제도」(*Slavery*, 1959)라는 책에서 사탕수수 노예 '검둥이'(Sambo)의 친숙한 이미지를 강조했다. 그는 "유순하지만 무책임하고, 충성스럽지만 게으르고, 겸손하지만 거짓말과 도둑질을 일삼고…주인과 그의 관계는 전적인 종속 관계이자 어린아이 같은 애착 관계다. 그 존재의 핵심은 바로 어린아이 같은 특성이다."[9] 검둥이는 "성숙할 수 없는 영원한 어린아이"[10]로 낙인 찍혔다.

18세기 노예제도가 끔찍한 이유는 성인 남녀들을 도구, 짐승, 혹은 어린아이로 간주했기 때문이다. 그 결과 누구나 그들을 천부적으로 열등한 존재로 여겼다. 따라서 노예제를 반대하는 그리스도인들은 흑인 노예들이 다른 사람들에게 뒤지지 않는 인간임을 실증해야 했다.

인종차별주의자들은, 흑인을 인간으로는 인정해도, 흑인은 타고나면서부터 열등하다고 주장하기 때문이다. 그들은 자신들의 견해를 소위 "과학적 인종론"으로 변호할 수도 있고, 그저 "'원숭이가 인간으로' 단선적인 진화를 거쳤다는 막연한 개념을" 신봉할 수도 있다. 이런 전제는, 그런 사람들은 자신들보다 진화의 "등급이 더 낮으며", "'인종'에는 위계 질서가 있다"고 믿게 만든다.[11] 하지만 인종에 대한 이런 개념은 과학에서 유래한 것이 아니라 심한 편견에서 나온 것이며, 차별을 정당화하기 위해 만들어 낸 책략이다.

제도적 인종차별로 인해 종종 아프리카계 미국 흑인들은 특정한 지역에 들어가지 못하거나 특정한 역할을 맡지 못했고, 교육, 주택, 고용 면에서 더 못한 대접을 받았다. 백인지상주의의 가장 두드러진 예는 남북전쟁이 끝난 후 1866년부터 1869년 사이에 나타난 큐 클럭스 클랜(Ku Klux Klan: 사회 변화와 흑인의 동등한 권리를 반대하며 폭력을 휘두른, 미국 남부 주들의 백인 비밀 단체-역주)인데, 그들은 1915년에 다시 등장했다. 1915년에 등장할 때는, 폭동과 린치는 없었지만, 사람들을 인종에 따라 분리하고 침묵을 지키는 교회에 출석하는 백인 인종차별주의자 그리스도인들에게 지지를 받았다.

교회 내의 많은 사람이 침묵하고 무력한 모습을 보이는 가운데, 1955년부터 1956년까지 앨라배마 몽고메리에서 버스 보이콧 운동이 일어난 후, 1957년에 남부 기독교 지도자 협의회(Southern Christian Leadership Conference)가 결성되었다. 그 협의회는 마르틴 루터 킹의 지도 하에 비폭력적인 직접 행동과 항변을 벌였다. 1963년에 앨라배마 버밍햄에서 열린 인종 분리 반대 행진에는 십대와 어린이들도 참여했는데 경찰이 폭력으로 저지했다. 이 일이 텔레비전으로 방송되면서, 시민 평등권 운동(civil rights movement: 1950-1960년대의 미국 흑인 평등권 요구 운동—역주)이 대중의 지지를 얻게 되었다. 1963년 8월 28일, 25만 명이 워싱턴에 모여 시민 평등권 운동을 지지하고 "나에게는 꿈이 있습니다"로 시작되는 킹 목사의 연설을 들었다. 1965년에 앨라배마에서 열린 항의 행진에서는 경찰의 폭력에 부딪혔고, 70명이 병원으로 실려갔다. 다시 한 번 이 장면이 텔레비전으로 방송되면서 전국을 충격에 몰아넣었고 1965년의 투표권 조례(Voting Rights Act)에 대한 지지를 이끌어냈다.

이것은 시작에 불과했다. 린든 존슨(Lyndon B. Johnson) 대통령이 임명한 민간 무질서에 대한 전국 자문 위원회(National Advisory Commission on Civil Disorders)는 1968년에 보고서(Kerner Report)를 제출했다. 이것이 그 보고서의 결론이다. "우리 나라는 두 개로 분리된 사회를 향해 나아가고 있다. 하나는 흑인 사회, 하나는 백인 사회. 분리되고 불평등한 사회다." 더욱이 "격리와 빈곤은 인종적 게토에 대다수 백인 미국인들은 전혀 알지 못하는 파괴적인 환경을 조성했다.…백인 제도들이 그것을 만들었고, 백인 제도들이 그것을 유지하며, 백인 사회가 그것을 묵과한다." 하지만 점점 더 많은 복음주의 그리스도인들이 인종차별을 죄로 생각하고 회개하고 있다.

독일의 반유태주의와 남아프리카공화국의 인종차별 정책

독일의 반유태주의와 남아프리카공화국의 인종차별 정책은 얼핏 보기에 서로 달라서 비교하기에 적합하지 않은 것처럼 보인다. 특히 유태인 대학살이라는 도저히 형언할 수 없는 무법 행위에 필적할 만한 것이 남아프리카에는 없다. 그러나, 일부 독자들이 충격을 받을지 모르지만, 두 체제의 토대를 이루는 '인종' 이론은 거의 똑같다. 많은 독일인과 남아프리카인들이 표현한 바, 그들이 '다스리도록 정해져' 있으며 어떤 희생을 치르더라도 그들의 '인종적 순수성'을 보존해야 한다는 인식 역시 마찬가지다.

히틀러는 권력을 잡기 8년 전에 발간한 「나의 투쟁」(Mein Kampf)에서 아리안족의 탁월함을 격찬했다. "오늘날 우리가 보는 모든 인간 문화의 발현, 모든 예술, 과학, 기술의 산물은 거의 오로지 아리안족의 창의력에서 나온 것이다.···우월한 유형의 인류를 창건한 것은 오로지 아리안족이었다.···그는 인류의 프로메테우스로, 그의 빛나는 이마에서는 천재성의 신적 광채가 언제나 뿜어져 나온다.···"[12]

히틀러는 게르만족의 위대함이라는 바그너의 꿈, '용감한 통치자 종족'이라는 니체의 개념, 생존하려면 냉혹한 투쟁이 필요하다는 다윈의 개념 등에서 아이디어를 빌려다가, 아리안족의 운명에 대한 환상과 유태인에 대한 광적인 혐오증을 발전시켰다. 그는 유태인이 경제적·정치적·문화적·종교적·도덕적으로 문명을 파괴하고 있다고 선언했다.[13] 그가 유태인에 대해 말한 모욕적이고 비이성적인 언어는 입에 담기조차 힘들다. 그는 자신이 전능하신 창조주 대신 그들을 손보는 중이라고까지 주장했다.[14] 그러면서 그는 인종차별주의를 정당화하기 위해 '창조 신학'을 개발한 기독교 학자들의 말을 인용했다. 예를 들면, 폴 알트하우스(Paul Althaus)는 결혼, 가족, 인종, 인민(Volk)을 하나님의 창조 질서로 인식하면서 이렇게 썼다. "우리는 인민과 우리 인종의 순수성을 보존하는 대의를 옹호한다."[15] 히틀러 자신은 '아리안 헤렌볼크'(Herrenvolk, 지배자 인종)라는 인종 이론에 아무런 과학적 근거가 없다는 것을 알았던 것 같다. 그는 사석에서는 그 점을 인정했다. 하지만 계속해서 그것을 이용했는데, 정치가로서 그것이 필요했기 때문이다. "인종 개념에 입각하여 국가사회주의는 해외에서도 혁명을 일으키고 세계를 개조할 것이다."[16]

아프리카너(Afrikaner: 남아프리카공화국 태생의 백인들. 특히 네덜란드계─역주)의 신적 운명에 대한 인식은 그들의 역사와 얽혀 있다. 네덜란드인들이 처음 희망봉에 도착했을 때(1652년), 자신들이 유럽 기독교 문명의 후계자이며 전파자라고 생각했다. 그들은 자신들이 새로운 약속의 땅에 들어가도록 정해진 구약의 하나님 백성과 유사하다고 보았다. 그들이 정복해야 했던 적대적인 흑인 국가들은 아말렉 사람들이나 블레셋 사람들에 해당했다. 피의 강(Blood River) 전투에서 줄루족을 쳐부수고 나서 그들은 하나님과 엄숙한 언약을 맺었으며, 그 후로는 트란스발(Transvaal: 남아프리카공화국 북동부의 주─역주)과 오렌지 자유 주(Orange Free State: 남아공 중부의 주─역주)를 하나님이 이끄신 약속의 땅으로 생각했다. 1948년에 수상이 된 민족주의 지도자 말란(D. F. Malan)은 "아프리카너 민족주의는 인간의 작품이 아니라 하나님의 창조물"[17]이라고 말했다. 그래서 아프리카너들은 메시아적 소명을 지고 있으며, 통치하기 위해 태어났고, 아프리카에서 기독교 문명을 보존하도록 하나님이 자신들을 부르셨다고 믿었다.

그들의 역사(그들에게 그런 운명 의식을 부여한)에 그들의 신학(그들에게 그런 인종 이론을 부여한)이 더해졌다. 인종차별 정책으로 자신들의 생존을 보장하기로 한 결심을 뒷받침해 준 것은 바로 역사와 신학의 결합이었다. 네덜란드 개혁 교회가 말한 바에 따르면(1989년까지, 뒤를 보라), "성경은…인간 종족의 인종적 다양성을 가르치고 지지하며", 그것을 보존해야 할 "명문화된 명제"로 간주한다. 따라서 "자생적 혹은 개별적으로 발전한, 다양한 인구 집단에 기초한 정치 체제는 성경을 통해 정당화될 수 있다."[18] 남아프리카공화국을 하얗게 유지한다는 것은 단 한 가지, 즉 백인의 지배를 의미할 뿐이다.

「나의 투쟁」에서 히틀러는 아리안 혈통의 순수성을 보존하기 위해 다른 인종과의 결혼을 필사적으로 반대해야 한다고 썼다. 그는 다른 인종과의 결혼은 예외 없이 육체적·정신적 퇴보를 유발한다고 단언했다. 그것은 "영원한 창조주의 뜻에 반하는 죄다."[19] 남아프리카공화국에서는 1949년에 혼합 결혼 금지령을 법으로 제정했다. 그것은 '유럽인과 비유럽인' 간의(즉 '백인'과

'비백인' 간의) 결혼을 불법으로 규정했다. 한편 1968년의 법령은 이 법을 확대하여 나라 바깥에 살고 있는 남아프리카공화국 남성 국민까지 포함했다. 듀프리즈(Dupreez) 교수는 이 법령에 신학적 기초를 제공하려 애썼다. "하나님이 그처럼 다양하게 창조하신 모든 민족이 다른 인종과 결혼하여 균일해지고 동화되면서 획일적이고 혼합된 인종을 형성하는 것이 과연 하나님의 뜻일까?"[20]

그러나 순수한 인종이나 혈통이란 없다. 우리는 모두 잡종이다. "주요 인간 집단 중 섞이지 않은 집단은 하나도 없으며, 어떤 인종 집단도 순수하지 않다. 모든 집단은 말할 것도 없이 많이 섞여 있으며 그 혈통은 대단히 복잡하다."[21] 예를 들어 '순수한 영국 혈통'이란 것은 상상 속에서 꾸며 낸 허구다. 영국인은 적어도 주트족, 켈트족, 고트족, 색슨족, 로마족, 노르만족의 혼합이다. 그러므로 우리는 인종이 섞이는 것을 두려워하는 이 '순수' 혈통들이 어디에 있는지 물어야 한다.

남아프리카공화국에서 일어나는 변화

80년대 후반에 남아프리카공화국에서는 수많은 기독교 성명이 발표되었으며, 수많은 사건이 일어났다. 서로 다른 관점에서 표현되기는 했지만, 그 성명들과 사건들은 인종차별 구조 전반이 완전히 무너지리라는 희망의 근거를 제공했다. 그런 일들은 남아프리카공화국의 불의한 정세에 대한 전 세계적인 관심이 점차 높아지는 가운데 일어났다. 그런 관심으로 남아프리카에서 무역을 하는 회사들에 대한 불매 운동과 넬슨 만델라를 석방하기 위한 운동 등이 일어났고, 1986년에 미국이 제정한 포괄적 반인종차별법과 같은 제재가 생겨났다. 그 법은 미국과 남아프리카의 무역 및 경제적 관계를 금하는 것이었다.

1985년 9월에 마이클 캐시디(Michael Cassidy)를 비롯하여 인종과 교파가 다양한 그리스도인 지도자 약 400명이 화해를 위한 전국 발기 대회(National Initiative for Reconciliation)를 개최했다. 그들은 성명서를 통해 교회를 '희망의 공동체'로 묘사하면서, 하나님의 주권을 선언하고, 십자가 앞에서 겸손히 회개하고 기도하고 금식할 것을 요구했으며, 고난받는 한이 있더라도 비폭력적 입장을 취할 것을 채택했다. 또한 보타(Botha) 대통령에게 비상 사태를 끝내고 억류자들을 풀어 주며 차별 철폐를 목적으로 대표적 지도자들과 대화를 시작하라고 촉구했다.

몇 주 후 흑인 신학자 약 150명이 "카이로스 문서"(Kairos Document)[22]를 발표했다. 그것은 우려 섞인 열정과 신랄한 어조로 해방 신학을 '카이로스'(kairos), 즉 당시 남아공의 위기와 연관지었으며, 세 가지 선택안을 약술했다. 첫째로, 아프리카너 교회들의 '국가 신학'을 거론했다. 이 신학은 로마서 13장에 나오는 '법과 질서'에 대한 필요와 공산주의의 위협에 호소함으로써 인종 차별주의자들의 현상 유지를 정당화했다. 그들은 문서를 통해 이 신학이 "이교적일 뿐 아니라 신성 모독적"이라고 선언했다. 둘째로, 영어권 교회들이 채택한 '교회 신학'이 있다. 그것은 남아공의 인종차별 정책을 주의 깊게 비판하기는 하지만 회개 없는 화해, 정의 없는 평화를 추구했다. 이것 역시 거부되었다. 셋째 선택안은 열렬한 지지를 받았는데, '예언자적 신학'이었다. 그것은 성경과 성경의 예언자적 전통으로 돌아갈 것을 주장하면서, 민족주의 정부를 '억압자'로 규정하고, 그 정부는 폭정을 저질러 정통성을 상실했다고 선언했다. 그러므로 그런 체제에 대해 취해야 할 올바른 자세는 협상이 아니라 대결이었다. 그들은, 교회가 억압받는 자들과 결속하고, 캠페인과 저항, 시민 불복종, 해방을 위한 무장 투쟁에 참여하여 '행동하도록 도전'하면서 문서를 끝맺었다.

1986년 7월, 흑인 복음주의자 130명이 자신들의 불행을 담은 「남아프리카 공화국에서의 복음주의적 증거」(Evangelical Witness in South Africa)를 펴냈다. 여기서 흑인 복음주의자들은 의도적으로 백인 동료 복음주의자들과 자신들을 동일시했다. 복음주의 전반의 헬라적 이원주의('물질적' 복지에 반대되는 '영적' 복지에 관심을 쏟는), 서구 자본주의적 보수주의, 회개 없이 화해를 추구한 것, 현상 유지를 옹호하기 위해 로마서 13장을 오용한 것, 흑인들에게 선심 쓰는 듯한 백인들(심지어 많은 선교사도)의 태도, 복음 전도의 배후에

깔린 동기(특히 흑인 회심자들을 불의한 체제에 굴종시키려는), 인종차별 체제의 만행에 침묵하는 복음 설교 등을 비판하기 위해서였다. 이러한 비판과 함께, 진정한 회개를 촉구했다. 즉, 근본적이고 광범위한 변화를 요구했다.

1986년 10월, 네덜란드 개혁 교회는 「교회와 사회」(Church and Society)를 발행했는데, 교회 회의에서 승인한 '간증'이었다. 그것은 '기본적인 성경적 원리'와 '실제적인 함의'를 철저히 해설한 것으로, 그 과정에서 다음과 같은 놀라운 진술이 나왔다. "인종차별은 어떤 개인이나 교회도 변호하거나 저지를 수 없는 통탄할 죄다.…그것은 도덕적 탈선으로 인간에게서 존엄성, 책임, 권리를 빼앗아 간다. 어떤 형태든 인종차별은 거부하고 반대해야 한다"(112항). "인종차별 정책은…사람들을 강제로 분리하고 나누는 것으로, 성경의 명령이라고 간주할 수 없다. 그러한 규정을 성경에 근거한 거라고 정당화하려는 것은 오류이며 비난받아야 한다"(305항). 그것은 "이웃 사랑과 의의 본질, 그리고 불가피하게 관련된 모든 사람의 인간적 존엄성이라는 원칙에 저촉하기"(306항) 때문이다. 전에 인종차별을 지지하고 변호했던 교회로서는 엄청난 방향 전환이었다.

1985년과 1986년에 발표된 위의 네 가지 기독교 문서는 모두—소위 '국가' 신학, '교회' 신학, '예언자적' 신학으로 구분되기는 하지만—인종차별을 변호할 수 없는 제도라고 정죄하고 그것을 폐지하는 데 기여했다는 점에서 중대한 의미가 있다. 그들의 연합된 증언과 항변은 분명 정부에 상당한 영향을 미쳤다.

동일한 기간에 교회보다 정권 안에서 중대한 사건들이 일어났다. 사람들이 싫어했던 통행법(Pass Laws)이 1986년에 폐지되었다. 그 법은 40년 동안 소위 비백인들에게 신분 증명서를 가지고 다닐 것을 요구했으며, 그들이 어디에서 살고 일할지를 규제했다. 1989년 3월에는 정부가 임명하고 법관인 올리비어(Olivier)가 의장을 맡은 저명한 사법 위원회가 보고서를 통해 다음 사항을 요청했다. (1) 인종차별 정책의 전적 해체, (2) 1950년에 통과된 인종차별 정책의 양대 법적 기둥인 집단 지역법(Group Areas Act, 흑백 인종이 섞여서 거주하는 것을 금했다)과 인구 등록법(Population Registration Act, 반드시 인 송을 분류하도록 했다) 폐지, (3) 보편적 참정권(그것은 불가피하게 흑인 다 수 집단이 통치하도록 만들 것이다). 같은 해, 클러크(F. W. de Klerk)는 보타의 후임으로 대통령이 되었으며, 오랫동안 투옥되었던 아프리카 민족 회의 (African National Congress, ANC)의 몇몇 지도자를 풀어 줌으로써(처음에는 그들의 지도자로 인정받는 넬슨 만델라를 풀어 줄 의도가 없었지만), 그리고 ANC 행진과 그 에 따른 대집회를 묵인함으로써 그가 어떠한 방향으로 나아가려 하는지를 드 러냈다.

1990년대에는 당황할 만한 속도로 인종차별 구조가 와해되었고, 민주적인 남아프리카공화국이 탄생했다. 1990년에는 넬슨 만델라가 26년의 수감 생활 후 감옥에서 풀려났으며, 민족주의당과 ANC 간의 대화가 시작되었고, 비상 사태가 해제되었으며, ANC는 무장 투쟁을 중단하기로 합의했다. 동시에 폭 력 사태가 계속되었는데, 주로 백인 경찰의 지원을 받은 줄루족의 '인카타' (Inkatha) 운동과 ANC 사이에서 일어났다.

1991년에는 넬슨 만델라가 만장일치로 ANC 의장으로 선출되었으며, 민주 적 남아프리카공화국을 위한 대회(Convention for a Democratic South Africa, CODESA)에서 공식적인 복수 정당 회담이 시작되었을 때 중대한 전환점에 이 르렀다. 1992년에는 민족당의 국민 투표 결과 클러크 대통령이 시작한 개혁 을 계속하는 데 69퍼센트가 찬성했다. 그해 말경 공식 협상이 재개되어, 5년 간 권력을 공유하는 '민족 연합 정부' 계획에서 절정에 이르렀다. 1993년, 넬 슨 만델라와 클러크가 노벨 평화상을 공동 수상한 것은 적절한 일이었다. 1994년 4월 27일 총선에서 ANC는 의회 400석 중 252석을 차지했으며, 만델 라는 대통령직에 올랐고, 새로운 헌법을 만들 길을 닦았다.

1995년에는 진리와 화해 위원회(The Truh and Reconciliation Commission)가 발족되었는데, 데스몬드 투투(Desmond Tutu) 대주교가 의장이 되었다. 그것은 기독교적 원리에 고무된 그리고 다음과 같은 잠정 헌법에 기초한 놀랄 만한 결정이었다.

이 헌법은 다툼과 충돌과 헤아릴 수 없는 고난과 불의로 깊이 분열되었던 과거 사회와, 인권, 민주주의, 평화로운 공존, 그리고 피부색·인종·계층·종교·성별과 상관없이 모든 남아공 사람에게 발전 기회를 준다는 인식 위에 세워질 미래 사회 사이에 역사적인 다리를 놓는다.

그 위원회는 '진리'와 '화해'를 적절히 묶어서 다루었다. 그 최초의 대의가 가해자들이 용서받고 희생자들(혹은 그들의 친척)이 일정한 배상금을 받고 명예와 존엄성을 되찾을 유일한 근거로서, 인권 침해에 대한 진상을 조사하고 발견하고 발표하는 것이었기 때문이다. (1) 1960년부터 1995년 사이에 인권을 침해하는 죄를 지은 사람들, (2) 정치적 동기로 그런 죄를 저지른 사람들, (3) 관련된 사실을 전부 밝힌 사람들, (4) 사면을 신청한 사람들에게 화해가 베풀어졌다.

영국의 태도와 긴장

영국의 식민지 통치가 식민지 국가들에 어느 정도 긍정적인 유익을 주었는데, 물리적인 면(예를 들면, 도로와 철도)보다는 교육, 보건, 공적 정의의 기준 면에서 그랬다. 하지만 그런 유익은 '영국의 통치 정신'(British Raj mentality)에 암시되어 있는 무례하고 우월적인 태도에 의해 무색해지는 경향이 있었다. 유감스럽고 불길하게도 때로 그것은 방금 살펴본 독일과 남아프리카공화국의 관점을 상기시키는 인종차별적 견지에서 표현되었다. 예를 들어, 세실 로즈(Cecil Rhodes)는 '앵글로색슨족의 출중함'과 그것을 보존할 필요성에 대해 말했다. 그리고 연이은 식민지 담당 국무장관들은 '운명'이라는 말까지 쓰면서 그와 비슷하게 말했다. 그런 환상이 공식 정책에 구현되지 않아서 다행이다.

조모 케냐타(Jomo Kenyatta)에게 케냐의 독립을 추구하는 것은 "최우선 문제이기는 했지만, 아프리카인들이 스스로 다스리는 문제만은 아니었다. 인종차별 장벽, 식민지 정착자 클럽의 인종차별적 속어, 반 세기 이상 이어진 백인들의 우월의식을 종결하는"²³⁾ 문제이기도 했다. 1962년 운디니에서 열린 정치 집회에서, 케냐타는 유럽인들에 대한 자신의 태도에 관해 말했다. "나는 어느 누구에게도 반대하지 않는다. 나는 우브와나(ubwana) 곧 보스 정신에 반대할 뿐이다."²⁴⁾

영국의 보스 정신은 아마 인도에서 훨씬 더 분명하게 나타났을 것이다. 아놀드 토인비(Arnold Toynbee)의 다음과 같은 의견을 부정하기는 어려울 것이다. "인도의 영국 개신교 통치자들은⋯당대의 그 어떤 서구 통치자들보다 엄격하게 피지배자들과 거리를 두었다."²⁵⁾

영국의 식민지 기록은 영국 내에서 40년간 지속된 인종적 긴장을 이해하는 데 필요한 배경이다. 이민, 인종 관계, 제도적 인종차별이라는 주제로 나누어 살펴보려 한다.

이민

영국 이민은 전 세계적인 이민 유형을 배경으로 봐야 한다. 전 세계적으로 35명 중 1명은 외국에서 온 이민자다. 총 이민자 수는 2000년에 1억 7,500만 명(세계 인구의 2.9퍼센트)에 이르는 것으로 추산되며, 이것은 1985년의 1억 500만 명에서 늘어난 것이다.²⁶⁾ 또한 고향을 떠났지만 국경을 넘어 난민이 되거나 망명자가 되지 않은 사람들도 엄청나게 많다. 전 세계적으로 2,500만 명으로 추정되는 내부 난민이 있다. 이들의 수는 난민 수보다 두 배 많다.²⁷⁾ 난민들은 전 세계 총 이민자 수의 9퍼센트에 이르며, 대부분 개발도상국에 있고, 300만 명만 선진국에 있다. 바로 이러한 개발도상국에서는 현지 인구대비 난민 비율이 극히 높다. 라이베리아에서는 현지 인구 1,000명당 난민 비율이 87명이고, 콩고에서는 51명이다. 하지만 영국에서는 겨우 3.2명으로 추산된다.²⁸⁾ 그렇게 비율이 적다고 해서, 너무나 오랫동안 영국 사람들이 오해해 왔듯 난민들과 망명 신청자들이 악마 같은 존재라는 생각은 정당한 것이 아니다.

유럽 전역에는 이민 근로자들이 필요하다. 유엔 인구 분과는 낮은 출산률 때문에 유럽 연합은 지금부터 2050년까지 취업 연령에 해당하는 인구를 안정되게 유지하기 위해서만이라도 1년에 160만 명의 이민을 받아들여야 한다고 보고했다.²⁹⁾ 유럽 연합의 인구는 2003년 4억 8,200만 명에서 2050년에는 4억 5,400만 명으로 줄어들 것으로 예측된다. 6퍼센트가 감소하는 것이다.³⁰⁾

또한 이민은 이민자들을 받아들이는 나라의 사회와 경제에 긍정적인 효과를 가져올 수 있다는 것을 기억해야 한다. 산업화된 세계에 합법적으로 들어오는 이민자들은 교육받은 사람들이다. OECD 국가에 오는 이민자들의 88퍼센트는 중등 교육을 받았으며, 그중 3분의 2는 중등 과정 이후의 교육까지 받았다.³¹⁾ 영국 경제 여러 분야에서 그런 사람들이 상당히 필요하다. 대런던(Greater London) 당국에 따르면, 영국 국민 건강 보험에서 일하는 의사의 23퍼센트와 간호사의 47퍼센트는 영국 밖에서 태어났다.³²⁾ 그런 사람들은 이민자들을 차별하는 사람들이 우려하듯 영국 본토박이들의 일자리를 꿰차고 있는 것이 아니다. 그들은 사실상 노동 시장의 틈새를 메우고 필요를 채워 준다. 최근 내무성이 연구한 바에 따르면, 이민자들은 1999년과 2000년에 약 25억 파운드를 소득세로 냈다.³³⁾

영국에서 이민과 망명에 대한 법령과 정책은 인종 관계에 대한 사회적 태도를 반영한 경우가 많았다. 영국은 혼혈국임에도 너무나 많은 사람이 외국인 혐오증을 갖고 있다. 영국에서 약 절반에 이르는 사람들은 소수 인종 집단 이민자들이 자신들의 삶의 질을 떨어뜨렸다고 생각한다.³⁴⁾ 인종 관계에 대한 부정적 태도로 인해 이민과 망명 정책이 점점 더 제한적으로 바뀌었다.

1948년에 영국 국적법은 영국 시민을 영국이나 영국 식민지에서 태어난 모든 사람으로 규정하고, 시민들에게는 입국과 정착의 자유를 주었다. 하지만 그 이후 법은 점차 더 제한적이 되었고 인종적 동기를 띠기 시작했다.³⁵⁾ 1968년에는 동아프리카에서 온 아시아 난민들의 입국을 통제했다.³⁶⁾ 1971년에는 적어도 조부모 중 한 명이 영국에서 태어난 사람들만 입국권을 갖도록 제한했다.

1981년에 일어난 포괄적인 개혁은 시민의 범주를 세 가지로 나누었다. '영국 시민권'은 부모가 영국인이거나 '정착한'(제한 없이 체류하는) 사람들만 받았다. 다른 두 범주는 '영국에 종속된 영토의 시민'과 '영국 해외 시민'으로, 그들은 거주권은 갖지 못할 것이다. 교회들이 로비를 했음에도 이 법은 영국 사회의 참된 다인종적 특성을 표현하지 못했다.[37] 1988년과 1990년에는 통제가 강화되었고 1991년 망명 법안은 망명 신청자들의 입국을 제한했다. 1999년 이민과 망명법이 나온 직후 2002년 이민과 망명법이 제정되었고, 그 다음에는 2003년 망명과 이민법이 나왔다. 2004년이 되자 일반 이민보다는 망명 신청자에게 초점이 집중되었다.

1997년 무렵, 나라의 분위기가 매우 부정적이 되고 대중매체에서 대단히 끈질기게 문제를 보도한 결과, 망명 신청자와 관련된 문제들이 정부에 매우 중요한 우선순위가 되었다. 2003년에는 정부에서 강경한 조치를 도입한 결과 망명 신청자가 급격히 하락했다. 그 조치 가운데는 프랑스와의 국경을 더 엄격하게 단속하는 것과 망명 신청자들에게 영국 사회보장 제도의 혜택을 주지 않는 것이 포함되어 있었다. 사회보장은 전국 망명자 지원 서비스(National Asylum Support Service)라는 전문적 서비스로 대체했다. "안전한 나라" 목록을 작성해 그런 나라에서 온 망명 신청자는 받아들이지 않고, 지원 정책보다 통제와 본국 송환 정책을 강화했다. 그 결과, 망명 신청자 수는 상당히 줄어들었다. 2003년 한 해 동안, 강경한 사회보장 급부 규칙을 시행하기 전에 지원자가 급증한 다음에는, 지원자 수가 41퍼센트 감소했다. 이는 다른 유럽 연합 국가들의 전체 평균보다 네 배 많은 것이다.[38]

이 긴 과정 동안 교회 지도자들은 서너 번에 걸쳐 이민과 망명을 점점 더 제한하는 정책들이 미치는 영향에 대해 불만을 제기했다. 예를 들면, 그들은 너무나 많은 망명 신청자가 재정 지원을 거의 혹은 전혀 받지 못한 채 거리에서 살고 있다고 항변했다. 설령 거주지가 있다 해도 그중 5분의 1은 사람이 살 만한 곳이 아니다.[39] 어떤 경우에는 그로 인해 가정이 파괴되었다. 또 어떤 사람들은 추방당하기도 했다. 그들이 자기 나라로 돌아가면 핍박당한다는 증거가 뻔히 있는데도 말이다. 어떤 사람들은 심지어 인종차별주의자에게 살해당하기도 했다. 2003년에 인종적 정의를 위한 교회 위원회(Churches' Commission for Racial Justice)는 「망명자의 소리」(Asylum Voices)라는 책을 발간했다. 영국 전역의 망명 신청자들을 인터뷰한 내용을 담은 책이다. 어떤 망명 신청자는 이 나라에서 환영받고 존엄성과 인권을 부여받지만, 다른 많은 사람은 인권을 짓밟히고 '위조 인간', '구걸자', 심지어 잠재적 테러리스트라는 고정관념과 적대감에 부딪힌다. 특히 2001년 9월 11일 뉴욕에서 일어난 사건 이후에는 더욱 그랬다. 정의에 대한 열정이 있는 교회가 불의를 간과하는 문화나 제도에 저항하는 것이 중요하다. 특히 사회에서 약한 구성원이 희생자가 될 때는 더욱 그렇다. 그런 불의는 각 사람이 하나님의 형상으로 지음받았으며 존엄성을 존중받을 가치가 있다고 천명하는 창조 이야기의 뿌리 자체를 부인하는 것이다.

인종 관계

지난 40년간, 이 분야와 관련된 법률 제정을 살펴보면 두 가지 동향을 볼 수 있다. 이민과 망명 정책은 소수 인종 집단에 대한 부정적 태도를 반영한 듯 보이는 반면, 인종 관계 정책은 다인종 사회를 장려하는 듯 보인다. 그렇다고 놀랄 일은 아니다. 긍정적이고 부정적인 두 태도 모두 영국 사회 전역에 공존하기 때문이다.

영국 사회 내의 부정적인 입장은 1967년 국민 전선당(National Front: 특히 인종 문제에 관해 과격한 견해를 지닌 영국의 소수당-역주) 형성에 중심을 두고 있다. 그 당은 극단적인 우익 집단 연합으로 형성되었으며, 노골적으로 파시즘적인 기원과 가치관을 내세웠다. 이민자들과 소수 인종 집단 사람들에게 적대적인 이들이 그 당을 후원했다. 그들이 나치와 마찬가지로 인종적 순수성과 우월성을 중요시하며, 그 지도자들 중 일부가 아돌프 히틀러를 흠모하고 나치 활동에 관여했다는 것은 놀랄 일이 아니다.

1982년 국민 전선당은 영국 국민당(British National Party)에 졌다. 영국 국민당은 더 규모가 크고 겉보기에는 더 온건한 듯했다. 부분적으로는 선거 제도를 통해 활동하고, 1997년 선거 때는 50명이 입후보했기 때문이다. 2005년에 영국 국민당은 119석을 놓고 경합을 벌였고, 총 19만 2,850표를 차지했다.

2001년에 4만 7,129표를 차지한 것과 비교되는 결과였다. 전반적인 득표율은 0.55퍼센트 올라갔다.

하지만 좀더 면밀히 살펴보면, 오늘날 영국에 여전히 존재하는 외국인 혐오증에 거만하게 의지하는 인종차별적 수사법이 여전히 드러난다. 그 정당의 지도자 닉 그리핀(Nick Griffin)은 어느 정도 존경할 만하고 합리적인 지도자처럼 보인다. 하지만 그는 나치의 유태인 대학살을 "20세기의 거짓말"이라고 하고, "아우슈비츠에 있는 가스실은 가공된 것"이라고 말하며, 투표함보다 거리의 사람들을 장악하는 것을 더 좋아한다. 1990년대에 런던 이스트엔드의 밀월(Millwall)에서 잠시 성공을 거둔 후, 그는 이렇게 말했다. "밀월의 유권자들은 포스트모던적 우익 정당을 지지한 것이 아니라, 제대로 주먹을 휘둘러 '백인을 위한 권리를 옹호하라'는 표어를 지원할 능력을 갖춘 강하고 훈련된 조직을 지지한 것이다. 중대 상황이 닥칠 때, 권력은 합리적 토론의 산물이 아니라 힘과 의지의 산물이다."[40]

영국에서 이따금 인종 간 폭력이 일어나는 것은 별로 놀라운 일이 아니다. 이미 1976년과 1979년에 사우스홀(런던 서부)에서 국민 전선당이 부채질한 충돌이 있었다. 1980년부터 1983년 사이에 브리스틀, 브릭스턴(런던 남부), 톡스텍(리버풀), 맨체스터, 노팅엄, 리즈 및 다른 도시들에서 심각한 가두 폭동이 일어났다. 1985년에 핸드워스(버밍햄)에서 폭동이 일어나, 상인 두 명이 화재로 죽었으며, 뒤이어 런던 브로드워터 농장에서 일어난 사건에서는 경찰이 살해되었다. 2001년에는 올드햄, 번리, 브래드포드 등 영국 국민당이 깊은 영향을 미치는 지역에서 폭동이 일어났다. 폭력 행위의 근원과 이유는 각각 달랐지만, 모두 소수 인종 집단에 대한 적대감, 그들이 살고 일하는 좋지 못한 환경, 그 지역의 치안 상태가 불쏘시개 역할을 했다. 1981년에 내무 장관에게 1980년대 초에 일어난 폭동의 원인을 조사하도록 임명받은 스카먼(Scarman) 경은 "그 소요 사건들에는 인종 요소가 강했다"[41]고 결론을 내렸다.

하지만 인종적 다양성을 인정하고자 하는 사람들, 이민자들을 좋게 보는 사람들, 핍박을 피해 도피하는 망명 신청자들을 환영하는 사람들이 많이 있었으며 오늘날에도 여전히 많다. 한 가지 긍정적인 추이는 1976년에 마련된 인종 관계법(Race Relational Act)으로 인해 인종 평등 위원회(Commission for Racial Equality)가 생겨난 것이다. 이는 법을 시행하고 감시하는 일을 강화한 것으로, 고용과 교육 등의 분야에서 인종에 기초한 차별을 불법화했으며, "인종적 증오를 자극하는 것"을 형사 범죄로 취급했고, 지역 당국에 차별을 없애고 평등한 기회를 증진할 책임을 주었다. 그럼에도 가장 고치기 어려운 인종차별은 제도적 인종차별이었을 것이다. 스카먼 경은 보고서에서 영국에는 그런 차별이 존재하지 않는다고 주장했지만, 그것은 조직 구조와 문화 전체에 끈질기게 남아서 문제가 되고 있다. 이제 그에 대해 살펴보자.

제도적 인종차별

1990년대 영국에서 인종 관계 문제를 지배한 쟁점 중 하나는 1993년 4월 22일, 당시 18세였던 스티븐 로렌스 살해 사건이었다. 그는 버스를 기다리고 있었는데, 백인 청년 다섯 명이 아무 이유 없이 인종차별적 공격을 가해 죽였다. 그러나 아무도 유죄 선언을 받지 않았으며 경찰이 그 비극을 제대로 처리하지 못하여 그의 부모는 정의를 요구하는 운동을 벌이게 되었다.[42] 1997년 7월에 내무 장관은 그의 죽음에서 야기된 문제들을 수사하기 위해 공개 조사를 시작했다. 그 보고서에 실린 70가지 권고 사항 중 66가지는 경찰 업무에서 "개방성, 책임, 신뢰 회복"과 "소수 인종 공동체 치안 유지에 신뢰와 확신을 증대할 것"을 지적했다. 그 조사를 통해 경찰이 제도적 인종차별의 죄를 저질렀음이 드러났다.

제도적 인종차별의 본질을 보여 주는 한 가지 예는 경찰 및 형사 재판 제도다. 스티븐 로렌스에 대한 조사는 스카먼 보고서에서도 야기되었던 문제를 부각시켰다. 즉, 일부 소수 인종 집단이 경찰에 대해 갖고 있는 적대감이다. 스카먼 보고서는 널리 박수갈채를 받았지만 거기서 다룬 의제는 대체로 무시되었다. 그래서 로렌스 조사단은 소수 인종 집단과 경찰의 관계를 조사하고 행동을 취하고 의무를 다할 필요성을 강조했다.

핵심 문제 중 하나는 경찰의 '불심검문권' 사용과 남용이었다. 2004년에 스티븐 로렌스 조사 후의 진전에 대한 내무성 자체 보고서는 이 분야의 동향에 대한 관심을 표명했다. 흑인 불심검문은 아시아인 불심검문보다 2배 많았으며, 1999년부터 2002년까지 소수 인종이 불심검문을 당하는 비율은 해마다 늘어났다. 좀더 구체적으로 말하면, 그 보고서는 "2001/2002년 수치는 흑인이 불심검문을 당할 가능성이 백인보다 8배 높다는 것을 보여 준다"고 밝혔다. 이것은 1999/2000년의 5배와 2000/2001년의 7배보다 늘어난 것이다.

2000년에 테러법이 생긴 이후, 상황은 훨씬 더 많이 변했으며 알카에다 활동가들이 있을 수도 있다는 가능성에 더욱 민감해졌다. 가장 주목할 만한 통계 수치는 테러법 시행 후 아시아계 사람들이 경찰에게 불심검문을 당한 수치가 3배 증가했다는 것이다. 2003년에 총 불심검문 건수는 전년보다 22퍼센트 늘었으며, 이제껏 가장 높았다. 하지만 그들이 체포되는 비율은 두 번째 해에도 여전히 13퍼센트였고, 유죄 판결을 받는 비율은 더욱 적었다. 물론 그것은 경찰이 서구에서 일어나는 테러 행위라는 대단히 명백한 위협에 대처해야 하고, 제도적 인종차별이라는 비난으로 인해 위축되어서는 안 되기 때문이었다. 하지만 심지어 내무성에서도 소수 인종 집단에 그 정도로 심하게 불심검문을 하는 것은 받아들일 수 없다고 말했다. 한 논평가는 이렇게 말했다. "흑인이 일단 체포되어 기소를 당하면, 자신의 결백을 보여 주기가 점점 더 어려워진다. 많은 사람이, 경찰이 그들의 유죄를 입증하기보다 그들이 자신들의 무죄를 입증해야 하는 것처럼 느꼈다고 말한다."[43]

이 문제는 영국에만 국한된 것이 아니다. 2000년 11월에 미국 경찰은 마약을 소지하고 있을지도 모르는 사람들을 추적하면서 인종적 자료를 수집하여 참고했다. 그들은 뉴욕 시로 들어가는 주요 도로에서 자동차들을 세웠다. 그렇게 세운 자동차 운전자의 80퍼센트가 흑인이었다. 경찰은 흑인과 마약은 한 통속이라고 단순하게 추정했다. 하지만 그렇게 정지당한 흑인 중 70퍼센트는 마약을 소지하지 않았다. 뉴저지 법무 장관은 사회 정책 관점에서 볼 때 그것은 재앙이라고 말했으며 정책은 폐기되었다.[44]

사법 제도를 보면 제도적 인종차별에는 또 다른 극히 충격적인 측면들이 있다. 영국 경찰관 중 소수 인종 집단 출신은 거의 없다. 1999년에 당시 내무 장관인 잭 스트로(Jack Straw)는 2009년까지 소수 인종 집단에서 경찰 6,000명을 더 뽑는 것을 목표로 삼았다. 하지만 2002년에도 13만 명에 달하는 경찰 중 소수 인종 집단 출신은 겨우 3,300명이었다. 이는 경찰 인원의 2.6퍼센트에 해당하는 것으로, 원래 목표치와 한참 동떨어진 것이었다.[45] 또한 판사나 행정관 중에서도 흑인은 너무 적다. 2002년 7월에 발간된 "모든 사람을 위한 정의"(Justice for All) 백서는 소수 인종 집단에 속한 사람들이 중대한 개선을 경험했다는 증거가 거의 없음을 인정했다. 또 다른 제도적 차별 문제들로는 경찰 구금 중 사유가 밝혀지지 않은 사망, 사법 실책이나 소송 처리에 나타나는 편파성 등이 있다.

하지만 고무적인 일들도 있다. 인종적 불의에 대한 인식이 훨씬 높아졌으며, 인종적 폭력에 대한 보고가 100퍼센트 증가했다. 이는 소수 인종 집단 사람들이 더 자발적으로 나선다는 것을 보여 준다. 경찰은 이전보다 더 자발적으로 기소하며, 불심검문에 대한 시험 설계를 보면 체포 비율은 높이되 검문은 줄일 수 있음을 알 수 있다. 제도적 인종차별을 보여 주는 두 번째 예는 고용 관행이다.

1997년에 토니 블레어 수상은 영국 정부의 상위 네 직급에는 아시아인과 흑인이 단 2명 있으며, 3,000명에 달하는 고위 정책 수립자 중에는 아시아인과 흑인이 겨우 58명 있다고 지적했다. 이는 제도적 인종차별이 형사 사법 제도에만 국한된 것이 아니며, 민간 부문뿐 아니라 보건, 주택, 사회보장을 포함한 사회 전역에 퍼진 문제라는 사실을 드러냈다. 실업 역시 인종차별이 개인적일 뿐 아니라 제도적인 것임을 보여 준다. 소수 인종 공동체에서 실업률이 훨씬 더 높기 때문이다.

인력 시장의 인종차별 수준이 "참을 수 없는"[46] 정도라고 말한 전 TUC 사무총장 존 몽크스의 말은 과장이 아니었다. 인종적 정의를 위한 교회 위원회는 소위 "고용상 인종 평등에 대한 우드 셰퍼드 원칙(Wood-Sheppard Principle on Race Equality in Employment)"⁴⁷⁾을 채택히는 회사들을 장려한다. 영국 성공회 최초의 흑인 주교인 크로이돈의 윌프레드 우드(Wilfred Wood of Croydon)와 전 리버풀 주교 데이비드 셰퍼드(David Sheppard)의 이름을 딴 이 원칙은 현재의 불평등을 시정하기 위해 '적극적인 행동'을 취할 것을 요구한다.

스티븐 로렌스 조사 이후, 영국 성공회는 성공회의 관행을 조사하기 시작했다. 그리스도께서 의도하신 교회가 되기 위해서는 교회의 제도적 인종차별을 회개해야 한다고 강조하는 보고서, 책, 교구 자료가 나왔다.⁴⁸⁾ 9월 두 번째 주일을 인종 정의 주일로 정하고, 에큐메니컬 인종 정의 기금을 제정했다.

요약하면, 인종차별은 개인적일 수도 제도적일 수도 있다. 그것은 두 가지 기원이 있는데, 하나는 사이비 과학적 신화이고, 다른 하나는 순전한 편견이다. 히틀러의 반유태주의, 남아프리카공화국의 인종차별 정책, 영국 국민 전선당의 기초가 된 그 신화를 1967년 유네스코는 "불변하며 타고난 심리학적·문화적 특징이라는 견지에서 집단을 계급적으로 배열하는 것이 과학적 근거가 있다는 것은 잘못된 주장"이라고 규정했다. 대중적 편견은 어떤 특정한 이론에 기초한 것이 아니라 다른 인종 집단에 대한 적개심이나 두려움이나 교만에서 나오는 심리적 반응이다.

인종차별은 인간의 독특한 존엄성에 대한 모욕이라는 강력한 확신이 필요하다. 「말콤 엑스 자서전」(Autobiography of Malcolm X)을 읽어 보면 인종차별이 사람들에게 미치는 폐해를 이해할 수 있을 것이다. 그가 극렬히 분노한 이유는 노예제도라는 '세상에서 가장 극악한 범죄'와 흑인 미국인들이 백인 미국인들에게 경제적으로 종속된 것 때문이기도 하지만, 무엇보다도 백인의 '악의적 우월감'이 유발하는 굴욕감 때문이었다.⁴⁹⁾ 그는 문제는 '민권'이 아니라 '인권'이라고 썼다. "인권! 인간으로서 존중받는 것! 그것이 바로 미국 흑인 대중이 원하는 것이다. 그것이 진짜 문제다. 흑인 대중은 전염병이라도 걸린 것처럼 주눅 들기를 원치 않는다. 그들은 짐승처럼 빈민굴 같은 곳에 갇혀 살기를 원치 않는다. 그들은 인간답게 머리를 꼿꼿이 들고 걸을 수 있는 개방적이고 자유로운 사회에서 살고 싶어 한다."⁵⁰⁾

인종적 다양성에 대한 성경적 토대

현대 세계의 인종적 신화와 편견과 긴장에서 다민족 공존 사회에 대한 성경의 관점으로 눈을 돌려 보자. 그것은 바울이 아테네 철학자들에게 한 유명한 설교에서 철저히 개진되었다(행 17:22-31). 고대 아테네는 인종적·문화적·종교적 다원주의의 중심지였다. 주전 5세기부터 아테네는 으뜸 가는 그리스 도시 국가였으며, 로마 제국에 통합되었을 때 세계에서 손꼽히는 국제 도시 중 하나가 되었다. 종교와 관련해 아테네 사람들이 "범사에 종교성이 많다"고 한 바울의 말은 이해하기 쉽다. 한 로마 풍자가에 따르면 "사람보다 신을 찾기가 더 쉬웠기" 때문이다. 그 도시는 무수한 신전, 성전, 제단, 형상, 조각상이 가득했다.

그렇다면 다인종적·다문화적·다종교적 상황에 대해 바울은 어떤 태도를 취했는가? 그는 네 가지를 선언했다.

하나님은 창조의 하나님이다

첫째로, 그는 인류의 하나됨 혹은 창조의 하나님을 선포했다. 하나님은 세상과 그 안에 있는 모든 것의 창조주이자 주님이시다. 그분은 만민에게 생명과 호흡과 만물을 주신다. 그분은 한 사람에게서 모든 족속을 만드시고 온 땅에 거하게 하셨다. 그분은 우리 각 사람에게서 멀리 계시지 않지만 우리가 찾게 하셨다. "우리가 그를 힘입어 살며 기동하며 존재하고" "우리가 그의 소생"이기 때문이다. 살아 계신 하나님을 모든 인류의 창조주, 유지자, 아버지로 묘사하는 이러한 설명에서 사도는 우상숭배의 어리석음과 악함을 추론해 낸다. 하지만 인종차별의 어리석음과 악함도 똑같이 추론해 낼 수 있었을 것이다. 그분이 모든 인간의 하나님이시라면, 이 사실은 하나님에 대해서뿐 아니라 인간에 대한 우리의 태도에도 영향을 미치기 때문이다.

친밀한 개인적 관계에서 보면 하나님은 순전한 은혜로 입양하신 모든 사람의 아버지시며 우리 형제자매들은 그 가족 구성원이지만, 일반적인 견지에서 보면 하나님은 모든 인류의 아버지시다. 모든 사람은 창조에 의해 그분의 "소생"이며, 모든 인간은 형제자매이기 때문이다. 우리는 똑같이 하나님이 그분을 닮도록 창조하신 존재이므로, 그분이 보시기에 평등한 가치와 존엄성이 있으며, 그렇기 때문에 정의와 존중에 대한 평등한 권리가 있다. 또한 바울은 우리 인간의 기원을 찾아 아담(하나님은 그에게서 우리 모든 사람을 만드셨다) '한 사람'으로 거슬러 올라간다. 일부 과학자들은 해부학, 고생물학, 혈청학, 유전학 등에서 나온 증거에 기초해 인류가 동일한 조상에게서 나왔다고 믿는다. 하지만 이에 대한 과학적 증거가 아무리 강력하다 해도, 성경은 인류가 하나님이 창조하신 단일체라고 천명한다.

하나님은 역사의 하나님이다

둘째로, 바울은 민족의 중요성과 문화의 다양성 혹은 역사의 하나님을 선포했다. 살아 계신 하나님은 인류의 모든 족속을 한 혈통으로 만드시고 그들이 온 땅에 거하게 하셨을 뿐 아니라 "그들의 연대를 정하시며 거주의 경계를 한정하셨다"(행 17:26; 참고. 신 32:8). 그러므로 국가들의 존립 시간과 장소는 하나님의 손에 달려 있다. 외국 영토를 정복하고 합병하는 것을 정당화하는 데 이 사실을 이용해서는 안 된다. 물론 그러한 역사적 전개마저도 하나님의 주권적인 통제를 넘어서지 못한다. 바울은 번성하여 땅에 충만하라는 태곳적 명령을 넌지시 암시한다. 하나님의 축복 아래 번성하여 흩어지면 불가피하게 독특한 문화가 발전하기 때문이다. 이는 바벨에서 하나님께 심판받은 후에 언어가 혼잡해지고 흩어진 것과는 완전히 별개다.

문화는 자연을 보완한다. '자연적인' 것은 하나님이 주신 것이며 대를 물리는 것이다. '문화적인' 것은 사람이 만든 것이며 습득하는 것이다. 문화는 각 사회가 발전시킨 믿음, 가치관, 관습, 제도의 혼합물로 다음 세대에 전해진다. 인간의 문화는 두 가지로 해석할 수 있는데, 인간이 두 가지로 해석할 수 있는 존재이기 때문이다. "인간은 하나님의 피조물이기 때문에, 문화의 일부는 아름다움과 선이 풍성하다. 인간은 타락했기 때문에, 문화는 모두 죄로 물들어 있으며 그중 어떤 것은 마귀적이다."[51]

성경은 인간 문화의 다채로운 모자이크를 경축한다. 심지어 새 예루살렘이 그것으로 풍성해질 것이라고 선언한다. "땅의 왕들이 자기 영광을 가지고 그리로 들어갈" 것이며 "사람들이 만국의 영광과 존귀를 가지고 그리로 들어갈" 것이기 때문이다(계 21:24, 26). 그것들이 종국에 인간의 삶과 공동체를 풍성하게 한다면, 지금부터 그렇게 할 수 있다. 바울은 세 문화의 산물이었다. 혈통과 교육으로는 "히브리인 중의 히브리인"이었고, 로마 시민권이 있었으며, 그리스 언어와 개념에 정통했다. 우리 역시 다른 언어를 배우고 다른 문화를 경험함으로써 인간의 삶을 고양시킬 수 있다. 그러므로 우리는 다인종 사회는 단일 문화 사회가 아니라는 것을 알고 보장해야 한다. 우리는 인간 종족의 단일성과 민족 문화의 다양성을 동시에 주장해야 한다.

하나님은 계시의 하나님이다

셋째로, 바울은 예수 그리스도의 최종성 혹은 계시의 하나님을 선포했다. 그는 다가오는 전 세계적 심판 때문에 전 세계적 회개를 촉구하시는 하나님의 부르심을 전하며 설교를 맺는다. 하나님은 심판의 날짜를 확정하셨고 재판관도 임명하셨다(30-31절). 바울은 아테네의 종교적 다원주의를 묵인하거나 살아 있는 종교 박물관이라고 환호하기를 거부했다. 오히려 그 도시의 우상숭배에 화가 났다(16절). 아마도 살아 계시고 참되신 하나님의 영예를 생각하며 질투했을 것이다. 그래서 그는 아테네 사람들에게 우상을 버리고 하나님께 돌아오라고 청한다.

그렇다면 문화의 다양성을 존중하며 받아들이는 것이 종교의 다양성을 평등하게 받아들이는 것은 아님을 알게 된다. 특정 문화의 풍성함은 높이 평가해야 하지만, 그 핵심에 존재할 수 있는 우상숭배는 그렇지 않다. 우리는 하나님이 예수 그리스도를 통해 충분히 또한 최종적으로 말씀하셨다는 것과, 그분이 죽으셨고 다시 사셨으며 언젠가 세상의 심판자로 다시 오실 것을 믿기 때문에, 그분에 필적하려는 어떤 존재도 용인할 수 없기 때문이다. 그럼에도 우리는 절대 누구든 종교가 무엇이든, 9·11 사건 이후 서구에서 수많은 무슬림이 당한 것처럼 사람을 차별해서는 안 된다. 우리는 모든 사람을 위한 정의를 위해 싸워야 한다. 심지어 그리스도의 유일성을 선포하면서도 그렇게 해야 한다.

하나님은 구속의 하나님이다

넷째로, 바울은 기독 교회의 영광 혹은 구속의 하나님을 선포했다. 예수님이 죽으셨다가 다시 살아나셔서 새롭고 화목된 공동체인 교회를 만드셨다는 이 설교는 누가의 기록보다 바울의 서신서에 더 분명하게 나타난다. 그러므로 역사의 흐름은 반전되고 있다. 구약은 인간이 흩어진 이야기, 민족들이 해외로 퍼져 나가고 분열되고 싸우는 이야기다. 그러나 신약은 하나님이 민족들을 하나의 국제 사회로 모으시는 이야기다. 그것은 34절에 암시되어 있으며, 디오누시오라는 사람을 포함한 남자 몇 명, 다마리라는 여자, 그리고 다른 많은 사람이 있었다고 적혀 있다. 여기에 새로운 공동체의 핵심 인물들이 있다. 여기서 모든 연령, 모든 인종적·문화적·사회적 기원을 가진 남자들과 여자들이 그리스도 안에서 자신들이 하나임을 발견했다.

하나님이 모든 민족을 만드셨고 그들의 때와 장소를 정하셨으므로, 각자 우리의 국적을 의식하고 그에 대해 감사하는 것은 분명 옳은 일이다. 하지만 하나님은 또 우리를 그분의 새로운 사회로 이끄셨고 새로운 국제주의로 부르신다. 모든 그리스도인은 이러한 긴장을 알며, 애국적인 유대인인 동시에 이방인들의 사도였던 바울은 누구보다 더 예리하게 이것을 알았다. 기독교적 '국제주의'는 우리가 그리스도와 그분의 교회에 속하므로 우리의 국적이 말소된다는 것을 의미하지 않는다. 우리의 남성성이나 여성성이 말소되지 않는 것과 마찬가지다. 그것은 우리의 인종적·민족적·사회적·성적 구분이 여전히 남아 있지만 더 이상 우리를 분열시키지 않음을 의미한다. 하나님의 가족이라는 하나됨 안에서 그러한 것들은 초월되었다(갈 3:28). 레이먼드 존스턴이 "국민 신분을 제대로 이해하면 공동체가 가져다주는 뿌리, 안전, 정체성—그것에 기초해서 각 개인은 자신이 '속해 있다'는 사실을 안다—에 대한 필요에 주의를 집중하게 된다"[52]고 말한 것은 옳았다. 하지만 그리스도 안에서 우리는 더 깊은 뿌리, 더욱 강한 안전과 정체성을 발견했다는 사실을 덧붙일 필요가 있다. 그리스도를 통해 하나님은 우리를 새롭고 더 넓은 하나됨으로 부르셨기 때문이다.

그러므로 교회는 다인종적·다민족적·다문화적 특성을 보여야 한다. 최근 들어 지역교회가 문화적으로 동질적일 수 있는지 혹은 동질적이어야 하는지에 대해 상당한 논란이 일었다. 이 문제에 대한 협의 결과, 어떠한 교회도 결코 그와 같은 상황에 묵종해서는 안 된다는 결론이 났다. "우리 모두는 여러 상황에서 동질적 단위의 교회가 적절하고 진정한 교회가 될 수 있다는 데 동의한다. 하지만 그 자체로는 결코 완전하지 않다는 데도 동의한다. 계속 고립된 채 있다면 그것은 그리스도의 몸이 지니는 보편성과 다양성을 반영할 수 없다. 또한 성숙하게 자랄 수도 없다. 그러므로 모든 동질적 단위 교회는 그리스도의 교회의 연합과 다양성을 가시적으로 보여 주기 위해 적극적으로 교제권을 넓혀야 한다."[53] 그 성명서는 이어서 이것을 이루는 방법을 제시한다.

대니얼 헤이스(J. Daniel Hays)는 「모든 민족과 나라로부터: 성경적 인종 신학」(*From Every People and Nation: A Biblical Theology of Race*)[54]이라는 인종과 신학에 대한 훌륭한 책에서, 교회 내에서 활동에 대해서만 이야기할 것이 아니라 그 이상의 것을 다루어야 한다고 주장했다. 그는 성경 이야기가 "광범위한 인종 출신의 개인과 집단들을 끊임없이 등장시킨다"[55]고 했다. 특히 그는 "미국 내 흑백 인종 문제라는 맥락에서 볼 때, 구스/에티오피아 출신 흑인 아프리카인들이 성경 도처에서 중요한 역할을 한다는 것을 주목하는 것이 중요하다"[56]고 말했다. 성경은 '백인 앵글로색슨계 미국인'들로 채워져 있지 않다! 그는 강경한 결론에서 "미국에서 인종별로 분리된 교회들이 그대로 존속되는 것은, 그 나라의 그리스도인 대다수가 그리스도와 그분의 복음에 동일화되기보다 그들의 인종적 배경에 동일화된다는 사실을 가리킬 뿐"[57]이라고 말했다. 이것은 어느 나라에 살든 모든 그리스도인이 반드시 주의를 기울여야 하는 도전이다.

하지만 세계 전역에는 화해와 치유에 대한 이야기가 많이 있다. 마이클 더

피(Michael Duffey)는 북아일랜드, 남아프리카, 폴란드, 독일, 필리핀, 발칸 반도, 중동, 미국 등에서 인종에 근거한 분열을 넘어서 서로 화해할 수 있다는 것을 보여 주는 몇 가지 사례를 연대순으로 기록했다.[58]

인종차별과 싸우는 일은 자녀 양육 방식부터 시작해야 한다. 아주 어릴 때부터 아이들에게 다인종 사회를 인식하도록 가르쳐야 한다. 요즘 학교에는 서로 다른 인종 집단이 서로 존중하는 것이 얼마나 중요한지 강조하는 프로그램과 교과 과정이 있다. 하지만 그 내용을 가정, 교회, 공동체에서 다시 강조해야 한다. 인종적 고정관념과 폭력이 문화로 자리잡도록 허용하기가 너무 쉽다. 교회는 인종차별은 죄라고 선언하고 그 문제에 관심이 많은 사람만 가끔 이야기하는 주제가 되지 않도록 앞장서야 한다. 참된 교회는 모든 배경을 가진 사람들을 포함하며, 그들을 환대하며, 환영하는 공동체를 제공한다. 그러지 않는다면, 교회가 복음을 예증하고 있는지 생각해 보아야 한다.

오직 하나의 참된 신학, 하나님에 대한 성경적 계시만이 우리를 인종적 교만과 편견에서 구할 수 있다. 그분이 창조의 하나님이기 때문에, 우리는 인류의 하나됨을 천명한다. 그분이 역사의 하나님이기 때문에, 우리는 민족 문화의 다양성을 천명한다. 그분이 계시의 하나님이기 때문에, 우리는 예수 그리스도의 최종성을 천명한다. 그분이 구속의 하나님이기 때문에, 우리는 교회의 영광을 천명한다. 인종적 통합을 위해 어떤 정책들을 개발하든 반드시 이러한 교리를 반영하도록 노력해야 한다. 인류의 하나됨 때문에, 우리는 소수 인종들도 평등한 권리와 평등한 존중을 받아야 한다고 주장한다. 인종의 다양성 때문에, 우리는 문화적 제국주의를 버리고 그리스도의 주권과 양립할 수 있는 문화의 모든 풍성함을 보존하고자 애쓴다. 그리스도의 최종성 때문에, 우리는 종교의 자유에는 복음을 전파할 권리도 포함된다고 천명한다. 교회의 영광 때문에, 우리는 우리 자신에게 조금이라도 남아 있는 인종차별을 제거하고 교회를 다인종의 꿈이 실현되는 인종 간 조화의 모델로 만들고자 애쓴다.

11
경제적 불균형

서구인들이 물질주의적이고 피상적이며 이기적이라고 자주 묘사되는 것은 놀라운 일이 아니다. 소유하고 소비하려는 욕구와, 가치를 재물로 측정할 수 있다고 믿는 경향은 갈 길 잃은 사회의 특징이다. 다수 세계를 여행하면서 남미나 인도나 아프리카의 빈민들을 만나 보면, 그런 태도가 근본적으로 잘못되었으며 변명할 수 없는 것임을 깨닫게 된다.

북미와 유럽은 부유한 지역으로 알려져 있지만, 빈곤은 아무리 해도 떨어져 나가지 않았다. 2003년 미국에는 3,590만 명, 혹은 인구의 12.5퍼센트가 빈곤선(생계 유지에 필요한 최저 소득 기준—편집자 주) 이하의 생활을 했다.[1] 정부 통계에 따르면, 영국에서는 인구의 약 4분의 1이 빈곤선 이하 생활을 하고 있다.[2] 옥스팜(Oxfam: 영국에서 결성된 국제적 빈민 구호 단체—역주)에 따르면, 최근 영국에서는 약 650만 명이 돈이 없어 따뜻한 방수 코트 같은 필수 의류도 없이 지낸다. 1,050만 명이 넘는 사람들이 재정적으로 불안정한 상태에 살고 있다. 그들은 저축을 하거나, 주택 보험을 들거나, 적은 돈도 소비할 여유가 없다. 약 950만 명은 적절한 주거지조차 갖고 있지 못하다. 이러한 조사 결과에서 중대한 요소는 일반적으로 필수품이라고 생각하는 것에 대한 조사에 근거한 결과라는 점이다.[3]

1982년에 빈곤에 대한 교회 활동(Church Action on Poverty: CAP)이 시작되었

다. 그것은 영국 내 빈곤 문제와 씨름하는 에큐메니컬 자선 단체였다. 그 단체는 날마다 빈곤을 경험하는 사람들과 함께하는 것을 소명으로 여기며, 빈곤이 보이지 않는 전쟁, 자원 부족, 소외, 무능력, 사회 문제들에 대해 비난 등 다양한 문제의 혼합물이라고 본다.[4]

1985년에 「도시에 대한 믿음」(Faith in the City)이라는 캔터베리 대주교의 도시 빈민가 위원회(Commission on Urban Priority Area) 보고서가 출간되었다. 그 보고서의 결론은 이렇게 시작한다. "이 보고서는 장마다 같은 이야기를 한다. 점점 더 많은 사람이 빈곤이나 능력 부족으로 우리나라의 통상적인 삶을 공유하지 못한다는 것이다. 상당수 소수 집단, 즉 전국적으로는 네다섯 명에 한 명, 도시 빈민가에서는 훨씬 더 높은 비율의 사람들이 빈곤선이나 받아들일 만한 생활 수준 이하의 삶을 살아 간다."[5] 「도시에 대한 믿음」의 영향력은 매우 커서, 2003년에 그 보고서가 출간된 후 20년 동안 일어난 변화를 보고하기 위한 도시 생활과 믿음 위원회(Commission on Urban Life and Faith)가 설립되었다.[6]

사실 부요와 빈곤의 심각한 불균형은 나라들 간에만 있는 것이 아니라, 대다수 나라 내에서도 나타난다. 영국과 미국에서, 가장 부유한 10퍼센트가 전체 소득의 30퍼센트를 벌고, 가장 가난한 10퍼센트는 전체 소득의 2퍼센트밖에 벌지 못한다. 소득이 아니라 재산으로 측정해 보면, 상황은 훨씬 더 불평등하고 격차가 커져 가는 듯 보인다.[7] 남미 로마 가톨릭 주교들이 1979년 푸에블라에서 말한 내용과 같다. "우리 대륙 전역에서 사치스러운 부와 극도의 가난 간의 너무나 현저한 대조가 공직 사회의 부패로 인해 더욱 악화되고 있다. 이는 우리 나라들이 부라는 우상에 얼마만큼 심각하게 지배당하고 있는지를 보여 준다."[8]

빈곤에 대한 세 가지 접근

그리스도인은 빈곤이라는 가혹한 현실에 어떻게 반응해야 하는가?

빈곤에 대한 경험적 분석

첫째, 우리는 냉정한 통계에 근거해 공정하고 합리적으로 접근해야 한다. 6장에서는 국제 개발을 둘러싼 문제들을 살펴보았고, 빈곤과 관련된 문제들을 상세히 논의했다. 여기에서는 사회 정의에 대해 관심이 있는 사람이면 누구나 절박하게 생각하는 문제인 아동 빈곤에 초점을 맞추고자 한다. 해마다 400만에 이르는 신생아들이 생후 한 달 이내에 죽는다. 피할 수 있는 신생아 사망의 70퍼센트는 의료 보건 사업을 통해 막을 수 있다.[9]

출생 시에 그리고 생후 몇 개월간 외상을 이기고 살아남았더라도, 빈곤의 영향으로 여전히 고통받는 아동들이 있다. 유니세프가 후원한 한 권위 있는 보고서를 보면, 10억 명에 이르는 아동이 심각한 빈곤의 영향으로 고통당한다.[10]

- 아동 3명 중 1명은 방 하나에 5명 이상이 사는 곳에서 혹은 진흙 바닥에서 산다.
- 세계 아동의 거의 20퍼센트는 안전한 물을 구할 수 없거나 15분 이상 걸어야 물을 길을 수 있다.
- 개발도상국의 5세 이하 아동 중 15퍼센트 이상이 심각한 영양실조 상태다. 남아시아만 해도 아동 9,000만 명이 날마다 굶주린다.
- 7-18세 아동 중 1억 3,400만 명은 학교에 가 본 적이 없다.
- 여자아이들은 남자아이들보다 학교 교육을 받지 못할 가능성이 더 높다. 특히 중동과 북아프리카에서, 여자아이들은 남자아이들보다 학교에 한 번도 가 보지 못할 가능성이 3배 더 높다.

영국의 경우, 많은 아동이 빈곤하게 산다. 아동 빈곤을 줄이는 것이 영국 정부의 핵심 목표가 되었는데도 그 결과는 여전하다.

- 360만 명의 아동이 빈곤하게 산다—31퍼센트.[11]
- 200만 명의 영국 아동들은 필요한 것들 중 최소 두 가지는 없이 견딘다

(하루 세 끼 식사, 장난감, 적절한 의복 등).[12]
- 유니세프 보고서의 23개 선진국 성적 일람표에서 영국은 '상대적으로' 빈곤하게 사는 아동의 비율이 끝에서 넷째며, '절대적으로' 빈곤하게 사는 아동 비율은 끝에서 여섯째다. 영국에서는 아동의 30퍼센트가 '절대적으로' 빈곤하게 살지만, 스웨덴에서는 그런 아동이 5퍼센트 미만이다.[13]
- 영국은 유럽 연합에서 아동 빈곤율이 두 번째로 높다.[14]

그러므로 아동 빈곤은 영국 정부의 의제에서도 높은 우선순위를 차지한다. 1999년 연례 보고서는 「모든 사람을 위한 기회—빈곤과 사회적 배척과의 싸움」(Opportunity for All-Tackling Poverty and Social Exclusion)으로, 이 문제들을 다루는 정부의 전략과 진전을 기술했다.[15] 그 핵심 목표 중 하나는 아동 빈곤을 1998년부터 2004년까지 4분의 1로 줄이겠다는 것이었다. 영국에서 가장 큰 독립사회 정책 연구조직 중 하나인 조셉로운트리재단(Joseph Rowntree Foundation)은 정부가 이 목표를 달성한 것 같다고 보고했다.[16] 하지만 아동 빈곤을 반으로 줄이려면, 최극빈 가정의 경우 아동 1명 당 일주일에 10파운드가 추가로 든다.[17] 영국에서의 아동 빈곤이 다수 세계 지역들에서처럼 극명하지는 않을지 모른다. 하지만 그것은 교회와 정부가 모두 나서야 할, 상존하는 현실이다.

빈곤에 대한 정서적 반응

둘째, 우리는 빈곤이라는 현상을 감정적으로, 인간 궁핍의 광경과 소리와 냄새에 대해 피 끓는 분노를 느끼며 접근할 수 있다. 최근 내가 인도 콜카타 공항을 방문했을 때, 해는 이미 져 있었다. 무수한 불 위에서 소똥을 태우는지 고약한 연기가 도시 전체를 뒤덮었다. 공항 바깥에서는 메마른 여인이 마른 아이를 꼭 안고 팁을 달라며 손을 내밀고 있었다. 무릎 윗부분에서 두 다리가 절단된 한 남자가 손으로 자기 몸을 끌며 포장 도로를 지나가고 있었다. 나는 나중에 25만 명의 노숙자가 밤에 길에서 잠을 자며 낮에는 가까이 있는 울타리에 담요—대개 그들의 유일한 재산—를 걸어 놓는다는 것을 알았다. 가장 마음 아팠던 것은 남자들과 여자들이 개처럼 쓰레기 더미를 뒤지는 모습이었다. 극도의 가난은 품격을 떨어뜨린다. 그것은 인간을 짐승 수준으로 전락시킨다. 그리스도인은 바울이 아테네에서 우상을 보고 그랬듯이, 힌두교 도시의 우상숭배에 화가 나서 복음 전도를 할 마음이 생겨야 한다. 하지만 예수님이 굶주린 무리를 보고 그러셨듯이, 동정심을 가지고 그들을 먹여야 한다(이를테면 행 17:16 이하와 막 8:1-3을 비교해 보라).

하지만 제3세계의 절대적 빈곤뿐 아니라 쇠락하고 가난한 서구 도심 지역의 상대적(현실적이기는 하지만) 빈곤 역시 우리의 감정을 자극해야 한다. 부유한 사람들은 이것을 잘 보지 못한다. 이것이 바로 1997년까지 리버풀 주교였던 데이비드 셰퍼드가 1984년 리처드 딤블비(Richard Dimbleby) 방송 강좌에서 강조한 점이었다. 그는 '안락한 영국'이 '또 다른 영국'의 입장이 되어 보아야 한다고 촉구했다. 그는 청년 실업 및 장기 실업, 소홀히 여겨지는 주택 공급, 불충분한 학교 교육 기회, 소외감, 심지어 버려진 느낌에 대해 깊이 공감하며 말했다. 빈곤이 '영혼을 감금하고,' '병든 인간관계'를 양산하고, 하나님이 주신 달란트를 허비하게 하는 것에 분개했다.[18]

빈곤에 대한 성경적 반응

우리의 이성과 감정을 동시에 자극해야 하는 셋째 길은 빈곤의 문제에 성경적으로 접근하는 것이다. 하나님이 자신과 자신의 뜻을 계시하신 그 책에 다시 의지하여 묻는 것이다. 성경에 따르면 부와 가난을 어떻게 생각해야 하는가? 하나님은 가난한 자들의 편이신가? 우리도 그래야 하는가? 성경은 무엇이라고 말하는가? 나아가 이러한 질문들을 던지면서 하나님의 말씀을 주의 깊게 경청하고 그것을 교묘하게 조작하지 않기로 결심해야 한다. 우리가 가진 편견을 유지하기 위해 성경의 불편한 도전을 피할 자유도, 최신 유행하는 해석을 무비판적으로 받아들일 자유도 없다.

시편 113편은 좋은 출발점이다. 그것은 여호와의 종, 모든 백성에게 "해 돋는 데부터 해 지는 데까지" 그분의 이름을 찬양하라는 권유다. 그분은 "모든 나라 위에 높으시며 그 영광은 하늘 위에 높으시기" 때문이다. 그 시편은 이렇게 계속된다.

> 여호와 우리 하나님과 같은 이가 누구리요.
>   높은 곳에 앉으셨으나
> 스스로 낮추사
>   천지를 살피시고
> 가난한 자를 먼지 더미에서 일으키시며
>   궁핍한 자를 거름 더미에서 들어 세워
> 지도자들 곧 그의 백성의 지도자들과
>   함께 세우시며
> 또 임신하지 못하던 여자를 집에 살게 하사
>   자녀들을 즐겁게 하는 어머니가 되게 하시는도다. (5-9절)

시편 기자는 여호와에 대해 뭔가 독특한 것, 실로 유일무이한 것을 천명하기에 "여호와 우리 하나님과 같은 이가 누구리요?"라는 수사학적 질문을 던질 수 있다. 이는 단지 그분이 높은 곳에 앉으셨고 민족들과 하늘 위로 높임을 받으셨다는 뜻이 아니며, 이러한 고상한 높음에서 자신을 낮추셔서 저 밑에 있는 하늘과 땅을 보신다는 뜻만도 아니다. 심지어 멀리 떨어진 이 땅에서 인간이 처한 비참의 깊이를, 그리고 인생의 쓰레기더미에 버려져 억압하는 자들에게 먼지처럼 짓밟히는 가난한 자들을 동정하는 마음으로 보신다는 뜻만도 아니다. 그것은 이 모든 것 이상이다. 그것은 그분이 실제로 이 땅의 비참한 사람들을 높이신다는 것이다. 그분은 그들을 가장 깊은 곳에서 가장 높은 곳으로 들어 올리신다. "가난한 자를 먼지 더미에서 일으키시며…그의 백성의 지도자들과 함께 세우신다." 예를 들어, 그분은 잉태하지 못하는 여인(자녀가 없는 것은 치욕으로 간주되었다)을 불쌍히 여기시며, 그녀를 즐거워하는 어미가 되게 하신다. 하나님은 바로 그런 분이다. 그분과 같은 신은 어디에도 없다. 그분이 친하게 사귀기를 기뻐하시는 이들은 부유하고 유명한 사람들이 아니기 때문이다. 그분의 특징은 가난한 자들을 옹호하시는 것, 그들이 처한 곤경에서 구하시는 것, 그리고 거지를 왕자로 만드시는 것이다.

이러한 천명은 성경에서 여러 번 반복되고 예시되는데, 보통 겸손한 자들을 높이시는 하나님이 또한 교만한 자들을 낮추신다는 당연한 추론과 함께 나온다. 오랜 세월 동안 자식이 없다가 아들 사무엘이 태어났을 때 한나가 불렀던 노래의 진수가 바로 이것이다.

> 가난한 자를 진토에서 일으키시며
>   빈궁한 자를 거름더미에서 올리사
> 귀족들과 함께 앉게 하시며
>   영광의 자리를 차지하게 하시는도다. (삼상 2:8)

이것은 또한 (유명하거나 신분이 높거나 부유한 여성이 아닌) 동정녀 마리아가 자신이 메시아의 어머니로 선택받은 것을 안 후 부른 노래인 마리아 송가의 주제다. 그녀는 하나님이 자신의 비천한 처지를 돌아보셨다고 말했다. 강하신 분이 그녀를 위해 위대한 일을 행하셨다. 그에 대해 그녀는 그분께 감사와 찬양을 돌렸다.

> 그의 팔로 힘을 보이사
>   마음의 생각이 교만한 자들을 흩으셨고
> 권세 있는 자를 그 위에서 내리치셨으며
>   비천한 자를 높이셨고
> 주리는 자를 좋은 것으로 배불리셨으며
>   부자를 빈 손으로 보내셨도다. (눅 1:51-53)

시편 113편과 한나와 마리아의 경험 속에는, 어휘는 좀 다르지만 똑같이 뚜렷한 대조가 엿보인다. 교만한 자들은 낮춰지고, 겸손한 자들은 높임받는다. 부자는 가난해지고, 가난한 자들은 부유해진다. 살찐 자들은 빈 손으로 보냄받고, 주린 자들은 좋은 것으로 배부르게 된다. 권세 있는 통치자들은 그들의 보좌에서 넘어지는 반면, 무력하고 억압받는 자들은 왕처럼 다스리게 된다. "여호와 우리 하나님과 같은 자 누구리요?" 그분의 생각과 길은 우리의 생각과 다르다. 그분은 뒤죽박죽 하나님이다. 그분은 세상의 기준과 가치관을 뒤집어 버리신다.

이에 대한 최고의 예는 예수님이다. 그분이 가장 좋아하신 경구 중 하나는 "무릇 자기를 높이는 자는 낮아지고 자기를 낮추는 자는 높아지리라"(예를 들어, 눅 18:14)였던 듯하다. 그분은 이 원리를 선언하셨을 뿐 아니라 몸소 보여 주셨다. 그분은 자신의 영광을 버리고 자신을 낮추어 섬기셨으며, 죽음의 깊은 곳까지 내려갈 만큼 순종하셨다. "이러므로 하나님이 그를 지극히 높여…"(빌 2:5-11).

인간의 운명이 역전될 것임을 보증해 주고 가난한 사람들에게 소망을 주는 것이 바로 이 원리다. 그러면 하나님이 '일으키신다'고 하신 '가난한 자'는 누구인가? 또한 그들을 '일으키실' 때 그분은 무엇을 하시는가? 이 단어들에 대해서는 정의를 내려 보아야 한다.

가난한 자들은 누구인가? 빈곤의 역설

성경 자료에 대해서는 수많은 연구가 이루어지고 출판되었다.[19] 그것들은 구약에 초점을 맞추고 있는데, 구약에는 6개의 주요 히브리어 어근에서 유래한, 가난에 대한 수많은 단어가 200번 이상 나온다. 이 단어들을 다양한 방식으로 분류할 수 있겠지만, 가난한 사람들은 주로 세 가지로 구분되는 것 같다. 첫째, 경제적으로 궁핍한 가난한 자들, 즉 생필품이 없는 사람들이다. 둘째, 사회적으로 힘없는 가난한 자들, 즉 인간적 불의에 억압된 희생자들이다. 셋째, 영적으로 겸손한 가난한 자들, 즉 자신의 무력함을 인정하고 구원을 위해 하나님만을 의지하는 자들이다. 각각의 경우에 하나님은 "가난한 자를 진토에서 일으키시는" 그분의 성품에 맞게 그들에게 찾아가 그들을 위해 일하신다.

궁핍한 가난한 자

첫째 집단인 궁핍한 가난한 자들은 경제적으로 가난한 사람들이다. 그들에게는 의식주 가운데 하나가 없거나 아니면 그 세 가지가 모두 없을 수 있다. 우리가 아는 것처럼, 오늘날 전 세계 수백만 명이 여기에 속한다. 구약 성경은 가난을 묵인하는 것이 아니라 없애야 할 비자발적인 사회적 악으로 보았으며, 가난한 자들(여기에는 과부, 고아, 외국인이 포함되었다)을 비난해야 할 대상이 아니라 원조해 주어야 할 대상으로 보았다. 그들은 죄인이 아니라 '죄의 희생자'(sinned against)—홍콩에서 11년간 공장 근로자들을 섬긴 침례교 목사 레이먼드 펑(Raymond Fung)이 1980년 멜버른 회의에서 한 말로 대중화된 표현이다[20]—로 간주되었다.

율법서는 하나님의 백성에게 가난한 형제자매를 향해 마음을 강퍅하게 하거나 손을 움켜쥐지 말고 그들을 집으로 들여서 아무런 대가 없이 먹임으로써 스스로 부양할 수 없는 사람들을 관대하게 부양하라고 명한다. 하나님의 백성이 정기적으로 드리는 십일조는 레위인, 이방인, 고아와 과부를 부양하는 데 사용해야 했다(신 15:7 이하; 레 25:35 이하; 신 14:29; 레 26:12). 이스라엘 사람들은 궁핍한 사람에게 돈을 빌려 주면 이자를 받지 않았다. 빌려 준 돈에 대한 담보로 저당물을 받는다면, 그것을 가지러 집 안으로 들어가면 안 되고 바깥에 서서 돈 빌린 사람이 가지고 나올 때까지 기다려야 했다. 이웃의 겉옷을 저당 잡았다면, 해가 지기 전에 돌려주어야 했다. 그 가난한 사람이 잠잘 때 겉옷을 담요로 쓰기 때문이다(출 22:25; 레 25:36, 37; 신 24:10, 11; 출 22:26 이하; 신 24:12). 특히 가난한 자들을 지원하고 구제하는 일은 대가족이 자기 집안 사람들에게 이행해야 하는 의무였다.

고용주들은 품꾼들의 임금을 신속하게, 당일에 지급해야 했다. 농부들은 '밭모퉁이까지' 곡물을 수확해서는 안 되고, 떨어진 것이나 잊어버린 단을 줍기 위해 돌아가서도 안 되고, 추수 후에 남은 이삭을 주워서도 안 되고, 포도원이 텅 비도록 포도를 남김 없이 다 따 버려도 안 되며, 떨어진 포도를 줍거나 감람나무 가지를 두 번 훑어서도 안 되었다. 밭 가장자리, 수확하면서 떨어진 이삭, 떨어진 열매는 모두 가난한 자와 이방인과 과부와 고아를 위해 남겨 두어야 했기 때문이다. 또 그들 역시 수확의 축제에 참여하도록 허용해야 했다. 매 3년째에는 농산물의 10분의 1을 가난한 자들에게 주어야 했다. 7년마다 밭을 휴경하고, 포도원과 감람원은 수확하지 않고 남겨 두어야 했다. 가난한 사람들이 열매를 따 가도록 한 것이다(레 19:13; 신 24:14 이하; 레 19:9, 10; 23:22; 신 16:9 이하; 24:19 이하; 14:28 이하; 26:12 이하; 출 23:10 이하; 레 25:1 이하).

구약의 지혜 문학은 이 가르침을 확증한다. 의인의 특징 중 하나는 "가난한 자의 사정을 알아 주는" 것, "은혜를 베풀며 꾸이는(빌려 주는)" 것, "재물을 흩어 빈궁한 자에게 주는" 것이다. 반면에 "귀를 막아 가난한 자의 부르짖는 소리를 듣지 아니하면 자기의 부르짖을 때에도 들을 자가 없을"(시 112:1-9; 잠 21:13; 29:7; 참고. 14:20 이하; 19:7; 31:20; 욥 31:16 이하; 겔 16:49) 것이다. 이스라엘의 지혜로운 선생들 역시 교리에 근거하여 이 의무들을 가르쳤다. 즉, 가난한 자들의 배후에는 그들의 창조주이시며 주님이신 여호와가 계시기에, 하나님에 대한 태도는 가난한 자들에 대한 태도에 반영된다는 것이다. "가난한 자를 조롱하는 자는 그를 지으신 주를 멸시하는 자"이며, "가난한 자를 불쌍히 여기는 것은 여호와께 꾸어 드리는 것"이다(잠 17:5; 19:17).

예수님은 가난한 자들을 돌보는 구약의 풍성한 유산을 물려받아 실천하셨다. 그분은 궁핍한 자들과 친구가 되셨으며 주린 자들을 먹이셨다. 또 제자들에게 그들의 소유를 팔아 가난한 자들에게 주라고 말씀하셨으며, 잔치를 열 때는 가난한 자와 저는 자와 소경 등 그들에게 답례할 처지가 안 되는 사람들을 청하는 것을 잊지 말라고 말씀하셨다. 예수님은 또한 주린 자를 먹이고, 벗은 자를 입히고, 집 없는 자를 영접하고, 병든 자를 방문하는 것이 그분 자신을 섬기는 것과 같을 것이라고 약속하셨다(눅 12:33; 14:12 이하; 마 25:35-40).

게으른 가난한 자

둘째 집단인 게으른 가난한 자들은 게으름이나 낭비, 탐식과 같은 자신의 행동으로 가난해진 것일 수 있다. 물론 이는 많은 사람에게 해당되는 것이 아니며, 우리는 세계의 빈곤한 사람들 대다수가 그들의 죄 때문에 가난한 것이라고 생각하지 않도록 주의해야 한다. 하지만 일부 문화에서는, 아마 특별히 서구에서, 소비를 장려한다. 몇몇 경우에 이러한 풍토는 저축보다 소비를 선호하기 때문에 사람들로 하여금 빚, 특히 신용카드 빚을 지게 만든다. 물론 사람들이 과도하게 일을 하고 그 결과 스트레스를 받는 것은 사실이지만, 어떤 사람들은 삶이 생계 수단에 달려 있다고 생각하는 것도 사실이다. 잠언은 이에 대해 매우 많은 교훈을 준다. 게으른 자에게, 지혜를 얻기 위해 개미가 하는 방식을 연구하라고 권고한다. 개미는 여름 동안 식량을 모아서 저장해 놓는 반면 게으른 자는 침상에 머물기 때문이다. "좀더 자자, 좀더 졸자, 손을 모으고 좀더 누워 있자 하면 네 빈궁이 강도같이 오며 네 곤핍이 군사같이 이르리라"(잠 6:6-11; 참고 24:30-34). 마찬가지로, "손을 게으르게 놀리는 자는 가난하게 되고 손이 부지런한 자는 부하게 되느니라"(10:4; 참고 19:15; 20:13; 28:19). 가난의 원인으로 게으름과 밀접하게 연관되는 것은 탐식과 술 취함이다. "술 취하고 음식을 탐하는 자는 가난하여질 것이요 잠 자기를 즐겨 하는 자는 해어진 옷을 입을 것임이니라"(잠 23:20 이하; 참고 21:17). 하지만 이런 특정한 죄는 개인의 빈곤만을 일으키는 것이 아니다. 민족적 빈곤도 죄로 인한 것이다. 하나님이 이스라엘 백성을 다스리셨던 신정 시대에, 그분은 그들이 순종하면 들과 과수원의 풍성한 열매로 복을 주고 그들이 불순종하면 소산이 나지 않게 함으로써 저주하겠다고 약속하셨기 때문이다(민족적 축복과 저주에 대해서는 레 26장; 신 8장, 28장; 사 1:19 이하; 5:8 이하를 보라).

힘없는 가난한 자

셋째 집단인 힘없는 가난한 자들은 사회적 혹은 정치적으로 억눌린 사람들이다. 구약에서는 가난이 대개 그냥 생겨나지 않는다는 인식이 분명하게 나타난다. 때로 가난은 개인의 죄나 민족적 불순종에 대한 하나님의 심판으로 인한 것이지만, 보통은 다른 사람들의 죄, 즉 사회적 불의로 인한 것이었다. 그런 상황은 쉽게 악화되는데, 이는 가난한 자들이 그것을 변화시킬 수 있는 위치에 있지 않기 때문이다. 빈곤과 무력이 얼마나 자주 한 묶음으로 다루어지는지 보지 않으면 이 주제에 대한 구약의 가르침을 이해 못할 것이다. 동시에, 가난한 자들은 흔히 사람의 도움은 받지 못하지만, 하나님이 자신을 옹호하신다는 것을 알았다. "그가 궁핍한 자의 오른쪽에 서시기" 때문이다. 또한 "여호와는 고난당하는 자를 변호해 주시며 궁핍한 자에게 정의를 베푸실"(시 109:31; 140:12) 것이기 때문이다.

모세 율법은 법정에서 특히 가난한 자들과 힘없는 자들에게 공명정대한 재판을 행해야 한다고 강조했다. "너는 가난한 자의 송사라고 정의를 굽게 하지 말며…너는 뇌물을 받지 말라. 뇌물은 밝은 자의 눈을 어둡게 하고 의로운 자의 말을 굽게 하느니라." "너희는 재판할 때에 불의를 행하지 말며 가난한 자의 편을 들지 말며 세력 있는 자라고 두둔하지 말고 공의로 사람을 재판할지며." "너는 객이나 고아의 송사를 억울하게 말며." 이 명령이 계속 반복해서 나오는 이유는 그들 자신이 애굽에서 억압당했으며 여호와께서 그들을 해방시키셨기 때문이다(출 23:6, 8; 레 19:15; 신 24:17; 27:19; 15:15).

지혜서들은 율법서만큼이나 분명하게 힘없는 자들을 위한 정의를 요구한다. 시편 82편에서 재판관은 "가난한 자와 고아를 위하여 판단하며 곤란한 자와 빈궁한 자에게 공의를 베풀지며"라는 지시를 받는다. 잠언 31장에서 르무엘 왕의 어머니는 왕에게 "너는 벙어리와 고독한 자의 송사를 위하여 입을 열지니라. 너는 입을 열어 공의로 재판하여 곤고한 자와 궁핍한 자를 신원할지니라"라고 권고한다(시 82:1-3; 잠 31:8, 9; 참고 욥 29:11 이하; 잠 22:22 이하; 29:7, 14).

예언자들은 훨씬 더 거리낌 없이 말했다. 그들은 백성과 지도자들에게 "정의를 구하며 학대받는 자를 도와주며 고아를 위하여 신원하며 과부를 위하여 변호하라"고 촉구했을 뿐 아니라, 그들이 "과부와 고아와 나그네와 궁핍한 자를 압제하는" 것을 금했으며, 모든 불의를 맹렬히 정죄했다. 엘리야는 아합 왕이 나봇을 죽이고 그의 포도원을 훔친 것을 꾸짖었다. 아모스는 이스라엘 통치자들에게 벽력 같은 비난을 퍼부었는데, 그들이 "정의를 물같이, 공의를 마르지 않는 강같이 흘리는" 대신 뇌물을 받은 대가로 가난한 자들의 머리를 짓밟고 궁핍한 자들을 삼키며 억압받는 자들에게 불의를 행했기 때문이다. 예레미야는 여호야김 왕이 사치스러운 왕궁을 짓기 위해 강제 노동을 시킨 것을 비난했다. 다른 예도 들 수 있다. 이스라엘과 유다 민족의 삶은 가난한 자들을 착취하는 것으로 끊임없이 더럽혀졌다. 신약의 야고보 역시 구약의 예언자들과 비슷한 말로 부자들을 통렬히 비난했다. 그가 정죄한 것은 그들의 재물 자체도 심지어 그들의 방종한 사치도 아니었고, 일꾼들에게 사기를 치고 임금을 주지 않은 것과 무죄한 자들을 폭력으로 억압한 것이었다(사 1:17; 슥 7:8 이하; 왕상 21장; 암 2:6, 7; 4:1 이하; 5:11 이하; 8:4 이하; 5:24; 렘 22:13 이하; 예언자들이 정의를 강조하는 다른 예들로는 사 3:13 이하; 5:7 이하; 렘 5:28 이하; 겔 18:10 이하; 약 5:1 이하).

불의에 대해 예언자들이 통렬히 비난한 이런 어두운 전통과 비교하면, 메시아의 의로운 통치에 대한 그들의 예언은 더욱 밝게 빛난다. "그가…공의로 가난한 자를 심판하며 정직으로 세상의 겸손한 자(the poor)를 판단할 것이며"(사 11:1-5).

이러한 증거에서, 성경 저자들이 가난한 자들을 빈곤한 사람으로, 그런 상황에서 구해 주어야 할 사람으로 보았을 뿐 아니라, 사회 불의의 희생자로, 옹호해 주어야 할 존재로 보았음을 분명하게 알 수 있다. 성경의 관점은 '적자생존'이 아니라 '가장 약한 자에 대한 보호'다. 하나님이 직접 그들을 변호하시며 그들을 도우러 오시므로, 그분의 백성 역시 목소리를 낼 수 없는 사람들의 목소리가 되고 자신을 방어할 수 없는 사람들의 방어자가 되어야 한다.

겸손한 가난한 자

넷째 집단인 겸손한 가난한 자들은 영적으로 온유하고 하나님을 의지하는 사람들이다. 하나님은 궁핍한 자들을 구하시고 힘없는 자들을 변호하시므로, 이 진리는 그분에 대한 그들의 태도에 영향을 미치지 않을 수 없다. 그들은 그분의 자비를 구한다. 인간에게 억압받고 자신을 해방할 능력이 없는 그들은 하나님을 의지한다. 이렇게 해서 '가난한 자'는 '경건한 자'와 동의어가 되며, 그들의 사회적 상황은 그들의 영적 의존을 상징하게 되었다. 스바냐는 그들을 "여호와의 이름을 의탁하여 보호를 받는 곤고하고 가난한 백성"이라고 묘사하며, 이사야는 그들을 하나님의 말씀에 떠는 "마음이 가난하고 심령에 통회하는" 자들이라고 부른다(습 2:3; 3:12; 사 66:2; 참고. 49:13).

특히 시편은, 겸손한 가난한 자들을 아주 또렷하게 묘사한다(시 22, 25, 37, 40, 69, 74, 149편을 보라). 바로 여기에서 우리는 하나님을 의지하는 그들의 표현과 그들을 도우시겠다는 하나님의 약속을 듣게 된다. 그들은 하나님께 자비를 베풀어 달라고 구하는 '외롭고 곤고한' 사람이다. 그들은 자신의 길을 여호와께 맡기며, 그분 앞에서 잠잠하고, 그분이 행동하시기를 기다린다. 그들은 "겸손한 자는 먹고 배부를 것이며", "온유한 자는 땅을 차지하고", "겸손한 자를 구원으로 아름답게 하실" 것이라는 보증을 받는다(시 25:16; 37:5, 7; 40:1; 22:26; 37:11; 149:4).

가난한 자와 온유한 자를 이렇게 한 집단으로 언급하는 것보다 더욱 인상적인 것은 여호와의 구원에 대한 개별적인 증거다. 예를 들면, 시편 34편이 있다. "이 곤고한 자가 부르짖으매 여호와께서 들으시고 그의 모든 환난에서 구원하셨도다." 그 결과 그는 "여호와를 자랑"하며, 그것을 자신과 같이 "곤고한 자"들이 듣고 기뻐할 것이라고, 그리하여 그들이 하나님께 부르짖을 것이라고 확신한다. 그래서 그는 이어서 이렇게 천명한다. "여호와는 마음이 상한 자를 가까이 하시고 충심으로 통회하는 자를 구원하시는도다"(시 34:1-6, 15-18). 또 다른 예는 시편 86편에 나온다. 시편 기자는 교만하고 불경하고 냉혹한 사람들이 자신을 사납게 공격한 것을 묘사한다. 그의 유일한 소망은 하나님께 있다. 그는 부르짖는다. "여호와여 나는 가난하고 궁핍하오니 주의 귀를 기울여 내게 응답하소서. 나는 경건하오니 내 영혼을 보존하소서. 내 주 하나님이여 주를 의지하는 종을 구원하소서." 이어서 하나님이 자신을 구해 주시리라는 확신을 표현한다. 그분은 "긍휼히 여기시며 은혜를 베푸시며 노하기를 더디하시며 인자와 진실이 풍성하신 하나님"이기 때문이다(시 86:1-4, 14-17).

성경의 이 모든 가르침은 하나님이 궁핍한 가난한 자들을 구하시고, 힘없는 가난한 자들을 옹호하시며, 겸손한 가난한 자들을 높이신다고 확언할 수 있게 해준다. 가난의 진토든 억압의 진토든 무력의 진토든, 그분은 "가난한 자를 진토에서 일으키신다."

가난한 자들을 위한 복된 소식

지나치게 단순화할 위험은 있지만, 이 세 범주를 궁핍한 자들과 힘없는 자들의 물질적 가난과 겸손하고 온유한 자들의 영적 가난으로 축소한다면 도움이 될 것이다(특히 가난에 대한 기독교적 태도가 무엇인지 파악하려 한다면). 하나님은 양쪽 모두에 관심이 있으시다. 두 경우 모두 그분은 "가난한 자를 진토에서 일으키신다." 하지만 그분이 그것을 행하시는 방식은 서로 다르다. 첫째 가난은 하나님이 반대하시는 사회적 악인 반면, 둘째 가난은 하나님이 좋다고 인정하시는 영적 미덕이기 때문이다. 게다가 그 둘이 결합된 인간 공동체는 단 하나뿐이다. 즉, 하나님 나라 공동체, 하나님이 그분의 성령에 의해 그리스도를 통해 다스리시는 새롭고 구속받은 사회다.

이는 구약에 기록된 하나님 나라에 대한 기대에서 분명하게 드러난다. 하나님은 그분이 보낸 이상적인 왕이 올 것이라고 약속하셨다. 그 왕은 가난한 자들을 정의로 심판하고, 겸손하고 온유한 자들에게 자신의 통치라는 복을 주실 것이다. 우리는 누가복음의 처음 두 장에서 그런 사람들을 만난다. 사가랴와 엘리사벳, 요셉과 마리아, 시므온과 안나는 겸손하고 온유한 신자였다. 그들은 하나님 나라를 기대하고 기다렸다. 그 나라에서는 하나님이 강한 자들을 그들의 보좌에서 내려오게 하실 것이며 겸손하고 온유한 자들을 높이실 것이었다.

더욱 분명한 것은 예수 그리스도를 통한 성취다. 그분이 말씀하신 '가난한 자들', 그분이 기름부음을 받아 하나님 나라의 복음을 전파할 대상, 하나님 나라를 차지할 그 사람들은 누구인가?(눅 4:18 이하; 마 11:5; 참고 눅 7:22; 마 5:3; 눅 6:20) 그들은 분명 물질적으로 가난한 자들만은 아니며(그리스도의 구원은 프롤레타리아에 국한되지 않으므로), 영적으로 가난한 자들만도 아니다(그렇다면 궁핍한 자들에 대한 그분의 사역을 간과하는 것이므로). 그분은 분명 둘 다 말씀하셨을 것이다. '가난한 자들'에게는 하나님 나라가 지극히 복된 소식으로 임한다. 부분적으로는 그것이 죄인들에게 값없이 공로 없이 주시는 선물이기 때문이며, 또 부분적으로는 그것이 자유와 정의를 특징으로 하는 새로운 사회를 약속하기 때문이다.

교회는 이 두 진리 모두에 대한 좋은 예가 되어야 한다. 한편으로 교회는 영적으로 가난한 사람들, "심령이 가난한 자들", 자신이 하나님 앞에서 파탄에 빠진 자임을 인정하는 자들로 구성되어 있다. 그들은 내놓을 만한 어떠한 의(義)도, 내세울 만한 어떠한 공로도, 자신을 구원할 만한 어떠한 능력도 없다. 그들이 하나님 나라에 들어가는 유일한 길은 어린아이처럼 자신을 낮추고 그것을 선물로 받는 것이다. 그래서 그들은 손에 아무것도 든 것 없이, "하나님이여, 불쌍히 여기소서. 나는 죄인이로소이다"라는 세리의 기도를 드리면서 나아온다. 그런 사람들에게 예수님은 말씀하신다. "심령이 가난한 자는 복이 있나니 천국이 그들의 것임이요." 이와 대조적으로, 뭔가 드릴 것이 있다고 생각하는 부자 혹은 자기 만족에 빠진 사람들은 빈손으로 내쳐진다.

다른 한편으로 교회는 하나님 나라의 복된 소식을 물질적으로 가난한 사람들에게 전하고, 그들을 교제권으로 맞아들이며, 그들의 몸부림에 동참해야 한다. 성경 저자들이, 그리고 더 특별하게는 예수님이 보여 주신 가난한 사람들에 대한 특별한 관심 때문에 일부 현대 사상가들은 하나님이 그들에게 '편향'되었다고 말했다. 데이비드 셰퍼드가 1983년에 쓴 책의 제목은 「가난한 자들에 대한 편향」(Bias to the Poor)이다. 그는 "하나님은 혜택받지 못한 사람들에게 편향되어 있으며, 교회는 그것을 훨씬 더 신실하게 반영해야 한다"[21]고 썼다. 그는 리버풀의 궁핍함에 대해 분석한 내용을 이와 같이 결론지었다. "우리가 가난한 자들과 혜택받지 못한 자들의 입장이 될 수 있다면, 그들이 상황을 어떻게 인식하는지 알 수 있을 것이다.…그것은 불리한 입장에 있는 사람들을 끈질기게 편애하시는 하나님의 의와 관련되어 있어야 한다. 그것은 예수님의 인성으로 육신을 입고 가난한 사람들과 특별한 관계를 맺으며 일생을 사신 하나님과 관련되어 있어야 한다."[22]

나는 '편향'이라는 말이 불편하다. 그 말의 가장 흔한 의미는 '편견'(prejudice)이며, 하나님이 그런 의미에서 '편향'되어 있다고 생각하지는 않기 때문이다. 그보다 오해를 덜 일으키는 것은 남미의 주교들이 사용한 단어다. 1970년에 메델린(Medellin)에서 열린 제2차 총회에서 그들은 "가난한 자들에 대한 선호 그리고 가난한 자들과의 연대"에 대해 말했다. 10년 후에 멕시코 푸에블라에서 열린 세 번째 총회에서, 그들은 "온 교회가 가난한 자들을 우선해야"[23] 한다고 천명했다. "가난한 자들이 우선적 배려의 대상이 될 만한 이유"[24]는 가난한 자들에 대한 예수님의 사역 때문이다. 하지만 '우선적'이라는 말이 '배타적'이라는 의미는 아니다. 그 회의 보고서 다음 장의 제목은 "젊은이들을 위한 우선권"이기 때문이다. 가난한 자들을 우선해야 하는 것은 역시나 "남미의 경제적 불균형이라는 수치스러운 현실 때문이었다."[25]

1980년 멜버른 회의에서는 푸에블라 회의의 결론을 인용하고 "하나님은 가난한 사람들을 선호하신다"[26]고 주장하면서 그 결론을 반향했다. 하지만 내가 보기에는 개인적 '편향'이나 '선호'라는 말보다 선교의 우선순위라는 말이 더 낫다. 가난한 자들은 하나님의 보살핌 때문에, 그리고 파렴치한 사람들의 착취와 교회의 방치 때문에, 이제 '긍정적인' 차별 혹은 '역'차별을 받아야 한다. 교회는 가장 궁핍한 곳에 선교 사역을 집중해야 하며, 중심으로부터 "주변을 향해"[27], "죄의 희생자가 된 사람"에게, 다시 말해 가난하고 억압받는 사람들에게 나아가야 한다.

더구나 교회는 교회 교제권 안에 있는 물질적 가난을 묵인해서도 안 된다. "가난한 자들은 항상 너희와 함께 있으니"(막 14:7)라고 말씀하셨을 때, 예수님은 가난을 묵인하신 것이 아니다. "땅에는 언제든지 가난한 자가 그치지 아니하고"(신 15:11) 늘 있다는 구약의 진술을 반복하셨을 뿐이다. 하지만 이것은 그러므로 자족하라는 뜻이 아니라 아낌없이 베풀도록 권고하기 위한 것으로, 그 결과 "너희 중에 가난한 자가 없게"(신 15:4) 하시려는 것이다. 세상에서 억압받는 자들을 위한 정의가 확립되고, 가난한 자들이 빈곤이 주는 모욕에서 벗어나며, 자원을 자발적으로 나눔으로써 물리적 궁핍이 사라지는 단 하나의 공동체가 있다면, 그 공동체는 바로 메시아 예수의 새로운 사회다. 그것이 바로 오순절 후 예루살렘에서 "그중에 핍절한 자가 없었을 때" 일어난 일이었다. 누가는 애써 그것을 보여 주려 하며, 그런 일은 오늘날에도 일어날 수 있다(그리고 일어나야 한다). 어떻게 하나님의 가족 안에 있는 우리의 형제자매들이 곤궁하여 고통받는 것을 용납할 수 있는가?

하나님 나라의 이상을 예시하도록 부름받은 공동체인 교회는 한 종류의 가난은 반대하고 다른 종류의 가난은 격려함으로써 가난의 성경적 역설을 증거해야 한다. 우리는 물질적 가난이라는 악을 근절하는 일과 영적 가난이라는 선을 개발하는 일 둘 다에 착수해야 한다. 불의를 미워하고 겸손을 사랑해야 한다. 이 두 가지 보완적인 방식을 통해, 복음이 '가난한 자들을 위한 복된 소식'이라고 말할 수 있고 하나님이 그들 편이라고 설명할 수 있을 것이다.

그리스도인이 가난한 교인에게만 관심을 국한해야 한다는 말은 아니다. 우리는 '믿음의 가정들'에게 특별한 책임이 있기는 하지만, 또한 "모든 이에게 착한 일을" 해야 한다(갈 6:10). 이것을 가난한 사람들에게는 어떻게 표현할까? 분명 개인적 자선이라는 견지에서, 이웃에 있거나 멀리 떨어져 있는 궁핍한 개인과 가정을 돕고자 애써야 한다. 앞에서 살펴본 것처럼, 성경 자체가 나타내듯 가난은 대개 가난한 사람들 자신보다 사회의 잘못이기 때문이다. 그렇기 때문에 우리에게는 그들에 대한 개인적 책임뿐 아니라 사회적 책임도 있으며, 그 책임을 감당하는 것은 가난의 원인을 고통스럽게 살펴보는 일에서 시작될 것이다. 그것을 '고통스럽게'라고 말하는 이유는, 부유한 자들은 가난한 자들을 비난하거나 다른 속죄양을 찾는 경향이 있지만, 정작 문제는 자신이 연루되어 있는 사회의 구조 자체에 있을 수 있기 때문이다.

이것이 로버트 홀먼(Robert Holman)이 쓴 「가난: 사회적 박탈에 대한 설명」(*Poverty: Explanations of Social Deprivations*)의 주제다. 그 책은 주의 깊은 훌륭한 연구서로, 공공연히 기독교적임을 표방한다.[28] 그는 세 가지 흔한 속죄양적 설명 — '개인적'(가난한 자들 자신의 유전적·경제적·심리적 무능), '문화적'("한 세대에서 다음 세대로 가난을 대물림하는 것"[29]), '불완전한 행위자'(교사, 사회사업가, 관료의 무능력) — 을 온당치 않은 것으로 여기며 거부한다. 그리고 가난의 원인은 대체로 (적어도 영국에서는) 자원(특히 수입, 재물, 권력)을 불평등하게 분배하는 사회 자체의 계층화된 구조라고 밝힌다. 그는 "가난은 이러한 사회적 분할을 지원하거나 지탱하기 위해 존재한다"[30]고 썼다. 그것이 묵인되고 심지어 정당화되는 이유는 그들(그리고 반대편에 있는 부유한 자들)이 그렇게 되는 것이 마땅해 보이기 때문이며, 그러한 사회 구조가 가장 인기 없는 직업을 취하는 것밖에 선택의 여지가 없는 유용한 근로자 집단을 제공하기 때문이다.

밥 홀먼의 접근은 사회학적이다. 그 결과 그는 가난을 자본주의의 탓으로 돌리는 사람들과 사회주의의 탓으로 돌리는 사람들의 양극화된 경제 논쟁에 휘말리지 않는다. 전자의 근거는 자본주의는 본래 탐욕스럽기 때문에 가난한 자들을 착취한다는 것이며, 후자의 근거는 사회주의가 가난한 자들의 종속성을 영속화하며 재화를 창출하는 자들의 기업을 약화한다는 것이다. 어떤 입장도 유일한 진리는 아니다. 그리스도인들은 어느 체제에서든 성경의 진리와 양립할 수 없다고 생각하는 것을 반대해야 한다.

부유한 그리스도인들의 세 가지 선택

양심적인 그리스도인은 더 심각한 질문을 떠올릴 것이다. 가난한 자들에 대한 우리의 태도가 어떠해야 하는지를 분별하는 것과, 가난 자체에 대한 우리의 태도를 규정하는 것은 별개의 문제다. 앞에서 보았듯이 비자발적인 물질적 가난은 치욕이다. 하지만 자발적인 가난은 어떤가? 돈과 재산에 대한 진정 기독교적인 태도는 어떤 것인가? 부유한 그리스도인들은 무엇을 해야 하는가?

부유한 [서구에 사는] 우리에게는 세 가지 선택 사항이 있다. 첫째는 가난해지는 것, 둘째는 부유한 채로 있는 것, 셋째는 아낌없이 베풀고 검소하며 만족하는 것이다.

우리는 가난해져야 하는가?

첫째, 우리는 가난해져야 하는가? 바울은 이렇게 썼다. "우리 주 예수 그리스도의 은혜를 너희가 알거니와 부요하신 이로서 너희를 위하여 가난하게 되심은 그의 가난함으로 말미암아 너희를 부요하게 하려 하심이라"(고후 8:9). 사도 바울이 헬라 그리스도인들에게 유대 그리스도인들을 도울 기부금을 내라고 호소하는 근거는 바로 예수님이 이같이 자발적으로 가난해지셨다는 점이었다. 바울은 유대 형제자매들을 위해 그들이 가진 모든 것을 포기하라고 하는가? 우리도 그렇게 해야 하는가? 언뜻 그런 것처럼 보인다. 그리고 예수님의 본과 가르침과 초대교회에 근거한 논증이 제시되어 왔다.

예수님의 본

예수님은 하늘의 부요함을 버리고 가난한 집에 태어나셨다. 아이를 주께 바치기 위해 성전으로 갈 때, 요셉과 마리아는 가난한 사람들을 위한 율법 규정에 따라 어린 양 한 마리와 비둘기 한 마리 대신 비둘기 한 쌍을 제물로 가져갔다. 예수님은 순회 설교자로 공생애 사역을 하시는 동안 집도 없었으며 소유도 거의 없었다. 제자가 되고자 지원한 사람에게 이렇게 말씀하신 적도 있다. "여우도 굴이 있고 공중의 새도 집이 있으되 인자는 머리 둘 곳이 없도다." 그분은 빌린 배에서 가르치셨고, 빌린 나귀를 타고 예루살렘에 입성하셨으며, 빌린 방에서 마지막 저녁을 보내셨고, 빌린 무덤에 장사되셨다. 그분과 사도들은 돈주머니를 공동으로 썼으며, 이따금 그들과 동행한 여자들이 후원한 것으로 생활했다(눅 2:2 이하; 참고 레 12:6 이하; 눅 9:57 이하; 막 4:1; 11:1 이하; 14:12 이하; 15:42 이하; 요 12:6; 눅 8:1 이하). 예수님이 가난하셨음은 의문의 여지가 없어 보인다.

하지만 그분은 직업이 있었고 목수였다. 그분은 장인 계층에 속해 있었다. 마르틴 헹겔 교수는 이렇게 썼다. "예수님은 일용직 근로자와 땅 없는 소작인이라는 프롤레타리아 계급 출신이 아니라, 갈릴리의 중산층인 숙련 노동자 출신이셨다. 자기 아버지와 마찬가지로 그분은 장인, 곧 '테크톤'(tektôn)이었는데, 이 말은 벽돌공, 목수, 수레 제작공, 가구장이 등을 뭉뚱그려 일컫는 헬라어다.…우리가 아는 한, 그분이 부르신 제자들도 비슷한 사회 환경 출신이었다."[31] 게다가 그분을 후원한 여자들은 분명 적절하게 "따르며 섬기던"(막 15:41, 필요를 돌보던) 사람들이었다. 그러므로 그분은 빈곤하지 않으셨다.

예수님의 가르침

제자 지망생에게 예수님은 말씀하셨다. "너희 중의 누구든지 자기의 모든 소유를 버리지 아니하면 능히 내 제자가 되지 못하리라." 시몬과 안드레는 "그물을 버려 두고 따랐다." 야고보와 요한은 "그 아버지 세배대를 품꾼들과 함께 배에 버려 두고 예수를 따라갔다." 그리고 레위 마태는 세리 일을 보던 자리와 업무를 포기하고 "일어나 따랐다." 마찬가지로, 예수님은 젊은 부자 관원에게 모든 소유를 팔아 가난한 자들에게 주고 그 다음에 자신을 따르라고 말씀하셨다. 그래서 베드로는 "우리가 모든 것을 버리고 주를 따랐나이다"라고 말했던 것이다(눅 14:33; 막 1:16 이하; 2:13 이하; 10:21, 28).

그렇다면 예수님은 모든 제자가 그분을 따르기 위해 모든 것을 포기하기를 기대하시는가? 사도들은 그렇게 했다. 젊은 부자도 그렇게 하도록 도전을 받았다. 하지만 그것이 보편적인 법칙인가? 그에 대한 대답으로, 우리는 예수님의 혁명적인 요구에 어느 정도 신중한 해설을 덧붙여 그 의미를 삭감하지 않도록 주의해야 한다. 예수님은 우리가 보물을 하늘에 쌓아 두고 땅에 쌓지 않아야 한다고, 물질적인 것보다 하나님의 통치와 의에 헌신해야 한다고, 하나님과 재물을 동시에 섬기는 것은 불가능하다고 말씀하셨다(마 6:19 이하; 참고 눅 12:33 이하; 마 6:33; 눅 12:15; 마 6:24). 하지만 그분이 모든 제자에게 소유를 다 없애라고 말씀하신 것은 아니다. 아리마대 요셉은 '부자'이며 또한 '예수의 제자'로 묘사된다. 그러므로 이 둘은 명백히 양립할 수 있었다. 부자 세리 삭개오는 토색한 사람들에게 취한 것의 네 배를 갚고, 소유의 절반을 가난한 자들에게 주겠다고 약속했다. 이는 아마도 희생자들에게 갚은 것을 제외한 나머지의 절반은 그냥 가지고 있었다는 의미일 것이다. 하지만 예수님은 구원이 그에게 이르렀다고 말씀하셨다(마 27:57; 눅 19:8 이하). 그렇다면 모든 재산을 '버리고' 자신의 부모와 친척들을 '미워하지' 않으면, 아무도 그분의 제자가 될 수 없다고 하신 말씀에 나오는 두 동사를 우리는 극적인 언어 형태로 이해해야 한다. 문자 그대로 부모를 미워해야 하는 것도, 문자 그대로 모든 소유를 버려야 하는 것도 아니다. 우리가 해야 하는 것은, 부모와 소유보다 예수 그리스도를 우선으로 여기는 것이다.

예수님의 초대교회

누가는 예루살렘에 있던 최초의 기독교 공동체가 "모든 물건을 서로 통용하고" "자기 재물을 조금이라도 자기 것이라 하는 이가 하나도 없더라", "재산과 소유를 팔아" "각 사람의 필요를 따라 나눠 주며", 그 결과 "그중에 가난한 사람이 없으니"라고 쓴다(행 2:44, 45; 4:32 이하). 누가는 그들의 공동 생활을 모든 교회가 따라야 할 본보기로 제시한 것인가? 초기의 성령 충만한 신자들이 서로 사랑하고 돌보았으며, 그들의 교제권 내에서 빈곤을 물리쳤다는 의미에서는 그렇다. 그러면 그는 물건의 공동 소유권을 주창한 것인가? 에세네파 사람들, 특히 쿰란에 있던 그들의 공동체에서는 그것이 의무였다. 그 조직에 처음 들어간 사람들도 모두 재산을 넘겨야 했다.[32] 하지만 누가의 기사를 살펴보면, 그리스도인들이 자기 재산을 팔고 나누어 준 것은 보편적인 것도 의무적인 것도 아니었음을 분명히 알 수 있다. 왜냐하면 어떤 신자들은 여전히 집을 가지고 있었고 사람들이 거기에서 모였기 때문이다. 아나니아와 삽비라의 죄는 그들이 재산의 일부를 간직할 만큼 이기적이었기 때문이 아니라 전부를 다 내놓은 것처럼 속였기 때문이다. 베드로는 아나니아에게 이렇게 말했다. "땅이 그대로 있을 때에는 네 땅이 아니며 판 후에도 네 마음대로 할 수가 없더냐"(행 5:4). 그러므로 그리스도인이 기부하는 것은 자발적인 것이며 재산권이 있었다는 사실도 확인했다.

예수님의 본과 가르침 그리고 초대교회는 모두 탐욕과 물질주의와 사치를 버리도록, 가난한 사람들을 희생적으로 돌보도록 도전한다. 하지만 모든 그리스도인이 반드시 가난한 자가 되어야 한다는 주장을 확증하지는 않는다.

우리는 부유한 채로 있어야 하는가?
부유한 그리스도인들의 첫 번째 선택 사항이 가난해지는 것이라면, 두 번째이자 반대의 선택 사항은 부유한 채로 있는 것이다. 어떤 사람들은 성경에 호소하면서 이런 입장을 변호하려 한다. 인간은 태초에 땅을 정복하고 개발하라는 명령을 받았다는 것이다(이 말은 옳다). 즉, 지구의 동물과 식물과 광물 자원을 추출하여 사용하라는 명령을 받았다는 것이다. 게다가 재물은 하나님이 복을 주신 표시였으며, 그들은 재물의 소유를 주장하고 누릴 수 있었다. "여호와께서 명령하사 네 창고와 네 손으로 하는 모든 일에 복을 내리시고 네 하나님 여호와께서 네게 주시는 땅에서 네게 복을 주실 것이며…네가 많은 민족에게 꾸어 줄지라도 너는 꾸지 아니할 것이요"(신 28:8, 12). "이보다 더 분명한 게 있어요?" 하고 그들은 묻는다.

이러한 추론에 관한 예 중 가장 파렴치한 예는, 어떤 오순절파 복음 전도자의 문헌에 나오는, 자신이 다수 세계에 기독교 자료들을 보낼 수 있도록 기금을 보내 달라고 호소한 글이었다. 그는 대문자로 강조하여 이렇게 주장했다. "재정을 안전하게 관리하려면 하나님의 사역에 종잣돈을 약간 심는 것이 가장 좋습니다. 씨를 심고 거두는 하나님의 법칙은 당신이 뿌린 것보다 훨씬 더 많은 수확을 보장해 줍니다.…그동안 하나님을 당신의 현재 수입, 사업, 집 혹은 자동차에 국한하셨습니까? 하나님의 풍성하심에는 한계가 없습니다!…동봉한 종이에 당신이 하나님께 구하는 것―사랑하는 사람의 구원, 병

고침, 봉급 인상, 더 나은 일자리, 새 차나 집, 자산의 판매 혹은 구입, 사업이나 투자의 지도…필요한 것은 무엇이든지—을 쓰십시오. 봉투에 당신이 적은 종이와 종잣돈을 동봉하십시오.…그에 대한 보상으로 하나님이 주실 물질적 복을 기대하십시오."

이에 대한 우리의 첫 번째 반응은 그 같은 그리스도인들의 주장을 격렬히 부인하고, 그들의 그릇된 '번영' 혹은 '건강과 부'의 복음을 완전히 거부하는 것이다. 하나님은 자신의 백성이 한 민족이었던 때에는 실제로 그들의 순종에 물질적 복으로 보상하겠다고 약속하셨다. 하지만 그리스도 안에서 그분은 우리에게 "모든 신령한 복"(엡 1:3)으로 복 주신다. 우리의 두 번째 반응은 그들이 빼놓은 것에 주의를 기울이는 것이다. 그들이 간과한 성경 원리들이 있기 때문이다. 땅은 공공의 유익을 위해 개발해야 하며, 그 땅의 풍요는 모든 인류가 나누어야 한다. 재물을 약속한 구약의 경제 원리는 또한 가난한 자들을 돌보라고 명령한다. 예수님의 비유에 나오는 부자가 지옥에 간 것은, 재물 때문이 아니라 그의 집 문 앞에 있는 거지를 무시했기 때문이다. 즉, 부자는 나사로가 굶주리던 바로 그때 열락에 빠져 있었던 것이다.

이러한 성경 원리들과 수많은 사람이 궁핍한 현상황에 비추어 볼 때, 부유한 그리스도인들이 경제 생활 방식을 수정하지 않는다는 의미에서 '부유한 채로 있을' 수는 없다. 우리는 '풍족한 생활'(good life, 사치스러운)과 '선한 양심'(good conscience)을 동시에 유지할 수 없다. 둘 중 하나는 희생해야 한다. 양심을 지키고 부를 줄이든지, 부를 지키고 양심을 억눌러야 한다. 우리는 하나님 아니면 재물을 선택해야 한다.

바울이 부자들에 관해 디모데에게 전한 가르침을 생각해 보라.

네가 이 세대에 오직 부한 자들을 명하여 마음을 높이지 말고 정함이 없는 재물에 소망을 두지 말고, 오직 우리에게 모든 것을 후히 주사 누리게 하시는 하나님께 두며, 선을 행하고 선한 사업을 많이 하고 나누어 주기를 좋아하며 너그러운 자가 되게 하라. 이것이 장래에 자기를 위하여 좋은 터를 쌓아 참된 생

명을 취하는 것이니라. (딤전 6:17-19)

우리는 사도가 '이 세대에서 부한 자들'에게 "가난해지라"고 말하지 않는 것을 알 수 있다. 하지만 그는 그들이 '부유한 채로 있는' 것도 허용하지 않는다. 그는 먼저 재물에 따르는 영적 위험을 경고하고(예수님이 말씀하셨듯이, 부자가 하나님 나라에 들어가는 것은 불가능하지는 않으나 어렵다), 그 재물을 아낌없이 나누라고 말한다. 그러면 불가피하게 그들의 생활 수준은 낮아질 것이다.

재물과 교만

재물이 지닌 첫째 위험은 교만이다. "부한 자들을 명하여 마음을 높이지 말고." 재물은 사람들이 스스로 중요하다고 느끼게 하고, "다른 사람들을 얕잡아 보게"(J. B. 필립스) 하기 때문이다. 부자들은 그들의 집, 차, 소유물, 가구를 뽐내는 경향이 있다. 부자들은 속물이 되어 자신의 사회적 '계층'을 강조하고 다른 사람들을 멸시하기 쉽다. 야고보는 먼저 좋은 옷을 입은 부자가 기독교 모임에 들어오고 그 다음에 누더기를 입은 가난한 사람이 들어오는 상황을 묘사한다. 부자에게는 아첨하면서 가장 좋은 자리로 안내하고 가난한 사람에게는 한쪽에 서 있든지 바닥에 앉으라고 무례하게 말한다면, 우리는 계층 차별의 죄를 짓는 것이며, 모임을 분열시키는 것이다. 우리의 부유함 때문에 덜 부유한 형제자매들과 소원해지는지 아닌지는 말하기 어렵다. 만일 소원해진다면, 서로 상대방 일행 가운데 있을 때 당혹감을 느낄 것이다.

재물과 물질주의

첫째 위험이 교만이라면, 둘째 위험은 물질주의다. "부한 자들을 명하여…정함이 없는 재물에 소망을 두지 말고…하나님께 두며." '물질주의'는 단지 물질적인 것들을 소유하는 것이 아니라 그 소유에 병적으로 집착하는 것이다. 재물에서 물질주의로, 부를 지니는 것에서 부에 의지하는 것으로 변하는 것은 순식간이며, 많은 사람이 그렇게 된다. 그것은 어리석은 일이다. 재물은 안전하지 않기 때문이다. 바울이 괜히 "정함이 없는 재물"이라고 한 것이 아니다. 강도, 좀벌레, 녹, 인플레 등이 재물에 해를 끼친다. 많은 사람이 부자였다가 하룻밤 사이에 가난해진다. 아니면 예수님의 비유에 나오는 어리석은 부자처럼 아예 그 다음날 깨어나지 못한다.

재물에 소망을 두는 것은 어리석을 뿐 아니라 합당하지 않다. 우리의 소망은 어떤 물건이 아니라 어떤 분, 재물이 아니라 "오직 우리에게 모든 것을 후히 주사 누리게 하시는" 하나님이어야 하기 때문이다. 이것은 중요하다. 물질주의에 대한 기독교적 해독제는 금욕주의가 아니다. 금욕 자체를 위한 금욕은 창조주의 좋은 선물을 거부한다.

그렇다면 여기에 부자들이 노출되어 있는 두 가지 위험이 있다. 그것은 교만(가난한 자들을 멸시하는 것)과 물질주의(선물은 즐기면서 그것을 주신 분은 잊어버리는 것)다. 재물은 가장 고상한 두 가지 관계를 망쳐 놓을 수 있다. 우리로 하여금 하나님을 잊어버리게 하고, 동료들을 멸시하게 할 수 있다. 이러한 부정적인 경고들은 그 다음에 나오는 긍정적인 교훈을 받아들이게 한다.

검소함, 관대함, 자족함

가난해지는 것과 부유한 채로 지내는 것이라는 상반된 선택 사항을 살펴보고 거부한 후, 이제 세 번째에 이르렀는데, 이는 관대하고 자족하는 것이다. 사도 바울은 그리스도인들에게 이 두 가지를 권고한다. 물론 나는 이러한 접근법 자체가 세계의 빈곤 문제를 해결해 줄 거라고는 생각하지 않는다. 하지만 적어도 그것은 가난한 자들과의 연대를 적절히 표현한다.

관대함을 예로 들어 보자. 디모데전서 6:17-18의 골자는 인상적이다. "부한 자들을 명하여…많이 하고" 더 정확하게 말하면 "이 세대에 부한 자들을 명하여…선한 사업을 많이 하게 하라"는 것이다. 다시 말해, 그들이 가진 부를 다른 부에 더하게 하라는 것이다. 그들에게 "선을 행하고 선한 사업을 많이 하고 나누어 주기를 좋아하며 너그러운 자가 되라"고 말하라. 그러면 그들은 "우리에게 모든 것을 후히 주사 누리게 하시는" 관대한 우리 하나님을 따라 하게 될 것이다. 그들은 또한 예수님이 우리에게 촉구하셨듯이 하늘에 보물을 쌓을 것이다(19절).

하지만 북반구에 사는 우리가 자선 사업에 자발적으로 기부하는 액수를 '관대하다'고 말하기는 불가능하다. 미국은 영국보다 기부금을 더 많이 낸다.[33] 자선 구제 재단(Charities Aid Foundation: CAF)에 따르면, 2004년에 영국 사람의 23퍼센트만이 정기적으로 기부금을 냈다. 전반적으로 평균적인 영국 가정은 매주 1.70파운드를 기부한다. 이는 담배에 5파운드, 술에 6파운드, 외식에 30파운드를 쓰는 것과 비교되며, 지난 10년간 GDP 비례로 볼 때 25퍼센트 감소했다.[34]

그 다음으로, 관대함에 자족함을 추가해야 한다. 다른 사람들에게 관대하게 주고 나서 우리에게 남은 것에 불만을 갖는다면 앞뒤가 맞지 않는다. 바울은 디모데전서 6:6-10에서 다음과 같이 격찬한다.

그러나 자족하는 마음이 있으면 경건은 큰 이익이 되느니라. 우리가 세상에 아무것도 가지고 온 것이 없으매 또한 아무것도 가지고 가지 못하리니, 우리가 먹을 것과 입을 것이 있은즉 족한 줄로 알 것이니라. 부하려 하는 자들은 시험과 올무와 여러 가지 어리석고 해로운 욕심에 떨어지나니 곧 사람으로 파멸과 멸망에 빠지게 하는 것이라. 돈을 사랑함이 일만 악의 뿌리가 되나니 이것을 탐내는 자들은 미혹을 받아 믿음에서 떠나 많은 근심으로써 자기를 찔렀도다.

우리가 앞에서 살펴본 디모데전서 6장의 다른 단락은 '부한 자들'(17절)과 관련된 것인데, 이 단락은 "부하려 하는 자들"(9절), 즉 탐욕스러운 자들을 향한 것이다. 바울은 탐욕과 자족을 대조한다. 탐욕은 자멸적인 열망, 간절히 바라던 것을 소유해도 결코 만족되지 않는 갈망이다. 쇼펜하우어가 말했듯이 "금은 바닷물과도 같다. 더 많이 들이킬수록 더 목마르게 된다."[35] 예수님은 "탐심을 물리치라"고 경고하셨다. "탐심은 우상숭배니라"라고 바울은 덧붙였다(눅 12:15; 골 3:5; 참고 엡 5:5). 탐욕은 하나님을 사랑하는 데서 우리를 꾀어 내어 돈을 사랑하게 만든다. 그것은 많은 고통과 슬픔을 불러온다. "돈을 사랑함이 일만 악의 뿌리가 되기"(딤전 6:10) 때문이다.

한편, 자족은 내적 평강의 비결이다. 자족할 줄 아는 사람은 "우리가 세상에 아무것도 가지고 온 것이 없으매 또한 아무것도 가지고 가지 못하리니"(7절)라는 엄연한 진리를 기억한다. 사실 인생은 벌거벗은 두 순간, 즉 탄생과 장례 사이의 순례 여정이다. 그래서 우리는 가벼운 몸으로 여행하고, 검소하게 살아야 한다. 존 테일러 주교는 그것을 잘 표현했다. "'가난'이라는 단어가 우리 귀에 너무 부정적이고 극단적인 것처럼 들리기 때문에, 나는 '검소'라는 단어를 더 좋아한다. 그것은 올바른 점을 강조하기 때문이다.…우리의 원수는 소유가 아니라 과도한 소유다. 우리의 슬로건은 '무소유!'가 아니라 '충분하다!'는 것이다."[36] 검소는 "우리가 먹을 것과 입을 것이 있은즉 족한 줄로 알 것이니라"(8절)라고 말한다. 그리스도인에게 자족은 경건, 예수 그리스도 안에서 하나님을 아는 지식과 결합되어 있으며, "자족하는 마음이 있으면 경건은 큰 이익이 되기"(6절) 때문이다.

모든 부유한 그리스도인이 직면하는 세 가지 선택 사항을 살펴보았다. 우리는 가난해져야 하는가? 그렇지 않다. 반드시 그럴 필요는 없다. 분명 예수 그리스도는 지금도 젊은 부자 관원과 같은 일부 사람을 전적으로 자발적인 가난한 삶으로 부르시지만, 모든 제자에게 주시는 소명은 아니다. 그렇다면 우리는 부유한 채 있어야 하는가? 그렇지 않다. 그것은 지혜롭지 못할 뿐 아니라(교만과 물질주의의 위험 때문에) 실제로 불가능하다(우리는 관대하게 주어야 하며, 그러면 자연히 재물이 줄어들 것이기 때문이다). 이 둘 대신에 우리는 관대함과 자족함을 계발해야 한다.

이 시점에서, 우리 자신을 위해서나 다른 사람을 위해서 규칙과 규정을 정함으로써 바리새주의로 빠질 수 있다. 따라서 우리는 세 가지 '주의'를 피해야 한다. 물질주의(재물에 집착하는 것), 금욕주의(창조주의 선한 선물을 부인하는 금욕 생활), 바리새주의(서로를 규칙으로 속박하는 것)다. 그 대신에 원리에 충실하는 것이 지혜로운 일이다.

검소의 원리는 분명하다. 그 사촌은 자족이다. 검소는 필요한 것에 집중하는 것이며, 우리가 사용하는 것으로 측정할 수 있다. 그것은 창조주의 선물은 기뻐하지만, 낭비와 탐욕과 무절제는 미워한다. 그것은 잠언에 나오는 말처럼 "나로 가난하게도 마옵시고 부하게도 마옵시고 오직 필요한 양식으로 나를 먹이시옵소서"라고 말한다. 너무 많이 가지거나 너무 적게 가지는 것은 하나님과의 관계를 끊거나 하나님을 수치스럽게 할 수 있기 때문이다(30:8 이하). 그것은 사랑으로 하나님과 다른 사람들을 섬기는 일에서 마음을 다른 데로 돌리는 어떤 것으로부터도 자유롭고자 한다.

1974년 국제세계복음화대회를 끝맺으면서 채택한 로잔 언약에서 가장 논쟁이 되는 부분 중 하나는, 더 검소한 삶의 필요성과 관련이 있다. 그 부분은 이렇게 되어 있다. "우리 모두는 수많은 사람의 가난에 충격을 받고 그것을 유발하는 불의에 마음이 상했다. 우리 가운데 부유한 환경에 사는 사람들은 구제와 복음 전도에 더 관대하게 기부할 수 있도록 검소한 생활 방식으로 살아갈 의무가 있음을 받아들인다."[37] 바로 이 말의 함의를 분명히 밝히기 위해, 1980년에 검소한 생활 방식에 대한 국제 협의회(International Consultation on Simple Lifestyle)가 열렸다. 그리고 "검소한 생활 방식에 대한 복음주의의 헌신"(An Evangelical Commitment to Simple Lifestyle)이라는 글을 발표했는데, 그중 제5단락은 주의 깊게 연구해 볼 만하다. 제5단락에는 "개인적 생활 방식"이라는 제목이 붙어 있으며, '검소'라는 개념을 전개한다. 그것은 "개인의 생활, 의복, 주택, 여행, 교회 건물에서 낭비를 중단하고 사치를 반대하기로" 하는 일반적인 결의를 포함한다. 그러나 그것은 무심결에 소극적 금욕주의를 드러내지는 않는다. 그와 반대로, 그것은 로널드 사이더(Ronald Sider) 박사의 "복음 전도와 정의를 위해 더 검소하게 살기"라는 글에 나오는 여러 중요한 구분을 채택한다. "우리는 또한 필수품과 사치품, 창의적인 취미와 공허한 지위의 상징, 소박함과 허영, 특별한 축전과 통상적인 관례, 하나님을 섬기는 것과 유행의 종이 되는 것을 구별할 것을 받아들인다."[38] 요점은, 검소하게 살면서도 즐거움을 누릴 수 있다는 것이다.

하지만 검소한 삶은 자신의 수입을 넘어서는 생활, 즉 값을 치를 여유가 없는 것을 구입하려고 돈을 빌리는 것과는 양립할 수 없다. 2004년 10월 BBC 뉴스에서는 "미국은 분수에 넘치는 삶을 살고 있다"고 보도했다. 개인의 부채 부담이 9조 7천억 달러에 이른다는 것이다.[39] 영국에서 개인 부채 총액은 2004년 7월에 1조 파운드에 이르렀다. 이것은 1997년의 5천억 파운드에서 상승한 것이다.[40] 영국의 가계 부채는 주택 등의 대출금을 제외하고 현재 평균 7천 파운드에 이른다.[41] 하지만 이러한 평균치는 극단적 경우들을 가리고 있다. 소비자 신용 상담 서비스에 걸려 오는 전화 건수는 2004년 처음 6개월간 3분의 1 이상 증가하여 9만 통에 이르렀으며, 전화를 건 사람들은 평균 2만 5천 파운드(주택 대출을 제외하고)의 부채를 안고 있다. 2004년에 영국의 전국소비자위원회(National Consumer Council)는 국민의 20퍼센트는 단지 가계를 꾸려 나가기 위해 돈을 빌리며, 25퍼센트는 각종 고지서와 신용카드 대금을 납부하느라 쩔쩔맨다고 보고했다.[42] 역사상 유례없이 이율이 낮은 때에 상황이 이러하다면,[43] 앞으로 이율이 조금이라도 오르면 문제가 더 커질 것이다. 특히 영국 가구의 28퍼센트는 저축해 놓은 돈이 전혀 없기 때문에 더 심각하다.[44] 희년센터(Jubilee Center) 연구 논문인 "빚에 빠진 가정들"(Familie in Debt)은 "일관적이고 대단히 합리적인 정책 발의의 토대를 제공하는" 세 가지 주요 성경 원리를 강조하는데, 부채 문제를 예방하고 해결하는 것이 포함되어 있다. 그 원리는 '정의'(빌려 주는 자와 빌리는 자 모두 책임을 심각하게 받아들이는 것), '자비'(빌려 주는 자가 좋은 조언을 해주고, 채무 불이행자를 관대하게 대하는 것), '희망'(채무의 덫에서 궁극적으로 구조될 전망)이다.[45] 자선 기관인 크레딧 액션(Credit Action)은 지지와 조언을 통해 우리 사회 부채 문제에 필요한 기독교적 반응을 제공한다.[46]

검소함의 원리가 명백하다면, 관대함의 원리 역시 마찬가지다. 요한은 그것을 이와 같은 말로 표현한다. "누가 이 세상 재물을 가지고 형제의 궁핍함을 보고도 도와 줄 마음을 닫으면 하나님의 사랑이 어찌 그 속에 거하겠느냐"(요일 3:17). 하나님은 관대하신 하나님이다. 그분의 사랑이 우리 안에 거한다면, 우리는 우리가 '가진' 것(소유물)을 우리가 '보는' 것(다른 사람들의 필요)과 관련시켜 행동을 취할 것이다.

하나님이, 우리가 검소한 생활 방식을 영위하게 하시고, 더 관대해지게 하시고, 자족하며 살도록 도우시기를!

4부
인간

12
여자와 남자

여성 억압은 너무 오랫동안 만연되어 왔기 때문에, 남성 지배적 사회가 보상해 주어야 한다. 이 주제에 대해 생각하면서 나는 온갖 다양한 관점과 이데올로기를 가진 여성들의 말에 도전을 받았다. 나는 그들의 상처, 좌절, 격분을 이해하려 애썼다. 또한 성경에 귀를 기울이려 애썼으며, 그렇게 양쪽에 귀를 기울이는 것이 대단히 힘들다는 것을 알게 되었다. 하지만 그렇게 하면 어떻게든 그 문제와 관련시키려고 성경의 가르침을 부인하지도, 그런 도전들을 무시하고 그런 도전에 깊은 영향을 받은 사람들에게 둔감한 채 성경만 주장하지도 않게 된다.

20세기에 여성의 지위는 변화되었다. 특히 서구에서 그랬다. 세계 여러 나라에는 여전히 이러한 근본적 변화가 일어나지 않고, 여성들이 소유물 취급을 당하면서 자신의 운명을 스스로 결정하지 못하는 경우가 많다. 나는 인권에 대한 장과 세계의 빈곤에 대한 장에서 이러한 이슈들에 대해 더 다루었다. 하지만 서구에서는 상황이 달라졌다. 적어도 달라지기 시작했다. 여성 참정권론자들의 용감한 운동 덕에 이미 1918년에 영국 여성들이 투표권을 얻었다는 것을 생각하면 놀라운 일이다.

1960년대에 들어서자 문화적·법적·경제적·정치적 규범의 변화가 가속화되었다. 여성 혁명 이후 몇몇 핵심 사상가들이 현재 상황이 여성들에게 불필요하게 가부장적이고 부당하다고 도전했다. 저메인 그리어(Germaine Greer) 같은 저술가들은 극단적이고 저속한 표현을 쓰는 경향이 있었음에도 두각을 나타냈는데, 「거세된 여자」(Female Eunuch, 1970)라는 책에서는 여성들이 "참으로 억압받는 다수"[1]라고 주장했다. 남성들은 여성들의 정체성을 대단히 품위 없는 방식으로 규정했다. 특히 여성을 성적 대상으로 볼 때 더욱 그랬다. 미국에서는 케이트 밀레트(Kate Millett)가 「성적 정치학」(Sexual Politics)[2]으로 남성과 여성 간의 힘의 분배라는 가열된 논쟁에 기름을 부었다. 캐롤 길리건(Carol Gilligan)이 쓴 「다른 목소리로: 심리학 이론과 여성의 발전」(In a Different Voice: Psychological Theory and Women's Development)은 남성과 여성의 심리학을 새롭게 이해하고자 하는 사람들의 필독서가 되었다.[3]

1970년대 미국 주요 회사의 최고 경영진은 99퍼센트가 남성이었다. 당시 회사에 들어간 젊은 여성은 자신이 고참이 될 무렵이면 그 비율이 자신에게 유리하게 바뀔 것이라고 믿을 수 있었고, 25년이 지나자, 주요 회사의 최고 경영진 중 95퍼센트가 남성이었다. 이런 추세라면, 2270년이 되기 전에 여성과 남성이 평등하게 주요 회사의 최고 경영진이 될 것이다. 미국 국회에서는 1990년대 중반에는 하원의원 중 6퍼센트가 여성이었는데, 이는 1950년의 2퍼센트에서 3배로 늘어난 것이다. 이런 추세라면, 미국 국회는 2500년에 남성과 여성이 평등을 이룰 것이다.[4] 하지만 그런 중에도 마가렛 대처, 베나지르 부토, 골다 마이어, 인디라 간디, 마리 로빈슨, 에디트 크레송 등이 자기 나라에서 지도자가 되었다.

1970년대가 되자 법령 제정에서 변화가 일어났는데, 그로 인해 사회에서 실제로 여성의 지위가 달라지기 시작했다. 영국에서는 1970년에 남녀동일임금법이 통과되었으며, 1975년에는 남녀차별법(Sex Discrimination Act)으로 교육, 채용, 광고에서 여성을 차별하는 것을 불법으로 규정했다. 고용보호법(The Employment Protection Act, 1975)은 여성이 임신을 했다는 이유로 해고하는 것을 불법으로 규정했다.

1960년대 이래, 사회는 여성에게 점점 더 열렸으며, 여성들은 남성들과 나란히 은사와 부르심을 탐구할 수 있게 되었다. 하지만 많은 여성이 기회든 수입이든 노동 시장에서의 대우든 실제로는 여전히 남녀가 평등하지 않고, 더 개혁이 필요한 영역들이 있다고 지적한다. 여성의 승진을 부당하게 막는 '유리 천장'(glass ceiling: 여성들의 고위직 진출을 막는 보이지 않는 장벽을 뜻하는 말로, 여성 직장인들의 승진 최상한선을 의미-편집자 주), 조건이 열악한 가난한 여성들이 하는 착취적인 비상근 업무, 직장 내 성희롱과 가정 폭력은 부끄럽게도 여전히 우리의 '세련된' 사회 전역에 퍼져 있다.

재닛 레드클리프 리처드(Janet Radcliffe Richard)는, 페미니즘은 "여성들이 성별 때문에 제도적이고 사회적인 불의로 고통을 받는다"는 확신에서 나온 것이라고 보았다. 그러므로 그것은 "성별에 근거한 불의를 철폐하는 운동"[5]이었다. 이 같은 정의에 대한 외침에 모든 그리스도인이 주의를 기울여야 한다. 정의는 하나님이 주신 권리에 관심을 갖기 때문이다.

페미니즘을 대체로 비기독교적인 운동으로 여기는 것은 잘못이다. 일레인 스토키(Elaine Storkey)는 역사적이며 사회학적인 개관서 「페미니즘의 옳은 점」(*What's Right with Feminism*)[6]이라는 훌륭한 책에서 이러한 오류를 바로잡았다. 그녀는 세속 페미니즘의 세 가지 주된 흐름—자유주의적, 마르크스주의적, 급진적—을 분석하고 긍정적인 통찰들을 인정하면서도 인간의 자율성에 대한 계몽주의적 관점은 부적절한 것으로 여겨 받아들이지 않았다. 그러나 페미니즘에 대한 기독교의 반응에도 적절하지 않은 것들이 있었다. 일부는 페미니즘이 비기독교적이라며 즉각 거부했다. 다른 일부는 반대 극단으로 페미니즘을 구원에 이르는 필수적인 요소로 보거나 여성 중심 종교로 재규정하려 함으로써 기독교 후기(post-Christian)의 입장에 편승했다. 일레인 스토키는 '제3의 길'로 결론을 맺는데, 성경적 페미니즘의 기원을 종교개혁으로 보며, 그 신학적 토대를 규정한다. 책의 마지막 단락에서 그녀는 "기독교적 페미니즘 프로그램이 분명 쉽지는 않을 것"[7]이라고 했다.

지금까지 살펴본 모든 내용의 기저에 있는 비판은 현대의 휴머니즘과 **남성들이**

기준을 정하는 휴머니즘에 대한 것이다. 기독교적 정의(定義)를 회복하기를 바란다. 하나님의 견지에서 여성들이 어떤 대우를 받아야 하는지 분별하고, 여성의 품위를 떨어뜨리고 평가 절하하는 사회를 여성의 존엄성과 평등과 인간다운 인간이 될 자유를 인정하는 사회로 바꾸는 것이다. 하나님은 사람을 남자와 여자로 창조하셨으며, 이 차이는 언제나 존재할 것이다. 그러나 여성들이 삶의 너무 많은 영역에서 성별로 인해 불이익을 당해야 할 필요는 없다. 그리스도인 페미니스트들은 그들의 신앙 전통을 따라, 자신의 동기나 관심사 때문이 아니라 해방이 절실히 필요한 사람들을 진정으로 돕기 위해 일하고 기도할 것이다. 그 프로그램은 위압적일 수도 있다. 하지만 그렇게 하지 않으면 여성들은 인간 이하의 취급을 받는다.[8]

그렇다면 모든 형태의 페미니즘—비기독교적이든, 기독교적이든, 기독교 후기적이든—은 교회에 긴급한 과제를 던진다. 페미니즘을 유행을 좇는 교회들이 편승하는 세속적 시류쯤으로 무시해 버릴 수 없다. 페미니즘은 창조와 구속, 사랑과 정의, 인류애와 사역에 대한 것이다. 그것은 우리로 하여금 몇 가지 엄중한 질문을 던지게 한다. 남성과 여성 모두에 관해 '정의'란 무엇을 의미하는가? 하나님은 우리가 어떤 관계를 맺고 어떤 역할을 하기를 바라시는가? 우리의 남성성과 여성성의 의미는 무엇인가? 우리는 자신의 참된 정체성과 존엄성을 어떻게 발견하는가? 나는 이러한 민감한 주제들에 대한 성경의 가르침을 요약하고 종합하면서 네 가지 중대한 단어에 초점을 맞출 것이다. 그것은 평등, 상호 보완, 책임, 사역이다.[9]

남성과 여성의 평등

맨 처음, 즉 창세기 1장에서 시작하는 것이 매우 중요하다.

평등은 창조에 기초한다

하나님이 이르시되 우리의 형상을 따라 우리의 모양대로 우리가 사람을 만들고 그들로 바다의 물고기와 하늘의 새와 가축과 온 땅과 땅에 기는 모든 것을 다스리게 하자 하시고,

하나님이 자기 형상 곧 하나님의 형상대로 사람을 창조하시되 남자와 여자를 창조하시고,

하나님이 그들에게 복을 주시며 하나님이 그들에게 이르시되 생육하고 번성하여 땅에 충만하라. 땅을 정복하라. 바다의 물고기와 하늘의 새와 땅에 움직이는 모든 생물을 다스리라 하시니라. (1:26-28)

하나님의 결의("우리가 사람을 만들고…그들로…다스리게 하자")와 하나님의 창조("하나님이…창조하시고")와 하나님의 축복("생육하고…땅에 충만하라. 땅을 정복하라")을 결합하면, 여기에서 강조점이 무엇인지 알 수 있다. 그것은 인간에 대한 세 가지 근본 진리로, 하나님이 인간을 자신의 형상으로 만드셨으며(지금도 만드시며), 그들에게 번식이라는 즐거운 과업을 주시어 그들을 남자와 여자로 만드셨고(지금도 만드시고), 그들에게 땅과 그 피조물을 다스리게 하셨다는 것(지금도 그리하신다는 것)이다. 그래서 처음부터 '사람'은 '남성과 여성'이었으며, 남자와 여자는 하나님의 형상과 땅에 대한 지배권을 대등하게 받았다. 본문에는 남성과 여성 중 어느 한쪽이 다른 한쪽보다 하나님을 더 많이 닮았다든가, 어느 한쪽이 다른 한쪽보다 땅에 대해 더 많은 책임이 있다는 암시가 없다. 그렇지 않다. 하나님을 닮은 것과 하나님의 땅에 대한 청지기직(그것들은 밀접하게 관련되어 있기는 하지만 혼동해서는 안 된다)은 남성과 여성이 처음부터 대등하게 공유한 것이다. 남성과 여성 모두 하나님을 닮도록 하나님에 의해 대등하게 창조되었기 때문이다.

게다가 27절에 나오는 하나님의 창조에 대한 3중 천명은 그저 시적인 반복법이 아니다. 분명 우리가 파악하도록 의도적으로 신중하게 강조하고 있다.

두 번에 걸쳐 하나님이 사람을 그분의 형상으로 만드셨다고 주장하며, 세 번째에는 하나님의 형상이라는 말이 '남자와 여자'라는 말로 대체되어 나온다. 우리는 본문에서 보증하는 것 이상을 추측하지 않도록 주의해야 한다. 하지만 남성과 여성 모두 하나님의 형상을 지니고 있다면(그렇다고 강력하게 천명하고 있으므로), 이것은 우리의 인성(신성을 반영하는 진정한 인간됨)뿐 아니라 우리의 복수성(삼위일체 위격들을 연합시켜 주는 사랑을 반영하는 우리의 사랑의 관계)과, 가장 넓은 의미에서는 우리의 성별도 포함한다. 하나님이 인류를 그분의 형상으로 만드실 때 남자와 여자로 만드셨으므로, 하나님의 존재 안에 인간의 '남성'뿐 아니라 '여성'에 해당하는 무엇이 있다고 말한다면 지나친 것일까?

그래서 우리는 성경에서의 남성 편향을 근절하는 이름으로 하나님을 가리키는 양성적 언어를 창조해서는 안 된다. 우리가 하나님을 여성적—그리고 특히 모성적—견지로 말하는 성경 본문들에 충분히 무게를 두어 살펴보아야 하는 이유는, 그 본문들이 그분의 '아버지 되심'의 본질과 특성을 조명하는 데 도움이 되기 때문이다. 예를 들어, 모세의 노래에 따르면 여호와는 "너를 낳은 반석"(the Rock who fathered you)일 뿐 아니라 "너를 내신 하나님"(the God who gave you birth)이다. 이는 그분이 이스라엘의 아버지이기도 하고 동시에 어머니이기도 하다는 놀랄 만한 진술이다. 따라서 이스라엘은 보호하시는 하나님의 신실하심을 확신할 수 있었다. 비록 인간 어머니는 "그 젖 먹는 자식을 잊겠으며 자기 태에서 난 아들을 긍휼히 여기지 않을" 수 있지만, 여호와는 "나는 너를 잊지 아니할 것이라"고 약속하셨다. 그분은 자기 백성을 끝없이 사랑하고 위로하실 것이다. "어머니가 자식을 위로함 같이 내가 너희를 위로할 것인즉." 게다가 이 본문들에서 여호와가 자신을 자기 백성 이스라엘의 어머니로 계시하실 때, 이스라엘 사람들은 그러한 관계에 들어갈 자유가 있다고 느꼈다. 심지어 시편 기자는 자신이 조용히 하나님을 신뢰하는 것을 젖뗀 아이가 겸손히 의지하는 것에 비유했다. 예수님도 하나님을 동전을 잃어버린 여인에 비유하고, 회개하지 않는 예루살렘을 보고 괴로워하는 자신을 암탉이 새끼를 날개 아래 모으려 하는 것에 비유하면서, 이따금씩 여성의 이미지를 사용하셨다(신 32:18; 참고. 사 42:14; 사 49:15; 66:13; 시 131:1 이하; 눅 15:8 이하; 마 23:37).

창조 이야기로 돌아오면, 성경 첫 장부터 쭉 양성의 근본적인 평등성을 천명한다. 남성과 여성 모두 안에 있는 본질적인 인성은 우리가 평등하게 지니고 있는 하나님의 형상을 반영한다. 그리고 우리는 땅을 다스리도록, 공동의 유익을 위해 창조주와 협력하여 땅의 자원을 개발하도록 평등하게 부름받는다.

평등은 타락으로 왜곡되었다

하지만 이 태고의 성적 평등성은 타락으로 왜곡되었다. 하나님이 우리의 불순종한 선조들에게 내리신 심판의 일부는 여자를 향한 것이다. "너는 남편을 원하고 남편은 너를 다스릴 것이니라." 그리하여 남성과 여성은 서로 어느 정도 소외를 경험할 것이다. 서로 평등하고 서로 보완해 주는 대신에(앞으로 살펴볼 것이다), 한쪽이 다른 한쪽을 다스릴 것이다. (바울에 따르면) 설령 양성의 상호 보완이 처음부터 어느 정도 남성의 '머리됨'을 포함하더라도(이것은 후에 살펴볼 것이다) 결코 독재적이거나 억압적인 것으로 의도되지는 않았다. 남자가 여자를 지배하는 것은 창조로 인한 것이 아니라 타락으로 인한 것이다.

남성들은 이러한 하나님의 심판을 하나님이 결코 의도하시지 않은 방식으로 여성들을 학대하고 복종시키는 구실로 악용해 왔다. 그런 예는 여러 문화권에서 찾아볼 수 있다. 네 가지만 예를 들어 보겠다. 첫째로, 간디의 자서전에 나오는 말이다. "힌두교도 남편들은 자신을 자기 아내의 주인이며 권위자로 간주한다. 그의 아내는 항상 그의 비위를 맞추어야 한다."[10] 둘째로, "여자"라는 제목이 붙어 있는 코란 4장을 보자. "남자들은 여자들을 제압하는 권위를 지니는데, 이는 알라가 남자를 여자보다 우월하게 만들었기 때문이다.…불순종하지 않을까 우려되는 자들은 훈계하고, 잠자리를 따로 하고, 때리라."[11] 셋째는 에스키모인이다. 레이먼드 드 코콜라(Raymond de Coccola)는 가톨릭 선교사로서 12년간 캐나다 북극의 크랑말릿(Krangmalit) 종족과 함께 살면서 그들을 잘 알게 되었다. 그는 에스키모인 사냥꾼이 암늑대나 암여우에게 쓰는 단어를 여성을 지칭하는 말로 사용했을 때 충격을 받았다. 그는 이렇게 회상했다. "온갖 종류의 천한 일을 하도록 훈련된 에스키모 여자는 보통 남자들의 약점과 욕구를 잘 참았다. 하지만 나는 주종 관계처럼 보이는 사냥꾼과 그 아내의 관계에 여전히 익숙해질 수가 없다."[12] 넷째로는 서구의 타락을 보여 주는 주요 상징인 포르노를 들 수 있다. 거기에서 여성은 남성의 학대와 폭력의 대상이 된다.

이것들은 여성에 대한 불법적인 착취의 예다. 구약에서 남편은 분명 씨족의 족장이며 '바알'(Ba'al, 주 혹은 통치자)이었다. 하지만 여성들은 멸시나 학대를 받지 않았다. 그들은 언약 공동체에서 없어서는 안 될 존재로 간주되었으며, 공적인 토라 낭독을 듣고 예배에 참여하기 위해 '남녀와 어린이'가 함께 모였다(예를 들면, 신 31:12). 결혼은 이스라엘에 대한 여호와의 사랑을 모형화한 것으로 대단히 존중했으며, 성적 사랑의 아름다움을 찬미했고(아가서에서), 한나, 아비가일, 나오미, 룻, 에스더같이 경건하고 진취적인 여성들을 칭송했고(예를 들면, 잠 31장), 과부를 돌봐야 한다는 지침을 끊임없이 강조했다.

하지만 예언자들은 본래의 양성 평등이 재천명될 새 언약의 때를 고대했다. 하나님은 아들과 딸, 남종과 여종을 포함한 모든 육체에 그분의 성령을 부어 주실 것이기 때문이다. 성별 때문에 자격을 상실하는 일은 없을 것이다.

예수님은 평등을 긍정하셨다

때가 차매 예수님이 여자의 몸에서 나셨다(갈 4:4). 개신교도들은 로마 가톨릭이나 동방 정교회가 성모 마리아에게 보이는 것과 같은 과장된 숭배를 피하려고 노심초사하지만, 마리아를 존중하지 않는 반대 극단도 피해야 한다. 천사 가브리엘이 그녀에게 "은혜를 받은 자여"라고 말했다면, 그녀의 사촌 엘리사벳이 "여자 중에 네가 복이 있으며"라고 말했다면, 마리아가 낳은 위대한 아들 때문에 우리는 그녀에 대해 그들과 똑같은 견지에서 생각하고 말하기를 부끄러워하지 않아야 한다(눅 1:28, 42).

타락으로 잃어버린 여성의 존엄성을 회복시키는 것은 예수님이 여자에게 나셨다는 사실뿐 아니라 여자들을 대하시는 그분의 태도에 있다. 예수님은 여행을 할 때 모두 남자였던 사도들 외에도 한 무리의 여자들과 동행하셨다. 그들은 예수님께 고침받고 자신들의 재산으로 그분이 쓰실 것을 공급했다. 다음으로 그분은 야곱의 우물에서 한 사람과 말씀하셨는데, 그 사람이 여자이자 사마리아인이자 죄인으로서 3중으로 무자격자였지만, 사실상 그녀와 신학적 토론을 벌이셨다. 간음하다 잡힌 여자와 그러셨던 것과 비슷하다. 그분은 그녀를 온유하게 대하셨으며, 정죄하지 않으셨다. 그리고 식탁에 기대어 있을 때 창기가 그분 뒤로 와서 발을 눈물로 적시고, 그녀의 머리털로 씻고, 그 발에 입맞추도록 허용하셨다. 그분은 그녀의 사랑을 받아들이셨으며, 그 사랑을 죄사함에 대한 감사로 해석하셨다. 그분은 나쁜 평판을 받을 위험을 감수하셨으며, 자신을 초청한 사람이 은연중에 보인 무언의 분노를 무시하셨다. 그분은 아마도 그녀를 존중해 준 최초의 남자였을 것이다. 이전에 남자들은 그녀를 이용하기만 했다(눅 8:1 이하; 막 15:41; 요 8:1 이하; 눅 7:36 이하).

그분이 공개적으로 죄많은 여성을 받아들이신 경우가 세 번 있었다. 유대인 남성은 길에서 여성과 말하는 것이 금지되어 있었다. 자기 아내나 딸이나 누이라도 마찬가지였다. 여성에게 율법을 가르치는 것 역시 불경한 것으로 간주되었다. 탈무드에서는 율법을 여성에게 맡기느니 차라리 율법의 말씀을 불태우는 것이 낫다고 말한다. 하지만 예수님은 그런 전통과 인습을 깨뜨리셨다. 베다니의 마리아가 예수님 발치에 앉아 그분의 가르침을 들었을 때, 그분은 마리아가 해야 할 한 가지 일을 하고 있다고 칭찬하셨으며, 또 다른 마리아는 부활의 첫 증인으로 높이셨다.[13] 이 모든 것은 전례 없는 일이었다. 예수님은 논쟁을 벌이거나 세상에 널리 알리지 않으시고 타락의 저주를 끝내셨으며, 여성에게 부분적으로 상실되었던 고귀함을 다시 부여하셨고, 새로운 하나님 나라 공동체에 성적 평등이라는 창조의 원래 복을 회복하셨다.

바울은 평등을 경축했다

사도 바울이 이것을 파악했다는 것은 그리스도인의 자유에 대한 그의 위대한 헌장에 분명하게 나타나 있다. "너희는 유대인이나 헬라인이나 종이나 자유인이나 남자나 여자나 다 그리스도 예수 안에서 하나이니라"(갈 3:28). 이것은 유대인과 헬라인이 그 물리적 차이, 심지어 문화적 독특성을 잃었다는 의미가 아니다. 그들은 여전히 서로 다르게 말하고 입고 먹었기 때문이다. 또한 종과 자유인이 사회적 차이를 잃었다는 것도 아니다. 대다수 종은 종으로 남아 있었으며, 자유인은 자유인으로 남아 있었기 때문이다. 또한 남자가 남성됨을 잃어버리고 여자가 여성됨을 잃어버렸다는 의미도 아니다. 그것은 하나님 앞에서 우리의 지위에 관한 것으로, 우리가 '그리스도 안에' 있으며 그분과 공통의 관계를 누리고 있기 때문에 인종적·민족적·사회적·성적 구별은 부적절하다는 의미다. 모든 종족과 인종 그리고 양성 모두 하나님 앞에서 평등하다. 전후 문맥은 오직 믿음으로 말미암아 은혜로만 의롭게 된다는 것이다. 그것은 믿음으로 그리스도 안에 있는 모든 사람이 인종이나 성별이나 계층에 따라 구분이나 차별이나 편애를 받지 않고 평등하게 받아들여지며, 평등하게 하나님의 자녀임을 천명한다. 그러므로 성 역할에 대해서는 나중에 논의해야겠지만, 어떤 성이 다른 성에 비해 우월하거나 열등하다는 것은 있을 수 없다. 하나님과 그리스도 앞에서는 "남자나 여자나 다" 평등하다.

창조로 확립되었으나 타락으로 왜곡된 성적 평등은 그리스도 안에 있는 구속으로 회복되었다. 구속은 타락을 바로잡아 준다. 그것은 창조를 회복하고 재확립한다. 따라서 남성들과 여성들은 하나님 앞에서 지닌 가치라는 면에서 완전히 평등하다. 하나님에 의해 하나님의 형상으로 평등하게 창조되었고, 믿음으로 말미암아 은혜로 평등하게 의롭다 함을 받았으며, 부어 주시는 성령에 의해 평등하게 중생했다. 다시 말해, 예수님의 새로운 공동체에서 우리는 하나님의 형상을 평등하게 공유하고 있고, 그리스도 안에서 그분의 은혜를 받은 평등한 후사이며(벧전 3:7), 그분의 성령이 평등하게 내재하시는 존재다. 이러한 삼위일체적 평등(우리가 성부, 성자, 성령 안에 공동으로 관계하는)을 그 어떤 것도 파괴할 수 없다. 여러 문화권의 그리스도인들과 교회들은 그것을 부인해 왔다. 하지만 그것은 파괴할 수 없는 복음의 실제다.

상호 보완

남성과 여성은 평등하지만, 같지는 않다. 평등과 정체성을 혼동해서는 안 된다. 우리는 서로 다르며, 심리학적으로나 생리학적으로나 성별이라는 독특한 특성을 갖고 상대방을 보완해 준다. 이 사실은 사회 내에서 우리가 맡은 서로 다른 그리고 적합한 역할에 영향을 미친다. 존 하워드 요더(J. H. Joder)가 썼듯이, "가치의 평등이 역할의 동일성은 아니다."[14]

하지만 남성과 여성의 역할을 살펴볼 때, 특정한 문화가 발전시켜 온 판에 박힌 성 역할을 모세가 십계명과 함께 시내 산에서 가지고 내려온 것으로 생각하거나 무비판적으로 묵인하지 않도록 주의해야 한다. 이것은 성경과 관습을 심각하게 혼동하는 것이다.

여성은 정해진 역할에 들어맞아야 한다는 기대에 대해 페미니스트들이 저항하는 것도 이해할 만하다. 남성이 아니면 누가 그 틀을 만들었겠는가? 이것이 바로 미국인 저술가 베티 프리댄(Betty Friedan)이 동일한 제목의 책(1963)에서 말한 '여성의 신화'라는 말의 의미다. 그것은 남성 지배적 사회가 강요한 이미지다. 그녀는 이렇게 썼다. "오늘날 여성 문제의 핵심은 성적인 것이 아니라 정체성의 문제다. 즉, 여성의 신화로 영속화되는 성장의 저지 혹은 회피가 문제다.…우리의 문화는 여성이 인간으로서 성장하고 자신의 잠재력을 충분히 발휘하고자 하는 기본적 필요를 받아들이거나 충족하는 것을 허용하지 않는다."[15] 모성은 실로 신적 소명이며 커다란 희생을 요구한다. 하지만 그것만이 여성의 유일한 소명은 아니다. 여성이 사회에 공헌하도록 부름받을 수 있는 똑같이 중대하고 똑같이 이타적인 다른 봉사도 있다.

성경에는 이를테면 여성은 자신만의 직업을 갖거나 자기 생활비를 벌 수 없다고, 혹은 결혼한 여성이 장 보기와 요리와 청소를 전담하고 남편은 아무것도 하지 않고 아내의 노동으로 덕을 보는 수혜자로 남아야 한다고, 혹은 아이를 키우는 일은 남성들은 침해해서는 안 되는 여성들만의 영역이라고 시사하는 구절이 전혀 없다. 여성의 영역을 '아이, 부엌, 교회'(Kinder, Küche und Kirche)로 제한하는 독일 속담은 뻔뻔스러운 남성 우월주의의 한 예다. 성경은 이러한 노동의 구분에 대해 침묵한다. 그렇다면 성경은 성 역할과 관계에 대해서 뭔가를 말하고 있기는 한가?

의심할 바 없이 하나님의 의도적인 섭리로 우리는 서로 다른 두 가지 창조 이야기를 알게 되었다. 창세기 2장은 창세기 1장을 보완하고 풍성하게 해준다.

> 여호와 하나님이 이르시되 사람이 혼자 사는 것이 좋지 아니하니 내가 그를 위하여 돕는 배필을 지으리라 하시니라.
>
> 여호와 하나님이 흙으로 각종 들짐승과 공중의 각종 새를 지으시고 아담이 무엇이라고 부르나 보시려고 그것들을 그에게로 이끌어 가시니 아담이 각 생물을 부르는 것이 곧 그 이름이 되었더라. 아담이 모든 가축과 공중의 새와 들의 모든 짐승에게 이름을 주니라.
>
> 아담이 돕는 배필이 없으므로 여호와 하나님이 아담을 깊이 잠들게 하시니 잠들매 그가 그 갈빗대 하나를 취하고 살로 대신 채우시고 여호와 하나님이 아담에게서 취하신 그 갈빗대로 여자를 만드시고 그를 아담에게로 이끌어 오시니. (창 2:18-22)

이 두 번째 창조 기사에 드러나 있는 것은 하나님은 남자와 여자를 평등하게 창조하셨지만, 또한 그들을 서로 다르게 창조하셨다는 것이다. 창세기 1장에서는 남성성과 여성성이 하나님의 형상과 관련되어 있는 반면, 창세기 2장에서는 서로와 관련되어 있다. 하와는 아담에게서 나오고 아담에게로 이끌려 갔다. 창세기 1장에서는 양성의 평등성을 선포한다. 창세기 2장은 그 '평등'이 '동일성'이 아니라 '상호 보완'(곧 보겠지만 여기에는 일정한 남성의 머리됨이 포함된다)을 의미한다는 점을 분명히 한다. 우리가 유지하기 어렵다고 생각하는 것은 바로 이러한 '평등하지만 다른' 지위다. 하지만 그 둘은 상반된 것이 아니다. 그들은 성경 계시의 필수적인 측면으로서 서로에게 속해 있다.

남성과 여성은 평등하기 때문에(창조에 의해 그리고 그리스도 안에서), 어느 한 성이 열등하지 않다는 것은 의문의 여지가 없다. 그들은 상호 보완적이기 때문에, 그들이 서로 동일하지 않다는 것도 의문의 여지가 없다. 게다가 이러한 2중의 진리는 남성-여성의 관계와 역할을 조명해 준다. 남성과 여성은 하나님에 의해 평등한 존엄성을 갖도록 창조되었기 때문에, 서로 존중하고 사랑하고 섬기되 서로를 무시해서는 안 된다. 남성과 여성은 서로 상호 보완적으로 창조되었기 때문에, 서로의 차이점을 인정하되 상대방의 독특성을 제거하거나 침해하려 해서는 안 된다.

매튜 헨리(Matthew Henry)가 하와의 특별한 창조에 대해 해설하면서 정교하고 깊이 있게 쓴 것은 300년도 더 된 일이다. 그녀는 "아담 위에 올라가라고 그의 머리에서 만들어지지도, 그에게 짓밟히라고 그의 발에서 만들어지지도 않았다. 그와 대등하도록 그의 옆구리에서, 그의 보호를 받도록 그의 팔 아래에서, 그리고 사랑을 받도록 그의 심장 근처에서 만들어졌다." 아마 이러한 생각은 피터 롬바드(Peter Lombard)에게서 힌트를 얻었을 것이다. 롬바드는 1157년경 파리의 주교가 되기 직전에 「금언서」(Book of Sentences)에서 이렇게 썼다. "하와는 아담의 종이 되도록 그의 발에서 나오거나 그의 주인이 되도록 그의 머리에서 나온 것이 아니고, 그의 동반자가 되도록 그의 옆구리에서 나왔다."[16]

상호 보완성의 의미를 자세히 설명하려 할 때, 어떤 식으로 양성이 서로 보완되는지 설명하려 할 때, 남성과 여성의 특성을 규정하려 할 때, 우리는 어려움을 느낀다. 페미니스트들은 심기가 불편해진다. 그들은 여성성을 정의하려는 시도에 의혹의 눈초리를 보낸다. 보통 자신들의 취향에 맞는 정의를 확보하는 데 기득권을 가진(혹은 적어도 가질 수 있는) 남성들이 그러한 정의를 내리기 때문이며, 앞에서 보았듯이 많은 성적 특성이 본래부터 있던 것이 아니라 사회적 압력에 의해 확립된 것이기 때문이다. 재닛 레드클리프 리처드가 말했듯이, 페미니스트들은 "여성들이 남성들과 그처럼 다른 것은 본성상 그런 것이 아니라 계략에 의해 그렇게 된 것"[17]이라고 생각한다.

　아마도 이러한 정체성 혼란으로 인해 사람들은 자신의 문제를 해결한다고 주장하는 규범서와 프로그램을 선호할 것이다. 존 그레이(John Gray) 박사의 「화성에서 온 남자 금성에서 온 여자」(Men are from Mars, Women are from Venus, 동녘라이프)는 경이로운 성공을 거두었다. 그가 볼 때, 남성과 여성의 차이는 너무나 심해서, 마치 서로 다른 행성에서 온 것 같다. '화성인들'(남성들)은 권력과 성취를 중요하게 여긴다. '금성인들'(여성들)은 사랑과 관계를 중요하게 여긴다. 그레이 박사는 사람들이 의사 소통하는 방식을 들어 차이점을 설명한다. 여성들은 상처를 받으면 "감정 이입을 바라지만, 그는 그녀가 해결책을 원한다고 생각한다."[18] 그들은 스트레스에 대처하는 방식도 다르다. "화성인들은 혼자 자신의 문제를 해결하기 위해 그들의 동굴로 가는" 반면 "금성인들은 서로 모여서 자신의 문제를 솔직하게 내놓고 말한다."[19] 남성들은 "사람들이 자신을 필요로 한다고 느낄 때" 힘을 얻지만, 여성들은 "사람들이 자신을 아껴 준다고 느낄 때"[20] 힘을 얻기 때문이다. 그리스도인은 그 책에서 일반화한 사실들이 다소 단순하다고 생각하며, 그 저자가 어떤 평가를 내리는 것이 아니라 그저 있는 그대로 묘사하고 있다는 것을 깨닫게 된다. 그는 서로를 변화시키기 위해 애쓰라고 권하지 않는다. 그저 서로를 이해하고 받아들이라고 권고할 뿐이다. 적어도 그는 우리가 "서로 다르게 되어 있다"[21]는 것을 기억하라고 촉구한다.

　이것이 남성들에게 함의하는 바에 대해서는 많은 논의가 있었고, 근래에 남성성의 위기에 대한 많은 책이 나왔다.[22] 어떤 사람들은 남성들이 여성들처럼 더 친밀하고 열려 있고 표현을 잘 하는 법을 배워야 한다고 주장한다. 다른 사람들, 이를테면 미국의 '프라미스 키퍼스'(Promise Keepers)는 남성들이 본질적으로 그들의 남성성을 잃어버렸다고 말한다. 교회와 가정의 지도력은 바로 그 남성성에 기초한다. 그렇기 때문에 남성들은 남성성의 독특성을 회복하고, 남성과 여성의 차이에 초점을 맞춰야 한다. 물론 기독교적 남성성을 한 가지 성격으로 말할 수는 없다. 예수님은 세례 요한을 존중하셨지만, 또한 사랑받는 자 요한도 사랑하셨다. 이 사람들은 매우 달랐다. 하지만 둘 다 예수님께 존중과 사랑을 받았다.

심리학자 매리 스튜어트(Mary Stuart)는 「아버지와 아들: 새로운 남성성에 대한 추구」(Fathers and Sons: The Search for a New Masculinity)에서 "남성과 여성의 관계 및 가족 관계"에 대한 "더욱 정의롭고 창조적으로 건강한 모델"을 확립하려면, 개인적·구조적 변화가 모두 필요하다고 말했다.[23] 전통적 역설은 결혼과 양육과 직업이 균형을 이루려면 여성이 잘 조정해서 순응해야 한다는 것이다. 하지만 그녀는 남성들이 개인적으로나 공동적으로 기꺼이 세계관과 행동 유형을 바꿀 때에만 남녀 모두에게 변화가 일어나리라고 주장했다. 그녀는 이렇게 말했다. "특히 그리스도인 남성들은 남성의 명예에 대한 미심쩍은 이상을 성경적인 책임과 섬김의 개념으로 바꿀 각오를 해야 한다. 그런 이상은 마치 히드라(Hydra: 그리스 신화에 나오는 머리가 아홉인 뱀으로 머리 하나를 자르면 둘이 돋아난다 — 역주)처럼 모든 세대마다 다른 모습으로 계속 나타난다."[24] 소비 사회의 문제 중 하나는 경제적 성장이 사회의 특징인 곳에서는 남자의 야망은 무한해야 한다는 주장을 남성들이 암묵적으로 받아들인다는 점이다. 투사의 결투 예법은 온데간데없고 남성들이 에너지를 쏟아 붓는 성공과 출세라는 말만 난무한다. 하지만 그녀는 남성들이 생각해 보아야 할 또 하나의 이미지가 있는데 그것은 하나님의 자원을 지키는 청지기라는 개념이며, 청지기는 투사보다 더 방심하지 않고 살아야 한다는 점을 지적했다. 그가 할 일은 여성과 함께 "**샬롬**을 지키는 것"이다. 여기에서 우리는 남성과 여성의 평등성뿐 아니라 상호 보완성으로 되돌아온다. 창조와 문화 명령이 남성과 여성 둘 다에게 주어진다는 사실을 우리가 재발견할 때 그리고 남성들이 무제한적 경제 성장이라는 개념을 거부할 때에야, 여성이라는 선물, 가정생활의 중요성, 하나님이 샬롬 가운데 세상에 주신 선물들이 제 위치를 찾을 것이다. 스튜어트는 남성과 여성을 마치 서로 경쟁 관계에 있는 것처럼 '반대되는 성'이라고 생각하지 말고, 서로 상호 보완적인 협력 정신을 나타내는 '이웃하는 성'이라고 생각하라고 지적했다.

책임의 역할

창세기를 연구하는 사람이라면 누구나 1장은 성적 평등을, 2장은 성적 상호 보완성을 가르친다는 데 동의한다. 그런데 바울은 이러한 개념들에 남성의 '머리됨'이라는 개념을 추가한다. 그는 "남편이 아내의 머리"(엡 5:23)라고, 그리고 더 일반적으로는 "남자의 머리는 그리스도요 여자의 머리는 남자요 그리스도의 머리는 하나님이시라"(고전 11:3)고 쓴다. 하지만 이 '머리됨'이 의미하는 바는 무엇인가? 그것은 성적 평등 및 상호 보완성과 어떻게 조화를 이룰 수 있는가? 내가 보기에는, 이러한 질문들이 여전히 남성과 여성의 관계에 대한, 그리고 여성의 안수와 사역에 대한 토론의 핵심에 놓여 있는 듯하다.

성적 평등과 남성의 머리됨 간의 역설을 풀어 보려는 노력에는 세 가지가 있다. 어떤 사람들은 머리됨을 너무나 강하게 천명하는 나머지 평등성을 부정한다(혹은 그렇게 보인다). 다른 사람들은 머리됨을 부인한다. 그들이 보기에는 그것이 평등과 양립할 수 없는 것처럼 보이기 때문이다. 세 번째 집단은 머리됨을 해석하고, 그것을 부정하지 않고 평등과 조화를 이루는 방식으로 긍정하려고 노력한다.

권위적 머리됨

이 중 첫 번째 견해는 '전통적 견해' 혹은 '강경 노선'이라고 부를 수 있다. 그것은 '머리됨'은 곧 '지배권'이라고 추정한다. 그리스도가 교회의 머리인 것처럼 남편이 아내의 머리라고 되어 있기 때문이다. 이 견해에 의하면 바울이, 여성이 교회에서 말하거나 남성들을 가르치는 것을 금하고 복종하도록 한 것은 문자적이고 영원하고 보편적인 명령이다. 그렇기 때문에 여성이 사역을 할 수는 있지만, 교회에서나 가정에서나 지도력과 의사 결정은 남성의 특전이라는 결론을 내린다. 이러한 견해를 가장 거침없이 설득력 있게 해설한 책은 데

이비드 파우슨(David Pawson)의 「지도력은 남성의 것」(Leadership is Male)이다. 그는 '성의 역설'을 '수직적 평등'(하나님과의 관계에서는 평등하다)과 '수평적 불평등'(서로 간에는 평등하지 않다)이라는 견지에서 규정한다. 하지만 '불평등'(심지어 수평적 단계로 국한했을 때에도)이라는 말은 오해를 불러일으키며('상호 보완성'이 더 낫다), 창조, 구속, 오순절에 의해 확립된 남녀의 완전한 평등과 조화를 이루기가 불가능해 보인다.[25]

머리됨을 부인함

둘째로, 정반대 극단으로 치우친 사람들이 있다. 그들은 남성의 머리됨이라는 개념을 그리스도 안에서 남성과 여성의 하나됨과 양립할 수 없는 것으로 여겨 일절 부인한다. 그들은 다음 네 가지 근거 중 어느 하나로 인해 바울의 가르침을 적용할 수 없다고 단언한다. 즉, 그것은 잘못되었거나, 혼동했거나, 문화적 한계 때문이거나, 아니면 순전히 상황적이라는 것이다.

바울의 가르침은 잘못된 것인가?

폴 주이트(Paul Jewett) 박사가 한 가지만 빼고는 감탄할 만한 책인 「남성과 여성으로서의 사람」(Man as Male and Female)[26]에서 말했듯이, 바울은 도저히 조화를 이룰 수 없는 두 가지 견해를 지니고 있었을 것이다. 한편으로 그는 평등을 주장했으나(갈 3:28), 다른 한편으로는 여성이 종속되는 것을 지지했다(고전 11:3). 이것은 계급적인 구약의 사고 체계와 남성과 여성을 대등한 존재로 다루셨던 예수님의 새로운 사고 간의 변증법을 반영한다.[27]

주이트 박사는 이어서 말했다. "이런 두 관점은 상반된다. 두 관점을…조화시킬 수 있는 만족할 만한 길은 없다."[28] 그 대신 '여성의 복종'은 (1) 남성의 창조에 대한 성경 기사, (2) 예수님이 생애 동안 우리에게 주신 계시, (3) 그리스도인의 자유에 대한 바울의 기본 진술(즉, 갈 3:28)과 상반된다.[29] 이러한 불일치는 성경이 신적인 것인 동시에 인간적인 것이며, 바울의 '통찰'이 '역사적 한계'[30]를 갖고 있기 때문이라고 그는 결론내렸다. 다시 말해, 바울은 잘못되었다. 바울은 그리스도 안에는 남성도 여성도 없다는 자신의 주장에 실린 함의들을 완전히 파악하지 못했다. 그는 자신의 마음을 정하지 못했다. 그러므로 우리는 기독교적 해방의 사도와 개혁되지 못한 랍비 중에서 자유로이 선택할 수 있으며, 주이트 박사의 말에 의하면, 우리는 전자를 훨씬 선호한다.

주이트 박사의 책에는 탁월한 점이 많다. 특히 예수님의 태도와 가르침에 대한 그의 해석은 뛰어나다. 하지만 조화시키는 과업을 포기하고 사도 바울이 두 마음을 품어 실수를 했다고 단언한 것은 단념에서 나온 결론이다. 바울의 사고가 일관적이라고 믿는 편이 더 낫다. 사실 복종은 열등을 의미하지 않으며, 서로 다른 성적 정체성과 역할은 가치의 평등과 상반되는 것이 아니다.

바울의 가르침은 혼란스러운 것인가?

머리됨이라는 개념을 거부하는 두 번째 방식은 바울의 가르침이 너무 혼란스러워 도움이 되지 않는다고 천명한다. 이것은 그레첸 게블라인 홀(Gretchen Gaebelein Hull)이 「평등한 섬김」(*Equal to Serve*)에서 채택한 입장이다. 그녀는 바울의 '난해 본문들'을 연구하고는 "이 본문들의 의미나 해석에 대한 학자들의 의견이 전혀 일치하지 않는다"[31]는 것을 알았다. 그 결과 그녀는 그 본문들은 주변적인 것으로 제쳐놓고 "여성의 평등한 구속과 평등한 상속권이라는 더 큰 진리"[32] 그리고 "하나님을 섬길 수 있는 평등한 기회"[33]에 집중하기로 했다. "모든 신자가 평등하게 구속받았다는 것, 그러므로 똑같이 섬길 자격이 있다는 것이 그리스도인의 삶과 섬김에 대한 모든 철학적 기초를 형성한다. 하나님은 인종, 계층, 성별에 근거해서 구분하지 않으신다"[34]고 그녀는 썼다. 나는 홀 여사의 책을 재미있게 읽었으며, 그리스도의 모든 백성이 희생적이고 고난받는 종이 되도록 부르심받는다는 것을 반복해서 강조한 데 특히 감사한다.[35] 하지만 나 자신은 난해한 본문들을 만났을 때 해석하고 조화시키는 과업을 포기할 수 있다고 생각하지 않는다. 또한 우리가 평등하게 구속받았다는 것이 평등한 섬김을 의미한다고 보는 것이 논리적이라고 생각하지도 않는다.

바울의 가르침은 문화적 한계 때문인가?

바울의 가르침이 잘못된 것도, 이해하기 어려울 만큼 혼란스러운 것도 아니라면, 문화적 한계 때문이라는 말인가? 즉, 우리는 남성의 머리됨에 대한 바울의 입장이 당시에만, 1세기 그리스-로마 사회의 교회들에만 타당하고, 현대 사회에 사는 우리에게는 구속력이 없다고 주장할 수 있는가? 이 질문에 대해 나는 그 논증에 내재된 위험성에 주의를 집중시킬 수밖에 없다. 우리가 남자와 여자에 대한 바울의 가르침을 문화적 한계 때문이라는 근거로 거부한다면, 동일한 근거로 결혼, 이혼, 동성애 관계에 대한 그의 가르침, 실로 하나님, 그리스도, 구원에 대한 그의 가르침 역시 거부할 수 있는 것이 아닌가?[36] 사도들의 가르침이 그들 자신의 세대에만 구속력을 갖는다면, 그 가르침 중 어느 것도 우리에게 필수적인 적실성과 권위를 갖지 못한다. 하지만 우리는 마음대로 문화적 거부(1세기 문화의 옷을 입었다는 이유로 하나님의 계시를 거부하는 것)를 할 자유가 없다. 우리의 과업은 그보다는 문화적 치환(하나님의 계시를 보호하고 그것을 적절한 현대 어법으로 옮기는 것)이다.

이따금씩 어떤 학자들이 노예제를 언급함으로써 문화적 논증을 강화하려 했다. 바울은 아내들에게 남편에게 복종하라고 말하면서 종들에게도 주인에게 복종하라고 말했다. 하지만 종들은 이미 오래 전에 해방되었다. 여성들 역시 벌써 해방되었어야 하지 않는가? 하지만 그 논증에는 결함이 있다. 여성과 종 간의 유추는 두 가지 면에서 극히 부정확하기 때문이다. 먼저, 여성들은 종처럼 시장에서 사고 파는 재산이 아니었다. 둘째로, 바울이 종과 주인의 행동을 규정하려 애쓰기는 했지만, 어디에서도 노예제를 변호하기 위해 성경에 호소하지는 않은 반면, 남성의 머리됨에 대한 가르침은 성경의 창조 교리에 근거를 둔다. 그는 창조의 우선순위("아담이 먼저 지음을 받고 하와가 그 후며", 딤전 2:13), 창조의 양식("남자가 여자에게서 난 것이 아니요 여자가 남자에게서 났으며", 고전 11:8), 창조의 목적("남자가 여자를 위하여 지음을 받지 아니하고 여자가 남자를 위하여 지음을 받은 것이니", 고전 11:9)에 독자들의 주의를 집중시킨다. 그러므로 성경에 따르면, "남자도 여자로 말미암아 났고" 남자와 여자가 서로 의존하고 있지만(고전 11:11, 12), 그럼에도 여자가 남자보다 후에, 남자에게서, 남자를 위해서 지음받았다. 이 세 가지 논증을 (일부 저자들이 말하듯) "비꼬인 랍비적 해석"이라고 무시할 수는 없다. 그와 반대로, 제임스 헐리(James B. Hurley)가 「성경이 말하는 남녀의 역할과 위치」(*Man and Woman in Biblical Perspective*, 여수룬)에서 보여 주듯이, 그 논증들은 해석학적으로 훌륭한 근거가 있다. 왜냐하면 (1) 장자 상속권에 의해 "장자는 자원에 대한 재량권과 지도력의 책임을 물려받았고" (2) 하와가 아담에게서 나와 그에게 이끌려 갔을 때, 그는 그녀를 '여자'라 이름하였는데 "이름을… 정할 권세는 지배와 연관되어 있었으며", (3) 그녀가 그를 위해 만들어진 것은 보충물이나 노리개가 아니라 친구이자 동료 일꾼으로 그와 함께 "하나님을 섬기는 일과 세상을 보호하고 다스리는 일"에 참여하도록 한 것이었기 때문이다.[37]

바울의 세 가지 논증은 창세기 3장이 아니라 창세기 2장에서 나온 것이다. 이에 주목하는 것은 대단히 중요하다. 즉, 그것들은 타락이 아니라 창조에 근거한다. 그리고 인간이 창조된 사실을 곰곰이 생각해 볼 때, 그 논증들은 일시적인 문화의 양식에 영향을 받지 않는다. 창조가 확립해 놓은 것을 어느 문화도 파괴할 수 없기 때문이다. 머리에 무엇을 쓰거나 특정한 머리 모양을 하는 것은 실제로 남성의 머리됨에 대한 복종을 드러내는 문화적 표현이었으며,[38] 20세기에는 더 적절한 다른 상징들로 대체할 수 있다. 하지만 머리됨 자체는 문화적인 것이 아니라 창조로 인한 것이다.

바울의 가르침은 상황적인 것인가?

남성의 머리됨에 대한 바울의 가르침을 잘못되었다거나 분명하지 않다거나 문화적 한계에 갇혀 있다는 이유로 거부할 수 없다면, 그것이 상황적이라는 이유로, 즉 오늘날에는 더 이상 존재하지 않는 대단히 특수한 상황에 대해 말한 것이라는 이유로 거부할 수는 있을까? 이 논증은 앞의 논증과 비슷하지만, 한 가지 중요한 점에서 다르다. 바울의 가르침이 '문화적 한계에 갇혀 있다'고 단언하는 것은 우리가 내리는 판단이다. 즉, 그것이 우리에게 낡아 보이고 그렇기 때문에 부적절해 보인다는 것이다. 반면에 그것을 '문화에 한정된' 것이라고 본다면 사도 바울의 가르침이 지닌 특수성을 인정하는 것이며, 바울 자신이 그것을 모든 시대와 장소에 적용할 수 있는 것으로 여기지 않았다고 주장하는 것이다.

이 주장은 바울이 "여자는 교회에서 잠잠하라" 또한 "그들에게는 말하는 것을 허락함이 없나니"(고전 14:34-35)라고 요구한 것과 관련해서 종종 개진된다. 또한 "여자가 가르치는 것과 남자를 주관하는 것을 허락하지 아니하노니 오직 조용할지니라"(딤전 2:12). 이러한 금지 사항들을 고린도와 에베소의 특수한 상황에 한정하려는 학자들의 시도는, 일련의 학술적인 글과 책을 통해 이러한 문제들을 다뤘던 리처드와 캐서린 클라크 크뢰거(Richard and Catherine Clark Kroeger) 부부와 관련이 있다.[39] "고린도의 대혼란과 침묵"[40]이라는 한 글에서, 그들은 고대 고린도가 유명한 바쿠스 신(그리스인들이 디오니소스와 동일시하는) 숭배 중심지였음을 지적했다. 바쿠스를 숭배할 때는 특히 여신도들이 광적인 소리를 질렀다. 따라서 그들은 바울이 예배 중에, 소란스러운 황홀경의 장소에서 절제를 촉구한 것이며, 그가 금하는 '랄레인'(*lalein*, 의성어)은 아무 생각 없이 예배 의식 중에 "알랄라" 하고 외치는 것 또는 한가하게 뒷공론을 재잘거리는 것을 의미한다고 주장했다.

크뢰거 부부는 또한 후속 글에서 디모데가 교회들을 감독했으며 위대한 어머니 여신 다이아나(아데미)가 수많은 풍요의 여사제에게 섬김받던 에베소에서 다양한 페미니스트 운동이 발전했다고 주장했다. 그들은, 목회 서신이 이교도들을 '침묵시키는' 것을 대단히 강조하며(예를 들어, 딤전 1:3; 딛 1:10), 여성들이 가르치는 것을 금한 까닭은 아마도 그들이 이교를 가르치는 것과 관련되어 있을 것이라고 했다. 그리고 바울이 목회 서신에서 뿌리뽑기 위해 애쓴 이교는 초기 단계의 영지주의인데, 그것은 후에 '한 여성' 특히 하와에게 주어진 "특별 계시에 근거해서 그노시스(*gnosis*)를 발전시켰다"고 지적했다. 하와는 최초로 지식의 나무(그노시스)를 먹은 사람이었으며, 또한 (어떤 사람들은 가르치기를) 선재했고, 심지어 아담의 창조자였기 때문이라는 것이다. 그렇기 때문에 그녀는 아담을 가르칠 자격이 충분히 있었다. 만일 그런 이교가 이미 에베소에서 유행했었다면, 아담이 먼저 창조되고 하와가 먼저 미혹당했다는—계몽된 것이 아니라—바울의 주장(딤전 2:13-14)은 분명 상당히 의미심장할 것이다.[41]

신약에서는 디모데전서 2:12에만 나오는 '권세를 부리다'라는 의미의 동사 '아우덴테오'(*authenteō*)가 때로 성적 함의를 지닌다는 주장이 제기되었다. 일부 학자들은 그러므로 바울이 금한 것은 에베소 성전의 매음에서 흔했던, 남자를 유혹하는 행위였다고 주장했다. 하지만 캐서린 클라크 크뢰거는 그것을 "스스로 무엇의 창시자 혹은 창작자라고 선포하다"라고 번역하고, "하와가 아담보다 먼저 있었으며 아담의 창조자"[42]라는 영지주의 신화를 금하는 것으로 이해한다.

이러한 이론들은 상당한 학식과 정교함을 근거로 발전했다. 하지만 여전히 추측에 불과하다. '영지주의'가 60년대에 이미 인식될 만한 체계였던 것처럼 언급하는 것은 시대착오적이다. 더구나 고린도전서 14장이나 디모데전서 2장에는 바울이 고린도와 에베소의 특정한 페미니스트 운동을 암시한다고 볼 만한 단서가 전혀 없다. 그와 반대로, 두 본문 모두에서 "잠잠하라"는 명령은 이 학자들이 묘사한 믿음과 관행을 금하는 것으로 보기에는 이상하게 우회적이다. 게다가 바울은 '여자'와 '여자들'에 대한 지시를 내린다. 그의 언급은 구체적이지 않고 포괄적이다. 마지막으로, 사도 바울의 교훈이 상황적임을 입증할 수 있다 해도, 오늘날 비슷한 상황에 여전히 적용할 수 있다. 결국 모든 신약 서신은 당시를 위한 문서로서, 특정한 교회의 특정한 문제들을 다룬다. 그럼에도 그 서신들은 계속 오늘날 우리의 상황에도 메시지를 전한다.

평등과 머리됨의 조화

지금까지 우리는 남성과 여성의 관계에 대한 상반된 두 가지 관점을 살펴보았다. 남성의 머리됨을 인정하지만(내 생각에 그것은 옳다) 남성과 여성의 완전한 평등을 부인하는 것처럼 보일 정도로 너무 강력하게 인정하는 사람들이 있다. 또한 남성과 여성의 평등을 인정하기 위해(내 생각에 그것은 옳다) 머리됨을 부인하는 사람들이 있다. 하지만 내가 보여 주려 애썼던 것처럼, 머리됨에 대한 바울의 가르침을 무효화하려는 모든 시도(그것이 잘못되었거나, 혼동한 것이거나, 문화적으로 제한된 것이거나, 특정한 문화에 한정된 것이라는 근거로)는 헛수고였다. 그의 가르침은 완강하게 그 자리에 남아 있다. 그것은 인간의 의견이 아니라 하나님의 계시에, 인간의 문화가 아니라 하나님의 창조에 뿌리를 두고 있다. 그러므로 본질적으로 영원하고 보편적인 권위를 가진 것으로 보존해야 한다.

그렇다면 둘 중 하나를 부인하는 것 외에 성적 평등과 남성의 머리됨 간의 역설을 해결할 다른 방법은 없는가? 그 둘을 모두 긍정할 수는 없는가? 많은 사람이 그렇게 할 수 있다고 믿는다. 성경 자체가 그렇게 하기 때문이다. 두 가지 질문을 던지는 것이 올바른 길인 듯하다. 첫째, '머리됨'이란 무슨 의미인가? 그것을 평등과 조화를 이루는 방식으로, 또한 그 의미를 조작하거나 없애지 않는 방식으로 이해할 수 있는가? 둘째, 일단 머리됨을 정의했으면, 그에 따라 금지되는 것은 무엇인가? 그에 따른 여성들에게 부적절한 사역은(그런 것이 있다면) 무엇인가? 그러므로 '머리됨'의 의미와 적용은 계속되는 토론에 결정적이다.

머리됨의 의미

그렇다면 우리는 어떻게 머리됨의 의미를 주의 깊고 온전하게 해석하고, 이 견지에서 성경에 비추어 우리의 전통을 개혁할 수 있는가? 우리는 머리됨이 가부장적이거나 생색내는 듯한 온정주의, 독재, 지배를 의미하기라도 한 것처럼, 그것에 복종하는 것이 굴복, 종속, 복종을 의미하기라도 한 것처럼 여기는 계급 제도의 감정적 언어 전체를 거부해야 한다. 우리는 남성의 머리됨에 대한 성경적 관점을 길러야 한다. 그러한 관점은 창세기 1장에 나오는 창조의 평등성, 오순절 때 남성과 여성 모두에게 성령이 부어진 것(행 2:17 이하), 그리스도와 그분의 새로운 공동체 안에서의 남성과 여성의 하나됨(갈 3:28)과 완전히 일치한다.

'원천'으로서의 머리됨

머리됨에 대한 두 가지 해석이 나왔다. 첫째는 '케팔레'(kephalē, 머리)가 '우두머리' 혹은 '통치자'가 아니라 '원천' 혹은 '시작'을 의미하며, 바울은 남자가 먼저 창조되었다는 것을 말하면서 남자를 여자의 '기원'으로 묘사했다는 것이다. 이 견해는 1954년에 스티븐 비데일(Stephen Bedale)이 "신학 연구 저널"(Journal of Theological Studies)에 "바울 서신에 나오는 '케팔레'의 의미"라는 글을 실으면서 알려졌다. 1971년에 브루스(F. F. Bruce) 교수와 바레트(C. K. Barrett) 교수는 고린도전서에 대한 각자의 주석에서 그 글을 지지했으며, 그 이후 많은 저자가 그것을 인용했다. 그런데 1977년에 웨인 그루뎀(Wayne Grudem) 박사가 고대 그리스 문헌에 나오는 '케팔레'의 2,336가지 용례를 전산화한 개관을 펴냈다. 주전 8세기부터 주후 4세기 사이의 저술가 36명이 쓴 글을 자료로 한 것이다. 그 글에서 그는 '케팔레'가 '원천'을 의미한다는 비데일의 논증을 거부하고, '…에 대한 권위'를 의미한다는 증거를 제시했다.[43] 그루뎀 박사의 논지는 비판과 지지를 동시에 받았다.[44] 그리하여 "크리스채너티 투데이"(Christianity Today) 지가 '어휘의 전쟁'[45]이라고 부른 것이 계속된다.

'권위'로서의 머리됨

나는 이러한 어휘적 논쟁이 잘못된 추적을 유도하는 것은 아닌가 하는 생각이 든다. 분명 '케팔레'가 신약 성경 밖에서 어떻게 사용되었는지 아는 것은 중요하다. 하지만 신약에서 그 말이 지닌 의미가 훨씬 더 중요하며, 그것은 어원보다는 각 문맥에서의 용례에 따라 결정되는 측면이 더 크다. '머리됨'은 분명 모종의 권위, 그에 대해 당연히 '복종해야' 하는 그 무엇을 암시하는 듯하다. 이 구절이 그 예다. "만물을 그의[그리스도의] 발 아래에 복종하게 하시고 그를 만물 위에 교회의 머리로 삼으셨느니라"(엡 1:22). 하지만 이런 생각을 지나치게 적용하지 않도록 주의해야 한다. 아내는 남편에게, 자녀는 부모에게, 좋은 주인에게, 시민은 국가에 같은 '복종'을 하도록 요구받는 것은 사실이다. 그러므로 이러한 태도들 간에는 공통 분모가 있어야 한다. 하지만 남편에 대한 아내의 복종이 자녀나 종이나 시민이 보여야 할 순종과 동일하다고 생각하는 사람은 없을 것이다. 여기서는 대단히 다른 관계를 염두에 두고 있다. 게다가 신약에서는 '권위'라는 단어가 남편의 역할을 설명하는 데 쓰이거나, '순종'이라는 단어가 아내의 역할을 설명하는 데 쓰인 적이 전혀 없다. 또한 아내의 복종을 묘사하는 데 '굴복'(subordination)이라는 단어를 쓰는 것은 적합하지 않다. '굴복'이 헬라어의 '휘포타게'(hupotagē)를 형식상 정확하게 번역한 것이기는 하지만, 현대 어법에서는 유감스러운 열등감, 심지어 군사적 계급과 훈련을 함의한다.[46]

'책임'으로서의 머리됨

그렇다면 '케팔레', '머리'를 어떻게 이해해야 하며, 바울은 남성의 머리됨을 어떻게 생각하는가? '…의 원천'과 '…에 대한 권위' 중 하나만 고르도록 제한하는 것은 유감스러운 일이다. 두 요소를 모두 포함하는 세 번째 선택 사항이 있다. 한편으로, 머리됨은 평등과 양립할 수 있어야 한다. 만일 '그리스도의 머리는 하나님'이신 것처럼 '여자의 머리는 남자'라면, 성부와 성자가 평등한 것처럼 남자와 여자는 평등해야 한다. 다른 한편으로, 머리됨은 어느 정도의 지도력을 의미한다. 하지만 이것은 '권위'라는 견지에서가 아니라 '책임'이라는 견지에서 가장 잘 표현된다. 이 단어는 임의로 선택된 것이 아니다. 그것은 에베소서 5장에서 '케팔레'를 이해하는 방식[47]과 바울이 몸에 대한 머리의 태도를 예시하기 위해 전개하는 두 모델에 근거한 것이다. 하나는 자신의 몸인 교회에 대한 그리스도의 태도이며, 다른 하나는 인간 모두가 자신의 몸이 잘되기를 바라는 개인적 관심이다.

희생적으로 사랑할 책임. 첫째로, "남편이 아내의 머리됨이 그리스도께서 교회의 머리됨과 같음이니 그가 바로 몸의 구주시니라"(23절). 마지막 단어들은 의미심장하다. 그리스도는 교회의 '구주'라는 의미에서 교회의 '머리'시다. 은유를 바꿔 보면, 그리스도는 교회를 자신의 신부로 사랑하셨으며, "위하여 자신을 주사 거룩하게 하시고…자기 앞에…세우사…거룩하고 흠이 없게"(25-27절) 하신다. 그리하여 교회에 대한 그분의 머리됨이 의미하는 최고의 진수는 교회에 대한 그분의 희생적인 사랑이다.

헌신적으로 돌볼 책임. 둘째로, "남편들도 자기 아내 사랑하기를 자기 자신과 같이 할지니 자기 아내를 사랑하는 자는 자기를 사랑하는 것이라. 누구든지 언제나 자기 육체를 미워하지 않고 오직 양육하여 보호하기를(RSV는 "양분을 주고 소중히 품기를") 그리스도께서 교회에게 함과 같이 하나니, 우리는 그 몸의 지체임이라"(28-30절). 고대 사회는 몸과 머리의 관계를 현대와 같이 신경학적 측면에서 생각하지 않았다. 고대인들은 중추 신경계에 대해 알지 못했기 때문이다. 그래서 바울은 다른 곳에서 그리스도를 교회의 머리라고 썼다. 그분에 의해 온 몸이 "연결되고 결합되어" 그분을 통해 그것이 "자라느니라"(엡 4:16; 골 2:19).

그러므로 아내에 대한 남편의 머리됨은 통제보다는 보살핌의 머리됨, 권위보다는 책임의 머리됨이다. 이러한 구분은 광범위하게 영향을 미칠 만큼 중요하다. 그것은 남편의 역할에 대한 우리의 시선을 지배와 의사 결정의 영역에서 섬김과 양육의 영역으로 돌리게 한다. 존 파이퍼(John Piper)와 웨인 그루뎀이 "성경적 남성됨과 여성됨의 회복"(Recovering Biblical Manhood and Womanhood)이라는 대규모 심포지움에서 '책임'이라는 단어를 선택한 것은 기쁜 일이다. "성숙한 남성성의 핵심은 여성을 인도하고 부양하고 보호하는 자애로운 책임감이다."[48] 이 모든 것은 자기 희생적 사랑의 영역 안에서 일어난다.

사람들의 마음을 상하게 할지도 모르지만, 우리는 여성을 "더 연약한 그릇"(벧전 3:7)이라고 묘사한 사도 베드로의 말을 직시해야 한다. 물론 여성은 육체적으로 극히 강할 수 있고, 여러 나라에서 힘든 육체 노동을 감당하기도 한다. 어떤 의미에서 여성이 남성보다 '더 연약하다'는 사실은 당혹스럽다. 이것은 21세기에 흠모할 만한 특질로 간주되지 않는다. 우리는 (물론 무의식적으로) 니체의 힘의 철학을 어느 정도 받아들였다. 그 결과 우리는 연약함을 멸시하는 경향이 있다. 반면 베드로는 연약함을 존중해야 한다고 말한다. 그것은 같은 절에 나오는 베드로의 다른 진술, 즉 아내와 남편이 대등하게 "[영원한] 생명의 은혜를 함께 이어받을 자"라는 진술과도 조화를 이룬다. 여성들에게 성격상의 다양한 특성이 있지만, 여성성의 특성은 언제나 '상냥한', '민감한', '부드러운', '참을성이 있는' 등과 같은 단어들에 집중되었다. 힘에 사로잡힌 세상에서 그런 미덕들은 존중하고 장려할 만하다. 그것들이 쉽게 무시되거나 남용될 수 있기 때문이다. 그러므로 베드로전서 3:7에서 베드로는 남편들이 두 가지 이유로 자기 아내를 존중하고 공경해야 한다고 말한다. 첫째는 어떤 의미에서 그들이 '더 연약한' 상대이기 때문이며, 둘째는 그들이 은혜로운 생명의 선물을 동등하게 나누어 받는 사람이기 때문이다.

자신을 알고, 자신이 되고, 자신을 개발하고, 세상을 섬기는 일에 자신의 은사를 사용하고자 하는 여성들의 굳건한 갈망은 그들을 위한 하나님의 너무나 분명한 뜻이다. 그렇기 때문에 그것을 부인하거나 좌절시키는 것은 극히 심각한 억압이다. 자신, 자신의 정체성, 자신의 소명을 발견하는 것은 여성의 기본 권리이며 책임이다. 근본적인 질문은 이것이다. 여성들은 남성들과의 어떤 관계에서 자신을 발견하고 자신이 될 것인가? 분명 남성보다 열등하다고 암시하고 낮은 자존감을 불어넣는 종속 상태는 아니다. 오직 성경적인 이상을 간직한 머리됨, 즉 희생적 사랑을 베풀기 때문에 '그리스도와 닮았다'고 불릴 자격이 있는 머리됨만이 여성의 참된 정체성을 촉진할 것이라고 여성들에게 확신을 줄 수 있다.

이 진리는, 남편이 보살피는 머리가 되는 결혼한 여성들에게만 적용되는가? 독신 여성들의 경우는 어떤가? 아마 이 질문을 성경에서 직접 다루지 않은 이유는, 당시에는 결혼한 여성들이 남편의 보호와 보살핌 아래 있었던 것처럼, 결혼하지 않은 여성들은 아버지의 보호와 보살핌 아래 있기 때문일 것이다. 하지만 오늘날, 적어도 서구에서는 결혼하지 않은 여성이 부모를 떠나 독자적으로 자신의 가구를 형성하는 것이 일반적이다. 이를 반대할 이유는 없다고 본다. 하지만 그런 여성들이 남성들로부터 완전히 고립되는 것은 부자연스러운 일이다. 독신 남성들이 여성들과 완전히 고립되는 것도 마찬가지다. 앞에서 살펴보았듯이, 남성과 여성은 서로를 필요로 하기 때문이다. 그러므로 친척이나 친구 사이에서든, 직장에서든, (그리스도인이라면) 교회에서든, 여성들이 어떤 맥락에서 남성 혹은 남성들에게 정중하고 든든한 보살핌을 받을 수 있다면, 그들의 여성됨을 온전히 꽃피우는 데 더 도움이 될 것이다. 여성 동료 없이 "남성이 혼자 사는 것이 좋지 못하다면," 여성이 남성의 책임 있는 머리됨 없이 혼자 사는 것도 좋지 못하다.

머리됨이 사역에 함의하는 것

여성들이 하나님께 사역으로 부르심받는다는 것은 증명해 보일 필요가 없다. '사역'은 '섬김'(diakonia)이며, 모든 그리스도인은 남성이든 여성이든, 청년이든 노인이든, 섬김을 받으려고 온 것이 아니라 섬기러 왔다고 말씀하신(막 10:45) 분의 발자취를 따르라는 부르심을 받기 때문이다. 문제는 여성의 사역이 어떤 형태를 띠어야 하는가, 사역에 어떤 제한을 두어야 하는가 아닌가, 특히 여성이 안수를 받아야 하는가 아닌가 하는 것뿐이다.

로마 가톨릭과 동방 정교회에는 여성 성직자가 없다. 그들은 이러한 발전을 확고히 반대해 왔다. 루터 교회에는 많은 곳에, 예를 들면 스칸디나비아 반도 같은 곳에 여성 성직자들이 있다. 그에 대한 의견이 심각하게 대립되고 있기는 하다. 프랑스 개혁 교회는 1965년에, 스코틀랜드는 1966년에 여성 사역자를 허용했다. 영국 자유 교회, 회중 교회에는 1917년부터 여성 사역자들이 있었던 반면, 감리교와 침례교는 더 근래에 와서야 그들의 선례를 따랐다. 영국 성공회는 고르지 않다. 홍콩의 홀(R. O. Hall) 주교는 1944년에 최초로 서품을 받은 여성 성직자(즉, 사제)다. 1968년 (영국 성공회 주교들의) 램벗 회의(Lambath Conference)에서는 "현재 여성의 사제 서품을 찬성하거나 반대하는 신학적 논증들은 결론이 나지 않았다"고 선언했다.

하지만 1975년 영국 성공회 총회에서는 "여성의 사제 서품에 대해 기본적으로 반대하지는 않는다"는 견해를 표명했다. 그럼에도 아직 서품받은 여성은 아무도 없었다. 그러고 나서 1978년 램벗 회의에서 주교들은 몇몇 영국 성공회 교구에 여성 성직자가 있다는 것을 인정했으며, 이 문제에 대한 각 교구의 규율을 존중하기로 합의했다. (성공회 연합의 여러 교구에서 여성 감독 11명이 이 회의에 참석했다는 것을 주목해야 한다.) 영국 성공회 최초의 여성 성직자는 1994년 3월에 브리스틀 대성당에서 서품을 받았다. 2000년에는 영국 성공회 내에서 약 1,000개 회중만이 여성 성직자의 권위를 거부했다.[40] 하지만 여성의 성직 서품이 성공회와 로마 가톨릭 혹은 동방 정교회와의 관계에 미치는 영향에 대해서는 여전히 깊은 의견 차이가 있다. 그것은 부분적으로는 신학적이며 부분적으로는 에큐메니즘적이다. 여성 안수를 인정하지 않는 일부 교구들은 자기 교구 주교보다는 요청하면 와서 회중을 섬기는 '임시 순회 주교'에게 돌봄받는 편을 택했다. 그는 교구 주교 일을 하면서 추가로 그 일을 하거나, 교구 주교 일 대신 그 일을 한다. 이것은 언제나 각 교구에 단 한 명의 주교의 권위를 인정해 온 성공회 전통에서 근본적으로 벗어난 것이다.

성경적으로 생각하고 행동하기를 열망하는 일부 그리스도인들은 여성의 안수를 허용할 수 없다고 즉시 말할 것이다. 신약 시대의 모든 사도와 감독이 남성이었을 뿐 아니라, 여성들은 "교회에서 잠잠해야" 하며 "가르치는 것과 남자를 주관하는 것"을 하지 말아야 한다는 구체적 명령들(고전 14:34; 딤전 2:12)이 이 문제를 해결해 준다는 논리다.

하지만 그것은 논증의 한 면일 뿐이다. 성경에는 가르치는 사역을 포함하여 교회 내에서 여성이 적극적인 지도력을 발휘할 수 있다는 것을 보여 주는 강력하고 자명한 사례가 있다. 구약에는 여예언자들도 있었다. 그들은 하나님의 말씀을 전하도록 그분께 부름받고 보냄받은 사람들로, 요시야 시대의 훌다와 같은 여성이었다. 그 이전에는 모세의 누이 미리암이 '여선지'로 불렸고, 드보라는 그 이상이었다. 그녀는 수년간 이스라엘 백성의 "사사가 되어" 분쟁을 해결하고, 그들을 전투에 이끌고 가서 가나안 사람들과 싸웠다(왕하 22:11 이하; 참고 대하 34:19 이하; 출 15:20; 삿 4-5장). 신약에서는, 비록 예수님께는 여사도들이 없었지만, 그분이 부활 후 처음 나타나셔서 승리한 복된 소식을 맡기신 사람이 바로 여성들이었다(요 20:10 이하; 마 28:8 이하). 게다가 사도행전과 서신서에는 여성 설교자들과 여성 일꾼들에 대한 언급이 많다. 전도자 빌립의 결혼하지 않은 네 딸은 모두 예언의 은사를 받았으며, 바울은 고린도 교회에서 기도하고 예언하던 여성들을 언급한다. 그는 서너 번쯤 아굴라와 브리스길라(그는 그들을 "예수 안에서 나의 동역자"라고 불렀다)의 집에 머물렀던 것으로 보이며, 브리스길라는 분명 결혼한 상태에서 그리스도를 위해 열심히 일했던 것 같다. 그녀는 남편의 이름보다 두 번 먼저 나오고, 아볼로를 자신들의 집에 불러 "하나님의 도를 더 정확하게 풀어" 설명한 것도 그 부부가 함께 한 일이다(행 21:9; 고전 11:5; 참고 욜 2:28; 행 2:17; 행 18:26).

바울은 여성 조력자들을 수행자로 두었던 것 같다. 예수님이 그렇게 하셨던 것과 마찬가지다. 그가 서신에서 언급한 여성들의 수를 보면 인상적이다. 그는 빌립보의 유오디아와 순두게를 "복음에 나와 함께 힘쓰던 동역자들"(이 말은 디모데와 디도 같은 남성들에게도 적용되는 표현이다)이라고 소개한다. 로마서 16장에서는 8명의 여성에게 감사를 표한다. 그는 먼저 "겐그레아 교회의 일꾼[아니면 아마도 '집사']으로 있는 우리 자매 뵈뵈"를 추천한다. 그녀는 바울 자신을 포함해서 "여러 사람…의 보호자('큰 도움'을 준 사람―역주)"였다. 그리고 나서 (여러 사람 중에) 마리아, 드루배나, 드루보사, 버시에게 안부를 전하는데, 그들은 모두 주 안에서 '수고하거나' '많이 수고했다'고 말한다(빌 4:2 이하; 롬 16:1 이하). 7절에서 안드로니고와 유니아에게 문안하면서 그들을 "사도들에게 존중히 여겨[진]"(outstanding among apostles, 사도들 중에 탁월한―역주) 자들이라고 소개한다. 유니아는 분명 여성이었던 것 같다(모든 초대교회 교부도 그렇게 추정했다).[50] 하지만 그녀는 사도였는가?

그녀는 "교회의 사자들"(apostle of the churches, 고후 8:23), 즉 일종의 선교사였을 수도 있다. 하지만 그 외에는 전혀 알려져 있지 않다. 그녀가 작고 권위 있는 집단인 '그리스도의 사도'에 속해 있었을 가능성은 극히 희박하다. 바울은 그녀가 사도들에게 잘 알려져 있었다는 의미로 말한 것일 수 있다.

앞 단락에 나오는 성경의 모든 예가 '제도적'이라기보다는 '은사적'이었으며(즉, 장로들처럼 교회가 임명한 것이 아니라 여예언자들처럼 하나님이 직접 임명하셨다), 공식적이고 공적(주일에 교회에서 가르치는 것처럼)이라기보다는 비공식적이고 개인적(브리스길라가 자기 집에서 아볼로를 가르친 것처럼)이었던 것이 사실이다. 그럼에도 하나님이 여성에게 가르치는 역할을 맡겨도 아무런 지장이 없다고 생각하셨다면, 교회는 여성들을 비슷한 책임의 자리에 임명하지 말아야 하는 이유를 입증해야 할 것이다.

하지만 여성의 사역(지도력과 가르침을 포함하는)을 찬성하는 노선으로, 이러한 구체적 언급보다 일반적인 또 다른 논증이 있다. 그것은 하나님이 오순절에 예언을 성취하시면서 '자녀들'과 '남종들과 여종들'을 포함한 '모든 육체'에 그분의 성령을 부어 주셨다는 것이다. 성령을 모든 신자에게 주셨다면 성령의 은사들 역시 마찬가지다. 사도직은 남성들에게 국한되었던 것처럼 보이지만, 성령의 은사들(charismata)이 일반적으로 남성들에게 국한되었다는 것은 증거는 커녕 암시도 없다. 그와 반대로, 성령의 은사는 공동의 유익을 위해 모든 사람에게 나누어져서, 종종 "그리스도의 몸의 모든 지체의 사역"이라고 불리는 것을 가능하게 했다(행 2:17 이하; 고전 12:14 이하). 그러므로 우리는 그리스도께서 여성들에게 '카리스마타'(가르침의 은사를 포함해서)를 주실 뿐 아니라 그분의 은사들도 주시고, 그분의 몸을 세우기 위해 그분을 섬기고 다른 사람들을 섬기는 일에 그 은사들을 개발하고 발휘하라는 명령도 주신다고 결론을 내려야 한다.

여기까지는 분명하다. 하지만 이제 우리는 여성들에게 주어진 공적 모임에서 잠잠하라는 명령으로 돌아간다. 이 두 본문을 어떻게 다루어야 하는가? 고린도전서 14장에서 바울은 교회를 세우는 데(3-5, 26절), 그리고 공예배를

"품위 있게 하고 질서 있게"(40절) 하는 데 몰두한다. 그렇다면 아마도 잠잠하라는 명령은 모든 여성에게 해당하기보다 회중 가운데 수다스러운 여성들에게 해당할 것이다. 그것은 분명 절대적인 명령이 아니었다. 그는 일부 여성이 공적으로 기도하고 예언할 것이라고 추정하고 있다(고전 11:5). 방언을 말하는 자들이 통역하는 자가 없으면 "교회에서는 잠잠해야" 하는 것처럼(28절), 다른 사람에게 계시가 주어지면 예언자가 말을 그만 해야 하는 것처럼(30절), 너무 말이 많은 여성은 "교회에서 잠잠해야" 한다. 그리고 질문이 있으면 집에 가서 남편에게 물어보아야 한다(34, 35절). 왜냐하면 (이것은 교회 내의 모든 공적 행동을 지배하는 원리다) "하나님은 무질서의 하나님이 아니시요 오직 화평의 하나님이시기" 때문이다(33절). 그 명령은 도저히 여성들이 교회에서 말하는 것을 전부 금하는 것일 수 없다. 바울은 전에 여예언자에 대해 언급했을 뿐 아니라(11:5), 여기에서 '각각'(everyone) "찬송시도 있으며 가르치는 말씀도 있으며 계시도 있으며 방언도 있으며 통역함도 있다"(14:26)라고 말하면서 그것들을 남성에게 국한하지 않고 모든 사람에게 허용하기 때문이다.

디모데전서 2:11-15[51]은 어떻게 된 것인가? 이 구절들을 특수하고 이교적인 페미니스트 운동에 제한하려는 시도는 널리 받아들여지지 않았다. 사도는 공적 예배에 대해 그리고 그 안에서 남성(8절)과 여성(9절 이하) 각각의 역할에 대해 지시를 내리고 있다. "여자는 일체 순종함으로 조용히 배우라. 여자가 가르치는 것과 남자를 주관하는 것을 허락하지 아니하노니 오직 조용할지니라." 이 문장들에 대해(그리고 고전 14:34에 대해) 주석가들이 충분히 살펴보지 못한 것들이 있는데, 그중 하나가 바울이 두 가지를 대조하고 있다는 점이다. 첫째는 '조용히 배우는 것' 혹은 '조용한 것'과 '가르치는 것'의 대조이며, 둘째는 '일체 순종하는 것'과 '주관하는 것'의 대조다. 후자가 실질적인 요점인데, 이는 남성의 머리됨에 대한 여성의 복종과 관련된 바울의 한결같은 가르침을 확증해 주며, 성경의 창조 기사에 확고하게 뿌리를 두고 있다("이는 아담이 먼저 지음을 받고 하와가 그 후며"). 다른 지시(조용하라는 요구와 가르침을 금하는 것)는 아담이 아니라 하와가 '속았다'는 사실을 언급하지만,

권위-복종 형태에 대한 부연이라기보다 그 자체를 표현한 것으로 보인다. 우리의 독특한 성별 안에 본래부터 여성이 남성을 가르치는 것을 부적절하게 만드는 어떤 요소가 있는 것처럼 보이지는 않는다. 그러므로 (나는 자문하기를) '복종하라'는 명령은 창조에 근거하기 때문에 영원하고 보편적인 타당성을 지니지만, '잠잠하라'는 요구는 고린도전서 11장에 나오는 머리에 무엇을 쓰는 것과 마찬가지로 복종의 명령에 대한 1세기의 적용일 것이다. 그렇다면 잠잠하라는 요구 역시 여성들이 남성들을 가르치는 것을 완전히 금한 것이라기보다는, 여성들의 가르침 중 성 역할을 뒤집으려 하고 심지어 남성들에게 권세를 부리려 하는 온갖 종류의 가르침을 금한 것이라 여겨진다.

나는 여성들이 가르치는 것, 그리고 남성을 가르치는 것이 전적으로 적절한 상황이 있다고 믿는다. 단, 여성들은 남성들에게 부적절한 권위를 사용하지 않아야 한다. 이렇게 되기 위해서는 세 가지 조건이 충족되어야 하는데, 그것은 여성들이 가르치는 내용, 배경, 방식과 관련되어 있다.

가르침의 내용

첫째로, 내용이다. 예수님은 자신의 사도들을 교회의 무오한 교사로 택하시고, 임명하시고, 영감을 불어넣으셨다. 그들은 모두 남성이었다. 아마 그들의 기본적인 가르침에 고도의 권위가 필요했기 때문일 것이다. 하지만 오늘날의 상황은 전혀 다르다. 정경은 오래 전에 완성되었으며, 열두 제자나 바울에 비할 만한 그리스도의 살아 있는 사도는 없다. 그 대신에 기독교 교사의 첫째 기능은 신약에서 가르치는 사도적 교리가 '부탁한 것을 지키고' 그것을 해설하는 것이다. 그러므로 그들은 스스로 권위를 주장하지 않고, 자신과 자신의 가르침을 성경의 권위 아래 둔다. 그렇기 때문에 여성들도 분명 교사가 될 수 있다. 나아가, 하와가 속았다는 말(딤전 2:14)이 여성들이 꾀임에 잘 넘어간다는 의미로 쓰였다면, 성경만을 가르치기로 결심함으로써 이러한 취약함에 대한 적절한 예방책을 세워야 한다.

가르침의 배경

둘째로, 가르침의 배경이 있다. 지역교회 내의 팀 사역이 배경이 되어야 한다. 직접적으로든 간접적으로든, 바울은 모든 교회에서 '장로들'(복수)을 임명했다(예를 들면, 행 14:23; 20:17; 빌 1:1; 딛 1:5). 오늘날 많은 교회가 비성경적인 독불장군식 사역을 회개하고, 여러 명이 목회적 감독을 하는 건전한 신약 유형으로 돌아가고 있다. 팀원들은 각자의 은사를 모두 합하여 이용할 수 있으며, 그 안에는 분명 여성 혹은 여성들이 있을 것이다. 하지만 남성의 머리됨에 대한 성경의 가르침과 조화시켜, 여전히 남성이 팀 리더가 되어야 한다. '문화적 치환'이라는 관행은 변하지 않는 하나님의 계시의 본질에 새롭고 적절한 문화적 옷을 입히려 한다. 1세기 남성의 머리됨은 여성들에게 머리에 무엇을 쓰도록 요구하는 것으로, 그리고 여성들이 남성들을 가르치는 것을 금하는 것으로 표현되었다. 오늘날에는 성경에 충실하면서도 20세기에 적절한 방식으로, 여성들이 남성이 리더인 팀 사역에 참여하는 것으로 표현할 수 있지 않겠는가? 팀이라는 개념은 또한 교회 차원의 징계 문제를 다루어야 한다. 징계에는 권위가 포함된다. 그 말은 옳다. 그렇기 때문에 여성이 행사하면 안 된다. 하지만 남성이 자기 마음대로 행사해서도 안 된다. 징계(특히 출교라는 극단적 형태의 징계)는 이상적으로는 전체 교인이, 최종 결론에 이르기 전에 지도자단 혹은 장로단이 함께 시행해야 한다(예를 들어, 마 18:17; 고전 5:4-5; 히 13:17).

가르침의 방식

여성들이 가르칠 때 고려해야 할 셋째 조건은 가르치는 방식과 관련된다. 기독교 교사들은 남성이든 여성이든 절대 허세를 부려서는 안 된다. 기독교 교사는 성경의 권위에 복종하는 것과 인격적이고 겸허한 마음을 지키는 것으로 겸손을 나타내야 한다. 예수님은 사도들에게 허영심 강한 바리새인들의 권위주의와 권력에 굶주린 세속 통치자들의 위세를 본받지 말라고 경고하셨다(마 23:1 이하; 막 10:42 이하). 모든 그리스도인 리더가 직면하는 교만해지려는 유혹에 민감한 사도 베드로는 동료 장로들에게 겸손으로 허리를 동이고, 목회적으로 돌보도록 맡겨진 자들에게 주장하는 자세를 취하지 말고, 그리스도의 양무리에게 본이 되라고 촉구한다(벧전 5:1 이하).

그렇다면 여성이 남성을 가르치는 것은 성경적으로 허용되는 듯 보인다. 가르치는 내용이 성경적이고, 팀을 배경으로 하며, 겸손한 방식으로 가르친다면 가능하다. 그런 상황에서라야 책임 있는 '머리됨'을 요구하지 않고 자신들의 은사를 발휘할 것이기 때문이다. 그렇다면 이는 여성들이 안수를 받을 수 있으며 안수를 받아야 한다는 의미인가? 혼란된 의견들이 이 질문을 겹겹이 둘러싸고 있기 때문에, 이 질문에 바로 대답하기는 어렵다. 하지만 안수가 하나님의 부르심과 은사들을 공개적으로 인정하고 앞에서 말한 것과 같은 사역을 행하도록 인가하는 것이라면, 여성들이 안수를 받지 말아야 할 선험적 이유는 없다.

근래에 성공회에서 몇몇 여성이 교구 사제로 임명되었으며 이 글을 쓰는 지금 14명의 주교(교구 주교 8명과 부주교 6명)가 있다고 해서, 이상적인 배치에 대한 내 생각이 바뀐 것은 아니다. 하지만 이미 일이 벌어진 지금, 우리는 어떻게 반응해야 하는가? 우리는 원칙 없이 문화적 압력에 굴복해서도, 포기하고 교회에서 이탈해서도 안 된다. 그러면 어떻게 해야 하는가? 우리는 그 문제가 끝난 것으로 간주하지 말고 계속 대화를 해야 한다. 그러면서 안수받은 여성들이 이를테면 팀 내에서 남성의 머리됨을 자발적으로 인정하면서 사역하도록 권면해야 한다.

남성이 머리라는 원리는 교회 내에서만이 아니라 세상에서도 적용되는가? 성경에서 이 질문을 직접 다루지는 않지만, 그에 대해 살펴볼 필요가 있다. 우선 여성들은 창조될 때 풍성한 은사를 받았으며, 남성들이 그래야 하듯 하나님이 주신 잠재 능력을 개발하도록 격려받아야 하고, 법이든, 교육이든, 정치든, 의료직이든, 사업이든, 산업이든 다른 어떤 것이든, 자기 직업에서 정상에 오르지 못하도록 방해받지 않아야 한다. 하지만 성경은 또한 독불장군이 되는 것을 경고한다. 프랑스 속담에 따르면 자신을 높이는 사람은 스스로 고립된다(qui s'élève s'isole). 지도자의 위치에 있는 여성들은 남성들과 마찬가지로 어느 정도 책임을 지혜롭게 받아들인다. 여왕은 헌법에, 총리는 내각에, CEO들은 이사회에, 전문 직업인들은 해당 단체에 의해 제한을 받는다. 팀 개념은 여기에서도 건강한 것이다.

섬기는 리더십으로의 부르심

사제가 그리스도(남성이셨던)를 나타내는 상(像)으로서, 하나님을 우리에게, 우리를 하나님께 제시한다는 가톨릭의 견해에서 출발하는 사람들은, 여성이 그러한 역할을 성취하기는 불가능하다고 결론을 내린다.[52]

한편, 장로를 다스리는 인물로, 교회의 가르침과 징계에 책임이 있는 존재로 보는 개혁주의 견해에서 출발하는 사람들은, 여성이 그같이 선천적으로 권위 있는 역할을 수행하는 것은 부적절하다고 결론을 내릴 것이다.

하지만 만일 신약에 그려진 교회 감독이 가톨릭의 사제가 아니라 목회자이고, 확고한 개혁주의의 장로가 아니라 다양한 종류와 다양한 정도의 사역을 제공하는 더욱 유동적이고 온건하고 개성 있는 존재라면 어떨까? 섬기는 리더십에 대한 예수 그리스도의 가르침에서 출발한다면 어떨까? 목회자들은 주 안에서 회중을 '다스리며', 사람들은 그들을 인도하는 자들에게 '순종해야' 하는 것이 사실이다(살전 5:12; 히 13:17). 하지만 이는 예수님이 주로 강조하신 점이 아니었다. 그분은 각각 독특한 지도 유형을 가진 세속 공동체와 신앙 공동체를 묘사하셨다. 세상에서는 "이방인의 집권자들이 그들을 임의로 주관하고 그 고관들이 그들에게 권세를 부린다." 하지만 그분은 즉각 "너희 중에는 그러지 않을지니"라고 덧붙이셨다. "너희 중에 누구든지 크고자 하는 자는 너희를 섬기는 자가 되고." 그분 자신이 섬김을 받기 위해서가 아니라 도리어 섬기러 오셨기 때문이다(막 10:42-45). 이렇게 예수님은 세상에 완전히 새로운 유형의 리더십을 소개하셨다.

이처럼 교회 리더십에 대한 우리의 비전이 가톨릭 전통의 사제나 개혁주의 전통의 장로가 아니고 예수님이 말씀하신 종이라면, 왜 여성들이 자격이 없단 말인가? 목회적 돌봄의 진수가 사랑이고 그 방식이 겸손이라면, 여성들이 그것을 공유한다 해도 성경 원리를 전혀 침해하지 않을 것이다. 근본적인 문제는 '안수'나 '제사장직'이 아니라, 장로직에 필연적으로 내재되어 있는 권위의 정도가 얼마만큼인가 하는 것이다. 우리에게는 생활 방식 전체에서 하나님 나라의 겸손한 종됨을 실천해 보이는 장로들(교구 사제들과 주교들)을 상상하는 것이 어려울지도 모른다. 교회사는 독재와 고위 성직으로 향하는 끈질긴 경향을 예증하며, 우리는 우리 안에 있는 교만을 알기 때문이다. 하지만 겸손한 종됨은 우리가 추구해야 할 실재, 즉 권위가 아니라 겸손이 특징인 사역이다. 남성들에게는 하나님이 정하신 머리됨을 희생적 섬김으로 표현하는 것을 의미할 것이다. 여성들에게는 머리됨에 복종하고 그것을 저버리거나 침해하지 않는 것을 의미할 것이다. 그러면 남성들은 남성인 채로, 여성들은 여성인 채로 남을 것이며, 비성경적인 혼란을 피할 수 있을 것이다.

전반적으로 세력을 떨치고 있는 세속주의의 한가운데서, 그에 맞서 우리 그리스도인들이 분투하는 것은 가정뿐 아니라 교회와 사회 내에서 남성과 여성의 평등과 남성의 머리됨이라는 한 쌍의 성경 원리를 증언하는 것이다. 어떻게 하면 이 일을 가장 잘 하고 가장 적절하게 할 수 있을지 계속 토론해 가면서 말이다. 제임스 패커(J. I. Packer) 박사는 이러한 긴장을 잘 표현했다. 그는 성경이 자신에게 계속 다음과 같은 것을 확신하게 한다고 썼다. "남성과 여성의 관계는 본질적으로 뒤집을 수 없는 것이다.…이것은 창조라는 실재의 일부, 어떤 것으로도 바꿀 수 없는 정해진 사실이다. 분명 구속은 그것을 바꾸지 않을 것이다. 은혜는 본질을 폐하지 않고 회복시키기 때문이다." 그러므로 우리는 "이러한 뒤집을 수 없는 틀 안에서 남성과 여성의 관계, 영적 평등, 사역을 위한 자유, 상호 복종과 존중을 신학화"해야 한다. "성경이 여성들에게 강요하지 않는 제한 조건들을 우리가 강요하지 않아야 하는 이유를 창조 시에 이미 이루어진 남성과 여성의 구분을 최소화하고 남성-여성 관계 안에서 남성의 양도할 수 없는 책임을 축소하려는 상당히 다른 목적과 혼동해서는 안 된다."[53]

여성에게 금지된 것은 지도자가 되는 것이 아니라 남성을 주관하는 것이다(딤전 2:12). 이것은 창조 시 주어진 남녀 간 역할의 상호 보완성을 해칠 뿐 아니라 하나님 나라의 근본적 성격인 겸손과도 양립할 수 없기 때문이다. 요는 어떤 **직분**이 여성들에게 허용되는가(장로, 교구 사제, 감독)가 아니라, 그들의 지도력 **유형**이 섬김에 대한 예수님의 가르침과 일관되는가 하는 것이다. 고위 성직자라는 이미지는 좀처럼 사라지지 않는데, 반드시 없어져야 한다.

나는 몇 가지 핵심적인 단순한 말로 결론을 맺고자 한다. 만일 하나님이 여성에게 영적 은사를 주신다면(그분은 그렇게 하신다), 그들이 공동 유익을 위해 그 은사를 발휘하도록 부르신다면(그분은 그렇게 하신다), 교회는 하나님의 은사와 부르심을 인정해야 하고, 여성들이 할 수 있는 적절한 사역 영역을 만들어 주어야 하며, 그들이 적어도 팀 안에서 하나님이 맡기신 사역을 행하도록 '안수'(즉 위임과 인가)해야 한다. 창조와 구속이라는 기독교 교리는, 하나님은 자신이 은사를 주신 사람들이 좌절하는 것이 아니라 성취감을 느끼기를 바라시고, 그분의 교회가 그들의 섬김으로 풍성해지기를 바라신다고 가르친다.

13
결혼, 동거, 이혼

모든 사회에서 결혼은 인간의 제도로 인식되고 규정된다. 하지만 그것은 인간이 창안해 낸 것이 아니다. 결혼에 대한 기독교의 가르침은, 결혼이 우리의 아이디어가 아니라 하나님의 아이디어라는 즐거운 확언으로 시작된다. 1662년 결혼 예식 기도서 서문에 나와 있듯이, 결혼은 "인간이 무죄했던 때에 하나님이 제정하신 것이다." 그것은 그리스도가 가나의 혼인 잔치에 참석하셨을 때 그분의 임재로 '빛이나고 아름답게' 되었다. 그것은 "그리스도와 그분의 교회의 신비로운 연합"을 상징한다. 이와 같이 하나님은 결혼을 고안하고 승인하고 고귀하게 하셨다. 진실로 하나님은 어떤 사람들을 이생에서 결혼하지 않고 독신으로 살도록 부르시며(마 9:11 이하; 고전 7:7), 부활 이후 내세에서는 결혼이 폐지될 것이다(막 12:25). 그러나 현 질서가 지속되는 동안 결혼은 '모든 사람'이 '귀히 여겨야' 한다. '혼인을 금하는' 사람들은 미혹케 하는 영에 잘못 인도된 거짓 교사다(히 13:4; 딤전 4:1 이하). 더구나 결혼은 타락 이전에 제정된 '창조 규정'이기 때문에, 모든 인류에게 주시는 하나님의 자비로운 선물로 간주해야 한다.

결혼의 목적[1]

전통 신학은 성경을 따라 하나님이 결혼을 정하신 세 가지 목적을 규명했다. 또한 그 목적들을 대체로 창세기 1장과 2장에 언급된 순서대로 열거하면서 순서상 앞선다고 해서 반드시 중요성도 앞서는 것은 아니라는 점을 덧붙였다. 하나님이 자신의 형상으로 만드신 남성과 여성에게 첫 번째로 주신 명령은 "생육하고 번성하라"(창 1:28)이다. 그래서 자녀 출산과 자녀들을 가정에서 사랑과 훈계로 양육하는 것이 첫머리에 나왔다. 둘째로, 하나님은 "사람이 혼자 사는 것이 좋지 아니하니 내가 그를 위하여 돕는 배필을 지으리라"(창 2:18)고 말씀하셨다. 그래서 하나님은 결혼을 (1662년 공동 기도서를 다시 인용하면) "번영할 때나 역경 중에 있을 때나 서로 교제하고 돕고 위로하도록" 만드셨다. 셋째로, 결혼은 희생적 사랑으로 서로 헌신하는 것이다. 그 사랑은 성적 연합 혹은 '한 몸'이 되는 것으로 자연스럽게 표현된다(창 2:24).

이러한 세 가지 필요는 타락으로 인해 더욱 중요해졌다. 가정생활이 주는 사랑의 훈육은 자녀들의 비뚤어진 고집 때문에, 상호 지원은 깨어진 세상의 비애 때문에, 성적 연합은 음행에 대한 유혹 때문에 훨씬 더 긴요해졌다. 하지만 이 세 가지 목적은 모두 타락 이전부터 존재하며, 결혼을 제정하신 하나님의 사랑의 규정에 속한 것이다.

결혼과 가정에 대한 하나님의 원래 목적을 고귀하게 여길수록, 이혼은 더욱 파괴적일 수밖에 없다. 결혼의 파탄은 언제나 비극이다. 그것은 하나님의 뜻을 부인하고, 그분의 목적을 좌절시키며, 남편과 아내에게 소외와 환멸과 비난과 죄의식을 안기며, 자녀를 당황과 불안정과 분노라는 위기로 몰아간다.[2]

성경에서 결혼의 정의에 가장 근접한 것은 창세기 2:24이다. 예수님 자신이 후에 이혼을 허용할 수 있는 근거가 무엇이냐는 질문을 받았을 때 이 구절을 하나님의 말씀으로 인용하셨다(마 19:4-5). 하와가 창조되고 아담에게로 이끌려 온 직후, 아담은 그녀를 (사랑의 시를 쏟아내면서) 하나님이 주신 배우자로 인식했다. 내레이터는 이렇게 말한다. "이러므로 남자가 부모를 떠나 그의 아내와 합하여 둘이 한 몸을 이룰지로다."

여기서 우리는 남자가 부모를 떠날 때, 단지 부모와 떨어져 살기 위해서가 아니라 그 아내와 '연합하여' 한 몸을 이루기 위해 떠날 때, 하나님 보시기에 결혼이 성립한다고 추론할 수 있다. '떠나는 것'(leaving)과 '연합하는 것'(cleaving)은 결합되어 있으며, 그 순서대로 일어나야 한다. 하나의 인간 관계(아이-부모)가 또 다른 인간 관계(남편-아내)로 대체되는 것이다. 이 관계들에는 몇 가지 유사성이 있다. 둘 다 복잡하며 서너 가지 요소를 포함하고 있기 때문이다. 이 관계들은 육체적이고(전자의 경우 임신, 출산, 양육, 후자의 경우 성관계), 정서적이며('성장'은 어린 시절의 의존에서 자라나 협력 관계의 성숙으로 가는 과정이다), 사회적이다(아이들은 이미 존재하는 가족 단위를 물려받으며, 부모들은 새로운 가족 단위를 만들어 낸다). 하지만 그 둘 사이에는 본질적인 차이점도 있다. "한 몸"이라는 성경의 표현은 남편과 아내의 육체적·정서적·사회적 연합이 자녀와 부모 관계보다 더 심오하고 신비하게 개인적인 것임을 분명하게 나타낸다.

그래서 창세기 2:24은 결혼으로 인한 연합이 어떤 사회적 사건으로서 공적으로 인정되는("부모를 떠나") 배타적인 남-녀 관계이며("남자가…그의 아내와…"), 영속적이고("그의 아내와 합하여"), 성적 교제로 완성된다("둘이 한 몸을 이룰지로다")는 것을 암시한다. 그렇다면 결혼에 대한 성경적 정의는 다음과 같을 것이다. "결혼은 한 남자와 한 여자 사이의 배타적인 이성간 언약이며, 하나님이 정하시고 인치신 것이며, 공개적으로 부모를 떠나는 것이 선행되고, 성적 연합에서 완성되며, 영속적으로 서로 지지하는 협력 관계를 낳고, 보통 자녀를 선물로 받는다."

변화하는 태도

하지만 이혼하는 부부는 계속 늘어난다. 2001년에 미국 인구 1,000명당 결혼률은 8.4퍼센트였으며, 이혼율은 4.0퍼센트였다.[3] 20세기 말에는 20세기 초보다 결혼하는 나이는 늦어졌고, 결혼 지속 기간은 짧아졌으며, 이혼 가능성은 증가했다. 현재 초혼한 두 쌍 중 한 쌍은 이혼으로 끝난다.[4]

잉글랜드와 웨일즈에서는 2002년에 25만 4,400쌍이 결혼했는데, 그중 59퍼센트는 양쪽 다 초혼이었다. 양쪽 다 재혼인 경우는 18퍼센트였다.[5] 이혼은 16만 건이었는데, 1997년 이래 최고치였지만, 그래도 절정에 이르렀던 1993년 18만 건보다는 적다. 이렇게 이혼율이 저하된 것은 결혼 건수가 줄었고, 사람들이 더 늦게 결혼했기 때문이다. 2002년까지는 성인 인구의 8.4퍼센트가 이혼했는데, 이는 결혼한 사람 1,000명 중 13명에 해당한다.[6]

이혼은 소득, 교육, 종교를 포함한 많은 요소와 관련되어 있을 수 있다. 하지만 이혼 사유 중 여성들이 이제 재정적으로 자립할 수 있으며 남편에게 의존하지 않는다는 사실, 많은 맞벌이 가정이 일 때문에 겪는 스트레스, 실업과 재정적 염려로 인한 압박, 쌍방 무과실 이혼(no-fault divorce)을 포함하여 사회가 이혼에 대해 더 관대해졌다는 점 등을 간과해서는 안 된다. 하지만 가장 큰 이유는 분명 서구에서 기독교 신앙이 쇠퇴하면서 결혼의 신성성과 영원성이라는 기독교적 가치에 대한 헌신이 사라지고, 성과 결혼과 가정이라는 전통적인 개념은 비기독교적 영향력으로 점차 무너지고 있다는 사실이다. 결혼이 세속화되었다는 분명한 표지는, 1850년에는 결혼하는 영국인 중 4퍼센트만이 결혼식장(교회, 성당, 회당 등이 아닌)에서 결혼한 반면, 2002년에는 그 비율이 66퍼센트나 되었다는 것이다. 이는 전체 결혼식의 절반 이하가 사회적 의식으로 엄숙하게 치러졌던 1991년과 비교해 봐도 엄청나게 증가한 것이다.[7]

평생의 헌신 혹은 언약이라는 기독교적 결혼관이 이제 서구에서 소수 의견이 되었을 뿐 아니라, 교회가 세상에 굴복할 위험에 처해 있다. 그리스도인들끼리 결혼해도 예전에 그랬던 것처럼 안정적이지 않으며, 이혼은 흔한 일이 되어 가고 있기 때문이다. 심지어 일부 기독교 지도자들은 배우자와 이혼하고 재혼하면서도 그 지위는 보존하고 있다. 이 영역에서도 기독교적 지성이 세속주의에 항복했다는 표지가 보인다. 이기적이고 개인주의적인 세계관

이 지배적인 듯하다.[8]

이 장에서 나는 성경에 나오는 결혼에 대한 기독교적 관점과, 거기서 기인하는 개인적·목회적 문제들에 주목하고자 한다. 하지만 기독교적 지성에 일차적으로 중요한 것은 성경적 질문이다. 심지어 결혼 실패로 인한 상처도 이 질문들을 회피하는 핑계가 되지는 못한다. 하나님은 결혼에 대해, 이혼과 재혼의 가능성에 대해 그분의 뜻이 무엇이라고 계시하셨는가? 우리는 어떻게 성경의 원리에 맞추어 결혼생활의 방침을 세우고 실행해 나갈 수 있는가? 분명 쉬운 답은 없다. 특히 교회는 하나님의 계시된 기준을 증언하는 예언자적 책임과 그분의 기준을 유지하지 못한 사람들에게 긍휼을 보이는 목회적 책임 사이에 긴장을 느낀다. 존 윌리엄스(John Williams)는 "말라기를 통해 '나는 이혼하는 것…을 미워하노라'(2:16)고 말씀하시고 호세아(그의 아내는 뻔뻔스러울 정도로 부도덕했다)를 통해 '내가 그들의 반역을 고치고 기쁘게 그들을 사랑하리니 나의 진노가 그에게서 떠났음이니라'(14:4)고 말씀하신 동일한 하나님"을 기억하라고 했다.[9] 그의 말은 옳다.

동거

결혼에 대한 이러한 정의를 염두에 두면, 이제 우리는 결혼하지 않고 함께 사는 동거 관행을 평가할 수 있다. 동거는 점차 더 인기를 얻고 있다. 영국 성공회 실무 분과가 발표한 "교회와 사회 내에서 가정의 가치를 평가하다"라는 부제가 달린 「경축할 그 무엇」(Something to Celebrate)이라는 보고서는 10페이지에 걸쳐 이 주제를 다루었다.[10] 지금까지 주의를 산만하게 하는 언론 매체의 책략 때문에 그 보고서를 진지하게 성찰하지 못한 것은 대단히 유감스러운 일이다. 매체들은 교회는 "'죄 가운데 산다'는 말을 포기해야 한다"는 진술을 포착했지만, 그 보고서가 권고한 내용이 왜 나왔는지는 제대로 인식하지 못했다. 즉, 그 문제들은 복잡하며 경멸하는 문구로 축소할 수 없는 것이다. 실무 분과는 제대로 평가받아야 마땅하지만, 동거를 정죄하고 싶어 하지 않는 사람들에게 마음을 열고 심지어 공감하며 귀를 기울인 면에서는 옳았다.

사람들은 자신이 가장 좋은 이유라고 생각하는 것 때문에 동거를 결정할 것이다. 예를 들면, 그들은 부모가 한 실수를 되풀이하거나, 값비싼 결혼식의 물질주의에 굴복하거나, 자신들의 관계를 결혼 면허쯤으로 전락시키고 싶지 않을지도 모른다. 한 남성과 한 여성이 무인도에서 만났다면, 전통적 결혼처럼 모든 절차를 밟지 못하더라도 분명 하나님 보시기에 타당한 결혼을 할 수 있다. 하나님 앞에서 결혼을 성사시키는 것은 법적 문서도, 교회 예식도, 정성스런 피로연도 아니고, 평생 동안 정절을 지킬 것을 서약하고 성적 연합으로 완성하는 상호 언약이기 때문이다.

이에 비추어, 어떤 동거는 결혼의 또 다른 이름이라고 간주해도 무방할 것이다. 그 동거에는 결혼의 진수(언약적 헌신)가 있기 때문이다. 그러나 일반적인 동거 상황에는 보통 두 가지 필수 요소가 결여되어 있다. 첫째는 평생의 헌신이다. 많은 경우 동거는 열린 협정, 즉 일종의 시험 결혼으로서 영원한 결혼 서약을 일시적인 실험으로 대체한다. 이것은 결혼이라고 부를 수 없다. 게다가 그 임시성은 관계를 약화시킬 수밖에 없다.

동거는 불안정하다

첫째로, 동거 기간은 오래 가지 못하는 경향이 있다. 미국에서 2002년에 발간된 한 권위 있는 보고서에 따르면, 동거는 전반적으로 결혼보다 덜 안정적이다. 첫 결혼이 5년 내에 별거나 이혼으로 끝날 가능성은 20퍼센트지만, 혼전 동거가 5년 내에 깨질 가능성은 49퍼센트다. 10년 후에는 첫 결혼이 끝날 가능성이 33퍼센트이며, 동거는 66퍼센트다.[11]

둘째로, 모든 여성을 대상으로 볼 때 첫 번째 혼전 동거가 결혼으로 이어질 가능성은 동거 3년 후에는 58퍼센트, 동거 5년 후에는 70퍼센트다.[12] 하지만 직장에서의 지위, 교육 배경, 인종 등을 포함하면 이러한 수치는 달라진다. 영국에서는 동거하는 5쌍 중 약 3쌍이 결혼으로 이어진다.

셋째로, 시험 기간을 거치면 후에 더 안정적인 결혼생활을 할 수 있다는 주장은 사실무근이다. "1980년대에 먼저 동거를 하고 나서 결혼한 부부들은 동거하지 않고 결혼한 부부들보다 5년 내에 이혼할 가능성이 50퍼센트 더 높았다."[13]

넷째로, 동거에서는 상대, 특히 남성이 한 명 이상과 성관계를 가질 가능성이 더 크다.[14] 평생 서로에게 신실하기로 결심하지 않는 관계는 어떤 것도 결혼과 비교할 수 없다. 예수님은 "하나님이 짝지어주신 것을 사람이 나누지 못할지니라"(마 19:6)라고 말씀하셨다.

다섯째로, 동거는 결혼과 비교해 볼 때 몇 가지 역기능이 있다. 미국에서 나온 한 연구는 온전한 결혼생활을 하는 사람들에 비해 동거를 하는 사람들은 평생 알코올 중독, 우울증, 일반적인 정신 질환에 시달리는 경우가 훨씬 더 많다는 것을 보여 주었다.[15]

동거는 비공식적이다

동거에 결여되어 있는 둘째 요소는 결혼이 성립되는 공개적 맥락이다. 우리는 결혼의 성경적 정의(창 2:24)에 부모를 떠나는 것이 포함되어 있음을 살펴보았다. 당시 문화에서 그런 이유로 떠난다는 것은 남몰래 이루어지지 않았고 사적인 것도 아니며 공개적이었을 것이다. 그것은 오늘날 미혼인 학생이 대학에 가기 위해 집을 떠나는 경우처럼 가볍게 떠나는 것이 아니다. 그것은 결혼하여 새롭고 독립된 가정을 꾸리기 위해, 어린 시절을 보낸 집과 부모에게 의존하던 옛 생활에서 벗어나 공적으로 또한 상징적으로 출발하는 것을 의미한다. 이와 같은 공개적인 관계(한 남자와 한 여자가 협력자로 함께 살아가는 것)에는 공개적인 시작이 필요하다. 물론 무인도에서는 불가능하겠지만, 사회에서는 가족과 친구들이 관계에 적응하도록 어떠한 관계인지 알릴 의무가 있다. 그들은 자연스럽게 작별을 고하고, 경축하고, 앞날을 후원하기로 약속하고자 한다. 은밀하고 쓸쓸하게 가족을 떠나는 것은 정당하지도 친절하지도 않은 일이다.

하지만 새로운 관계에 대해 알고 그에 참여할 권리는 부모와 가족과 친구들에게만 있는 것이 아니라 사회 전체에 있다. 성적 친교는 물론 본질적으로 개인적인 것이시만 그 배경이 되는 관계는 그렇지 않다. 그러나 동거하는 사람들은 이러한 구분을 하지 않으며, 그들의 관계를 전적으로 사적인 것으로 간주하는 실수를 범한다. 그러나 결혼은 공적이다. 결혼을 시작하는 행사와 결혼으로 생겨나는 관계 모두 공적이다. 법의 인정이 결혼 자체에 필수적인 것은 아니지만(무인도 결혼은 하늘에는 기록되겠지만 이 땅에서는 등록되지 않는다), 결혼 법규는 분명 유익하다. 엄숙한 서약은 법의 재가가 없으면 '구속력 있는' 것으로 여겨지기 어렵기 때문이다. 게다가 서로에게 헌신한 부부에게는 법률이 부여하는 보호가 필요하다. 결혼을 공적으로 이루는 것은 중요하다. 공동체가 그 남자와 여자가 하는 약속의 증인이 되기 때문이다. 사람들은 그 두 사람이 결혼의 정의와 결혼의 목적에 합의했다고 생각한다. 두 사람은 각각 사람들 앞에서 자신이 결혼에 동의한다는 의사를 자유롭게 표명한다. 그들은 강요당하지 않으며, 서로에게 책임이 있고, 이에 대해 공동체가 증인이 된다.

동거의 경우, 관계가 모호하며, 두 사람의 헌신 정도도 대등하지 않을 수 있다. 둘 중 누구도 공적인 헌신을 보장하지 않는다.[16] 이전 시대에는 성관계가 상징적 지위를 지녔으며, 평생에 걸친 공개적이고 배타적인 충성을 나타냈다. 성관계는 쉽게 행하는 것이 절대 아니었으며, 남성이 여성을 임신시켰으면 지역 사회는 그들이 사실상 결혼한 것으로 간주했다. 크리스토퍼 애쉬(Christopher Ash)는 "동거하는 사람들이 신의의 의무를 받아들이지 않는다면 그들의 관계는 부도덕하다. 도덕적이면서 신의를 지키지 않을 수는 없다"[17]고 주장했다. 그는 이어서 이렇게 말했다.

어떤 남자와 여자가 도덕적으로 함께 살기를 원한다면 그들은 각각 평생 상대방에게만 신의를 보여야 한다. 이것만이 성관계를 가질 수 있는 도덕적 배경이다. 하나님은 그들이 인식하든 못하든 서로에게 신실할 것을 요구하신다. 동거 관계를 청산하는 사람들이 그 관계를 지속하겠다는 약속을 한 적이 없다고 해서 하나님께 정죄받지 않는 것은 아니다. 공적 서약은 특별히 고결한 부부들만 자원해서 하는 헌신이 아니며, 그로 인해 그들의 관계가 윤리적으로 한 차원 더 높아지는 것도 아니다. 공적 서약은 하나님이 그들의 관계 때문에 그들에게 부과하신 도덕적 책임을 인정하고 인식하는 것이다.[18]

동거는 부적절하다

교회 예식은 하나님이 보시기에 세속적인 결혼 의례와 마찬가지로 본질적인 것이 아니다. 무인도에는 교회도 결혼식장도 없다. 그럼에도 평생에 걸친 서약은 엄숙한 것이며 가능하면 공개적으로 이루어져야 하기 때문에, 교회의 예식이 가장 적절한 것이다. 특히 그리스도인들에게는 더욱 그렇다. 결혼이 세례와 의미가 같은 '성례'는 아니지만, 둘 다 공개적 헌신이 포함되며, 선택된 증인들 앞에서 이루어진다.

요약하면, 우리는 무인도에서도 남녀가 서로 평생 헌신하기로 서약한다면 설령 증인이 될 가족 대표나 법률이나 교회가 없어도 하나님 보시기에 적법한 결혼을 할 수 있다는 데 동의할 것이다. 하지만 우리가 사는 현실 세계에서는 결혼하는 부부의 헌신이 영원할 뿐 아니라 공개적이어야 하며, 가족과 법과 교회는 결혼과 동거를 구분해 준다.

그러므로 「경축할 그 무엇」에서 '양자 모두' 접근법을 취하여, 그리스도인들에게 "결혼의 중심성을 고수하고, 동시에 동거는 많은 사람에게 더 충분하고 더 완전한 헌신을 향해 나아가는 하나의 단계임을 받아들이라고"[19] 권고한 것은 분별 없는 일이었다. '양자 모두' 접근법으로, 또한 사람들에게 공감해 주고 비판하지 않으려는 선의의 바람 때문에, 그 보고서의 저자들은 결혼과 동거의 구별을 모호하게 만들었다. 동거를 결혼에 이르는 디딤돌이라고 보기보다는 결혼에 못 미치는 것으로 보는 것이 더 정확하고 더 유익하다. 무인도에서의 결혼을 상상한 것은 하나님이 생각하시는 결혼의 본질이 무엇인지를 신학적으로 명확히 하도록 도와주었을 것이다. 하지만 우리는 현실 세계에 머물면서 결혼의 성경적 정의와 그 공개적이고 영원한 특성을 타협하지 않고 유지할 책임이 있다.

그렇다면 우리는 캔터베리 대주교인 조지 캐리(George Carey) 박사가 총회에서「경축할 그 무엇」에 대해 토론할 때 말한 내용을 긍정할 수 있다. "동거는 결혼이 아니며 결혼이 될 수도 없다. 결혼은 공개적이고 공식적인 반면…동거 관계는…여전히 개인적이고 임시적이다.…동거가 아니라 결혼이 좋은 사회의 핵심에 있는 제도다. 거리낌없이 그렇게 말하자. 나는 정죄하는 마음으로 이 말을 하는 것이 아니라 더 나은 길로 초대하려는 것이다."[20]

구약의 가르침

성경의 가르침을 살펴보면서 이제 신명기 24:1-4에 이르렀다. 그것은 구약 본문 중 이혼의 근거 혹은 절차에 대해 말하는 단 하나의 본문이기 때문에 특히 중요하다.

> 사람이 아내를 맞이하여 데려온 후에 그에게 수치되는 일이 있음을 발견하고 그를 기뻐하지 아니하면, 이혼 증서를 써서 그의 손에 주고 그를 자기 집에서 내보낼 것이요, 그 여자는 그의 집에서 나가서 다른 사람의 아내가 되려니와. 그의 둘째 남편도 그를 미워하여 이혼 증서를 써서 그의 손에 주고 그를 자기 집에서 내보냈거나 또는 그를 아내로 맞이한 둘째 남편이 죽었다 하자, 그 여자는 이미 몸을 더럽혔은즉 그를 내보낸 전 남편이 그를 다시 아내로 맞이하지 말지니 이 일은 여호와 앞에 가증한 것이라. 너는 네 하나님 여호와께서 네게 기업으로 주시는 땅을 범죄하게 하지 말지니라.

이 규정에 대한 세 가지 특별한 요점을 명확히 해야 한다.

전 배우자와의 재혼

첫째는 그 취지와 목적에 관한 것이다. 이 규정은 이혼을 요구하지도, 권하지도, 심지어 재가하지도 않는다. 그 주요 관심사는 절대 이혼이 아니며, 이혼 증서도 아니다. 그 목적은 남성이 배우자와 이혼했다면 그녀와의 재혼을 금하는 것이다. 그것은 "여호와 앞에 가증한" 것이기 때문이다. 이 규정은 변덕스럽고 잔인했을 전 남편에게서 여성을 보호하기 위해 세워졌을 것이다. 어쨌든 처음 세 구절은 모두 문장의 조건부다. 조건문의 귀결절 혹은 결과는 4절에 이르기까지 시작되지 않는다. 이 율법은 이혼을 승인하지 않는다. 이 율법이 말하는 것은 만일 남성이 자기 아내와 이혼한다면, 만일 그가 그녀에게 이혼 증서를 준다면, 만일 그녀가 그를 떠나서 재혼한다면, 만일 그녀의 둘째 남편이 그녀와 이혼하거나 죽는다면, 그래도 그녀의 첫 남편은 그녀와 다시 결혼할 수 없다는 것이다.

수치스런 일로 인한 이혼

둘째는, 이혼을 장려하지 않지만 그래도 이혼이 성립한다면 그 근거는 남편이 아내에게서 "수치 되는 일"을 발견한 경우라는 것이다. 이것은 아내가 간음한 경우가 아니다. 간음하면 그 벌은 이혼이 아니라 사형이기 때문이다(신 22:20 이하: 참고. 레 20:10). 그렇다면 그것은 무엇이었는가? 주전 1세기 동안, 경쟁 관계였던 랍비 샴마이와 랍비 힐렐이 이끄는 두 바리새파는 바로 이것을 두고 논란을 벌였다. 샴마이는 엄격히 해석하여 "수치 되는 일"(히브리어 어근은 '벌거벗음' 혹은 '노출'을 암시한다)을 간음이나 혼음까지는 이르지 않은 모종의 성적 범죄로 이해했다. 이에 반해 랍비 힐렐은 다소 느슨했다. 그는 첫 남편이 아내를 "기뻐하지 아니하면"(1절)이라는 문구나 둘째 남편이 그녀를 "미워하여"(3절)라는 문구를 들어, 그것을 나쁜 행실 중 아주 사소한 것까지도 포함하는 것으로 해석했다. 이를테면 그녀가 남편에게 줄 음식을 망쳐 버렸다거나, 다투기를 잘한다거나, 그가 그녀보다 더 아름다운 여자를 우연히 발견하여 그녀에게 흥미를 잃었다거나 하는 것이다.[21] 힐렐에 따르면, "남편을 성가시게 하거나 당혹스럽게 하면 어떤 것이든 이혼 법정에 갈 만한 적법한 근거가 되었다."[22]

여성이 재혼할 자유

셋째 요점은, 이혼이 허용되었다면 재혼 역시 허용된다는 것이다. 본문은 여성이 "수치 되는 일"을 하여 그것을 근거로 이혼당했다 해도, 그녀가 이혼 증서를 받고 집에서 나왔다면 자유롭게 재혼할 수 있다고 전제하기 때문이다. 지금까지 알려진 바로는, 사실상 고대 문화에서는 이혼을 하면 재혼이 허용된다고 이해했다. 제임스 헐리 박사는 아브라함이 우르를 떠난 주전 18세기 초에 바빌로니아의 왕이었던 함무라비의 법전에 나오는 결혼과 이혼 법과, 이스라엘이 출애굽하던 시기의 더 가혹한 아시리아 법을 요약했다.[23] 고든 웬함(Gordon Wenham) 박사는 필로(Philo)와 요세푸스의 기록, 그리스 및 로마 사회에서 나온 자료, 소규모 유대 수비대가 주둔했던 남부 이집트의 엘레판틴에서 나온 주전 5세기 파피루스의 정보를 추가했다.[24] 거기에 나오는 모든 문화권에서는 남편에 의한, 어떤 경우에는 아내에 의한 이혼에는 재혼의 자유가 따랐다. 보통 이혼당한 아내는 지참금을 돌려받았으며 얼마간 이혼금도 받았다. 고대 사회에서 이혼이 비교적 희귀한 일이었다면, 그 이유는 첫 결혼을 끝내고 두 번째 결혼을 하는 것이 재정적으로 대단한 타격을 주었기 때문일 것이다.

예수님의 가르침

결혼과 이혼에 대한 주님의 가르침은 바리새인들의 질문에 대한 대답에 있다. 마가는 바리새인들이 그분을 '시험하기' 위해 질문했다고 말하며(10:2), 마태는 그 시험 질문이 무엇이었는지 상세히 설명한다. 그것은 "사람이 어떤 이유가 있으면 그 아내를 버리는 것이 옳으니이까"(19:3)였다. 그들은 이런 질문을 하면서 헤로디아가 헤롯 안디바 왕과 결혼하기 위해 남편인 빌립을 떠나 세상을 떠들썩하게 한 일을 염두에 두었을 것이다. 세례 요한은 그들의 결합은 '옳지 않다'(unlawful)고 용감하게 규탄했으며(막 6:17 이하), 그 결과 옥에 갇혔다. 예수님도 똑같이 거리낌없이 말씀하셨을까? 특히 당시 헤롯의 관할 지역 안에 계셨다―아마 그러셨을 것이다(막 10:1)―고 생각해 보자. 분명 바리새인들은 앞에서 언급한 샴마이와 힐렐의 논쟁에 그분을 끌어들이고자 했다. 그래서 질문을 하면서 이혼을 정당화하는 '연고들'(reasons) 혹은 '원인들'(causes)을 강조했던 것이다.

> 바리새인들이 예수께 나아와 그를 시험하여 이르되 사람이 어떤 이유가 있으면 그 아내를 버리는 것이 옳으니이까.
> 예수께서 대답하여 이르시되 사람을 지으신 이가 본래 그들을 남자와 여자로 지으시고 말씀하시기를, 그러므로 사람이 그 부모를 떠나서 아내에게 합하여 그 둘이 한 몸이 될지니라 하신 것을 읽지 못하였느냐. 그런즉 이제 둘이 아니요 한 몸이니 그러므로 하나님이 짝지어 주신 것을 사람이 나누지 못할지니라 하시니.
> 여짜오되 그러면 어찌하여 모세는 이혼 증서를 주어서 버리라 명하였나이까.
> 예수께서 이르시되 모세가 너희 마음의 완악함 때문에 아내 버림을 허락하였거니와 본래는 그렇지 아니하니라. 내가 너희에게 말하노니 누구든지 음행한 이유 외에 아내를 버리고 다른 데 장가 드는 자는 간음함이니라.
> 제자들이 이르되 만일 사람이 아내에게 이같이 할진대 장가 들지 않는 것이 좋겠나이다.
> 예수께서 이르시되 사람마다 이 말을 받지 못하고 오직 타고난 자라야 할지니라. 어머니의 태로부터 된 고자도 있고 사람이 만든 고자도 있고 천국을 위하여 스스로 된 고자도 있도다 이 말을 받을 만한 자는 받을지어다. (마 19:3-12)

예수님은 랍비 힐렐처럼 느슨하지 않으셨다. 그분은 이미 산상수훈에서 그것을 보여 주셨다. 그 본문에서 이혼에 대한 그분의 가르침은 "…라는 것을 너희가 들었으나 나는 너희에게 이르노니"라는 어구에 따르는 여섯 가지 대조법 중 하나에 나타난다. 이 대조법에서 그분은 성경("기록된 것", it has been written)이 아니라 전통("…라 하였다는 것", it has been said), 히니님의 계시가 아니라 서기관들의 그릇된 해석을 반대하셨다. 그들이 왜곡된 해석을 한 것은 율법이 요구하는 바를 축소해 더 편하게 만들기 위해서였다. 이혼에 대한 대조법에서 율법학자의 인용("일렀으되 '누구든지 아내를 버리려거든 이혼 증서를 줄 것이라' 하였으나")은 신명기 24장 본문을 오해하도록 의도적으로 생략한 형태로 보인다. 그것은 이혼 증서를 주기만 하면 사소한 이유로도 (힐렐이 가르쳤던 것처럼) 쉽게 이혼할 수 있다는 인상을 준다. 예수님은 이것을 절대적으로 거부하셨다. 그분은 무엇을 가르치셨는가?

결혼의 영속성

첫째, 예수님은 결혼의 영속성을 천명하셨다. 의미심장하게, 예수님은 바리새인들에게 이혼에 대해 직접적으로 대답하는 대신 결혼에 대해 말씀하셨다. 그분은 그들에게 창세기 1장과 2장을 언급하시면서 이 장들을 읽어 보지 않았느냐고 의심하듯 물으셨다. 그분은, 인간의 성별은 하나님이 창조하신 것이며 인간의 결혼은 하나님이 정하신 것이라는 두 가지 사실에 주의를 집중시키셨다. 그분은 두 본문(창 1:27과 2:24)을 하나로 묶어 하나님을 그 둘 모두의 창시자로 설명하신다. "본래 그들을 남자와 여자로 지으신" 동일한 창조주가 (성경 본문에서) "그러므로 사람이 그 부모를 떠나서 아내에게 합하여 그 둘이 한 몸이 될지니라"고 말씀하셨기 때문이다. 예수님은 "그런즉 이제 둘이 아니요 한 몸이니"라고 자신의 주장을 덧붙이셨다. 또한 "그러므로 하나님이 짝지어 주신 것(문자적으로는 '함께 멍에를 메게 하신 것')을 사람이 나누지 못할지니라"고 금지 사항을 덧붙이셨다.

그 가르침은 명료하다. 결혼 약정은 인간의 계약 이상이다. 그것은 신적 멍에다. 하나님이 결혼한 부부에게 이 멍에를 메게 하시는 방식은 일종의 신비한 연합을 이루어 내는 것이 아니라 그분의 말씀 가운데 그분의 목적을 선포하는 것이다. 그렇다면 결혼의 붕괴, 심지어 소위 관계의 '죽음'은 분리의 근거가 될 수 없다. 연합의 근거는 제멋대로 흔들리는 인간의 경험("난 당신을 사랑해, 난 당신을 사랑하지 않아")이 아니라 하나님의 뜻과 말씀(그들이 "한 몸이 될지니라")이기 때문이다.

이혼을 용인함

둘째, 예수님은 이혼에 대한 모세의 규정은 인간의 죄성을 인정한 것이라고 선언하셨다. 바리새인들은 예수님이 창세기 본문을 인용하시자 두 번째 질문으로 대응했다. "그러면 어찌하여 모세는 이혼 증서를 주어서 버리라 명하였나이까?" 이 질문에 대해 예수님은 이렇게 대답하신다. "모세가 너희 마음의 완악함 때문에 아내 버림을 허락하였거니와 본래는 그렇지 아니하니라." 그들이 '명령'이라고 표현한 것을 예수님은 '허락'이라고 하셨으며, 하나님의 의도보다는 인간의 완악함으로 인해 마지못해 허락한 것이라고 말씀하셨다.[25]

예수님이 모세의 규정을 인간의 죄에 대한 양보, 즉 죄의 악한 영향을 제한하려는 의도였다고 말씀하셨으므로, 도저히 그것을 하나님이 이혼을 허용하셨다는 뜻으로 볼 수는 없다. 예수님에 따르면, 모세가 무엇이라고 말했든 분명 그것은 신적 양보였다. 하지만 이혼에 대한 신적 양보는 '본래' 하나님이 결혼을 제정하신 것과는 반대되었다. 랍비들의 잘못은 하나님의 뜻(창 1장과 2장)과 인간의 죄성에 대한 그분의 법 규정(신 24장) 간의 구분을 무시한 데 있다. "하나님의 절대적인 명령에 미치지 못하는 인간 행동은 죄이며, 하나님의 심판을 받는다. 하나님이 자비로운 마음으로 인간의 죄의 결과들을 제한하기 위해 고안해 내신 규정을 죄를 지어도 된다는 하나님의 승인으로 해석해서는 안 된다."[26]

간음으로서의 재혼

셋째, 예수님은 이혼 후의 재혼을 '간음'이라고 하셨다. 공관복음에 나오는 예수님의 가르침을 한데 모으고 예외 규정을 잠시 제쳐 둔다면, 다음과 같이 요약할 수 있다. 아내와 이혼하고 나서 재혼하는 남자는 간음을 저지르는 것이며(마 19:9; 막 10:11; 눅 16:18), 또한 그의 이혼한 아내 역시 재혼할 것으로 예상되기 때문에 그녀 역시 간음을 저지르게 만드는 것이다(마 5:32). 남편과 이혼하고 재혼하는 여자도 비슷하게 간음하는 것이다(막 10:12). 게다가 이혼한 여자와 결혼하는 남자(다른 상황들에서와 마찬가지로 이 상황에서도 상호성이 있다고 추정할 때, 아마 여자도)는 간음을 범하는 것이다(마 5:32; 눅 16:18). 이것들은 엄중한 말씀이며, 죄의 논리적 결과를 있는 그대로 폭로한다. 이혼과 재혼을 한다면, 그것은 하나님이 재가하지 않으시는 일이고, 그 이후의 어떠한 새로운 연합도 불법이고 간음이다.

음행에 근거한 이혼

예수님은 음행(porneia)이라는 단 한 가지 근거로만 이혼과 재혼을 허락하셨다. 마태복음 5:32과 19:9 둘 다 '예외 조항'을 두고 있다는 것은 잘 알려진 사실이다. 그 목적은 이혼과 재혼의 한 가지 범주만은 '간음'이라는 낙인이 찍히지 않게 하려는 것이다. 이 예외 조항을 둘러싸고 많은 논란이 일어났다. 그에 대해서는 내가 도달한 세 가지 결론을 말할 수 있을 뿐이다.

그것은 확실히 예수님이 말씀하신 것이다

첫째, 예외 조항을 예수님이 실제로 말씀하신 것으로 받아들여야 한다. 그것이 마가복음과 누가복음에는 나오지 않기 때문에, 많은 학자가 너무 쉽게 그것을 빼 버린다. 어떤 학자들은 그것이 초기 서기관이 가필한 내용으로 마태복음 원 본문의 일부가 아니라고 주장한다. 하지만 그것이 주해라는 사본상의 증거는 없다. 심지어 RSV 난외주에 남아 있는 바티칸 사본(Codex Vaticanus)의 다른 독본마저도 그 부분을 빼놓지 않는다. 다른 학자들은 그 조항이 마태 자신의 말이거나 그가 글을 쓸 때 속해 있었던 교회에서 나온 말이라고 보고, 예수님이 그런 말씀을 하셨다는 것을 부인한다. 하지만 마가와 누가가 그 조항을 빠뜨렸다는 것 자체가 그것을 편집자가 꾸며 냈다거나 최초 복음 전도자의 해석이라고 거부할 만한 충분한 근거는 되지 못한다. 마태는 이혼을 허용하는 근거에 대해 매우 관심이 많았던 유대인 독자들을 위해 그 조항을 포함한 반면, 이방인 독자들에게 글을 쓴 마가와 누가는 동일한 관심을 갖지 않았다고 충분히 추정할 수 있다. 그들이 언급하지 않은 이유가 반드시 그들이 알지 못하기 때문만은 아니다. 그들이 그것을 당연한 것으로 여겼을 가능성도 똑같이 존재한다. 이교 문화는 간음을 이혼의 근거로 간주했다. 다른 점에서는 의견이 일치하지 않았던 힐렐과 샴마이의 유대 학파들도 그 문제에 대해서는 똑같이 생각했다. 그것은 쟁점이 아니었다.

그것은 적절한 정의가 필요하다

'포르네이아'(porneia)라는 단어는 성적 불륜을 의미한다. 포르네이아를 어떻게 번역할 것인지 결정하면서 지나치게 느슨하거나 지나치게 엄격한 양 극단을 피해야 한다.

몇 가지 '엄격한' 견해가 주장되었는데, 그러한 견해들은 포르네이아를 한 가지 특정한 성적 범죄로 규정한다. 이 견해들은 포르네이아를 혼전 불륜을 발견했다는 의미에서의 '간통'(fornication)이나, 가족 관계 내의 금지된 결혼이나, 결혼 이후의 간음으로 본다. 이러한 번역들을 모두 거부하는 주된 이유는, '포르네이아'는 이 모두를 의미할 수 있지만, 다른 조건이 없다면 그 가운데 어느 하나를 말하는 것으로는 이해되지 않기 때문이다. 사실상 포르네이아는 성적 부정 혹은 '부부 간 부정'(NIV)을 나타내는 일반적인 단어이며, "적법하지 않은 모든 종류의 성관계"를 포함했다(Arndt-Gingrich).

'느슨한' 견해는 포르네이아가 육체적 견지에서보다는 심리학적 견지에서 광범위하게 '성적인' 것이라고 간주할 수 있는 범죄를 포함하며, 그래서 기본적인 기질적 부조화까지 포괄한다는 것이다. 이와 같은 근거들에 의거해서 이혼의 적법성을 논하기 위해 다른 논증을 이용하는 것은 가능하겠지만, 포르네이아라는 단어의 의미를 근거로 그렇게 하는 것은 불가능하다. 포르네이아는 육체적인 성적 불륜을 의미한다. 예수님이 그것을 이혼을 허용할 수 있는 유일한 근거로 삼으신 이유는, 그것이 신적으로 제정되고 성경적으로 규정된 결혼의 기초인 '한 몸' 원리를 위반하기 때문이다.

그것은 허용되는 것이지 장려하는 것이 아니다

불륜으로 인한 이혼은 허용되는 것이지 장려하는 것이 아니다. 예수님은 결백한 쪽이 부정한 배우자와 반드시 이혼해야 한다고 가르치지 않으셨다. 더구나 결코 부정 그 자체로 결혼이 붕괴된다고 가르치지 않으셨다. 그분은 부정 때문에 이혼하라고 장려하거나 권면하지도 않으셨다. 그와 반대로, 그분이 전체적으로 강조하신 것은, 하나님의 목적 안에서 결혼은 영속적이고 이혼과 재혼은 허용할 수 없다는 점이다. 그분이 예외 조항을 덧붙이신 까닭은 재혼 중 간음에 해당하지 않는 경우는 성적으로 부정한 배우자를 두었던 결백한 사람이 이혼하고 재혼하는 경우뿐임을 분명히 밝히시기 위해서였다. 이 경우에는 배우자가 이미 부정을 저질렀기 때문이다. 예수님의 의도는 이러한 이유로 이혼을 장려하는 것이 절대 아니고, 오히려 다른 모든 이유로 인한 이혼을 금하는 것이었다. 존 머리(John Murray)가 썼듯이 "그 한 가지 예외는 다른 모든 이유의 불법성을 두드러지게 만든다. 한 가지 예외에 몰두하느라 다른 모든 것의 부정적인 효과를 희미하게 해서는 안 된다."[27]

예외 조항과 이혼을 허용하는 근거의 의미에 대해 이같이 길게 살펴보았으니, 이제 처음으로 돌아가야 한다. 예수님은 타락과 인간의 완악함이라는 현실을 아셨지만, 당시 사람들에게 창조의 표준과 하나님의 변치 않는 목적을 상기시키셨다. 그분은 분리가 아니라 화해, 이혼이 아니라 결혼을 강조하셨다. 그러므로 우리는 "하나님이 짝지어 주신 것을 사람이 나누지 못할지니라"고 하신 그분의 외침이 울려 퍼지지 않는 곳까지 나아가서는 결코 안 된다.

바울의 가르침

우리가 살펴볼 바울의 가르침은 고린도전서 7:10-16에 나오며, 특히 소위 '바울의 특권'에 관한 것이다.

결혼한 자들에게 내가 명하노니(명하는 자는 내가 아니요 주시라) 여자는 남편에게서 갈라서지 말고(만일 갈라섰으면 그대로 지내든지 다시 그 남편과 화합하든지 하라) 남편도 아내를 버리지 말라.

그 나머지 사람들에게 내가 말하노니 (이는 주의 명령이 아니라) 만일 어떤 형제에게 믿지 아니하는 아내가 있어 남편과 함께 살기를 좋아하거든 그를 버리지 말며 어떤 여자에게 믿지 아니하는 남편이 있어 아내와 함께 살기를 좋아하거든 그 남편을 버리지 말라. 믿지 아니하는 남편이 아내로 말미암아 거룩하게 되고 믿지 아니하는 아내가 남편으로 말미암아 거룩하게 되나니 그렇지 아니하면 너희 자녀도 깨끗하지 못하니라. 그러나 이제 거룩하니라.

혹 믿지 아니하는 자가 갈리거든 갈리게 하라. 형제나 자매나 이런 일에 구애될 것이 없느니라. 그러나 하나님은 화평 중에서 너희를 부르셨느니라. 아내 된 자여 네가 남편을 구원하는지 어찌 알 수 있으며 남편 된 자여 네가 네 아내를 구원할는지 어찌 알 수 있으리요.

바울은 권위로 가르친다

우리는 먼저 바울이 권위 있는 사도적 교훈을 주고 있음을 알아야 한다. 그가 10절("내가 명하노니―명하는 자는 내가 아니요 주시라")과 12절("그 나머지 사람들에게 내가 말하노니―이는 주의 명령이 아니라")에서 대조하는 내용은 많은 오해를 받아 왔다. 그가 그리스도의 가르침과 자신의 가르침을 서로 대립시킨다고 생각하며, 나아가 그리스도의 교훈은 권위가 있고 그의 가르침은 그렇지 않다는 것을 암시한다고 생각하는 것은 대단히 잘못된 일이다. 그는 무오한 신적인 가르침(그리스도의)과 오류가 있는 인간적인 가르침(그의)을 대조하는 것이 아니라, 신적이고 무오한 가르침의 두 형태, 즉 그리스도의(주님의) 것과 사도적인(그 자신의) 것을 대조한다. 이렇게 보는 것이 정확하다는 데는 의문의 여지가 없다. 바울은 이 장 17절("내가 모든 교회에서 이와 같이 명하노라"), 25절("처녀에 대하여는 내가 주께 받은 계명이 없으되", 즉 기록된 예수님의 말씀이 없으되, "주의 자비하심을 받아서 충성스러운 자가 된 내가 의견을 말하노니"), 40절("나도 또한 하나님의 영을 받은 줄로 생각하노라")에서 권위 있는 사도적 자아인 '나'라는 말을 계속해서 사용한다. 후에 마찬가지로 그는 자신의 권위를 예언자들보다 위에 두며 자신의 지시가 주님의 명령이라고 단언한다. "만일 누구든지 자기를 선지자나 혹은 신령한 자로 생각하거든 내가 너희에게 편지하는 이 글이 주의 명령인 줄 알라"(고전 14:37).

바울은 예수님의 가르침을 천명한다

둘째로, 바울은 예수님의 이혼 금지를 반복하고 확증한다. 10절과 11절에는 로마서 7:1-3에 나오는 바울의 가르침과, 마가와 누가가 기록한 주님의 가르침에서처럼, 이혼 금지를 엄숙한 용어로 진술했다. "여자는 남편에게서 갈라서지 말고…남편도 아내를 버리지 말라." 이는 그가 일반적인 원리를 표명하고 있기 때문이다. 그가 주님의 예외 조항을 몰랐다고 추정할 이유가 없다.

11절에서 그는 만일 아내가 자기 남편과 "갈라섰으면 그대로 지내든지 다시 그 남편과 화합하든지 하라"는 중요한 괄호를 덧붙인다. 바울이 '갈라서다'라는 말로 사용하는 동사(*chôrizô*)는 이혼을 의미할 수 있으며, 파피루스에 나오는 결혼 계약들과 몇몇 고대 교부도 그런 의미로 사용했다(Arndt-Gingrich). 하지만 전후 문맥으로 보아 바울이 이혼을 말하는 것 같지는 않다. 그보다 남편이 성적 부정을 저지르지 않았고 아내는 그 때문에 그와 이혼할 자유가 없는 상황을 상정한 듯하다. 다른 몇 가지 이유(진술되지 않은)로 그녀는 남편과 '갈라서게' 되었다. 그래서 바울은 이런 경우 그녀가 재혼할 자유가 없음을 강조한다. 그리스도인으로서 그녀가 따를 길은 홀로 지내거나 남편과 화해하는 것이지 재혼하는 것이 아니다.

배우자에게 버림받는 경우

셋째로, 바울은 신자가 믿지 않는 배우자에게 버림받은 후에는 이혼을 허용한다. 그는 연속된 세 단락에서 "결혼하지 아니한 자들과 과부들에게"(8-9절), "결혼한 자들에게"(10-11절), "그 나머지 사람들에게"(12-16절) 말한다. 전후 문맥으로 보아 그가 염두에 둔 "그 나머지 사람들"은 종교가 다른 사람과 결혼한 사람들이다. 그는 그리스도인이 비그리스도인과 결혼할 자유가 없다고 말한다. 그리스도인 여성들은 "자기 뜻대로 시집 갈 것이나 주 안에서만 할 것"(39절)이기 때문이다. 역으로 그리스도인 남성들도 마찬가지다(고후 6:14 이하). 바울은 그보다는 두 비그리스도인이 결혼했는데 그중 하나가 후에 회심한 경우를 다루고 있다. 아마도 고린도 사람들이 이에 대해 그에게 질문을 했던 것 같다. 그 결혼은 부정한 것이었는가? 그 그리스도인 배우자는 비그리스도인과 이혼해야 하는가? 자녀들은 어떻게 되는가? 바울의 대답은 분명하다.

믿지 않는 배우자가 믿는 배우자와 "함께 살기를 좋아하거든" 그 신자는 이혼을 호소해서는 안 된다. 그 이유는, 믿지 않는 배우자가 믿는 배우자 덕에 '거룩하게 되고' 자녀들도 그렇게 되기 때문이다. 여기에서 '거룩하게 된다'는 것은 분명 성품이 그리스도를 닮은 모습으로 변했다는 뜻이 아니다. 존 머리가 말했듯이, "바울이 말하는 거룩하게 된다는 것은…특권과 사귐과 관계가 거룩하게 된다는 것이다."[28]

다른 한편으로 믿지 않는 배우자가 기꺼이 함께하려 하지 않는다면, 떠나기로 결정한다면 "갈리게 하라. 형제나 자매나 이런 일에 구애될 것이 없느니라." 그 이유는, 하나님이 우리를 화평 중에 살도록 부르셨으며, 신자는 믿지 않는 자가 지속하기 원치 않는 연합을 영속할 것을 고집해도 그를 구원하리라고 보장할 수 없기 때문이다.[29]

사도 바울이 마음으로 상정한 상황을 파악하고 그의 가르침에서 보증할 수 없는 추론을 이끌어 내지 않는 것이 중요하다. 그는, 믿지 않는 자가 머물기를 거부하면 믿는 자는 '구애될 것이 없다'는 것, 즉 실로 결혼 자체에 매달릴 필요가 없다는 것을 천명한다.³⁰⁾ 여기에서 믿는 배우자가 얻는 자유와 관련해 몇 가지 요점을 지적해야겠다.

그 자유는 신자의 회심으로 인한 것이 아니다

신자의 자유는, 회심으로 인한 것이 아니라 상대방이 회심하지 않은 것, 그리고 갈라서기 원하는 것으로 인한 자유다. 그리스도인들은 때로 그들이 '복음 현실주의'(gospel realism)라고 부르는 것을 변명으로 삼는다. 회심이 모든 것을 새롭게 만들기 때문에 회심 이전에 한 결혼 서약은 더 이상 구속력이 없으며, 그 대신 새로 시작할 수 있다고 주장한다. 하지만 이는 위험한 추론이다. 회심했다고 해서 채무를 포함한 회심 이전의 모든 계약이 다 무효가 되는가? 그렇지 않다. 바울의 가르침은 그러한 견해를 지지하지 않는다. 오히려 그는 그것을 반박한다. 그의 가르침은 회심 후에 믿는 배우자가 믿지 않는 배우자에 의해 더럽혀지기 때문에 그(녀)를 그 관계에서 구해 내야 한다는 것이 아니다. 오히려 반대로 믿지 않는 배우자가 믿는 배우자에 의해 '거룩하게' 되기 때문에 믿는 자는 갈라서려 해서는 안 된다는 것이다. 게다가 바울은 17-24절에서 그리스도인들은 하나님이 그들을 부르신 그때의 상태 그대로 살아야 한다고, 우리는 이제 '하나님과 함께' 거하기 때문에 그렇게 할 수 있다고 촉구한다.

그 자유는 신자가 주도하여 일어난 결과가 아니다

신자의 자유는, 이혼 절차를 밟겠다는 결심에서 생기는 것이 아니라 배우자가 그를 '버리거나' 머물러 있고 싶어 하지 않는 데 마지못해 승인하는 것일 뿐이다. 신자가 주도권을 쥐어서는 안 된다. 그와 반대로, 믿지 않는 배우자가 기꺼이 남아 있고자 한다면 "그를 버리지 말며, 그 남편을 버리지 말아야" 한다(12, 13절). 바울이 최대한 인정할 수 있는 것은, 믿지 않는 자가 떠날 것을 고집한다면 "갈리게 하라"(15절)는 것이다. 아마 이것은 (1) 예수님이 단 하나의 근거로만 이혼을 허용하셨다는 것과 (2) 바울이 또 다른 근거를 추가했다는, 겉보기에 모순된 것처럼 보이는 진술을 조화시키는 방법일 것이다. 첫 번째는 이혼하는 경우이고, 두 번째는 버림받을 때에 승인하는 것이다.

그 자유는 거절당하는 고통에 근거한 것이다
신자의 자유는, 어떤 식으로든 '버림받거나' 불신앙 때문에 상대방을 버림으로써 얻는 것이 아니라[예를 들어, 배우자가 세례를 받지 않는다면 결혼이 '라툼'(ratum: 혼인을 뜻하는 라틴어—편집자 주)이 아니라는 로마 가톨릭 교회의 견해], 회심하지 않은 사람이 종교적 근거로 새로이 회심한 배우자와 명백히 계속 살고 싶어 하지 않을 때 얻게 된다. 그러므로 '바울의 특권'은 버림받는 것을 근거로 이혼을 인정하는 것이 아니다. 이것은 그리스도인이 택할 수 있는 선택 사항이 아니다.

지금까지 살펴본 본문들에서 성경의 가르침을 요약하면, 다음과 같이 세 가지로 단언할 수 있다.

(1) 하나님은 처음에 인류를 남자와 여자로 만드셨으며, 그분이 결혼을 제정하셨다. 그분의 의도는 인간이 결혼 안에서 성욕을 충족하는 것, 그 결혼이 배타적일 것, 사랑하며 평생 지속하는 연합이 되게 하는 것이었으며 지금도 그렇다. 이것이 그분의 목적이다.

(2) 이혼은 성경 어디에서도 명령하지 않으며, 결코 장려하지도 않는다. 반대로, 설사 성경적으로 정당화된다고 해도 역시 하나님의 규범에서 벗어난 슬프고도 죄된 타락이다.

(3) 이혼과 재혼은 두 가지 근거에 기초하여 허용(명령이 아니라)될 수 있다. 첫째, 무죄한 사람은 배우자가 심각한 성적 불륜이라는 죄를 저지른 경우 그(녀)와 이혼할 수 있다. 둘째, 믿는 자는 믿지 않는 배우자가 자신과 함께 살기를 거부한다면 그(녀)가 자신을 버리는 것을 승인할 수 있다. 하지만 두 경우 모두 소극적으로, 마지못해 하는 견지에서 허용되었다. 부부 간의 부정 때문에 배우자와 이혼하는 경우에만 그(녀)의 재혼은 간음이 아니다. 믿지 않는 자가 떠나겠다고 고집할 때에만 믿는 자는 '구애될 것이 없다.'

돌이킬 수 없는 와해

데이비드 앗킨슨(David Atkinson)은 「소유와 집착」(*To Have and To Hold*, 1979)이라는 책에서 내가 위에서 밝힌 입장을 비판했다. 그는 그것을 '입법적인' 것이라고 하면서 다음과 같은 말로 불편한 심기를 표현했다. "이 견해의 난점은 목회 관행에서 율법주의적인 궤변에 이르게 할 수 있다는 것이다. 그것은 육체적 간음에는 집중하지만 다른 '부정'은 무시하며, 이전 배우자가 간음을 저지를 만큼 운이 좋은(!) 사람들만 재혼할 때 교회의 축복을 받을 수 있다는 의미가 될 수 있다. 그것은 결혼의 결속을 깨는 것이 과연 무엇인가에 관한 질문을 제기한다."[31]

실로 우리가 더 융통성 있는 다른 접근법을 찾게 된다면, 그것은 '부부 간 범죄'를 유일하게 합법적인 이혼 근거로 주장할 때 우리를 괴롭히는 실제적인 문제들 때문이다. 영국 성공회 보고서 「갈라 놓기」(*Putting Asunder*, 1966)에서는 "돌이킬 수 없는 와해"라는 개념을 대안으로 추천했으며, 1969년 이혼 개혁법은 그것에 근거했다. 그럼에도 그 법규는 돌이킬 수 없는 와해를 다섯 가지 증거 중 하나로 입증할 것을 요구했다. 세 가지는 과실(간음, 유기, 비합리적인 행동)이었으며, 두 가지는 사실 이혼(부부가 이혼하기로 합의한다면 2년간, 합의하지 않는다면 5년간)이었다. 그리고 나서 참사회원 교수인 하워드 루트(Howard Root)가 주재한 영국 성공회 위원회는 「결혼, 이혼 그리고 교회」(*Marriage, Divorce and The Church*, 1971)라는 보고서를 냈으며, 결혼한 쌍방이 살아 있는 동안에도 어떤 결혼은 '죽는다'는 개념을 더 깊이 연구했다. 몇 년 후 리치필드의 케네스 스켈튼(Kenneth Skelton) 주교가 의장을 맡고 「결혼과 교회의 과업」(*Marriage and the Church's Task*, 1978)이라는 보고서를 낸 위원회도 비슷한 노선을 취했다.

2001년 3월 1일부터, 이혼하기 원하는 부부는 유럽 공동체 전역에서 표준화된 재판권 기준 중 하나를 충족시켜야 한다. 이혼의 근거는 결혼이 돌이킬 수 없게 와해되었다는 것이며, 이혼 신청인이 다음 다섯 가지 사실 중 하나를 입증해야 한다.

- 배우자가 간음을 저질렀고 신청인은 계속 함께 살 수가 없다.
- 배우자가 비이성적인 행동을 했고, 신청인은 계속 함께 살 수가 없다.
- 배우자가 2년간 신청인을 유기했다.
- 신청인과 배우자가 2년 이상 별거했으며 쌍방이 이혼에 동의한다.
- 배우자가 이혼하기로 동의하든 않든, 신청인과 배우자가 5년 이상 별거했다.[32]

하지만 빨리 이혼하기 위해 비이성적인 행동을 이혼 사유로 제시하기로 합의한 부부들은 이런 판단 기준에 따르지 않는 경우가 종종 있다. 또한 인터넷으로 '속성' 이혼을 할 수도 있다. 그런 관행들은 이혼을 진지하게 결정해야 하는 중대성, 성찰 기간 및 화해 가능성 등 어려운 결혼생활을 하는 사람들이 노력해야 할 부분을 침해한다.

1996년 가족법 조례는 위에서 열거한 다섯 가지 판단 기준 중 하나를 증명할 필요 없이 결혼이 돌이킬 수 없게 와해되었다는 증거를 제시할 것을 제안했다. 그것은 1998년 시행될 예정이었다. 성공회 총회는 그 문제를 논의했고, 그 제안들을 승인했다. 1996년 가족법 조례가 일부 시행되었지만, 영국 정부는 2000년에 그중 많은 안은 몇 년간 시행을 지연한다고 발표했다.

우리는 유죄를 확증할 필요를 피하고자 하는 바람을 이해할 수 있다. 하지만 그에 반대하는 논증들은 제대로 고찰하지 않는 것 같다. "돌이킬 수 없는 와해"라는 개념은 바람직하지 못한 결과를 내포하고 있다. 그것은 (1) 이혼을 너무 쉽게 만든다. 그것은 사실상 신청하기만 하면 이혼할 수 있는 문을 열어 놓는다. (2) 그것은 결혼을 자기희생 대신 자아성취라는 견지에서 설명한다. 결혼이 우리가 기대했던 것을 주지 않으면, 노력하는 대신 우리에게 잘 안 맞는다고 선언해 버린다. (3) 그것은 결혼이 스스로 와해된다는 인상을 준다. 그것은 결혼을 속죄양으로, 결혼한 두 사람을 무죄로 만든다. 하지만 결혼의 진수가 사랑과 신실한 헌신이라면, 그렇게 하지 않을 때에만 결혼은 위협받는다. 무과실 와해라는 세속적 접근법을 채택함으로써, 알랜 스토키 박사가 썼듯이, 교회는 스스로 자가당착에 빠져 "결혼에 대해서는 한 가지 견해를…확신하면서, 이혼 개혁 배후에 있는 그와 전혀 다른 역학을 받아들인다."³³⁾ (4) 그것은 세속적 비관주의의 표현이다. 두 사람이 '함께 살 수 없고' 와해가 '돌이킬 수 없는' 것이라면, 하나님의 은혜와 화해의 복음은 무엇인가?

이혼이라는 말썽 많은 문제에 대한 두 가지 접근법이 있다('과실' 접근법과 '무과실' 접근법, 비난받아야 할 유죄와 돌이킬 수 없는 와해). 우리는 그 둘 중 하나를 선택해야 하는가? 아니면 두 개념에서 가장 좋은 것을 받아들이는 제3의 길이 있는가? 대답은 '언약'과 '언약적 신실함'이라는 성경적 개념에 달려 있다. 이혼의 근거는 아무도 책임을 받아들이지 않는 와해도, 입증해야 하는 특정한 잘못도 아니고, 결혼 언약을 어긴 비난받아 마땅한 것이라는 의미에서 제3의 길이 필요하다.

성경이 결혼을 언약, 실로—비록 두 인간 사이의 언약이지만—하나님이 제정하시고 증인이 되신 '하나님의 언약'(잠 2:17)으로 간주하는 것은 분명하다. 내가 몇 년 전에 받은 편지에서, 옥스퍼드 라티머(Latimer) 대학 학장 로저 벡위드(Roger Beckwith)는 결혼 언약의 다섯 가지 조건이라고 생각하는 것을 이렇게 요약했다. (1) 사랑(모든 언약에서 그런 것처럼). 하지만 결혼하는 사람들의 사랑은 특정한 의무를 포함한다. (2) 한 가구이자 한 가족으로 함께 사는 것. (3) 결혼의 침상에 신실할 것. (4) 남편이 아내를 부양하는 것. (5) 아내가 남편에게 복종하는 것.

데이비드 앗킨슨은 "결혼 언약과 이혼의 훈련"이라는 부제가 붙은 그의 책 「소유와 집착」에서 언약이라는 개념을 더 발전시켰다. 그는 언약을 "약속에 기초한 두 사람의 합의로서, 거기에는 이러한 네 요소가 포함된다"고 규정했다. "첫째, 한 당사자가 다른 당사자에게(혹은 각각이 상대방에게) 헌신적인 신의를 지키는 것. 둘째, 상대방이 그렇게 하는 것을 받아들이는 것. 셋째, 앞의 내용을 공개적으로 알리는 것. 넷째, 그러한 헌신에 기초하여 그 표현으로 인격적 관계가 성장하는 것."[34] 이러한 '언약'의 정의를 결혼에 적용하는 것은 어려운 일이 아니다. 특히 성경에서는 인간의 결혼을 하나님이 자기 백성과 맺으신 언약의 본으로 삼고, 하나님의 언약을 인간의 결혼에 대한 본으로 삼기 때문에 더욱 그렇다.[35] 데이비드 앳킨슨은 이어서 던스턴(G. R. Dunstan) 교수가 이 유추를 발전시킨 내용을 인용한다. 그에 의하면 하나님의 언약과 인간의 결혼은 둘 다 다음의 요소들을 지닌다. (1) 반응을 이끌어 내고, 그리하여 관계를 창출해 내는 사랑의 주도권. (2) 변덕스러운 감정에 대항하여 연합을 지키는 동의의 서약. (3) 신실함의 의무. (4) 언약 책임에 신실한 사람들에게 주시는 축복의 약속. (5) 희생, 곧 죽음. 특히 이 경우에는 옛 독립성과 자기중심성에 대한 죽음.[36]

데이비드 앳킨슨은 이어서 "결혼의 언약적 구조는…결혼이 파괴될 수 없는 형이상학적 상태가 아니라는 견해에 무게를 실어 준다. 오히려 그것은 존귀히 여겨야 할 도덕적 헌신"[37]이라고 주장했다. 언약은 깨어질 수 있다. "언약은 그저 '와해'되지는 않는다." 그러나 "그것은 깨어진다. 이혼은 비극뿐 아니라 죄를 드러낸다." 그렇다면 "성경의 도덕적 관점에서 볼 때, 우리는 '부부간 범죄'라는 범주를 개인에게 초점을 덜 맞추는 '돌이킬 수 없는 와해'라는 개념으로 남김없이 녹여 버릴 수 없다."[38] 그 대신 "결혼 언약은 이혼 문제를 도덕적 책임 영역에 들여놓는다."[39] 그는 "너무나 끈질기고 회개하지 않아서 화해가 불가능해질 정도로 결혼 언약에 불성실한 행동은, 결혼의 결속을 깨고 상대방을 그들의 언약에서 풀어 주기에 충분할 것이다"[40]라고 결론지었다.

결혼이라는 언약 모델에는 마음에 끄는 것이 많다. 먼저 그것은 철저히 성경적인 개념이다. 또한 언약 체결과 언약 파기가 둘 다 대단히 엄숙한 것임을 강조한다. 전자는 사랑, 헌신, 공적 인정, 배타적 신실함과 희생을 강조한다. 후자는 약속을 깨는 것과 사랑의 관계를 단절시키는 것을 강조한다. 하지만 내가 생각하는 문제는 언약에 대한 충성과 부부 관계의 범죄라는 개념을 어떻게 결합시키는가 하는 것이다. 나는 두 가지 위반에 근거해서 이혼을 허용하는 것을 왜 성경이 원치 않는지 이해할 수 있다. 하지만 성경이 결혼을 여러 가지 방식으로 깨어질 수 있는 결혼 언약으로 간주한다면, 주님이 예외 조항으로 단 한 가지 범죄를 언급하신 것을 어떻게 설명할 것인가? 분명 결혼에서 상정하는 언약 관계('한 몸'의 연합)는 종주권 협정이나 사업상 거래나 친선 협정과 같은 다른 언약들보다 훨씬 더 깊다. 그러므로 이 근본적인 관계를 침해하는 것(성적 부정)은 결혼 언약을 깰 수 있지 않겠는가?

에스겔 16장에 길게 묘사되어 있는, 하나님이 '예루살렘'(그분의 백성을 의인화한)과 맺으신 결혼 언약은 이 문제와 밀접한 관계가 있다. 하나님은 예루살렘에게 이렇게 말씀하신다. "네게 맹세하고 언약하여 너를 내게 속하게 하였느니라"(8절). 하지만 예루살렘은 '창녀 노릇을' 했거나, 아니면 (보수를 받지 않고 도리어 주었기 때문에) 닥치는 대로 간음을 행한 죄지은 아내였다(15-34절). 그러므로 하나님은 예루살렘을 "간음하는 여인을 심판함같이"(38절) 심판하겠다고 말씀하셨다. 그녀의 행동은 심지어 그녀의 "아우 소돔"보다 더 나빴지만(46-52절), 그리고 그녀는 "언약을 배반"(59절)하여 하나님의 맹세를 멸시했지만, 하나님은 이렇게 말씀하셨다. "내가 너의 어렸을 때에 너와 세운 언약을 기억하고 너와 영원한 언약을 세우리라"(60절). 회개하고 용서받게 해주시는 것이다.

하나님의 언약에 대한 이러한 관점을 통해 결혼 언약을 이해해야 할 것 같다. 결혼 언약은 한쪽이 약속을 어기면 다른 쪽이 관계를 끊어 버릴 수 있는 일반적인 계약이 아니다. 그것은 하나님이 그분의 백성과 맺으신 언약과 더 비슷하다. (성경에서 전개하는) 이러한 유비에서는 근본적인 성적 부정만이 언약을 깰 수 있다. 성적 부정마저도 자동적으로 혹은 필연적으로 이혼을 초래하지는 않는다. 도리어 화해와 용서의 계기가 될 수도 있다.

개인적·목회적 현실

이 장은 상당히 길어졌다. 일부 독자들은 이 장이 무미건조하고 학문적이라고, 혹은 결혼생활이 와해될 위기에 처한 사람들의 깊은 고통에 대해 무정하다고, 혹은 현대 서구 사회의 현실에서 동떨어져 있다고, 혹은 그 셋 모두라고 생각하여 노여워할 것이다. 나는 그런 반응을 이해할 수 있다. 하지만 성경의 자료를 철저히 검토해 보는 것은 필요한 일이다. 이 책이 현재 만연해 있는 문제들에 대한 기독교적 지성을 개발하려는 목적으로 쓴 것이기 때문이다. 예수님의 신실한 제자들은 기독교적 사고 없이 기독교적 행동을 하는 것은 불가능하다는 것을 안다. 그들은 지름길을 택하려는 유혹에 저항한다. 동시에 '결론을 내리는' 과정은 실제적인 결과를 일으키는 결정에 이르는 것을 의미한다. 그렇다면 이러한 결론은 무엇일까? 성경이 결혼과 이혼을 둘 다 매우 심각하게 보기 때문에, 나는 네 가지 긴급한 목회적 필요를 언급하는 것으로 결론을 맺고자 한다.

첫째, 결혼과 화해에 대한 철저한 성경적 가르침을 베풀어야 한다. 목회자들은 이 두 주제 모두에 대해 적극적인 교훈을 제시해야 한다. 설교에서, 주일학교와 세례 공부반에서, 우리가 섬기는 회중 앞에서, 결혼이 배타적이고 헌신을 요구하며 평생에 걸친 신실함이라는, 하나님의 의도와 규범을 고수해야 한다. 또한 용서의 의무와 방법에 대해 분명하고 실제적인 가르침을 베풀어야 한다. 화해는 기독교의 가장 핵심에 놓여 있기 때문이다. 오랫동안 나는 단순한 규칙을 따라 왔다. 누군가 나에게 이혼에 대해 물으면, 먼저 다른 주제, 즉 결혼과 화해라는 주제에 대해 이야기한 다음에야 이혼을 다루었다. 이것은 예수님의 우선순위를 단순히 따른 것이다. 바리새인들이 이혼의 근거에 대해 예수님께 물었을 때, 그분은 바로 질문에 대답하지 않으시고 결혼의 원래 의도를 말씀하셨다. 우리가 결혼과 그 본질적 요소에 몰두하는 대신 이혼과 그 근거에 몰두한다면, 혹은 그렇게 하도록 내버려둔다면, 바리새주의에 빠져들 것이다. 하나님의 목적은 이혼이 아니라 결혼이며, 그분의 복음은 화해의 복된 소식이기 때문이다. 우리는 성경을 전체적으로 보아야 하며 이혼이라는 주제만 따로 떼어놓아서는 안 된다.

둘째로, 결혼을 준비해야 한다. 결혼을 준비하는 커플들은, 보통 미래에 대해 높은 이상을 간직하고 있으며 도움을 받을 준비가 되어 있고 심지어 도움을 갈망한다. 하지만 일에 쫓기는 목사는 각 커플을 간신히 단 한 번 만나 면 담하는 것 이상 아무것도 하지 못하는 경우가 종종 있으며, 심지어 그럴 때에도 법적·사회적 질문에 밀려서 결혼의 영적·도덕적 차원은 제쳐놓는다. 어떤 목사들은 약혼한 커플들을 위한 과정을 개설하거나 그들에게 적절한 주말 수련회에 참석하라고 권면한다. 또 어떤 목사들은 커플들에게 책이나 해설을 단 짧은 추천 도서 목록을 주기도 한다.[41] 아마도 가장 좋은 것은 회중 가운데 성숙한 평신도 부부들이 도와주는 것이다. 그들은 약혼한 커플들과 기꺼이 서너 차례 저녁 시간을 보내며, 결혼식 후에도 그들을 다시 만나고, 서로 적응해 나가는 결혼 초기까지는 계속 그들과 연락을 주고받는다.

셋째, 화해 사역이 필요하다. 영국에서는 1980년대에 법정 안에서나 밖에서 화해를 유도하는 서비스가 발전했으며, 법 절차의 초기 단계에서 화해를 이루어 적대적인 상황까지 가지 않기를 바라는 욕구가 점차 커져 왔다. 현재는 도움이 필요한 부부와 가족에게 보호 관찰관이 깊이 관여하는 듯 보인다. 또한 RELATE,[42] 결혼 돌봄(Marriage Care, 구 가톨릭 결혼 자문 위원회),[43] 가족 돌봄(Care for the Family),[44] 결혼 자원[Marriage Resource, 기독교 결혼 후원 집단들의 연계망으로 전국 결혼 주간(National Marriage Week)을 후원한다][45] 등과 같은 자원 봉사 기관이 있다. 나는 교회들이 이 사역에, 특히 지역 차원에서 더 적극적으로 참여해 주기를 바란다. 그리스도인들은 화해를 도모할 의무가 있다. 어디에서 공감과 이해와 조언을 구할 수 있는지 안다면 더 많은 사람이 좀더 일찍 도움을 구할 것이다. 때로는 전문적인 결혼 치료가 필요할 것이다. 하지만 때로는 귀 기울여 들어 주는 것만으로도 충분할 것이다.

넷째로, 이혼한 사람들에 대한 목회 사역이 필요하다. 결혼은 '창조 규정' 이며, 결혼에 대한 하나님의 목적은 변하지 않는다. 그것은 세상에서도 교회와 동일하다. 비그리스도인들의 세상은 인간의 완악한 마음 때문에 여전히 그것을 성취할 수 없고 성취하려 하지도 않는다. 그래서 이혼에 대한 나름의 법규를 가지고 있다. 하지만 예수님의 새로운 공동체에서는 더 높은 기준을 기대하는 것이 옳다. 예수님은 제자들에게 세상의 길을 따르지 말라고 반복해서 말씀하셨다. "너희 중에는 그렇지 않을지니"(막 10:43)라고 그분은 말씀하셨다. 그러므로 결혼에 있어서 교회의 소명은 대중적 경향을 따르는 것이 아니라 영속성이라는 하나님의 목적을 증거하는 것이다.

그럼에도 '마음의 완악함'은 비그리스도인의 세상에 국한되지 않는다. 구약에 나오는 하나님의 백성과 마찬가지로 새로운 언약 백성의 경우에도 인간의 유오함과 실패를 어느 정도 허용해야 할 것이다. 교회는 어떠한 제도적 조정을 해야 하는가? 올리버 오도노반(Oliver O'Donovan) 교수는 말했다. "최우선 문제는 결혼의 영속성에 대한 믿음과 회개하는 죄인의 죄사함에 대한 믿음, 이 둘 모두에 적합하게 조정할 방법을 어떻게 찾을 수 있는가 하는 점이다."[46] 그것은 교회 내에서 재혼을 허용하면서(구속의 복음을 강조하며) 모종의 징계를 추가하는(하나님의 결혼 규범을 인정하는) 상황 때문에, 혹은 교회 내의 재혼을 금하면서(규범을 강조하며) 어느 정도 용납을 표현하는(복음을 인정하는) 상황으로 반대 감정이 양립하는 상태를 표현할 것이다. 나는 전자에 더 끌린다. 하지만 이혼한 사람들에게 어떠한 교회 예식을 허용하기 이전에, 교회는 반드시 스스로 하나님의 계시에 충실하다는 것을 두 가지로 예시해야 한다. 먼저 재혼은 성경이 허용한 범위 안에서만 허용해야 한다. 둘째로 해당 커플은 결혼의 영속성이라는 하나님의 의도를 받아들여야 한다.

수십 년간 영국 성공회는 이혼한 이전 배우자가 아직 살아 있는 사람은 교회에서 결혼하지 못하게 하는 동시에, 이혼한 사람들에게 목회적으로 긍휼을 베풀고 보살피는 정책을 고수해 왔다. 하지만 20년 이상 토론을 거친 후에 영국 성공회 총회는 2002년 11월 14일, 예외적인 경우에 이혼한 사람들의 결혼을 시인했다. 그럼에도 이 결정은 지역 교역자들에게 여러 가지 문제를 일으켰다. 많은 교역자가 어떤 상황이 재혼에 합당하고 어떤 상황은 합당하지 않은지 결정해야 하는 것이 부담스럽다고 느꼈다. 그들이 일차적으로 고려해야 할 것은, 그 결혼이 공공연히 적대적인 평을 들을 만한 것인지, 스캔들이 될 것인지, 오랜 간통을 신성한 것으로 만들 것인지, 교회의 신빙성을 침해할 것인지의 여부다. 교구 목사에게 예식 집행을 강요할 수는 없을 것이다. 하지만 재혼하는 사람들 중 일부는 행정 당국에서 정한 결혼식을 올린 후 다시 축복예배를 드리면서 조용히 재혼을 치렀다. 영국에서 한 해에 치르는 약 7,500건의 교회 결혼 예식 중 11퍼센트에서는 배우자 중 적어도 한 쪽이 이혼한 적이 있는 경우다. 이런 결정에 반대하는 사람들은, 교역자들이 그런 압력 때문에 재혼에 대한 요구에 굴복하게 되었으며, 결국 모든 신청자에게 교회에서 결혼 예식을 허용하게 될 것이라고 본다. 또한 결혼은 영속적이고 공개적이며 배타적인 관계라는 것을 계속해서 천명하면서, 동시에 하나님의 용서와 새로운 출발의 가능성을 강조하는 것이 극히 중요하다고 여겼다. 예수님과 그분의 사도인 바울은 특정한 상황에서는 이혼과 재혼을 허용했다. 이렇게 새 출발을 허용하려면 오도노반 교수가 말하는 "제도적 가시성"[47]이 필요하다. 현재 상황에서 성경에 충실하면서도 목회적 민감성을 유지할지는 앞으로 두고 볼 일이다.

이런 경우 교회 예식은 통상적인 결혼식과 똑같을 수 없다. 개인적인 사전 준비에서든[루트 보고서(Root Report) 143-147항에서 제안한 것처럼], 공적 예식에서든 어느 정도 회개를 표현해야 한다. 이렇게 재혼에 앞서 회개를 표하는 일은 모든 이혼은 성경적으로 허용되는 경우일지라도 하나님의 규범에서 벗어난 것임을 인정하는 행동이다. 이것은 당사자들을 조금이라도 교만하거나 불쌍히 여기는 태도로 판단하려는 것이 아니다. 오히려 보편적인 죄의 오염, 그들뿐 아니라 우리도 개인적으로 연루되어 있는 오염을 고백하는 것이다.

이 모든 것에서 우리는 율법과 은혜, 증거와 긍휼, 예언자적 사역과 목회적 돌봄의 긴장 가운데 있다. 한편으로, 우리는 허용이라는 널리 퍼져 있는 분위기에 저항하여 결혼을 지지하고 이혼을 반대해야 한다. 국가는 계속해서 이혼법을 만들겠지만, 교회 역시 주님의 가르침에 대한 나름의 증거와 징계를 행해야 한다. 다른 한편으로, 우리는 결혼생활에 실패한 사람들, 특히 양심적으로 이혼에서 탈출구를 찾으라고 조언해 줄 수 없는 사람들이 받는 고통을 깊은 동정심으로 함께 나누려 할 것이다. 때로는 고린도전서 7:11을 근거로 이혼 없는 별거, 심지어 재혼 없는 이혼의 합법성을 조언하게 될지도 모른다. 하지만 우리는 주님이 허용하신 것 이상 넘어갈 자유가 없다. 주님은 하나님 아버지의 뜻을 아셨으며 제자들의 복지에 관심이 크셨다. 그분을 따르는 데는 지혜, 의, 동정이 모두 필요하다.

14
낙태와 안락사

낙태와 안락사를 둘러싼 논쟁은 의학적·법적·신학적·윤리적·사회적·개인적 차원이 포함될 만큼 확실히 복잡하다. 또한 대단히 감정적인 주제다. 인간의 성 활동과 생식, 삶과 죽음의 신비를 다루기 때문이다. 그 둘 모두 종종 대단히 고통스러운 딜레마가 따른다. 하지만 그리스도인들은 단순히 이 주제들이 복잡하다는 이유로 이런 문제에 관한 개인적 의사 결정이나 공적 토론에서 손을 떼서는 안 된다.

하나님과 인간에 관한 교리

낙태와 안락사에 관한 논쟁에 포함된 것은 바로 하나님과 인간에 관한 기독교 교리다. 모든 그리스도인은 전능하신 하나님이 생명을 주시고 유지하시고 거두어 가시는 유일한 분임을 믿는다. 한편으로 그분은 "만민에게 생명과 호흡과 만물을 친히 주시는 이"며, "우리는 그분을 힘입어 살며 기동하며 존재한다." 다른 한편으로 시편 기자가 하나님께 말하듯, "주께서 그들의 호흡을 거두신즉 그들은 죽어 먼지로 돌아"간다. 실로 누군가가 죽을 때마다, 기독교 신앙을 가진 사람들은 욥처럼 이렇게 인정하려 애쓴다. "주신 이도 여호와시오 거두신 이도 여호와시오니 여호와의 이름이 찬송을 받으실지니이다"(행

17:25, 28; 시 104:29; 욥 1:21). 그렇다면 그리스도인이 볼 때 생명을 주고 취하는 것은 하나님의 특권이다. 살인을 금하는 율법이 어떤 경우에는 살인을 재가하기 때문에(예를 들면, 사형과 거룩한 전쟁) '살인하지 말라'는 명령을 절대적 금지로 해석할 수는 없지만, 그럼에도 인간의 생명을 취하는 것은 하나님의 특정한 명령에 의해서만 인간에게 허용되는 하나님의 특권이다. 그러한 명령 없이 인간의 생명을 끊는 것은 최고도의 교만이다.

낙태와 안락사 문제는 하나님에 대한 교리뿐 아니라 인간에 대한 교리와도 상관이 있다. 태아가 아무리 덜 발달했어도, 노인이 아무리 정신이 멍한 상태라 해도, 그들이 살아 있다는 것과 그들에게 있는 생명이 인간의 생명이라는 데 모든 사람이 동의하기 때문이다. 하지만 인간의 생명을 끝내는 결정에는 특정한 형태의 삶은 궁극적인 존중을 받을 가치가 없다는 판단이 내포되어 있다.

그렇다면 낙태와 안락사 논쟁으로 하나님의 주권과 인간의 존엄성 양자 모두를 도전하고 있는 이 때에, 양심적인 그리스도인들이 그 논쟁을 멀찍이 물러서서 보고만 있을 수는 없는 노릇이다. 먼저 낙태와 그것을 둘러싼 논의들을 살펴보고, 이 장 끝 부분에서는 안락사와 그것이 제기하는 특별한 문제들을 살펴볼 것이다.

대중의 태도의 혁명

최근 들어 이러한 문제들에 대한 대중의 태도에 혁명이 일어났다. 일반적으로 의사들은 고대(주전 5세기)의 히포크라테스 선서에 실제로 서명하든 하지 않든, 그 선서에 나온 주된 공약을 당연히 받아들이는 것으로 가정되어 왔다.

나는 나의 판단과 능력에 따라 환자에게 유익하다고 생각하는 치료법을 사용할 것이다. 하지만 결코 환자를 해치거나 잘못되게 하기 위해 그것을 사용하지는 않을 것이다. 나는 누가 요청하더라도 누구에게도 치명적인 약을 주지 않을 것이며, 그에 대한 어떠한 조언도 하지 않을 것이다. 마찬가지로, 나는 여성에게 낙태를 유발하는 피임용 페서리를 주지 않을 것이다.

히포크라테스 선서의 몇몇 다른 조항은 명확히 시대에 뒤진 것이므로, 제네바 선언(Declaration of Geneva, 1948)은 그것을 개정하고 "나는 태아 때부터 계속해서 인간의 생명을 최대한 존중할 것이다"라는 약속을 삽입했다.

수세기 동안 기독교 전통을 물려받은 서구 상황에 대해서는 자연히 기대가 높다. 1929년의 유아 생명 (보존) 법령에서 "어머니의 생명을 구하려는 의도로 충실하게 행할 때에는" 어떤 행동도 처벌하지 않을 것이라고 규정할 때까지 영국에서 낙태는 계속 불법이었다. 사람들은 데이비드 스틸(David Steele)이 입안한 1967년 낙태법을 이전 법을 주의 깊게 연장한 데 지나지 않는 것으로 보았다. 그것은 '성의 있게 구성된' 두 명의 등록된 의료진이 임신을 지속할 경우 다음의 위험이 따른다는 의견을 밝히도록 했다. (1) 임신부의 생명에 대한 위험 (2) 임신부 혹은 기존 자녀들의 육체적·정신적 건강에 "임신을 중단시키는 경우보다 더 큰 상해"를 입힐 위험 (3) "아이가 태어난다면 심각한 육체적·정신적 장애로 고통을 겪을 상당한 위험."

그 법안을 배후에서 조종한 낙태법 개혁협회(Abortion Law Reform Association)의 의도가 무엇이든 간에, 의회에서 그 법안을 지지한 사람들은 분명 그 파국적 결과들을 예견하지 못했던 것 같다. 그 법안이 입법화되기 전에는, 잉글랜드와 웨일스 내 국민의료보험이 적용되는 병원들에서 연간 시행된 합법적 낙태 수는 아주 느리게 증가해 6,100건에 이르렀다(1966).[1] 하지만 1968년에는 이미 2만 4천 건이었으며, 1973년에는 16만 7천 건, 1983년에는 18만 4천 건이 넘었다. 2000년에는 18만 5,376건이었다.[2] 1967년에 그 법안이 통과된 이래 2002년까지 영국에서 행한 합법적 낙태는 500만 건이 넘었다. 98퍼센트 이상은 '사회적' 이유로 시행되었으며, 1,000번 중 1번이 안 되는 꼴로 임신부의 생명이 위험해서 낙태했다. 세계 전역에서 합법적·불법적 낙태의 총수는 1968년에 3천에서 3천 5백만 건에 이른 것으로 추산된다.[3] 오늘날에는 해마다 5천 5백만 건에 이르는 것으로 추산되는데,[4] 이는 1초에 1건 이상 낙태를 시행한다는 것을 의미한다.

게다가 많은 경우 초기 낙태는 기록되지 않았을 것이다. 영국에서 '성관계 후에 먹는 경구용 피임약(수정란이 착상되는 것을 막음으로써 초기 낙태를 유도한다)은 2001년부터 처방전 없이 약사와 양호 교사에게서 구할 수 있었다. 영국에서는 현재 여성들이 요청하면 대부분 낙태를 받을 수 있다. 임신을 수치로 보면, 현재 전체의 약 5분의 1은 낙태로 끝나며, 모든 가임기 여성 중 4분의 1은 낙태를 한 적이 있다.

미국은 상황이 더 나쁘다. 1970년에 노르머 맥코비(Norma McCorvey)라는 텍사스 주의 한 여성[제인 로(Jane Roe)라는 필명을 쓰는]이 임신을 했는데, 그녀는 텍사스 주의 반낙태법에 맞서 싸우기로 결심했다. 그녀는 달라스 지역 변호사 헨리 웨이드(Henry Wade)를 법정에 세웠다. 1973년 1월, 지금은 악명이 높은 '로 대 웨이드' 사건에서, 미국 대법원은 7대 2로 텍사스 법이 위헌이라고 선포했다.[5] 그 판결은 임신 첫 3개월 동안 모든 낙태 제한을 풀었으며, 다음 3개월과 그 다음 3개월 동안은 임신부의 육체적·정신적 건강과 관련해서만 낙태를 규정했다. 이 판결은 임신 중 어떤 단계에서든 원하면 낙태할 수 있도록 암묵적으로 허용한 것이다. 1969년 미국에서 합법적인 낙태 수는 2만 건 이하였다. 1975년에는 100만 건을 넘어섰으며, 1980년대에는 150만 건 이상에 이르렀다. 1980년대 전반에 걸쳐 해마다 거의 이 수치를 유지했다. 이는 이 기간에 1,000명이 탄생할 때 300명이 낙태된다는 것을 의미한다.

노르머 맥코비는 1995년에 그리스도인이 되었으며, 그녀의 실제 이야기가 대중에게 알려졌다. 노르머는 낙태를 한 적이 없다. 그녀는 아이를 입양했다. 그녀는 미국에서 현재의 낙태 관행에 적극적으로 반대하는 대변자가 되었으며, 미국 대법원에 그 사건을 재심해 줄 것을 요청했다.

한편, 전국적 토론은 격한 대결로 접어들었다. 낙태는 미국에서 선거 때마다 화제가 되었으며, 낙태 반대 집단과 낙태 찬성 집단은 해마다 워싱턴에서 행진을 한다.

이러한 문제로 법률을 제정하는 것은 고사하고 그것을 묵인하는 사회는 더 이상 문명 사회가 아니다. 로마 제국이 타락한 것을 보여 주는 주요 표지 중 하나는 원치 않는 아기들을 '내버렸다'는 것, 버려서 죽도록 내버려두었다는 것이었다.[6] 현대 서구 사회가 원치 않는 아기들을 동네 쓰레기 더미 대신 병원 화장장에 넘겨 주었다는 이유로 조금이라도 덜 타락했다고 주장할 수 있는가? 실로 현대의 낙태는 고대의 유기보다 훨씬 더 악하다. 그것은 상업화되었으며, 적어도 일부 진료소와 의사들에게는 대단히 수지맞는 돈벌이가 되었기 때문이다. 하지만 인간 생명을 존중하는 것은 인도적이고 문명화된 사회의 두말할 나위 없는 특징이다.

핵심 이슈[7]

낙태에 대한 느슨한 정책을 찬성하는 사람들과 엄격한 정책을 찬성하는 사람들은 정반대 입장에서 논증을 시작한다.

낙태 찬성론자들은 어머니의 권리, 특히 임신부의 선택 권리를 강조한다. 낙태 반대론자들은 태어나지 않은 아이의 권리, 특히 그 아이의 살 권리를 강조한다. 낙태 찬성론자들은 낙태를 피임에 불과한 것으로 보며, 낙태 반대론자들은 탄생 전 유아 살해와 다름없는 것으로 본다. 낙태 찬성론자들은 종종 동정심에 호소한다(그들이 여성의 권리라고 생각하는 것이 정의롭다고 호소하기도 하지만). 그들은 원치 않는 임신을 지속할 경우 임신부와 그 가족들이 고통을 겪게 될 상황에 대해 말한다. 낙태 반대론자들 역시 대개 그리고 특히 정의에 호소한다. 그들은 스스로 자신을 변호할 수 없는 태어나지 않은 아기들의 권리를 수호해 주어야 한다고 강조한다.

하지만 손쉬운 낙태를 반대하는 사람들에게 동정심이 없는 것은 아니다. 그들은 계획하지 않은 아기가 탄생한 후 여러 사람이 겪을 어려움과 비극을 안다. 원치 않은 임신으로 인한 심리적 고민, 경제적 어려움, 다른 자녀들에게 미치는 영향은 엄청난 것이 될 수 있다. 남편이 폭력적이거나 잔인할 수도 있고, 알코올 중독자이거나 정신 질환자일 수도 있다. 아기 엄마가 학생이어서 임신을 지속하면 자신의 교육과 경력에 해가 될지도 모른다. 어쩌면 간음이나 근친상간이나 강간으로 임신했을지 모른다. (계획하지 않고 원하지 않는 임신을 하지 않았더라도 이런 일들은 그 자체가 커다란 비극이다.) 아니면 임신부가 풍진에 걸렸거나 아이에게 장애가 생길 것을 우려할 수도 있다.

하지만 낙태가 여성에게 해로운 영향을 미친다는 증거가 점점 많아지고 있다. 낙태 후에는 우울증, 자해, 정신 질환으로 인한 입원과 자살 가능성이 높아질 뿐 아니라, 나중에 임신했을 때 조산 가능성 역시 상당히 높아지는 등 해가 따른다.[8]

우리는 이 문제에 어떠한 원리가 포함되어 있는지 자문해 보아야 한다. 우리의 동정심에는 신학적 지침과 도덕적 지침이 모두 필요하다. 진리나 정의를 희생한 채 동정심을 표현한다면, 더 이상 진정한 동정심이 아니다.

그렇다면 핵심 문제는 도덕적이고 신학적인 것이다. 그것은 태아(fetus, 라틴어 *foetus*는 '후손'에 해당하는 말이다)의 본질에 관한 것이다. 어머니의 자궁에 있는 태아를 어떻게 생각해야 하는가? 일반적으로 낙태에 대한 우리의 태도는 우리가 태아를 어떻게 보는지에 따라 결정된다.

무생물로서의 태아

첫 번째 견해(그리스도인들이 완전히 잘못되고 지극히 혐오스러운 견해로 보아 거부하는)는 태아는 그저 젤리 모양의 덩어리나 조직 혹은 어머니의 자궁 안에 있는 증식물이기 때문에 치아나 종양이나 편도처럼 떼 버리거나 제거할 수 있다는 관념이다. 예를 들어, 힌델(K. Hindell)과 매들린 심스(Madelaine Simms, 낙태 찬성론자들)는 "의학적·법적으로 태아와 배아는 그저 어머니의 신체 일부이지 인간이 아니다"[9]라고 썼다. 그런 사람들은 태아가 그 태아를 배고 있는 여성에게 속해 있으며, 어떤 의미에서도 그녀와 독립된 존재나 고유한 권리를 가진 인간으로 간주할 수 없다고 주장한다. 그것은 그녀의 몸이기 때문에 그녀가 마음대로 선택할 수 있다. 다른 어느 누구도(분명 '어떤 남자도'라고 페미니스트들은 덧붙일 것이다) 그 문제에 대해 최종 결정권을 갖지 못한다.

1983년 6월, 하이드파크에서 미출생아 보호 협회(Society of the Protection of Unborn Children)가 주관한 대규모 집회가 있었는데, 그 후 우리는 수상에게 탄원서를 제출하기 위해 다우닝 가 10번지로 걸어가고 있었다. 그때 화이트홀(Whitehall: 런던 중앙부에 있는 관청가 이름—역주) 끝에서 젊은 여성 몇 명이 이렇게 구호를 외치기 시작했다.

교회도 아니다. 국가도 아니다.
여성이 자기 운명을 결정하게 하라.

나는 그들에게로 가서 우리가 집회와 행진을 하면서 우려하는 것은 여성의 운명이 아니라 태어나지 않은 아이의 운명이라고 조용히 타일렀다. 그들은 도저히 글로 표현할 수 없는 음담패설을 내게 퍼붓더니 내가 백만 년이 지나도 아이를 낳을 수 없을 것이라고 당연한 지적을 했다. 나는 그들이 전적으로 잘못되었다고 말하는 것이 아니다.

낙태는 남성보다 여성에게 더 직접적인 문제이다. 임신을 하게 된 것도(아마도 그녀의 동의 없이), 임신 기간을 견뎌야 하는 것도, 초기에 아이를 양육하는 짐을 지는 것도 여성이다. 남성들은 이러한 사실을 너무 쉽게 잊어버릴 수 있다. 하지만 우리는 그 사실을 기억해야 한다. 우리는 또한 아이를 가질 것인지 갖지 않을 것인지를 결정할 수 있는 여성의 권리를 인정한다는 의미에서 '선택을 찬성'(pro-choice: 이 말은 낙태할 선택할 선택권을 찬성하는 말로 쓰이지만, 여기에서는 여성이 임신할 것인지 선택할 권리를 찬성하는 말로 썼다—역주)한다. 하지만 그녀가 자기 권리를 행사하여 선택할 때(강요받지 않았다고 가정할 때)는 수태 이전이지 이후가 아니다. 일단 수태하고 나면 그녀의 아이는 탄생 이전이나 이후나 독자적인 권리를 갖는다.

인간화와 착상

두 번째 집단에 속한 사람들은 태아가 '인간화'되는 결정적 순간을 수태와 탄생 사이의 어느 지점에서 찾는다. 어떤 사람들은 난자가 수정된 지 6일 후에 나팔관을 타고 내려가 자궁벽에 달라붙는 착상이 바로 그 순간이라고 본다. 착상은 태아 발달의 필수 단계이며, 자연 발생적 낙태(종종 태아의 이상으로 인한)가 착상 전에 일어나는 것은 사실이다. 그러나 착상은 태아의 성질을 바꾸는 것이 아니라 환경을 바꿀 뿐이다. 이전 세대의 사람들은 '태동 시점'이 태아에게 '영혼이 부여되는' 순간이라고, 적어도 그 증거라고 여겼다. 하지만 이제 우리는 첫 태동 후부터 아이가 움직이는 것이 아니라 어머니가 그것을 감지하는 것임을 안다.

태아의 생육력과 생존

세 번째 견해는 '생육력', 즉 태아가 미숙아로 태어나더라도 생존할 수 있을 만한 때를 인간이 된 순간으로 본다. 하지만 현대 의학 기술은 이 순간을 끊임없이 앞당기고 있다. 1967년에 낙태법이 영국에서 통과되었을 때, 태아가 생존 가능한 한계를 임신 28주로 잡았다. 지금은 23주나 22주 된 아기도 생존하는 경우가 흔하다. 10년 후가 되면 새로운 과학 기술의 개발로 훨씬 초기의 태아도 생존하게 될 것이다. 왜 태아의 도덕적 지위를 의학 기술 수준에 의존해야 하는가?

탄생과 환영

네 번째 견해는 탄생 자체를 결정적 순간으로 간주한다. 이는 렉스 가드너(Rex Gardner)가 「낙태: 개인적 딜레마」(*Abortion: The Personal Dilemma*, 1972)에서 채택한 입장이다. 그는 이렇게 썼다. "태아는 발달해 갈수록 점점 더 소중히 여겨야 하지만, 태어나서 첫 호흡을 하는 순간을 하나님이 그 아기에게 생기를 불어넣는 때이자 생명을 주시는 순간으로 간주해야 한다." 그는 창세기 2:7을 성경적 증거로 인용했는데, 하나님이 남자를 만드시고 코에 '생기'(the breath of life)를 불어넣으신다. 그는 인간의 일반적인 경험에도 호소했다. "아기가 첫 숨을 쉴 때 분만실에서는 안도의 한숨을 쉰다."[10] 사산한 아기는 장례식을 치르지 않으며, 성경에서 보통 '새 생명'이 '새로운 탄생' 때 시작된다고 하는 것은 분명 사실이다. 하지만 이것이 문제를 해결해 주지는 않는다. 성경은 또한 하나님이 우리를 '낳으셨으며' 새로운 탄생으로 이끄는 '씨'를 심으셨다고 말한다(예를 들면, 약 1:18; 벧전 1:23-25; 요일 3:9). 더구나 낳기 직전의 아기를 찍은 사진을 보면, 태어나지 않은 아기와 태어난 아기 사이에 근본적인 차이가 없다는 것을 알 수 있다. 서로 방식은 다르지만 둘 다 어머니와 독립된 존재다.

수태와 인간됨

다섯 번째 견해(나는 모든 그리스도인이 여기에 속해야 한다고 생각한다)는 비록 서로 다른 표현을 하고 서로 다른 추론에 이르기는 하지만, 수태 혹은 난자와 정자의 융합을 인간이 되는 결정적 순간으로 보는 것이다. 이것은 로마 가톨릭 교회의 공식적인 입장이다. 교황 피우스(Pius) 7세는 1951년 이탈리아 가톨릭 산파회를 대상으로 한 연설에서 이렇게 말했다. "아기는, 아직 태어나지 않았더라도 어머니와 동일한 정도로 그리고 동일한 이유로 사람(즉 인간)입니다."[11] 마찬가지로 개신교도들은 '나는 그 시점 이후로는 사람이었지만 그 전에는 사람이 아니었다'고 말할 수 있는 순간이 수태와 죽음 사이에 없다고 단언한다. 분명 수태된 태아는 살아 있으며, 그 생명은 인간의 생명이기 때문이다. 기독교 신앙을 고백하지 않는 많은 의료인도 이러한 사실을 인정한다. 그래서 1967년 워싱턴 시에서 모인 제1차 낙태에 대한 국제 회의(First International Conference on Abortion)에서는 이렇게 선포했다. "우리는 정자와 난자의 융합 이후부터 신생아가 탄생할 때까지 인간의 생명이 아니라고 말할 수 있는 시점을 찾을 수 없다."[12]

또 다른 견해가 있는데, 그것은 태아의 정확한 신원을 결정하는 것을 의도적으로 회피한다. 그 견해는 로널드 드워킨(Ronald Dworkin) 교수가 영향력 있는 책 「생명의 지배」(*Life's Dominion*, 1993)에서 설득력 있게 표현했다. 그는 자유주의적인 입장과 보수주의적인 입장 간에 의견이 일치하는 점과 일치하지 않는 점이 있다고 주장했다. 두 입장 모두 인간 생명의 고유한 가치를 믿지만 그 가치를 이해하는 데는 차이가 있다. 보수주의자들은 태아를 수태 시점부터 "나름대로 권리와 관심사를 지닌 인격적 존재"로 간주하는 반면, 자유주의자들은 "더 비인격적으로 이해할 수 있는 신성한 생명"이라고 인정한다.

하지만 드워킨 교수는 인간 생명의 '가치'를 설명하는 데 이르면 어려움에 빠지는 듯 보인다. 그는 인간의 생명은 위대한 미술 작품들이 그런 것처럼 본질적으로 귀중하다고 보았다. 그 가치는 창조하는 데 들어가는 '투자'(자연적인 것과 인간적인 것 둘 다)의 정도와 파괴하는 데 따르는 '낭비'의 정도로 측정할 수 있다. 예를 들어, 심한 장애가 있는 태아는 태어나게 해야 하는가 낙태해야 하는가? 어느 경우든 심각한 '생명의 좌절'이 있을 것이다. 낙태는 생명의 파괴를 의미할 것이다. 탄생은 "장애가 있는 인간의 생물학적 창조라는 슬픈 낭비에다, 그 생명체 안에서 일어났던 개인적·정서적 투자라는 더 가슴 아픈 낭비를 추가할 것이다. 이는 다른 사람들에 의해, 하지만 원칙적으로는 그 아기가 불가피하게 일찍 죽기 전에 그 아기 자신에 의해 일어난 일이다." 어떤 것이 더 큰 '투자'인가? 어떤 것이 더 큰 '낭비'인가?

그리스도인들은 드워킨 교수가 태아의 '가치'를 강조한 데는 감사하지만, 그가 논지를 전개하는 방식에 대해서는 대단히 언짢을 것이다. (1) 그는 자유주의자들의 입장을 평가하는 면에서 너무 낙관적이다. 그들은 태어나지 않은 생명의 '불가침성'은 고사하고 '존엄성'도 긍정하지(그가 그들이 그렇다고 말하는 것처럼) 않는 듯 보인다. (2) 그가 '자연'을 의인화한 것(예를 들면 "자연이 창조한 것을 파괴하지 않는 것")은 설득력이 부족하다. 인간 태아 고유의 가치를 더 잘 그리고 성경적으로 설명하는 것은 하나님을 창조주로, 우리를 그분의 형상을 지닌 존재로 인정하는 것이다. 인간의 고유한 가치를 확증해 주는 것은 '투자'가 아니라 '창조'다. (3) 드워킨 교수가 쓴 '투자'라는 말과 '낭비'라는 말은 인간과 관련해서 사용하기에는 적절하지 않은 단어로 보인다. '낭비'란 상품이 없어지는 것을 시사하며, '투자'는 이윤을 내기 위한 지출을 시사한다. 하지만 사랑에는 아무런 보답을 기대하지 않고 주는 것이 반드시 있어야 한다.

성경적 기초

내가 보기에 다섯 번째 견해를 지지해 주는 성경의 가장 확고한 토대는 시편 139편이다. 시편 기자는 하나님의 전지성과 편재성에 놀라며, 묵상하는 중에 우리의 출생 전 존재에 대해 중요한 진술을 한다. 분명 시편 139편은 발생학 교과서로 자처하지는 않는다. 그것은 시적 이미지와 대단히 비유적인 언어(예를 들면, 15절 "내가…땅의 깊은 곳에서 기이하게 지음을 받은 때에")를 사용한다. 그럼에도 시편 기자는 적어도 세 가지 중요한 진리를 천명한다.

창조

첫 번째는 창조에 관한 것이다. "주께서 내 내장을 지으시며 나의 모태에서 나를 만드셨나이다"(13절). 여기서는 하나님의 창조 기술을 설명하기 위해 두 가지 친숙한 은유를 사용한다. 즉, 토기장이의 은유와 베 짜는 직공의 은유다. 하나님은 숙련된 공예가로서, 진흙을 가지고 일하는 토기장이처럼 그를 '지으신'[created, '형태를 만드신'(formed)이라는 말이 더 낫다] 분이다. 동일한 사상이 욥기 10:8에도 나오는데, 거기서 욥은 하나님이 손으로 그를 "빚으셨으며 만드셨다"라고 말한다. 다른 묘사는 하나님은 그를 '만드신'(13절) 직조공이라는 설명이다. NASB에서는 "당신이 나를 직조하셨나이다"라고 번역했다. 마찬가지로 욥은 "주께서…피부와 살을 내게 입히시며 뼈와 힘줄로 나를 엮으시고"(10:10-11) 생명을 주지 않으셨느냐고 묻는다. 시편 기자는 이어서 이렇게 말한다. "내가 주께 감사하옴은 나를 지으심이 심히 기묘하심이라. 주께서 하시는 일이 기이함을 내 영혼이 잘 아나이다"(14절).

성경 저자들은 태아의 발달을 과학적으로 이야기하려는 의도가 없었지만,

태아의 성장 과정이 우연히 일어난 일이거나 심지어 자동적인 것이 아니고, 하나님이 창조 기술로 만드신 작품이라고 천명하고 있다(고대 근동 문화에서 익숙한 비유적 표현으로).

연속성

시편 기자가 두 번째로 강조하는 점은 연속성이다. 그는 성인이지만, 자신의 삶을 태어나기 전까지 거슬러 올라가 회고한다. 그는 자신을 출생 전이나 후나 똑같은 인칭 대명사인 '나는', '나를'이라고 부른다. 자신이 태어나기 전이나 후나 동일한 사람이라는 것을 알기 때문이다. 그는 자신의 실존을 네 단계로 개관한다. 첫째(1절), "주께서 나를 살펴보셨나이다"(과거). 둘째(2-3절), "주께서 내가 앉고 일어섬을 아시고…나의 모든 행위를 익히 아시오니"(현재). 셋째(10절), "주의 손이 나를 인도하시며 주의 오른손이 나를 붙드시리이다"(미래). 넷째(13절), "주께서…나의 모태에서 나를 만드셨나이다"(탄생 이전의 단계). 네 단계(출생 이전, 출생부터 현재까지, 현재, 미래) 모두에서 그는 자신을 '나'라고 부른다. 성인 남자로서 생각하고 글을 쓰고 있는 그는 자궁 내의 태아였을 때에도 동일하게 인격적인 정체성을 가지고 있었다. 그는 자신이 출생하기 전과 출생 후의 존재 간에 불연속성을 전혀 인식하지 못한다. 오히려 어머니의 자궁 안에서나 밖에서나, 출생 전이나 후나, 태아로서, 아기로서, 젊은이와 성인으로서, 자신이 동일한 사람임을 의식한다.

친교

시편 기자가 표현하는 세 번째 진리를 나는 '친교'라고 부르겠다. 그가 하나님과 자신 사이에 이루어지는 대단히 인격적이고 특별한 친교를 의식하고 있기 때문이다. 그분은 그를 창조하시고, 유지하시고, 그를 알고 사랑하시고, 영원히 굳게 붙드실, 동일한 하나님이다. 아마도 시편 139편은 하나님과 개개 신자의 관계와 관련하여 구약에서 가장 철저하게 인격적인 진술일 것이다. '나-너' 관계가 거의 모든 행에 표현되어 있다. 이 시편에는 1인칭 대명사(나는-

나를-나의)가 46번 나오며, 2인칭 대명사('당신': 개역 성경에는 주로 '주'라고 번역되어 있다— 역주)는 32번 나온다. '나-너' 관계보다 더 중요한 것은, '당신-나' 관계, 곧 하나님이 그를 아시며, 둘러싸고 계시며, 붙잡고 계신다는 인식(1-6절), 하나님이 언약적 신실함으로 그를 충실히 지키시며 결코 그를 떠나거나 떠나 보내지 않으시리라는(7-12절) 인식이다.

사실, '친교'가 이 세 번째 인식에 대한 가장 적절한 말은 아닐지도 모른다. 그 단어는 상호 관계를 암시하는 반면, 시편 기자는 하나님이 확립하시고 유지하시는 관계를 증언하기 때문이다. 그렇기 때문에 아마도 '언약'이 더 나은 단어일 것이다. 실로 이것은 일방적인 언약 혹은 하나님이 시작하셨고 지속하시는 '은혜'의 언약이다. 우리의 창조자 하나님은 오래 전부터, 우리가 의식적 관계 속에서 그분께 반응할 수 없었던 때부터 우리를 사랑하셨고 우리와 관계를 맺으셨기 때문이다. 그렇다면 우리를 한 인격체로 만드는 것은, 우리가 하나님을 안다는 사실이 아니라 그분이 우리를 아신다는 사실이다. 우리가 하나님을 사랑한다는 사실이 아니라 그분이 우리에게 자신의 사랑을 주셨다는 사실이다. 그래서 우리 각자는 어머니 자궁 속에 있을 때부터 하나의 인격체다. 이미 그때 하나님이 우리를 아시고 우리를 사랑하셨기 때문이다.

우리에게 중요한 성경적 관점을 열어 주는 것은 이 세 단어(창조, 연속성, 친교 혹은 언약)다. 태아는 어머니의 몸 안에 있는 종양도 잠재적인 인간도 아니고 이미 한 인간 생명으로서, 아직 성숙하지는 않았지만 이미 소유하고 있는 잠재 가능성, 즉 온전하고 개별적인 인간으로 자랄 가능성을 지닌 존재다.

다른 성경 본문들도 하나님의 은혜로 인한 인격적 연속성을 동일하게 표현한다. 구약 지혜 문학에는 여러 번에 걸쳐, 비록 우리는 알지 못할지라도(전 11:5) "나를 태 속에 만드신"(욥 31:15; 시 119:73) 분, "나를 모태에서 나오게 하시고" 그렇기 때문에 "모태에서 나올 때부터…나의 하나님이 되신"(시 22:9-10; 71:6) 분은 하나님이라는 확신이 표현되어 있다. 예언자들도 동일한 믿음이 있었다. 예레미야와 같은 개인이든("내가 너를 모태에 짓기 전에 너를 알았고", 1:5), 여호와 "그의 종"이든(주님이 태에서 만드시고 부르신, 사 49:1, 5), 이스라엘

민족이든(사 46:3-4) 다 같았다. 개인의 연속성에 대해 이 본문들이 함의하는 바를 '창세 전에' 하나님이 그리스도 안에서 우리를 '택하시고' 그리스도 안에서 은혜를 '주셨다'는 신약의 주장(예를 들면, 엡 1:4; 딤후 1:9)으로 유추함으로써 회피할 수는 없다. 그 논증은, 시간이 시작되기 전에는 우리가 하나님의 마음속에만 존재했던 것처럼 태 안에 개인적으로 존재하지 않았다는 것이 된다. 비록 하나님이 두 경우 모두 우리를 '아셨다'고 나와 있지만 말이다. 하지만 그 유추는 부정확하다. 상황이 서로 다르기 때문이다. 택하심과 관련된 본문들에서는 행위가 아닌 은혜에 의한 구원을, 그러므로 우리가 존재하기 전 혹은 어떠한 선한 일도 하기 전에 하나님이 우리를 택하신 것을 강조한다. 하지만 부르심과 관련된 본문들(예레미야와 같은 예언자들의 부르심이든 바울과 같은 사도들의 부르심이든. 참고 갈 1:16)에서는 하나님의 은혜로운 선택뿐 아니라 특별한 섬김을 위해 그들을 '만드신' 혹은 '지으신' 것을 강조한다. 이는 '창세 전'도 '수태 전'도 아니고, 바로 '출생 전', 그들이 아직 완전히 '지어지지' 않았을 때, 즉 그들이 자궁 안에서 '만들어지고' 있을 때다. 출생 이전과 이후의 개인이 연속성을 지닌다는 것이 이 가르침의 핵심적인 요소다.

일부 해석자들이 인간 태아를 평가 절하한다고 생각해 온 유일한 구약 본문이 있는데, 그것은 출애굽기 21:22-25이다.[17] 여기에서 그리고 있는 상황이 어떤 것인지는 분명하다. 두 남자가 싸우다가 실수로 임신한 여자를 쳤는데, 그 결과 그녀가 유산을 했거나 '조산'(우리말 성경에서는 '조산'을 언급하지 않는다—편집자 주)을 했다. 규정된 벌은 얼마나 심각한 부상을 입었는지에 좌우된다. 부상 정도가 심하지 않으면 벌금을 부과해야 한다. 심각하면 '생명은 생명으로' 등으로 똑같이 보복을 해야 한다. 어떤 사람들은 첫 번째 범주(심각한 부상이 없는 경우)는 아이의 죽음을 의미하며 두 번째 경우는 어머니가 심각한 상해를 입은 것을 의미하므로, 전자의 경우 벌금만 부과한 것은 태아를 어머니보다 덜 귀중한 존재로 간주한 것이라고 주장해 왔다. 하지만 이것은 근거 없는 해석이다. 처벌 규모는 어머니든 아이든 부상을 당한 정도에 상응했다고 보는 것이 훨씬 더 개연성 있다. 이 경우 어머니와 아이는 대등하게 평가된다.

신약으로 눈을 돌려 보자. 마리아와 엘리사벳이 둘 다 임신하여 만났을 때, 엘리사벳의 아기(세례 요한)가 마리아의 아기(예수)에게 인사하며 "복중에서 뛰놀았다"라는 표현이 나온다. 그런데 여기서 누가가 태어나지 않은 아이를 지칭한 단어가(1:41, 44) 갓난아이에 대해(2:12, 16), 또한 사람들이 예수님께 축복을 받고자 데려온 어린아이들에 대해(18:15) 사용한 것과 동일한 '브레포스'(brephos)라는 단어라는 점은 종종 지적되었다.

기독교 전통이 사도신경에서 예수 그리스도에 대해 "성령으로 잉태하사 동정녀 마리아에게 나시고, 본디오 빌라도에게 고난을 받으사 십자가에 못박혀 죽으시고, 장사한 지 사흘 만에 죽은 자 가운데서 다시 살아나사"라고 천명하는 것은 이 모든 일에 암시된 연속성과 완전히 조화를 이룬다. 이 모든 사건 내내, 처음부터 끝까지, 잉태부터 부활까지, 우리가 믿는 것은 바로 동일한 분, 예수 그리스도다.

현대 의학은 이러한 성경의 가르침을 확증하는 듯하다. 유전자 암호를 해독하는 일은 1960년대에 들어서야 가능해졌다. 이제 우리는 정자가 난자를 뚫고 들어가 수정된 순간 염색체가 23쌍으로 완성되며, 접합체는 양 부모와 다른 독특한 유전자형을 갖게 되고, 아이의 성별, 크기와 생김새, 피부와 머리카락과 눈동자 색, 기질과 지능이 결정된다는 것을 안다. 각 인간 존재는 단 하나의 수정 세포로 시작되지만, 성인의 세포 수는 약 30조 개에 이른다. 이 두 시점(융합과 성숙) 간에 45세대의 세포 분열이 필요하며, 그중 41번은 출생 전에 이루어진다.

출생 이전의 의학 사진을 보면 태아 발달의 경이로움을 더욱 잘 알 수 있다. 나는 스웨덴 사진 작가 레나 닐슨(Lennart Nilsson)의 책 「아이의 탄생」(A Child is Born)[18]에 나오는 경이로울 정도로 아름다운 사진들을 특히 염두에 두고 있다. 3주나 3주 반 정도 되면 작은 심장이 뛰기 시작한다. 4주가 되면 태아는 약 0.6센티미터밖에 안 되지만 머리와 몸을 식별할 수 있으며, 아직 완성되지는 않았으나 눈과 귀와 입도 식별할 수 있다. 6주나 7주가 되면 뇌의 기능을 탐지할 수 있고, 8주(보통 낙태를 시행하기 시작하는)가 되면 손가락과 지문과 발가락을 포함한 아이의 사지가 모두 분명히 보인다. 9주나 10주가 되면, 아이는 뭔가를 움켜잡기 위해 손을, 삼키기 위해 입을 사용할 수 있고, 엄지 손가락을 빨 수도 있다. 임신 3기 중 1기가 끝나는 13주가 되면, 태아의 구성이 완성되며, 작은 아기가 어머니의 자궁 안에 누워 있다. 아기는 자세를 바꿀 수 있고, 고통과 소리와 빛에 반응할 수 있고, 심지어 딸꾹질을 할 수도 있다. 그때부터 아기는 크기와 힘만 자라날 뿐이다. 5개월 말이나 6개월 초가 되면(3기 중 2기가 끝나기 전에), 아기는 머리카락, 눈썹, 손톱, 젖꼭지를 갖게 되고, 울고 움켜쥐고 주먹으로 치고 발로 찰 수 있다(제왕절개로 낙태한 후에 가끔 이런 일이 일어나, 의료진에게 극심한 고통을 준다).

임신한 어머니는 경험으로 자신이 살아 있는 아기를 배고 있다는 것을 안다. 부모들은 아기에게 특히 아들인지 딸인지 모를 때 재미있는 별명을 붙여 준다. 그들은 자랑스럽게 이렇게 말한다. "아기가 오는 중이랍니다." 한 임신부는 자신이 "한 인격체의 엄마라고 느꼈는데 분명 엄마로서 출생 전과 출생 후의 책임을 지고 있는 것 같다"고 말했다. 또 다른 임신부는 이렇게 썼다. "나는 이 아기가 하나의 인격체이며 하나님 앞에서 독립적인 권리를 가지고 있다는 것을 느낌으로 안다."

현대의 기독교적 논쟁

모든 그리스도인이, 심지어 성경의 권위에 순종하고자 애쓰는 그리스도인일지라도 이 문제에 대해 완전히 의견이 일치한다고 주장하는 것은 솔직하지 못하다. 옥스퍼드 대학교의 윤리 및 목회 신학 흠정 강좌 담당 교수인 올리버 오도노반은 "누가 사람인가?"라는 질문에 사변적으로 대답할 수 없다고 주장했다. 그 대신 우리는 "먼저 어떤 사람을 한 인격체로 대우하고자 할 때만" 누군가를 사람으로 인식하게 된다. 그러고 나서 인격적 관계 안에서 그 사람이 드러날 때 우리는 그 사람을 알게 된다. 우리가 어떤 사람을 사람으로 대우하려고 결심하면 그에게 사람의 특성(personhood)이 부여된다는 것이 아니라 사람의 특성이 이런 식으로 드러난다는 것이다. 사람의 특성은 인격적 관계에 의해 확립되는 것은 아니지만 그런 관계들에서 분명하게 드러난다. 동시에, 우리가 어떤 사람을 섬기는 일에 헌신하기 전에, 외양으로든 아니면 (태아의 경우) 독특한 유전자형에 대한 과학적 지식으로든, 그 사람을 섬기는 것이 적절하다는 증거를 찾아보는 것이 옳다. 다음과 같은 세 단계가 있다. 첫째, 사람을 사람으로 대하는 것을 적절하게 만드는 인식의 단계가 있어야 한다. 그 다음에 그를 사람으로 돌보는 헌신의 단계가 있다. 셋째는, 만남의 단계다. "아직 태어나지 않았는데 우리가 사람으로 대하는 사람들은, 아이가 되면 우리에게 사람임을 알릴 것이다." 이 세 단계는 인격적 만남까지 점진적 발달을 인정하는 한편, 수태 순간부터 사람의 특성이 존재함을 인정하는 것이다.[19]

다른 이들은 태아 발달에서 결정적으로 복잡한 단계, 특별히 뇌가 발달하는 단계가 의식이 있는 인격체로 여겨지기 전에 있어야 한다는 견해에 이의를 제기해 왔다. 수정란을 '잠재적인 인간'이라고 부를 수 있는가? 임신 과정이 정상적으로 진행된다면 성숙에 이를 것이라는 의미에서는 그렇다. 하지만 그 난자에 사람 특유의 속성이 있다고 말하는 것이라면, 그렇지 않다. '잠재 가능성'이라는 말의 가치는 그것이 시작과 기대와 결과를 낼 의무를 강조한다는 데 있다. 그 위험은 사람의 모든 속성과 권리가 시작 부분에 이미 속해 있다고 생각한다는 데 있다. 그렇지 않다. 설령 그 둘 간에 직접적인 연속성이 있다 해도 말이다.

한편으로 수정란은 "인간에게 알려진 가장 풍성하고 경이롭고 신비스러운 레퍼토리를 가진 물리적 구조다." 그것은 "하나님의 형상을 지니고, 하나님의 사랑을 받으며, 현세적 중요성뿐 아니라 영원한 중요성을 지닌 잠재 가능성들로 가득 찬 새로운 인간의 구현"으로 발달할 수 있기 때문이다. 다른 한편, 그것을 "인간으로서의 권리를 지닌 사람"으로 취급하는 것은 "장차 중대한 결과를 일으킬 작은 실마리"[20]의 두드러진 예다.

요약하면, 올리버 오도노반은 융합을 하는 그 순간부터 태아는 '사람의 특성'을 지니고 있으며, 그렇기 때문에 우리가 태아를 돌보는 일에 헌신해야 한다고 주장했다. 물론 태아가 지닌 사람의 특성은 후에 가서야 개인적 관계 속에서 드러날 것이다. 도널드 맥케이는 융합하는 순간 수정란이 생물학적 생명과 놀라운 잠재력의 레퍼토리를 지닌다는 데는 동의했지만, 두뇌 발달로 자기 감독(Self-Supervision)이 가능해질 때 비로소 권리를 소유하고 보살핌을 요구하는 한 사람이 된다고 덧붙였다.

둘의 갈등은 타협할 수 없는 것처럼 들린다. 하지만 그것은 '이미'와 '아직 아니' 사이의 오래된 긴장(우리가 신약에서 익히 보아 온)에 근거한 것은 아닐까? 테르툴리아누스는 2세기 말에 벌써 그것을 표현했다. "그는 또한 바야흐로 사람이 되려 하는 사람이다. 당신은 열매의 씨 안에 이미 열매를 가지고 있다."[21] 우리 시대에 폴 램지(Paul Ramsey)는 그것을 이렇게 표현했다. "인간 개인은 미미한 정보의 알갱이로서 존재하게 된다.…그가 출생 이전과 출생 이후에 발달해 가는 것은 잉태된 순간부터 이미 되어 있는 존재가 되어 가는 과정이라고 설명할 수 있다."[22] 루이스 스미즈(Lewis Smedes)는 태아의 지위를 "깊은 존재론적 모호함―아직 존재하는 무엇이 아니면서 동시에 앞으로 존재할 것의 재료를 가지고 있는 모호함"[23]이라고 했다. 우리를 혼란에 빠뜨린 것은 태아와 관련해서 '잠재 가능성'이라는 말을 사용한 것이다. 토머스 토랜스(Thomas F. Torrance) 교수는 "그 잠재 가능성은 다른 어떤 것이 아니라 그것의 본질적인 모습으로 되어 가는 것이다"[24]라고 명확하게 설명해 주었다.

이 내용을 접하고 나니 시편 139편으로, 그리고 시편 기자가 존재의 연속성을 의식하고 있는 이유인 하나님의 변함 없는 사랑으로 돌아가게 된다. 성경은 은혜에 대해, 하나님이 창조와 사랑에서 주권적 주도권을 쥐셨다고 이해한다. 몇몇 그리스도인은 새로 잉태된 태아가 아직 자기 감독을 유지하거나 의식적인 관계를 맺을 두뇌가 없다는 이유로 사람의 특성을 지니고 있다고 보기를 거부한다. 하지만 태아에 인간이라는 지위를 부여하는 중대한 관계가 그 태아가 하나님께 드리는 사랑의 헌신이기보다는 하나님이 그 태아에게 주시는 의식적인 사랑의 헌신이라면? 이 같은 일방적인 관계는 자녀가 반응하기 훨씬 전부터 자기 자녀를 사랑하고 돌보고 보호하는 데 헌신하는 부모들에게서 찾아볼 수 있다. 그리고 일방적인 주도권이야말로 은혜를 은혜답게 만드는 것이다. 사실상 태어나지 않은 아이에게 잉태 순간부터 그 아이가 이미 누리는 독특한 지위와 후에 물려받을 독특한 운명을 부여하는 것은 바로 하나님의 은혜다. 실제적인 것과 잠재적인 것, 이미와 아직 아닌 것의 이중성을 결합시키는 것은 바로 은혜다.

기술과 예외들

인간 태아(우리가 그것을 어떻게 정의하기로 하든)의 독특성에 대한 평가는 어떻게 우리의 사고와 행동—특히 낙태와 관련해서—에 영향을 미치는가?

먼저 그것은 우리의 태도를 변화시킬 것이다. 태아의 생명은 성숙한 인간이 될 수 있는 잠재 가능성이 있는 인간의 생명이므로, 우리는 어머니와 태어나지 않은 아이를 서로 다른 발달 단계에 있는 두 인간으로 보는 법을 배워야 한다. 의사와 간호사들은 한 명이 아니라 두 환자를 돌보고 있다고 생각해야 하며, 그 둘이 모두 잘 되도록 애써야 한다. 법률가와 정치가들도 비슷하게 생각해야 한다. 유엔의 "아동 권리 선언"(1959)에 나오듯이, 아이는 "출생 이후와 마찬가지로 출생 이전에도 적절한 법적 보호를 포함한 특별한 안전 장치와 보살핌이 필요하다." 그리스도인들은 "출생 이전에는 더 각별한 보살핌"을 받아야 한다고 덧붙이고 싶을 것이다. 성경은 무방비 상태의 사람들에게 하나님이 관심을 쏟으신다고 말하며, 모든 사람 중 가장 무방비 상태인 사람은 태어나지 않은 아이들이기 때문이다. 그들은 자신의 주장을 말로 표현할 수 없으며, 자신의 생명을 보호하는 데 무력하다. 그러므로 그들이 스스로 할 수 없는 일을 그들을 위해 하는 것은 우리의 책임이다.

그렇기 때문에 모든 그리스도인은 인간의 태아는 원칙적으로 침해할 수 없다는 데 동의할 수 있어야 한다. 램지 경은 캔터베리 대주교 시절 1967년 교회 총회에서 이렇게 연설했다. "우리는 태아의 일반적인 불가침성을 표준적인 것으로 주장해야 합니다.…인간의 태아는 장차 하나님의 영광을 반영할 생명의 시발이므로 존중해야 한다는 믿음은 기독교가 세상에 주는 위대한 선물 중 하나라고 보는 것이 옳습니다."

인간 태아가 이미 되어 있는 모습과 언젠가 될 수 있는 모습을 결합해 본다면, 낙태의 실상은 끔찍한 것이다. 도대체 어떻게 낙태의 잔인한 기술과 하나님의 영광을 보여 줄 잠재적 거울로서의 낙태아 개념을 조화시킬 수 있단 말인가?

우리의 어휘를 수정해야 한다. 대중적인 완곡 어법은 진실을 숨기기 쉽게 만들기 때문이다. 어머니의 자궁을 차지하고 있는 것은 '수태의 산물' 혹은 '생식체 물질'이 아니라 '태어나지 않은 아이'다. '임신'이라는 말조차 여성이 '수태하다'라는 것 이상은 말해 주지 않지만, 구식 언어로 하면 사실 '아이를 밴' 것이다. 종료되는 것이 단지 어머니의 임신이 아니라 아이의 생명인데 어떻게 우리가 '임신의 종료'라고 말할 수 있는가? 임신이 치료를 요하는 질병이 아니고 낙태가 일으키는 결과는 치유가 아니라 살해인데, 어떻게 오늘날 보통의 낙태를 '치료적'(이 말은 원래 임신부의 생명이 위험한 경우에만 사용한 단어였다)이라고 할 수 있는가? 낙태는 수태를 예방하는 것이 아니고 수정된 태아를 파괴하는 것인데, 어떻게 낙태를 일종의 피임에 불과한 것으로 생각할 수 있는가? 우리는 정확한 어휘를 쓰는 용기를 가져야 한다. 인공적인 낙태는 태아 살해이며, 태어나지 않은 아이를 의도적으로 파괴한 것이고, 무죄한 피를 흘린 것이다.

낙태가 모든 관련 당사자에게 오래 지속되는 정서적 결과를 가져올 수 있다는 것은 놀라운 일이 아니다. 다행히 낙태의 결과 심각한 정신 질환까지 가는 경우는 드물기는 하지만, 상담가들은 많은 여성(그리고 일부 남성들)이 낙태로 인해 심각하지만 숨겨진 심리학적 외상을 겪는다는 것을 인식하고 있다. 그것은 수년 혹은 수십 년 후에 증상이 나타날 수 있다.

그렇다면 낙태는 결코 정당화될 수 없는가? 이 질문에 신실하고도 현실적으로 대답하기 위해, 신학과 의학이 필요하며 더 많은 학문 간 협의가 필요하다. 의사들은 신학자들이 고통스러운 임상 딜레마와는 상관없는 세속을 초월한 의견만을 말하고 비실제적인 경향이 있다는 사실을 참지 못한다. 이해할 만하다. 다른 한편, 역시 이해할 만한데, 신학자들은 의사들이 신학적 원리의 통제를 받지 않는 임상적 결정을 내리면서 실용주의적 경향을 보이는 것을 참지 못한다. 우리가 동의해야 하는 원리는 "미출생아 보호 협회"의 첫째 목표에 잘 표현되어 있다. 즉, "인간의 생명은 긴급히 필요한 경우가 아니면 취해서는 안 된다"는 것이다. 던스턴 교수가 "정당화될 수 있는 살인 행위"와 비슷하게 "정당화될 수 있는 낙태"의 윤리가 있다고 한 것은 아마 옳을 것이다.[25] 하지만 우리가 인간 태아의 일반적인 불가침성을 받아들인다면, 모든 예외를 엄밀하고 명확하게 논의해야 한다. 유아 생명 (보존) 법령(1929) 이래 영국은 임신부의 생명을 구하기 위한 낙태를 계속 합법화했다. 물론 로마 가톨릭 교회는 그것을 눈감아 주지 않는다. 하지만 현대 의술이 개선되면서 이런 경우는 거의 일어나지 않는다. 원치 않는 임신으로 과중한 부담을 지고 노이로제에 걸린 임신부가 너무나 철저히 망가져서 '육체적·정신적 폐인'[26]이 되거나 자살을 기도할 절박한 위험에 처해 있는 경계적 상황을 상상할 수는 있겠지만. 기독교 전통에 따르면, 다른 인간의 생명을 보호하거나 보존하기 위해서라면—예를 들면, 정당 방위로—인간의 생명을 취할 수 있다. 하지만 우리는 사실로서든 위험으로서든 아직 존재하지 않는 상황에 죽음을 끌어들일 자유는 없다.

아이가 "심각한 장애를 지니고" 태어나게 될 '상당한 위험'이 있는 경우는 어떤가? 그것이 1967년 낙태법의 넷째 조항이다. 출생 전 감별과 양수 검사를 통해 이제는 4개월쯤이 되면 태아에게 이상이 있는지 알 수 있다. 그런 경우에는 낙태가 정당한가? 많은 사람이 그렇다고 생각한다. 글랜빌 윌리엄스(Glanville Williams)는 이 문제에 대해 자신의 의견을 강력하게 표현했다. "결함이 있는 아이를 낳도록 허용하는 것은 끔찍한 악으로서 모든 낙태의 악보다 훨씬 더 나쁜 것이다."[27] 그는 "생육 가능한 괴물이나 천치 아이"를 낳은 어머니의 비극적인 곤경에 대해 논하면서 심지어 이렇게 썼다. "어머니가 우생학상 열등한 아이를 죽이는 것은, 자신이 낳은 기형 강아지를 죽이는 암캐와 정확하게 비견할 수 있는 것으로, 부도덕하다고 확신 있게 단언할 수 없다."[28] 이러한 가능성에 대해 그리스도인들은 양심적으로 어떻게 반응해야 하는가? 분명 전율과 혐오를 느껴야 한다.

출생 후 생존할 가능성이 전혀 없는 무뇌증(뇌가 발달하지 않는 것) 등 지극히 예외적인 경우에만 낙태를 시행해야 하며, 다른 심각한 기형으로 낙태의 정당성을 확장해서는 안 되는 이유는 적어도 세 가지 있다.

생명의 존엄성

첫째, 문제는 생명의 '신성성'이 아니라 생명의 '질'이며 심각한 장애가 있는 사람의 생명은 살아갈 가치가 없다는 말이 요사이 종종 들린다. 하지만 누가 감히 그것을 결정할 수 있는가? 앞에서 언급한 1983년 6월 하이드파크 모임에서 앨리슨 데이비스(Alison Davis)는 내가 듣기로 가장 감동적인 연설을 했다. 그녀는 자신을 '행복한 척추 파열 성인'이라고 묘사했으며, 휠체어에 앉아서 이야기했다. "나는 어떤 사람은 죽는 게 더 나으며 그러므로 그들 자신을 위해 죽여도 된다고 말하는 것보다 더 무서운 개념은 없다고 생각합니다." 한 의사는 그녀가 살아 있어서 기쁘다고 말하는 것을 듣고 이렇게 말했다. "다른 사람들은 내 인생처럼 비참할 거라고 생각하겠지만 어느 누구도 그들의 삶의 질을 판단할 수 없다는 놀라운 발견이다." 반대로, 그녀는 "장애가 있는 대다수 사람은 삶의 질에 상당히 만족합니다"라고 주장했다. 결국 삶에 질적 특성을 부여하고 그것을 살 만한 것으로 만드는 것은 사랑이며, 그들의 이웃인 우리는 장애가 있는 사람들에게 사랑을 줄 것인지 말 것인지를 선택할 수 있다. 그들의 삶의 질은 우리 손에 달려 있다.

생명에 대한 존중

둘째로, 일단 장애가 있는 아이를 출생 전에 죽이는 것을 받아들인다면, 출생 후에는 그렇게 하지 말아야 할 이유가 어디 있는가? 실제로 유아 살해의 관행은 이미 시작되었다. 의사들은 물론 그 단어를 사용하지 않으며, 일부 사람들은 아기를 굶어 죽게 하는 것은 죽이는 것이 아니라고 확신시킨다. 사회가, 태어나지 않은 아이가 장애를 갖게 될 것이라는 단 하나의 근거로 그 아이를 죽일 준비가 되어 있다면, 장애가 있는 신생아, 자동차 충돌로 혼수 상태에 빠진 희생자, 정신 박약아와 고령자를 죽이지 말아야 할 논리적인 이유가 없다는 것이 엄연한 사실이다. 장애가 있는 사람들은 그들의 삶이 '무가치'하거나 '비생산적'이라고 판단되면 마음대로 처분할 수 있는 존재가 되며, 이는 히틀러의 소름끼치는 독일 제국으로 되돌아가는 것과도 같다.

그리스도인은 오히려 다음과 같은 프랑스 생물학자 장 로스탕(Jean Rostan)의 말에 동의할 것이다. "나는 너무나 품위가 떨어지거나 가치가 없거나 퇴화하거나 곤궁해서, 존중받을 만하지 않거나 열심과 확신으로 수호할 가치가 없는 생명은 없다고 믿는다.···우리 사회가 쓸모없고 무능하고 고칠 수 없는 병을 가진 구성원들의 생명을 유지시키는 값비싼 호사를 바라는 것은 명예로운 일이다. 나는 한 사회가 생명에 대한 순전한 경외감으로 얼마나 노력과 주의를 기울이는지에 따라 문명화 정도를 측정할 것이다."[28]

생명에 대한 결정

장애가 있는 아이를 낙태하지 말아야 하는 셋째 이유는, 그렇게 하는 것은 유오하고 죽을 수밖에 없는 존재인 인간이 하나님 노릇을 하는 행위이기 때문이다. 우리는 그런 권위를 지니고 있지 않으며, 스스로 그런 권위가 있다고 여기는 사람들은 중대한 실수를 저지르는 것이다. 모리스 베어링(Maurice Baring)은 두 의사의 대화를 들려 주었다. "임신을 중절하는 것에 대해 자네의 의견을 듣고 싶네. 아버지는 매독 환자이고 어머니는 결핵에 걸렸네. 태어난 네 아이 중 첫째는 맹인이고, 둘째는 죽었고, 셋째는 귀머거리에 벙어리고, 넷째 역시 결핵에 걸렸네. 자네라면 어떻게 할 텐가?" "그렇다면 임신을 중절하겠네." "그럼 자네는 베토벤을 죽인 것이네."[29]

이 모든 논의에서 우리는 이기적으로 합리화하지 않도록 주의해야 한다.

심각한 장애가 있는 아이가 태어나도록 허용한다면 그 아이에게 견딜 수 없는 짐이 될 것이라고 말하는 진짜 이유는, 우리에게 견딜 수 없는 짐이 될 것 같기 때문은 아닐까? 그리스도인들은 성경의 하나님이 장애인들과 약한 자들을 특별히 보호하고 돌보시는 분임을 기억해야 한다.

행동하라는 명령

그러면 우리는 어떻게 해야 하는가? 첫째, 우리는 회개해야 한다. 나는 케어 트러스트 설립 책임자였던 고(故) 레이먼드 존스턴이 한 신문 기사에서 쓴 말에 동의한다. "나는 이같이 의도적으로 엄청나게 많은 태어나지 않은 아이들을 죽이는 것은 오늘날 영국에서 통상적으로 저질러지고 있는 가장 큰 범죄이며, 구약 예언자들이 되살아난다면 첫 번째로 꾸짖을 만한 일이라고 확신한다." 프랜시스 쉐퍼 박사와 에버렛 쿠프(Everett Coope) 박사는 「도대체 인류에게 무슨 일이 일어났는가?」(*Whatever Happened to the Human Race?*)라는 그들의 책과 영화를 "광기와 이기심과 육욕과 탐욕의 암흑 시대로 우리 뇌리에 기억될 저 20세기의 마지막 몇 십 년 동안 생명을 강탈당한 사람들, 태어나지 못한 사람들, 연약한 자들, 병든 자들, 노인들"에게 헌정했다. 그들이 '계몽된' 서구 문명을 '암흑 시대'라고 정죄한 것은 옳은가? 적어도 이 문제에서는 그렇다고 생각한다. 나 역시 예수님이 우리에게 의도하신 것처럼 그리스도인이 '세상의 빛'이 되지 못한 것을 부끄럽게 생각한다. 우리는 마음에 맞는 것만 골라서 캠페인을 벌이는 경향 역시 회개해야 한다. 우리가 태어나지 못한 아이의 생명을 위해 싸우면서 이미 태어난 사람들—예를 들면, 학대받거나 방치된 아이들, 호되게 맞고 버려진 어머니들, 빈민들 혹은 난민들—의 생명은 돌보지 않는다면, 그 또한 온전하지 못한 것이다. 그리스도인들은 인간의 생명에 헌신하여 인간 생명의 존엄성을 수호하고 그 질을 증진한다.

둘째, 우리는 더 엄격한 낙태 방지 정책을 시행하기 위해 책임을 온전히 받아들여야 한다. 그런 책임을 확고히 지킬 수 있다면 말이다. 대가를 치를 각

오는 하지 않으면서 선동하는 것은 순전히 위선이다. 우리는 불법적인 '뒷골목' 낙태가 증가하지 않게 해야 한다. 그 대신에 임신한 여성들이 아이를 낳는 것을 조금이라도 꺼리는 마음을 극복하도록 돕고, 그들이 가능한 한 모든 개인적·의학적·사회적·재정적 지원을 받도록 해야 한다. 하나님은 우리에게 "너희가 짐을 서로 지라. 그리하여 그리스도의 법을 성취하라"(갈 6:2)고 말씀하시기 때문이다. 비록 어떤 아기들은 자기 부모가 원치 않지만(부모에게 사랑을 받지도 못하지만), 우리는 사회 일반과 특히 교회가 원치 않는 아이는 없다는 것을 확실히 보증하기를 원한다.

캐나다와 미국에 있는 Birthright와 Heartbeat International, 영국에 있는 CARE Centres Network, LIFE, SPUC같이 임신한 여성들을 후원하는 사역을 개척해 온 기관들에 감사한다.[30] 미국에는 현재 '위기' 임신을 한 여성들을 상담하고 실제적으로 지원하는 시설이 3,000개 이상 있다. 이 운동은 15개국 이상으로 퍼져 나갔다. 그들은 갖가지 방식으로 돌보고 섬긴다. 이를테면 계획하지 않은 임신을 한 여성들을 상담하고, 절망에 빠진 사람들에게 긴급한 도움을 주며, 실제적인 문제에 대한 조언을 해주고, 산전 산후 어머니들이 기거할 곳을 알아봐 주며, 그들이 일자리를 구하도록 도와주고, 재정적으로 도우며, 이전에 낙태를 한 이들에게는 고통스러운 감정적 상처가 아물도록 상담해 준다. Birthright의 설립자인 루이스 서머힐(Louise Summerhill)이 썼듯이, "우리는 낙태하기보다 도움을 주고, 아기들을 죽이기보다 그들이 더 살기 좋은 세상을 만들 것을 믿는다."[31]

셋째로, 우리는 적극적인 교육과 사회적 캠페인을 지원해야 한다. 특히 학교에서 그렇다. 그리스도인은 인간됨의 가치와 삶의 신성함에 대한 성경의 관점을 철저하고 꾸준하게 가르치는 것을 부끄러워하지 말아야 한다. 우리는 모든 낙태는 원치 않는 임신으로 인한 것이라는 점과, 모든 원치 않는 임신은 모종의 실패로 인한 것임을 인정해야 한다.

성적 절제(특히 남성들. 그러나 남성들은 보통 자신들의 행동이 야기한 비극적 결과를 회피한다)를 못해서든, 피임 도구를 책임 있게 사용하지 못해서든, 대개 그것은 성적인 실패다. 영국 성공회 총회의 사회 책임 위원회는 "원치 않은 임신을 줄이고", "임신 사실을 알자마자 바로 낙태 시술자에게 가는 마음의 습관을 무너뜨리고", 사람들이 "더 나은 해결책을 찾도록" 하기 위해 "사회적 교육('도덕적 교육 역시'라고 덧붙일 수 있다)에 중대한 노력을 기울일 것"을 요청했다.[32]

원치 않은 임신은 또한 사회적 실패, 곧 빈곤, 실업, 이미 너무 많은 자녀 등 주변 환경으로 인한 것이기도 하다. 이러한 이유로 우리는 더 나은 사회를 만들기 위해 노력해야 한다. 사회악에 대항해 싸워야 한다. 그런 악들은 낙태를 한다고 해결되지 않는다.

다수 세계에서 대가족은 노년을 대비하는 일종의 보험이다. 그러므로 역설적으로 말해서, 급속하게 성장하는 인구 문제를 해결하는 해답은 자유로운 낙태 정책이 아니라, 유아 사망률을 줄이고, 임산부 교육을 개선하며, 안전하고 값싸고 효과적인 피임 기구를 이용할 수 있도록 사회적·의학적 개선을 이루는 것이다. 교육과 사회 활동 둘 다 중요하기는 하지만 결국 그것들보다 더 중요한 것은 예수 그리스도의 복된 소식이다. 그분은 마음이 상한 자들을 붙들어 주고 약한 자들을 도와주기 위해 오셨다. 그분은 우리에게 모든 인간—태어나지 않은 아이든, 유아든, 장애인이든, 고령자든—의 생명을 똑같이 존중하라고 명하신다.

나는 낙태에 의지하는 여성들이나 원치 않은 임신에 책임이 있는 성적으로 방종한 남성들을 개인적으로 비판하고 싶은 생각은 없다. 그 대신 그들에게 "사유하심이 주께 있다"(시 130:4)는 것을 말하고 싶다. 그리스도는 우리 죄를 위하여 죽으시고 우리에게 새로운 시작을 권하시기 때문이다. 그분은 다시 살아나셔서 지금도 살아 계시며, 성령으로 우리에게 새로운 내적 절제력을 주실 수 있다. 또한 그분은 사랑과 화평과 자유와 정의의 특징을 띠는 새로운 공동체를 세우고 계시다. 새로운 시작, 새로운 권능, 새로운 공동체. 이것이 그리스도의 복음이다.

안락사

낙태와 안락사는 명백한 유사점이 있기 때문에, 같은 장에서 논하는 것이 적절하다. 왜냐하면 낙태는 인간 생명의 시작과 관련된 것이고 안락사는 생명의 끝과 관련된 것이지만, 둘 다 죽음에 대한 결정이기 때문이다. 그러므로 이 두 주제 모두 생명을 종결하고 죽음을 재촉하는 것이 과연 도덕적으로 정당화될 수 있는가 하는 똑같이 절박한 문제를 제기한다.

안락사 논쟁의 기원은 최소한 그리스 철학의 전성기까지 거슬러 올라갈 수 있다. 하지만 오늘날 안락사가 대중적 관심사가 된 것은 수많은 요소가 결합되어 있기 때문이다. 생명을 연장하고 그래서 인구의 노령화에 책임이 있는 의학 기술의 진보, 에이즈의 만연, 동정적 근거에서 안락사를 외치는 것처럼 보였고 특별히 가슴을 울린 널리 알려진 사례들, 영국의 EXIT[이전에는 자발적 안락사 협회(Voluntary Euthanasia Society)였던]와 미국 기관인 햄록 협회(Hemlock Society)가 벌이는 설득력 있는 캠페인 같은 것들이다.

안락사에 대한 널리 알려진 정의는 다음과 같다. "안락사는 살 만한 가치가 없다고 여겨지는 사람을 어떤 조치를 취하거나 취하지 않음으로써 의도적으로 죽이는 것이다."

이것은 일반적으로 '자비로운 살인'(mercy killing)이라고 불리며, '자발적 안락사'('도움받은 자살', 환자가 확고히 간청하여 죽음이 일어나는 것)와 '비자발적 안락사'(환자가 동의할 수 있는 상태가 아닐 때 다른 누가 결정하여 죽음이 일어나는 것)로 나뉜다. 자발적인 것이든 비자발적인 것이든 안락사가 의도적인 살해라는 점을 명백히 하는 것이 매우 중요하다. 그것은 없던 죽음을 의도적으로 끌어들이는 것이다. 하지만 곧 죽을 병에 걸린 환자에게 효과 없는 치료를 하지 않거나 그런 치료를 중단하는 것은 안락사가 아니다. 죽어가는 환자의 죽음을 가속화할 수는 있지만 고통을 덜어 주는 것이 주 목적인 진통제 투약 역시 마찬가지다. 두 경우 모두 죽음은 이미 돌이킬 수 없게 자리잡고 있다. 더 치료하는 것은 죽어가는 과정을 연장할 뿐이다. 언제나 정확하게 구분할 수 있는 것은 아니지만, 누구를 죽게 만드는 것(그것은 안락사다)과 그 사람이 죽는 것을 인정하는 것(그것은 안락사가 아니다)에는 근본적인 차이가 있다. 마틴 로이드 존스(Martyn Lloyd-Jones) 박사는 병원에서 앓고 있었는데, 최후 순간이 오자 담당 의사에게 "당신은 내가 영광에 들어가지 못하게 막고 있습니다!"라고 하고 더 이상 치료를 거부했다.

안락사 논쟁에는 세 가지 근본적인 문제가 있는 것 같다. 나는 그것을 '가치'(인간의 생명은 어떤 가치를 지니고 있는가?), '두려움'(안락사로 덜어 주고자 하는 주된 두려움은 무엇인가?), '자율성'(우리는 자신의 생명에 대해 어떤 권리를 가지고 있는가?)이라고 본다.

가치의 문제

첫째로, 가치의 문제가 있다. 현대의 몇몇 비그리스도인 저술가들은 인간의 생명이 어떤 절대적 혹은 본질적 가치를 지니고 있다는 것을 단호히 부인한다. 그들 중 유명한 사람은 "전통적 윤리의 붕괴"라는 부제가 붙은 「삶과 죽음」(Rethinking Life and Death, 철학과현실사)이라는 책을 쓴 피터 싱어(Peter Singer) 교수다. 그는 종(種) 차별주의, 곧 "인류의 우월성이라는 가정에 근거해서 인간이 특정한 동물 종들을 차별하거나 착취하는 것"(옥스포드 영어 사전에서 정의한 대로)을 거부한 것으로 잘 알려져 있다. 그는 "우리 역시 동물"이라는 다윈주의의 견해와 고등동물 역시 '인격체'라는 반대 견해를 둘 다 받아들이면서, "인간과 인간 아닌 동물 간의 구별을 버려야" 한다고 주장했다.[34] 그러면 "새로 태어난 인간 아기도 물고기도 인격체가 아니며"[35] 그러므로 우리는 그런 입장이 낙태와 안락사에 미칠 논리적 결과들을 상상할 수 있다.

하지만 비그리스도인 학자들 중에 성경적 근거로 그러는 것은 아니지만 여전히 인간이 독특한 가치를 지니고 있다고 주장하는 사람들이 있다. 예를 들면, 낙태와 마찬가지로 안락사의 경우에도 드워킨 교수는 "인간 생명 자체의 본질적인 보편적 중요성"[36]을 천명할 수 있다. 우리는 낙태와 관련해서 그가 사람의 가치를 그 사람 안에 조성된 자연적·인간적 '투자'라는 견지에서 말하고, 인간 생명에 대한 자연적 투자는 인간적 투자보다 더 중요하다고 덧붙였다는 것을 살펴보았다. 그러므로 죽음은 자연의 투자를 좌절시키고 그리하여 "자연을 속일"[37] 것이다. 하지만 이제 안락사와 관련해서 드워킨 교수는 '경험적' 관심사(쾌락이나 고통을 야기하는)와 '비평적' 관심사(인생에 의미를 부여하는)로 구분되는 우리의 '최고 관심사'에 근거한 인간의 '가치'라는 견해를 전개했다. 이러한 구분을 한 후에야 그는 죽음이 누군가에게 '최고 관심사'가 될 수 있는가 하는 질문을 던질 수 있었다. 분명 우리 인생의 결론부는 처음부터 내내 삶의 원동력이 되어 준 확신 및 헌신과 조화를 이루어야 한다. "우리 중 어느 누구도 격에 맞지 않게 자신의 삶을 끝내고 싶어 하는 사람은 없기"[38] 때문이다. 반대로 이것은 존엄성, 우리가 "비평적 관심사를 가진 사람"[39]이라는 의식을 위태롭게 할 것이다.

'투자'와 '비평적 관심사'라는 개념은 인간의 가치를 세속적으로 이해해 보려는 용감한 시도에서 나온 것이다. 하지만 그것들은 대중에게 호소하기에 너무나 추상적으로 보인다. 우리가 점차 더 단호하게 변호하고 장려해야 할 기독교적 대안은, 하나님이 우리를 그분 자신의 형상으로 만드셨기 때문에 우리가 본질적인 가치를 지니고 있다는 것이다. 인간은 하나님을 닮은 존재로서, 짐승과 구분되는 독특한 기능(이성적·도덕적·사회적)을 지니고 있다. 특히 사랑의 관계를 맺을 수 있는 능력이 있다. 하나님이 사랑이시기 때문이다.

하지만 이것은 문제를 제기한다. 사랑은 본질적으로 상호적 관계가 아닌가? 어떻게 우리의 사랑에 반응할 수 없는 사람들, 이를테면 '오랫동안 식물인간 상태'로 있는 사람이나 태어나지 않은 태아를 사랑할 수 있는가? 그들이 반응을 보이지 못한다는 이유로 인간으로 간주될 자격, 인간으로 대우받을 자격이 없어지는 것은 아닌가? 그렇지 않다. 바로 이 점에서 은혜가 개입된다. 은혜는 반응하지 않는 자들에 대한 사랑이기 때문이다. 은혜는 일방적 주도권을 쥐는 사랑이다. 은혜는 값없고 자발적이며 부탁하지 않아도 주는, 심지어 보답받지도 않는 하나님의 사랑으로, 사랑의 대상이 아니라 사랑 그 자체에서 흘러나온다. 우리는 앞에서 시편 139편을 살펴보았다. 거기에서 시편 기자는 생의 모든 단계(태아로서, 아이로서, 젊은이로서, 성인으로서)에서 자신이 동일한 신원을 가진 동일한 인물이라고 천명한다. 그는 또한 하나님과의 특별한 인격적 관계를 의식하는데, 이것은 하나님이 시작하시고 하나님이 유지하시는 것이다. 그는 자신의 인간됨과 존엄성을, 자신이 하나님을 알고 사랑한다는 것에서가 아니라, 그가 하나님께 반응을 보이든 보이지 않든 하나님이 그를 알고 사랑하신다는 근본적인 진리에서 발견한다. 이 동일한 신적·일방적 사랑이 어머니를 태어나지 않은 아이와, 젊은이를 연약하고 늙고 어쩌면 이성을 상실한 가족들과 묶어 준다. 사람을 인간으로 만드는 조건은 반응을 보이는 데 있지 않다. 그것은 사랑, 사랑하는 것뿐 아니라 사랑받는 데 있다.

공포라는 망령

둘째로, 두려움이라는 공포의 씨앗이 안락사 논쟁에 늘 붙어 다닌다. 사람들이 안락사 운동을 벌이는 가장 강력한 동기 중 하나는, 그것이 아니면 남은 것은 질질 끌고 비참하며 고통스럽고 엉망진창으로 끝나는 것을 꼼짝없이 견뎌야 (혹은 사랑하는 사람들이 견디는 것을 보아야) 한다는 두려움 때문이다. 유니버시티 대학 병원 신생아 소아과 고문 의사인 존 와이어트(John Wyatt) 박사는 1997년에 런던현대기독교연구소 강좌 "삶과 죽음의 문제"(Matters of Life and Death)에서 좀처럼 표현하지 않는 이 두려움을 분석했다. 첫째, 통제할 수 없고 견딜 수 없는 고통에 대한 두려움이다. 둘째, 모욕적 대우, "몸의 구멍마다 튜브를 꽂아 놓고" 사람을 비인간화하는 현대 의술에 종속되는 것에 대한 두려움이다. 셋째, 의존에 대한 두려움이다. 우리는 "자신의 각본을 쓰고 자신의 퇴장을 결정하고" 싶어 하며, 완전히 무력해져서 굴욕을 느끼며 최후를 맞이하고 싶어 하지 않는다.

안락사 논쟁에서 두려움이 차지하는 비중을 균형 있게 이해하려 한다면,

네 번째 두려움을 덧붙일 필요가 있다. 이것은 안락사를 주창하는 사람들뿐 아니라 그것을 반대하는 사람들도 경험한다. 즉, 의사가 그들을 죽이지 않을까 하는 두려움이다. 히포크라테스 선서의 중대한 조항은 다음과 같다. "나는 나의 판단과 능력에 따라 환자에게 유익하다고 생각되는 치료법을 사용할 것이다. 하지만 결코 환자를 해치거나 잘못되게 하기 위해 그것을 사용하지는 않을 것이다." 치료를 하고 잘못되게 하지 않겠다는 이러한 일반적 약속은 그 다음에 나오는 두 가지 특별한 거부, 즉 자살 방조와 낙태—둘 다 고대 사회에서는 매우 흔했지만—에 대한 거부를 설명해 준다. "나는 누가 요청하더라도 누구에게도 치명적인 약을 주지 않을 것이며, 그에 대한 어떠한 조언도 하지 않을 것이다. 마찬가지로, 나는 여성에게 낙태를 유발하는 피임용 페서리를 주지 않을 것이다." 여기에는 의사의 소명이 치유자가 되는 것이라는 분명한 인식이 있다.

히포크라테스 전통은 치유하는 것과 해를 끼치는 것을 명확히 구분한다. 유명한 인류학자 마거릿 미드(Margaret Mead)는 다음과 같이 말했다. "인류 역사상 처음으로 죽이는 것과 치료하는 것이 완전히 분리되었다. 원시 사회에서는 동일인이 의사이기도 하고 마술사이기도 한 경향이 있었다. 죽이는 능력을 지닌 사람이 치료하는 능력도 가지고 있었다.…하지만 그리스 시대에 와서 그 구분은 분명해졌다. 어떤 상황에서도 완전히 생명에 헌신하는 직업이 생겼다—종의 생명, 황제의 생명, 이민자의 생명, 장애 아동의 생명에."[40]

그러므로 인간 생명의 양쪽 끝에는 치료하는 사람이 죽이는 사람이 되는 근본적인 변칙이 존재한다. 이러한 변칙은 공포가 아닌 신뢰에 기반을 둔 의사-환자 관계를 약화시킨다. 의사는 생명을 섬기는 사람이지, 결코 죽음을 전달하는 사람이 되어서는 안 된다.[41]

죽음의 과정을 둘러싸고 있는 두려움의 문제로 돌아가 보면, 많은 사람이 안락사를 이 같은 삼중의 상처(고통, 모욕적 대우, 의존)에서 벗어나는 유일한 길로 본다. 하지만 대안이 있다. 즉, 그리스도인들이 촉진하고자 하는 현대의 통증 완화 치료다. 이 분야의 그리스도인 개척자 중 한 사람은 남부 런던의 성 크리스토퍼 호스피스 설립자인 데임 시실리 사운더스(Dame Cicely Saunders)다.[42] 또 다른 사람은 1971년 이래 전임 호스피스 의사로 일해 온 로버트 트위크로스(Robert Twycross)다. 그는 환자들에게 이렇게 말했다. "우리는 당신이 존엄성을 지키며 죽을 수 있도록, 죽기 전에 삶다운 삶을 살 수 있도록 해줄 것입니다." 하지만 많은 의사가 이러한 발전에 대해 모르는 것처럼 보인다. 1992년에 오랫동안 앓아 온 환자에게 독극물을 주입한 니겔 콕스(Nigel Cox)에게 의료심의회(General Medical Council)는 통증 완화 치료에 대한 입수 가능한 자료들을 몰랐다는 점에 대해 책망했으며, 이 분야의 강의를 받으라는 명령을 내렸다. 통증 완화 치료 분야의 전문의들은 중증 질병 환자들이 느끼는 통증을 거의 완전히 통제하거나 크게 경감해 줄 수 있다고 말한다. 그리스도인들은 인근 호스피스 기관에 있는 말기 환자들을 사랑하고 후원하는 일에 적극적으로 관여할 수 있으며 관여해야 한다.

자율권

안락사 논쟁에 포함된 세 번째 쟁점은 인간의 자율성 혹은 자결권의 문제다. 안락사를 주창하는 사람들은 종종 거슬리는 어조로, 모든 인간(그들이 이성적이고 그럴 능력이 있을 때)은 스스로 결정을 내리고 자신의 생명을 처리할 권리가 있으며, 어떠한 제도나 기관도 그런 권리를 부인할 수 없다고 주장한다.

하나님이 우리를 이성적이고 의지를 지닌 존재로 만드셨다는 것은 분명 근본적인 성경 진리다. 즉, 우리는 하나님이 주신 지성과 우리 자신의 의지를 가지고 있다는 말이다. 따라서 강압이 아니라 선택에 따라 살고, 우리가 결정한 것에 대해 하나님께 책임을 져야 한다. 이것은 인간으로서 우리의 정체성과 성숙의 필수적인 측면이다. 실로 이것이 자유의 의미다. 자유는 선택을 전제하며, "자유는 자존감의 가장 중요하고 절대적인 필요 조건이다."[43] 일반적으로 선택은 좋은 것이라고 하지만, 우리는 자유와 독립과 생명과 관련한 우리의 주장에 즉시 제한을 가할 필요가 있다.

우리의 자유

절대적 자유라는 개념은 환상이다. 심지어 완벽한 자유를 가지고 계시는 하나님마저도, 절대적으로 무엇이든 자유롭게 하실 수 있는 것은 아니다. 그분의 전능하심은 이런 것을 의미하지 않는다. 성경은 하나님이 특히 자신을 부인하거나 스스로 모순될 수 없는 분이기 때문에(딤후 2:13) '하실 수 없는'(그분이 하지 않고자 하시기 때문에) 몇 가지에 대해 언급한다. 하나님의 자유는 그분의 본성에 의해 제한받기 때문이다. 그분은 자신의 본성과 일관된 것은 무엇이든 하실 수 있는 자유가 있다. 동일한 원리가 인간에게도 적용된다. 인간의 자유는 무제한적이지 않다. 우리는 하나님이 우리에게 주신 본성에 저항할 때가 아니라 그 본성에 따라 살 때에만 자유를 찾을 수 있다. 인간의 전적인 자율성이라는 개념은 신화일 뿐이다.

우리의 의존

의존은 좋은 것일 수 있다. 설령 그것이 자율성에 반대된다 해도 말이다. 예수님이 겸손의 모델로 어린아이들을 선택하신 것은 대단히 의미심장하다. 어린아이들의 '겸손'은 그들의 성품(보통 자기중심적이고 고집이 세다)이 아니라 지위 혹은 상태(부모에게 의존하는)에 있기 때문이다. 마찬가지로 인간은 하나님께 의지하고 있음을 겸손하게 인정해야 한다. 육체적 실존을 유지하는 문제에서뿐 아니라, 우리의 업적이 아닌 그분의 은혜로 인한 구원 문제에서도 마찬가지다. 이 분야에서 우리의 자율성을 선포하는 것, 우리 자신의 노력으로 하나님을 알고 하나님께 이를 수 있다고 주장하는 것은 성숙이 아니라 죄의 진수다. 의존은 일부 사람들이 두려워하는 것처럼 품위 없는 나쁜 것이 결코 아니다.

우리의 감사

생명은 하나님의 선물이다. "여호와여, 내가 알거니와 사람의 길이 자신에게 있지 아니하니"(렘 10:23)라고 예레미야는 외친다. 그가 옳다. 그것은 하나님의 길이다. 오래되고 일관된 성경 전통에 따르면, 하나님은 생명을 창조하시고, 주시고, 유지하시고, 거두시는 분이다. 모세의 노래에 보면 그분은 이렇게 말씀하셨다. "나 외에는 신이 없도다. 나는 죽이기도 하며 살리기도 하며"(신 32:39; 참고 창 39:2; 삼상 2:6; 욥 1:21). 이스라엘 왕은 아람 왕이 나아만의 문둥병에 대해 자신에게 편지를 보냈을 때 격분했다. "내가 사람을 죽이고 살리는 하나님이냐"(왕하 5:7). 더구나 하나님의 손에서 생명이라는 선물을 받은 우리는 그것을 위탁받은 자이며 보관하는 자다. 그분은 우리가 그것을 소중히 돌보되 그분과 협력하도록 권하신다. 여기에는 치유하고 돌보는 것, 자신을 보살필 수 없는 사람을 보살피는 것, 병든 사람을 회복시키려 노력하는 것이 포함된다. '종 차별주의'를 거부한 피터 싱어 교수와 다른 사람들에게는 실례되는 말이지만, 인간은 짐승이 아니기 때문이다. 그래야 한다면 우리는 사랑하던 애완동물을 '침묵시키거나' '잠재울' 수 있다. 하지만 장애인이나 고령자, 태어나지 않은 아이나 죽어가는 사람에게 이런 어휘를 사용할 수는 없다. 의사는 수의사처럼 생각하거나 행동해서는 안 된다.

하지만 "현대 문화에는 사람들에게 각자 자기 일을 결정하게 함으로써 자신이 삶과 죽음을 통제할 수 있다고 생각하게 만드는 프로메테우스적인 태도"[44)가 있다고 교황 요한 바오로 2세는 썼다. 이러한 사고의 틀을 부르는 적절한 이름은 자율성이 아니라 오만(hubris, 신에 대한 불손)이며, 하나님 앞에서 주제넘게 도전하는 것이다. 하나님의 책임과 우리의 책임 사이에 언제나 명확한 한계를 설정할 수는 없고, 하나님이 우리를 그분과 함께하는 특권적 협력자로 부르시지만, 인간은 하나님의 영역을 넘어서거나 그분의 특권을 취해서는 안 된다. 우리는 독특한 위엄과 권능을 지닌 하나님을 인정하고, 그분 앞에 겸손히 경배해야 한다.

15
새로운 생명공학

역사적으로 그리스도인들이 직면한 생명 윤리와 관련된 핵심적인 문제들은 무죄한 인간 생명을 파괴하는 것이었다. 낙태를 통해 생명이 시작되는 초기에 파괴하거나, 안락사를 통해 생명이 끝날 무렵에 파괴하는 것이다. 이 문제들은 앞 장에서 다루었다. 21세기가 시작된 지금도 낙태와 안락사는 여전히 대단히 중대한 문제지만, 지난 20년간 새롭고 골치 아픈 다양한 생명 윤리적 딜레마들이 생겨났다. 이 딜레마들은 이제 인간 생명을 **파괴**하는 문제가 아니라 **창조**하고 **조작**하는 것과 관련된 문제들이다. 이 장에서는 이러한 생명 윤리적 딜레마의 배후에 있는 과학 기술의 진보를 간략하게 살펴보겠다. 그런 다음에 그 기초가 되는 사회적·철학적 요소를 몇 가지 살펴보고 나서, 성경적인 그리스도인의 반응을 간략히 설명하겠다.

과학 기술의 진보

체외수정

1978년에 발생학자 로버트 에드워즈(Robert Edwards) 박사와 유전생태학자 패트릭 스텝토(Patrick Steptoe)는 공동 연구를 통해, 세계 최초로 '시험관 아기'를 탄생시켰다. 그 주인공 루이스 브라운은 잉글랜드 북부 올드햄 지구 종합병원에서 탄생했다. 한 논평가는 이 탄생을 "인간 진화 사상 유례없는 순간"[1]이라고 묘사했다. 스텝토와 에드워즈는 생식 기술이라는 새로운 과학 분야의 창시자가 되었다. 영국의 한 병원에서 한 아기가 탄생한 것을 필두로, 체외수정은 전 세계로 급속히 확산되었다. 2000년까지 50여 개국에서 체외수정 프로그램이 자리를 잡았다. 그중에는 저개발 국가도 많다. 이 글을 쓰는 지금까지 전 세계에서 100만 명 이상이 체외수정으로 임신한 것으로 추산된다. (이 글을 쓰는 지금 그 아이들은 대다수가 7세 이하다.) 미국만 해도 아이를 원하지만 불임 상태인 부부가 200만 쌍이 넘을 것이고, 체외수정 건수가 증가할 가능성은 매우 크다. 또한 그에 따르는 상업적 이윤도 상당할 것이다. 미국의 일반적인 체외수정 전문 병원에서는 부부 한 쌍이 보통 한 번 임신하는 데 4만에서 20만 달러 이상 돈을 쓰며, 조사에 따르면 생식 전문의들은 미국에서 가장 소득이 높은 의사에 속한다.

체외수정은 불임 부부들에게 아이를 안겨 주었을 뿐 아니라, 인간의 난자와 배아를 검사, 연구하고 조작하는 것을 가능하게 했다. 체외수정이 인간의 생식과 부모 자식 관계에 대한 이해를 영원히 변화시켰다는 말은 과장이 아니다. 그것은 발전하는 과학 기술이 인간이 자신에 대해 생각하는 방식에 어떻게 변화를 일으키는지를 보여 주는 전형적 예다.

체외수정이 발전함에 따라, 아이들은 이제 네 요소의 산물로 간주될 수 있다. (1) 난자 공급자, (2) 정자 공급자, (3) 자궁, (4) 탄생 후 돌보아 주는 사람이다. 이것을 또 다른 시각으로 보면 한 아이에게 세 어머니가 있다고 볼 수 있다. **유전적 어머니**, 곧 난자 공급자, **임신한 어머니**, 곧 자궁 제공자, 그리고 **사회적 어머니**, 곧 탄생 후 돌보아 주는 사람이다.

이러한 요소들은 굉장히 다양한 방식으로 결합될 수 있다. 정자 혹은 난자 기증은, 배아를 유전적으로 구성하는 요소 중 하나를 익명의 기증자가 제공하는 것이다. 배아를 기증할 수도 있다. 유전적 부모에게 배아를 기증받아 임신을 하고 아이를 낳아 기르는 것이다. 대리 임신이라는 것도 있는데, 유전적 부모가 대리모에게 배아를 제공하여 아기가 태어난 후에 그 아기를 돌려받는 것이다. 일단 배아가 만들어지면, 액체 질소로 무기한 냉동했다가 10년이 지난 후에도 이식할 수 있다. 마지막으로, 배아 '입양'이 있다. '버려진' 배아를 대리모에게 기증하면 그 어머니가 아이를 낳은 후 입양 부모가 돌보는 것이다. 또한 배아는 연구용으로 사용될 수도 있고 치료 목적으로 배아 줄기세포를 만들기 위해 조작할 수도 있다.

성별 선택

이제 부모들이 여러 가지 선택 사항 중에 원하는 것을 택할 수 있게 되었다. 그중 하나는, 배아가 부모들이 희망하는 특성을 지녔는지 알아보기 위해, 복잡한 유전학적 기술을 동원해서 배아를 검사하는 것이다. 심각하거나 치명적인 질병을 가진 배아가 착상되지 않게 하기 위해 이런 기술을 이용할 수도 있다. 하지만 아이의 성별을 선택하기 위해 이용할 수도 있다. 맨체스터 대학의 철학자 존 해리스(John Harris)는 자유주의적인 세속적 세계관에서는 부모의 선택이 다른 무엇보다 중요하다고 교묘하게 주장했다. 부모들은 자기 아이의 성별을 우연에 맡겨 둘 것이 아니라 스스로 선택할 수 있어야 한다는 것이다. "만약 아이의 성별이 도덕적으로 중요한 문제라면 그것은 결코 우연에 맡겨서는 안 된다. 반대로 도덕적으로 대수롭지 않은 문제라면 부모들이 선택하게 놓아 두어도 아무 상관없다."

논리는 나무랄 데 없다. 자녀의 성별같이 중요한 것을 우연에 맡겨 두는 것은 물질주의적 세계에서는 말도 안 된다. 아이가 신비로운 선물이며 인간의 계획과 발명의 산물이 아니라고 보는 유신론적 세계관 안에서가 아니라면 말이다. 그럼에도 영국 인간 수정 및 발생학 당국(UK Human Fertilization and Embryology Authority)이 2003년에 실시한 주요 공개 상담을 보면, 대다수 대중들은 성별과 연관된 질병을 피하기 위한 의학적인 경우를 제외하고는 성별 선택에 강력히 반대한다는 것을 알 수 있다. 성별 선택을 반대하는 데는 사회 내 남성과 여성의 성비 균형이 무너질 수 있다는 등 실제적인 이유도 있지만, 주된 반대 이유는 아이의 성별을 선택하는 것은 잘못이라는 인간의 기본적

직관 때문인 듯하다. 하지만 많은 생식 전문의들이 성별을 선택하는 것이 필수적인 인간의 권리라고 주장해 왔다.

2001년에 미국 생식 의학회(American Society for Reproductive medicine)는 부부가 '아들딸을 고루 낳기 위해' 아이의 성별을 선택하도록 돕는 것은 적절하고 윤리적이라고 판결했다. 그 학회 윤리 위원회 임시 의장은 한 불임 전문의에게 조언조로 보낸 편지에서 부부가 기존 자녀와 성별이 다른 배아를 택하는 것은 받아들일 만하다고 말했다.

물론 착상 전 진단을 통해 성별을 선택하는 것은 수천 년간 이어 온 과정을 첨단 기술화한 것이다. 세계 전역에는 특정 성별의 아기를 낳으라는 강한 압력을 받는 사람들이 많이 있다. 인도에서는 흔히 임신한 여성의 친척들이 임신부에게 태아의 성별을 판별하기 위해 고해상 초음파 검사나 양수 검사 같은 임신 중 검사를 받도록 강요한다. 태아가 여아라면 낙태를 행한다. "브리티시 메디컬 저널"(British Medical Journal)에 실린 한 보고서는 인도에서 이런 이유로 해마다 적어도 5만 명에 이르는 여아가 낙태되었다고 추산했다.[2] 이러한 낙태는 대부분 델리에만도 2,000개나 있는 개인 낙태 시술소와 성감별소에서 행한다. 성감별 검사는 상당한 돈벌이가 되며, 인도 국회에서 그 관행을 불법으로 규정하는 법령이 통과되었지만 정부가 통제하기는 매우 어렵다. 델리에서 행해지는 낙태의 70퍼센트는 여아 살해로 추산되었다. 인도 일부 지역들에서는 여아 대 남아 비율이 남아 1,000명 당 여아 800명 이하로 떨어졌다. 또 다른 최근의 보고는 성별 선택으로 인해 인도 인구 전체에서 약 5,000만 명의 여성들이 '사라졌다'고 추산했다.[3] 여자아이들은 부모들에게 경제적 짐으로 여겨진다. 그들이 결혼을 하려면 지참금이 있어야 하기 때문이다. 그들은 또한 잠재적 골칫거리로 여겨진다. 성희롱에 취약하기 때문이다. 당연히, 미국과 유럽의 많은 시사 비평자와 윤리학자들은 이러한 차별적 관행에 격분과 충격을 표했다. 성별 선택은 윤리적인 듯이 보인다. 하지만 서구 자유주의 사고방식의 관점에서만 그렇다.

착상 전 유전자 검사와 배아 선택

현재 착상 전 유전자 검사와 배아 선택은, 겸상 적혈구 빈혈증이나 낭포성 섬유증같이, 삶의 질에 심각한 영향을 미친다고 여겨지는 아동기 질병을 탐지하는 경우에만 시행할 수 있다. 하지만 질병적 소인을 지닌 유전자 판별이 급속히 증가하면서, 과학자들은 아이의 삶에 덜 심각한 영향을 미치는 유전자 변이체, 이를테면 비만, 당뇨병, 심장병, 천식, 다양한 암에 대한 소인을 탐지할 수 있을 것이다. 전염병에 대한 저항력을 증진하는 유전자 변이체 역시 판별할 수 있을 것이다. '사회적으로 바람직한 성품'을 갖도록 하는 유전자를 판별하고 변형하는 것은 예측에 가까운 것이며, 아직 공상 과학 소설에나 나올 만한 미개척 분야다. 하지만 분자 유전학과 생식 과학 기술이 진보하는 속도로 볼 때 태평하게 여길 것만도 아니다.

보통 질병을 유발할 만한 유전적 변이를 지닌 배아를 걸러내는 **부정적** 선택과, 사회적으로 바람직한 유전적 변이를 가진 배아를 골라 택하는 **긍정적** 선택을 구분한다. 하지만 실제로는 그 둘을 구분하는 것이 보기보다 만만치가 않다. 질병을 유발할 것 같은 유전자형을 가진 배아를 선택하지 않기로 한다면, 직접 영향을 받지는 않았지만 앞으로 후손에게 그것을 전염시킬 수도 있는 보균자 유전자형을 가진 배아는 선택을 거부해야 하는가? 전반적으로 인구 수에 비해 발병 가능성이 **줄어든** 질병과 연관된 유전적 변종들은 선택해야 하는가? 구할 수 있는 모든 배아 중 질병 위험이 가장 낮고 미래에 건강할 확률이 가장 높은 배아들을 선택하면 왜 안 되는가?

생물공학자 리 실버(Lee Silver) 등 많은 사람은 배아 선택이 우리 생활에 자리잡았다고 예측한다. 적어도 대다수가 "개인에게 허용되는 것과 개인이 할 수 있는 것을 설명할 때, 개인의 자유와 개인의 운명을 가장 중요하게 고수하는" 곳인 미국 사회에서는 그렇다는 것이다. 배아 선택은 지금은 아주 소수의 질병 유전자형을 검사하기 위해 아주 소수의 부모들이 사용하고 있지만, "매년 과학 기술은 발전할 것이며, 더욱 효율적으로 이루어질 것이다. 배아 선택은 느리지만 다른 생식 기술들이 과거에 그랬듯이 확실히 미국 문화에 편입

될 것이다.…환경과 유전자는 나란히 간다. 둘 다 아이가 삶에서 성취하고 성공할 기회를 제공한다. 둘 다 성공을 보장해 주지는 못하지만, 돈으로 유리한 환경을 마련하는 것이 허용된다면, 유전자를 선택하는 일을 중단하라고 주장하기는 어렵다. 특히 여성들에게 어떤 이유로든 낙태할 권리를 주는 사회에서는 더욱 그렇다."[4] 다시 말해, 사회가 원치 않는 태아를 지우는 것을 합법적인 것으로 받아들였다면, 무엇을 근거로 바람직한 특성을 지닌 배아를 선택하지 못하게 해야 하는가?

어떤 나라들에서는 난자나 정자 기증자를 찾는 과정이 점점 더 상업화되고 있다. 인터넷을 통해 기증자에 대한 소개를 검토해 보고, 적절한 인종, 눈 색깔, 키, 교육 수준, 관심사 등을 선택할 수 있다. 난자 기증자는 특히 구하기 힘들다. 난자 기증은 가난한 여대생들이 학비를 버는 수단이 되었다고 한다.

개인의 취향에 따라 기증자를 선택하는 경우, 뜻밖의 결과를 일으키기도 한다. 난청이 심한 한 레즈비언 커플이 의도적으로 청각 장애아를 낳으려고 난청 가족력이 있는 친구를 정자 기증자로 선택했다. 청각 장애인 공동체에 속한 그들은 자신들의 생활 방식에 쉽게 어울릴 아이를 원했다. 이 사례로 인해 생식 기술을 적용하는 문제에 개인의 선택의 자유를 어느 정도 허용해야 하는지에 대한 토론이 벌어졌다.

맞춤 아기

착상 전 유전자 검사를 하면 기존의 형제자매에게 맞는 조직 기증자 역할을 할 아이를 낳기 위해 배아를 선택할 수 있다. 영국에서 라즈와 샤하나 해시미(Raj and Shahana Hashmi) 부부는 2003년에 베타-지중해 빈혈이라는 유전성 희귀 질병을 앓고 있는 네 살 먹은 아들에게 골수를 기증할 아기를 배아 선택을 통해 낳을 수 있게 해 달라고 법원에 호소했다. 오랜 법적 투쟁 끝에, 상소 법원은 그 절차를 진행하라고 동의했다. 비슷한 경우로, 다른 한 영국 가정은 매우 희귀한 질병인 다이아몬드 블랙팬 빈혈(Diamond Blackfan anaemia)로 고생하는 형에게 줄기세포 기증자 역할을 할 아기를 만들기 위해 태아 선택을 하려고 시카고로 갔다. 이 경우는 국제적 '의료 관광'으로 국가의 생명 윤리적 규제의 틀을 얼마나 쉽게 넘어설 수 있는지 보여 주었다.

복제

복제양 돌리는 1997년 2월에 생명공학 분야에서 일어난 또 하나의 획기적 사건이었다. 돌리는 어른 양의 유선 세포로 배양한 세포주에서 취한 DNA를 사용해 만들었다. 원래의 핵을 제거한 미수정란에 핵물질을 집어넣어 새로 만들어진 배아를 다른 양의 자궁에 넣었고, 그것이 자라나 돌리가 탄생했다.

논평가들과 윤리학자들은 즉각 인간에 대해서도 똑같은 과정을 시도할 수도 있다는 점을 지적했다. 그것은 새로운 개념이 아니었다. 올더스 헉슬리(Aldous Huxley)는 「멋진 신세계」(Brave New World)라는 소설에서 일반 대중에게 그 개념을 소개했다. "보카노프스키 과정(Bokanovsky's Process: 이 소설에 나오는 가공의 인간 복제 과정 – 역주)이란…보통은 난자 하나, 태아 하나, 성인 한 명과 같은 식이지만 보카노프스키화된 난자는 발아하기 시작할 것이고 증식하고 분열할 것이다. 여덟 개에서 아흔여섯 개의 발아체가 되고 모든 발아체는 완벽하게 형성된 배아로 자랄 것이며, 모든 배아는 완전한 크기의 성인으로 자랄 것이다. 이전에는 단 한 사람만 만들 수 있었지만 이제 사람을 아흔여섯 명 만들 수 있다. 진보다."[5] 아이라 레빈(Ira Levin)의 「브라질에서 온 소년들」(The Boys from Brazil)이라는 소설은 신 나치 암살단원을 똑같이 만들어 내기 위해 복제 기술을 이용하는 음모를 다루었다.

대중의 의식 속에서 복제라는 개념은 이렇게 악몽과도 같은 것이기 때문에, 돌리가 탄생한 것에 대해 그처럼 열띤 반응이 일어난 것은 놀라운 일이 아니다. 포유류 유전학과 발생학 분야의 많은 과학자는 그들의 연구에 쏟아지는 달갑지 않은 시선에 당황했다. 헉슬리와 레빈이 보여 준 미래상은 오해를 불러일으킬 수 있다. 가까운 장래에 전체주의 정부나 신 나치 독재자가 과학 기술을 악용할 가능성은 별로 없기 때문이다. 대신 의료 분야에서 인간 배아 복제를 요구하고 있다.

생식적 복제와 소위 말하는 '치료적' 복제를 구분하는 것이 중요하다. **생식적 복제**는 인간의 자궁에 착상시킬 배아를 만들어 새로운 한 사람이 발달하게 하는 것을 포함한다. **치료적 복제**는 인간의 배아를 만든 후 그것을 조작해서 의학적 목적으로 줄기세포를 만드는 것이다. 배아는 14일 이후 단계부터는 발달하지 않을 것이며, 그 결과 발달된 사람이 탄생하지도 않을 것이다. 돌리를 만들어 낸 이래, 대다수 입법자들과 과학자들은 생식적 복제에 대해 반대 의견을 표했다. 그것은 거의 전적으로, 복제된 아이의 건강에 대한 알려진 위험과 알려지지 않은 위험에 기초한 것이다. 하지만 배아에서 얻어 낸 줄기세포를 질병 치료에 이용할 수 있다는 가능성에 대해서는 환호했다.

줄기세포 치료법

유전적으로 맞춘 줄기세포는 다양한 의학적 질병에 대해 놀랄 만큼 새로운 치료의 전망을 제시한다. 환자와 동일한 유전자 조합을 갖고 있는 혈액, 피부, 근육, 뇌세포 등을 실험실에서 키워서, 거부반응 방지 요법 없이 이식할 수 있다. 인간 배아를 만들어 내고 조작하고 파괴하는 것을 받아들일 준비가 되어 있다면, 유전적 질환, 퇴행성 질환, 암과 같은 질환들에 대한 전례 없이 광범위한 새로운 치료법을 발견해 낼 수 있을 것이다. 오랜 논쟁 끝에 영국 당국은 엄격한 관리 체제하에 인간의 배아를 이용한 치료적 복제와 줄기세포 배양을 허용했다.

핵 치환 기술의 또 한 가지 용례는 모체의 난자 세포질에서 전달된 희귀 질환들(미토콘드리아라는 세포 구성 물질에 영향을 미치는)의 유전을 예방하는 것이다. 체외수정을 한 후, 핵을 제거한 기증자 난자에 모체의 핵 DNA를 집어넣으면 모체의 미토콘드리아 질병이 다음 세대에 전달될 위험 없이 유전적으로 자신과 닮은 아이를 낳을 수 있을 것이다. 세 번째 가능한 시나리오는, 어머니가 아기를 낳은 후 암으로 화학 요법을 받아 영구적으로 불임이 되는 경우다. 그 후에 그녀의 아기가 비극적 사고 등으로 죽는다면, 그 아기가 죽기 전이나 심지어 죽은 후에라도 그 아기에게서 취한 세포를 복제하면, 어머니는 유전적으로 여전히 자신의 자녀라고 할 수 있는 아기를 얻을 수 있을 것이다.

복제는 심지어 레즈비언 커플이 아이와 생물학적 부모 자식 관계를 가질 수 있게 해주고, 그들의 관계 속에 이질적 유전자를 집어넣는 것을 피하게 해줄 수도 있다. 커플 중 한 명이 기증 세포를 제공하고, 다른 한 명이 수정되지 않은 수용 난자를 제공할 수 있을 것이다. 그렇게 새로 형성된 배아를 난자를 제공한 여성의 자궁에 착상시켜 태어난 아이는 생물학적으로 두 여성 모두의 유전적 특성을 물려받게 된다.

과학 기술의 향상

새로운 생명공학은 심각한 질병이나 장애와 싸우는 데만 사용할 수 있는 것이 아니다. 그것은 인간들에게 신체의 구조와 능력을 바꿀 수 있는 놀라운 권능을 주겠다고 약속한다. 가까운 장래에 우리는 바람직한 특성들에 기초하여 자녀들을 선택하고, 몸의 각 부분들에 DNA를 조작하는 유전자 요법을 쓰고, 근육의 강도와 지구력을 향상시키고, 줄기세포나 인공 대체물로 신체 각 부분을 갈아 끼워 치료하고, 정신 활성제를 사용하여 뇌의 기능을 향상시키고, 컴퓨터와 직접 연결하여 세포 조직 내에 있는 노화 작용을 수정함으로써 수명을 연장할 것이다. 이 모든 기술들은 현재 동물 실험을 통해 연구되고 있으며, 많은 것이 인간의 영역으로 막 들어오려는 참이다.

핵심 문제들

인간의 생명공학이 진보함으로써 발생한 당혹스러운 갖가지 이슈들 배후에는, 일정하게 되풀이되는 핵심적인 문제들이 있다.

생명공학은 자연적인 것과 인위적인 것의 구분을 무너뜨린다

역사적으로 우리는 언제나 세상을 자연적인 것(자연 세계의 이미 정해진 자연 요소들)과, 인공적인 것(인간의 목적에서 나오고 인간의 솜씨로 만들어진 것)으로 나누었다. 과학 기술이 발전하면서 인공적인 것의 중요성이 더 커졌으며 자연적인 것의 중요성은 줄어들었다. 옥스퍼드 대학의 올리버 오도노반 교수는 그것을 이렇게 표현했다. "모든 활동을 뭔가 만드는 것이라고 이해한다면, 모든 상황은 뭔가로 만들어지기를 기다리는 원료로 볼 수 있다."[6]

올리버 오도노반은 인간과 그들 육체의 관계는 어떤 면에서 자연의 마지막 미개척 분야라고 주장했다. 우리가 아무리 자연 환경을 수정하고 우리가 발명한 것들에 둘러싸여 있어도, 우리의 육체가 '주어진 것'이라는 점은 부인할 수 없다. 하지만 이제 자연의 이 마지막 미개척 분야가 점차 더 붕괴되고 있다. 우리는 우리에게 주어진 육체의 한계들을 그냥 받아들여야 하는 것은 아니다. 육체를 구성하는 분자 구조와 생물학적 구조를 이해함으로써 어떻게 그것을 조작하고 개선할 수 있는지 배울 수 있다. 계몽주의에서 유래한, 자연을 통제하고 개선하려는 오랜 과학적 꿈은 인간의 육체에까지 확장될 수 있다. 우리 인간은 육체를 우리 자신이 바라는 대로 수정하거나 향상시킬 수 있는 원료로 여기게 될 수도 있다. 인간의 육체가 수백만 년에 걸친 진화의 역사에서 어떤 무작위의 힘으로 만들어진 것이라고 생각한다면, 그 구조를 개선하기 위해 진화된 우리의 지성을 사용하는 것을 망설일 이유가 있겠는가?

생명공학은 부모 자식 관계의 본질을 바꾼다

생식 기술이 발달함에 따라 부모들이 생식 과정에 통제권을 행사할 수 있는 새로운 기회들이 생겨난다. 우리는 배아를 만들 난자와 정자 기증자를 선택할 수 있다. 배아를 시험해서 최적의 유전적 잠재력을 가진 배아를 선택할 수도 있다. 어떤 사람은 교육에 돈을 쓰는 것이나 자기 아이가 최적의 유전적 잠재력을 갖게 하는 데 돈을 쓰는 것이나 아무 차이가 없다고 주장했다. 둘 다 자녀들이 이 도박과 같은 인생에서 더 나은 운을 타고나도록 하는 방법이다. 그리고 미래의 잠재력을 향상시키기 위해 배아의 DNA를 안전하게 조작하는 법을 터득할 수 있다면, 인간의 본성을 한 번에 조금 개선하기 위해 이 과정에 착수하지 말아야 할 윤리적 이유는 전혀 없다.

사실상 일부 생물학자들은 각 개인의 유전적 구성을 개선하는 것은 인간 공동체의 필연적 목표라고 주장하고 있다. 분자 생물학자 리 실버는 이렇게 말했다. "다른 모든 형태의 생명은 이기적 유전자가 통제하는 반면, 인간만은 주인과 종의 위치가 바뀌었다. 인간은 이제 유전자를 통제할 뿐 아니라 새로운 유전자를 만들어 낼 능력을 가지고 있다. 왜 이 능력을 꽉 붙들지 않는가? 왜 과거에 우연에 맡겨 두었던 것을 통제하려 하지 않는가? 우리는 강력한 사회적·환경적 영향을 통해 자녀들의 삶의 다른 모든 측면과 정체성을 통제한다.…우리는 부모가 다른 모든 방식으로 자녀를 이롭게 할 권리는 받아들이면서, 어떤 근거로 사람의 본질에 긍정적인 유전적 영향을 미치는 것을 거부하는가?"[7] 벤틀리 글래스(Bentley Glass)는 유전공학의 역할을 강조하기 위해 권리라는 단어를 썼다. "개인이 아이를 낳을 권리는 새로운 최고의 권리에 자리를 내주어야 한다. 그것은 모든 아이들이 천부적으로 적절한 육체적·정신적 재능을 지니고 인생을 시작할 권리다."[8]

머지않은 미래에 지성과 육체적 힘과 신체 크기뿐 아니라 많은 질병에 대한 민감성을 포함하는 광범위한 특성들을 결정짓기 위해 배아를 시험하는 것이 가능해질 것이다. 처음으로 부부들은 진정으로 자신의 아이를 선택할 수 있을 것이다. 그 아이는 그들의 생활 방식에 걸맞은 아이일 것이다. 아마 그리 멀지 않아, 최선의 배아를 선택하는 것은 책임 있는 부모가 해야 할 필수 의무로 여겨질 것이다. "나는 나에게나 미래의 내 아이에게나 인생에서 가능한 한 최고의 유전적 출발을 하도록 할 책임이 있다." 중산층의 책임이라는 미명하에, 소비주의라는 신의 견고한 진이 마침내 부모 노릇에까지 확장될 것이다.

생명공학은 예로부터 내려온 인류의 문제들에 대한 해결책이 될 수 있다

문명이 시작된 이래, 인간들은 육체적 본질에서 나오는 한계들을 감수하려 애써 왔다. 모든 세대마다 노화, 질병, 불임, 장애, 연약성, 쇠퇴, 죽음이라는 인간의 현실을 새로이 직면한다. 이러한 현실에 직면해서 우리는 지혜와 통찰과 용납을 배우려 애쓴다. 우리는 그런 식으로 만들어졌다. 그것이 '인간의 조건'이다. 하지만 이제 인간 역사상 처음으로 생명공학이 예로부터 내려온 이 문제들에 대한 해결책을 제시하는 듯 보인다. 우리는 이러한 고통스러운 현실들을 수동적으로 받아들이거나 체념하거나 직면하지 않아도 된다. 우리에게는 과학 기술이 있다. 우리는 육체적 본질이 부과한 한계들에서 벗어나는 법을 배울 수 있다. 이것은 많은 과학자와 철학자의 강력한 꿈이다. 최근 생겨난 트랜스휴머니즘(transhumanism: 여러 가지 과학 기술을 사용하여 인간의 한계를 극복하고 인간의 조건을 개선하려는 철학—역주)은, 인간을 향상시키는 과학 기술들을 널리 사용해야 하며, 개인들이 이 과학 기술을 자신에게 적용하기 위해 광범위한 판단력을 지녀야 하고, 부모들은 자녀를 가지려 할 때 어떤 생식 기술을 사용할지 자유롭게 결정해야 한다고 주장한다. 많은 트랜스휴머니스트는 궁극적으로 향상 기술(enhancement technology)이 새로운 형태의 '포스트 인간'(post-human being), 곧 무한한 건강과 현재의 인간들보다 훨씬 더 큰 지적 능력과 새로운 유형의 감각 인식과 지적·정서적 기능에 대한 더 향상된 통제력을 지닌 존재들을 만들어 내리라 믿는다.[9]

미래에 대단한 치료 요법이 나올 가능성이 현재의 윤리적 관심사에 우선한다

1980년대에 인간 배아 연구에 대한 첫 번째 공개 토론이 열렸을 때, 많은 과학자가 이 연구에서 나올 극적인 치료 요법의 진보에 대해 감동적으로 묘사했다. 일단 인간 배아 연구가 합법화되면, 불임은 희귀해질 것이고, 유산의 원인이 밝혀질 것이며, 치명적인 선천성 질병들이 발현하지 않게 할 수 있을 것이고, 비정상적 태아 발달을 더 잘 치료할 수 있을 것이라고 주장했다. 한 신문 사설은 이렇게 주장했다. "이처럼 고통 많은 세상에서 배아 연구를 허용하지 **않는** 것은 비윤리적인 일일 것이다." 15년 이상 지난 지금 와서 보니, 인간 배아 연구를 통한 치료법은 놀랄 만큼 별로 발전하지 않은 듯하다. 배아 유전자 검사를 하는 새로운 기술들이 개발되기도 했다. 하지만 놀라운 새 치료법에 대한 약속은 아직 이루어지지 않았다. 의료 연구의 결과에 대한 예측은 신뢰할 수 없는 것으로 유명하다. 그리고 과학과 의학의 역사를 보면 전도유망했다가 수포로 돌아간 연구들의 예가 가득하다. 하지만 배아 줄기세포에 대한 연구를 중심으로 한 토론과 같은 생명공학 토론에서, 논의를 지배하고 머릿기사를 장식하는 것은 여전히 앞으로 개발될 대단한 치료법의 가능성이다. 크리스토퍼 리브(Christopher Reeves: "슈퍼맨"의 주인공으로 낙마 사고를 당해 전신이 마비되었다―역주) 같은 외상 환자들을 위한 척수 치료, 알츠하이머병의 치료법, 심장, 신장, 간 등의 기능 부전 환자들을 위한 조직 이식법 등이다. 단순한 실용주의적 분석에서 연구를 통해 미래에 얻을 수 있는 유익들을 배아 조작에 대한 윤리적 관심사와 비교 검토할 때, 언제나 새로운 치료법의 가능성을 가장 중요하게 여긴다. 그것이 아무리 불확실한 것이라도 말이다.

성경적 주제

이러한 도전들에 반응하여, 우리는 먼저 하나님의 계시에 비추어 인간을 성경적으로 이해해야 한다.

창조 질서

창세기의 창조 기사에서 중심 주제는 하나님이 그분의 피조물에 질서를 부여하셨다는 것이다. 생명이 있는 것이든 생명이 없는 것이든 모든 것에 위치와 기능을 부여하셨다. 성경에 나오는 비유적 표현에서, 바다는 종종 무질서, 혼돈의 이미지로 사용된다. 하지만 창조에서 하나님은 바다 자체에 한계를 부과하신다. 하나님이 욥에게 말씀하셨듯이, "바다가 그 모태에서 터져 나올 때에 문으로 그것을 가둔 자가 누구냐.…그때에 내가…한계를 정하여 문빗장을 지르고 이르기를 네가 여기까지 오고 더 넘어가지 못하리니…"(욥 38:8-

11). 하나님은 그분의 피조물이 넘어설 수 없는 한계를 만드신다. 창조 세계의 어느 한 부분도, 아무리 혼란스럽고, 아무리 자율적이라 해도 창조주께서 설정하신 본질적 한계에 종속되지 않은 것은 없다. 하나님은 우리 몸의 물리적 구조를 포함해서 피조물의 물리적 구조를 만드셨을 뿐 아니라 그 구조들을 어떻게 사용할지, 다시 말하면 우리가 어떻게 행동해야 할지 지시하는 숨겨진 도덕적 질서 역시 창조하셨다. 그것은 마치 모든 피조물 안에 숨겨진 '성질'이 있는 것과도 비슷하다. 우리가 모두 그 성질에 '따라서' 살면, 즉 창조된 도덕 질서에 맞게 행동하면, 우리의 삶은 잘 돌아가고 우리는 번성할 것이다. 성경은 이것을 '지혜로운 길'이라고 부른다(예를 들면, 잠언 4:10-12. "내 아들아 들으라. 내 말을 받으라. 그리하면 네 생명의 해가 길리라. 내가 지혜로운 길을 네게 가르쳤으며 정직한 길로 너를 인도하였은즉 다닐 때에 네 걸음이 곤고하지 아니하겠고 달려갈 때에 실족하지 아니하리라"). 그러므로 지혜로운 삶은 우주의 숨겨진 도덕 질서에 맞게 사는 것이다. 하나님은 창조의 설계 안에 도덕적 질서를 새겨 놓으시며, 그분의 형상을 지닌 자들을 합리적이고 도덕적으로 책임 있게 만드셔서, 그분의 명령을 이해하고 그에 자유롭게 반응할 수 있게 하신다. 인간의 자유는 하나님이 정하신 한계 안에서만 작용할 수 있다. 이것이 인간의 자유(우리의 육체적 설계와 도덕적 질서에 의해 설정된 한계 안에 있는 자유)와 하나님의 자유(하나님 자신의 불변하는 성품이 설정하신 한계 외에는 한계가 없는 자유) 간의 차이점이다.

하나님은 피조물 전체에 질서와 의미와 목적을 부여하시는 분이다. 성경 이야기에서는 인간의 기원(창 1-2장)이나 자궁 내에서 각 태아의 발달(시 139:13-16)이나 매우 세심한 사랑의 설계로 이루신 것으로 묘사한다. 이것이 창조주가 그 뜻대로 부여하신 창조 질서다.

하나님의 형상
인간은 모든 방대한 피조물들 가운데 독특한 존재다. 인간만이 모든 피조물

중에서 하나님의 형상으로(made in God's image) 지음받았기 때문이다. 혹은 다른 번역이 표현하듯이 하나님의 형상으로서(made as God's image) 지음받았다(창 1:27). 인간들은 하나님을 닮은 존재다. 하나님은 이 세상의 다른 어떤 존재도―살아 있는 것이든 살아 있지 않은 것이든―그분의 형상을 지니도록 택하지 않으셨다. 고대 사회에서는 왕이 영토에 대한 자신의 주권을 나타내는 물리적 상징으로 돌이나 금속으로 자신의 형상을 만들어 세우는 경우가 매우 흔했다. 백성들에게 그것은 왕을 상징했다. 하나님의 형상은 우리의 능력이나 속성에서만, 즉 **우리가 무엇을 할 수 있는가** 하는 것과 하나님이 우리에게 주신 의무 면에서만 나타나는 것이 아니라, 창조에 의해 **우리가 어떤 존재인가** 하는 것, 우리 인간을 구성하는 재료에서도 나타난다.

성경 계시는 인간이 스스로 자신을 설명할 수 있는 존재가 아니라는 것을 상기시켜 준다. 인간의 의미는 외부의 어떤 존재, 즉 그들이 그 형상을 따라 지음받은 하나님에게서 온다. 우리는 우리가 내리는 결정과 선택으로 끊임없이 우리를 만들어 가는 자율적 개인들이 아니다. 그렇다. 우리는 형상이며 반영이다. 우리 인간의 존엄성은 어딘가에서 유래한 것이다. 그것은 우리가 그 형상을 지니고 있는 그분에게서 온다. 우리는 의존적 존재다.

윤리학자 폴 램지는 태어나지 않은 아이에 대해 이렇게 말했다. "인간의 존엄성은 일차적으로 그들 스스로 어떤 존재가 될 것인지 예상하는 데서 나오는 것이 아니라, 하나님이 그 사람을 대하시는 데서 나온다. 주님은 당신이 본질적으로 자궁 내에 있는 작은 조직 이상의 존재이기 때문에 당신을 사랑하신 것은 아니다." 신학자 헬무트 틸리케(Helmut Thielicke)는 그것을 이렇게 표현했다. "우리가 하나님을 닮는 이유는 하나님이 우리를 기억하신다는 사실 때문이다." 신적 형상은 하나님의 영광을 반영하는 거울과도 같다. 거울처럼 그것은 빛의 근원이 사라지면 어두워진다. 틸리케의 말로 하면, "그것이 지닌 빛은 오직 빌려온 것뿐이다."[10]

내 인생에서 나는 어느 정도 독립성, 진정한 선택의 존엄성, 피조물의 상대적 자유를 가지고 있다. 하지만 그것은 내 마음대로 하는 '내' 삶이 아니다.

내 삶은 하나님과 관련해서만 의미를 지닐 수 있다.

우리 사회처럼 자유주의적인 개인주의가 팽배한 사회에서는 이런 개념은 색다르고, 터무니없고, 심지어 언어도단이다. 하지만 성경 계시는 우리가 피조물로서 창조주께 의존하고 있다는 사실을 강조한다. 욥은 이것을 시적으로 표현한다. "주의 손으로 나를 빚으셨으며 만드셨는데…주께서 내 몸 지으시기를 흙을 뭉치듯 하셨거늘…주께서 나를 젖과 같이 쏟으셨으며 엉긴 젖처럼 엉기게 하지 아니하셨나이까. 피부와 살을 내게 입히시며 뼈와 힘줄로 나를 엮으시고 생명과 은혜를 내게 주시고 나를 보살피심으로 내 영을 지키셨나이다"(욥 10:8-12). 마찬가지로 엘리후는 욥기에서 하나님이 인류 전체를 끊임없이 유지하고 계시다는 것을 성찰한다. "그가 만일 뜻을 정하시고 그의 영과 목숨을 거두실진대 모든 육체가 다 함께 죽으며 사람은 흙으로 돌아가리라"(욥 34:14-15). 같은 개념을 예레미야의 말에서도 볼 수 있다. "사람의 길이 자신에게 있지 아니하니 걸음을 지도함이 걷는 자에게 있지 아니하니이다"(렘 10:23). 성경 계시는 "우리는 우리 운명을 지도하고 통제하려 애쓸 때가 아니라, 우리 삶이 하나님 안에 근거하고 있고 하나님에 의해 유지되고 있음을 인정할 때 가장 정상적인 우리 자신이다"[11]라는 것을 상기시킨다.

성경적 사고에 의하면, 각 인간의 생명은 그가 지닌 신적 형상 때문에 독특한 존엄성을 지닌다. 그래서 각 생명은 헤아릴 수 없는 혹은 비교할 수 없는 가치를 지니고 있다. 다시 말해, 인간 생명의 가치를 물질적 견지에서 계산할 수 없으며, 인간 생명의 궁극적 가치를 다른 것과 비교할 수도 없다. 각 인간은 하나님이 창조하신 걸작품이다. 시편 8편의 문자적 의미에서 우리 각자는 "하나님보다 조금 못[한]"(시 8:5) 존재다.

많은 세속 사상가는 인간의 존엄성이 우리의 기능에 달려 있다고, 곧 우리가 할 수 있는 일에, 우리의 대뇌피질이 얼마나 잘 작동하는지에, 우리의 선택 능력과 개인의 자율성을 얼마나 잘 발휘할 수 있는지 여부에 달려 있다고 생각한다. 기능이 상당히 줄어들었다면 우리의 가치도 줄어든 것이다. 하지만 기독교적 사고에서 인간의 존엄성은 우리가 무엇을 할 수 있는지에 달린 것이 아니라, 창조에 의해 우리가 어떤 존재인지에 달려 있다. 인간들은 하나님을 닮은 존재로 대우받을 권리를 획득할 필요가 없다. 우리의 존엄성은 **고유한** 것이다. 우리가 지음받은 방식 면에서, 그리고 하나님이 우리를 기억하고 부르시는 방식 면에서 그렇다. 그러므로 성경 윤리, 우리가 서로를 대하는 방식은 성경적 인류학, 곧 우리가 지음받은 방식에서 비롯된다.

타락의 결과

창세기 3장에 나오는 타락 이야기의 핵심은 하나님이 인간의 즐거움과 행복을 위해 정하신 창조 질서를 인간이 거부했다는 것이다. 아담과 하와는 하나님에게서 독립해서 도덕적 자율성을 갖고자 애썼다. 그들은 금단의 열매를 먹고 불순종의 대재앙적 결과를 깨닫는다.

타락 이후에 우주는 균열이 생기고 무너졌지만, 성경적 이해에서 중대한 부분은 우주가 여전히 도덕적 질서, 감춰진 성질을 보여 준다는 것이다. 그것은 질서가 무너진 것이지 혼돈은 아니다.

하나님이 아담과 하와에게 경고하셨듯이, 그들의 불순종은 죽음이 세상에 들어오는 직접적 원인이 되었다. "네가 먹는 날에는 반드시 죽으리라." 창조 기사의 시적 이미지를 보면, 에덴 동산에서 아담과 하와는 동산 내의 다른 모든 과실 나무들과 생명나무에도 접근할 수 있었다. 그들은 그 나무의 열매를 먹고 영원히 살기로 선택할 수 있었다. 하지만 그들은 하나님께 불순종하고 동산 내에 있는 금단의 열매를 먹기로 했다. 인간이 생명나무 열매에 접근할 수 있었다는 것은 그분이 본래 인간에게 영원한 생명을 주시려 했음을 보여 준다. 성경적 사고에서 인간의 죽음과, 그 죽음의 모든 공포 및 신비는, '자연적인' 것이 아니다. 그것은 하나님이 원래 계획하신 것이 아니다. 우리가 대부분 공유하는 깊은 직관—육체적 죽음 특히 어린아이와 젊은이의 죽음은 침해이며 존재의 본질에 대한 이질적 훼방이라는 것—과 우리가 영원을 향해 갖고 있는 표현할 수 없는 갈망은 원래의 창조 질서를 반영한다. 우리는 원래 죽어야 하는 존재가 아니었다. 우리는 영원히 살도록 지음받았다. 이 때문에 사망은 "맨 나중에 멸망받을 원수"(고전 15:26)다. 인간이 불순종하지 않았더라면 무슨 일이 일어났을까 추측해 보는 것은 아무 소용이 없다. 분명한 것은 성경적 사고에서 죽음은 하나님의 창조 질서의 일부가 아니라는 것이다. 그것은 존재의 본질에 대한 불가사의하고 끔찍한 훼방이다. 인간은 '아담 안에' 있기 때문에, 우리는 유기적·육체적으로 그와 결속되어 있다. 우리 역시 죽어서 부패할 수밖에 없다.

우리는 인간의 노화와 죽음에 대한 생물학적 이해에 이것이 반영되어 있음을 볼 수 있다. 죽음이 생물학적으로 반드시 필요한 것은 아니라는 사실은 흥미롭다. 모든 살아 있는 세포와 유기체는 회복시키고 새롭게 해주는 필수 기관을 갖추고 있어서, 생명은 언제까지나 계속될 수 있다. 놀랍게 들릴지 모르지만 영생은 생물학적으로 불가능한 것이 아니다! 어떤 의미에서, 각각의 세포들이 죽을 운명이라 해도, 유기체들은 영원히 살도록 설계되어 있는 듯하다. 노화 과정은, 우리가 아직 제대로 다 이해하지는 못하지만, 회복과 갱신 기능이 제대로 기능하지 못하게 하고, 궁극적으로는 생물학적 쇠퇴와 사망에 이르게 하는 활발한 생물학적 활동과 관계가 있다. 아마 인간의 악을 통해 피조물이 "썩어짐의 종노릇"(롬 8:21) 한다는 성경 진리의 육체적 측면은 바로 이것일 것이다.

사망에 불가피하게 수반되는 것은 두려움이다. 인간의 삶이라는 축복이 두려움, 특히 죽음에 대한 두려움에 종노릇 하는 것으로 바뀐다. 끔찍하고 만연된 죽음에 대한 두려움으로 인해 인간은 오래 살고자 애처롭게 애쓴다. 아마도 가장 기상천외한 예는 미래 세대가 영생하는 불로장수 비법을 발견할 것이라는 허망한 소망으로 자신의 시체를 액체 질소에 냉동시켜 두게 하는 사람들일 것이다. 이보다는 덜하기는 하지만, 우리 모두는 죽음에 대한 두려움으로 인해 생명을 연장하기 위해 의학적 연구를 하고 과학 기술을 사용하고자 필사적으로 애쓴다.

하지만 죽음에 대한 두려움에는 이보다 더 나은 해답이 있다. 히브리서 저자가 말하듯이, 그리스도는 "죽기를 무서워하므로 한평생 매여 종노릇 하는 모든 자들을 놓아 주려"(히 2:15) 오셨다. 그 모든 두려움과 신비에도 불구하고, 성경적 사고에서 죽음은 전적으로 부정적인 개념은 아니다. 그것은 C. S. 루이스(Lewis)의 멋진 문구를 빌리면 "가혹한 자비"일 것이다. 타락 이야기의 끝부분에서 인간들은 에덴 동산에서 추방되었다. 바로 그들이 생명나무 열매를 먹고 영원히 사는 것을 막기 위해서다. 그들이 에덴 동산으로 돌아와 무력으로 열매를 손에 넣지 못하도록 그룹들과 불칼을 두어 생명나무의 길을 지키게 하셨다(창 3:21-24). 그리하여 피조물에 대한 하나님의 섭리적 간섭으로, 인간들은 부패하고 타락한 상태로 영원히 살지는 않게 되었다. 인간의 수명이 제한된 것은 단지 저주가 아니라 **하나님의 은혜**이기도 하다.

창세기를 보면, 인류의 악이 점점 커졌기 때문에 결국 인간의 수명은 120년으로 제한된다(창 6:3). 전통적으로 모세가 썼다고 하는 시편 90편에서는 인간의 죄성 때문에 "우리의 연수가 칠십이요 강건하면 팔십이라도 그 연수의 자랑은 수고와 슬픔뿐이요 신속히 가니 우리가 날아가나이다"(10절)라고 가르친다. 시편 기자는 인간 실존이 덧없음에 대해 슬픔과 한탄을 표현하며 그것을 고려해야 한다는 것을 일깨운다. "우리에게 우리 날 계수함을 가르치사 지혜로운 마음을 얻게 하소서"(12절).

하나님의 섭리로, 죽음은 타락하고 썩어 가는 육체 안에 갇힌 실존에서 우리를 풀어 주시는 자비로운 해방일 수 있다. 죽음에 대한 그리스도인의 태도는 묘하게 상반되는 감정을 반영한다. 첫째로, 우리는 죽음의 이질적이고 파괴적인 성질에 대해 격분해야 한다. 둘째로, 육체적 삶이 끝나는 것은 하나님의 은혜, "가혹한 자비"의 증거일 수 있다는 것을 받아들여야 한다. 마지막으로 궁극적으로 죽음이 멸망당하리라는 것을 알고 미래에 대한 소망을 계속 품어야 한다. 그리스도인 건강 관리 전문가들은 그들이 하는 투쟁이 궁극적으로는 무익하다는 것을 인정하고, 적극적인 생명 유지 치료가 부적절할 때와 죽음이 가혹한 자비, 심지어 특별한 치유법이 될 때가 언제인지 분별하면서 죽음과 싸워야 한다.

죽음은 인간의 삶에 들어와 우리의 육체적 실존을 지독히 헛된 것으로 만들어 버린다. 인간들은 땅으로 돌아갈 운명이다. "너는 흙이니 흙으로 돌아갈 것이니라"(창 3:19). 성공회 장례 의식에서 사용하는 시적이지만 암울한 표현을 보면, 인간 실존의 헛된 순환이 드러난다. "흙에서 흙으로, 재에서 재로." 그래서 우리 인간 육체의 기원이자 식량의 원천인 땅의 흙이 인간의 궁극적인 쇠퇴와 죽음을 상징한다.

죽음의 실상은 다른 동물의 경우와 똑같은 헛된 순환 속으로 인간을 몰아 넣는다. "인생들의 일에 대하여 하나님이 그들을 시험하시리니 그들이 자기가 짐승과 다름이 없는 줄을 깨닫게 하려 하심이라 하였노라. 인생이 당하는 일을 짐승도 당하나니 그들이 당하는 일이 일반이라. 다 동일한 호흡이 있어서 짐승이 죽음같이 사람도 죽으니 사람이 짐승보다 뛰어남이 없음은 모든 것이 헛됨이로다. 다 흙으로 말미암았으므로 다 흙으로 돌아가나니 다 한 곳으로 가거니와"(전 3:18-20).

전도자는 또한 육체적 노화의 헛됨과 슬픔, 그 점진적 쇠퇴와 생물학적 기능 부전을 전도서 끝부분에서 생생하게 설명한다(12:1-8). 노년은 "나는 아무 낙이 없다"고 말할 "곤고한 날"이다. 전도자가 보기에는 죽음이 불가피한 해방을 가져오기 전에, 노화가 어둠, 육체적 연약함, 두려움, 무력함, 냉담함, 성욕 상실("정욕이 그치리니")을 가져온다. 성경 계시는 세상적 관점에서 인간 삶의 순환을 가차없이 냉혹하게 묘사한다.

성경적 관점은 우리가 의술과 건강 관리의 한계를 느낄 수 있도록 도와준다. 우리에게 온갖 훌륭한 지식과 과학 기술이 있어도, 우리는 육체를 죽음과 부패의 순환에서 벗어나게 할 수는 없다. 인간 상황의 궁극적 신비들에 대한 과학 기술적 혹은 생물학적 해결책은 있을 수 없다. 우리는 의학 기술로 노화와 궁극적인 죽음을 정복할 수 없다. 하나님의 섭리적 자비로, 생명나무로 가는 그 길은 여전히 불칼이 막고 있다.

창세기 앞부분의 장들을 보면 인간의 책략과 초기 과학 기술이 출현한다. 야발은 장막에 거주하며 가축을 치는 모든 사람의 조상이었다. 유발은 수금과 퉁소를 잡는 모든 자의 조상이었다. 두발가인은 구리와 쇠로 여러 가지 기구를 만들었다(창 4:19-22). 이야기 저자는 이 인물들이 이 땅을 정복하고 땅의 원료에 간직되어 있는 놀랍도록 다양한 잠재력을 끌어내라는 창조 명령을 삶으로 실행하고 있다고 보았을 것이다.

바벨에서 우리는 과학 기술의 어두운 측면을 본다. 사람들은 두 가지 욕구 때문에 그 탑을 건축하게 되었다. "우리 이름을 내는" 것과 "온 지면에 흩어짐"을 피하는 것이었다. 비노스 라마찬드라(Vinoth Ramachandra)는 바벨은 인간의 세 가지 꿈의 결합체라고 말했다. 과학 기술적 꿈(신들과 나라들의 부러움을 살 만한 성을 건설하는 것), 종교적 꿈(하늘에까지 이름으로써 인간을 신격화하는 것), 정치적 꿈(과학 기술에 기초한 전체주의적 사회를 건설하는 것)이다.[12] 바벨은 인간의 자율성을 찬양하기 위해 인간이 만든 인공물과 과학 기술을 사용하는 것을 상징한다. "자,…만들자"(창 11:3)라는 말은 하나님이 인간을 만들 때 하신 바로 그 말 "우리의 모양대로 우리가 사람을 만들자"(창 1:26)를 반영한다.

바벨은 인간의 과학 기술적 가능성에서 한계를 인정하지 않는 과학 기술 신화를 상징한다. 그것은 창조주이신 하나님의 정당한 지위를 움켜쥐기 위해 그리고 창조 질서를 뒤집기 위해 사용하는 과학 기술이다. 그것은 인간의 집단적 행동, 혼동과 분산으로 끝나는 연합의 이야기다. 하지만 하나님이 일으키신 혼란은 심판의 행동이자 또한 자비의 행동이기도 하다. 미완의 탑은 인간의 어리석은 교만을 나타내는 기념비이며, 과학 기술적 꿈(혹은 악몽)이 열매를 맺지 않도록 하기 위해 간섭하시는 하나님의 자비의 표지다.

그리스도의 성육신과 부활에서 창조 질서의 정당함이 입증되고 성취된다

하나님이 타락한 백성을 구속하기 위해 인간 역사에 개입하실 때, 완전히 새로운 실재, 철저히 새로운 창조를 도입하기 위해 전에 확립되었던 창조 질서를 뒤집으시는가? 그러지 않으신다. 하나님은 '원본' 인간의 형태로 자신을 계시하신다.

창조 질서는 그리스도의 성육신, 죽음, 부활에서 재확립되고 또 성취된다.

부활 전에는 인류와 피조물 자체가 실패한 것이 아닌가 하고 생각한 사람들도 있었을 것이다. 아마 타락한 피조물의 비극적인 이야기는 하나님의 최종적 심판과 창조 질서의 파괴로 결말이 날 수밖에 없을 것이다. 하지만 그리스도께서 **육체적인 인간**으로서 부활하실 때, 하나님은 창조 질서에 대한 신임투표를 선포하신다. 인간에 대한 원래의 설계도는 버려지거나 멸시되거나 무시되지 않는다. 그것은 단언되고 성취된다. 성경의 삼위일체적 원리 안에서, 그리스도의 출현을 통해 신성이 신비한 방식으로 육체적인 인간의 본성을 취하셨다. 그래서 그리스도인들은 인간의 몸과 그 이상하고 특이한 설계를 특별히 존중해야 한다. 왜 그런가? **하나님이 바로 이 형태로 육체가 되셨기 때문이다.**

예수님은 피조물과 같은 재료로 만들어지셨다. 그분의 육체는 우리의 육체와 마찬가지로 흙으로 만들어졌다. 복음서 기자들은 그리스도의 인성을 상당히 애써 강조한다. 그분은 피곤하고 화를 내고 배고프고 비탄에 빠지고 번민하셨다. 그리스도의 부활에서, 물리적 창조 세계는 뒤집어지지 않고, 더 크고 더 풍성한 실재에 포함된다. 둘째 아담이신 예수님 안에서, 우리는 원래의 아담이 되어야 했던 완전한 인간상과 새로운 인간 유형의 청사진을 본다. 새 창조는 그분을 닮은 모습이 될 것이며, 그분은 앞으로 올 사람들의 첫 열매다(고전 15:20).

하나님은 흠잡을 것 없는 모습으로 새로 시작하시는 대신, 그리스도의 부활 안에서 앞으로 계속 원래 만들어진 인류를 유지하고 구속하고 변화시킬 것이라고 선언하신다. 그래서 그리스도의 부활은 인간의 창조를 되돌아보고, 동시에 인간의 변혁을 내다본다. 우리의 인성은 옹호받는 동시에 변혁된다. 하나님의 신비한 목적 안에서 인간은 언제나 그렇게 되어야 한다. 이것이 창조 질서의 궁극적 목표다. 그래서 바울은 "우리가 흙에 속한 자의 형상을 입은 것같이 또한 하늘에 속한 이의 형상을 입으리라"(고전 15:49)고 쓴다. 아담에게서 물려받은 하나님의 형상은 변혁되고 성취되어 새롭고 훨씬 더 영광스러운 형상이 된다. 그렇다. 우리는 여전히 하나님을 반영할 것이다. 우리는 피조물로서 하나님께 계속 의존할 것이다. 하지만 우리는 우리가 언제나 지녀야 하는 하나님과의 참된 유사성을 발견할 것이다.

부활은 인류에 대한 하나님의 최종적이고 취소할 수 없는 '긍정'(yes)이다. 성육신과 부활이라는 성경 교리를 진지하게 받아들인다면, 인간 몸의 육체적 구조는 주의 깊게 생각하지 않고 마음대로 바꿀 수 있는 것이 아니라는 결론을 내려야 한다.

우리는 또한 하나님의 세계 안에 있는 악의 실상, 모든 것을 왜곡시키고 손상시키는 타락의 결과를 심각하게 생각해야 한다. 그런 사랑과 그런 예술성으로 창조된 원래의 걸작품이 흠이 가고 손상되고 오염되고 세월이 흐르면서 부패하게 되었다. 겉에 바른 광택제는 금이 가고 누렇게 되었다. 처음에 반영된 하나님의 성품은 왜곡되고 부분적으로 희미해졌다. 하지만 불완전한 그것들을 통해 우리는 아직 원래 걸작품의 윤곽을 볼 수 있다. 그것은 여전히 그 근원적 설계에 대한 경이로움을 불러일으킨다.

이 흠 있는 걸작품에 대한 우리의 책임은 무엇인가? 인간 공동체로서 우리의 의무는 무엇인가? 우리가 인간을 흠 있는 걸작품으로 여긴다면, 우리의 책임은 예술품을 보존하고 회복하는 것이다. 우리는 걸작품들이 더 이상 손상되지 않게 보호하고, 그것들을 **원래 예술가의 의도에 맞게 복원하려** 애써야 한다.

예술품 복원으로서의 의료 기술

의사와 마찬가지로, 책임 있고 전문적인 예술품 복원가들은 윤리적 관행 규약에 따라 행동해야 한다. 기준은 예술가 혹은 **원래 창조자의 의도**다. 복원가는 자신이 재량껏 다룰 수 있는 모든 정보력, 즉 엑스레이 분석, 역사적 기록, 복잡한 화학 실험 등을 동원해서 그 물체의 원래 '조직'을 결정하고, 그 예술품 자체가 제작자의 의도에 대해 어떤 정보를 드러내는지 평가해야 한다. 원래 창조자의 의도가 드러날 때에만 복원가는 어떤 식으로 개입하는 것이 적절한지 결정할 수 있다. 그런 고려 없이 예술 작품의 외양을 바꾸거나 개선하거나 향상시키기 위해 과학 기술을 사용하는 것은 비윤리적 복원이다.

물론 예술품 복원은 의학 기술의 역할에 대한 하나의 유비일 뿐이며, 모든 유비와 마찬가지로 그것은 한계와 난점이 있다. 그럼에도 나는 생명공학으로 생겨난 너무나 놀라운 가능성들을 평가하려 애쓸 때 유비가 도움이 된다고 생각한다. 우리는 원래의 설계를 보호하기 위해, 인간 육체의 구조 안에 구현된 창조 질서를 유지하고 보존하기 위해 과학 기술을 사용해야 한다. 기술이 아무리 우리의 마음을 솔깃하게 해도, 거기서 나올 수 있는 결과들이 아무리 대단하다 해도, 비윤리적인 복원에 의지해서는 안 된다. 우리는 인간의 근본적 설계를 마음대로 개선해서는 안 된다.

의학을 예술품 복원의 관점으로 본다면, '흠 있는 걸작품'에 대해 어떠한 생명공학을 적용하는 것이 적절한가? 내 생각으로는 **회복적** 의도로 유전자 조작이나 줄기세포 치료법 같은 과학 기술을 사용하는 것, 손상된 DNA를 새로 만들거나 손상된 세포 조직을 정상적인 조직으로 바꾸는 것은 윤리적 관행에 맞는 듯하다. 그 목적은 원래 예술가의 설계를 보존하고 회복하는 것이다. 선천성 갑상선 기능 저하증 환자에게 인위적인 갑상선 호르몬을 제공하는 것과 DNA의 한 부분을 대체해서 환자가 스스로 갑상선 호르몬을 합성하도록 하는 것 간에 근본적인 차이는 없는 듯하다. 두 행동 모두 원래의 설계를 보존하는 것을 목표로 한다. 마찬가지로, 부부가 유전학적으로 자신들의 아이를 낳도록 체외수정을 하는 것은 회복적인 것으로 볼 수 있다. 하지만 **향상시키기** 위한 것, 팔다리가 더 강하고, 건강이 더 좋고, 두뇌가 더 비상한 아이를 낳기 위한 요법은 인간 책임의 한계를 뛰어넘는 것으로 보인다. 성경적 그리스도인들은 창조 질서를 진지하게 생각해야 한다. 윤리적 예술 복원에서는, 원래 예술가의 의도를 기준으로 삼아야 한다.

물론 회복적 요법과 향상시키기 위한 요법을 언제나 명쾌하게 구분하기는 어렵다. HIV와 같은 전염병에 대한 저항력을 향상시키는 유전자 요법은 어떤가? 인간의 수명을 120년 혹은 150년으로 연장하기 위해 세포 복원 작용을 향상시키는 것은 어떤가? 집중력, 각성 상태, 기억력을 정상 수준보다 훨씬 개선하는 향정신성 약물은 어떤가? 이러한 것들은 원래의 설계를 회복하는 요법들로 여겨야 하는가 아니면 창조 질서에 근본적 변화를 일으키는 것인가?

새로운 생명공학은 창조 시에 주어진 자연 질서를 보다 깊이 성찰해 보지 않을 수 없게 한다. 인간이 된다는 것은 무엇인가? 창조의 물리적 구조와 도덕적 질서에 의해 규정된 한계는 어떤 것들인가?

부모됨

그런 맥락에서 아이의 성별이나 유전적 구조를 결정하기 위해 배아를 만들고 선택하는 것, 혹은 특정한 유전적 구조를 지닌 아이를 만들기 위한 생식 복제는 문제가 대단히 많은 듯하다. 원래의 창조 질서에서 아이는 선물, 우리와 대등한 지위와 중요성을 가진 신비한 타자(他者)로 볼 수 있다. 하지만 배아 시험과 선택, 또한 생식 복제를 하게 되면, 우리의 아이는 하나의 물품, 우리가 선택한 것, 우리의 바람과 욕구를 반영하는 존재가 된다. 내가 보기에 이것은 부모됨의 본질을 바꾸는 듯하다. 그것은 시대를 지배하는 정신에 굴복하는 것이다. 현대의 부모들은 만사를 자기 뜻대로 하려는 위험에 빠져 있다. 우리는 우리의 간절한 바람을 성취하기 위해 아이들을 주관하고 설계하고 싶어 한다. 어쩌면 우리는 그들 안에서 우리가 성취하지 못한 기대를 실현하고 싶은지도 모른다. 하지만 부모됨에 대한 성경적 개념은 우리가 자녀에게서 손을 떼야 한다고 가르친다. 우리는 보호하고 양육하고 교육시킬 책임이 있지만, 우리 자녀들을 신비한 타자로, 근본적 차원에서 우리와 대등한 존재로 **존중해야** 한다. 길버트 밀랜더(Gilbert Meilander)의 말을 빌리면 "우리는 우리 자신의 인간됨과 똑같이 존엄한 인간됨의 신비가 자녀들의 삶에서 펼쳐지게 하기를 대단히 꺼린다. 우리는 인간됨과 자손이 대대로 이어진다는 신비 앞에서 겸손의 미덕을 지녀야 한다. 우리는 후대의 자녀들이 우리가 틀에 넣어 만들어 내는 제품이 아니라는 것을 깨달아야 한다."[13]

형제에게 조직을 기증할 맞춤 아기를 만들기 위해 배아를 선택하는 것은 어떤가? 이것은 괴롭고도 가슴 아픈 딜레마다. 우리는 자녀가 치명적인 유전병으로 고통당하는 것을 지켜보는 부모의 고충을 이해해야 한다. 사랑받을 뿐 아니라 또한 형제자매의 생명을 구하는 기증자 역할을 할 수 있는 아이를 하나 더 만드는 것이 어떻게 잘못일 수 있는가? 하지만 인간의 온전함과 신비를 존중한다면 맞춤 아기를 의도적으로 만들어 내는 것에 대해 불편한 마음이 들 수밖에 없다. 특정한 의도를 가지고 아이를 세상에 나오게 하는 것, 아이가 그 역할을 하도록 강요하는 것은 아무리 고상하다 해도 엄연한 조작이다. 물론 가족의 역사에서 아이를 도구화하는 것은 새로운 일이 아니다. 부모들은 추수를 돕도록, 자신들을 노년에 부양하도록, 가문의 대를 잇도록, 외로울 때 친구가 되도록 아이를 세상에 태어나게 했다. 하지만 자신들이 바라는 특정한 특성들을 가진 아이를 만들어 내기 위해 생명공학을 이용하는 것은 이 과정에서 한걸음 더 나아가는 것이다. 그것은 아이의 존재 자체를 우리의 뜻에 따라 결정하는 것이다.

성경은 우리가 아이를 만든다고 생각하지 않는다. 우리는 아이를 **낳을** 뿐이다. 올리버 오도노반이 런던 강좌 "낳았는가 만들었는가?"(Begotton or Made?)에서 지적했듯이, 니케아 신조와 요한복음까지 거슬러 올라가는 심오한 사상이 있다. 그 신조에 나온 말로 하면, 하나님의 아들은 "낳은 것이며 만든 것이 아니었다." 그 표현은 하나님의 아들이 창조의 일부, 하나님의 창조 의지의 산물이 아니었음을 강조하려는 것이었다. 그분은 영원히 "하나님 아버지와 한 존재"이시다. 하나님의 형상으로 만들어진 우리도 자녀를 낳는 기적에 참여한다. 우리 후손들은 우리와 인간의 본성을 공유하는 인간들이다. 하나님의 설계에서, 우리는 우리 후손이 어떠한 존재가 될지 결정할 수 없다. 하나님이 주시는 선물로서, 근본적 차원에서 우리와 대등한 존재로서, 그들을 받는 것이다. 성자 하나님이 성부 하나님과 존재 면에서 대등한 것과 마찬가지다. 다른 한편, 우리가 만드는 아기는 우리와 **다르다**. 그 아기는 인공적인 존재, 우리 인간과 다른 이질적인 것이다. 그 아기는 근본적으로 우리 재량에 달린 것이며, 우리 **존재**의 산물이기보다는 우리 **의지**의 산물이다. 생식 과학 기술의 위험 중 하나는 그것이 자녀와 우리의 관계의 변화를 교묘하게 반영하고 그 변화에 기여한다는 것이다. 우리가 만든 자녀들은 우리 의지의 산물, 우리가 마음대로 처분할 수 있는 상품이 된다.

그러면 치명적인 유전 질환에 걸린 자녀들이 처한 가슴 아픈 딜레마에 아무런 윤리적 대안도 없다는 의미인가? 맞춤 아기를 만드는 것에 대한 공적 토론에서는, 맞춤 아기를 만들어 내지 못하면 병에 걸린 자녀가 죽을 수밖에 없다고 암시한다. 하지만 실제로는 대안이 있다. 여기에는 기증 조직 은행을 만들고 사용하는 것, 조직이 맞는 성인 기증자들을 찾는 것 등이 포함된다. 이러한 접근은 이미 대단히 성공적이며, 전 세계적으로 확장하면 장차 더 효과적일 것이다.

그리스도인의 반응

요약하면, 생명공학이 제기하고 있는 도전과 질문들에 대한 깔끔한 해결책이나 명백한 만병통치약은 없다. 분명한 것은 기독교 공동체가 우리 가운데 일어나고 있는 급속한 변화를 더 분명하게 이해하고, 어떻게 기독교 신앙의 입장에서 반응할지 분별하기 위해 함께 노력해야 한다는 것이다. 몇 가지 개략적인 기독교적 반응들은 다음과 같다.

첫째, 자녀 없는 부부, 유전 질환으로 망연자실하고 있는 가족들, 알츠하이머병 등으로 퇴행 상태에 직면한 개인들의 깊이 감춰진 고통에 **공감을 해주어야** 한다고 생각한다. 새로운 생명공학 연구와 발전을 재촉하는 것은, 바로 이러한 감춰진 고통, 죽음과 장애에 대한 두려움, 그리고 그로 인한 과학 기술적 해결책에 대한 추구다. 유감스럽게도, 보통 사회에서 실제적으로 그런 사람들을 돌보아 주지 않기 때문에 고통스러운 인간 상태를 과학 기술로 해결하기 위해 필사적으로 매달리게 되는 듯하다. 기독교 공동체는 장애를 입은 사람들, 사회에서 뒤처진 사람들, 죽어가는 사람들을 실제적으로 돌보는 일에서 선봉에 서야 한다.

둘째로, 기독교 공동체는 현대 사회와 사회 내의 보건 제도 안에 만연하기 시작한 환원주의 사고방식에 **도전해야** 한다. 사회적 차원에서 우리는 새로운 유전자 조작과 생명공학이 만들어 내고 있는 경제적·정치적 권력에 도전하고, 그 과학 기술을 지배하는 사람들에게 민주적 책임성, 투명성, 정의를 요구해야 한다.

셋째로, 나는 인간이 된다는 것이 무엇을 의미하는지에 대한 보다 심오한 **이해**를 시급히 개발해야 한다고 믿는다. 인간은 하나님의 형상으로 창조되었고 악에 오염되었으나 그리스도 사건, 곧 나사렛 예수의 성육신, 죽음, 부활에 의해 긍정되고 구속된 존재다. 우리는 자연적 창조 질서에 대해, 그 안에서 우리의 역할의 본질과 함축에 대해, 그것을 성찰할 수 있는 신학자들과 성경학자들에게 새롭게 배워야 한다. 동시에 우리에게는 성경 세계와 현대 과학의 세계 사이에 다리를 놓을 수 있는 의사, 유전학자, 생식 과학자들의 통찰과 실제적 경험이 필요하다.

넷째로, 우리는 사회에 대안적인 성경적 세계관을 **제시해야** 한다. 그것은 인간을 임의로 생겨난 자기 복제적 유기체가 아니라 훌륭하지만 흠이 있는 걸작품으로 보는 세계관이다. 그것은 사회의 약하고 취약한 사람들에게 경이와 존중과 감정이입을 표하고 보호하는 세계관이다. 기능 향상을 위한 생명공학이 남용될 가능성에 저항하는 한편, 회복적 요법을 지지하고 격려하면서 우리의 인간됨이 주어진 것임을 존중하는 세계관이다. 더 위대한 실상, 더 깊은 치유, 죽음을 초월하는 소망을 가리키면서 우리 몸의 육체적 구조를 존중하는 세계관이다.

마지막으로, 우리는 생명공학을 적용하는 면에서 **세계적 차원의 정의**를 추구해야 한다. 해마다 희귀 유전병을 발견하고 치료하려는 복잡한 생명공학적 연구, 유전자 요법과 줄기세포 적용에 대한 연구, 노화 과정을 지연하는 연구를 하는 데 수십 억 달러를 소모한다. 동시에, 세계의 가난한 나라들에서 수많은 어린이들이 최소한의 의료적 기술만 있으면 쉽게 치료할 수 있는 병으로 죽어가고 있다. 단돈 몇 센트어치의 비타민 A가 없어서 영구 실명되는 어린이들이 있다. 아기들은 항생제 주사 한 번이면 치료할 수 있는 폐렴으로 죽어가고 있다. 어머니들은 기본적인 산과 처치를 받지 못해 출산을 하다가 죽어간다. 생명공학의 적절한 용도에 대해 토론할 때, 그리스도인들은 제한된 의료 자원을 적용하는 방식에 관해 공평과 세계적 차원의 정의를 요구해야 한다.

16
동성애

최근 들어 동성애만큼 폭발적인 관심을 불러일으키는 주제는 없었다. 급속한 사회 변화로 동성애가 전례 없이 광범위하게 받아들여지게 되었고, 이것은 남녀 성별의 본질, 가정의 개념, 자녀 교육, 인권의 본질과 같은 문제에 대한 서구인들의 인식에 변화를 일으켰다. 한편으로 교회는, 동성애 지지 운동을 벌이는 많은 사람에게 주된 저항 세력으로 인식되고 있다. 이러한 상황에서 우리는 동성애 문제에 대해 성경적으로 성찰하고 적절히 반응함으로써 리더십을 발휘해야 한다.

우리는 성경 메시지와 우리 문화가 요구하는 것을 깊이 성경의 권위에 대한 믿음을 분명히 할 필요가 있다. 하나님이 성경으로 우리에게 말씀하신다는 믿음이 흔들리면, 추측과 의견만 남기 때문이다. 하지만 우리는 또한 사람들의 감정, 그들의 성적 정체성, 사랑과 용납을 받고 싶은 그들의 꿈에 대해서도 민감해야 한다. 우리는 진리를 말해야 한다. 하지만 사랑 안에서 진리를 말해야 한다.

우리는 모두 사람이며, 모두 성적인 존재다. 한 인간을 정형화하고 낙인을 찍는 것은 그에게 합당한 존중을 표하지 않는 것이다. 성경을 믿는 우리는 '동성애'라는 현상 보다는 하나님의 형상으로 지음받은 사람을 볼 줄 알아야 한다. 우리는 모두 인간으로서의 영광과 비극을 공유하는데, 이는 성별에서도 마찬가지다. 우리는 동성애 관행을 인정하지 않을 수는 있겠지만, 그런 일에 관여된 사람들을 비인간화할 자유는 없다. 우리는 모두 연약한 존재들이며, 예수님을 제외하고는 성적으로 전혀 죄가 없는 사람은 없다. 우리는 성경에 비추어 무엇이 옳고 그른지 판단하는 것을 두려워하고 피해서는 안 되지만, 남을 판단해서도 안 된다. 다른 사람을 판단하는 그 기준으로 우리도 판단을 받을 것이다. 어느 누구도 도덕적 우월성을 내세울 권리는 없다. 게다가 성적인 죄만이 죄는 아니며, 가장 큰 죄도 아니다. 교만과 위선이 분명 더 악한 죄다.

이제 성경이 동성애에 대해 어떻게 말하는지 기독교적 관점에서 탐구하고자 한다. 이 글을 읽는 사람 중 일부는 그리스도인이 아닐 수도 있지만, 그리스도인 독자들은 분명 성경이 이 주제에 대해 어떤 설명을 해주는지 알고 싶을 것이다. 그리고 나서는, 하나님의 말씀에 일치된 삶을 살고 그분의 뜻에 순종하며 그분의 세계에서 증인으로 살기 위해 그분의 은혜를 구하고 싶을 것이다. 이 글을 읽는 사람들 중 그리스도인이 아닌 이들은 이 영역에서 하나님의 뜻에 순종하는 자유를 발견하도록 부르시는 하나님의 음성을 듣기 바란다.

동성애 발생률

모든 사람이 전적으로 동성애적이거나 전적으로 이성애적인 것은 아니다. 어떤 사람들은 살아가다 보면 잠시나마 동성에게 끌리는 것을 깨닫는다. 미국에서 1994년에 발간된 「전국 건강과 사회 생활 조사」(*National Health and Social Life Survey*)에 따르면, 남성 중 2.7퍼센트는 그 전해에, 4.1퍼센트는 지난 5년 동안, 4.9퍼센트는 18세 이후부터 동성 섹스 파트너가 있었다고 말했다. 같은 기간 동안 여성의 경우는 각각 1.3퍼센트, 2.2퍼센트, 4.1퍼센트였다.[1] 사춘기 이후 동성과 "어떤 형태로든 성적인 행동을 해 보았는지" 물었을 때, 이 수치는 남성의 경우는 9.1퍼센트, 여성의 경우는 4.3퍼센트로 상승했다.[2] 9.1퍼센트라는 수치는 당시 시행된 비슷한 조사에서 보고된 어떤 수치보다 높다. 하지만 이것이 사실이라면, 조사에 응한 남성들의 약 4퍼센트는 18세가 되기 전에는 다른 남성과 어떤 형태로든 성적 행동을 했으나 그 후에는 그러지 않았음을 암시한다.[3] 동성과의 관계만 경험한 사람들을 조사한 결과는, 0.6퍼센트의 남성들이 사춘기 이래 다른 소년 혹은 남성들과만 성관계를 갖고 여성과는 한 번도 성관계를 갖지 않았다. 여성의 경우는 그 비율이 0.2퍼센트다.

1994년에 발간된 광범위한 연구인 「영국의 성적 행동」(*Sexual Behavior in Britain*)에 따르면, 남성의 3.6퍼센트(그리고 여성의 1.7퍼센트)가 동성과 성기 접촉을 해 본 적이 있다고 했다.[4] 그중 50퍼센트는 단 한 번이었지만 말이다.[5] 게다가 남성들 중 1.1퍼센트(여성은 0.3퍼센트)는 그 전해에 동성 파트너가 있었고, 1.4퍼센트(여성은 0.6퍼센트)는 지난 5년 내에 동성 파트너가 있었다.[6] 남성들 중 단 0.3퍼센트(여성은 0.1퍼센트)만이 동성 파트너만 있다고 말했다.[7] 영국에서 보다 최근에 시행된 대규모 연구에 따르면, 16-44세 남성들 중 동성애 파트너가 있었던 적이 있는 사람의 비율은 5.4퍼센트였으며, 지난 5년 내에 동성애 파트너가 있었던 사람은 2.6퍼센트였다. 여성들의 경우는 놀랍게도 4.9퍼센트와 2.6퍼센트라는 높은 수치를 기록했다.[8]

이 연구들은 서구 사회에서 십대 시절의 실험은 제쳐놓더라도, 남성들 중 3-5.5퍼센트가 성인 시절에 동성애 행위를 했으며, 1.5-4퍼센트는 지난 5년 내에 동성애 파트너가 있었고, 남성 인구의 2퍼센트 미만과 여성 인구의 1퍼센트 미만은 성향 면에서나 실제로나 동성애만 행한다는 것을 시사한다.

핵심 질문

논의를 위한 배경을 서술했으니, 이제 조심스럽게 질문을 던져야겠다. 그리스도인들은 과연 동성 파트너를 선택할 수 있는가? 이 질문에 답하기 위해서는 세 가지 구분이 필요하다.

죄와 범죄의 구분

첫째, 적어도 1957년의 볼펜덴(Wolfenden) 보고서와 그 결과 생겨난 1967년의 성 범죄법 이래, 우리는 죄와 범죄를 구분하는 법을 배웠다. 간음은 언제나(하나님의 율법에 따르면) 죄였다. 하지만 대다수의 국가에서 간음은 국가가 처벌할 수 있는 범죄가 아니다. 그에 반해 강간은 죄이며 또한 범죄다. 1967년 성 범죄법은 21세가 넘는 성인들이 서로 합의하여 은밀히 행한 동성애 행동을 범죄가 아니라고 인정했다.

하지만 어떤 행동을 비범죄화하는 것과 그것을 합법화하는 것은 차이가 있다. 인권 법정의 판결에 따르면, 유럽 전역에서는 성인 남성들이 합의하여 행한 성관계를 범죄화하는 법은 현재 폐지되었다. 한편 덴마크와 네덜란드에서는 동성애자들에게 완전한 법적 지위를 부여했다.

전 세계적으로는 매우 다양한 태도를 볼 수 있다. 전 세계 약 70개국에서는 동성애 관계가 불법이며, 그중 일부에서는 동성애를 사형으로 다스릴 수 있다. 또 어떤 나라들에서는 동성애자들을 장기 투옥할 수 있고, 그들은 가혹한 대우를 받는다. 이러한 혐오감은 우리가 인간성을 공유하는 기반을 위협할 수 있다. 이 문제를 다룬 유엔 회의에서, 짐바브웨의 로베르 무가베(Robert Mugabe) 대통령은 레즈비언과 게이들은 "인간 이하"이며 인권을 가질 자격이 없다고 말했다.[10] 하지만 인권이란, 어떤 사람이 다른 어떤 것이 아니라 인간이라는 사실 자체 때문에 지니는 권리다.

성향과 실천의 구분

둘째, 우리의 관심은 동성애 행위(이에 대해서는 사람들에게 책임이 있다)에 있지 동성애 경향이나 성향(이에 대해서는 책임이 없다)에 있지 않다는 점을 처음부터 유의하는 것이 중요하다. 이 구분은 책임의 근원을 찾는 것을 넘어 죄책의 근원을 찾기 위해서도 중요하다. 우리는 행위(do)로 인해 사람들을 비난할 수는 있을지언정 존재(be)로 인해 비난할 수는 없다. 동성애에 대한 모든 논의에서 우리는 '존재'와 '행위', 즉 어떤 사람의 정체성과 활동, 성적 선호와 성적 관행, 기질과 행동을 엄격하게 구분해야 한다.

우리의 성향이 어떻든, 우리는 모든 생각을 사로잡아 그리스도께 복종시키고, 성관계가 한 남성과 한 여성 간의 평생 연합을 기쁘게 경축하는 것임을 인식해야 한다. 결혼할 수 없는 사람과 금욕하면서 정숙한 삶을 사는 사람들은 그 사람의 성적 성향이 어떻든, 하나님을 기쁘시게 하는 삶을 살고 있는 것이다.

우발적 동성애와 헌신된 동성애 간의 구분

셋째, 우리는 부주의한 행위와, 결혼 안에서 이성 간에 이루어지는 성관계와 똑같이 진정한 사랑을 표현하는 (그렇게 주장한다) 헌신된 관계를 구분해야 한다. 책임 있는 동성애자(그리스도인이든 아니든)는 청소년이나 아동들을 폭력과 타락으로 끌어들이지 않을 뿐더러 닥치는 대로 '하룻밤 즐기기'를 조장하지도 않는다. 하지만 일부 사람들, 특히 레즈비언과 게이 기독교 운동(Lesbian and Gay Christian Movement, LGCM)에 속한 사람들은 이성 간의 결혼과 동성 간의 결합은 둘 다 똑같이 애정이 담기고 성숙하며 신실한 것이며 "똑같이 타당한 두 가지 대안"[11]이라고 주장하고 있다. LGCM의 신념 선언서(Statement of Conviction)에는 "동성인 사람을 사랑하는 것과 그 사랑을 개인적인 성적 관계를 통해 충분히 표현하는 것은 기독교 신앙과 완전히 양립된다"[12]는 주장이 들어 있다.

2003년에 일어난, 기독교 교회에 대단히 가슴 아픈 일련의 사건들의 핵심에는 그런 견해들이 자리하고 있었다. 세 가지만 언급하겠다. 첫 번째 사건은, 2003년 5월 28일 캐나다 뉴 웨스트민스터 교구 주교 마이클 잉햄(Michael Ingham)이 뱅쿠버 지역 6개 소교구에서 동성 간 연합을 축복하도록 승인한다고 발표한 일이다. 이 사건이 진전되자 전 세계 교회는 거세게 항변을 했다. 캔터베리 대주교 로완 윌리엄스(Rowan Wiliams)는 뉴 웨스트민스터가 "교회의 무시 못할 권리를 무시하고" 있으며, "교회의 가르침보다 혹은 목회적 관심이라고 정당화할 수 있는 것보다 지나칠 정도로 나아가고" 있다고 말했다. 그는 이어서 "나는 이 일이 진전되면서 일어날 불가피한 긴장과 분열을 대단히 유감스럽게 생각한다"고 말했다.[13] 존경받는 보수 신학자이자 교회 지도자인 제임스 패커(J. I. Packer)는 동성 간 연합을 축복하기로 한 회의 자리에서 나가 버린 사람 중 한 명이다. 그는 경험이 성경을 판단하게 하거나 동성애 관계를 축복할 근거를 마련하기 위해 성경을 틀에 맞추는 것을 정당화할 수 없다고 했다.[14] 그런 조처는 성경의 가르침에서 벗어난 것이며, 사람들이 정숙한 삶을 살도록 도울 책임을 방기한 것이다. 또한 하나님이 자신이 정죄하는 행동을 오히려 축복하신다고 생각하도록 함으로써 사람들을 오해에 빠뜨린다. 패커는 "내가 어떻게 그렇게 할 수 있겠습니까?"라고 물었다.

두 번째 문제는, 2003년 11월 2일 미국에서 참사회원인 진 로빈슨(Gene Robinson) 목사를 뉴햄프셔 주교로 임명한 것이다. 로빈슨 참사회원은 15년간 게이로 지냈었다. 이 사제 서품이 전 세계 성공회에 미친 영향은 뉴 웨스트민스터에서 일어난 사건보다 훨씬 더 컸다. 또 다시 캔터베리 대주교 로완 윌리엄스는 그에 반응을 보여야 했으며, 그 사건의 결과 세계 전역에서 분열이 시작되었음을 인정해야 했다. 그는 그것을 "심히 통탄할 일"이라고 했다. 전 달에 대주교 37명이 램벗 궁에 모여 그런 결정이 불러올 결과들을 경고했음에도 그 서품식은 거행되었다. 전 세계 대주교들이 우려를 표했고, 때로는 이러한 사태에 대해 격분하기도 했다.

세 번째 문제는, 참사회원 제프리 존(Jeffrey John) 목사를 영국 레딩의 주교로 임명하도록 제안한 일이다. 그것은 2003년 5월 21일에 발표되었으며, 옥스퍼드 주교인 리처드 해리스(Richard Harries)가 제안한 것이었다. 제프리 존은 20년 이상 게이 관계를 유지했다. 하지만 그는 그 관계는 계속되고 있으나 이제는 성적 관계도 아니고 그 친구와 함께 살지도 않는다고 말했다. 그들이 각자 다른 사역을 맡고 있기 때문이라는 것이었다. 하지만 그는 성생활에 대한 이전의 정통 가르침, 특히 1998년의 램벗 회의에서 나온 가르침에 대해 극도로 비판적인 사람이었다. 그는 자신이 주교로 임명된다면 교회의 가르침과 종규를 지키겠노라고 진술했지만, 많은 사람은 그가 이전 생활 방식을 회개했다는 어떠한 진정한 증거도 없으며, 그의 개인적 견해들에 비추어볼 때 주교로서 정통 가르침을 뒷받침할 수 있으리라고 확신할 수 없다고 느꼈다. 그는 로완 윌리엄스 대주교와 만난 후, 임명된 자리를 사임했다. 그러나 후에 세인트 얼반스 주임 사제로 임명되었다.

이 세 사건은 영국 성공회로서는 극도로 고통스러운 것이었다. 그 사건들은 인간의 성 문제에 대한, 특히 동성애 문제에 대한, 여전히 존재하는 깊은 분열을 드러냈기 때문이다. 그렇기 때문에 성경을 믿는 그리스도인들은, 이 문제에 대한 관점을 얻기 위해 성경을 검토하는 것이 중요하다.

우리의 문제는 이따금씩 일어나는 동성애적 행동과 관계된 것이 아니라, 동성 간의 결합—평생에 걸친 사랑의 결합—이 그리스도인들이 선택할 만한 것인가 아닌가 하는 물음이다. 우리의 관심사는 다양한 태도들(전적인 반감부터 무비판적인 시인까지)을 성경적으로 꼼꼼히 검토해 보는 것이다. 우리의 성적 '선호'는 순전히 개인적 '취향'의 문제인가? 아니면 하나님은 하나의 규범에 관한 그분의 뜻을 계시하셨는가? 특히 성경이 동성애 관계를 인가한다고, 적어도 정죄하지 않는다고 볼 수 있는가? 실제로 성경이 정죄하는 것은 무엇인가?

성경의 금지

동성애 문제를 부정적으로 말하는(혹은 말하는 듯이 보이는) 성경 본문이 네 대목 있다. (1) 소돔 이야기(창 19:1-13). 사람들은 흔히 이 이야기를 기브아의 이야기(삿 19장)와 관련지어 생각한다. (2) "여자와 동침함같이 남자와 동침하는" 것을 명백히 금하는 레위기 본문(레 18:22; 20:13). (3) 당시의 퇴폐적인 이교 사회에 대한 사도 바울의 묘사(롬 1:18-32). (4) 동성애적 관행이 포함된 바울이 말하는 죄 목록 두 개(고전 6:9-10; 딤전 1:8-11).

소돔과 기브아 이야기

창세기 기사는 "소돔 사람은 여호와 앞에 악하며 큰 죄인"(13:13)이었으며, "소돔과 고모라에 대한 부르짖음이 크고 그 죄악이 심히 무거워" 하나님이 그것을 살펴보기로 하셨으며(18:20-21), 결국에 가서는 "세상을 심판하시는 이"(18:25)의 정의와 완전히 일관된 심판 행위로 "그 성들과 온 들과 성에 거주하는 모든 백성…을 다 엎어 멸하셨더라"(19:25)고 분명히 밝힌다. 성경 이야기의 이러한 배경에 대해서는 논쟁의 여지가 없다. 문제는 소돔(과 고모라) 사람들을 소멸받아 마땅하게 만든 죄가 과연 무엇이었는가 하는 것이다.

전통적인 기독교적 견해는 그들이 동성애를 행했다는 것이다. 그들은 (성공하지는 못했으나) 롯이 자기 집에서 대접하고 있던 두 천사에게 동성애적 행위를 시도했던 것이다. 여기서 '남색'(sodomy)이라는 말이 나왔다. 하지만 셔윈 베일리(Sherwin Bailey)는 두 가지 중요한 근거로 이러한 해석에 도전했다. 첫째로, 소돔 남자들이 "이끌어내라. 우리가 그들을 상관하리라(know them)"한 요구를 "우리가 그들과 성관계를 하리라(have sex with them, NIV)"라는 의미라고 보는 것은 (그의 주장으로는) 근거 없는 추정이다. 여기 나온 '알다'(know)에 해당하는 히브리어 '야다'(yada')는 구약에 943번 나오며, 그중 단 10번만이 육체적 성관계를 의미하고, 그때에도 이성 간의 성관계를 말하기 때문이다. 그러므로 이 문구를 "우리가 그들과 잘 알고 지내도록 하라"고 번역하는 것이 더 나을 것이다. 그러면 소돔 남자들이 폭력을 행사한 이유는, 롯이 영주 외국인으로서 권리를 넘어선 행동을 한 것에 분노했기 때문으로 이해할 수 있다. 롯이 "적대적인 의도가 있을 수도 있고 신분 증명서도 검토하지 않을"[15] 두 사람을 그의 집에 맞아들였기 때문이다. 이 경우 소돔인들의 죄는 롯의 사생활을 침해하고 손 대접의 오래된 규칙을 무시한 것이다. 롯은 그들에게 그만두라고 간청했는데, 그 두 사람이 "내 집에 들어왔[기]"(직역하면 '내 지붕의 보호 아래 들어왔기'—역주) 때문이다(8절).

하지만 로베르트 가농(Robert Gagnon)은 성경과 동성애에 관한 가장 포괄적인 백과사전식 논문인 「성경과 동성애 관행: 본문들과 해석학」(*The Bible and Homosexual Practice: Texts and Hermeneutics*)에서 손 대접이 이야기의 일부이기는 하지만, 그 이야기의 초점은 동성애적 강간이라는 품위 없고 비인간적인 행동이라고 말했다. 그는 소돔의 죄에 대해 해설하면서, 동성애적 성관계 자체가 남자를 "마치 그의 남성적 정체성이 아무것도 아닌 것처럼, 그가 남자가 아니라 여자인 것처럼 취급하는 것이다. 다른 남자에게 성기를 삽입하는 것은 그를 아시누(*asinnu*)처럼, '남성성이 여성성으로 바뀐' 사람처럼 취급하는 것이다. 그래서 세 가지 요소(남성의 삽입 시도, 강간 시도, 냉대)와 네 번째 요소(부지중에 천사들과 성관계를 시도한 것)의 결합은 인간 악행의 극악한 예로, 하나님이 완전히 파괴하실 수밖에 없게 만드는 일"이라고 말했다.[16]

둘째로, 베일리는 구약 나머지 어디에서도 소돔의 범죄가 동성애였음을 시사하고 있지 않다고 주장했다. 이사야는 그들의 죄목이 위선과 사회적 불의라고, 예레미야는 간음과 속임과 일반적인 악이라고, 에스겔은 교만과 탐욕과 가난한 자들에 대한 무관심이라고 암시한다(사 1:10 이하; 렘 23:14; 겔 16:49 이하; 참고. 집회서 16:8에 나오는 교만에 대한 언급과 지혜서 19:8에 나오는 손님에 대한 냉대). 그리고 예수님은 (베일리는 이것을 언급하지 않지만) 세 번에 걸쳐 소돔과 고모라의 거민들에 대해 언급하시면서, 그들이 복음을 거부한 사람들보다는 심판 날에 "견디기 쉬울" 것이라고 단언하셨다(마 10:15; 11:24; 눅 10:12). 하지만 이 세 언급에는 동성애 행위에 대한 암시가 단 한 번도 없다. 우리는 주전 2세기 팔레스타인의 위서(僞書)들에서 비로소 소돔의 죄가 부자연스러운 성적 행동임을 알 수 있을 뿐이다.[17] "소돔과 고모라와 그 이웃 도시들도 그들과 같은 행동으로 음란하며 다른 육체를 따라가다가"(7절)라고 되어 있는 유다서와, 그리스 사회의 동성애 관행에 충격을 받았던 유대인 저술가 필로와 요세푸스의 저술에는 이것이 분명하게 반영되어 있다.

셔원 베일리는 기브아 이야기도 같은 방식으로 다루었다. 그 두 이야기가 매우 비슷하기 때문이다. 또 다른 영주 외국인(이번에는 익명의 '노인')이 두 나그네(천사들이 아니라 레위인 한 명과 그의 첩)를 그의 집에 들였다. 악한 사람들이 그 집을 둘러싸고는 소돔 사람들이 했던 것과 똑같이 그 방문객을 "끌어내라. 우리가 그와 관계하리라" 하고 요구한다. 집주인은 그들에게 그의 '집에 들어온' 사람에게 이런 '망령된 일'을 행하지 말라고 당부한다. 그러고는 대신 자기 딸과 그의 첩을 내어 주겠다고 한다. 베일리는 이 경우에도 기브아 사람들의 죄는 동성 간 성관계를 하겠다는 것이 아니라 손 대접의 율법을 어긴 것이었다고 시사했다.

베일리는 그 두 이야기에 대한 자신의 재구성이 가설에 불과하다는 것을 분명 알고 있었겠지만, 그럼에도 "역사적 사실로 보나 계시된 진리로 보나, 소돔과 이웃 도시들이 동성애 관행 때문에 멸망했다고 믿을 만한 이유는 조금도 없다"[18]고 과장된 주장을 했다. '남색'(sodomy)에 대한 기독교 전통은 후대의 유대 외경들에서 유래한 것이다.

하지만 셔윈 베일리의 주장은 몇 가지 이유로 설득력이 없다.

- '악' '악행' '망령된 일'(창 19:7; 삿 19:23)이라는 말은 손 대접을 이행하지 않은 것을 묘사하기에는 적절하지 않은 듯 보인다.
- 그 대신 여자들을 내주겠다는 것으로 보아 "그 이야기에 어느 정도 성적 함의가 있는 것처럼 보인다."[19]
- '야다'라는 동사가 성관계를 의미하는 말로 단 10번만 쓰였다 하더라도, 베일리는 이 중 6번이 창세기에 그리고 1번은 소돔 이야기에서("남자를 알지 못하는": 개역 성경에는 "남자를 가까이 하지 아니한"이라고 되어 있다—역주) 롯의 딸들에 대해 쓰였다는 것을 언급하지 않고 빼 버린다.
- 신약을 진지하게 받아들이는 우리는 소돔과 고모라가 "음란하며 다른 육체를 따라" 갔다고 명백하게 언급한 유다의 말(7절)을 그저 유대 위서들을 잘못 베낀 것이라고 무시해 버릴 수 없다. 분명 동성애 행위는 소돔만의 죄는 아니었다. 하지만 성경에 따르면 분명 소돔이 저지른 죄 중 하나로서, 하나님이 무서운 심판을 내리셨다.

레위기 본문

여기서 다룰 두 개의 레위기 본문은 '성결 법전'(Holiness Code)에 속한 것이다. 그 법전은 레위기의 핵심이며, 하나님의 백성에게 그분의 율법을 따르고 애굽(그들이 그제까지 살던)의 관행도, 가나안(그분이 이제 그들을 이끌고 가실)의 관행도 본받지 말라고 도전한다. 그 관행에는 금지된 사람들과의 성관계, 다양한 성적 일탈 행위, 아이를 제물로 바치는 것, 우상숭배, 온갖 종류의 사회악이 포함되어 있었다. 바로 이러한 맥락에서 우리는 다음의 두 본문을 읽어야 한다.

> 너는 여자와 동침함같이 남자와 동침하지 말라. 이는 가증한 일이니라. (18:22)

> 누구든지 여인과 동침하듯 남자와 동침하면 둘 다 가증한 일을 행함인즉 반드시 죽일지니 자기의 피가 자기에게로 돌아가리라. (20:13)

베일리는 "레위기의 두 율법이 모두 남성들 간의 통상적인 동성애 행동을 말하며, 종교 의식이나 종교의 이름으로 행하는 다른 행위들을 말하는 것이 아님은 의문의 여지가 없다"[20]고 썼다. 하지만 어떤 사람들은 그 두 본문이 대체로 종교적 정결함에 대해 말하는 문맥 속에 있다고 지적했고, 피터 콜먼(Peter Coleman)은 두 구절에서 '가증한' 혹은 '가증한 일'이라고 번역된 단어가 우상숭배와 관련 있다는 것을 덧붙였다. "영어에서 그 단어는 혐오감 혹은 비난을 표현하지만, 성경에서 그 말의 주된 의미는 도덕이나 미학보다는 종교적 진리와 관련된 것이다."[21] 그렇다면 이러한 금지 사항들은 그저 종교적인 금기일 뿐인가? "이스라엘 여자 중에 창기가 있지 못할 것이요 이스라엘 남자 중에 남창(temple prostitute)이 있지 못할지니"(신 23:17)라는 다른 금지 사항과 관련이 있는가? 분명 가나안 풍작 기원 의식에는 종교적 매음 의식이 포함되어 있었으며, 그렇기 때문에 남녀 '성전 매춘부들'이 있었다(그들이 동성애 성관계에 관여했다는 명확한 증거는 없지만). 이스라엘과 유다의 악한 왕들은 여호와 종교에 끊임없이 그런 관행들을 끌어들였으며, 의로운 왕들은 끊임없이 그런 관행들을 물리쳤다(예를 들면, 왕상 14:22 이하; 15:12; 22:46; 왕하 23:7).

그렇기 때문에 동성애자 압력 단체는 레위기 본문이 오래전에 중단된 종교적 관행을 금지하는 것이며 오늘날의 동성애와는 관련이 없다고 주장한다.

하지만 사실상 그 주장은 근거가 희박하다. 윌리엄 웹(Wiliam J. Webb)이 해석학에 대한 최근의 연구에서 지적했듯이, 여기에서 문제는 주로 성적 경계선의 문제다.[22] 근친상간법은 부모와 자식 간의 경계를 보호한다. 수간(獸姦)법은 인간과 동물 간의 경계를 보호한다. 마찬가지로 동성애 경계선은 동성 간의 성관계를 금지한다. 이 경계선들은 성경이 전개됨에 따라 변화된다는 의미에서 문화적인 것이 아니라, 어느 때든 어디에서든 그런 활동들을 금지하는 초문화적인 것이다.

그러므로 이 두 구절에 대한 명백하고 자연스러운 해석은 모든 종류의 동성 간 성관계를 금지한다는 것이다. 동성애자는 사형하도록 정한 것(물론 그것은 오래전에 폐지되었다)은 동성애 관행을 극도로 진지하게 여겼다는 것을 나타낸다.

로마서 1장에 나오는 바울의 가르침

이 때문에 하나님께서 그들을 부끄러운 욕심에 내버려두셨으니, 곧 그들의 여자들도 순리대로 쓸 것을 바꾸어 역리로 쓰며 그와 같이 남자들도 순리대로 여자 쓰기를 버리고 서로 향하여 음욕이 불 일듯 하매, 남자가 남자와 더불어 부끄러운 일을 행하여 그들의 그릇됨에 상당한 보응을 그들 자신이 받았느니라. (롬 1:26-27)

이 본문이 사도 바울이 당시 그리스-로마 사회의 우상을 숭배하던 이교도들을 묘사한 것이라는 데는 모두가 동의한다. 그들은 창조된 우주(19-20절)와 그들 자신의 양심(32절)을 통해 하나님에 대해 어느 정도 알고 있었으나, 악을 행하기 위해 자신들이 알고 있던 진리를 억눌렀다. 하나님이 마땅히 받으셔야 할 영광을 하나님께 돌리는 대신, 그들은 창조주를 피조물과 혼동하여 그 영광을 우상에게 돌렸다. 그에 대한 심판으로, "하나님이 그들을" 그들의 부패한 마음과 타락한 관행 그대로 "내버려두셨[다]"(24, 26, 28절). 여기에는 '역리'로 쓰는 성(性)도 포함된다. 로베르트 가농은 이에 대해 말했다. "하나님을 우상과 바꾸는 부조리는 이성 간 성관계를 동성 간 성관계로 바꾸는 부조리로 자연스럽게 이어진다. 하나님의 명예를 높이지 않으면 자신들이 불명예를 입게 된다. 하나님을 인정하지 못하면 부적절한 생각과 품위 없는 행동을 하게 된다."[23]

이 구절은 첫눈에 보기에 동성애적 행동에 대한 명확한 정죄인 것 같다. 하지만 두 가지 반대 논증이 개진되었다. 첫째, 이 내용은 동성애적 지향을 가진 이들을 향해 말한 것이 아니다. 왜냐하면, 이 사람들에게 바울이 지적하는 문제의 행동은 '부자연스러운' 것이었기 때문이다. 즉 그들은 통상적으로는 이성과 성관계를 맺는 사람들이었으며, 만약 그들이 동성애자였다면 그들은 이성과 성관계를 맺었을 리가 없고 따라서 그 행동을 '부자연스러운' 것이라 말할 수 없을 것이다. 둘째, 바울은 분명 하나님이 벌로 '내버려두신' 사람들의 무모하고 문란한 행동을 묘사하고 있다. 이것이 헌신적이고 애정 깊은 동성애 관계와 무슨 상관이 있는가? 하지만 이 두 가지 주장은 '자연' 즉 창조 질서에 대한 사도 바울의 언급으로 반박할 수 있다. 뒤에 가서 그것을 보여 주고자 한다.

바울의 다른 본문들

불의한 자가 하나님의 나라를 유업으로 받지 못할 줄을 알지 못하느냐. 미혹을 받지 말라. 음행하는 자나 우상숭배하는 자나 간음하는 자나 탐색하는 자(male prostitutes, *malakoi*)나 남색하는 자(homosexual offenders, *arsenokoitai*)나 도적이나 탐욕을 부리는 자나 술 취하는 자나 모욕하는 자나 속여 빼앗는 자들은 하나님의 나라를 유업으로 받지 못하리라. (고전 6:9-10)

알 것은 이것이니, 율법은 옳은 사람을 위하여 세운 것이 아니요 오직 불법한 자와 복종하지 아니하는 자와 경건하지 아니한 자와 죄인과 거룩하지 아니한 자와 망령된 자와 아버지를 죽이는 자와 어머니를 죽이는 자와 살인하는 자며 음행하는 자와 남색하는 자(arsenokoitai)와 인신 매매를 하는 자와 거짓말하는 자와 거짓맹세하는 자와 기타 바른 교훈을 거스르는 자를 위함이니 이 교훈은…복되신 하나님의 영광의 복음을 따름이니라. (딤전 1:9-10)

이것은 바울이, 우선은 하나님 나라와 그 다음으로는 율법 혹은 복음과 양립할 수 없다고 단언하는 추한 죄의 목록이다. 죄인의 그룹 중에서 한 그룹은 말라코이(malakoi)로, 다른 한 그룹은 (두 목록 모두에서) 아르세노코이타이(arsenokoitai)로 불린다. 이 단어들은 무엇을 의미하는가? 요점은 고린도전서 6:9-10에 열거된 열 가지 범주 모두('탐욕을 부리는 자'는 예외로 할 수 있겠지만) 행동으로 범죄한 자들—예를 들어, 우상숭배자, 간음하는 자, 도적—을 나타낸다는 것이다.

하지만 '말라코이'와 '아르세노코이타이'라는 두 헬라어 단어를 하나로 결합해서는 안 된다. 그것들은 "정확한 의미를 가지고 있다. 첫 번째 단어는, 문자적으로 '만지기에 부드러운'이라는 의미이며, 비유적으로는 그리스인들 사이에서 동성 간 성관계에서 수동적 역할을 하는 남성(반드시 소년인 것은 아니다)을 의미한다. 두 번째 단어는, 문자적으로는 '잠자리에 든 남자'라는 의미가 있고 그리스인들은 동성 간 성관계에서 적극적인 역할을 하는 쪽을 묘사하는 데 이 표현을 사용했다."[24] 로베르트 가뇽은 말라코이를 "부드러운 것"으로, 아르세노코이타이를 "다른 남자를 침대로 끌어들인 남자"[25]로 번역했다. 예루살렘 성경은 제임스 모팻을 따라 "남색 상대자"(catamite)와 "남색자"(sodomite)라는 추한 단어를 사용한 반면, 피터 콜먼은 결론에서 "아마도 바울은 고대 사회의 동성애 관행에서 가장 흔한 유형이었던 나이 든 남자와 사춘기를 지난 소년 간의 상업적 남색을 염두에 두고 있었을 것이다"[26]라고 주장했다. 만일 그렇다면, 다시 한 번 바울이 정죄한 것은 서로 동의하고 서로에게 헌신하는 성인들의 동성애와는 관련이 없다고 주장할 수 있을 것이다(그리고 그렇게 주장되어 왔다). 하지만 이것은 피터 콜먼이 내리는 결론은 아니다. 그는 다음과 같이 요점을 서술했다. "종합해 보면, 사도 바울은 동성애적 행동을 로마서에서는 이방인의 악으로, 고린도전서에서는 하나님 나라에 들어가지 못하게 막는 장애물로, 디모데전서에서는 도덕법에 근거해 부인해야 하는 범죄로 지목한다."[27]

내가 분류한 동성애적 행동에 대한 성경의 언급을 살펴볼 때, 우리는 그런 언급이 네 군데밖에 없다는 것에 동의해야 한다. 그렇다면 이 주제가 성경의 주된 취지와는 동떨어진 주변적인 것이라고 결론을 내려야 하는가? 더 나아가 우리는 이 언급들을 동성애적 생활 방식을 확고히 반대하는 근거로 보기에는 다소 빈약하다고 시인해야 하는가? 성경의 금기들은 "대단히 특별한 경우에 해당되는"[28] 것이며—손 대접을 범하는 것에 대한(소돔과 기브아), 종교 의식상의 금기에 대한(레위기), 수치스러운 성적 문란에 대한(로마서), 남창이나 젊은이들의 부패에 대한(고린도전서와 디모데전서)—이 본문 중 어느 것도 동성애적 지향을 가진 이들의 애정 관계를 정죄하지 않는다는 주장은 옳은가?

그렇지 않다. 이런 주장이 매우 그럴듯하게 들릴지는 모르지만, 우리는 성경 자료를 이런 식으로 다룰 수는 없다. 그리스도인들이 동성애 관행을 거부하는 것은 "고립되어 있고 분명치 않아서 얼마든지 논리를 뒤집을 수 있는 몇몇 증거 본문"(그렇게 말하는 사람들이 있다)에 근거한 것이 아니다. 성경에서 동성애 관행에 대한 부정적 인식은 창세기 1장과 2장에 나오는 인간의 성욕과 이성애적 결혼에 대한 긍정적인 가르침에 비추어 볼 때에만 제대로 이해할 수 있다.[29] 결국 성과 결혼에 관한 성경의 건전하고 긍정적인 가르침을 빠뜨리면 동성애 문제에 대한 우리의 관점은 빗나갈 수밖에 없다.

성경에서 말하는 성과 결혼

이 주제에 대한 연구를 시작하려면 창세기 2장에 나오는 결혼 제도에 대한 기사부터 살펴보아야 한다. 나는 이 책의 한 장을 결혼이라는 주제에 할애했고,

독자들은 동성 결혼도 언급하기를 바랄 수도 있다. LGCM 회원들은 이성 간 결혼과 동성애적 관계를 의도적으로 대비하므로, 이러한 대비를 정당화할 수 있는지 알아보아야 한다.

우리는 하나님이 그분의 섭리로 우리에게 창조에 대한 두 가지 다른 기사를 주셨다는 것을 보았다. 첫 번째 기사(창 1장)는 일반적인 것이며, 남성과 여성의 평등을 단언한다. 둘 다 하나님의 형상으로 지어졌으며, 함께 땅을 다스리는 청지기이기 때문이다. 두 번째 기사(창 2장)는 특수한 것이며 남성과 여성의 상호 보완성을 단언하는데, 그것이 이성애적 결혼의 기초를 이룬다. 창조에 대한 이 두 번째 기사에는 세 가지 근본 진리가 등장한다.

이성애적 성: 신적 창조

첫째, 인간은 반려자가 필요하다. "사람이 혼자 사는 것이 좋지 아니하니"(18절). 이 주장은 후에 사도 바울이 (분명 창세기를 반영하면서) 다음과 같이 썼을 때 제한을 받은 것이 사실이다. "남자가 여자를 가까이 아니함이 좋으나"(고전 7:1). 즉 결혼은 하나님이 정하신 좋은 제도이기는 하지만, 독신이라는 부르심 역시 어떤 사람들에게는 좋은 소명이라는 것이다. 그럼에도 일반적으로는 "사람이 혼자 사는 것이 좋지 아니하니" 하나님은 우리를 사회적 존재로 창조하셨기 때문이다. 그분은 사랑이시고 우리를 그분 자신의 형상으로 만드셨으므로, 우리에게 사랑하고 사랑받을 수 있는 능력을 주셨다. 그분은 우리가 혼자 외로이 사는 것이 아니라 공동체 속에서 살도록 하신다. 하나님은 이어서 "내가 그를 위하여 돕는 배필을 지으리라"고 하셨다. 게다가 "그를 위하여 돕는"(NIV에서는 '그에게 적합한 돕는 자' – 역주)이라고 공언하신 이 '배필' 혹은 반려자는 그의 성적 상대가 되어 그와 '한 몸'을 이루며, 그리하여 둘 다 그들의 사랑을 완성하고 그들의 자녀를 낳아야 했다.

이성애적 결혼: 신적 제도

아담에게 배필이 필요하다고 단언하고 나서, 적합한 상대를 찾기 시작하셨다.

동물들은 대등한 반려자로 적합하지 않으므로, 특별한 신적 창조가 일어났다. 성별이 구별되었다. 아담이라는 단일한 인간에게서 남자와 여자가 나왔다. 그는 자신의 반영물, 자신의 보완물, 바로 자신의 일부를 보았다. 남자에게서 여자를 창조한 후, 하나님이 몸소 그녀를 그에게 이끌고 오셨다. 마치 오늘날 신부의 아버지가 신부를 신랑에게 인도하는 것과 아주 비슷하다. 아담은 자기도 모르게 역사상 최초로 사랑의 시를 읊으면서, 마침내 자기 앞에 너무나 아름답고 자신과 너무나 닮아서 '그를 위해 만들어진' 것처럼 보이는(그녀는 실제로 그랬다) 피조물이 서 있다고 말했다.

이는 내 뼈 중의 뼈요
살 중의 살이라.
이것을 남자에게서 취하였은즉
여자라 부르리라. (창 2:23)

이 이야기에서 강조하는 것이 무엇인지에 대해서는 의문의 여지가 있을 수 없다. 창세기 1장에 따르면, 하와는 아담과 마찬가지로 하나님의 형상으로 창조되었다. 하지만 창세기 2장에서 그녀가 창조된 방식을 보면, 그녀는 무에서 만들어진 것도 아니고(우주처럼), '흙'에서 만들어진 것도 아니고(아담처럼, 7절), 아담에게서 만들어졌다.

이성에 대한 정절: 신적 의도

창세기 2장의 세 번째 위대한 진리는 그 결과 생겨난 결혼이라는 제도에 관한 것이다. 아담의 사랑의 시는 23절에 기록되어 있다. 24절에 나오는 '이러므로'는 해설자의 추론이다. "이러므로 남자가 부모를 떠나 그의 아내와 합하여 둘이 한 몸을 이룰지로다."

별로 예민하지 않은 독자라 해도 '살'(혹은 '몸')이라는 단어가 세 번 언급된 것에 깊은 인상을 받을 것이다. "이는…내 살 중의 살이라.…둘이 한 몸을 이룰지로다." 우리는 이것이 우연한 것이 아니라 의도적인 것임을 확신할 수 있을 것이다. 그것은 결혼 관계 안에서 이루어지는 이성 간의 성관계가 단순한 연합 이상의 것이라는 점을 가르쳐 준다. 그것은 일종의 재연합이다. 그것은 서로에게 속해 있지 않고 적절하게 한 몸이 될 수 없는 이질적인 사람들의 연합이 아니다. 그와 반대로 그것은 원래 하나였는데, 나중에 서로 분리되었다가, 이제 결혼 안에서 성관계로 다시 한데 결합하는 두 사람의 연합이다.

이성 간의 성관계는 육체의 연합 훨씬 이상의 것이다. 그것은 서로 보완하는 두 인격체가 융합하여 만연한 소외 속에서도 인간이 창조 때 누리던 풍성한 하나됨을 다시 체험하게 한다. 남성과 여성 성기의 상호 보완성은 훨씬 더 심오한 영적 상호 보완성을 육체적 차원에서 상징한다.

하지만 한 몸이 되고 이 신성한 신비를 체험하기 위해서는 특정한 사전 준비가 필요하다. 그것은 결혼의 구성 요소다. "이러므로"(24절),

"남자가"(단수는 결혼이 두 개인의 배타적 연합임을 나타낸다)
"부모를 떠나"(공개적인 사회적 행사를 염두에 둔 것이다)
"그의 아내와 합하여"(결혼은 애정으로 연합하는 헌신 혹은 언약으로, 이성 간에 이루어지는 영원한 것이다)
"한 몸을 이룰지로다"(결혼은 성관계에서 완성되어야만 하기 때문이다. 성관계는 결혼 언약의 표상이자 봉인이고, 그에 대해서는 일찍이 어떠한 수치나 당혹의 그림자도 드리워진 적이 없다, 25절).

후에 예수님이 결혼에 대한 이 구약의 정의를 지지하셨다는 것을 주목하는 것이 대단히 중요하다. 그러면서 그분은 창세기 1:27을 인용하며 시작하시고(창조주가 "남자와 여자를 창조하시고"), 그분 자신의 해설로 결론을 맺으셨다("그런즉 이제 둘이 아니요 한 몸이니 그러므로 하나님이 짝지어 주신 것을 사람이 나누지 못할지니라", 마 19:6). 그렇게 그분은 창조주 하나님의 활동에 대해 세 가지를 진술하셨다. 첫째, 하나님은 그들을 남자와 여자로

'만드셨다.' 둘째, 하나님은 남자가 자기 부모를 떠나 자기 아내와 연합하라고 '말씀하셨다.' 셋째, 하나님은 어떤 인간도 그들을 나누지 못하도록 하나로 '짝지어 주셨다.' 여기에 예수님이 확언하신 세 가지 진리가 있다. (1) 이성의 성은 신적 창조물이다. (2) 이성 간의 결혼은 신적 제도다. (3) 이성 간의 정절은 신적 의도다. 동성 간 간통은 이 세 가지 신적 목적을 모두 어기는 것이다.

고(故) 마이클 베시(Michael Vasey)는 자신의 책 「낯선 사람과 친구」(Strangers and Friends)[30]에서 복음주의 신앙과 동성애에 대한 지지를 결합하려 했다. 그러면서 그는 창세기 2:24이 핵가족이라는 가족 형태의 이상과 그것의 '우상화'와 '자기중심성'을 부과하는 데 사용되었다고 보았다.[31] 그는 예수님이 "그리스도인의 자유"를 위해 현 세계 질서의 일부인 결혼을 거부하셨다고 말했다. 가족을 억압적인 것이라고 공공연히 비난하면서, 동성애 관계를 또 하나의, 심지어 더 나은 선택 사항으로 보았다.

하지만 마이클 베시는 성경 자료를 자신의 목적에 맞게 곡해했다. 예수님이 독신이었던 것도, 독신은 일부 사람들을 향한 신적 소명이라고 가르치신 것(마 19:11, 12)도 그분이 결혼과 가정을 반대하셨다는 증거로 취할 수 없다. 결혼과 가정은 창조 질서에 속해 있기 때문이다. 창세기 1장과 2장에서 그려지는 가정이 부정적인 혹은 이기적인 의미에서 '핵'가족인 것도 아니다. 분명 예수님은 새 질서를 열고, 자신의 새로운 공동체를 자신의 가족이라고 칭하셨으며(막 3:34), 그분에 대한 충성과 친가족에 대한 충성 사이에 피할 수 없는 충돌이 일어난다면 그분에 대한 충성이 우선이어야 한다고 경고하셨다(마 10:37; 눅 14:26). 하지만 예수님과 그분의 사도들은 또한, 그리스도인에게 친가족에 대한 지속적인 의무가 있다고 주장했다. 거기에는 부모와 자녀 간의, 남편과 아내 간의 의무가 포함된다(예를 들면, 막 7:9-13; 엡 5:22-6:4). 새 창조는 옛 창조를 회복하고 구속한다. 그것은 옛 창조를 거부하거나 대체하는 것이 아니다. 우상에 대해 말하자면, 하나님이 주신 모든 좋은 선물이 우상이 될 수 있으며, 결혼과 가정도 포함된다. 하지만 그 자체로는 우상숭배적인 것도 우리를 종으로 만드는 것도 아니다. 하지만 동성애적 관계는 본질적으로 한 몸을 이루는 친밀함을 위한 맥락으로서의 하나님이 정하신 결혼과 양립할 수 없다.

그래서 성경은 하나님이 제정하신 결혼을 이성 간의 일부일처제라는 견지에서 규정한다. 그것은 한 남자와 한 여자의 연합으로, 공개적으로 인정되어야 하고(부모를 떠나는 것), 영구히 봉인되어야 하며(그는 '아내와 합'할 것이다), 육체적으로 완성되어야 한다('한 몸'). 그리고 성경은 다른 어떤 종류의 결혼이나 성관계도 그리지 않는다. 하나님이 다른 어떤 대안도 내놓지 않으셨기 때문이다.

그렇기 때문에 그리스도인들은 동성애적 성관계만 끌어 내어 특별히 정죄해서는 안 된다. 사실상 계시된 하나님의 의도에서 벗어나는 모든 성적 관계와 활동은 하나님을 화나게 하며, 그분의 심판 아래 놓인다. 여기에는 일부다처제와 일처다부제('한 남자-한 여자' 원리를 침해하는), 동거와 내연의 관계(확고하게 공적으로 부모를 떠나는 것이 포함되지 않으므로), 되는 대로 만나는 것과 일시적인 성관계, 간음과 이혼('합하는' 것, '사람이 나누지 못할지니라'라고 예수님이 금지하신 것과 충돌하는), 동성애 관계('남자'가 '자기 아내'와 합하라는 진술을 어기는)가 포함된다.

요약하면, 하나님이 의도하시고 성경이 생각하는 유일한 '한 몸' 체험은 남자가 '살 중의 살'이라고 인식하는 자기 아내와 이루는 성적 연합뿐이다. 캔터베리 대주교 조지 캐리(George Carey)가 1997년 2월 10일 버지니아 신학교에서 설교했듯이, "나는 성경에서나 전체 기독교 전통에서나 결혼 외의 성적 활동을 정당화하는 것을 전혀 발견할 수 없었습니다."

현대의 논증들에 대한 고찰

하지만 동성애자인 그리스도인은 인간의 성별과 이성 간의 결혼 제도에 대한 이러한 성경의 가르침을 받아들이지 않는다. 그들은 동성애 관계의 합법성을 변호하기 위해 여러 가지 반대 의견을 제기한다.

성경과 문화에 대한 논증

전통적으로, 성경은 모든 동성애적 행동을 정죄한다고 추정되어 왔다. 하지만 이 문제에 대한 성경 저자들의 말을 믿을 만하다고 여길 수 있는가? 그들 자신의 경험과 문화에 속박된 관점은 아닌가? 이러한 문화적 논증은 보통 한두 가지 형태를 띤다.

첫째, 성경 저자들은 자신의 상황에 관련된 질문을 다루었으며, 그들의 질문은 우리의 것과 상당히 달랐다. 소돔 이야기와 기브아 이야기에서 그들은 지금은 폐기된 고대근동의 손 대접 관례에 열중하거나, (설령 그 죄가 정말 성적인 것이었다 해도) 동성애적 윤간이라는 극도로 이례적인 현상에 몰두하거나 둘 중 하나였다. 레위기 율법의 관심사는 고대의 풍작 의식에 관한 것이었던 반면, 바울은 헬라 남색꾼들의 특정한 성적 선호에 대해 말했다. 모두가 너무나 시대에 뒤진 것이다. 성경 저자들은 그들 자신의 문화에 갇혀 있었기 때문에, 이 주제에 대한 그들의 가르침은 부적절하다.

둘째, 보완적인 문화적 문제는 성경 저자들이 우리의 문제를 다루지 않았다는 것이다. 그러므로 성경의 문제는, 성경이 무엇을 가르치는가 하는 문제일 뿐 아니라 무엇에 대해 침묵하는가 하는 문제이기도 하다. 바울은(구약 저자들은 차치하고) 프로이트 이후의 심리학에 대해 아는 바가 없었다. 그들은 '동성애적 성향'에 대해 전혀 들어 본 적이 없다. 특정한 관행들만 알았을 뿐이다. 그들은 '성도착증'과 '변태'의 구분을 이해할 수 없었을 것이다. 두 남자가 혹은 두 여자가 서로 사랑에 빠져서, 결혼에 비견할 만한 깊은 사랑을 나누는 안정된 관계로 발전할 수 있다는 개념 자체가 그들 머리에 도저히 자리 잡을 수 없었다.

이 주제에 대한 유일한 성경적인 가르침을 금지 본문들에서만 찾는다면, 이러한 반대 의견에 답변하기가 어려울 것이다. 하지만 그 본문들을 하나님의 결혼 제정과 관련해서 보면, 보편적으로 적용할 수 있는 하나님의 계시의 원리가 있다. 그것은 고대 근동과 1세기 그리스-로마의 사회·문화적 상황에 모두 적용할 수 있으며, 고대인들은 전혀 알지 못했던 현대의 성적 문제에도 똑같이 적용할 수 있다. 성경에서 금지 사항을 규정한 이유는 현대의 애정 깊은 동성애 관계 역시 정죄를 받아야 하는 이유와 동일하다. 즉, 그것들은 하나님의 창조 질서와 양립될 수 없다. 그리고 그 질서(이성 간의 일부일처제)는 문화가 아니라 창조에 의해 확립된 것이기 때문에, 영속적인 동시에 보편적으로 타당하다. 하나님이 창조하신 규범에서 '해방된다'는 것은 있을 수 없다. 참된 해방은 그 규범을 받아들여야만 누릴 수 있다.

이러한 논증은 게이 압력 단체들이 우리를 비난하는 근거인 '성경적 문자주의'에 반대된다. 그것은 오히려 성경의 금지 사항 기저에 깔려 있는 성별과 결혼에 대한 하나님의 계시의 중요한 실재를 보는 것이다. 예수님이 창세기 1장과 2장의 가르침을 승인하셨음에도 동성애 관계를 주창하는 사람들이 보통 그 장들을 논의에서 빼놓는다는 사실은 의미심장하다. 이제 게이 관계와 그들의 사회적 맥락을 좀더 깊이 있게 살펴보고, 그들이 열성적인 게이 관계를 지지하기 위해 사용하는 논증들을 살펴보아야 한다.

창조와 자연에 대한 논증

사람들은 이런 식으로 말한다. "내가 게이인 것은 하나님이 나를 그렇게 만드셨기 때문이에요. 그러니 게이는 분명 좋은 것이지요. 나는 하나님이 사람들을 동성애 성향이 있게 만들어 놓고 성적인 표현을 할 권리를 인정하지 않으신다고는 믿을 수 없어요. 그러므로 나는 창조된 내 모습을 긍정하고, 실로 경축할 작정이에요." 아니면 이렇게 말한다. "당신은 동성애 행동이 본성(자연)과 정상에 반하는 것이라고 말할지 몰라요. 하지만 그것은 나의 본성을 거스르지 않으며, 나에게는 조금도 비정상적인 일이 아니에요." 노먼 피텐거(Norman Pittenger)는 20년 전에 거리낌없이 이러한 논지를 피력했다. 그는 동성애적인 사람은 "'부자연스러운' 욕구와 습관을 가진 '비정상적인' 사람이 아니다"라고 썼다. 그와 반대로 "이성애 성향을 가진 사람은 이성애적으로 행동할 때 '자연스럽게' 행동하는 것이며, 동성애 성향을 가진 사람은 자신의 기본적이고 고유한 동성애적 욕구와 충동에 따라 행동할 때 똑같이 '자연스럽게' 행동하는 것이다."[32]

다른 사람들은 동성애 행동이 '자연스러운' 이유는 (1) 많은 원시 사회에서 그러한 행동을 충분히 수용할 수 있었기 때문이며, (2) 몇몇 발달된 문명 사회(예를 들면, 고대 그리스)에서는 그러한 행동을 이상화하기까지 했으며, (3) 동물학자들이 동물들에게는 그러한 행동이 상당히 널리 퍼져 있다고 주장하기 때문이다.[33]

어쨌든 이러한 논증들은 '자연스러운' 것과 '정상적인' 것에 대해 극도로 주관적인 견해를 표명한다. 우리는 "정상 혹은 자연스러움에 대한 영원한 기준은 없다"[34]는 노먼 피텐거의 진술을 받아들여서는 안 된다. 우리는 또한 짐승의 행동이 인간 행동의 기준이 된다는 데 동의할 수 없다! 하나님은 창조에 의해 성과 결혼의 규범을 확정하셨기 때문이다. 이것은 구약 시대에 이미 인식되었다. 그래서 짐승과의 성적 관계를 금했다. "이는 문란한 일"(레 18:23)이기 때문이다. 다시 말해 자연을 침해하거나 혼란케 하는 행위다. 이는 "자연법에 대한 감각이 싹틈"[35] 을 나타낸다. 주전 2세기 납달리 언약(Testament of Naphtali)에서도 소돔에 동일한 판결을 내렸다. "해와 별들이 그들의 배열을 바꾸지 않는 것처럼, 납달리 지파도 우상숭배의 무질서가 아니라 하나님을 순종해야 한다. 그들은 모든 피조물 가운데서 그것들을 만드신 주님을 인식하면서, 자연의 질서를 바꾸어 놓은 소돔이 되지 않아야 한다."[36]

로마서 1장에서 바울도 동일한 개념을 떠올리고 있었음이 분명하다. "순리 (natural relations)대로 쓸 것을 바꾸어 역리(unnatural ones)로 쓰는" 여자들과 "순리대로…쓰기를 버린" 남자들에 대한 대목에서, 그가 말하는 '자연'(*physis*)은 하나님이 확립하신 자연 질서를 의미한다(2:14, 27과 11:24에서처럼). 그러므로 바울이 정죄하는 것은 존 보스웰(John Boswell)이 주장했듯이[37] 이성애적 사람들이 본성을 거스르며 행한 왜곡된 행동이 아니라, '자연' 즉 하나님의 창조 질서에 반하는 인간의 모든 행동이었다. 리처드 헤이스(Richard B. Hays)

는 로마서 1장에 대한 존 보스웰의 주해를 철저히 반박하는 글을 썼다. 그는 '순리'(kata physin)와 '역리'(para physin)라는 대립이 "이성애 행동과 동성애 행동을 구분하는 방편으로 매우 자주 사용되었다"[38]는 당대 증거들을 충분히 제시했다.

영국의 주석가들은 그의 결론을 확증했다. 바레트가 말했듯이 "그[바울]가 언급하는 음란한 쾌락에는 사람들이 피조물로 창조주를 대신할 때 예상할 수 있는 창조 질서의 왜곡이 정확히 나타난다."[39] 마찬가지로, 찰스 크랜필드(Charles Cranfield)는 '순리'와 '역리'라는 바울의 말은 분명 "'창조주의 의도에 부합하는' 것과 '창조주의 의도에 반하는' 것을 의미한다. 또한 바울이 그 말(physis)을 사용한 결정적인 요인은 그의 성경적 창조 교리에 있다. 그것은 하나님의 창조물에 명백히 드러나며 사람들이 인식하고 존중하지 못한 데 대해 변명할 여지가 없는 질서를 나타낸다"[40]고 말했다. 로베르트 가뇽은 "동성애 관계가 하나님이 세우신 성의 경계와 이방인들의 순리에서조차 명백한 성의 경계를 벗어난다는 의미에서 순리를 '벗어난다'"[41]고 말한다.

또한 오늘날 몇몇 사람, 특히 영국 성공회 내의 사람들이 개진하는 다른 논증에 대해서도 우리는 창조 질서에 호소하여 대답해야 한다. 그들은, 초대 교회는 일차적 문제들과 이차적 문제들을 구분하여 전자에 대해서는 의견 일치를 주장하지만 후자에 대해서는 의견 일치를 강요하지 않고 자유를 허용했다는 점을 지적한다. 그들은 보통 그리스도인의 자유를 주장하며 할례와 우상에게 바친 고기를 예로 인용한다. 그러고 나서 동성애 관행을 이에 비견한다. 그러면서 동성애 관행이 서로에게 자유를 줄 수 있는 이차적 문제라고 시사한다. 하지만 사실상 그 두 가지 예에 대한 초대교회의 논증은 그저 허용하는 것이라기보다는 좀더 미묘했다. 예루살렘 공의회(행 15장)는 할례가 구원(일차적 문제)에 필요하지 않다고 명확히 판결했지만, 정책 혹은 문화(이차적 문제)로서 그것을 지속하는 것을 허용했다. 공의회는 또한 우상숭배는 금지했지만(일차적 문제), 우상에게 바친 고기를 먹는 것은 반드시 우상숭배적인 것은 아니며 그러므로 강하고 교육된 양심을 가진 그리스도인은 그 고기를 먹을 수 있다고(이차적 문제) 결정했다. 따라서 그리스도인의 자유가 허용되는 이차적인 문제들은 신학적인 것도 도덕적인 것도 아니고 문화적인 것이다. 하지만 동성애 관행은 그런 경우가 아니다.

또 다른 유례가 종종 나타난다. 여성 안수에 대한 토론이 최고조에 달했을 때, 총회는 교회가 두 입장(찬성과 반대) 가운데 하나는 옳고 다른 하나는 잘못되었다고 선포하도록 강요하지 말고, 그 두 입장 모두 나름대로 온전하다는 것을 인정하여 연합을 유지하기로 합의했다. 그 결과 우리는 '두 가지 온전함'과 더불어 살아가고 있다. 사람들은 동성애 관계에 대해서도 선택을 강요하지 않고 '두 가지 온전함'을 인정하면 안 되는 이유가 무엇이냐고 묻는다. 그 대답은 분명해야 한다. 여성 안수는 이차적인 문제라 해도(많은 사람이 부인할 것이다), 동성애 관계는 그렇지 않다. 결혼과 관련된 성은 사역과 관련된 성보다 훨씬 더 근본적인 문제다. 결혼은 하나님의 창조물이며 제도로, 처음부터 두 이성의 결합으로 인정해 왔기 때문이다. 그것은 하나님이 의도하신 바 인간 사회의 기본이며, 결혼의 성경적 기초는 명백하다. 뮌헨 대학교 신학 교수인 볼프하르트 판넨베르크 박사는 이 주제에 대해 거침없이 말했다. 그는 "동성애 관행에 대한 성경의 평가는 명확히 그것을 거부하는 것이다"라고 단언하고 나서, 동성 간 연합을 결혼과 대등한 것으로 인정하는 교회는 "더 이상 하나의, 거룩하고, 보편적이며, 사도적인 교회가 아니다"라고 결론을 내렸다.

관계의 질에 대한 논증

레즈비언과 게이 기독교 운동은 성경에서 사랑은 세상에서 가장 위대한 것(그것은 사실이다)이라는 진리를 빌려 오고, 1960년대의 '새로운 도덕' 혹은 '상황 윤리'에서 사랑은 모든 관계를 판단하는 적절한 기준이라는 개념(그것은 사실이 아니다)을 빌려 왔다. 하지만 오늘날 이 견해는 기반을 확고히 다져 가고 있다. 그것을 채택한 최초의 공식 문서 중 하나는 프렌즈 리포트(Friends' Report)의 "성에 대한 퀘이커 교도의 견해"(*Toward a Quaker View of Sex*,

1963)였다. 거기에는 "우리는 왼손잡이라는 것을 한탄할 필요가 없는 것처럼 '동성애자'인 것을 한탄할 필요가 없다"[43]는 말과 "분명 중요한 것은 관계의 특성과 질이다"[44]라는 말이 포함되어 있다. 마찬가지로 1979년에 감리교회의 사회적 책임 분과는 "인간의 성별에 대한 기독교적 이해"(*A Christian Understanding of Human Sexuality*)라는 보고서에서 "동성애적 활동"은 "본질적으로 잘못된 것은 아니다"라고 주장했다. "어떤 동성애 관계의 질은…이성 관계에 적용해 온 것과 동일한 판단 기준에 따라 평가해야 한다. 동성애를 하는 남성들과 여성들이 사랑으로 영속적인 관계를 지속하는 것은 성을 표현하는 적절한 기독교적 방식일 수 있다"[45]는 이유였다. 같은 해(1979년)에 한 영국 성공회 실무 분과는 「동성애 관계: 논의에 대한 기고」(*Homosexual Relationships: a contribution to discussion*)라는 보고서를 펴냈다. 그것은 퀘이커 보고서와 감리교 보고서보다 더 조심스럽고 사려 깊으며 반대 감정이 양립하는 것이었다. 그 글을 쓴 사람들은 수십 세기 동안의 기독교 전통을 거부할 수 없다고 느꼈다. 하지만 그들은 어떤 상황에서는 개인이 결혼 관계에 나타나는 것과 "비슷한" 교제와 성적 사랑을 추구하는 가운데 동성애 관계를 "타당하게 선택할" 수도 있음을 "부인할 수는 없다고 생각했다."[46] 남성 간의 관계든 여성 간의 관계든 동성애 관계가 서로 헌신하고 애정을 품고 신실하다는 특질을 띤다면, 분명(그 논지에 따르면) 그것은 좋은 것으로 긍정해야 하고 악한 것으로 거부해서는 안 되는 것인가? 그 관계는 사람들을 외로움, 이기심, 난잡한 성생활에서 구해 주며, 이성 간의 결혼과 마찬가지로 풍성하고 책임 있으며, 해방과 성취를 줄 수 있다.

1997년 봄에, 존 오스틴 베이커(John Austin Baker) 주교는 런던에 있는 세이트 마틴 인 더 필즈(St Martin-in-the-Fields)교회에서 행한 강연에서 이 논지를 자기 식으로 표현했다. 살리스버리의 주교였으며, 영국 성공회 교리 위원회 위원장이었고, 온건한 보고서인 「인간의 성 문제」(*Issues in Human Sexuality*, 1991)의 초고 작성 위원장이었던 그는, 명백히 방향을 전환함으로써 교회를 놀라게 했다. 그는 기독교 제자도의 목표는 "그리스도를 닮는 것", 즉 "그분의 인성의 특징이었던 가치관, 우선순위, 태도" 특히 사랑을 "기본으로 한 창조적 삶"이라고 올바로 천명했다. 그런데 결혼에서의 성은 "참된 사랑 만들기"가 될 수 있으며, "관능적 사랑은 동성 커플의 삶에도 동일하게 유익한 효과를 낼 수 있고 종종 그런 효과가 나타난다"고 말했다. 하지만 동성애의 특질에 대한 이 주장에는 결함이 있다. 그 이유는 세 가지다.

배타적 관계는 드물다

첫째, 동성애 관계에서 부부에 준하는 두 사람이 평생토록 정절을 지킬 수 있다는 개념은 대체로 신화이며 사실과는 모순되는 이론적 이상이다. 사실상 게이 관계는 정절보다는 난잡한 특징이 더 많다. 영국에서 14,600명을 대상으로 시행한 대규모 연구인 2001년 '전국 게이 남성의 성에 대한 조사'(The National Gay Men's Sex Survey 2001)에 따르면, 조사에 응한 게이 남성의 73퍼센트가 지난 한 해 동안 한 명 이상의 섹스 파트너가 있었다.[47] 이것은 이성애자 남성의 30퍼센트가 그런 것과 비교된다.[48] 토머스 슈미트(Thomas Schmidt)는 이렇게 말했다. "남성 동성애자 간의 난잡한 성생활은 단순한 고정관념이 아니며, 단순히 다수가 그러는 것만도 아니다. 그것은 사실상 그럴 수밖에 없는 일이다.…간단히 말해, 정절이라는 면에서나 지속성이라는 면에서나 이성 간의 결혼과는 사실상 도저히 비교할 수 없다. 비극적이게도, 동성애 관계에서 평생에 걸친 신실함이란 거의 존재하지 않는다."[49] 동성애와 에이즈에 대해 연구하는 주요 기관인 SIGMA는 "많은 남성은 한 상대와만 관계를 갖는 것보다는 독점적이지 않은 관계에서 훨씬 더 성취감을 느낀다"고 말했다.[50] 동성애 관계는 본질적으로 불안정한 듯하다. 관계의 질이라는 논증은 이치에 맞지 않는다.

게이 성관계는 해를 끼칠 수 있다

앞서 '세계의 빈곤'에 대한 장(6장)에서 에이즈에 대해 길게 썼다. 에이즈는 전세계적 현상이며, 종종 빈곤과 관련되어 있기 때문이다. 여기에서는 동성애자 공동체, 특히 남성 동성애자의 관행에 대해서만 말하겠다. 특히 남성 동성애자들이 고위험군인 이유는 그들의 성적 관행 때문이다.

동성애자들의 성적 관행에 포함된 해와 위험에 비추어 볼 때, 동성애 관계가 이성 간의 결혼에 준하는 사랑의 표현이라고 주장하기는 어렵다. 성적 문란의 정도와 본질 둘 다로 인해, 남성 동성애자들은 온갖 종류의 성병, 특히 에이즈와 간염, 직장암, 비바이러스성 전염병과 바이러스성 전염병에 걸리고 수명이 감소할 위험성이 높다. 어떤 질병들은 이성 간의 비슷한 행위로도 전염되는 것이 사실이다. 하지만 "이러한 건강상의 문제들은 동성애자들 가운데 만연해 있다. 그런 질병들은 문란한 성행위를 통해 그리고 동성애자들이 좋아하는 대부분의 관행들을 통해 쉽게 퍼지기 때문이다."[51] 동성애자들의 일반적인 성적 활동에 이러한 육체적 위험이 수반된다면, 진정 사랑하는 사이라면서 그런 해로운 행위를 할 수 있을까?

이런 위험들은 또한 콘돔을 사용한다고 해서 피할 수 있는 것도 아니다. 콘돔은 신뢰할 수 없는 피임 도구로 알려져 있기 때문이다. 앞에 나온 두 가지 의견은 다시 반복할 만하다. 에이즈 치료와 교육, 훈련 협회의 설립자 패트릭 딕슨은 그 문제를 이와 같이 요약했다. "콘돔은 성관계를 안전하게 만들어 주는 것이 아니다. 단지 좀더 안전하게 해줄 뿐이다. 안전한 성관계는 감염되지 않은 두 사람의 성관계다! 이것은 동정을 유지하고 있었으며 이제 평생 서로에게 헌신하는 두 사람 간의 평생에 걸친, 신실한 관계를 의미한다."[52] 미국 가톨릭 협의회(United States Catholic Conference)에서 나온 말을 인용하면 "결혼 밖에서는 금욕하고 결혼 안에서는 정절을 지키는 것과, 정맥을 통한 약물 남용을 피하는 것은, 에이즈 확산을 막는 도덕적으로 올바르고 의학적으로 확실한 유일한 방법이다."[53]

에이즈가 출현하면서 일부 지역에서는 동성애자들 사이에서 사망자가 속출했다. 1980년대에 에이즈는 "동성애자의 흑사병"이라고 불렸다. 그것이 주로 동성애자 집단을 강타한 듯 보였기 때문이다. 이제 우리는 에이즈가 남성이든 여성이든, 이성애자든 동성애자든, 어른이든 어린이든 어떤 사람이라도 감염될 수 있는 병임을 안다. 그것은 어떤 한 나라에 국한되지도 않으며, 이제 전 세계적으로 유행하는 병이어서, 넬슨 만델라는 그것을 "전 세계적 비상 사태"라고 불렀다. 그것은 주로 성관계 혹은 정맥을 통한 약물 사용(오염된 주사바늘로)으로 전염되는 것으로, 현대 의학으로 사망 시점을 10년 정도 지연할 수는 있지만 치료는 불가능한 병이다. 전염되면 HIV는 완전한 에이즈로 발전할 것이다. 그것은 신체의 면역 체계와 신경을 공격하고 손상을 입히고 특정한 치명적 질환에 대해 무방비 상태가 되게 만들면서 모습을 드러낸다.

에이즈 발병률은 동성애자들 집단에서 여전히 높다. UNAIDS에 따르면 "전 세계적으로 볼 때, 모든 HIV 환자의 5-10퍼센트는 남성들 간의 성적 전염으로 인한 것이다. 북미, 남미의 여러 지역, 유럽 대부분, 호주와 뉴질랜드를 포함한 세계 여러 지역에서, 남성들 간의 성관계는 HIV 전염의 주요 경로이며, 이 지역 HIV 환자 70퍼센트의 원인이 그것이다. 다른 곳에서는 2위에 해당한다. 하지만 모든 나라에서 남성 대 남성의 성관계 정도는 아마 과소평가되고 있을 것이다."[54] 가장 위험한 것은 항문 성관계다. 항문이 찢어질 수 있고, 바이러스가 쉽게 접근할 수 있는 작은 상처들이 생길 수 있기 때문이다. HIV는 구강 성관계를 포함한 다른 성적 행동을 통해서도 전염될 수 있으나, 빈도는 훨씬 낮다. 세계 여러 지역에서 남성들 간의 성관계는 감추어져 있으며 측정하기가 어렵다. 은밀히 행해지기 때문이다. 그렇기 때문에 그 존재가 종종 과소평가된다.

HIV/에이즈를 연구하는 공동체 내에서는 'MSM'이라는 명칭을 사용하게 되었다. 그것은 "남성과 성관계를 하는 남성"(men who have sex with men)이라는 뜻이다. 이는 에이즈에 대한 논의에서 일차적으로 중요한 것이 남성들의 성적 정체성이나 성향이 아니라 성적 관행 자체라는 인식을 반영한다. MSM 중에는 이성애자로서 일시적으로 다른 남성을 만나고 싶어 하거나, 그들이 사는 사회의 문화 때문에 동성애자임을 '커밍아웃'하지 못하는 사람들이 있을 것이다.

미국에서 1998년부터 2002년까지 에이즈로 죽은 사람들의 수는 50만

1,669명으로 추산된다. 그중 절반은 남성과 성관계를 한 남성이었다.[55] 이 집단의 발병률은 점차 줄어들고 있다. "미국 공중 보건 저널"(The American Journal of Public Health)에 따르면, 그것은 행동이 변화되었기 때문이 아니라 항레트로바이러스 요법이 점차 더 효과를 발휘했기 때문이다.[56] 미국에서는 해마다 약 4만 명의 HIV 감염자가 생겨나며, 남성이 70퍼센트, 여성이 30퍼센트 정도다.[57] 새로 감염된 사람들 중 절반은 25세 이하다.[58] 질병 관리 센터(Centre for Disease Control)는 미국에서 새로 감염된 남성들 중 약 60퍼센트가 동성 간 성관계를 통해 감염되었다고 추산한다.

HIV/에이즈에 대한 우리의 반응은 신학적·목회적·교육적인 것이어야 한다. 이러한 반응에 대해서는 6장에서 더 상세하게 설명해 놓았다. 그러므로 여기에서는 몇 가지 간략한(그리고 비슷한) 점만을 환기하고자 한다. 첫째, 우리의 반응은 신학적이어야 한다. 우리는 뿌린 대로 거둔다는 것을 상기해야 한다. 에이즈는 개인에 대한 하나님의 심판이 아닐 수도 있지만, 그리스도인은 그것을 우연으로 치부할 수 없다. 6장에서 말했듯이, 우리가 사는 세상에는 도덕적으로나 물리적으로나 원인과 결과의 과정이 있다. 뿌린 대로 거둔다는 의미다. 하나님의 도를 부단히 거부한다면, 예를 들어 우리의 양심이 무감각해져서 양심의 탄원에 덜 민감해질 수가 있다. 육체적으로 우리는 우리가 한 행동의 결과를 지고 살아야 한다. 우리가 성적으로 문란하다면 성병에 걸릴 위험을 감수해야 하고, 폭식가라면 심장질환이나 당뇨병에 걸릴 위험을 감수해야 한다. 우리의 행동에는 직면해야 할 결과들이 따른다. 그러므로 HIV/에이즈가 어떤 특정한 개인에 대한 하나님의 심판이라고 말할 수는 없을지 모르지만, "악을 선이라 하고 선을 악이라" 하면서 악행을 묵인하고 심지어 찬양하는 사회라면, 그에 대한 결과를 직면해야 한다(롬 1:18-32). 심판은 이 세상에서 이미 역사한다(요 3:18-21; 5:24-29).

둘째, 우리의 반응은 목회적이어야 한다. 제롬(Jerome)에게 전화를 건 한 미국인 에이즈 환자는 말했다. "저를 심판하지 마세요. 저는 이미 심판을 받으며 살고 있습니다. 내게 필요한 것은 당신이 내 이야기를 들어주는 것입니다."⁵⁹⁾ 지역교회들은 교회 안의 교제권과 더 광범위한 공동체 안에서 특히 에이즈 환자들에게 손을 내밀어야 한다. 우리는 호스피스 운동이 생겨난 것과, 처음에는 말기암 환자만 돌보았지만 점차 에이즈 환자들까지 돌보게 된 것을 전적으로는 아니지만 대체로 그리스도인들이 주도하여 이룬 데 감사할 것이다.⁶⁰⁾

셋째, 우리의 반응은 교육적이야 한다. 그리스도인들은 가장 인간적이고 기독교적인 방법으로 무지와 편견과 두려움과 성적으로 문란한 행동과 싸워 에이즈의 물결을 물리치는 전면적인 교육 프로그램을 선호할 것이다. 분명 질병의 확산을 돕는 현재의 자기만족과 무관심은 사실이라는 끊임없는 설득으로만 극복할 수 있을 것이다. 그런 예방 교육 프로그램에서 교회는 중대한 역할을 담당해야 한다. 현재의 위기는 다른 무엇보다 교회가 성도덕에 대해 하나님의 기준을 가르치고 모범을 보이지 못한 탓은 아닌가?⁶¹⁾ 우리는 다시 실패해서는 안 되고, 사회에 성적 절제와 신의를 지키도록 도전해야 하며, 용서와 능력의 원천이신 예수님을 제시해야 한다. 교회에 그들의 책임을 경각시키고, 교육 자료들을 제공하고, 지원 그룹을 격려하기 위해 몇몇 기독교 단체가 발족했다.⁶²⁾

무엇보다도 "에이즈 위기는 우리에게 행동하는 교회, 진리 가운데 있는 교회가 되도록, 치유하는 공동체가 되도록 깊은 도전을 한다." 실로 우리는 자기 의에 빠지기 쉬운 경향이 있기 때문에, "치유하는 공동체 자체가 그리스도의 용서로 치유받아야 할 것이다."⁶³⁾

사랑에는 율법이 필요하다

그리스도인들이 사랑의 질에 대한 논증을 받아들일 수 없는 첫 번째 이유가 배타적인 사랑이 드물다는 것이라면, 두 번째 이유는 동성애자들의 성관계가 해를 끼칠 수 있다는 것이며, 세 번째는 사랑에 율법이 필요하다는 것이다. 그리스도인들은 사랑만이 절대적인 것이라는 개념을 받아들일 수 없다. 사랑에는 그것을 인도해 줄 율법이 필요하기 때문이다. 도덕법은 폐기되지 않았다. 예수님과 그분의 사도들은 하나님 사랑과 이웃 사랑이 두 가지 큰 계명임을 강조하면서도, 다른 모든 계명을 저버리지 않았다. 도리어 예수님은 "너희가 나를 사랑하면 나의 계명을 지키리라"고 말씀하셨고, 바울은 "사랑은 율법의 완성[폐기가 아니라] 이니라"라고 썼다(요 14:15; 롬 13:8-10).

어떤 관계에서는 사랑의 질이 본질적이기는 하지만, 그 자체가 사랑의 진정성을 입증하는 충분한 판단 기준은 아니다. 예를 들어, 사랑이 관계의 진정성을 판단하는 유일한 기준이라면, 일부다처제에 반대할 이유는 아무것도 없을 것이다. 일부다처제는 분명 여러 명의 아내와 관계를 즐기는 것이기 때문이다. 내가 목회를 하면서 겪은 더 나은 예를 들어 보겠다. 결혼한 한 남성이 몇 번 나에게 찾아와서 매번 다른 여성과 사랑에 빠졌다고 말했다. 내가 그에게 부드럽게 충고하자 그는 이런 식으로 대답했다. "예, 동의합니다. 제게는 이미 아내와 가족이 있지요. 하지만 이 새로운 관계는 진짜예요. 우리는 서로를 위해 만들어졌다고요. 서로를 향한 우리의 사랑은 그 질이나 깊이나 이전에 한 번도 경험해 보지 못한 것입니다. 이건 옳은 것이 분명해요." 하지만 그렇지 않다. 나는 그 사람에게 그것은 옳지 않다고 말해야 했다. 어떤 남자도 다른 여자에 대한 사랑의 질이 더 풍성하다는 근거로 자기 아내와 맺은 결혼 언약을 깨는 것을 정당화할 수 없다. 사랑의 질은 선한 것 혹은 옳은 것을 측정하는 유일한 척도가 아니다.

마찬가지로, 우리는 동성애 관계가 사랑의 관계가 될 수 있다는 점을 부인해서는 안 된다(하나님이 정하신 이성의 보완성만큼 풍성할 수는 없지만). 1994년 램지 학회(Ramsey Colloquium)에서는 이렇게 말했다. "설령 왜곡된 사랑이라 해도 사랑의 숭고함을 약간은 지니고 있다."[64] 하지만 게이 관계에서 사랑의 질은 그 사랑을 정당화하기에 충분하지 못하다. 그것은 참된 사랑과 양립할 수 없다. 하나님의 율법과 양립할 수 없기 때문이다. 사랑은 사랑받는 상대방이 최고의 복지를 누리는 데 관심을 갖는다. 인간의 최고 복지는 하나님의 율법과 목적에 반항하는 것이 아니라 그것에 순종할 때 이를 수 있다.

레즈비언과 게이 기독교 운동의 일부 지도자들은 자신이 정한 논리를 따르고 있는 듯하다. '사랑'을 위해서라면 일부일처제도 버릴 수 있다고 말하기 때문이다. 예를 들면, 맬컴 매코트(Malcolm Macourt)는 게이 해방주의자들의 비전은 "다양한 삶의 유형"으로, 각자의 삶의 유형을 "사회에서 대등하게 존중받는" 것이라고 썼다. 그런 유형 가운데는 다음과 같은 것들이 있다고 했다. 일부일처제와 여러 파트너를 두는 것, 일생 동안 파트너로 지내는 것과 서로 성장할 동안만 파트너로 지내는 것, 동성 파트너와 이성 파트너, 공동체 안에서 사는 것과 작은 가정 단위에서 사는 것 등이다.[65] 어떤 사람들이 사랑이라는 이름으로 정당화하려는 것에는 한계가 없는 것 같다.

정의와 권리에 대한 논증

어떤 사람들이 사랑을 근거로 동성애 관계를 지지한다면, 또 어떤 사람들은 정의를 근거로 동성애 관계를 지지한다. 예를 들면, 케이프타운 대주교였으며 남아프리카공화국의 인종차별 정책을 반대하고 인종 평등을 용감하게 주창하여 전 세계적으로 추앙받았던 데스몬드 투투는, 동성애 문제는 단순한 정의의 문제라고 생각한다고 여러 차례 말했다. 다른 사람들도 이에 동의한다. 정의 논쟁은 이렇게 전개된다. "성별과 피부색, 인종이나 계층으로 사람들을 차별할 수 없는 것과 마찬가지로, 사람들의 성적 편향으로 그들을 차별할 수는 없다. 성경의 하나님은 정의의 하나님, 정의를 사랑하고 불의를 미워하는 하나님이기 때문이다. 그러므로 정의를 추구하는 것은 하나님 백성의 가장 중요한 의무가 되어야 한다. 노예, 여성, 흑인은 해방되었는데도, 게이 해방은 오랫동안 지연되어 왔다. 오늘날 게이의 권리를 주창하는 사람들은 1950-1960년대의 민권 활동가들에 필적한다. 우리는 그들의 대의를 지지하고 그들의 투쟁에 참여해야 한다."

억압, 해방, 권리와 정의 같은 말은 주의 깊게 규정해야 한다. '게이 해방'은 동성애자들이 억압(벗어나야 할)받고 있음을 전제로 하며, '게이의 권리'는 동성애자들이 부당한 행위(바로잡아야 할)를 당하고 있음을 암시한다. 하지만 그러한 억압, 그러한 부당 행위, 그러한 불의는 무엇인가? 그것이 성적 성향 때문에 사회 일각에서 무시와 거부를 당한다는 의미라면, 그들이 동성애 혐오증의 희생자라는 의미라면, 실로 그들은 교정해야 할 부당한 압박을 받는다고 할 수 있다. 하나님은 그러한 차별을 반대하시며 우리에게 모든 인간을 차별 없이 사랑하고 존중하라고 요구하신다. 그러나 그들이 불평하는 '부당한 행위' 혹은 '불의'가 동성애 관계를 이성 간 결혼의 합법적 대안으로 사회가 인정하지 않는 것을 말한다면, '정의'를 논하는 것은 부적절하다. 하나님이 주시지 않은 것을 인간이 '권리'라고 주장할 수 없기 때문이다.

노예, 흑인, 여성, 게이 간의 유비는 부정확하고 오해를 불러일으킨다. 우리는 그것들을 각각 창조주의 원래 의도에 따라 분명하게 규명해야 한다. 이전에도 성경을 근거로 노예제도와 인종차별을 정당화하려는 잘못된 시도가 있었지만, 그 둘 모두 인간이 평등하게 창조되었다는 진리와 근본적으로 양립할 수 없다. 성경은 남성과 여성이 대등하게 하나님의 형상을 지니고 있으며 환경의 청지기라고 천명함으로써 여성됨을 존중하며, 성경이 남성의 '머리됨' 혹은 책임을 강조하는 것을 이러한 평등성과 모순되는 것으로 해석해서는 안 된다(13장을 보라). 하지만 성경의 명백한 가르침에 따르면, 성관계는 이성 간의 결혼 안에서만 이루어져야 한다. 그러므로 동성애적 성관계는 신성한 권리이기는커녕 허용 가능한 대안으로도 간주될 수 없다. 참된 게이의 해방은(다른 모든 진정한 해방과 마찬가지로) 우리 자신의 도덕을 만들어내기 위해 하나님의 계시된 목적에서 벗어나는 것이 아니다. 그것은 오히려 하나님을 사랑하고 그분께 순종하기 위해 우리의 고집스러운 반역심에서 벗어나는 것이다.

수용과 복음에 대한 논증

어떤 사람들은 말했다. "분명 동성애자 그리스도인들을 받아들이는 것은 이성애자 그리스도인들의 의무다. 바울은 우리에게 서로를 받아들이라고, 실로 환영하라고 말했다. 하나님이 어떤 사람을 환영해 맞이하셨다면, 우리가 누구이기에 그를 판단한단 말인가?"(롬 14:1 이하; 15:7) 노먼 피텐거는 "기독교 복음의 전체 요지는 하나님이 우리를 사랑하시고 있는 모습 그대로 우리를 받

으신다는 것이다"라고 말했다.[66]

하지만 이것은 복음에 대한 대단히 혼란스러운 진술이다. 하나님은 실제로 우리를 '있는 모습 그대로' 받아 주시며, 먼저 우리가 스스로 선해져야 하는 것은 아니다. 하지만 그분의 '받아 주심'은 회개하고 믿는 모든 사람을 완전히 값없이 용서해 주신다는 의미이지 우리가 계속 죄를 짓는 것을 눈감아 주신다는 의미는 아니다. 또한 우리가 서로를 받아 주어야 하는 것도 사실이다. 하지만 동료 회개자와 동료 순례자로서 서로를 받아들이는 것이지 계속 죄를 짓겠다고 고집하는 동료 죄인으로 받아 주는 것은 아니다. 마이클 베시는 예수님이 '죄인들의 친구'로 불리셨다는(실제로 죄인들의 친구셨다) 사실을 중시한다. 우리와 같은 죄인에게 그분이 우정을 제의하신 것은 참으로 놀라운 일이다. 하지만 그분은 우리를 죄 속에 남겨 두기 위해서가 아니라 구속하고 변화시키기 위해 우리를 맞아들이신다. 우리가 하나님의 말씀과 뜻에 대해 마음을 강퍅하게 하면 하나님도 교회도 우리를 받아들인다는 약속은 적용되지 않는다. 심판만이 약속될 뿐이다.

믿음, 소망, 사랑

전체 성경 계시에 비추어 볼 때 동성애 관행을 정상으로 받아들일 만한 넓은 범주 안에 있는 변형이 아니라 하나님의 규범에서 일탈한 것으로 간주해야 한다면, 그렇기 때문에 동성애 성향을 지닌 사람들에게 동성애 관행과 동성 파트너를 포기하라고 요구해야 한다면, 그들이 이러한 요구에 반응하도록 어떤 조언과 도움을 줄 수 있을까? 바울이 말하는 믿음과 소망과 사랑을 동성애 성향을 지닌 사람들에게 적용하고 싶다.

믿음에 대한 기독교적 부르심
믿음은 하나님의 계시에 대한 우리 인간의 반응으로, 하나님의 말씀을 믿는 것이다.

첫째, 믿음은 하나님의 기준을 받아들인다. 이성 간 결혼에 대한 유일한 대안은 독신과 성적 절제다. 나는 이것이 의미하는 바가 무엇인지 안다고 생각한다. 알렉스 데이빗슨(Alex Davidson)이 쓴 감동적인 책「사랑의 보답」(The Returns of Love)은 동성애자가 독신 생활을 할 때 느끼는 고통을 이해하는 데 큰 도움을 주었다. 그는 "율법과 정욕 간의 이런 끝없는 긴장", "깊은 곳에 숨어 있는 이 괴물", "이 불타는 고통"에 대해 썼다.[67]

세상은 말한다. "성은 인간이 만족하는 데 필수적인 것이다. 동성애자가 동성애를 그만두기를 기대하는 것은 그들을 정죄하여 좌절시키고, 노이로제와 절망과 심지어 자살로 몰고 가는 것이다. 그들에게 정상적이고 자연스러운 성의 표현 양식을 부인하라고 요구하는 것은 도리에 어긋난다. 그것은 '비인간적이고 무정한'[68] 것이다. 실로 명확히 잔인한 짓이다."

하지만 그렇지 않다. 하나님의 말씀은 다르다. 성적 경험은 인간이 만족하는 데 필수적인 것이 아니다. 분명 그것은 하나님이 주신 좋은 선물이다. 하지만 모든 사람에게 주어진 것은 아니다. 그리고 인간됨에 필수 불가결한 것도 아니다. 바울 시대의 사람들은 그렇다고 주장했었다. 그들의 구호는 "식물은 배를 위하고 배는 식물을 위하나니"(성은 몸을 위하고 몸은 성을 위하나니, 고전 6:13)라는 것이었다. 하지만 이것은 사탄의 거짓말이다. 예수 그리스도는 독신이셨지만 온전한 인성을 지니고 계셨다. 그러므로 독신이면서 동시에 인간이 되는 것은 불가능한 일이 아니다! 게다가 하나님의 계명은 선한 것이며 고통스러운 것이 아니다. 그리스도의 멍에는 혼란이 아니라 쉼을 준다. 갈등은 그에 저항하는 사람들만이 느낀다.

기독교 제자도의 핵심은 우리가 예수 그리스도의 죽음과 부활에 참여하는 것이다. 영국 성공회 복음주의 협의회의 위임을 받은, 동성애 논쟁에 대한 "성 안드레의 날 선언서"(Saint Andrew's Day Statement, 1995)는 이것을 강조했다. 우리는 "십자가의 길을 따르도록 부름받는다." 왜냐하면 "우리 모두 여러 형태로 자기부인을 하라고 부름받기 때문이다. 병든 욕구와의 투쟁, 혹은 악의 없는 욕구가 그릇된 방향으로 가는 것과의 투쟁은 모든 그리스도인이 일상적으로 겪는 일로, 세례를 받을 때 의식적으로 짊어진 것이다." 하지만 투쟁 다음에는 승리가, 죽음 후에는 부활이 온다.[69]

그래서 궁극적으로 그것은 믿음의 중대한 분기점이다. 우리는 누구를 믿을 것인가? 하나님인가 세상인가? 우리는 예수의 주되심에 복종할 것인가 아니면 유행하는 문화의 압력에 굴복할 것인가? 그리스도인들의 참된 '성향'은 체질에 의한 우리의 모습(호르몬)이 아니라 선택에 의한 우리의 모습(마음, 정신, 의지)이다.

둘째, 믿음은 하나님의 은혜를 받아들인다. 하나님이 우리를 독신으로 부르신다면 금욕은 좋은 것일 뿐 아니라 가능한 일이다. 하지만 많은 사람이 이 사실을 부인한다. "우리의 성적 충동이 얼마나 절박하게 밀어붙이는지 알잖아요"라고 그들은 말한다. "우리에게 자신을 통제하라고 요구하는 것은 도저히 말이 안 돼요." 그것은 "거의 불가능에 가까워서 말할 가치도 없다"[70]고 노먼 피텐거는 썼다.

정말 그런가? 그렇다면 바울이 남창들과 동성애자들은 하나님 나라를 유업으로 받지 못할 것이라고 고린도인들에게 경고한 후에 한 말을 어떻게 보아야 하는가? 그는 "너희 중에 이와 같은 자들이 있더니 주 예수 그리스도의 이름과 우리 하나님의 성령 안에서 씻음과 거룩함과 의롭다 하심을 받았느니라"(고전 6:11)라고 외친다. 우리는 수많은 독신 이성애자에게 무엇이라고 말해야 하는가? 분명 결혼하지 않은 사람들은 모두 분투와 외로움이 주는 고통을 경험한다. 하지만 우리가 스스로 그리스도인이라고 하면서 어떻게 육체적 순결을 지키기가 불가능하다고 선포할 수 있는가? 순결은 현대 사회의 성적 강박 관념 때문에 지키기 더 힘들어진다. 우리가 세상의 그럴듯한 주장에 귀를 기울이거나, 자기연민에 빠지거나, 포르노 같은 것으로 상상력을 만족시켜서 그리스도의 주권이 미치지 않는 것 같은 공상의 세계로 가거나, 우리의 눈을 뽑아 버리고 손과 발을 잘라 버리라는, 즉 유혹의 통로를 냉정하게 차단하라는 그분의 명령을 무시한다면, 스스로 순결을 지키기 어렵게 만드는 것이다. 하지만 우리 '육체의 가시'가 무엇이든 간에, 그리스도는 바울에게 오셔서 말씀하신 것처럼 우리에게도 오신다. "내 은혜가 네게 족하도다. 이는 내 능력이 약한 데서 온전하여짐이라"(고후 12:9). 이를 부인하는 것은, 그리스도인들을 세상과 육체와 사탄의 무력한 희생자로 묘사하고, 그들을 인간 이하의 존재로 떨어뜨리는 것이다. 또한 하나님의 은혜의 복음을 부인하는 것이다.

소망에 대한 기독교적 부르심

나는 자제가 아니라 동성애자들의 성적 성향을 뒤집는 것으로서의 '치유'에 대해서는 지금까지 아무 말도 하지 않았다. 이러한 치유 가능성에 대한 기대는 대체로 동성애의 원인을 어떻게 이해하는가에 좌우될 것이며, 이 문제에 대해서는 아직 최종 합의에 이르지 못했다. 많은 연구가 시행되었으나 타고난 것이든 학습된 것이든 단 한 가지 원인을 밝혀내는 데는 실패했다. 그래서 학자들은 생물학적 기질(유전적이고 호르몬과 관련된)과 문화적·도덕적 영향, 아동기의 환경과 경험, 반복하여 강화된 개인의 선택 등을 결합하여 다중 원인 이론을 따른다. 제프리 세티노버(Jaffrey Satinover)는 자신의 연구를 상식에 호소하며 결론 맺었다. "한 사람의 기질과 특성들은 부분적으로는 타고난 것이지만, 경험과 선택으로 수정 가능하다."[71] 그렇다면 동성애가 부분적으로라도 습득된 것이라면, 그것을 버릴 수 있다는 말인가?

동성애의 원인에 대해 의견이 분분하듯이, '치유'의 가능성과 수단에 대해서도 서로 의견이 다르다. 이 문제는 사람들을 세 부류로 갈라 놓는다. 치유가 불필요하다고 생각하는 사람들, 치유가 가능하다고 생각하는 사람들, 불가능하다고 생각하는 사람들이다.

첫째, 우리는 많은 동성애자가 '치유' 또는 '치료'라는 말을 거부한다는 것을 인정해야 한다. 그들은 변화할 필요성을 느끼지 못하며, 변화하려는 마음이 전혀 없다. 그들은 자신들의 입장을 세 가지 확신으로 요약했다. 그들의 상태는 생물학적으로는 타고난(유전된) 것이고, 심리학적으로는 뒤집을 수 없는 것이며, 사회학적으로는 정상이라는 것이다.[72] 그들은 1973년에 미국 정신병학회(American Psychiatric Association) 이사들이 동성애를 공식적인 정신병 목록에서 삭제한 것을 위대한 승리로 간주한다. 마이클 베시는 이러한 결정은 일부 '자유주의자'들이 공모한 결과가 아니었다고 단언했다.[73] 하지만 사실은 바로 그랬다. 70년간 지속된 정신병리학적 견해가 과학이 아니라(아무런 새로운 증거도 제시하지 않았으므로) 정치에 의해 뒤집혔다.[74] 적어도 로마 가톨릭 교회는 감동을 받지도 확신하지도 못했다. 미국 주교들은 1986년의 "목회 서신"에서 동성애를 계속해서 "내인성 질환"(3항)이라고 묘사했다.

둘째, '치유'를 성적 성향의 전환으로 이해하여 치유가 불가능하다고 여기는 사람들이 있다. 웨스트(D. J. West)는 "지금까지 알려진 치료 혹은 처벌 방법 중 동성애를 행하는 거대한 성인 군단을 실질적으로 조금이라도 감소시킬 수 있는 것은 하나도 없을 것이다"라고 썼다. "사회 내에서 그들이 설 자리를 찾아내는 것이 더 현실적일" 것이다. 그는 동성애 행위를 '격려하는' 것은 아니지만 '허용해' 줄 것을 호소했다.[75]

하지만 이러한 견해들은 세속적인 사람들의 자포자기적 견해가 아닌가? 우리는 세 번째 입장을 피력하지 않을 수 없다. 그것은 적어도 어느 정도는 변화가 가능하다는 것이다. 그리스도인들은 동성애 상태는 하나님의 규범에서 벗어난 것이므로 창조된 질서의 표지가 아니라 타락한 무질서의 표지라는 것을 안다. 그렇다면 어떻게 그것을 묵인하거나 치유 불가능하다고 선포할 수 있는가? 그렇게 할 수는 없다. 문제는 그리스도인들이 중생을 통해서든 그 이후 성령의 역사를 통해서든 동성애의 '치유'가 이루어진다고 주장하지만, 그것을 실증하기가 쉽지 않다는 것이다.[76]

회심 전에 게이 세계에서 활발하게 활동했던 마르틴 할레트(Martin Hallett)는 그가 "동성애에서 벗어나는 그리스도의 방법"이라고 부르는 것을 경험하고 그것을 대단히 솔직하게 기록했다. 그는 자신이 여전히 취약하다는 것, 자신에게 안전장치가 필요하다는 것, 사랑에 대한 열망이 있으며 이따금씩 정서적 혼란을 겪는다는 것을 숨김없이 드러냈다. 나는 그가 자서전적인 책에 『나는 사랑을 배워 가고 있다』(*I am Learning to Love*)라고 현재 시제로 제목을 붙이고, "그리스도 안에서 온전함으로 향하는 개인적 여정"이라는 부제를 붙인 것을 기쁘게 생각한다. 그 책의 마지막 단락은 이렇게 시작된다. "나는 배웠다. 나는 배우고 있다. 나는 배울 것이다. 하나님과 다른 사람들과 나 자신을 사랑하는 법을. 이 치유 과정은 내가 예수님과 함께 있을 때에만 완성될 것이다."[77] 가장 최근에 쓴「여전히 사랑을 배워 가고 있다」(Still Learning to Love)라는 책에서, 그는 그 주제를 이어 간다.

트루 프리덤 트러스트(True Freedom Trust)는「간증」(Testimonies)이라는 소책자를 펴냈다. 거기에서는 동성애 그리스도인 남성들과 여성들이 그리스도께서 자신들을 위해 무엇을 해주셨는지를 증거한다. 그들은 그분 안에서 새로운 정체성을 발견했으며, 하나님의 자녀로서 새로운 인격적 성취감을 맛보고 있다. 그들은 하나님이 용서하시고 받아 주심으로 죄책감과 수치심과 두려움에서 해방되었으며, 내주하시는 성령의 권능으로 이전에 속박되었던 동성애적 생활 방식에서 해방되었다. 하지만 동성애적 성향에서 해방되지는 않았다. 그렇기 때문에 기쁨과 평화를 새로 얻기는 했으나 내적 고통이 어느 정도 계속된다. 여기에 두 가지 예가 있다. "나의 기도는 내가 바라던 대로 응답되지는 않았다. 그러나 주님은 사랑으로 내 모습 그대로 나를 받아 준 두 그리스도인 친구를 주심으로 나를 크게 축복하셨다." "사람들이 내게 안수하며 기도해 주었을 때 변태의 영이 나를 떠났다. 나는 그날 오후 내가 맛본 해방에 대해 하나님을 찬양한다.···나는 3년 이상 동성애 행위에서 자유로워졌다고 증거할 수 있다. 하지만 이성애자로 변화되지는 않았다."

미국에서 이전에 게이였던 사람들에 대한 사역에서도 비슷한 간증이 나온다. 그런 사역 단체들 중 200개 이상이 엑소더스 인터내셔널(Exodus International)이라는 연합에 속해 있다.[78] 팀 스태포드(Tim Stafford)는 1989년 8월 18일자 "크리스채너티 투데이" 지에서 그 사역 단체 중 몇 곳을 연구 조사한 것을 기술했다. 그의 결론은 '신중한 낙관주의'라고 볼 수 있다. 이전에 게이였던 사람들이 주장하는 것은 "그들의 성적 욕구가 180도로 순식간에 전환되었다는 것이 아니라 하나님과 관계를 맺은 남녀로서 자신을 영적으로 이해하면서 점진적인 전환"이 일어났다는 것이다. 그리고 이렇게 새로운 자기 이해는 "그들이 왜곡된 사고와 관계의 유형을 버리도록 도왔다. 그들은 변화되는 과정 중에 있는 사람으로 자신을 소개했다."

그렇다면 성향이 실질적으로 변화될 수 있다는 소망은 없는가? 엘리자벳 모벌리(Elizabeth Moberly)는 소망이 있다고 믿는다. 그녀는 연구를 통해 "동성애적 성향은 유전적 소인이나 호르몬 불균형 혹은 비정상적인 학습 과정으로 인한 것이 아니라, 부모-자녀 관계, 특히 인생의 초기에 이 관계에서 겪은 어려움으로 인한 것"이라는 견해를 갖게 되었다. 그녀는 이어서 "기저에 있는 원리는, 동성애자는—남성이든 여성이든—동성 부모와의 관계에서 뭔가 결핍을 겪었으며, 그에 대응해서 같은 성 혹은 '동성애적' 관계라는 매체를 통해 그러한 결핍을 보충하려는 충동이 있다"[79]고 말한다. 결핍과 충동은 한데 결합되어 있다. 동성의 사랑을 보상받으려는 충동 그 자체가 병적인 것은 아니다. 오히려 "그와 정반대다. 그것은 그러한 병리 증상을 해결하고 치유하려는 시도다." "동성애적 상태는 비정상적인 욕구를 수반하는 것이 아니라 통상적인 성장 과정에서 정상적으로 충족되지 못한 채 남아 있던 정상적인 욕구를 수반한다." 동성애는 "본질적으로 미완의 발달 혹은 욕구가 충족되지 않은 상태다."[80] 그러므로 적절한 해결책은, "성적인 활동 없이 동성에 대한 결핍감을 충족하도록 해주는 것이다. 성장 시의 결핍을 관능적으로 만드는 것은 정서적인 욕구를 육체적인 욕망과 혼동하기 때문이다."[81] 그렇다면 이런 욕구를 어떻게 충족할 수 있는가? 그 욕구는 정당한 것이다. 하지만 그런 욕구를 충족할 수 있는 정당한 수단은 무엇인가? 모벌리 박사는 "부모의 보살핌에 대한 대체 관계가 하나님의 구속 계획 안에 있다. 부모와의 관계가 그분의 창조 계획 안에 있는 것과 마찬가지다"[82]라고 대답했다. 깊고 다정하며 지속적인 동성과의 관계, 하지만 성적이지 않은 관계, 특히 교회 내에서 그런 관계가 필요하다. "사랑의 기도와 사랑의 관계가 기본적인 치료책이다.…사랑은 기본적인 문제요 커다란 욕구이며 유일한 참해결책이다. 우리가 그리스도의 치유하시고 구속하시는 사랑을 추구하고 전해 주려 한다면, 동성애자의 치유는 위대하고 영광스러운 현실이 될 것이다."[83]

그렇지만 심지어 그럴 때에도 육체와 마음과 영혼의 완전한 치유는 이 세상에서 이루어지지 않을 것이다. 어느 정도 결함이나 부조화가 우리 각자에게 남아 있다. 하지만 영원히 그러지는 않다! 그리스도인들의 시야는 이생에 속박되어 있지 않기 때문이다. 예수 그리스도가 다시 오고 계시다. 우리의 육체는 구속받을 것이다. 죄와 고통과 사망은 폐하여질 것이다. 우리와 우주가 둘 다 변혁될 것이다. 그때 우리는 우리의 인격을 더럽히고 왜곡하는 모든 것에서 마침내 해방될 것이다. 우리가 현재 어떠한 고통을 견뎌야 하든 이러한 기독교적 확신은 유익하다. 고통은 있지만 평강 가운데 있기 때문이다. "피조물이 다 이제까지 함께 탄식하며 함께 고통을 겪고 있는 것을 우리가 아느니라. 그뿐 아니라 또한 우리 곧 성령의 처음 익은 열매를 받은 우리까지도 속으로 탄식하여 양자 될 것 곧 우리 몸의 속량을 기다리느니라"(롬 8:22-23). 그래서 우리의 탄식은 새 시대가 태어나는 산고를 표현한다. 우리는 "현재의 고난은 장차 우리에게 나타날 영광과 비교할 수 없[도]다"(롬 8:18)라고 확신한다. 이러한 확신에 찬 소망은 우리를 붙들어 준다.

알렉스 데이빗슨은 동성애 와중에 기독교의 소망에서 위안을 얻었다. "이 상태에서 가장 비참한 것은 앞을 바라보았을 때 어쩔 수 없는 똑같은 길이 무한히 계속되는 것처럼 보이는 것이 아닌가? 그 안에 아무 의미가 없다고 생각할 때 반항하지 않을 수 없고, 그것이 무한정 이어진다고 생각할 때 절망하지 않을 수 없다. 바로 그 때문에 나는 절망에 빠지거나 반항심이 생기거나 둘 다일 때, 언젠가 그것이 끝나리라는 하나님의 약속을 상기하며 위안을 찾는다."[84]

사랑에 대한 기독교적 부르심

현재 우리는 '중간기', 우리가 믿음으로 붙잡는 은혜와 소망으로 예상하는 영광 사이의 때에 살고 있다. 그 둘 사이에 사랑이 놓여 있다. 하지만 일반적으로 교회는 동성애자들에게 바로 그 사랑을 보여 주는 데 실패했다. 짐 코터(Jim Cotter)는 "경멸과 모욕, 두려움, 편견과 억압의 대상"[85]으로 취급받는 것에 대해 씁쓸하게 호소했다. 노먼 피텐거는 "매도되는" 반응을 느꼈다고 했다. 동성애자들은 그리스도인이라고 공언하는 사람들에게조차 '더러운 짐승', '역겨운 변태', '저주받을 죄인' 등으로 무시당한다.[86] 릭터 노튼(Rictor Norton)은 더욱 날카롭게 말했다. "이제까지 동성애자들을 대하는 교회의 이력은 처음부터 끝까지 극악하다. 우리가 용서를 구해야 하는 것이 아니라 교회가 속죄를 해야 한다."[87] "동성애자의 권리" 운동으로 유명한 영국인 피터 더첼(Peter Thechell)은 이렇게 말했다. "성경과 동성애자들의 관계는 히틀러의「나의 투쟁」과 유대인들의 관계와 같다. 그것은 인간 대학살에 대한 이론과 실천이다."[88]

개인들이 동성애자들을 혐오하는 태도를 '동성애 혐오증'[89]이라고 부른다. 여기에는 불합리한 두려움, 적대감, 강한 반감이 혼합되어 있다. 그것은 동성애자들은 대부분 그들의 상태에 대해 책임이 없다는 점(물론 그들의 행동에 대해서는 책임이 있지만)을 간과한다. 그들은 의도적인 변태자가 아니므로 거부당해야 할 사람들이 아니며, 우리에게 이해와 동정을 받을 자격이 있다 (비록 많은 사람이 이것을 생색 내는 발언이라고 보지만). 리처드 러브레이스(Richard Lovelace)가 '이중의 회개', 즉 "게이 그리스도인들은 활동적인 생활 방식을 버리고 진지한 그리스도인은 동성애 혐오증을 버리라"고 요구한 것[90]은 당연하다. 데이비드 앗킨슨 박사가 다음과 같이 덧붙인 것은 옳았다. "우리가 그리스도인 동성애자에게 독신 생활을 하라고 그리고 관계들을 확대하라고 촉구할 수는 없다. 진정한 사랑으로 전자에 대한 지원과 후자에 대한 기회를 주지 않는다면 말이다."[91] 나는 오히려 레즈비언과 게이 기독교 운동이 존재하는 것 자체가 교회에 대한 불신을 표현하는 한 가지 표시라고 생각한다.

동성애 상태의 핵심에는 깊은 외로움, 상호적 사랑에 대한 자연스럽고 인간적인 갈망, 정체성 추구, 완전에 대한 열망 등이 자리잡고 있다. 동성애자들이 지역 "교회 가족"에게서 이러한 것들을 발견하지 못한다면, 우리는 계속해서 스스로 교회 가족이라는 표현을 쓸 권리가 없다. 반드시 동성애적 성관계의 따뜻한 육체적 관계와 차가운 고독의 고통 중에서 어느 하나를 선택해야 하는 것은 아니다. 세 번째 선택 사항, 즉 사랑과 이해와 용납과 후원이라는 기독교적 환경이 있다. 나는 동성애자들에게 자신의 성적 성향을 모든 사람에게 밝히라고 권면해야 한다고는 생각하지 않는다. 그것은 필요하지도 도움이 되지도 않는다. 하지만 그들에게는 심중을 털어놓을 수 있는 믿을 만한 친구가 적어도 한 명은 정말로 필요하다. 그 친구는 그들을 멸시하거나 거부하지 않고, 우정과 기도로 후원해 줄 것이다. 그 후원은 전문적이고 개인적이며 비밀이 보장되는 목회 상담일 수도 있고, 어쩌면 그에 덧붙여 전문가에게 지도를 받는 집단 치료일 수도 있으며, (모든 독신자의 경우처럼) 남성과 여성 모두와 맺는 따뜻하고 애정 넘치는 우정의 관계일 수도 있다. 동성 간의 우정은 성경에 나오는 룻과 나오미, 다윗과 요나단, 바울과 디모데의 경우와 마찬가지로 격려되어야 한다. 이들 중 어느 누구도 관능적인 의미에서 동성애자였다는 암시는 전혀 없다. 하지만 그들은 명백히 다정했으며, (다윗과 요나단은) 감정을 노골적으로 드러냈다(예를 들면, 삼상 18:1-4; 20:41; 삼하 1:26). 물론 분별 있는 안전장치가 중요한 요소일 것이다. 하지만 아프리카와 아시아 문화권에서는 두 남자가 어색해하지 않고 손을 잡고 거리를 걸어가는 것을 흔히 볼 수 있다. 서구 문화권에서 '동성애자'라고 조롱받거나 거부당할지 모른다는 두려움 때문에 동성 간의 풍성한 우정을 나누지 못하게 막는 것은 슬픈 일이다.

마이클 베시가 「낯선 사람과 친구」에서 가장 크게 공헌한 것은 우정을 강조했다는 점이다. "우정은 기독교 신앙에서 사소한 주제가 아니며, 삶의 비전에서 필수적인 것이다."[92] 그는 사회를 "애정의 띠로 결합된 우정의 연결망"이라고 본다. 또한 성경이 "언약의 개념을 결혼 제도에만 국한시키지 않는다"[93]는 것을 지적했다. 다윗과 요나단이 서로 언약을 맺은 것처럼(삼상 18:3), 우리 역시 특별한 언약적 우정을 맺을 수 있을 것이다.

동성 및 이성과의 이러한 관계들은 하나님의 가족 안에서 발전해야 한다. 그 가족은 우주적인 것이기는 하지만 지역적으로 표현된다. 그분은 각 지역 교회가 따뜻하고 용납하며 지지하는 공동체가 되게 하신다. 내가 말하는 '용납'은 '묵인'을 뜻하는 것이 아니다. 마찬가지로 '동성애 혐오증'을 거부하는 것 역시 동성애 행위에 대한 적절한 기독교적 반대 의사를 거부한다는 의미가 아니다. 그렇지 않다. 참된 사랑은 도덕적 기준을 지키는 것과 양립할 수 없는 것이 아니다. 그와 반대로 그것은 모든 사람의 유익을 위해 그런 기준을 역설한다. 그러므로 회개하기를 거부하고 동성애 관계를 고집스럽게 계속하는 사람들에게는 교회가 징계를 내려야 한다. 하지만 겸손하고 온유한 마음으로 시행해야 한다(갈 6:1-2). 우리는 남성과 여성 간에 혹은 동성애적 범죄와 이성애적 범죄 간에 차별을 두지 않도록 주의해야 한다. 공개적인 스캔들이 발생할 경우 내려야 하는 징계를 마녀 사냥과 혼동해서는 안 된다.

동성애자 그리스도인의 딜레마는 복잡하고 고통스럽기는 하지만, 예수 그리스도는 그(녀)에게(실로 우리 모두에게) 믿음과 소망과 사랑을 제시하신다. 그것은 그분의 기준과 그것을 유지하기 위해 그분의 은혜를 받아들이는 믿음, 현재의 고통을 넘어 미래의 영광을 바라보는 소망, 서로 돌보아 주고 지지하는 사랑이다. "그중의 제일은 사랑이라"(고전 13:13).

결론

17
기독교적 리더십에 대한 요구

현대 사회에는 지도자 기근 현상이 심각하다. 우리는 거대한 문제들에 직면해 있으며, 그 문제들 중 일부를 이 책에서 살펴보았다. 전 세계적으로, 여전히 대량 살상 무기, 널리 퍼진 인권 침해, 환경과 에너지 위기, 북반구와 남반구의 경제적 불평등이 존재한다. 사회적으로는 장기 실업, 노사 관계의 계속적인 갈등, 인종적 폭력 같은 비극이 있다. 도덕적으로 그리스도인들은 결혼과 가정의 안정을 침해하는 세력들, 성적 관습과 성 역할에 대한 도전, 요구하면 즉시 시행되는 낙태라는 부끄러운 행위에 불안을 느낀다. 영적으로는 물질주의가 만연하고 그에 대응하는 초월적 실재에 대해 완전히 감각을 상실한 현상을 덧붙일 수 있다. 많은 사람이 세상이 재앙을 향해 가고 있다고 경고한다. 그러나 우리에게 그것을 피하는 방법을 조언해 주는 사람은 거의 없다. 기술적인 비결은 풍성하지만, 지혜는 그에 미치지 못한다. 사람들은 혼란에 빠지고, 갈피를 잡지 못하고, 소외감을 느낀다. 예수님의 비유를 빌리면 우리는 "목자 없는 양" 같으며, 우리의 지도자들은 종종 "소경이 소경을 인도하는" 것처럼 보인다.

리더십의 종류와 정도는 다양하다. 리더십은 소수의 세계 정치가나 국가의 고관들에게 국한되지 않는다. 그것은 사회마다 다양한 형태를 띤다. 지역 교회와 공동체에서는 교역자가 지도자다. 가정에서는 부모가 지도자다. 학교에서는 교사가, 대학에서는 교수가 지도자다. 사업체와 산업체에서는 중역들이 지도자이며, 재판관, 의사, 정치가, 사회사업가, 노동조합 간부들은 모두 각자의 영역에서 지도자의 책임을 지고 있다. 언론에 종사하는 여론 형성가들—저술가와 극작가, 신문·잡지 기자, 시청각 방송인, 예능인과 제작자—도 마찬가지다. 그리고 학생 지도자들—특히 1960년 이래—은 나이와 경험을 능가하는 영향력을 발휘해 왔다. 이러저러한 모든 상황에서 더 선견지명이 있고 용감하며 헌신된 지도자가 매우 필요하다.

그러한 지도자는 타고나기도 하고 만들어지기도 한다. 미국 흑인 교육가 베니 굿윈(Bennie E. Goodwin)이 썼듯이, "잠재적인 지도자들은 타고나지만, 효율적인 지도자들은 만들어진다."[1] "위대함을 두려워하지 말라! 어떤 사람들은 위대하게 태어나고, 어떤 사람들은 위대함을 이룩하며, 어떤 사람들은 그들을 밀어붙이는 위대함을 가지고 있도다."[2] 셰익스피어의 유명한 대사다. 경영에 관한 책들에서는 '타고난 지도자들'(Born Natural Leaders: BNLs), 즉 강력한 지성, 성품, 인격을 부여받은 남성들과 여성들에 대해 언급한다. 우리는 오스왈드 샌더스(Oswald Sanders)가 말한 대로 기독교적 리더십은 "자연적 자질과 영적 자질의 혼합"[3] 혹은 자연적 재능과 영적 은사의 혼합이라고 덧붙이고 싶을 것이다. 그럼에도 우리는 하나님의 은사들을 연마해야 하며, 리더십의 잠재 가능성을 개발해야 한다.

그렇다면 일반적인 리더십과 기독교적 리더십의 표지는 무엇인가? 앉아서 다른 누군가가 주도권을 쥐기를 기다리는 것이 아니라 우리 자신이 주도권을 쥘 수 있는가? 다른 사람들이 따를 만한 길을 개척하는 데 필요한 것은 무엇인가?

리더십에 대한 갖가지 분석이 있지만, 나는 리더십에 다섯 가지 필수 요소가 있다고 말하고 싶다.

비전

"환상(vision)이 없으면 백성이 망한다." 이 말은 성경 흠정역에서 나왔으며 일반적으로 흔히 사용하는 속담이 되었다. 그리고 이것은 거의 분명히 히브리어의 오역이지만, 그럼에도 참된 진술이다.[4] 실로 "너희의 젊은이들은 환상을 보고 너희의 늙은이들은 꿈을 꾸리라"(행 2:17)는 것이 오순절 이후 시대의 특징이었다. 옥스퍼드의 몬시뇨르(Monsignor: 교황이 교황청의 고관이나 공적이 있는 신부에게 부여하는 존칭 – 역주) 로널드 녹스(Ronald Knox)는 다소 사색적이지만 비판적인 그의 책 「열정」(Enthusiasm)을 이렇게 결론지었다. "사람들은 비전 없이는 살지 못할 것이다. 우리는, 아주 다양하고 이상한 형태로 남아 있는 환상가들의 기록을 고찰하여 그러한 교훈을 되새기는 것이 좋을 것이다. 우리가 평범하고 고만고만한 차선책에 만족한다면, 용서받지 못할 것이다."[5]

하지만 '꿈', '환상', 꿈꾸는 자들과 환상가들이라는 말은 다소 비실제적이고 이 땅의 가혹한 현실과 동떨어진 것처럼 들린다. 그래서 더 딱딱하고 평범한 말을 사용하는 경향이 있다. 경영 전문가들은 우리에게 장기 목표와 단기 목표 둘 다를 세워야 한다고 말한다. 정치가들은 선거용 성명서를 발간한다. 군사 요원들은 전투 전략을 수립한다. 하지만 그것을 '목표'라고 부르든 '선언서'라고 부르든 '전략'이라고 부르든, 우리가 말하는 것은 바로 비전이다.

그렇다면 비전은 무엇인가? 그것은 보는 행위, 물론 통찰과 선견지명을 결합하여 풍부한 상상력으로 사물을 인식하는 것이다. 하지만 내가 그 단어를 사용하는 더 특별한 의미에서는, 현재 있는 것에 대한 깊은 불만족과 앞으로 될 수 있는 것에 대한 분명한 파악이 결합된 것이다. 그것은 현상에 대한 분개로 시작하여 대안에 대한 진지한 추구로 자라간다. 둘 다 예수님의 공생애에서 매우 분명하게 나타났다. 그분은 사람들의 질병과 죽음, 굶주림에 대해 분개하셨다. 그런 것들을 하나님의 목적과 맞지 않는 이질적인 것으로 인식하셨기 때문이다. 그래서 그런 것들에 희생된 사람들에게 긍휼을 보이신 것이다. 분노와 긍휼은 강력한 결집력이 있다. 그것들은 비전에, 그러므로 리더십에 필수 불가결하다(예를 들면, 요 11:32-37을 보라).

바비 케네디(Bobby Kennedy)가 1968년에 42세의 나이로 암살당한 사건은 사람들의 뇌리에 오래 기억될 것이다. 10년 후 그를 기리는 글에서 데이비드 브로더(David S. Broder)는 "그를 다른 사람과 뚜렷이 구분해 주는 자질은 도덕적 분개라고 부를 수밖에 없다. 그는 사람들이 대부분 불가피한 것으로 받아들이는 많은 상황에 대해 '그건 용납할 수 없어'라고 말했다.…빈곤, 문맹, 영양실조, 편견, 사기, 묵인. 그런 용인된 악 모두가 그에게는 개인적 모욕이었다."[6] 냉담(apathy)이란 받아들일 수 없는 것을 받아들이는 것이다. 리더십은 그렇게 하기를 단호히 거부하는 것에서 시작된다. 폴란드에서 결혼법이 선포된 후 조지 윌(George F. Will)이 1981년 12월에 썼듯이 "나를 격분하게 만드는 것은 격분이 존재하지 않는다는 것이다." 오늘날에는 하나님을 불쾌하게 만드는 악들에 대해 의로운 분개, 분노, 격분이 더욱 많이 필요하다. 하나님이 참을 수 없다고 생각하시는 것을 우리가 어떻게 참을 수 있는가?

하지만 분노가 그 분노를 불러일으키는 것을 치료하기 위한 적극적 행동을 일으키지 않는다면 헛된 것이다. "우리는 자신이 잘못이라고 믿는 것들을 반대해야 한다"고 로버트 그린리프(Robert Greenleaf)는 썼다. "하지만 아주 부정적인 태도로 다른 사람들을 지도할 수는 없다."[7] 로버트 맥나마라(Robert McNamara)는 1981년에 13년 동안 재직했던 세계은행 총재직을 은퇴할 때, 마지막으로 연례 모임을 주재하면서 조지 버나드 쇼(George Bernard Shaw)의 말을 인용했다. "여러분은 사물을 있는 그대로 보면서 '왜?'라고 묻습니다. 하지만 나는 지금까지 한 번도 없었던 것들을 꿈꾸면서 '그게 왜 없지?'라고 묻습니다."

역사를 보면 성경적인 예와 세속적인 예가 많이 있다. 모세는 이집트에서 동포인 이스라엘 사람들이 잔인한 억압을 당하는 데 경악을 금치 못했으며, 하나님이 아브라함과 이삭과 야곱과 맺으신 언약을 기억했고, 긴 생애 동안 "약속의 땅"에 대한 비전을 놓치지 않았다. 느헤미야는 페르시아에서 포로 생활을 할 때 거룩한 성의 벽이 무너졌으며 거민들이 매우 곤궁하다는 말을 들었다. 그는 그 소식을 듣고 가슴이 무너졌다. 하나님이 그가 할 수 있고 해야 할 바를 그의 마음속에 넣어 주시기까지는 그랬다. 그는 "자, 예루살렘 성을 중건하자"라고 말했고, 백성은 "일어나 건축하자"라고 대답했다(느 2:12, 17, 18).

신약 시대로 가 보면, 초대교회 그리스도인들은 로마의 힘과 유대인들의 적대감을 잘 알고 있었다. 하지만 예수님은 그들에게 "땅 끝까지 이르러" 자신의 증인이 되라고 말씀하셨다. 그분이 그들에게 주신 비전이 그들을 변화시켰다. 타르수스의 사울은 유대인들과 이방인들의 간극을 불가피하고 메울 수 없는 것으로 받아들이도록 양육받았다. 하지만 예수님은 그에게 이방 세계에 복음을 전하는 일을 위임하셨으며, 그는 "하늘에서 보이신 것(heavenly vision)을 거스르지 않았다." 실로 하나의 새롭고 화목된 인류에 대한 비전이 그의 마음과 생각을 너무나 강하게 사로잡아서, 그는 그것을 위해 노력하고 고난을 받고 죽었다(바울의 비전에 대해서는, 행 26:16-20; 엡 2:11-3:13을 보라).

우리 시대의 미국 대통령들은 '뉴딜'(경제 부흥과 사회 보장 증진 정책-역주)과 '위대한 사회'에 대한 고상한 비전을 가졌으며, 그들의 기대치가 완전히 실현되지 않았다고해서 그들의 비전이 비판을 받는 것은 아니다. 마르틴 루터 킹은 인종차별의 불의에 격분하여 자유롭고 다인종적인 미국에서 흑인들이 존엄하게 사는 꿈을 꾸었다. 그는 그 꿈을 이루기 위해 살고 죽었다.

공산주의자들이 초기에 경이적인 성공을 거둔 것(1917년 러시아 혁명이 일어난 이후 50년 이내에 세계의 3분의 1 이상을 손에 넣었다)은 의문의 여지 없이 그들을 따르는 사람들에게 더 나은 사회에 대한 비전을 불어넣을 수 있었기 때문이다. 이것은 1948년 3월 영국 공산당(20년간 회원이었던)과 "데일리 워커"(*Daily Worker*) 지의 뉴스 편집자 자리를 떠나 로마 가톨릭 교도가 된 더글러스 하이드(Douglas Hyde)가 깊이 숙고한 끝에 내놓은 의견이다. 그가 자신의 책 「헌신과 리더십」(*Dedication and Leadership*)에 붙인 부제는 "공산주의자들에게 배우기"였다. 그는 "왜 공산주의자들은 그렇게 헌신적이고 지도자로서 성공하는 반면, 다른 사람들은 그러지 못하는가?"라는 질문에 대한 대답으로 그 책을 썼다. 그는 이런 식으로 말했다. "무엇이 공산주의를 다른 것과 구분하는 특징이냐고 묻는다면, 공산주의자들이 가장 현저하게 공통적으로 지니고 있는 것이 무엇이냐고 묻는다면,…의심할 여지 없이 이상주의라고 말할 것이다."[8] 그는 이어서 말했다. 그들은 "억압되고 착취당하는 사람도, 어두움이나 무지나 퇴보도 없는" 사회, "상호 속임, 상호 적대감, 상호 살육, 전쟁과 같은 비합리적인 것들이 없는"[9] 새로운 사회를 꿈꾼다. 마르크스는 「포이어바흐에 대한 테제」(Theses on Feuerbach, 1888)에서 이렇게 썼다. "철학자들은 여러 가지 방식으로 세상을 해석했을 뿐이다. 하지만 요지는 그것을 변화시키는 것이다." 더글러스 하이드는 이렇게 해설했다. "세상을 변화시키라"는 표어는 "지난 120년간 가장 역동적인 것 중 하나임이 입증되었다.…마르크스는 「공산당 선언」(Communist Manifesto)을 이런 말로 결론 맺었다. '당신에게는 손에 넣을 세상이 있다.'"[10] 이러한 비전은 젊은 이상주의적 공산주의자들의 상상력과 열정에 불을 지폈다. 그 때문에 하이드는 20세기 전반부에 대해 "전 세계에 걸쳐 위대한 전투가 계속되고 있다는 것을 느끼도록 신병을 모집했으며" "이에는 자신의 나라, 자신의 도시, 자신의 이웃, 살고 있는 아파트의 층, 일하고 있는 공장이나 사무실이 포함된다"[11]고 썼다. "공산주의자들이 이례적인 희생을 할 준비가 되어 있는 한 가지 이유는 자신이 개혁 운동에 참여하고 있다고 믿기 때문이다"[12]라고 더글러스 하이드는 주장했다.

하지만 예수 그리스도는 칼 마르크스보다 훨씬 더 위대하고 영광스러운 지도자이시며, 기독교의 복된 소식은 공산당 선언보다 훨씬 더 급진적이고 더 큰 해방을 가져오는 메시지다. 복음 전도로 세상을 그리스도께 돌아오게 할 수 있으며, 사회 활동으로 그리스도를 훨씬 더 기쁘시게 할 수 있다. 그렇다면 왜 우리는 이러한 전망으로 가슴이 타오르지 않는가? 오늘날의 현상을 보고 그것을 좋아하지 않고(그 안에 하나님께 받아들여지지 않을 만한 것들이 있기 때문에), 그렇기 때문에 그것과 타협하기를 거부하고, 하나님이 더욱 기쁘게 받으실 만한 다른 사회를 꿈꾸며, 그에 대해 뭔가를 하기로 결정하는 그리스도인들이 있는가? "꿈이 없으면 많은 일이 일어나지 않는다. 뭔가 위대한 일이 일어나려면 위대한 꿈이 있어야 한다. 모든 위대한 업적의 배후에는 위대한 꿈을 꾸는 사람들이 있다."[13]

우리는 예수님에 대해 한 번도 들어 보지 못한 20억이나 되는 사람들과, 듣기는 했지만 복음에 반응할 기회를 한 번도 갖지 못한 또 다른 20억의 사람들을 마음의 눈으로 본다.[14] 가난하고 굶주리고 혜택받지 못한 사람들, 정치적·경제적·인종적 억압에 짓눌린 사람들, 낙태되어 한 줌의 재로 사라진 수많은 아기, 기후 변화라는 심각한 위험을 본다. 우리는 이런 것들을 본다. 그런데 이런 것들이 우리와 아무런 상관이 없는가? 우리는 현상을 본다. 하지만 앞으로 될 수 있는 모습은 보지 못하는가? 상황은 달라질 수 있다. 복음을 듣지 못한 사람들에게 예수님의 복된 소식을 전할 수 있다. 즉, 굶주린 사람들은 먹을 수 있고, 억압된 사람들은 해방될 수 있으며, 소외된 사람들은 다시 일어설 수 있다. 우리는 하나님의 목적과 능력에 대한 비전이 필요하다.

데이비드 블리클리(David Bleakley)는 그런 환상가들, "대안에 대한 '감'을 가진 사람들, 더 나은 세상을 만드는 것이 가능하다고 믿는 사람들"에 대해 썼다. 그는 그런 사람들을 "개척자", "우리의 지구를 사랑하는 사람, 하나님의 창조물에 대해 책임을 느끼는 사람, 하나님의 모든 백성의 삶에 참된 의미를 부여하고자 하는 사람"이라고 부른다. 그는 실로 그런 "개척자들은 우리 사회와 다른 사회에서 점차 크게 일고 있는 변화의 파도를 대표한다"[15]고 확신하며, 나 역시 그러하다.

근면

세상은 언제나 꿈꾸는 자들을 경멸해 왔다. "꿈 꾸는 자가 오는도다"라고 요셉의 형들은 자기들끼리 말했다. "자, 그를 죽여⋯그의 꿈이 어떻게 되는지를 우리가 볼 것이니라"(창 37:19 이하). 밤에 꾼 꿈은 아침의 차가운 빛 속에서 증발해 버리는 경향이 있다.

그래서 꿈꾸는 자들은 이제 생각하는 자들, 계획을 세우는 자들, 일하는 자들이 되어야 한다. 거기에는 근면 혹은 고된 노동이 따른다. 비전의 사람은 행동의 사람이 되어야 한다. 프레데릭 대제에게 천재란 무엇보다도 "수고를 아끼지 않을 수 있는 초월적인 능력"을 의미한다고 말한 사람은 18세기 스코틀랜드 작가 토머스 칼라일(Thomas Carlyle)이다. 천재를 "1퍼센트의 영감과 99퍼센트의 땀"이라고 정의한 사람은 전기를 발명한 토머스 에디슨(Thomas Alva Edison)이다. 모든 위대한 지도자, 특히 위대한 예술가들은 이것이 사실이라고 생각한다. 겉보기에 쉬운 듯한 그들의 업적 배후에는 가장 엄격하고 힘든 자기절제가 있다. 세계적으로 유명한 피아니스트 파데레프스키(Paderewski)는 좋은 예다. 그는 매일 몇 시간씩 연습했다. 그가 한 소절 혹은 한 마디를 완성하기 위해 50번씩 반복했다는 것은 잘 알려져 있다. 한번은 빅토리아 여왕이 그의 연주를 듣고 나서 그에게 말했다. "나의 파데레프스키여, 그대는 천재요." "그럴지도 모르지요, 전하. 하지만 저는 천재이기 전에 악착스러운 연습 벌레였답니다" 하고 그가 대답했다.[16]

이같이 비전에 근면을 덧붙이는 것은 역사의 위대한 지도자들이 보여 주는 분명한 특징이다. 모세가 젖과 꿀이 흐르는 땅을 꿈꾸는 것만으로는 충분하지 않았다. 그는 약속의 땅을 취하기 전에 이스라엘 오합지졸을 적어도 민족과 비슷하게 조직하여 광야의 위험과 역경을 뚫고 그들을 인도해야 했다. 마찬가지로, 느헤미야는 재건된 거룩한 성에 대한 환상에 고무되었다. 하지만 먼저 성벽을 재건하기 위한 재료들과 그것을 방어하기 위한 무기들을 모아야 했다. 윈스턴 처칠은 나치의 폭정을 몹시 싫어했으며, 유럽의 해방을 꿈꾸었다. 하지만 그 일에 드는 비용에 관해서는 환상에 잠겨 있지 않았다. 1940년 5월 13일 총리로서 하원에서 한 최초의 연설에서 그는 하원 의원들에게 자신이 "피와 수고와 눈물과 땀" 그리고 "수개월 동안의 투쟁과 고난 외에는 제공할 것이 아무것도 없다"고 통보했다.

비전과 근면의 결합은 더 일상적인 개인 생활에서도 똑같이 필요하다. 후에 자선 사업가 너필드(Nuffield) 경이 된 윌리엄 모리스(William Morris)는 자전거 고치는 일부터 시작했다. 그의 성공 비결은 무엇이었는가? 그것은 "창의적 상상력과 불굴의 근면성의 결합"[17]이었다. 그래서 꿈과 현실, 열정과 실용성은 한데 결합되어야 한다. 꿈이 없으면 캠페인은 방향과 열정을 잃어버린다. 하지만 노력과 실제적인 계획이 없으면 꿈은 공중으로 사라져 버린다.

인내

토머스 서클리프 모트(Thomas Sutcliffe Mort)는 19세기 초 호주 시드니에 정착한 사람으로, '모트 부두'는 그의 이름을 딴 것이다. 그는 호주에서 영국으로 고기를 수출할 수 있도록 냉장 문제를 해결하기로 결심했다. 그래서 3년간 그 일에 매달렸다. 하지만 그 일이 완성되는 데는 26년이 걸렸다. 그는 최초로 냉장된 고기를 선적한 배가 시드니 항을 떠나는 것을 볼 때까지 살아 있었다. 하지만 그것이 목적지까지 안전하게 도착했는지 확인하기 전에 죽었다. 그가 에지클리프에 지은 집은 지금은 시드니 영국 성공회 대주교가 사는 주교관이다. 서재 천장의 천장 돌림띠(실내에서 천장과 벽의 경계에 돌출한 부분—역주)에는 "참는 것이 성공하는 것이다"라는 말이 빙 돌아가며 20번 적혀 있으며, 현관 밖에 있는 돌에는 모트 가문의 가훈(그들의 프랑스 위그노 식 이름에서 나온 언어 유희)이 새겨져 있다. "죽도록 성실하라"(*Fidèle à ra Mort*, 불어의 mort는 죽음이라는 뜻이다—역주).

인내는 분명 리더십의 필수 불가결한 자질이다. 꿈을 꾸고 환상을 보는 것과, 꿈을 행동 계획으로 바꾸는 것은 별개다. 저항이 닥칠 때 참고 견디는 것은 또 별개다. 저항은 일어나게 마련이기 때문이다. 어떤 일을 추진하자마자 반발 세력들이 집결하고, 참호 속에 자신을 숨기고 있는 특권층은 더욱 깊이 파고 들어가며, 상업적 이익 집단은 위협을 느껴 경보를 발하고, 냉소적인 자들은 '공상적 사회 개혁론자들'의 어리석음에 코웃음 치고, 무관심한 냉담은 곧 적대감으로 바뀐다.

하지만 하나님의 참된 일은 저항이 있어도 추진된다. 그 은은 정련되며 그 철은 강해진다. 물론 비전이 없는 사람, 그저 캠페인의 추진력에 이끌려 온 사람들은 곧 포기할 것이다. 그래서 10년 전에는 체제에 저항하던 젊은이가 10년 후에는 보수적인 기성 체제가 되어 버린다. 젊은 반항아들이 중산층, 중년, 중도파의 평범한 사람들이 되어 버린다. 심지어 혁명가들도 일단 혁명이 끝나면 자신의 이상을 잃어버리는 경향이 있다. 하지만 진정한 지도자는 그렇지 않다. 그는 역경을 헤쳐 나가는 활기, 피로와 좌절을 극복하는 끈기, (존 모트의 인기 있는 말로 하면) "장애물을 디딤돌로 바꾸는"[18] 지혜가 있다. 진정한 지도자는 비전과 근면에 인내라는 미덕을 보태기 때문이다.

구약에서 모세는 이 점에서도 뛰어난 지도자다. 백성들이 그에게 '불평'한 적이 열두 번이며, 그가 감당하기 어려운 모반이 일어난 적도 여러 번 있었다. 이집트 군대가 그들을 위협했을 때, 물이 떨어졌거나 너무 써서 마실 수 없었을 때, 먹을 고기가 없었을 때, 정찰병들이 돌아와 가나안 요새가 강력하다는 불리한 보고를 했을 때, 속 좁은 사람들이 그의 지위를 질투했을 때, 바로 그런 때에 백성들이 그의 리더십에 불평하고 그의 권위에 도전했다. 평범한 사람이었다면 그들을 포기하고 비열한 상태 그대로 내버려두었을 것이다. 하지만 모세는 그렇게 하지 않았다. 그는 그들이 하나님의 언약에 의한 하나님의 백성으로서, 하나님의 약속에 따라 땅을 유업으로 받을 자들이라는 것을 결코 잊지 않았다.

신약에서 자신의 이상을 손상시키지 않고 자신의 기준을 타협하지 않은 채 생을 마감한 사람은 사도 바울이다. 그 역시 괴롭고 폭력적인 반대에 직면했다. 그 역시 심한 육체적 고통을 견뎌야 했다. 그는 여러 번 매질당하고, 돌에 맞고, 옥에 갇혔다. 그는 정신적으로도 고난을 받았다. 그의 가르침에 반박하고 그의 이름을 비방하는 거짓 예언자들이 그의 뒤를 밟았기 때문이다. 그는 또한 엄청나게 외로웠다. 생이 끝날 무렵 그는 "아시아에 있는 모든 사람이 나를 버린 이 일"과 "내가 처음 변명할 때에…다 나를 버렸[다]"(딤후 1:15; 4:16)는 것에 대해 썼다. 하지만 새롭고 구속받은 하나님의 사회에 대한 비전을 한 번도 잃어버린 적이 없으며, 그것을 선포하는 일을 한 번도 포기한 적이 없었다. 죽음 외에는 벗어날 길이 없는 지하 감옥에서 그는 이렇게 쓸 수 있었다. "나는 선한 싸움을 싸우고 나의 달려갈 길을 마치고 믿음을 지켰으니"(딤후 4:7). 그는 끝까지 참고 견뎠다.

최근 몇 세기 동안 윌리엄 윌버포스보다 인내의 본을 더 잘 보여 준 사람은 없을 것이다. 레지널드 커플랜드 경은 그에 대해 이렇게 썼다. 의회의 냉담함을 깨기 위해 사회 개혁가가 되려는 사람은 "무엇보다 광신자의 악덕은 없어야 하나 그의 미덕을 가지고 있어야 한다. 그는 명백히 한 가지에만 골몰하고 이기적이지 않아야 한다. 그는 반대와 조소를 직면할 만큼 강해야 하고, 장애물과 일이 지체되는 것을 견딜 만큼 견고해야 한다."[19] 윌버포스는 이러한 자질을 풍성하게 갖고 있었다.

그가 하원에서 최초로 노예 무역에 대한 발의안을 올리기로 결심한 것은 1787년이었다. 이 극악 무도한 교역은 3세기 이상 지속되고 있었으며, 서인도의 노예 주인들은 폐지를 끝까지 반대하기로 결정했다. 게다가 윌버포스는 그리 호감이 가는 외모가 아니었다. 그는 키가 작고 못생겼으며, 시력이 나쁘고, 들창코였다. 보스웰은 그가 연설하는 것을 듣고 "완벽한 새우"라고 말했다. 하지만 "지금 새우가 부풀어 올라 고래가 되었다"고 인정해야 했다.[20] 윌버포스는 1789년에 하원에서 노예 무역에 대해 이렇게 말했다. "그 악은 너무나 엄청나고, 너무나 지독하고, 너무나 교정하기 어려운 것처럼 보여서, 나는 폐지 쪽으로 완전히 마음을 굳혔습니다.···결과가 어떻든 나는 지금부터 폐지안이 통과될 때까지 결코 쉬지 않겠노라고 결심했습니다."[21] 그래서 노예 폐지 법안(노예 무역과 관련된)과 외국인 노예 법안(영국 배들이 노예 무역에 관여 하는 것을 금하는)이 1789년, 1791년, 1792년, 1794년, 1796년(이 즈음에는 폐지안이 윌버포스의 "국회 생활의 중대한 목표"가 되었다), 1798년, 1799년에 논의되었다. 하지만 그 법안은 모두 기각되었다. 외국인 노예 법안은 1806년까지 통과되지 못했고, 노예 무역 폐지안은 1807년까지 통과되지 못했다. 이 운동은 18년간 지속되었다.

나폴레옹 전쟁이 끝난 직후 윌버포스는 노예제도 자체의 폐지와 노예 해방에 힘을 쏟기로 했다. 1823년에 노예폐지협회(Anti-Slavery Society)가 결성되었다. 그 해에 두 번, 그 다음해에 두 번 윌버포스는 하원에서 노예들을 위해 탄원했다. 하지만 1825년에는 건강이 나빠져서 하원 의원직을 사임하고 재야에서 노예제도 폐지 운동을 계속해 나갈 수밖에 없었다. 1831년 그는 노예폐지협회에 보낸 메시지에서 이렇게 말했다. "우리의 좌우명은 계속해서 인내여야 합니다. 그리고 궁극적으로 나는 전능하신 하나님이 우리의 노력을 성공으로 보답해 주실 것이라고 믿습니다."[22] 하나님은 그렇게 하셨다. 1833년 7월에 노예제도 폐지 법안은 상하원에서 모두 통과되었다. 비록 노예 주인들에게 보상으로 2천만 파운드를 지불하라는 공약이 포함되기는 했지만. "하나님, 내가 살아서 영국이 노예제를 폐지하기 위해 2천만 파운드를 기꺼이 내주는 날을 보게 하시니 감사합니다"[23]라고 윌버포스는 썼다. 3일 후에 그는 죽었다. 아프리카인 노예들을 위한 45년간의 끈질긴 투쟁을 국가적으로 인정받아 그는 웨스트민스터 사원에 묻혔다.

그런데 주의할 것은 인내는 옹고집을 부리는 것과 동의어가 아니라는 것이다. 참된 지도자들은 비판에 무감각한 사람들이 아니다. 그와 반대로, 그들은 비판을 귀 기울여 듣고 비교 검토하며, 그에 따라 자신의 계획을 수정할 줄 안다. 하지만 그들은 하나님이 하라고 부르신 일에 대한 기본적 확신에 대해서는 동요하지 않는다. 어떠한 반대가 일어나든, 어떠한 희생이 수반되든 그들은 인내한다.

섬김

이 시점에서 한 가지 주의의 말을 덧붙여야겠다. '리더십'은 교회에도 세상에도 있는 개념이다. 하지만 리더십을 기독교와 비기독교가 똑같이 이해한다고 추정해서는 안 된다. 또한 세속적인 경영 모델을 기독교의 관점에서 면밀하고 비판적으로 살펴보지 않은 채 무조건 채택해서도 안 된다. 예수님은 완전히 새로운 유형의 리더십을 세상에 도입하셨다. 그분은 옛 것과 새 것의 차이를 이렇게 표현하셨다.

이방인의 집권자들이 그들을 임의로 주관하고 그 고관들이 그들에게 권세를 부리는 줄을 너희가 알거니와 너희 중에는 그렇지 않을지니, 너희 중에 누구든지 크고자 하는 자는 너희를 섬기는 자가 되고 너희 중에 누구든지 으뜸이 되고자 하는 자는 모든 사람의 종이 되어야 하리라. 인자가 온 것은 섬김을 받으려 함이 아니라 도리어 섬기려 하고 자기 목숨을 많은 사람의 대속물로 주려 함이니라. (막 10:42-45)

그러므로 예수님을 따르는 제자들에게 리더십은 지위(lordship)와 동의어가 아니다. 우리의 소명은 상관이 아니라 부하, 주인이 아니라 종이 되는 것이다. 모든 지도자에게는 어느 정도 권위가 부여되며, 그것 없이는 리더십을 발휘할 수 없는 것이 사실이다. 사도들은 예수님께 권위를 부여받았으며, 교회를 가르치고 징계하는 일 둘 다에서 그 권위를 발휘했다. 심지어 오늘날의 기독교 목사들—사도가 아니고 사도적 권위도 없지만—도 회중을 '다스리는'(over) 위치에 있기 때문에 그들을 '귀히 여겨야' 하고(살전 5:12-13), 심지어 '순종해야' 한다(히 13:17). 하지만 예수님이 강조하시는 것은 통치하는 지도자의 권위가 아니라 섬기는 지도자의 겸손이다. 그리스도인 지도자들이 다른 사람들을 지도하는 권위는 힘이 아니라 사랑, 무력이 아니라 모범, 강압이 아니라 이성에 근거한 설득이다. 지도자들은 힘을 가지고 있다. 하지만 힘은 자신을 낮추고 섬기는 사람들의 손에 있을 때에만 안전하다.

예수님이 지도자의 섬김을 강조하신 이유는 무엇인가? 부분적으로는, 분명 지도자가 처할 수 있는 위험이 교만이기 때문이다. 바리새인들의 모델은 예수님이 건설하시는 새로운 공동체에서 통하지 않을 것이다. 바리새인들은 '아버지', '선생', '랍비'와 같이 경의를 표하는 칭호를 좋아했다. 하지만 그것은 하나님을 불러야 할 호칭들을 가로챈 위반인 동시에 그리스도인의 형제애를 파괴하는 것이었다(마 23:1-12).

예수님이 지도자의 섬기는 역할을 강조하신 주된 이유는 다른 사람을 섬기는 것이 그들의 가치를 암묵적으로 인정하는 것이기 때문이다. 나는 최근 세상 사람들이 '섬김'의 리더십 모델을 빌려다가 잘못된 이유들을 붙여 추천하는 것을 보고 마음이 불편했다. 예를 들어, 경영 연구와 교육 분야의 전문가인 로버트 그린리프는 1977년에 「섬김의 리더십」(*Servant Leadership*)이라는 긴 책을 썼는데, 그는 그 책에 "합법적인 권력과 위대함의 본질에 대한 여정"이라는 흥미로운 부제를 붙였다. 그는 "지도자로서의 종"이라는 개념이 헤르만 헤세(Hermann Hesse)의 「동방 순례」(Journey to the East, 민음사)라는 책을 읽을 때 떠올랐다고 했다. 그 책에서 한 여행자 집단의 머슴인 레오는 결말에서 그들의 지도자였던 것으로 판명된다. 그린리프가 이끌어내는 '도덕적 원리'는 '위대한 지도자는 처음에는 종처럼 보인다'는 것이다. 좀더 자세히 들여다보자. "충성을 받을 만한 가치가 있는 유일한 권위는 지도자가 아주 명백하게 종의 모습을 띠는 것에 대해, 그리고 그에 비례하여 지도받는 사람들이 지도자에게 자발적으로 의식적으로 부여하는 권위다. 이 원리를 따르기로 하는 사람들은…종으로 입증되고 신뢰할 수 있기 때문에 지도자로 선택받은 사람들에게만 자발적으로 반응할 것이다."[24] 이 말이 사실임을 부인하지는 않는다. 지도자들은 먼저 섬김으로 명성을 얻어야 한다. 하지만 원리를 이같이 진술할 때 생기는 위험은 섬김을 또 다른 목적(어떤 사람이 지도자로서 자격을 갖추는 것)을 위한 수단으로만 여긴다는 것이며, 그러므로 실용적 유용성 때문에 섬김을 추천한다는 것이다. 하지만 예수님은 그렇게 가르치지 않으셨다. 그분에게 섬김은 그 자체가 목적이었다. 맨슨(T. W. Manson)은 그 차이를 아름답게 표현했다. "하나님 나라에서는 섬김이 고귀함으로 향하는 디딤돌이 아니다. 그것이 바로 고귀함이다. 인정받는 유일한 종류의 고귀함인 것이다."[25]

그렇다면 왜 예수님은 위대함을 섬김과 동일시하시는가? 우리의 대답은 인간의 내재적 가치와 관련된 것이어야 하지 않을까? 그것이야말로 그분 자신이 행하신 희생적인 사랑의 사역 기저에 놓인 전제였으며, 기독교적 관점의 필수적인 요소다. 인간이 하나님과 같은 존재라면, 그들은 착취당하는 것이 아니라 섬김을 받아야 하고, 조종당하는 것이 아니라 존중받아야 한다. 오스왈드 샌더스가 말했듯이 "참된 위대함, 참된 리더십은 자기를 섬기도록 인간을 강압하여 얻는 것이 아니라, 그들을 희생적으로 섬김으로써 얻는 것이다."[26] 또한 여기에는 리더십을 프로젝트와 프로그램이라는 견지에서 보는 위험도 있다. 리더십을 발휘하다 보면 필연적으로 이러한 것들도 개발될 것이다. 하지만 사람이 프로젝트보다 우선이다. 사람은 '조작되어서도'(manipulated) 심지어 '관리되어서도'(managed) 안 된다. 후자는 전자보다는 인간의 품위를 덜 떨어뜨리지만, 두 단어 모두 손을 뜻하는 '마누스'(manus)에서 유래했으며, 사람을 인격체로서가 아니라 상품으로 '다루는' 것을 나타낸다.

그러므로 그리스도인 지도자들은 섬겨야 한다. 실로 그들 자신이 이익을 얻기 위해서가 아니라 다른 사람들이 이롭도록 섬겨야 한다(빌 2:4). 이 간단한 원리는 과도한 개인주의, 극단적인 고립, 자기중심적 제국 건설에서 지도자를 구해 줄 것이다. 다른 사람들을 섬기는 사람은 팀으로 섬길 때 가장 잘 섬길 수 있기 때문이다. 팀을 이루어 지도하는 것은 독불장군식 지도보다 건전하다. 서너 가지 이유 때문이다. 첫째, 팀원들은 서로 강점을 세우고 서로 약점을 보충하면서 서로 보완한다. 모든 은사를 다 가지고 있는 지도자는 아무도 없다. 그러므로 어떤 지도자도 리더십의 모든 고삐를 자기 손에 쥐고 있으면 안 된다. 둘째로, 팀원들은 서로의 은사를 알려 주고 그 은사들을 개발하고 사용하도록 도우면서 서로 격려한다. 맥스 워렌(Max Warren)이 종종 말했듯이 "그리스도인의 리더십은 자기 주장을 내세우는 것과는 아무런 상관이 없으며, 다른 사람들이 자신을 주장하도록 격려하는 것과 크게 상관이 있다."[27] 셋째로, 팀원들은 서로에게 책임을 진다. 일을 분담한다는 것은 책임을 분담한다는 의미다. 그럴 때 우리는 서로의 말을 듣고 서로에게서 배운다. 인간 가족과 하나님의 가족(그리스도의 몸)은 결속하여 웅대한 권위에 대한 환상을 일찌감치 떨쳐 버렸다. "미련한 자는 자기 행위를 바른 줄로 여기나 지혜로운 자는 권고를 듣느니라"(잠 12:15).

이같이 기독교가 섬김을 강조하는 것에 비추어 볼 때, 제자는 자기 선생을 따르고 반영하려 할 뿐이다. 예수님은 만유의 주님이셨지만, 모든 사람의 종이 되셨다. 그분은 섬김의 앞치마를 두르시고, 무릎을 꿇고 사도들의 발을 씻기셨다. 이제 그분은 우리에게 그같이 하라고 말씀하신다. 우리 자신이 겸손으로 옷 입고, 사랑으로 서로를 섬기라는 것이다(요 13:12-17; 벧전 5:5; 갈

5:13). 겸손하고 즐거운 섬김의 정신을 보이지 않는다면 어떠한 리더십도 진정 그리스도를 닮은 리더십이 아니다.

훈련

모든 비전은 희미해지는 경향이 있다. 모든 환상가는 낙담하는 경향이 있다. 열정으로 시작한 힘든 일이 쉽게 고역으로 전락할 수 있다. 고난과 외로움이라는 대가를 치러야 한다. 지도자는 자신이 인정받지 못한다고 느낄 것이며 피곤해질 것이다. 겸손한 섬김이라는 기독교적 이상은 이론적으로는 멋지게 들리지만 비실제적인 것처럼 보인다. 그래서 지도자들은 이러한 독백을 할 수도 있다. "다른 사람들을 짓밟고 지나가는 게 더 빠르겠어. 그런 식으로 해야 일이 되지. 끝이 좋으면 수단이야 상관없잖아. 좀 타협하는 것도 정당화될 수 있어. 안 그래?"

지도자들은 분명 석고나 대리석이나 스테인드글라스로 만들어진 것이 아니라 피와 살로 만들어졌다. 피터 드러커(Peter Drucker)가 썼듯이 "강한 사람은 언제나 강력한 약점도 지니고 있다."[28] 심지어 성경 이야기에 나오는 위대한 지도자들도 치명적인 약점을 지니고 있었다. 그들 역시 타락했고, 오류가 있었으며, 연약했다. 의인 노아는 술에 취했다. 신실한 아브라함은 자신을 안전하게 지키기 위해 아내의 정절을 위태롭게 할 만큼 비열했다. 모세는 불같이 화를 냈다. 다윗은 밧세바를 두고 도덕적 반역을 행한 단 하나의 사건에서 간음, 살인, 도적질, 거짓 증거, 탐심을 저지름으로써, 십계명의 다섯 계명을 범했다. 예레미야의 외로운 용기는 자기연민으로 인해 손상되었다. 예수님이 역사상 가장 위대한 사람이라고 묘사했던 세례 요한은 의심에 굴복했다. 그리고 베드로가 성급하게 허풍을 떤 것은 깊은 개인적 불안을 은폐하는 수단이었다. 성경의 이러한 영웅들이 좌절했다면, 우리에게는 어떤 소망이 있단 말인가?

그리스도인 지도자의 마지막 표지는 훈련이다. 일반적인 자기훈련(자신의 열정과 시간과 에너지를 잘 다루는 것)뿐 아니라, 특별히 하나님을 기다리는 훈련이다. 그들은 자신의 약점을 안다. 그들은 자신의 과업이 중대하다는 것과 반대자들이 힘있다는 것을 안다. 하지만 그들은 또한 하나님의 은혜가 다함 없이 풍성하다는 것을 안다.

성경에서 많은 예를 들 수 있다. 모세는 하나님을 추구했으며, "사람이 그 친구와 이야기함같이 여호와께서는 모세와 대면하여 말씀하셨다." 다윗은 하나님을 자신의 목자, 자신의 빛과 구원, 자신의 반석, 자신의 생명의 능력으로 삼았으며, 깊은 비탄에 빠졌을 때에 "그 하나님 여호와를 힘입고 용기를 얻었다." 사도 바울은 그가 '육체의 가시'라고 불렀던 육체적 혹은 심리적 약점으로 괴로워하고 있을 때 예수님이 "내 은혜가 네게 족하도다"라고 말씀하시는 것을 들었으며, 자신이 약할 때에만 강하다는 것을 배웠다.

하지만 우리에게 주어진 최고의 모범은 우리 주 예수님이다. 사람들은 언제나 그분께 다가갈 수 있었다고들 말한다. 이는 사실이 아니다. 그분은 그렇지 않으셨다. 그분이 무리를 보내신 적이 있었다. 그분은 긴급한 것이 중요한 것을 밀어 내는 것을 거부하셨다. 정기적으로 공적 사역의 압력과 화려함에서 물러나셨다. 홀로 하나님 아버지를 찾고 힘을 다시 채우셨다. 마지막이 되었을 때, 그분과 그분의 사도들은 마지막 시험에 함께 직면했다. '그들은 그분을 버리고 도망갔는데, 그분은 어떻게 그처럼 평온하게 십자가로 가실 수 있었을까?' 나는 종종 자문해 본다. 그들이 잠을 자는 동안 기도하셨기 때문은 아닐까?(모세에 대해서는, 출 33:11; 신 34:10; 다윗에 대해서는, 시 23:1; 27:1; 삼상 30:6; 바울에 대해서는, 고후 12:7-10; 예수님에 대해서는, 막 4:36; 6:45; 14:32-42, 50을 보라)

"피곤한 자에게는 능력을 주시며 무능한 자에게는 힘을 더하시나니." 이는 하나님뿐이다. "소년이라도 피곤하며 곤비하며 장정이라도 넘어지며 쓰러지기" 때문이다. 하지만 "여호와를 앙망하는 자", 참을성 있게 그분을 기다리는 자는 "새 힘을 얻으리니 독수리의 날개치며 올라감 같을 것이요 달음박질하여도 곤비하지 아니하겠고 걸어가도 피곤하지 아니하리로다"(사 40:29-31). 하나님의 얼굴을 찾는 훈련을 하는 사람만이 그들의 비전을 밝게 유지할 수 있다. 그리스도의 십자가 앞에 사는 사람만이 자신의 내면의 불이 끊임없이 살아나고 꺼지지 않게 할 수 있다. 자신의 힘 때문에 강하다고 생각하는 지도자는 모든 사람 중 가장 딱할 정도로 약한 사람이다. 자신의 약점을 알고 인정하는 사람만이 그리스도의 힘으로 강하게 될 수 있다.

나는 기독교적 리더십 개념을 분석하려 애써 왔다. 그것은 다섯 가지 주요 요소로 이루어져 있는 것 같다. 즉, 분명한 비전, 성실한 노력, 끈질긴 인내, 겸손한 섬김, 강인한 훈련이다.

결론적으로, 우리는 특별히 무서운 두 가지 죄를 회개해야 할 것이다. 첫째는 비관주의다. 그것은 하나님의 명예를 실추시키고 기독교적 믿음과 양립할 수 없는 것이다. 분명 우리는 인간의 타락한 본성을 잊어서는 안 된다. 우리는 악이 만연되어 있는 것을 잘 안다. 우리는 그리스도께서 오셔서 그분의 온전한 통치를 확립하시기 전에 사회가 완전해질 것이라고 생각할 만큼 어리석지 않다.[20] 그럼에도 우리는 또한 하나님의 능력을 믿는다. 사회를 변화시키는 하나님의 복음의 능력을 믿는다. 우리는 순진한 낙관주의와 냉소적인 비관주의 둘 다를 버리고, 대신 성경의 냉정하지만 확신에 찬 현실주의를 견지해야 한다.

우리가 회개해야 하는 둘째 죄는 평범함과 그것을 용납하는 것이다. 특별히 젊은이들에게 이렇게 말하고 싶다. "평범한 것으로 만족하지 마세요! 하나님이 주신 온전한 잠재 능력에 못 미치는 것에 안주하지 마세요! 하나님을 위해 야망을 가지고 모험을 하세요! 하나님은 당신이 받은 유전적 재능과 양육과 교육으로 당신을 하나밖에 없는 독특한 존재로 만드셨습니다. 그분은 당신을 창조하시고 당신에게 은사를 주셨으며, 그분이 하신 일이 낭비되기를 원치 않으십니다. 그분은 당신이 좌절하는 것이 아니라 성취하기를 원하십니다. 그분의 목적은, 당신이 가지고 있는 것과 당신 존재의 모든 것을 그분을 섬기고 다른 사람을 섬기는 일에 충분히 발휘하는 것입니다."

이것은 하나님이 우리 각자에게 어느 정도 지도자 역할을 맡기신다는 의미다. 그렇다면 우리는 마음을 다해 그분의 뜻을 찾고, 우리의 삶으로 하라고 부르시는 것에 대한 비전을 달라고 부르짖으며, 하늘의 비전에 순종하는 데 신실하도록(꼭 성공해야 하는 것은 아니다) 은혜를 달라고 기도해야 한다.

그럴 때에야 우리는 그리스도께 모든 말 가운데 가장 듣고 싶은 말 "잘하였도다. 착하고 충성된 종아"라는 칭찬 듣기를 바랄 수 있다.

스터디 가이드

시작하기 전에

이 질문들은 주로 교회 소그룹과 학교 학급 등 그룹 연구에 활용하도록 만들었지만, 개인 성찰에도 유익하다. 효과적으로 토론하려면, 각 조원이 미리 관련된 장을 읽어 오는 것이 중요하며, 리더는 자료를 잘 소화하고 정해진 시간 내에 특히 어떤 주제를 토론할 만한지 어떤 질문을 추가하는 것이 도움이 될지 생각해 오는 것이 중요하다. 각 주제에 따른 토론의 목적은 제시된 성경적 가르침을 이해하고 적용하는 것이다. 이를 위해 기도로 토론을 시작하고 끝낼 것을 권한다.

1. 변화하는 세계: 그리스도인의 사회 참여는 필요한가?

1. 마태복음 4:23, 9:35과 사도행전 10:38을 읽으라. 당신은 복음 전도와 사회적 참여가 둘 다 그리스도인의 의무라는 데 어느 정도 동의하는가? 어느 하나를 더 강조할 때 얻을 수 있는 것이 있는가?

2. 사람들이 교회는 정치에 관여하지 말아야 한다고 말하는 것을 들을 때, 당신은 어떻게 반응하는가? 이 대답에 비추어 볼 때, 교회가 정치적 정책이

아닌 원리에만 관심을 가져야 한다는 데 동의하는가?

3. 민주주의는 기독교적 관점에서 볼 때 유일하게 합리적인 정부 형태인가?

4. 당신은 그리스도인이 사회에서 도피하기보다 사회에 관여해야 한다는 데 동의하는가? 당신은 어떤 식으로 주변 세상에서 고립될 위험이 있는가? 현재 교회에 헌신하느라 더 넓은 사회에 참여하지 못한다면, 어느 정도인가?

5. 노예제도를 돌아보면서 어떻게 그리스도인들이 그렇게 오랫동안 그것을 묵인했는지 의아한 생각이 드는 것처럼, 미래 세대의 그리스도인들은 우리가 묵살하고 있는 어떤 문제에 대해 우리를 비판할 것인가?

2. 복잡한 세계: 기독교적 사고는 독특한가?

1. 복잡한 윤리적 문제를 논할 때, 당신은 '한 가지 기독교적 견해'가 있다고 생각하는가? 아니면 기독교적 견해들이라는 범주가 있다고 생각하는가?

2. 당신은 하나님이 '신성한' 것뿐 아니라 '세속적인' 것에도 관심이 있으시다고 생각하는가? 당신이 일상생활을 할 때 취하는 태도와 결정들은 방금 당신이 한 대답을 실제로 반영하는가?

3. 아모스 1:3-2:8을 읽으라. 하나님이 각 민족에게 심판을 내리시는 주된 이유를 살펴보라. 하나님이 요즘은 당시보다 정의에 대해 덜 염려하실까?

4. 최근 뉴스를 하나 놓고, 창조·타락·구속·완성이라는 성경적 틀로 이해해 보라.

5. 과거에 그리스도인들이 지성을 사용하는 것은 영적이지 못하다고 주장하

는 것을 듣거나 어떤 경험을 해 본 적이 있는가? 그런 주장과 고린도전서 14:20을 견주어 보면 무엇을 알 수 있는가?

3. 다원적 세계: 그리스도인의 증거는 영향력이 있는가?

1. 다원주의란 무엇인가? 그것이 지닌 위험들은 무엇인가? 그것은 어떤 이점이 있는가?

2. 그리스도인들은 비기독교적인 국가에 기독교적 견해를 강요해야 하는가? 도덕적인 문제들에 대한 법률을 제정하려 하는 것은 역효과를 낼 수도 있는가? 하나님에 대한 죄를 국가에 대한 범죄로 삼고자 할 때 어떤 기준으로 결정해야 하는가?

3. 포스트모더니즘이 친구들과 동료들의 사고에 얼마나 스며들어 있는가? 절대적 진리는 없다는 포스트모던 견해를 버리도록 그들을 설득할 때 어려운 점은 무엇인가?

4. "우리는 그리스도인으로서 두려움이나 변명 없이 하나님의 율법과 하나님의 복음을 증거하도록 부름받는다." 당신이 사회에서 하나님의 가치를 옹호하는 말을 못하게 막는 두려움이 있다면 어떤 것인가? 이런 두려움은 어떻게 해결할 수 있는가?

5. 당신은 어떤 특정한 사회적 문제에 실제로 헌신하고 있는가? 교회에 당신의 이러한 헌신을 도울 어떤 그룹이 있는가? 없다면, 당신이 그런 그룹을 시작해 보는 것은 어떤가?

4. 전쟁과 평화

1. 최근에 일어난 충돌을 염두에 두고, 의로운 전쟁 이론의 원리들로 그 충돌

의 타당성에 대해 논하라.

2. 로마서 12:17-21을 읽고 나서 로마서 13:1-7을 읽으라. 원수를 사랑으로 섬기라는 명령과 악행자들을 벌하라는 명령 간에 모순처럼 보이는 것을 어떻게 조화시킬 수 있는가?

3. 창세기 9:6과 로마서 13:4을 읽으라. 이 본문들을 보면 필연적으로 살인자는 사형을 받아 마땅하다는 결론이 나오는가?

4. 재래식 병기를 무차별적으로 사용하는 것, 예를 들어 1945년의 드레스덴 '집중' 공격은 정당화될 수 있는가?

5. 영국과 미국이 우월한 재래식 무기로 무장한 침략군에게 패배할 가능성이 있기 때문에, 핵무기를 써서 세계를 핵전쟁에 몰아넣는 상황을 상상해 보라. 이 시나리오에서, 인간 문명 전체를 파괴하는 책임을 지는 것보다 억압적 체제하에서 모든 고난과 속박을 받으며 사는 편이 더 나을까?

5. 창조 세계를 돌봄

1. 환경에 대한 끔찍한 통계 수치를 들을 때 당신은 어떤 반응을 하는가? 당신은 환경을 보호하기 위해 삶의 방식을 어느 정도나 바꿀 생각이 있는가?

2. 당신은 창세기 1:26, 28을 성경적으로 해석하면 어떤 내용이라고 이해하는가?

3. "50년 마다 희년이 되면 모든 땅은 원래 소유주에게 돌려주어야 했다." 희년의 기초를 이루는 성경 원리는 어떤 것들이며, 이 원리들을 오늘날 어떻게 적용할 수 있는가?

4. 환경의 청지기직이라는 견지에서, 현재 세대는 미래 세대에게 어떤 빚을 지고 있는가? 지구 온난화와 교토 의정서에 대해 선진국과 개발도상국들이 취해야 할 적절한 반응은 무엇인가?

5. "동물들이 소유한 권리에 대해 말하기보다는 동물들에 대한 그리고 동물들을 위한 우리의 책임에 대해 말하는 것이 더 의미가 있다." 이 책임은 다음과 같은 것을 어느 정도나 포함하는가?
   (1) 가금류 방목과 유기농 고기 농장을 권장하는 것.
   (2) 사냥, 사격, 낚시 같은 야외 스포츠를 불법으로 규정하는 것.
   (3) 의료(그리고 미용 성형) 연구를 위한 동물 생체 실험을 방지하는 것.
   (4) 고기를 먹고 가죽 구두를 신는 것.

6. 개발과 원조

1. 당신은 "모든 문화는 존중받을 자격이 있지만, 모두 평등하게 보호하고 증진할 만한 것은 아니다"라는 말에 동의하는가?

2. 당신은 우리가 한 나라에 살기 때문에 우리나라에 세금을 내는 것처럼, 우리가 한 세계에 살기 때문에 국제적 세금도 기꺼이 내야 한다는 원리에 동의하는가?

3. 당신은 한 개인으로서 북반구와 남반구 간의 경제적 불평등과 싸우기 위해 무엇을 할 수 있으며 무엇을 할 준비가 되어 있는가?

4. "고린도후서 8:15에서 바울은 만나에 대한 구약의 본문에 호소한다. 하나님은 모든 사람에게 충분하게 공급하셨다. 식구가 많으면 많이 모았지만 너무 많이 모으지는 않았다. 전혀 남지 않았기 때문이다. 식구가 적으면 조금만 모았지만 너무 적게 모으지는 않았다. 전혀 모자라지 않았기 때문이

다. 각 가정이 충분하게 가졌다. 탐욕이 아니라 필요에 따라 모았기 때문이다." 현재의 생활 방식에 비추어 볼 때, 당신이 그 시기에 태어났다면 만나를 충분한 정도로 취하겠는가 아니면 더 많이 취하겠는가?

5. "우리 그리스도인들은 더 헌신적인 국제주의자가 되고자 애써야 한다." 그들의 나라에 대해 읽고, 가능하면 그들을 방문하고, 해외에서 온 방문객들을 우리 집에 환영해 들이고, 제2외국어를 배우고, 다른 문화권 사람들과 친구가 됨으로써 그렇게 해야 한다는 것이다. 당신은 이 말에 동의하는가? 만일 그렇다면 이러한 도전에 대한 응답으로 어떤 일을 하겠는가?

6. "바울이 '우리는 기회 있는 대로 모든 이에게 착한 일을 하되 더욱 믿음의 가정들에게 할지니라'(갈 6:10)라고 쓰면서, '더욱'이라는 말을 쓴 목적은, 불신자들을 배제하려는 것이 아니라 우리의 첫 번째 책임이 그리스도인 형제자매들에게 있음을 상기시키려는 것이었다." 우리 그리스도인은 기독교 자선 단체에만 헌금을 해야 하는가? 당신이 어떤 이유로 드리든 모든 헌금은 '희생적인' 것이라고 말할 수 있는가?

7. 인권

1. 당신은 윌리엄 템플이 "하나님에 대한 믿음에 기초하지 않으면 인간의 권리는 있을 수 없다. 하지만 하나님이 실재하신다면 또한 모든 사람이 그분의 자녀라면, 바로 그것이 모든 사람 하나하나의 참된 가치다"라고 한 말에 동의하는가?

2. (1) 욥기 31:13-15, 잠언 14:31, 에베소서 6:9을 읽으라. 이 본문들은 인간으로서 우리의 타고난 평등에 대해, 그리고 이것이 어디에서 유래한 것인지에 대해 무엇을 말해 주는가?

(2) "우리는 다른 사람들에 대한 우리의 태도에서 '편파적이지 않아야' 하며, 어떤 사람이 부자이거나 유명하거나 영향력이 있다고 해서 그 사람에게 특별히 경의를 표하지 않아야 한다." 이를 위해 우리는 무엇을 할 수 있는가?

3. 로마서 12:19-20, 고린도전서 6:7, 9:1-19, 빌립보서 2:6-7을 읽으라. 우리는 다른 사람의 권리를 지켜 주기 위해 자신의 권리를 얼마나 양보하는가? 이 구절들을 실천할 때 겪는 어려움들에 대해 논하라.

4. "오늘날 독재자들은 임의 체포와 구금을 … '국가의 안전'을 위해서라는 이유로 변호하려 한다. 성경의 예언자들이라면 어떻게 반응했을지 궁금하다." 쿠바 관타나모에 재판도 없이 죄수들을 억류해 놓았다가 뒤늦게 무혐의로 석방한 사례처럼, 성숙한 민주주의 국가가 비슷한 행동을 취할 때 우리는 어떻게 반응하는가?

5. 우리 사회 전역에서 개인의 권리와 자유는 커지고 있으나, 그리스도인이 성경적 견해를 표현할 권리는 그러지 않는 듯하다. 그리스도인은 어떻게 반응해야 하는가?

6. "교회는 인간의 존엄성과 평등을 변함없이 인정하고 서로에 대한 책임을 받아들이는, 세상 속의 한 공동체가 되어야 한다. 그 안에서는 다른 사람들의 권리를 추구하고 결코 침해하지 않는 반면, 자신의 권리는 종종 포기한다. 그 안에는 편애나 편파성이나 차별이 없다. 그 안에서 가난한 자들과 약한 자들은 보호받으며 사람들은 하나님이 만드시고 의도하신 모습을 충분히 발휘할 수 있다." 당신의 교회에서 이것을 더 현실화하기 위해 당신은 무엇을 할 수 있는가?

8. 노동과 실업

1. 창세기 1:28과 창세기 2:8, 15을 읽고, 타락 이전에 인간이 위임받은 임무에 관해 논하라. 특히,
   (1) 당신은 일을 수단으로 여기는가, 아니면 일 자체를 목적으로 여기는가?
   (2) 당신은 그리스도인들이 일과 예배를 서로 뗄 수 없이 얽힌 것으로 보아야 한다는 데 동의하는가?
   (3) 어떤 식으로 일이 당신 자신에게 성취감을 주고, 공동체를 유익하게 하며, 하나님께 영광이 되는가?

2. 당신의 교회는 당신의 일을 긍정하는가? 교회는 당신이 일을 통해 주님을 섬기기 때문에 당신이 "주께 하듯이" 일하도록 어떻게 격려하는가? 교회는 어떻게 당신을 더 잘 지원해 줄 수 있는가?

3. 직장 생활에는 많은 어려움이 있다. 예를 들면, 해고, 어려운 상사, 윤리적 딜레마 등이다. 당신이 직장에서 부딪힌 적이 있는 혹은 부딪히고 있는 어려움과 적절한 기독교적 반응은 무엇인지에 대해 토론해 보라.

4. 엿새 동안 일하고 하루는 안식하며 예배드리는 성경적 양식에 대해 논하라. 당신은 어떤 식으로 안식일을 특별하게 보내는가?

5. 일이 시간과 감정 면에서 너무 벅차서 가족들, 친구들과의 관계를 해치게 되었는가? 만일 그렇다면 올바른 반응은 어떤 것인가?

9. 비즈니스

1. 역대상 13:1-4을 읽으라. 이 본문은 의사 결정에 대해 무엇을 가르쳐 주며, 이러한 가르침은 사업의 맥락에서 실제로 어떻게 적용할 수 있는가?

2. 고위 중역과 보통 근로자 간의 급여 차이에 '정당한' 수준이라는 것이 있는가? 만일 있다면 그 정당한 수준은 시장에 의해 정하는 것이 좋은가, 회사 내부에서 토론을 거쳐 정하는 것이 좋은가, 아니면 법으로 정하는 것이 좋은가?

3. 당신은 고용주와 고용인 간의 협의와 협력이라는 개념을 환영하는가? 당신은 이 협력에 반드시 노동조합이 포함되어야 한다고 생각하는가? 당신의 근무지에서 고용인들의 유용한 아이디어들을 의사 결정 과정에 더 잘 통합할 방법은 무엇인가?

4. 이 장에서 말한 사랑과 정의의 원리를 활용해서, 실무팀에서 기량을 제대로 발휘하지 못하는 팀원을 다루는 '올바른' 방식에 대해 토론해 보라. 교회 혹은 기독교 기관에서는 좀더 관대한 접근을 해야 하는가?

5. 당신은 다국적 기업이 오늘날 세계에서 너무 많은 힘을 발휘한다는 조지 몬비엇의 분석에 동의하는가? 우리는 어떻게 반응하는가?

10. 인종 문제와 다문화 사회

1. 사도행전 17:22-31과 갈라디아서 3:28을 읽으라. 이 구절들은 다음과 같은 것들에 대해 무엇을 가르쳐 주는가?
   (1) 모든 인간의 기원과 인류의 하나됨.
   (2) 민족과 문화의 다양성, 그리고 그들에 대한 하나님의 주권.
   (3) 예수 그리스도의 궁극성.
   (4) 다른 나라의 그리스도인들과 우리의 관계.

2. (1) 당신이 인종차별적 태도를 마지막으로 경험한 것은 언제였는가? 그것은 어떤 형태였으며, 당신은 그에 대해 어떻게 도전하고자 했는가?

(2) 특정한 인종 집단 내에서 테러의 위협이 입증되었다면, 당국이 그 인종 사람들을 더 높은 비율로 '불심검문'하는 것이 정당한가? 언제 그런 행동이 인종차별로 변하는가? 그 인종 사람들 중 테러와 무관한 절대 다수 사람들의 자유를 보호하려면 어떤 안전장치가 필요한가?

3. 당신은 소수 인종 집단의 이민이 다른 사람들의 삶의 질을 떨어뜨렸다고 생각하는가? 일부 사람들이 이민자들에게 반발하는 이유는 무엇인가?

4. 서구 국가 정부들은 이민과 난민 정책에 어떻게 접근해야 하는가? 예를 들면,
(1) 완전히 개방해야 하는가?
(2) 신청자가 그 나라에 기여할 수 있는 능력에 기초해야 하는가?
(3) 신청자의 본국이 관련이 있는가?

5. 당신의 문화를 생각해 보라.
(1) 그 문화의 어떤 특정한 측면들이 특별히 죄로 오염되어 있는가?
(2) 요한계시록 21:24, 26을 읽으라. 거기에서는 새 예루살렘이 인간의 문화로 풍성해질 것이라고 선포한다. 당신의 문화에서 어떤 긍정적인 측면들을 즐길 수 있고 하나님께 영광을 돌릴 수 있는가?

6. 어떤 식으로 당신의 교회는 그리스도의 몸의 보편성과 다양성을 보여 주고 강조하는가? 이것을 개선하기 위해 당신은 어떻게 도울 수 있는가?

11. 경제적 불균형

1. 당신은 비참한 가난을 경험하거나 목격한 적이 있는가? 그것은 당신에게 어떤 영향을 미쳤는가? 그러한 영향은 얼마나 오래 지속되었는가?

2. 다음의 구약 율법을 따르는 것 배후에 있는 원리들과 그에 해당하는 현대

의 원리들은 무엇이며, 이 현대의 원리들을 오늘날 실천해야 하는가?

(1) 농부들은 그들의 밭에서 '밭 모퉁이까지' 곡물을 다 거두지 말아야 한다.

(2) 3년마다 농산물의 10분의 1을 가난한 사람들에게 주어야 한다.

(3) 7년마다 밭을 휴경해야 한다.

3. '적자생존'이 존재 이유인 자본주의 경제에서, 그리스도인들은 어떻게 '가장 약한 자들을 보호'하라는 성경적 관점을 지지할 수 있는가?

4. 사무엘상 2:8과 시편 113:5-9을 읽으라. 당신은 하나님이 가난한 자들을 옹호하고 그들을 물질적 빈곤에서 구해 내는 고유한 성품을 지니셨다는 데 동의하는가?

5. 가난한 사람들과 결속하고, 더 많은 자원을 구제에 쓰기 위해 당신의 생활을 더 검소하게 바꾼 것(혹은 적어도 '검소한' 생활을 하는 것)이 있는가? 이것은 특별히 기독교 리더십에 속한 사람들이 실천해야 하는가?

12. 여자와 남자

1. 당신은 페미니즘을 어떻게 정의하겠는가? 당신은 그것의 어떤 측면들에 동의하고, 어떤 측면들에 동의하지 않는가?

2. 창세기 1:26-28, 신명기 32:18, 이사야 66:13, 마태복음 23:37을 보라. "하나님은 인류를 그분의 형상으로 만드실 때 남자와 여자로 만드셨으므로, 하나님안에 인간의 '남성'뿐 아니라 '여성'에 해당하는 무엇이 있다고 말한다면 지나친 것일까?"

3. 누가복음 7:36-50, 8:1-3, 요한복음 4:4-30, 8:1-11을 읽으라. 각 본문에서 예수님이 여성들을 대하신 태도를 보고, 널리 퍼져 있던 전통을 어떻게 깨

뜨리셨는지 검토해 보라.

4. 고린도전서 11:3-12, 14:34-35, 갈라디아서 3:28, 에베소서 5:22-33, 디모데전서 2:11-15을 읽어 보라. '남성의 머리됨'에 대한 바울의 가르침은 오늘날 어떻게 적용해야 하는가?
   (1) 결혼 생활에서.
   (2) 교회에서의 가르침과 리더십에서.
   (3) 더 광범위한 사회에서.

5. 그리스도께서 교회를 얼마나 사랑하셨는지 잠시 생각해 보라. 당신 교회의 남편들이 "그리스도께서 교회를 사랑하심같이"(엡 5:25) 자기 아내를 더 사랑하도록 어떻게 격려할 수 있는가?

13. 결혼, 동거, 이혼

1. 마태복음 5:31-32, 19:2-12을 읽으라. 당신은 이혼한 사람들이 교회에서 재혼할 수 있어야 한다고 생각하는가? 배우자가 외도하여 이혼했는지 아닌지에 따라 다르다고 생각하는가?

2. 고린도전서 7:10-16을 읽으라. 당신은 다음 두 주장에 어떻게 반응하는가?
   (1) 10절과 11절은 특별한 권위를 가지고 있다. 그것들은 '바울'이 아니라 '주님'이 명하신 것이기 때문이다.
   (2) 예수님은 단 한 가지 근거로만 이혼을 허용하셨다. 그렇지만 바울은 또 한 가지를 추가했다.

3. (1) 당신은 "동거를 결혼에 이르는 디딤돌이라고 보기보다는 결혼에 못 미치는 것으로 보는 것이 더 정확하고 더 유익하다"는 말에 동의하는가?
   (2) 그리스도인은 그리스도인이 아니며 자신을 비판적이라고 생각할 수

있는 친구들에게 동거의 결점들에 대해 말해야 하는가?

4. 그리스도인 커플이 결혼 전에 동침할 때 목회적으로 어떻게 접근하는 것이 가장 좋은가?

5. 당신의 교회는 어떤 식으로 다음과 같은 사람들을 더 잘 격려하고 도울 수 있는가?
   (1) 결혼한 사람들이 자신들의 결혼을 견고히 하도록.
   (2) 독신자들(한 번도 결혼하지 않은 사람들)과 이혼한 사람들.

14. 낙태와 안락사

1. 다음 본문들을 읽으라. 시편 139:13-16, 욥기 31:15, 시편 119:73, 시편 22:9-10, 예레미야 1:5, 이사야 49:1, 5, 누가복음 1:41, 44.
   (1) 당신은 임신부터 출산까지의 어떤 단계에서 하나의 세포 혹은 세포 덩어리가 인간이 된다고 생각하는가?
   (2) 당신 자신의 삶을 돌아볼 때, 어느 시점에서 당신은 '당신'이 되었다고 생각하는가? 에베소서 1:4이 이 점에서 도움이 되는가?

2. 당신은 다음 두 진술 중 어느 것에 동의하는가? 그 대답은 '성관계 후에 먹는 경구용 피임약'에 대한 당신의 견해를 어떻게 반영하는가?
   (1) "융합을 하는 그 순간부터 태아는 '사람의 특성'을 지니고 있으며, 그렇기 때문에 우리가 태아를 돌보는 일에 헌신해야 한다."
   (2) "융합하는 순간 수정란은 생물학적 생명과 놀라운 잠재력의 레퍼토리를 지닌다. 하지만…그것은 두뇌 발달로 자기 감독이 가능해질 때 비로소 권리를 소유하고 보살핌을 요구하는 한 사람이 된다."

3. 1990년에 영국에서 낙태 시한은 28주에서 24주로 줄어들었다. 현대 의학

으로 23주째 된 아기가 태어나도 살 수 있다. 이 사실에 비추어볼 때, 시한을 더 줄여야 할까?

4. 낙태는 다음과 같은 경우에 정당화되는가?
    (1) 임신부의 생명이 위태로울 때.
    (2) 임신부 혹은 기존의 자녀들의 육체적·정신적 건강에 해를 끼치는 것을 피하기 위해.
    (3) 심각한 장애를 발견한 경우.
    (4) 강간이나 근친상간으로 임신한 경우.

5. 여성 4명 중 1명이 낙태를 한 적이 있다는 보고에 비추어 볼 때, 교회에서는 말 못하고 고통받는 여성들(그리고 남성들)을 지원하기 위해 무엇을 할 수 있는가?

6. 당신은 사람에게 자신의 죽음을 결정할 권리가 있다고 있다고 생각하는가? 만일 그렇다면 어떤 상황에서 그런가?

15. 새로운 생명공학

1. (1) 당신은 일반적으로 회복을 목적으로 생명공학을 사용하는 것은 환영해야 하는 반면, 기능 향상을 목적으로 생명공학을 사용하는 것은 인간의 책임을 넘어서는 것이라는 데 동의하는가?
    (2) 이런 맥락에서,
        (1) 당신은 불임 부부가 자녀를 낳을 수 있게 하는 수단으로서 체외수정에 원칙적으로 동의하는가?
        (2) 만일 그렇다면, 겸상 적혈구 빈혈과 낭포성 섬유증과 같은 유전 질환이 있는지 알아보기 위해 태아 감별을 해야 한다는 데 동의하는가?
        (3) 만일 그렇다면, 그 병의 잠재적 환자인지 알아볼 뿐 아니라 잠재적

보균자인지 알아보기 위해 태아 감별을 해야 한다는 데 동의하는가?

(4) 만일 그렇다면, 심각한 질병에 걸릴 위험이 적은 태아(의학적으로 확실하기보다는)를 찾아 내기 위해 태아 감별을 해야 한다는 데 동의하는가?

(5) 만일 그렇다면, 성별이나 태아의 다른 긍정적 특징들(예를 들면, 더 강한 팔다리, 더 좋은 두뇌)에 기초해서 태아를 선택할 수 있다고 생각하는가?

2. 14일 단계까지의 인간 태아를 만들고 파괴하는 것을 포함하는 인간의 줄기 세포 연구는 기독교적 세계관과 조화되는가?

3. 창세기 3:21-24을 읽으라. 이 본문에서 하나님이 인간을 타락한 상태로 영원히 사는 것으로부터 보호하고 계시며, 그래서 "인간 수명이 저주가 아니라 하나님의 은혜로 제한된다는" 것에 동의하는가? 만일 그렇다면 우리는 70에서 80년이라는(시 90편) 현재의 평균 수명을 어느 정도나 연장하려 애써야 하는가?

4. 유전적 결함을 가진 기존의 형제자매를 위해 조직 기증자 역할을 하도록 아기를 만들어 내는 '맞춤 아기'의 상황을 생각해 보라. 이면적 동기를 가지고 둘째 아이를 '만들고' 첫 아이의 생명을 구하는 역할을 하도록 강요하는 것은 자비로운 것으로 여겨야 하는가, 조작으로 여겨야 하는가?

5. 창세기 11:1-9을 읽고, 이 본문이 생명공학 토론에서 어떤 함의를 지니는지 논의해 보라. 우리 사회의 생명공학 기술이 바벨탑이 되지 않도록 막기 위해 우리는 개인적으로 어떤 수단을 강구할 수 있는가?

16. 동성애

1. 창세기 19:1-13과 관련 본문들, 이사야 1:1-17, 예레미야 23:14, 에스겔

16:49-50, 마태복음 10:15, 11:24, 유다서 7을 읽으라. 창세기 본문에서, 야다(yada')는 달리 번역할 수 있는데, 그러면 "그들을 이끌어내라. 우리가 그들을 상관하리라"는 베일리의 번역이 맞을 수도 있다. 이에 비추어, 당신은 롯의 집 밖에 있던 무리가 동성애적 성관계를 제안하지 않았다는 베일리의 말에 동의하는가? 아니면 정죄를 받는 것이 동성애적 성관계 자체가 아니라 동성애적 윤간이었다는 데 동의하는가?

2. 레위기 18:22과 20:13을 살펴보라. 당신은 이 본문들이 동성애적 매음 의식을 금하는 것이라고 생각하는가, 아니면 모든 동성 간 성관계가 불법이라고 선언하는 것이라고 생각하는가? 레위기 19:19의 "너희는 두 재료로 직조한 옷을 입지 말지며"와 같은 다른 율법들의 맥락에서 볼 때, 무엇이 오늘날 이 본문들에 구속력을 부여하는가?

3. 로마서 1:18-32, 고린도전서 6:9-10, 디모데전서 1:8-11을 읽으라.
   (1) 로마서 1장에서 바울이 동성애 관계를 "역리"라고 한 것은 그들 자신의 본성에 반하여 행동하는 이성애적 사람들(보스웰의 주장처럼)을 말하는 것인가, 아니면 참여자의 성적 성향이 어떻든 모든 동성애적 행동을 말하는 것인가?
   (2) 고린도전서 6:9-10에서 "탐색하는 자"(male prostitutes)와 "남색하는 자"(homosexual offenders)라고, 그리고 디모데전서 1:10에서 "남색하는 자"(perverts)라고 번역된 단어들의 의미를 생각해 볼 때, 당신은 이 두 본문이 단지 남창들과 상업적인 남색만 언급한다고 생각하는가, 아니면 더 광범위한 모든 동성 성관계를 함축한다고 생각하는가?
   (3) 당신은 피터 콜먼의 다음과 같은 말에 동의하는가? "종합해 보면, 사도 바울은 동성애적 행동을 로마서에서는 이방인들의 악으로, 고린도전서에서는 하나님 나라에 들어가지 못하게 막는 장애물로, 디모데전서에서는 도덕법에 근거에 부인해야 하는 범죄로 지목한다."

4. 창세기 2:4-25은 이성 간의 결혼에 대해 무엇을 가르쳐 주며, 예수님은 마태복음 19:4-7에서 이것을 어떻게 강화하시는가? 이 틀 안에 성경이 평생 동안 동성애 관계를 유지하는 것을 지지한다고 볼 수 있는 여지가 있는가? 당신은 이성 간의 일부일처제가 문화가 아니라 창조에 의해 확립된 것이며, 그 타당성은 영원하고도 보편적인 것이라는 데 동의하는가?

5. 그리스도인은 법률을 제정할 때 동성애에 대한 성경적 신념을 어느 정도로 간직하도록 애써야 하는가? 당신은 다음에 대해 어떻게 생각하는가?
   (1) 동성 파트너를 국가가 합법화하는 것.
   (2) 동성 결혼을 국가가 합법화하는 것.

6. 이 장 끝부분에 나오는 알렉스 데이빗슨의 인용문을 다시 읽어 보라. 우리는 동성애 문제로 고민하는 그리스도인 친구 곁에서 어떤 식으로 그를 도울 수 있는가? 그리스도인은 동성애 혐오증이라는 비난에 어떻게 반응해야 하는가?

17. 기독교적 리더십에 대한 요구

1. 당신은 세상의 어떤 문제들에 대해 분개하는가?

2. 이 책에서 어떤 문제가 당신의 마음을 가장 사로잡는가? 당신은 어떻게 그 문제에 더 관여할 수 있는가?

3. 당신의 삶의 비전은 무엇인가?

4. "복음 전도로 세상을 그리스도께 돌아오게 할 수 있으며, 사회 활동으로 그리스도를 훨씬 더 기쁘시게 할 수 있다." 어떤 요소들이 이런 기대로 우리 마음이 불붙는 것을 막으며, 우리는 어떻게 그것을 극복할 수 있는가?

5. 마가복음 4:36, 6:45, 14:32-42, 50을 읽으라. 우리는 예수님의 모범에서 긴급한 것이 중요한 것을 밀어 내지 않도록 하는 법을 어떻게 배울 수 있는가?

6. "평범한 것으로 만족하지 마세요! 하나님이 주신 온전한 잠재 능력에 못 미치는 것에 안주하지 마세요! 하나님을 위해 야망을 가지고 모험을 하세요!" 우리는 이 도전을 받아들이고 끝까지 끈기 있게 나아가도록 어떻게 서로를 격려할 수 있는가?

주

1. 변화하는 세계: 그리스도인의 사회 참여는 필요한가?

1) "Evangelism and Social Responsibility: An Evangelical Commitment, The Grand Rapids Report", in John Stott(ed.), *Making Christ Known, "Historic Mission Documents from the Lausanne Movement 1974-1989*(Carlisle: Paternoster, 1996; Grand Rapids: Eerdmans, 1997), p. 179. 「복음과 문화」(한국 IVP).
2) '복음주의적'이라는 형용사는 사람마다 각기 다른 방식으로 사용하지만, 이 책에서는 종교개혁의 계승자로서 성경이 교회에서 최고의 권위를 가지고 있음을 강조하고, 그리스도의 십자가가 구원의 유일한 근거임을 강조하는 그리스도인들을 나타내는 말로 사용된다.
3) G. M. Trevelyan은 영국의 복음주의 종교는 "우리나라가 혁명적인 폭력의 길을 따라가지 않도록 막아 준 주된 영향력이었다"는 프랑스 역사가 Elie Halevy의 견해를 지지했다. *English Social History*(London: Longmans Green, 1942), p. 477. 또한 W. E. H. Lecky, *A History of England in the Eighteenth Century, vol. VI* (Longmans Green, 1919), p. 376를 보라.
4) J. Wesley Bready, *England: Before and After Wesley*(London: Hodder & Stoughton, 1939), pp. 11, 14.
5) 같은 책, p. 126.
6) 같은 책, p. 405.
7) 같은 책.
8) 같은 책, p. 327.
9) 같은 책, p. 316.
10) Ernest Marshall Howse, *Saints in Politics, "The 'Clapham Sect" and the growth of*

freedom(London: George Allen & Unwin, 1953), p. 26. 또한 Kenneth Hylson-Smith, *Evangelicals in the Church of England 1734-1984*(Edinburgh: T & T Clark, 1989), 제5장을 보라.

11) Howse, *Saints in Politics*, p. 27.

12) Georgina Battiscombe, *Shaftesbury, A Biography of the 7th Earl 1801-1885* (Bend, Ore.: Constable, 1974), p. 334.

13) David O. Moberg가 *The Great Reversal, Evangelism versus Social Concern*(1972: London: Scripture Union, 1973), p. 184에서 인용. 19세기 영국의 복음주의적 사회 활동에 대한 이야기로는 Kathleen Heasman, *Evangelicals in Action*(London: Geoffrey Bles, 1962)을 보라.

14) Donald W. Dayton, *Discovering an Evangelical Heritage*(New York: Harper & Row, 1976. 「다시 보는 복음주의 유산」, 대한기독교서회), pp. 15-24. 또한 Timothy L. Smith, *Revivalism and Social Reform, American Protestantism on the Eve of the Civil War* (1957: Baltimore: Johns Hopkins Univ. Press, 1980)를 보라. Smith 박사는 Thomas Paine이 1865년에 뉴욕을 방문했다면, "해방시키는 대각성의 영광이 기독교의 자유, 기독교의 평등, 기독교의 형제애를 그 나라의 열정으로 만든 것"을 발견하고 놀랐을 것이다(p. 7)라는 말로 서문을 시작한다.

15) *The Post-American*(March 1975)에 실린 Donald W. Dayton의 글에서.

16) Moberg, *The Great Reversal*. 또한 Georgoe Marsden, *Fundamentalism and American Culture* (Oxford: Oxford Univ. Press, 1980), pp. 85-93; Smith, *Revivalism and Social Reform*, p. 212를 보라. "대반전"(the Great Reversal) 시기에 대한 더 간결하고 역사적인 조망을 위해서는 James Davidson Hunter, *American Evangelicalism: Conservative Religion and the Quandary of Modernity*(New Brunswick, N.J.: Rutgers Univ. Press, 1983), pp. 23-34를 보라.

17) Michael Cassidy, *The Passing Summer: A South African Pilgrimage in the Politics of Love*(London: Hodder & Stoughton, 1989), pp. 253-254.

18) 같은 책, pp. 391-400.

19) 같은 책, p. 149.

20) George Marsden, "An Overview", in Michael Cromartie(ed.), *No Longer Exiles* (Washington, DC: Ethics and Public Policy Center, 1993), p. 14.

21) Philip Crowe(ed.), The National Evangelical Anglican Congress, Keele 67(London: Falcon, 1967), para. 20.

22) Stott(ed.), *Making Christ Known*, p. 185.

23) Jim Wallis, *God's Politics: Why the Right Gets It Wrong and the Left Doesn't Get It*

(New York: Harper Collins, 2005)를 보라. 「하나님의 정치」(청림).
24) 이에 관하여는, Alan Storkey, *Jesus and Politics: Confronting the Powers*(Grand Rapid: Baker Academic, 2005)를 보라.
25) www.christian-aid.org.uk/worship/0210into/quotes.htm에서 인용.
26) Stott(ed.), *Making Christ Known*, p. 196.
27) 같은 책, pp. 197-198.
28) William Temple, *Christianity and the Social Order*(London: Penguin, 1942), p. 29.
29) "The Lausanne Covenant", para. 15. Stott(ed.), *Making Christ Known*, p. 49를 보라.
30) Jane Hatfield, *Creative Prayer*, Spirituality Series no. 7(Cambridge: Grove Books, 1983).
31) Temple, *Christianity and the Social Order*, p. 54.
32) 같은 책.
33) 같은 책, p 31.
34) 같은 책, p. 59.
35) Mikhail Bakunin, *The Political Philosophy of Bakunin*, ed. G. P Maximoff (Rockland, Me.: The Free Press, 1965), p. 271.
36) Brian Morris, "Anthropology and Anarchism", pp. 35-41, in *Anarchy: A Journal of Desire Armed*, no. 45, p. 38.
37) John R. Lucas, *Democracy and Participation*(1975; Harmondsworth: Pelican, 1976), p. 10. Reinhold Niebuhr, *The Children of the Light and the Children of the Darkness*(London: Nisbet, 1945). 그는 2차 세계대전이 끝나기 18개월 전에 그 책을 썼다. 그 책에서 그는 "중산층 문명"의 붕괴를 나치의 야만적인 공격 이전에 예견했다. 그는 자신의 책에 "민주주의의 정당성과 그 전통적인 수호자들의 비평"이라고 부제를 달았다. 민주주의에 대한 그의 믿음은 원죄 개념을 갖지 않은 채 "인간에 대한 어리석고 피상적인 견해"(p. 15)를 견지하는 자유주의자들의 맹목적인 낙관이 아니었다. 그것은 오히려 개인과 공동체, 개인의 이익과 공익, 자유와 질서 사이의 긴장을 해소하기 위한 최선책이었다.
38) Niebuhr, *The Children of the Light*, p. vi.
39) Richard Neuhaus, *The Naked Public Square: Religion and Democracy in America*(Grand Rapids: Eerdmans, 1984), pp. 116, 124-125.
40) Stott(ed.), *Making Christ Known*, p. 202.
41) CARE, Jubilee Trust, Tearfund and the Institute for Contemporary Christianity(특

히)는 모두 특정한 주제에 대한 기독교적 사고와 행동을 조화시키려 애쓰는 후원 단체다. M. A. Eden and E. C. Lucas, *Being Transformed* (London: Marshall, 1988), 특히 Appendix 3 그리고 Roy McCloughry, *The Eye of the Needle* (Leicester: InterVarsity Press, 1990)을 보라.

2. 복잡한 세계: 기독교적 사고는 독특한가?

1) 이 문구를 만들어 낸 사람은 Carl Henry 박사라고 생각된다. 그의 자서전 *Confessions of a Theologian* (Waco: Word, 1986), p. 257를 보라.
2) H. J. Blackham, *Humanism* (Penguin, 1968). "인도주의는 인간의 실정과 인간의 대의, 곧 인간의 실정에 대한 유서 깊은 확신이다.…그것은 사람들이…머리와 마음으로 그리고 두 손으로 인간의 대의를 지지하도록 유도할 것이다"(p. 9).
3) Sir Julian Huxley(ed.), *The Humanist Frame* (London: Hodder George Allen & Unwin, 1961), p. 47.
4) Charles Smith가 *Cyril Forster Carbett* (London: Hodder & Stoughton, 1959), p. 106에서 인용.
5) A. R. Vidler, *Essays in Liberality* (London: SCM, 1957), pp. 95-112. Vidler는 그것을 "거룩하지 않은 세속성", 곧 "널리 퍼진 기준과 방식을 무비판적으로 그리고 자기만족에 빠져 따르는 것"과 대조시킨다(p. 96).
6) A. N. Triton, *Whose World?* (Leicester: Inter-Varsity Press, 1970), pp. 35-36. 「세상 속의 그리스도인」(한국 IVP).
7) Harry Blamires, *The Christian Mind* (London: SPCK, 1963), p. 70. 「그리스도인은 어떻게 사고해야 하는가」(두란노).
8) 같은 책, p. 43.
9) 같은 책, p. 3.
10) 같은 책, p. 50.
11) Theodore Roszak, *Where the Wasteland Ends: Politics and transcendence in post-industrial society* (1972; New York: Anchor, 1973), pp. xxi, 67.
12) Tom Sine, *The Mustard Seed Conspiracy* (Waco: Word, 1981), p. 70. 「겨자씨 VS 맥세상」(예수전도단).
13) C. E. M. Joad, *The Recovery of Belief* (London: Faber & Faber, 1952), p. 82.
14) J. S. Whale, *Christian Doctrine* (1941; London: Fontana, 1957), p. 41.

3. 다원적 세계: 그리스도인의 증거는 영향력이 있는가?

1) Peter Brierley(ed.), *UK Christian Handbook Religious Trends 5-2005/2006*

(London: Christian Research, 2005), p. 2.23.
2) 같은 책, p. 12.5.
3) Richard Gutteridge, *Open thy Mouth for the Dumb!, The German Evangelical Church and the Jews,* 1870-1950"(Oxford: Basil Blackwell, 1976).
4) 같은 책, p. 128.
5) 같은 책, p. 298.
6) 같은 책, p. 299.
7) Abraham Lincoln은 그의 유명한 게티즈버그 연설(1863)을 "이 나라가 하나님 아래에서 새로이 자유를 탄생시킬 것이며, 국민의, 국민에 의한, 국민을 위한 정부는 지상에서 멸망하지 않을 것이다"라는 결의로 마무리했다. 그는 민주주의에 대한 이러한 정의를 Theodore Parker 목사의 1850년 보스턴 설교에서 빌려온 듯하다.
8) John R. Lucas, *Democracy and Participation*, p. 166.
9) 같은 책, p. 184.
10) 같은 책, p. 198.
11) 같은 책, p. 264.
12) K. S. Latourette, *History of the Expansion of Christianity,* vol. 7(London: Eyre & Spottiswoode, 1945), pp. 503-504.
13) Charles W. Colson, *Kingdoms in Conflict*: "An insider's challenging view of politics, power and the pulpit"(New York: William Morrow; Grand Rapids: Zondervan, 1987), 예를 들어, pp. 238, 253-264, 371. Fran Beckett는 그녀의 책 *Called to Action*(London: Fount, 1989)에서 각 교회가 자기 지역 사회를 알고, 발견한 필요들을 채우기 위해 팀을 동원할 책임이 있음을 강조한다.
14) Nikolai Berdyaev, *The Destiny of Man* (London: Geoffrey Bles, 1937), p. 281. 「인간의 운명」(현대사상사).
15) 마 5-7장. 나는 *The Message of the Sermon on the Mount, Christian counter-culture*(Leicester: InterVarsity Press, 1978)에서 이러한 해설을 전개하려 애썼다. 「예수님의 산상 설교」(생명의말씀사).
16) Temple, *Christianity and the Social Order,* p. 27.
17) Barna Research Online, www.barna.org, "American Faith Is Diverse, as Shown Among Faith-Based Segments", 29 January 2002. 왜 유럽이 예외일 수 있는가에 대한 논의를 위해서는, Grace Davie, *Europe: The Exceptional Case, Parameters of faith in the modern world*(Londo: Darton, Longman & Todd, 2002)를 보라.
18) 같은 책, www.barna.org/Flexpage.aspx?Page=Topic&TopicID=10.
19) Sine, *The Mustard Seed conspiracy,* p. 113.

20) www.lydiafellowship.org; Britain, 14 Orchard Road, Moreton, Wirral, Merseyside L46 8TS; www.ifapray.org; www.ad2000.org.
21) "Evangelism and Social Responsibility", in Stott (ed.), *Making Christ Known*, p. 182.
22) 같은 책, p. 183.
23) Brian Griffiths, *Morality in the Marketplace* (London: Hodder & Stoughton, 1989), pp. 154-155.
24) Alexander Solzhenitsyn, *One Word of Truth* (London: Bodley Head, 1972), pp. 22-27.
25) John Howard Yoder, *The Politics of Jesus* (Grand Rapids: Eerdmans, 1972), pp. 111, 157. 「예수의 정치학」(한국 IVP).
26) Kairos Community: www.kairos.org.ar/english.php; Sojourners: www.sojo.net/; TRACI: TRACI House, E-537, Greater Kailash II, New Delhi 110048, India; CARE: www.care.org.uk; London Institute of contemporary Christianity: www.licc.org.uk.
27) Dom Helder Camara, *Spiral of Violence* (1970; London: Sheed & Ward, 1971), p. 69.
28) Dom Helder Camara, *The Desert is Fertile* (London: Sheed & Ward, 1974), p. 3.
29) Camara, *Spiral of Violence*, p. 43.
30) Dom Helder Camara, *Race Against Time* (London: Sheed & Ward, 1971), pp. vii-viii.
31) 같은 책, p. 17.
32) Sine, *The Mustard Seed Conspiracy*, pp. 11-12.

4. 전쟁과 평화

1) 2001년 5월에, 미국 난민 기구는 이 수치를 1998년 8월 이후 사망한 것으로 추정했다. http://news.bbs.co.uk/1/hi/world/africa/1072684.stm을 보라.
2) Land Mine Monitor Report, 2003; 참고 www.icbl.org/lm/2003/findings.html.
3) MAG, "Iraq Fact Sheet-An Overview". ReliefWeb, 20 January 2003.
4) Child Soldiers Global Report 2001, Campaign to Stop the Use of Child Soldiers. Protecting Refugees, UN Refugee Service(UNHCR), www.unhcr.org.
5) O. Robinson, in *World Vision News* (December 1999), pp. 10-11.
6) Samuel P. Huntington, *The Clash of Civilizations and the Remaking of World Order* (New York: Simon & Schuster, 1997), p. 21. 「문명의 충돌」(김영사).

7) 같은 책, p. 126
8) 같은 책, p. 29.
9) 같은 책, pp. 312-316.
10) 같은 책, p. 321.
11) Robert Kaplan, *The Ends of the Earth: A Journey at the Dawn of the Twenty-First Century*(New York: Random House Inc., 1996), pp. 8-9에서 인용.
12) 같은 책, p. 436.
13) 1979년 5월. *Apocalypse Now?* (Nottingham: Spokesman Books, 1980), p. 11에 실린 Earl Mountbatten의 연설 "최후의 심연?"(The Final Abyss?)에서.
14) 또한 31개의 집단이 후원한 국제 회의 보고서 *The Long-Term Consequences of Nuclear War*(1983)를 보라. 군사 요원들이 쓴 두 개의 가상 시나리오가 1978년에 간행되었다. *World War 3, "A military projection founded on today's facts"*, Brigadier Shelford Bidwell 편집(London: Hamlyn, 1978)는 1983년에 "모종의 참을 수 없는 도발의 결과"(p. xiii), 예를 들면 서독이 핵 강국이 되는 것을 막기 위해 소련 탱크가 서독을 침략하는 것 등으로 인해 제3차 세계대전이 발발할 것이라고 예언했다. 마지막 장에는 '최후의 심판일'(Doomsday)이라는 제목이 붙어 있으며, 최종적이고 완전한 파괴를 묘사한다. 미국과 독일의 고위직 장군들의 도움을 받아 General Sir John Hackett이 쓴, *The Third World War*(London: Sidgwick & Jackson, 1978)는 그 책을 '미래의 역사'라 칭한다. 비록 1985년이긴 하지만, 그 책 역시 소련 탱크가 서독을 침공하는 것을 묘사한다. 그 침공은 처음에는 버밍엄이, 그리고 나서 그에 대한 보복으로 민스크가 핵 미사일로 제거되어 버릴 때까지 꾸준히 단계적으로 확대된다. 하지만 이번에는 소련의 위성 국가들이 소련에 대항하여 일어남으로써 최종적 전멸은 피한다. 핵폭발의 무시무시한 결과들은 Donald B. Kraybill이 *Facing Nuclear War*(Scottdale, Penn.: Herald Press, 1982)와 *Common Security*(The Palme Commission Report, 1982), pp. 49-70에서 사실적으로 묘사하고 있다.
15) 미국, 리비아, 이스라엘, 시리아, 이라크, 이란, 러시아, 중국, 대만, 북한과 남한은 생화학 무기를 보유한 것으로 여겨진다.
16) Graham S. Pearson, *Biological Weapons Proliferation: Reasons for Concern, courses of Action*(Henry L. stimson Centre Report No. 24, January 1998). 이러한 사실은 www.brad.ac.uk/acad/sbtwc/other/disease.htm의 "21세기 계획적인 질병의 위협"에서도 발견된다.
17) Julian Perry Robinson with Carl-Goran Hedan and Hans von Screeb, *The Problem of Chemical and Biological Warfare: CB Weapons Today*, vol. II(New

York: Stockholm International Peace Research Institute, 1973), p. 135; Pearson, *Biological Weapons Proliferation*에 인용됨.

18) US Congress, Office of Technology Assessment, *Proliferation of Weapons of Mass Destruction: Assessing the Risks*, OTAISC599(Washington, DC: Government Printing office, August 1993), pp. 52-55; United Nations, *Report of the Secretary General, Chemical and Bacteriological(Biological) Weapons and the Effects of their Possible Use*, Document A/7575/Rev.1, S/9292/Rev. 1, 1969; Stephen Fetter, "Ballistic Missiles and Weapons of Mass Destruction: What Is the Threat? What Should be Done?", *International Security* 16, no. 1(Summer 1991), pp. 5-42.

19) Pearson, *Biological Weapons Proliferation*.

20) "The Chemical Weapons Convention and the OPCW-How They Came About", OPCW Fact Sheet 1, www.opcw.org.

21) 이 세 입장에 대한 찬성 및 반대 논증을 평가하는 그리스도인 사상가 여덟 명의 논쟁에 대해서는 Oliver R. Barclay(ed.), *Pacifism and War, When Christians Disagree*(Leicester: InterVarsity Press, 1984)를 보라. Robert G. Clouse (ed.), *War: Four Christian Views*(Downers Grove: InterVarsity Press, 1981)에서도 비슷한 주제를 다룬다. 또한 J. Andrew Kirk(ed.), *Handling Problems of Peace and War*(London: Marshall Pickering, 1988)를 보라.

22) '의로운 전쟁' 이론은 Paul Ramsey가 *War and the Christian Conscience* (Dirham, N.C.: Duke Univ. Press, 1961)와 *The Just War*(New York: Scribner's, 1968) 두 책에서 주의 깊게 주장했다. '의로운 전쟁' 입장에 대한 더 최근의 진술로는 Arthur F. Holmes in Clouse(ed.), *War: Four Christian Views*, pp. 120-121; *The Church and the Bomb*(London: Hodder & Stoughton, 1982), pp. 81-98; *The Challenge of Peace: God's Promise and Our Response, the US Bishops' Pastoral Letter*(London: CTS/SPCK, 1983), pp. 24-32를 보라. 하나님의 정의에 근거한 비슷한 입장에 대해서는 Jerram Barrs, *Peace and Justice in the Nuclear Age* (Chicago: Garamond Press, 1983)를 보라. 「핵전쟁과 평화주의」(생명의말씀사).

23) 경찰이 없는 어떤 긴급 상황에서는 시민이 싸움에 끼어들어 무고한 사람을 공격으로부터 보호하거나 강도를 체포하는 것이 옳을 수 있다는 점을 덧붙일 필요가 있다. 하지만 그런 경우에 그 시민은 임시로 법의 권위를 자칭하는 것이다. 그는 사사로운 개인으로서 행동하는 것이 아니며, 개인적 원한을 느끼거나 개인적으로 복수를 하는 것이 정당화되지도 않는다.

24) Oliver O'Donovan, *In Pursuit of a Christian View of War*, Grove Booklet on

Ethics no. 15(Cambridge: Grove Books, 1977), pp. 13-14. 이 소책자는 국내 정의와 전쟁 사이에 유비 관계를 설정하는 것의 정당성을 검토하는 귀한 연구다.

25) 평화주의에 대한 정보를 위해서는, 약간의 자료를 담고 있는 메노나이트 웹사이트 http://peace.mennolink.org를 보라. 또한 Jean Lasserre, *War and the Gospel* (Cambridge: E. T. James Clarke, 1962), Ronald J. Sider, *Christ and Violence* (Scottdale, Penn.: Herald Press, 1979), Ronald J. Sider and Richard K. Taylor, *Nuclear Holocaust and Christian Hope*(Downers Grove: InterVarsity Press, 1982); Myron Augsburger, *Christian Pacifism*(Downers Grove: InterVarsity Press, 2001)를 참고하라.

26) Dana Mills-Powell(ed.), *Decide for Peace, Evangelicals against the bomb*은 핵 평화주의자들과 전적인 평화주의자들 16명이 기고한 논문집이다(London: Marshall Pickering, 1986).

27) Pastoral Constitution, para. 80.

28) *The Church and the Atom*, Church of England Commission(1948)의 보고서, p. 43. 독일과 일본의 도시들을 폭격하는 것에 대한 사실적인 글로는 Brigadier Peter Young(ed.), *The Almanac of World War II*(London: Hamlyn, 1981)를 보라. 상원들을 대상으로 행한 Bell 주교의 연설은 Hansard(9 February 1944), vol. 130, pp. 738-746에 기록되어 있다. 그것은 또한 Ronald C. D. Jasper, *George Bell, Bishop of Chichester*(Oxford: Oxford Univ. Press, 1967), pp. 276-277에도 나와 있다.

29) *Gaudium et Spes*("The Church in the Modern World"), 1965, para. 80, in W. M. Abbott and J. Gallagher, *The Documents of Vatican II*(London: Geoffrey Chapman, 1966).

30) British Council of Churches 결의안.

31) "The New Abolitionist Covenant"는 Jim Wallis(ed.), *Waging Peace: A handbook for the struggle to abolish nuclear weapons*(San Francisco: Harper & Row, 1982), pp. 17-21에 실려 있다. 또한 Jim Wallis(ed.), *Peace-makers: Christian Voices from the New Abolitionist Movement*(San Francisco: Harper & Row, 1983)를 보라.

32) CAAT, "The Arms Trade: An Introductory Briefing", www.caat.org.uk.

33) 예를 들어, Walter Stein(ed.), *Nuclear Weapons and Christian Conscience* (London: Merlin Press, 1961 and 1980)와 Geoffrey Goodwin(ed.), *Ethics and Nuclear Deterrence*(London: Croom Helm, 1982)를 보라. 또한 Richard Harries, "The Strange Mercy of Deterrence", in John Gladwin(ed.), *Dropping the Bomb*

(London: Hodder & Stoughton, 1985), pp. 64-73와 Richard Harries, *Christianity and War in a Nuclear Age*(Oxford: Mowbray, 1986), 특히 pp. 134-144를 보라.
34) Earnest Lefever and Stephen Hunt(eds.), *The Apocalyptic Premise: Nuclear Arms Debated*(Washington, DC: Ethics and Public Policy Center, 1982), pp. 351-359. 또한 Anthony Kenny, *The Logic of Deterrence*(London: Firethorn Press, 1985)를 보라.
35) US Bishops' Pastoral Letter, *The Challenge of Peace*에 인용. 주교들은 그들이 "핵 억제에 대한 엄격히 조건적이고, 도덕적인 용납에 도달했다"고 선포함으로써, 교황의 진술을 더 상세히 설명했다.
36) Francis Bridger(ed.), *The Cross and the Bomb, Christian ethics and nuclear debate*(Oxford: Mowbray, 1983), pp. 50, 60, 64-65.
37) Mark Juergensmeyer, *Terror in the Mind of God: The Global Rise of Religious Violence*(Berkeley: Univ. of California Press, 2000), p. 5.
38) James D. Kiras, "Terrorism and Globalization", in John Baylis an Steve Smith(eds.), *The Globalization of world Politics* (Oxford: Oxford Univ. Press, 2005), pp. 479-497.
39) Vinoth Ramachandra, *Faiths in Conflict, Christian integrity in a multicultural world*(Leicester: InterVarsity Press, 1999), p. 44. *Dar-ul-Islam*은 문자적으로 "이슬람 가정"을 의미하며, 이슬람 가정 안에서는 모든 무슬림이 하나이며 동등하다는, 이슬람 가정에 관한 신화가 있다.
40) Juergensmeyer, *Terror in the Mind of God*, p. 123.
41) R. Scott Appleby, *The Ambivalence of the Sacred: Religion, Violence, and Reconciliation*(Lanham, Md.: Rowman & Littlefield, 2000).
42) "Evangelism and Social Responsibility", in Stott (ed.), *Making Christ Known*, p. 200.
43) 예를 들어, *Defence without the Bomb, the Report of the Alternative Defence Commission*(London: Taylor and Francis, 1983)을 보라.

5. 창조 세계를 돌봄
1) 대부분의 서점에서 '녹색' 소비자 안내서를 많이 구할 수 있다.
2) Calvin B. Dewitt은 "창조의 저하"를 7가지 범주로 나눈다. (1) 지구 에너지의 변화를 태양과 교환; (2) 땅의 저하; (3) 삼림 파괴; (4) 종들(species)의 멸종; (5) 수질 저하; (6) 쓰레기 발생과 지구의 독소 생성; (7) 인간과 문화의 저하. Calbvin B. DeWitt, "Creation's Environmental Challenge to Evangelical Christianity", in

R. J. Berry(ed.), *The Care of Creation: Focusing Concern and Action*(Leicester: InterVarsity Press, 2000), pp. 61-62를 보라.
3) Ghillean Prance, *The Earth Under Threat*(Glasgow: Wild Goose Publications, 1996), p. 31.
4) Roy McCloughry, *Population Growth and Christian Ethics*, Grove Ethical Studies No. 98(Cambridge: Grove Books, 1995).
5) John Guillebaud, "Population Numbers and Environmental Degradation", in Berry(ed.), *The Care of Creation*, pp. 155-160.
6) 이에 관하여서는 www.peakoil.net/TheLamp/TheLamp.html을 보라.
7) E. F. Schumacher, *Small is Beautiful*(1973; London: Abacus, 1974, 「작은 것이 아름답다」, 문예출판사), pp. 11-16. 무제한적 성장에 대한 비전은 *Foolishness to the Greeks*(London: SPCK, 1986, 「헬라인에게는 미련한 것이요」, 한국 IVP)에서 Lesslie Newbigin의 적절한 비판을 받았다. 그는 "전반적인 사회적 목적에 의해 결정되지 않은", "성장을 위한…성장"은 "인간의 신체에서 일어날 때는 암이라고 불리는 바로 그 현상을 말한다"고 쓴다(p. 114).
8) www.unhchr.ch/htm/menu2/6/gc15.doc
9) http://earthobservatory.nasa.gov/Library/Deforestation/
10) Jessica Tuchman Matthews, "Nations and Nature: A New View of Security," in Gwyn Prins and Hylke Tromp(eds.), *Threats without Enemies*(London: Earthscan Publications, 1993), p. 36.
11) 같은 책, pp. 48-49.
12) *Man in His Living Environment: An ethical assessment*, Board for Social Responsibility Report(London: Church Information Office, 1970), p. 61. 또한 Board for Social Responsibility's Environmental Issues Reference Panel Report, *Our Responsibility for the Living Environment*(London: Church House Publishing, 1986)를 보라.
13) Prance, *The Earth Under Threat*, p. 45.
14) 같은 책.
15) www.iucn.org
16) Stephen Schneider, *Laboratory Earth: The Planetary Gamble We Can't Afford to Lose*(New York: Basic Books, 1998), p. 107.
17) www.iucn.org/themes/ssc/red_list_2004/English/newsrelease_EN.htm
18) http://news.bb.co.uk/english/static/in_depth/world/2002/disposable_planet/
19) www.foe.co.uk/campaigns/waste/issues/what_a_mess/index.html

20) Calvin B. Dewitt, "Creation's Environmental Challenge to Evangelical Christianity", in Berry, *The Care of Creation*, p. 62, 주 9.
21) Prance, *The Earth Under Threat*, p. 41.
22) www.al.noaa.gov/assessments/2002/Q&As16.pdf
23) Sir John Houghton(Royal Commission on Environmental Pollution 의장), *Global Warming, The complete briefing*(Oxford: Lion, 1994)을 보라.
24) *Climate Change 2001: the Scientific Basic*(London: Intergovernmental Panel on Climate Change, 2001). 텍스트는 www.grida.no/climate/ipcc_tar/whl/에서 찾을 수 있다.
25) www.noaanews.noaa.gov/stories2005/s2540.htm
26) Royal society, *Ocean Acidification Due to Increasing Atmospheric Carbon Dioxide* (London: Royal Society, 2005). 텍스트는 www.royalsoc.ac.uk/displaypagedoc.asp?id=13249에서 찾을 수 있다.
27) Royal Commission on Environmental Pollution Report 21. 2003년에 영국 정부는 에너지 정책의 핵심에 이 목표를 채택했다.
28) IEA에 따르면, 세계의 에너지 요구량은 2002년과 2030년 사이에 증가하는데, 그 증가의 85퍼센트는 화석 연료로부터 발생할 것이다. 에너지 요구량 증가의 3분의 2는 다수 세계로부터 발생할 것이며, 다수 세계의 에너지 요구량이 2030년까지 50퍼센트를 차지할 것이다. *World Energy Outlook 2004* (Paris: International Energy Agency, 2004)의 수치를 보라.
29) World commision on Environment and Development, *Our Common Future* (Oxford: Oxford Univ. Press, 1987), pp. 8, 43.
30) Gerhard von Rad, *Genesis*(1956; London: SCM, 1963), p. 58.
31) Tom Dale and Vernon Gill Carter, *Topsoil and Civilization* (Norman, Okla.: Univ. of Oklahoma Press, 1955). Schumacher, *Small is Beautiful*, p. 84에 인용.
32) Martin Hengel, *Property and Riches in the Early Church* (1973; Minneapolis: Fortress, and London: SCM, 1974), p. 12. 「초대교회의 문제」 부와 재산」(지평서원).
33) *Laborem Exercens*, Pope John Paul II's Encyclical Letter on "Human Work" (London: Catholic Truth Society, 1981), pp. 50-51.
34) Gavin Maxwell의 글은 *Observer*, 1963년 10월 13일자에 실렸다.
35) C. F. D. Moule, *Man and Nature in the New Testament, Some reflections on biblical ecology*(London: Athlone, 1964; Minneapoils: Fortress, 1967), p. 1. 또한 Andrew Linzey, *Christianity and the Rights of Animals*(London: SPCK, 1988)

를 보라.
36) Peter Singer, *Animal Liberation* (1990; 2nd ed., London: Pimlico Books, 1995, 「동물 해방」, 인간사랑). 또한 그가 더 최근에 쓴 *Rethinking Life and Death, The Collapse of our traditional ethics* (Oxford: Oxford University Press, 1995)를 보라. 거기에서 그는 인간과 동물의 차이를 좁히고자 애쓴다.
37) 같은 책, p. 6.
38) 같은 책, p. 185.
39) 동물의 권리에 대한 훌륭한 논의로는 *Green Cross*, Winter 1996, vol. 2, no. 1을 보라. 이 호는 동물에 대한 그리스도인들의 책임을 특집으로 다룬다. 또한 Richard Griffiths, *The Human Use of Animals* (Cambridge: Grove Booklets, 1982)와 Tony Sargent, *Animal Rights and Wrongs, a Biblical Perspective* (London: Hodder & Stoughton, 1996)를 보라.
40) American Association for the Advancement of Science에서 행한 연설에서. 그 연설은 *Science 155* (1967), pp. 1203-1207에 "Historical Roots of our Ecological Crisis"라는 제목으로 실렸으며, 그의 *Machina ex Deo: Essays in the Dynamism of Western Culture* (Cambridge, Mass., and London: MIT Press, 1968), 5장에 다시 실렸다.
41) Ian L. McHarg, *Design with Nature* (New York: Doubleday, 1969), p. 26.
42) 같은 책, p. 197.
43) Ian McHarg의 더닝 트러스트 강연(Duning Trust Lectures)에서 나온 이 발췌문들은 *Ontario Naturalist*, March 1973에 인용되었다.
44) Keith Thomas, *Man and the Natural World* (1983; Harmondsworth: Penguin, 1984). 또한 Edward Echlin, *The Christian Green Heritage, World as creation*, Grove Ethical Studies, no. 74(Cambridge: Grove Books, 1989)과 Colin A. Russell, *The Earth, Humanity and God* (London: UCL Press, 1994), 특히 pp. 86-93를 보라.
45) Thomas, *Man and the Natural World*, p. 17.
46) 같은 책, p. 18.
47) 같은 책, p. 22.
48) 같은 책, p. 24; 참고. p. 151.
49) 같은 책, p. 278.
50) Barbara Ward and Rene Dubos, *Only One Earth, The care and maintenance of a small planet* (London: Penguin, 1972), p. 83.
51) 같은 책, p. 45.

52) 같은 책, p. 85.
53) Ronald Higgins, *The Seventh Enemy*(London: Hodder & Stoughton, 1978).
54) Klaus Bockmuhl, *Conservation and Lifestyle*(1975, translated by Bruce N. Kaye; Cambridge: Grove Books, 1977), pp. 23-24. 환경 문제에 대한 더 최근의 기독교적 평가로는 Ron Elsdon, *Greenhouse Theology*(London: Monarch, 1992); Stan LeQuire(ed.), *The Best Preaching on Earth: A Collection of Sermons on Care for Creation*(Valley Forge, Penn.: Judson Press, 1996); Colin A. Russell, *The Earth, Humanity and God*(London: UCL Press, 1994)을 보라. 또한 계간지인 *Green Cross*를 보라. 그것은 Evangelicals for Social Action의 사역인 Christian Society of the Green Cross의 간행물이다. *Green Cross*, 10 East Lancaster Avenue, Wynnewood, PA 19096-3495, USA.
55) Ruth Valerio, *L Is for Lifestyle*(Leicester: Intervarsity Press, 2004).

6. 개발과 원조

1) 다수 세계라는 표현이 더 정확할 뿐 아니라 어떤 나라들이 "제1"이 아니라 "제3"이라는 개념에 덧붙여진 어떤 열등함을 담고 있지 않다는 점을 내게 지적해 준 Christopher Wright 박사에게 빚지고 있다. 상대적으로 부유하게 사는 우리가 세계의 소수라는 점 또한 효과적으로 작용했다.
2) *North-South: A Programme for Survival*, The Report of the Independent Commission on International Development Issue(1980), p.64.
3) 같은 책, p. 30.
4) 좀더 구체적으로는, 1990년대에 원조국의 총 국민 소득율로 나타나는 원조 수준은 하락했다. 원조를 규정하는 ODA(공식적 개발 원조) 비율이 1990년대에 하락했지만, 1997년을 제외하면 절대적인 수준에서는 아니다.
5) The WHO and UNICEF Joint Monitoring Programme for Water Supply and Sanitation(JMP), *Global Water Supply and Sanitation Assessment 2000 Report*.
6) "Chronic Proverty Report 2004-2005", www.chronicpoverty.org/resources/cprc_report_2004-2005.html.
7) United Nations, *Millennium Declaration*, A/RES/55/2, New York, 18 September 2000.
8) MDGs에 관한 정보는 관련 있는 유엔 웹사이트 www.un.org/millenniumgoals/에서 더 얻을 수 있다.
9) 가장 주목할 만하게는, 독일의 Schröder와 함께 Blair, Brown and Clinton이다. 그들의 선출은 Thatcher와 Reagan의 보수 정치와 신자유주의 경제로부터의 의미

있는 변화였다.
10) United Nations, *The Human Development Report 2004*, pp. 129, 135-136.
11) *Global Monitoring Report 2005: Millennium Development Goals from Consensus to Momentum*(Washington, DC: World Bank, 2005), p. 2.
12) Remarks by the Rt Hon. Gordon Brown MP, UK Chancellor of the Exchequer, at the launch of the Commission for Africa report at the British Museum, 11 March 2005.
13) www.un.org/esa/ffd/monterrey-consensus-excepts-aconf-198_11.pdf에서 몬테레이 합의서를 보라.
14) www.unmillenniumproject.org/reports/costs_benefits2.htm. 이 첫 번째 기한은 지났다. 1960년대에 GNP의 0.51퍼센트였던 것이 1970년대에 0.33퍼센트로 하락했지만, 1980년대에는 0.35퍼센트에 이르렀다. 1990년에 이르자 0.34퍼센트였고, 모든 나라가 몬테레이 합의서에서 0.7퍼센트를 지원하기로 재차 합의한 2002년에는 0.23퍼센트로 하락했다.
15) OECD: www.oecd.org.
16) 이러한 것들이 MDGs를 충족하는 과정에 중요함에도 불구하고, 미국 장기 차관 현대화 사업(Millennium Challenge Account)과 국제금융기금(International Finance Facility) 같은 다른 개발 지원들을 고려할 여지는 부족하다.
17) Brian Griffiths, "Trade, Aid and Domestic Reform", in Peter Heslam(ed.), *Globalisation and the Good*(London: SPCK, 2004), p. 22.
18) 같은 책.
19) www.jubilee2000uk.org에서 부채 탕감 캠페인을 보라.
20) 같은 책.
21) www.micahchallenge.org/home/default.asp
22) 2000년 12월 4일, www.cafod.org.uk
23) www.avert.org
24) 여기에서 HIV/AIDS에 관한 많은 질문과 그 영향을 상세히 설명하는 것은 불가능하다. 자주 질문되는 물음과 답은 UNAIDS 웹사이트(www.unaids.org/en/)에서 찾을 수 있다.
25) 성인 3천8백만 명, 15세 이하의 어린이 2백3십만 명.
26) 성인 4백3십만 명, 15세 이하 어린이 7십만 명.
27) 성인 2백6십만 명, 15세 이하 어린이 57만 명.
28) Jeffrey Sachs, *The End of Poverty, How we can make it happen in our lifetime* (London: Penguin Books, 2005), p. 204.

29) 같은 책, p. 201.
30) Janice A. Hogle(ed.), with contributors: Edward Green, Vinand Nantulya, Rand Stoneburner, John Stover, *What Happened in Uganda?: Declining HIV Prevalence, Behavior Change and National Response*(Washington, DC:USAID, 2002), p. 11. 그 논문은 www.usaid.gov/our_work/global_health/aids/ Countries/africa/uganda_report.pdf에서 볼 수 있다.
31) ABC 성전염성질환 예방 계획의 중요성에 관한 논의는 다음을 보라. S. K. Genuis, "Primary Prevention of Sexually Transmitted Disease: Applying the ABC Strategy", http://pmj.bmjjournals.com.
32) Hogle (ed.), *What Happened in Uganda*, p. 11
33) Patrick Dixon, *The Truth About AIDS*(Eastbourne: Kingsway Communication, 1994), p. 113. 또한 p. 88와 "Condoms are Unsafe"라는 장 전체(pp. 110-122)를 보라.
34) *The Many Faces of AIDS: A Gospel Response*(United Stated Catholic Conference, 1987), p. 18.
35) Roy McCloughry and Carol Bebawi, *AIDS: A Christian Response*(Nottingham: Grove Books, 1987), 주. 64, pp. 4, 18. "Is AIDS the Judgment of God?", pp. 12-19에 나오는 신학적 논의를 보라.
36) Sachs, *The End of Poverty*, p. 215.
37) *The Many Faces of AIDS*, p. 6.
38) World Commission on Environment and Development, *Our Common Future* (Oxford University Press, 1987), pp. 8, 43.
39) M. P. Todaro, *Economic Development in the Third World*(7th ed., London: Peason Education, 2000), p. 69를 보라.
40) 같은 책, pp. 7-19
41) Roy McCloughry, *Rights or Wrong, Christian reflections on a human rights approach to development*(Milton Keynes: World Vision, 2003)를 보라.
42) 예를 들어, "Poverty has become feminized to a significant degree", *Christian Faith and the World Economy Today*, World Council of Churches에서 나온 1992년 연구 문서, p. 26.
43) Brian Griffiths, *Morality and the Market Place*(London: Hodder & Stoughton, 1980), p. 127.
44) 같은 책, p. 25.
45) 같은 책, p. 143.

46) Bryant Myers, *Walking with the Poor: Princilples and Practices of Transformational Development*(New York : Orbis Books/World Vision, 2000)
47) 같은 책, pp. 14-15.
48) www.micahchallenge.org/home/intro.asp
49) Tim Chester(ed.), *Justice, Mercy, and Humility: Integral Mission and the Poor* (Carlisle, Penn. : Paternoster, 2002).
50) 나는 적어도 "다섯 개의 주요한 그리고 종종 서로 경쟁적인 개발 이론"이 있다는 것을 읽은 적이 있다. Todaro, *Economic Development*, pp. 69-95를 보라.
51) World Commission on Environment and Development, *Our Common Future*, p. 27
52) 같은 성령에 대해서는 롬 8:9과 고전 12:13을 보라. 서로 다른 영적 은사들에 대해서는 롬 12:3-8과 고전 12:4-31을 보라.
53) "Gospel and Culture, the Willowbank Report", in Stott(ed.), *Making Christ Known*, p. 77-113.
54) *Freedom and Socialism, uhuru na ujamaa: A selection from the writings and speeches of Julius Nyerere 1965-1967*(Dar-es-Salaam : Oxford Univ. Press, Dar-es-Salaam, 1968), p. 326에 있는 Arusha Declaration에 대한 1967년 연설에서.
55) www.literacytrust.org.uk/Database/stats/keystatsadult.html

7. 인권

1) Mary Robinson, "Ethics, Human Rights and Ethical Globalisation", Second Global Ethic Lecture, the Global Ethic Foundation(University of Tübingen, Germany), 21 January 2002.
2) *International Review of Mission*, vol. LXVI, no. 263에 나온, '인권'에 관한 Emilio Castro의 사설(July 1977), p. 218에서.
3) Amnesty International Annual Report 1995, p. 249.
4) Gary Haugen, "Rwanda's Carnage," in *Christiainity Today*, 6 February 1995, pp. 52-54.
5) *Response*, October 2004, issue 131, pp.4-5(중국) and p. 13(소말리아). *Response*는 전 세계적인 기독교 연대에 관한 잡지다.
6) 이러한 본문들을 가장 편리하게 모아 놓은 것은 Ian Brownie(ed.), *Basic Documents on Human Rights*(2nd ed., Oxford : Clarendon, 1981)이다.
7) O. Frederick Nolde, *Free and Equal: Human rights in Ecumenical Perspective* (Geneva : WCC, 1968), p. 7에 나오는 Malik 박사의 서론에서.

8) 국제 인권을 다루는 주요 조약들과 언약에 대한 기술은 www.un.org를 보라.
9) Robert McCorquodale, "Contemporary Human Rights and Christianity", a paper delivered to the Shaping the Christian Mind Conference, Sydney, Australia, in July 1996.
10) Thomas Paine, *The Rights of Man*(1791), 8th ed., pp. 47-48.
11) 저자와의 개인적 서신에서.
12) Michael Ignatieff, *Human Rights as Politics and Idolatry*(Princeton, N. J.: Princeton Univ. Press, 2001), p. 53.
13) 같은 책.
14) Michael Ignatieff, *The Warrior's Honour, Ethnic war and the modern conscience* (London: Vintage, 1995), pp. 55-69.
15) www.constitution.org/usdeclar.htm
16) William Temple, *Citizen and Churchman* (London: Eyre & Spottiswoode, 1941), pp. 74-75.
17) McCloughry, *Rights or Wrong*, p. 9.
18) Ignatieff, *Human Rights as Politics and Idolatry*, p. 164.
19) Paul Oestreicher, *Thirty Years of Human Rights*(The British Churches' Advisory Forum on Human Rights, 1980).
20) 인권에 관한 현대의 논의에서는, "차별 없음"이라는 표현이 자주 쓰인다. 동등함과 차별 없음은 인권의 핵심 개념으로 종종 나타난다.
21) 이 세 왕에 대한 예언자들의 항변은 삼하 11-12장(나단과 다윗), 왕상 21장(엘리야와 아합), 렘 22:13-19(예레미야와 여호야김)에 나와 있다.
22) www.ijm.org
23) www.barnanasfund.org
24) 여기 언급된 다른 세 기구에 관한 웹사이트: www.hrw.org/; www.amnesty.org; www.csw.org.uk/
25) 하지만 그리스도인들은 때때로 인권 기구의 강령에 불편해한다. 나는 특별히 게이의 인권을 염두에 둔 것이며, 이 강령은 "16장. 동성애"에서 다룰 것이다.
26) 1989년 7월 24일자 *TIME*지에 나온 한 인터뷰에서.
27) Nicholas Wolterstorff, *Until Justice and Peace Embrace* (Grand Rapids: Eerdmans, 1983, 「정의와 평화가 입맞출 때까지」, 한국 IVP), p. 82, McCorquodale, "Contemporary Human Rights and Christianity", p. 11에 인용됨.
28) Christopher J. H. Wright, *Human Rights: A Study in Biblical Themes*, Grove Booklet on Ethics no. 31(Cambridge: Grove Books, 1979), p. 16.

29) Christopher J. H. Wright, *Walking in the Ways of the Lord, The ethical authority of the Old Testament*(Leicester: Apollos, 1995), p. 251.
30) McCloghry, *Rights of Wrong*.
31) 이러한 권리의 포기에 대해서는 막 10:42-45("너희 중에는 그렇지 않을지니"), 고전 13:5(사랑), 고전 6:1-8(고발), 벧전 2:18-25(종들)을 보라.
32) 물론 그리스도인들은 예배하고 박해받지 않는 것에 대한 자신들의 권리를 주장할 것이다. 하지만, 내가 이미 중국과 유사한 나라들에서의 교회에 대해 언급했던 것처럼, 박해 때문에 교회가 모이기를 멈추거나 모임으로써 파생되는 결과를 감수하지 않는 것은 아니다.
33) 노벨상 수상 연설, 1970년.
34) 일반적인 인권 침해와 일반적인 투옥 및 고문에 대한 정보를 알려면 Amnesty International, 1 Easton Street, London WC1X 8DJ, UK로 연락하거나 www.amnesty.org를 방문해 보라.
35) International Justice Mission, PO Box 58147, Washington DC, 20037-8147, USA 에서 시행한 "A Christian Witness for Justice, a Needs Assessment and Operational Outline"(November 1996, p. 1) 혹은 www.ijm.org를 보라.
36) Figures from UNICEF, "Stop Violence against Women and Girls", 1999. World Vision, *Faces of Violence in Latin America and the Caribbean* (Monrovia, Calif.:World Vision International, 2002), p. 10에 인용됨.
37) World Vision International, *Protecting Children: A Biblical Perspective in Child Rights*(Monrovia, Calif.: World Vision International, 2002), pp. 20, 22.
38) *Here We Stand, world vision and child rights*(Milton Keynes: World Vision UK, 2002).
39) 참고. *Human Development Report 2000* (New York: United Nations Publications, 2000), p. 32, box 2.1, "The Long Struggle for Women's Rights".
40) Julia Häusermann, *Rights and Humanity, A human rights approach to development*(London: Rights and Humanity, 1998), pp. 76-79.
41) 장애에 대해 다양한 정의를 지닌 여러 나라로부터의 통계를 종합하는 것은 어려운 일이기 때문에, 전 세계 장애인의 수를 추산하려는 시도는 최근에야 더 철저해졌다. 그래서 그 수치는 5억 5천만에서 6억 5천만까지 다양하게 추정된다.
42) Roy McCloughry and Wayne Morris, *Making a world of Difference: Christian Reflections on Disability*(London: SPCK, 2002), p. 1.
43) 같은 책, p. 2에서 인용.

8. 노동과 실업

1) 나는 최근 런던현대기독교연구소 책임자인 Mark Greene을 이 분야에 추천하고 싶다. 그는 *Thank God It's Monday*(London: Scripture Union Publishing, 2001)와 *Supporting Christians at Work*(London: Administry and LICC, 2001)를 포함한 이 주제에 대한 많은 글을 써 왔다. 런던현대기독교연구소는 일이라는 분야에 초점을 둔 여러 행사와 과정, 그리고 많은 자료를 개발해 왔다. 그것들은 연구소의 웹사이트(www.licc.org.uk)에서 찾을 수 있다.
2) Dorothy Sayers, *Creed or Chaos?*, in Ted W. Engstrom and Alec Mackenzie, *Managing Your Time*(Grand Rapids: Zondervan, 1967), pp. 21-23에서 인용.
3) Pope John Paul II, *Laborem Exorcens*(London: Catholic Truth Society, 1981), p. 4.
4) 같은 책, p. 13.
5) 같은 책, p. 12.
6) 같은 책, p. 33.
7) Henri Blocher, *In the Beginning: The opening chapters of Genesis*(Leicester: InterVarsity Press, 1984), p. 57.
8) Michael Moynagh and Richard Worsley, *The Opportunity of a Lifetime: Reshaping Retirement*(The Tomorrow Project with the Chartered Institute of Personnel and Development, 2004)에 은퇴 이후에 대해 유익한 논의가 담겨 있다. 전체 보고서에 관한 복사본은 www.tomorrowproject.net을 통해 구할 수 있다.
9) E. F. Schumacher, *Good Work*(London: Abacus, 1980), p. 27.
10) 같은 책, p. 119-120.
11) 같은 책, p. 121.
12) Henri de Man, *Joy in Work*(1929)에서. Sherwood E. Wirt, *The Social Conscience of the Evangelical*(London: Scripture Union, 1968), p. 38에 인용.
13) Miroslav Volf, *Work in the Spirit*(Oxford: Oxford Univ. Press, 1991), p. 92.
14) 같은 책, p. 114.
15) www.hse.org.gov.uk/stress/
16) www.cbi.org.uk
17) *Mental Health in the Workplace: Introduction*, prepared by Phyllis Gabriel and Marjo Riitta Liinatainen(Geneva: International Labour Office, October 2000).
18) F. A. Iremonger, *William Temple*(Oxford: Oxford Univ. Press, 1948), p. 440에 인용됨. 또한 Chapter 1, "The Unemployment Experience", in Michael Moynagh, *Making Unemployment Work*(Oxford: Lion, 1985)와 Ann Warren, *Living with Unemployment*(London: Hodder & Stoughton, 1986)를 보라.

19) 2004년 6월의 통계수치(Office for National Statistics).
20) 2004년 6월의 통계수치(Statistics Bureau: Labour Force Survey, Japan; United States Department of Labor, Employment Situation Summary).
21) United States Department of Labor, Employment Situation Summary. 통계수치는 계절별로 조정된 것이 아니다.
22) International Labour Organization, *Global Employment Trends*, 2004.
23) 도시 재건에서 신앙 공동체의 역할에 대한 최근 논의는, Richard Farnell et al., *"Faith" in Urban Regeneration? Engaging Faith Communities in Urban Regeneration*(London: Policy Press, 2003)을 보라.
24) The Nicholas Hinton Lecture, www.archbishopofcanterbury.org/sermons_speeches/2004041117.html을 보라.
25) Marshall McLuhan, *Understanding Media* (1964; London: Abacus, 1973), p. 381. 「미디어 이해」(민음사).
26) 많은 일 가운데 가족을 돌보는 일은 일과 생활의 균형이라는 이슈와 관련이 있었다. Letsdolife라는 분과는 고용인들이 일과 생활의 지속적이고 건강한 균형을 발견하도록 노력한다. www.careforthefamily.org.uk와 www.letsdolife.com를 보라.
27) Christian Schumacher, *God in Work*(Oxford: Lion Publishing, 1998), p. 203.
28) 예를 들어, Valerio, *L Is for Lifestyle*를 보라. 윤리적 여행에 관하여서는, *Tourism: Don't Forget Your Ethics!* 와 같은 Tearfund의 글을 보라. 이 글과 교회를 위한 캠페인 자료는 www.tearfund.org에서 얻을 수 있다.

9. 비즈니스

1) John V. Taylor, *Enough Is Enough*(London: SCM, 1975), p. 102. 관계의 중추적 중요성에 대해서는 Michael Schulter and David Lee, *The R Factor*(London: Hodder & Stoughton, 1993)를 보라.
2) Sir Fred Catherwood, *Jobs and Justice, Homes and Hope*(London: Hodder & Stoughton, 1997), pp. 77-79.
3) 1979년 *Christianity Today*에 나온 한 뉴스, 녹음된 회의 연설, 특히 R. C. Sproul의 *Stronger than Steel: The Wayne Alderson Story*(New york: Harper and Row, 1980)에서.
4) Richard Hyman and Ian Brough, *Social Values and Industrial Relations: A study of fairness and inequality*(Oxford: Blackwell, 1975).
5) 같은 책, p. 11.
6) www.dti.gov.uk/er/nmw/. 22세 이상은 시간당 5.35파운드, 18-21세는 시간당

4.45파운드.

7) www.cbi.org.uk, 2004년 1월 28일 현재, Minium Wage라는 섹션에서.
8) Joseph Stiglits, *The Roaring Nineties-Seeds of Destruction*(London: Allen Lane, Penguin, 2003), p. 166.
9) 같은 책, p. 124.
10) "Executive Pay", www.guardian.co.uk.
11) "Rewards for Failure", Directors' Remuneration-Contract, Performance and Severance, DTI Company Law Consultative Document, June 2003; also "Executive Pay", www.guardian.co.uk.
12) TUC 보도 자료, 1996년 12월 20일.
13) Schumacher, *Good Work*, p. 79.
14) www.scottbader.com
15) ONS(2003), New Earnings Survey 2003. 생산성 추이를 위해서는, *Kingsmill Review*, 2001, p. 23를 보라.
16) "1995 Structure of Earnings Survey", in *Kingsmill Review*, p. 21. 2004 유럽 연합 확대 이전의 이 통계에 주목하라.
17) 2000 Labour Force Survey, in *Kingsmill Review*, pp. 25-26.
18) "Sexism and the City", *The Economist*, 12 June 2004, p. 29.
19) *The Economist*, 12 June 2004, pp. 29-30에 보고된 바와 같이.
20) 같은 책, p. 30.
21) Prof. T. Welbourne, "Wall Street Likes Its Women", CAHRS, Cornell University, Working Paper 99-07, Ithaca, New York, p. 11, in *Kingsmill Review*, p. 40.
22) Temple, *Christianity and the Social Order*, p. 87.
23) 같은 책, p. 61.
24) Erving Goffman, *Asylums: Essays on the Social Situation of Mental Patients and Other Inmates*(New York: Anchor Books, Doubleday, 1961).
25) 같은 책, p. xiii.
26) 같은 책, p. 6.
27) 같은 책, p. 7.
28) 같은 책, p. 9.
29) 같은 책, p. 43.
30) Temple, *Christianity and the Social Order*, p. 96.
31) 같은 책.
32) David Bleakley, *In Place of Work, The Sufficient Society*(London: SCM, 1981),

pp. 16, 17에 인용.
33) Richard Higginson, *Questions of Business Life* (Carlisle: Authentic Lifestyle, 2002), p. 43.
34) Temple, *Christianity and the Social Order*, p. 87.
35) 같은 책, p. 99.
36) CBI press release, 23 June 1999, "CBI President raises fears about trade union partnership", www.cbi.org.uk.
37) 1930년대에 처음 개발된 '노사 공동 결정' 원리는 서독에서 제2차 세계대전 이후에 실행되었다. 본질적으로 그것은 (1) 노동자들을 대표하는 '공장 협의회'와 (2) '감독 위원회'(위원 중 3분의 2는 소유주이고, 3분의 1은 노동자 대표다) 그리고 그 위원회가 임명하는 (3) 회사를 운영하는 집행 위원회를 둔다. 많은 사람은 서독의 전후 경제 발전과 좋은 노사 관계 기록의 원인을 부분적으로는 이러한 협정이라고 생각한다. H. F. R. Catherwood, *A Better Way, The case for a Christian social order* (Leicester: InterVarsity Press, 1975), p. 121를 보라.
38) 2005년 3월과 2008년 3월 사이에 진행될 시행은 조직의 크기에 달려 있다.
39) "High Performance Workplace-Informing and Consulting Employees", DTI Consultation Document, July 2003, pp. 6-10, www.dti.gov.uk.
40) www.partnership-at-work.com
41) 같은 책.
42) 우스터의 Robin Woods 주교, *The Times*, 1977년 2월 16일에 보낸 서신
43) 노동당 정부는 1997년에 마스트리히트 조약의 유럽 연합 사회 선언(EU Social Chapter of the Maastricht Treaty)에 서명했다. 사회 선언은 유럽 공동체(EC)가 그 정책 실현을 위한 "지령"을 공포할 수 있는 권한을 부여한다. 그러한 예가 1998 EU 근로 시간법이다.
44) 또한 영국의 50만 이상의 고용인들이 1주일에 60시간이나 일을 한다. TUC, Working Time Directive Review 2003: The Use and Abuse of the "Opt-Out" in the UK, p. 1, www.tuc.org.uk를 보라.
45) TUC, Working Time Directive Review 2003, p. 2.
46) 같은 책, p. 7.
47) CBI press release, "CBI Chief Urges Ministers to Fight 'Nanny State' Limit on UK Working Hours", 25 June 2003, p. 2, www.cbi.org.uk.
48) 2004 John Lewis 연례 보고서. 파트너십 보너스는 8,730만 파운드였고, 세금을 제한 수익이 1억 4,880만 파운드였다.
49) "How to run a company well", *The Economist*, 23 October 2003.

50) "Integrity on a global scale", *The Economist Global Executive*, 10 February 2003.
51) Heslam(ed.), *Globalisation and the Good*, p. 33.
52) Amar Bhide and Howard H. Steveson, "Why Be Honest if Honesty Doesn't Pay?", *Harvard Business Review* (September-October 1990), pp. 121-129, in Scott B. Rae and Kenman L. Wong, *Beyond Integrity: A Judeo-Christian Approach to Business Ethics*(Grand Rapids: Zondervan, 1996), pp. 70-78.
53) 같은 책, p. 77
54) Sissela Bok, *Lying: Moral Choice in Public and Private Life*(New York: Random House, 1978).
55) David Held, in Heslam(ed.), *Globalisation and the Good*, p. 5.
56) 같은 책, p. 4.
57) Higginson, *Questions of Business Life*, p. 33.
58) 예를 들어, www.babymilkaction.org를 보라.
59) MNCs에 대한 이 마지막 비평은 다음 책에서 비롯되었다. George Monbiot, *Captive State*(1st ed., London: Macmillan, 2000; 2nd ed., London: Pan Books, 2001), p. 332.
60) Charles Handy, *The Elephant and the Flea: Looking backwards towards the future*(London: Arrow, 2002), p. 148에서.
61) Monbiot, *Captive State*, p. 4.
62) T. Gorringe, in Heslam(ed.), *Globalisation and the Good*, p. 81.
63) www.arthurrankcentre.org.uk. 다섯 회사는 Tesco, Sainsbury's, Asada, Safeway, Somerfield이다.
64) Monbiot, *Captive State*, p. 182.
65) 같은 책, p. 184.
66) Stiglitz, *The Roaring Nineties*, pp. 23-24.
67) 이러한 예측은 커다란 컨설턴트 회사인 McKinsey로부터 비롯된 것이다. Steve Crabb, "East India Companies", *People Management magazine*, 20 February 2003을 보라.
68) 같은 책. 현재 영국의 콜센터 직원은 총 40만 명이다.
69) Dushyant Shahrawat, "How Offshore Outsourcing Will Hit Home", *Securities Industry News*, 16 June 2003, vol. 15, issue 24.
70) Monbiot, *Captive State*, pp. 348-349.
71) 기업 윤리에 관한 매우 유용한 자료를 담고 있는 책 가운데 하나가, Rae and Wong, *Beyond Integrity: A Judeo-Christian Approach to Business Ethics*이다.

72) 예를 들어, www.nike.com/nikebiz/nikebiz.jhtml?page=25의 "workers and factories" 섹션을 보라.

10. 인종 문제와 다문화 사회

1) 이 장에서 사용하는 용어는 변화 과정에 있고, 몇몇 단어와 구절들은 이미 변화되었다. 오직 하나의 인류만이 있다는 인식은 때로는 "민족"이라는 용어를 "인종"이라는 용어보다 선호함을 의미한다. 따라서 "다민족"이라는 말을 종종 "다인종"이라는 말보다 많이 쓴다. 그러나 인종평등위원회의 글을 예로 들면, "인종"이라는 말을 여전히 사용하고 있다. 나는 그러한 용어들을 문맥에 따라 맞게 쓰도록 노력했다. 물론 인용한 글의 단어를 변경하는 것은 논외다. "인종차별"이라는 용어는 여전히 중요한데, 아직까지 이 단어만큼 그 차별과 편견으로 인한 고통과 불의를 잘 상기시켜 주는 단어가 없기 때문이다. 흑인들을 언급할 때 사용하는 단어에도 변화가 일어났다. 물론 "흑인"이라는 용어는 어떤 문화에서는 경멸적 의미로 사용되었다. 그러나 대다수 아프리카인 자손은 진정으로 자신들의 민족성을 기리는 하나의 상징으로서 "흑인"이라는 말을 사용한다. 이 장에서는 그런 용어들을 사용하는 데 있어서 주의를 기울였다. 또한 차별이 예를 들면 아시아 공동체, 발칸 반도 출신 사람들, 그리고 특히 9·11 사태이후 중동 출신의 사람들을 포함해서 수많은 민족에게 영향을 끼친다는 사실을 인정하는 것 또한 중요하다.
2) Martin Luther King의 "I have a dream" 연설은 Coretta Scott King의 *My Life with Martin Luther King, Jr*(London: Hodder & Stoughton, 1969), p. 249에 기록되어 있다.
3) 내무장관 Roy Jenkins가 1966년 5월 Voluntary Liaison Committees 모임에서 한 연설에서.
4) The Stephen Lawrence Enquiry Report, p. 20, para 6.4.
5) 같은 책.
6) David Brion Davies, *The Problem of Slavery in Western Cultures*(Ithaca, N. Y.: Cornell Univ. Press, 1966), p. 31.
7) Edward Long, *The History of Jamaica*(London: Lowndes, 1774), pp. 351-356.
8) J. H. Guenebault, *The Natural History of the Negro Race*(영역판은 Dowling, Charleston, South Carolina, 1837에서 출판), pp. 1-19. 또한 Wilson Armistead, *A Tribute for the Negro*(Manchester and London: W. Irwom, 1848), 예를 들어, p. 36를 보라.
9) Stanley M. Elkins, *Slavery: A Problem in American institutional and intellectual life*(1959; 2nd ed. Chicago: University of Chicago Press, 1968), p. 82.

10) 같은 책, p. 84.
11) M. F. Ashley Montagu, *Man's Most Oangerous Myth: the Fallacy of Race*(1942; 5th ed. revised and enlarged, Oxford: Oxford Univ. Press, 1974), p. 101.
12) Adolf Hitler, *Mein Kampt* (1925, James Murphy 번역; London: Hutchinson, 1940), p. 150.
13) 같은 책, p. 284.
14) Gutteridge, *Open thy Mouth for the Dumb!*, p. 69
15) 같은 책, p. 48
16) Montagu, *Man's Most Dangerous Myth*, p. 50에 인용.
17) John W. de Gruchy, *The Church Struggle in South Africa* (Grand Rapids: Eerdmans, 1979), pp. 30-31에 인용. 남아프리카공화국의 인종차별에 대한 그리스도인들의 태도에 관한 최근의 평가로는 Zolile Mbali, *The Churches and Racism: A Black South African perspective*(London: SCM, 1987)와 Cassidy, *The Passing Summer*를 보라.
18) *Human Relations and the South African Scene in the Light of Scripture*, Dutch Reformed Chruch의 1974년 보고서(Dutch Reformed Publisher, 1976), pp. 14, 32, 71.
19) Hitler, *Mein Kampt*, p. 248.
20) Professor Dr A. B. Dupreez, *Inside the South African Crucible*(Kapstaad-Pretoria, Southe Africa: HAUM, 1959), p. 63.
21) Montagu, *Man's Most Dangerous Myth*, p. 10.
22) 이 경우 "흑인"이라는 단어의 사용이 중요한데, 이는 아파르트헤이트 정권이 그 그룹에 붙인 용어가 아니라 그들이 이 일을 수행하면서 공유한 자신들의 문화적 정체성을 내포하는 용어이기 때문이다.
23) Jeremy Murray-Brown, *Kenyatta*(London: Allen & Unwin, 1972), p. 306.
24) Mzee Jomo Kenyatta, *Suffering without Bitterness* (Nairobi: East African Publishing House, 1968), p. 166. 프랑스의 식민지 통치에 대한 아프리카인들의 비슷한 반응으로는 Frantz Fanon, *Black Skin, White Masks*(1952)를 보라.
25) Arnold Toynbee, *A Study of History*, vol. 1, p. 213. Cyril Garbett 대주교가 *World Problems of Today*(London: Hodder & Stoughton, 1955), p. 135에서 인용.「역사의 연구」(현대사상사).
26) www.iom.int/DOCUMENTS/PUBLICATION/EN/MPI_series_No_2_eng.PDF
27) www.oxfam.org.uk/what_we_do/issues/conflict_disasters/downloads/migration_development.pdf, p. 12.

28) 같은 책, p. 4.
29) www.cre.gov.uk
30) www.oxfam.org.uk, p. 4.
31) 같은 책, p. 9.
32) www.cre.org.uk
33) www.cre.gov.uk, "The Migrant Population in the UK: Fiscal Effects"(Home Office occasional paper 77).
34) www.mmu.ac.uk
35) The Commonwealth Immigrants Act(1962)-그때부터 이민자들은 입국을 위해 고용 증서가 필요했다.
36) The Commonwealth Immigrants Act (1968)-케냐 정부의 아프리카화 프로그램 기간에 입국과 정착을 할 수 있는 권리가 일부 동아프리카 사람들에게 주어졌다.
37) Anne Owers, *Sheep and Goats, British nationality law and its effects*와 *Families Divided: Immigration control and family life*(London: CIO, 1984)를 보라.
38) Home Office press release, 24 February 2004, ref: 070/2004.
39) Commission for Racial Equality, www.cre.gov.uk.
40) 이 성명은 원래 Croydon BNP가 발행하는 반유태주의 계간지인 Rune 지에 실렸다. Nick Griffin과 BNP에 관한 정보를 위해서는, news.bbc.co.uk/hi/english/static/in_depth/programmes/2001/bnp_special/the_leader/beliefs.stm를 보라.
41) Lord Scarman, *The Scarman Report: The Brixton Disorders 10-12 April 1981* (Harmondsworth: Penguin, 1981), pp. 77-78.
42) 제도적 인종차별에 대한 교회의 반응을 탁월하게 분석한 자료 그리고 일반적인 제도적 인종차별에 대한 자료는, Glynne Gordon-Carter, *An Amazing Journey, The church of England's response to institutional racism*(London: Church House Publishing, 2003)을 보라.
43) David Haslam, *Race for the Millennium, A challenge to church and society* (London: Church House Publishing, 1996).
44) "Stephen Lawrence-What Next?", speech given by Lord Dholakia, 22 March 2001, 펜들리 마노에서 열린 형사 사법 컨퍼런스(Criminal Justice Conference)에서.
45) www.statistics.gov.uk/STATBASE/ssdataset.asp?vlnk=6377, Police officer strength: by sex, minority, ethnic group, and rank, 2002: Social Trends 33.
46) TUC 뉴스 발표문, 1997년 4월.
47) 2003년에 개정된 원칙들의 복사본은 www.industrialmission.org/reep/reep1.html 에서 찾을 수 있다.

48) 참고. *Called to Lead, Achallenge to include minority ethnic people, report by the Stephen Lawrence Follow-up Staff Group* (London: Church House Publishing, 2000); Report of an independent inquiry into institutional racism within the structures of the Diocese of Southwork(March 2000); Glynne Gordon Carter, *An Amazing Journey, The Church of England's response to institutional racism* (London: Church House Publishing, 2003).
49) Malcolm X, *The Autobiography of Malcolm X* (New York: Grove Press, 1964), pp. 175, 275.
50) 같은 책, pp. 179, 272.
51) "The Lausanne Covenant", para. 10, "Evangelism and Culture", in Stott(ed.), *Making Christ Known*, pp. 39-42.
52) O. R. Johnston, *Nationhood, Towards a Chrisitian Perspective* (Oxford: Latimer Studies, no. 7, 1980), p. 14.
53) "The Pasadena Statement on the Homogeneous Unit Principle", in Stott(ed.), *Making Christ Known*, p. 64. 흑인 그리스도인의 영국 거주 경험에 대해 살펴보려면, Philip Mohabir, *Building Bridges* (London: Hodder & Stoughton, 1988)를 보라. 또한 Evangelical Christians for Racial Justice(109 Homerton High Street, London, E9 6DL, UK)가 제작한 *New Humanity*라는 제목의 "Study Pack for Christians in a Multi-Racial Society"도 추천한다.
54) J. Daniel Hays, *From Every People and Nation, A Biblical theology of race* (Leicester: InterVarsity Press, Apollos imprint, 2003).
55) 같은 책, p. 201.
56) 같은 책.
57) 같은 책, p. 205.
58) Michael K. Duffey, *Sowing Justice, Reaping peace: Case Studies of Racial, Religious, and Ethni Healing around the World* (Franklin, Wis.: Sheed and Ward, 2001).

11. 경제적 불균형

1) US Census Bureau, "Income, Poverty&Health Insurance Coverage in the United States: 2003", published August 2004, p. 9. 가족의 규모나 구성원에 따라 달라지는 일련의 재정 수입 한계점이 누가 빈곤한지를 결정한다. 예를 들어, 1인 가족의 수입 한계점은 9,393달러이며, 2인 가족은 12,015달러, 4인 가족은 18,810달러다. p. 39.

2) www.oxfamgb.org/ukpp/poverty/thefacts.htm#fn1. 여기서 빈곤은 2000/2001년 평균 처분소득의 60퍼센트 이하로 측정된다. 이것이 최근 유럽 연합에 속한 국가에서 빈곤의 정도를 측정하는 "빈곤선"인데, 이는 다른 여러 차원을 포함하는 가난에 대한 포괄적인 정의와 같진 않다. 이 수치들은 영국에서 가계 지출을 뺀 수입을 검토한 것이며 자영업을 포함한다.
3) D. Gordon et al., *Poverty and Social Exclusion in Britain* (York: Joseph Rowntree Foundation, 2000); 그 수치들은 그럴 형편이 되든 안 되든 일반적으로 오늘날 영국에서 살아가는 데 필요하다고 여겨지는 것에 근거하여 1999년에 시행된 조사를 가리킨다.
4) CAP National Poverty Hearing, 1996.
5) *Faith in the City: A call for action by church and nation* (London: Church House Publishing, 1985), p. 359.
6) 더 자세한 내용은, cofe.anglican.org/info.socialpublic.urbanaffairs.html을 보라.
7) Human Development Report 2004, p. 188. 미국의 조사는 2000년에 한 것이고, 영국의 조사는 1999년에 한 것이다. 부라는 용어로 말하자면, 2001년 영국에서는, 가장 덜 부유한 50퍼센트가 부의 5퍼센트를 차지한 반면(1991년에는 8퍼센트), 가장 부유한 1퍼센트가 부의 23퍼센트를 차지했다(1991년에는 17퍼센트). *Social Trends* 34: 2004 edition(London: HMSO, 2004), Table 5.26, p. 89를 보라. 또 www.statistics.gov.uk/socialtrends/를 보라.
8) Puebla, "Evangelization at present and in the future of Latin America," *Conclusions of the Third General Conference of Latin American Bishops* (Manila: St Paul Publications, 1980), p. 107, para. 494.
9) *Developments*, issue 24, 4th quarter 2003, p. 29.
10) David Gordon et al., *Child Poverty in the Developing World* (Bristol: The Policy Press, 2003).
11) Department of Work and Pensions, *Second Report on Child Poverty*, 31 March 2004, www.publication.parliament.uk/pa/cm200304/cmselect/cmworpen/85/8502.htm.
12) Joseph Rowntree Foundation, Findings Ref. 930, "Poverty and social exclusion in Britain", September 2000.
13) "League Table of Child Poverty in Rich Nations", Innocenti Research Centre, UNICEF, June 2000.
14) Koen Vleminckx and Timothy M. Smeeding(eds.), *Child Well-Being, Child Poverty and Child Policy in Modern Nations, What do we know?* (Bristol: The

Policy Press, February 2001).
15) 더 세부적인 사항은 www.dwp.gov.uk/ofa를 보라.
16) M. Brewer and A. Shephard, *Has Labour Made Work Pay?* (York: Joseph Rowntree Foundation/Institute of Fiscal Studies, November 2004), p. 40.
17) www.publications.parliament.uk/pa/cm200404/cmselect/cmworpen/85/8503.htm
18) David Sheppard 주교의 Richard Dimbleby Lecture, "The Poverty that Imprisons the Spirit"는 *The Listener*(1984년 4월 19일)에 실렸다. 또한 Paul Harrison, *Inside the Inner City*(Harmondsworth: Penguin, 1983)를 보라.
19) 예를 들어, Albert Gelin, *The Poor of Yahweh* (1964; 영역, Collegeville, Minn.: Liturgical Press); Julio de Santa Ana, *Good News to the Poor* (Geneva: WCC, 1977); Julio de Santa Ana(ed.), *Towards a Church of the Poor* (New York: Orbis, 1979), Conrad Boerma, *Rich Man, Poor Man and the Bible* (1978; London: SCM, 1979); Atholl Gill, *Chrisians and the Poor* (Canberra: Zadok Centre Series, no. 9, 날짜 미정); 태국 파타야에서 열린 Consultation on World Evangelism의 그룹 보고서인 *Christian Witness to the Urban Poor* (Lausanne Occasional Paper no. 22, 1980). 거기에서는 부록으로 빈곤한 자들을 나타내는 아홉 개의 히브리 단어에 대한 Jim Punton의 분석을 추가해 놓았다. 1980년 멜버른에서 열린 World Conference on Mission and Evangelism Report, *Your Kingdom Come* (Geneva: WCC, 1980); Vinay Samuel and Chris Sugden, *Evangelism and the Poor* (Bangalore: Partnership in Mission, Asia,, revised ed. 1983); Redmond Mullin, *The Wealth of Christians* (Carlisle, Penn.: Paternoster, 1983); Peter Lee, *Poor Man, Rich Man: The priorities of Jesus and the agenda of the church* (London: Hodder & Stoughton, 1986)를 보라.
20) Raymond Fung의 연설, "Good News to the Poor"는 *Your Kingdom Come* (WCC, 1981), pp. 83-92에 실려 있다.
21) David Sheppard, *Bias to the Poor* (London: Hodder & Stoughton, 1983), p. 16.
22) 같은 책, p. 225.
23) Puebla, p. 178, para. 1134.
24) 같은 책, p. 179, paras. 1141-1142.
25) 같은 책, p. 180, para. 1154.
26) *Your Kingdom Come*, p. 171.
27) 이것은 호주 멜버른에서 Kosuke Koyama 교수가 사용한 표현이었다. *Your Kingdom Come*, p. 161를 보라.

28) Robert Holman, *Poverty: Explanation of Social Deprivation* (Martin Robertson, 1978).
29) 같은 책, p. 134.
30) 같은 책, p. 88.
31) Martin Hengel, *Property and Riches in the Early Church* (Minneapolis: Fortess 1974), pp. 26-27.
32) 같은 책, pp. 32-33.
33) *The Economist reports*에 따르면, 영국 사람들이 GDP의 0.8퍼센트를 기부하는 데 반해 미국 사람들은 1.8퍼센트를 기부한다(2002년 수치). "Charitable lot, the rich", *The Economist*, 6 May 2004.
34) C. Pharoah, CAF Research Briefing, "Fitting charity into household budgets", October 2004, www.cafonline.org.
35) Otto Dibelius 주교가 그의 자서전 *In the Service of the Lord* (New York: Holt, Reinhart & Winston, 1964), p. 31에서 인용.
36) Taylor, *Enough is Enough*, pp. 81-82.
37) "The Lausanne Covenant: An Exposition and Commentary", in Stott(ed.), *Making Christ Known*을 보라.
38) "An Evangelical Commitment to Simple Lifestyle", in Stott(ed.), *Making Christ Known*, pp. 139-153. 또한 Ronald J. Sider (ed.), *Lifestyle in the Eighties* (Carlisle, Penn.: Paternoster, 1982), pp. 16, 35-36, "International Conference on Simple Lifestyle"을 위해 준비한 글들을 보라.
39) J. Madslien, "US economy: The challenges ahead", 31 October 2004, news.bbc.co.uk/go/pr/fr/-/1/hi/business/3959867.stm. 이 글은 또 미국 정부의 부채가 7조 4천억 달러에 이른다고 보도했다.
40) Creditaction-debt facts and figures-4 November 2004, www.creditaction.org.uk. 이 2004년의 수치 중 83퍼센트는 주택 담보 대출이며 17퍼센트는 소비자 신용 대출이다.
41) 같은 책, 주택 대출금을 포함한 개인 평균 부채는 가구당 4만 5천 파운드이다.
42) www.nee.org.uk/moneymatters/index.htm, accessed in November 2004.
43) 역사적 추세를 위해서는, www.federalreserve.gov/releases/h15/data.htm과 www.bankofengland.co.uk/index.htm을 보라.
44) Social Trends 34:2004 edition, p. 69에 보도된 2001/2002 수치.
45) Andrew Hartropp (ed.), Families in Debt, *The nature, cause and effects of debt problems, and policy proposals for their alleviation* (Cambridge: Jubilee Centre

Publications, no. 7, 1987). Michael Schluter and David Lee, Credit and Debit, Sorting it out(London: Marshalls Pickering, 1989)

46) Credit Action은 영국에서 가장 큰 부채 상담 기관으로, 부채 문제에 관한 많은 자료를 보유한 두 개의 웹사이트를 가지고 있다: www.creditaction.org.uk와 www.moneybasics.co.uk. 미국에도 Crown Financial Ministries라는 유사한 기관이 존재한다(www.crown.org). Credit Action의 대표인 Keith Tondeur는 이 이슈를 더 깊이 다루기 원하는 사람들을 위해 다음 두 책을 추천한다. Neil Hood, God's Wealth, *Whose Money Is It Anyway?* (Carlisle, Penn.: Authentic Media, 2004); Randy Alcorn, *Money, Possessions, and Eternity* (Carol Stream, Ill.:Tyndale, 2003).

12. 여자와 남자

1) Germaine Greer, *The Female Eunuch* (London: Paladin, 1971), pp. 12, 18, 22. Germaine Greer는 더 최근에 쓴 책 *Sex and Destiny: The politics of human fertility* (London: Secker & Warburg, 1984)에서, 틀에 박히지 않은 자유로운 의견으로 사람들을 놀라게 하고 충격을 주는 능력은 그대로 간직하고 있지만, 인간 가정에 대해 훨씬 더 적극적인 모습을 보인다. 실로, 그녀는 자녀를 무시하고 방치하는(그녀의 견해로는) 서구 핵가족 경향과 대비되는 아시아와 아프리카의 전통적인 부모-자식 관계를 낭만화한다.
2) Kate Millett, *Sexual Politics* (London: Virago, 1977).
3) Garol Gilligan, *In a Different Voice: Psychologocal Theory and Women's Development* (Cambridge, Mass.: Harvard Univ. Press, 1982).
4) Pamela McCorduck and Nancy Ramsey, *The Futures of Women: Scenarios for the 21st Century* (New York: Warner Books, 1997).
5) Janet Radcliffe Richards, *The Sceptical Feminist* (Harmondsworth: Penguin, 1982), pp. 13-14, 16.
6) Elaine Storkey, *What's Right with Feminism* (London: SPCK/Third Way Books, 1985). 또 Mary Stewart van Leeuwen, *Gender and Grace* (Downer Grove: Intervarsity Press, 1990)를 보라.
7) Storkey, *What's Right with Feminism*, p. 178.
8) 같은 책.
9) 그 문제들을 공정하게 드러내는 권할 만한 논문집은 Shirley Lees(ed.), *The Role of Women* (Leicester: InterVarsity Press, 1984)이다. 거기서는 여덟 명의 저명한 그리스도인이 서로 토론을 벌인다. 그에 해당하는 미국 책은 Bonnidell Clouse and

Robert G. Clouse, *Women in Ministry: Four Views*(Downers Grove: InterVarsity Press, 1989)이다.
10) Mahatma Gandhi, *An Autobiography*(1949; London: Jonathan Cape, 1966), p. 155.
11) N. J. Dawood가 번역한 *The Koran*(London: Penguin, 1956), p. 360이하.
12) Raymond de Coccola, *Ayorama*(1955; Ontario: Paper Jacks, 1973), p. 212.
13) 눅 10:38 이하; 요 20:10 이하. John Wenham은 *Easter Enigma*(Carlisle, Penn: Paternoster, 1984)에서 '베다니 마리아'는 사실상 막달라 마리아였다고 설득력 있게 주장한다(pp. 22-33).
14) Yoder, *The Politics of Jesus*, p. 177, 주 23.
15) Betty Friedan, *The Feminine Mystique*(Harmondsworth: Pelican, 1963), p. 68. 이후 저서인 *The Second Stage*(1981; London: Abacus, 1983)에서 Betty Friedan은 페미니스트 전쟁의 제1막은 끝났다고 선포한다. 여자들은 판에 박힌 여성적 역할에서 해방되어 남자와 평등하게 되었다. 2막은 남성-여성의 양극화를 뛰어넘어 사회, 특히 가정을 재구성하는 것을 포함할 것이다. 여성다운(feminine) 것의 신화는 이제 극복되었다. 이제 여권 운동가(feminist) 신화를 버려야 한다. 그것은 가정에 양육하는 환경이 필요하다는 것을 부인했다.
16) Leslie F. Church(ed.), *Matthew Henry's Commentary*(1708; London: Marshall Morgan & Scott, 1960), p. 7.
17) Richards, *The Sceptical Feminist*, p. 65.
18) John Gray, *Men Are from Mars, Women are from Venus*(London: HarperCollins, 1992), pp. 15-18.
19) 같은 책, p. 31.
20) 같은 책, p. 43.
21) 같은 책, pp. 10, 286.
22) 예를 들어, Anthony Clare, *On Men, Masculinity in crisis*(London: Chatto & Windus, 2000); Roy McCloughry, *Hearing Men's Voices, Men in search of their soul*(London: Hodder & Stoughton, 1999)을 보라.
23) Mary Stewart van Leeuwen, *Fathers and Son, The search for a new masculinity* (Leicester: InterVasity Press, 2002), p. 247.
24) 같은 책.
25) David Pawson, *Leadership is Male: A challenge to Christian feminism* (Godalming: Highland Books, 1988), pp. 17-18, 57-58.
26) Paul K. Jewett, *Man as Male and Female*(Grand Rapids: Eerdmans, 1975)

27) 같은 책, p. 86.
28) 같은 책, p. 112.
29) 같은 책, p. 134.
30) 같은 책, p. 138.
31) Gretchen Gaebelein Hull, *Equal to Serve: Women and men in the Church and home*(Grand Rapids: Revell, 1987), p. 65.
32) 같은 책, p. 229.
33) 같은 책, p. 210.
34) 같은 책, pp. 73-74.
35) 같은 책, pp. 55-56, 128, 210, 240, 244.
36) 이에 관하여서는, William J. Webb, *Slaves, Women and homosexuals: Exploring the Hermeneutics of Cultural Analysis* (Downers Grove: InverVarsity Press, 2001)를 보라. 이 세 가지 이슈를 분석하기 위한 일관된 해석학적 도구를 발전시키려 하면서, William Webb은 동성애에 관한 문서들이 여러 문화에서 나타나며 여성과 노예제에 관한 문서들이 문화와 관련이 있기 때문에 이 다양한 이슈를 구분할 일관된 방법이 존재한다고 결론 내린다.
37) James B. Hurley, *Man and Woman in Biblical Perspective, A Study in role relationships and authority*(Leicester: InterVarsity Press, 1981), pp. 206-214.「성경이 말하는 남녀의 역할과 위치」(여수룬).
38) James B. Hurley는 '머리에 쓰는 것'에 대해 상세히 다룬다. 그는 구약에는 머리에 무엇을 쓰는 것에 대한 율법이 없으며, 히브리와 헬라-로마 관습에 따르면 보통 여자들은 아무것도 쓰지 않았다고 지적한다. 두 문화 모두에서 여자들은 대개 머리를 올렸다. 머리를 풀거나 늘어뜨리는 것은 애도의 표현이나 공동체로부터 분리되었다는 표시(예를 들어, 나병 때문에, 나실인의 서원 때문에 혹은 간음 혐의자였기 때문에)였다. 그러므로 Hurley는 바울이 말하는 '쓰는 것'과 '쓰지 않는 것'은 머리를 올리는 것과 내리는 것을 뜻한다고 주장한다. NIV 난외주 역시 이렇게 해석을 한다(같은 책, pp. 45-47, 66-68, 162-171, 178-179, 254-271).
39) Richard Kroeger and Catherine Clark Kroeger, *I Suffer Now a Women: Rethinking 1 Timothy 2:11-15 in the Light of Ancient Evidence*(Grand Rapids: Baker Academi, 1998). *The Message of 1 Timothy and Titus* (Leicester: InterVarsity Press, 1996, 「디모데전서·디도서 강해」, 한국 IVP), pp. 76-77에 대한 나의 호평을 보라.
40) *The Reformed Journal*, vol. 28, no. 6, June 1978.
41) "May Women Teach? Heresy in the Pastoral Epistles," in *The Reformed Journal*,

vol. 30, no. 10, October 1980. 또한 Catherine Clark Kroeger, "1 Timothy 2:12—A Classicist's View", in Alvera Mickelson(ed.), *Women, Authority and the Bible* (1986; London: Marshalls, 1987), pp. 225-244를 보라.
42) Mickelson (ed.), *Women, Authority and the Bible*, pp. 229-232. 또한 C. C. Kroeger, "Ancient Heresies and a Strange Greek Verb," in *The Reformed Journal*, vol. 29, no. 3, March 1979.
43) "Does *kephalē*(head) mean 'source' or 'authority over' in Greek literature? A survey of 2,336 examples," 1977년에 처음 출판되었으며, *Trinity Journal*, n. 6, 1985에 재판됨.
44) 예를 들어, Berkeley and Alvera Mickelson, "What does kephale mean in the New Testament?", in *Women, Authority and the Bible*, pp. 97-110, 「성경과 여성」(CLC). 그리고 특히 이 글에 대한 Philip Barton Payne의 반응을 보라. 또한 Gilbert Bilezikian, *Beyond Sex Roles*(Grand Rapids: Baker, 1985)와 C. C. Kroeger, "The Classical Concept of Head as 'Source'", Appendix III of Hull, *Equal to Serve*를 보라. 비록 이 저술들에서 두 저자 모두 Grudem의 조사 내용을 전혀 아는 것 같지 않지만, Bilezikian은 1986년 11월 미국 애틀랜타에서 열린 Evangelical Theological Society 모임에서 Grudem의 논제에 직접 문제를 제기했다. 또한 John Piper and Wayne Grudem, *Recovering Biblical Manhood and Womanhood*(Wheaton: Crossway Books, 1991), pp. 425-468에 Appendix I로 출간된 Grudem의 글, "The Meaning of *kephalē*('Head'): A Response to Recent Studies"를 보라.
45) 1987년 1월 16일.
46) Stephen B. Clark은 그의 권위 있는 연구 조사서이면서 성경과 사회적 양심에 비추어 남성과 여성의 역할을 검토한 책인 *Man and Woman in Christ*(Ann Arbor: Servant Books, 1980), pp. 23-45에서 이 단어를 선택한다. 그가 '강압적' 복종, '보수를 받기 위한' 복종, '자발적' 복종을 구분함에도 불구하고, 나는 여전히 그 단어에 대해 마음이 편치 않으며, *The Message of 1 Timothy and Titus*, pp. 73-88에서 '권위'와 '복종'(딤전 2:11-15)에 대해 더 썼다.
47) 엡 5:21-33과 결혼에 대해 이 구절이 함축하는 의미에 대한 더 충분한 해설로는 *The Message of Ephesians*(Leicester: InterVarsity Press, 1979), pp. 213-236를 보라. 「에베소서 강해」(한국 IVP).
48) Piper and Grudem, *Recovering Biblical Manhood and Womanhood*, pp. 36-45.
49) Stephen Bates, "Church of England Takes Cautious Step towards Female Bishop: England's Anglican branch has resisted the trend toward women

bishops accepted in the US, Canada, and New Zealand", *Guardian Unlimited*, 10 July 2000.
50) 예를 들어, C. E. B. Cranfield, *Commentary on Romans*(Edinburgh : T & T Clark, 1979), vol. II, p. 788를 보라.
51) *The Message of 1 Timothy and Titus*, pp. 73-88에 나오는 이 구절들에 대한 나의 더 충분한 해설을 보라.
52) 가톨릭의 제사장 교리를 철저히 변호한 것으로는 Manfred Hauke, *Women in the Priesthood?, A systematic analysis in the light of the order of creation and redemption* (처음에 1986년 독일에서 출간되었으며, 영역본은 1988년, San Francisco : Ignatius에서 출간되었다).
53) Mickelson(ed.), *Women, Authority and the Bible*, p. 299를 보라.

13. 결혼, 동거, 이혼

1) 결혼의 목적관 관련된 성경 신학을 검토하고자 하는 사람들은 다음 책에서 찾을 수 있을 것이다. Christopher Ash, *Marriage: Sex in the Service of God*(Leicester : InterVarsity Press, 2003), chapter 6-10.
2) Judson J. Swihart and Steven L. Brigham, *Helping Children of Divorce*(Downers Grove : InterVarsity Press, 1982)를 보라.
3) www.census.gov/prov/2003pubs/02statab/vitstat.pdf. 여러 도시가 그 수치를 보고하지 않기 때문에, 실제 이혼 건수를 파악하는 것은 어렵다. 2001년 미국에서는 2백 32만 7천 쌍이 결혼을 했다.
4) 1970년대와 1980년대의 이혼률 증가는 1990년대에 안정되었다. www.census.gov/prod/2002pubs/p.70-80.pdf에서 Rose M. Kreider and Jason M. Field, *Number, timing and duration of marriage and divorces, 1996* (Household Economic Studies, issued February 2001)를 보라.
5) National Statistics, *Marriages in 2002: England and Wales*, www.tatistics.gov.uk.
6) *UK Statistics on Families*(Mothers' Union, March 2004).
7) 결혼 장소로 적합하다고 여겨지는 곳이 늘어남에 따라, 이제 모든 민간 결혼이 등기소에서 행해지지는 않는다.
8) 부부의 사랑에 대한 서정시적 묵상과 헌신에 대한 부부애의 요구로는 Mike Mason, *The Mystery of Marriage*[London : Triangle, SPCK, 1997, 「결혼의 신비」(진흥)]를 보라. 그는 "사랑은 우주의 중심을 재배치하는 지진"(p. 26)이라고 쓴다.
9) John Williams, *For Every Cause? A biblical study of divorce* (Carlisle, Penn. :

Paternoster, 1981), p. 12.
10) Rosemary Dawson, *Something to Celebrate*(London: Church House Publishing, 1995).
11) Matthew D. Bramlett and William D. Mosher, "Cohabitation, Marriage, Divorce and Remarriage in the United States", *National Survey of Family Growth*, series 23, no. 22, July 2002, www.cdc.gov/nchs/.
12) 같은 책.
13) L. Waite and M. Gallagher, *The Case for Marriage: Why Married People Are Happier, Healthier, and Better Off Financially*(New York: Doubleday, 2000), p. 46. www.civitas.org.uk/hwy/cohabitation.php#4에서 인용됨. 또 Elaine Storkey, *The Search for Intimacy*(London: Hodder & Stoughton, 1995), p. 173를 보라.
14) K. Wellings, J. Field, A. Johnson and J Wadsworth, "Sexual Behaviour in Britain", *The National Survey of Sexual Attitudes and Lifestyle*(London: Penguin, 1994), p. 116; J. Steinhaiser, "No marriage, no apologies", *New York Times*, 6 July 1995.
15) 알코올 중독에 대해서는, Lee Robbins and Darrel Regier, *Psychiatric Disorders in America: The Epidemiologic Catchment Area Study*(New York: Free Press, 1991)의 p. 64를, 우울증에 대해서도 p. 64를, 일반적인 정신 질환에 대해서는 p. 334를 보라.
16) Ash, *Marriage: Sex in the Service of God*, p. 222.
17) 같은 책, p. 224.
18) 같은 책, p. 224.
19) *Something to Celebrate*, pp. 115-116.
20) London, 1995년 11월 30일.
21) 상세한 것은 Babylonian Talmud의 *Gittin* 소책자에서도 볼 수 있다. 또 집회서 25:26을 보라.
22) William L. Lane, *The Gospel of Mark*, New International Commentary Series (Eerdmans and Marshall Morgan & Scott, 1974), p. 353. 「뉴인터내셔날 성경주석: 마가복음 上·下」(생명의말씀사).
23) Hurley, *Man and Woman in Biblical Pespective*, pp. 22-28.
24) "The Biblical View of Marriage and Divorce," *Third Way*, October and November 1977(vol. 1, nos. 20-22)에 실린 세 개의 글.
25) 막 10:3 이하에 예수님이 '명하다'(command)라는 동사를 사용하셨다고 기록되어 있는 것은 사실이다. 하지만 거기서 예수님은 모세 율법 전체나 특히 이혼 증

서를 발급하는 문제에 대해 언급하셨을 것이다.

26) C. E. B. Cranfield, *The Gospel According to Mark*, Cambridge Greek Testament Commentary(Cambridge: Cambridge Univ. Press, 1959), pp. 319-320.

27) John Murray, *Divorce* (Committee on Christian Education, Orthodox Presbyterian Church, 1953), p. 21. 여기에서 개진하고 있는 온건한 입장은 주의 깊은 주해에 기초하고 있지만, 모든 사람이 받아들일 만한 것은 아니라는 점을 덧붙이는 게 좋겠다. 어떤 사람들은 예수님이 내가 이해한 것보다 더 관대하셨다고 보며, 어떤 사람들은 더 엄격하셨다고 이해한다. 더 관대한 견해는 호주의 변호사인 Ken Crispin이 *Divorce: The Forgivable Sin?* (London: Hodder & Stoughton, 1989)에서 표현했다. 그는 '냉담하고 무책임한' 교회 지도자들 때문에 격분해서는 *porneia*라는 말을 결혼을 해치는 모든 종류의 좋지 않은 행위를 포함시켜 광범위하게 해석했다. 더 엄격한 견해는 William A. Heth and Gordon J. Wenham이 *Jesus and Divorce* (London: Hodder & Stoughton, 1984)에서 주장했다. 그들은 성경과 교회사를 보면 예수님이 이혼과 재혼을 완전히 금하셨다고 주장한다. Andrew Cornes는 *Divorce and Remarriage* (London: Hodder & Stoughton, 1993)에서 비슷하게 엄격한 입장을 취한다. 그는 예수님이 심각한 성적 범죄의 경우에는 이혼을 허용하셨으며, 바울이 그리스도인의 믿지 않는 배우자가 떠나겠다고 고집하면 그것을 받아들일 것을 허용했다는 것은 인정한다. 하지만 예수님은 이혼한 사람과 재혼하는 것을 허락하지는 않으셨다고 역설한다. 이것은 "그가 이혼했기 때문이 아니라 아직 결혼한 상태이기 때문이다. 그것은 하나님이 그와 그의 배우자에게 함께 멍에를 씌우셨기 때문이다. 하나님이 보시기에 그들은 결혼 안에서 더 이상 둘이 아니라 하나이기 때문이다"(pp. 307-308). 나 자신은 재혼이 완전히 금지되었다고 확신하지는 않지만, Andrew Cornes는 성경에 대한 박식함과 목회 경험, 용기와 측은히 여기는 마음을 결합시키고 있다. 그의 책은 다시 깊이 생각해 보게 만들 것이다. 그의 책은 이 주제에 대해 기독교적 지성을 개발하기를 간절히 바라는 사람들의 필독서다. 나는 David Instone Brewer의 학문적 성과인 *Divorce and Remarriage in the Bible* (Grand Rapids: Eerdmans, 2002)을 읽어보지 못했지만, 많은 학자가 이 논의에 중요한 의견을 제시하는 책으로 이 책을 강력히 추천한다.

28) Murray, *Divorce*, p. 65.

29) RSV와 NIV는 그 질문을 의심, 심지어 체념을 표현하는 것으로 이해하여 "네가 너의 아내/남편을 구원할지…어떻게 아느냐?"고 번역한다. 하지만 사도는 그보다는 소망을 표현하고 있을 것이다. GNB는 그 구절을 이렇게 번역한다. "네가 네 아내/남편을 구원하지 못할 것이라고…어떻게 확신하느냐?" NEB는 더 강하다. "생각

해 보라. 아내로서 너는 네 남편의 구원이 될 수 있다." F. F. Bruce가 해설하듯이, "다른 종교인과의 결혼은 이렇게 선교적 잠재력을 지니고 있다"(*New Century Bible*, 1971, p. 70). 그러므로 그리스도인 배우자는 자신의 결혼을 유지하기 위해 최선을 다해야 한다.

30) *The Teaching of the New Testament on Divorce*(London: William & Norgate, 1921)에서 R. H. Charles는 고전 7:39에서 '매여' 있는 것의 반대는 '자유하여… 시집 가는' 것이므로, 9절에서 "믿지 않은 배우자에게 버림을 당한 믿는 남편이나 아내에게는 재혼의 권리가 주어진다"(p. 58)고 주장했다.

31) David Atkinson, *To Have and To Hold, The marriage covenant and the discipline of divorce*(London: Collins, 1979), p. 28.

32) 미국에서는 이혼 사유가 주(州)마다 다르다. 돌이킬 수 없는 와해는 공통적으로 받아들여지고, 다른 사유들은 습관적인 만취상태, 임포텐츠, 정신 이상, 견딜 수 없는 학대나 간음을 포함한다.

33) Alan Storkey, *Marriage and its Modern Crisis*(London: Hodder & Stoughton, 1996), p. 197.

34) Atkinson, *To Have and To Hold*, p. 70.

35) 같은 책, p. 71.

36) 같은 책, pp. 75-76.

37) 같은 책, p. 91.

38) 같은 책, p. 151.

39) 같은 책, p. 152.

40) 같은 책, p. 154.

41) 나는 특히 Bishop Michael and Mrs Myrtle Baughen, *Your Marriage*(London: Hodder & Stoughton, 1994; 미국판 Christian Marriage, Grand Rapids: Baker, 1994)를 추천한다.

42) www.relate.org.uk/

43) www.plymouth-diocese.org.uk/organisations/marr_care.htm

44) www.care-for-the-family.org.uk

45) www.marriageresource.org.uk

46) Oliver O'Donovan, *Marriage and Permanence*, Grove Booklet on Ethics no. 26(Cambridge: Grove Books, 1978), p. 21.

47) 같은 책, p. 20.

14. 낙태와 안락사

1) Report of the Committee on the Working of the Abortion Act 1967, vol. 1(HMSO Cmnd, 5579, April 1974), p. 11.
2) National Statistics Office: Abortions in England and Wales(28 September 2001).
3) Daniel Callahan, *Abortion: Law, Choice and Morality*, p. 298, in Lewis. B. Smedes, *Mere Morality*(Grand Rapids: Eerdmans, 1983), p. 267, 주 21에서 인용.
4) 예를 들어, Richard Winter, *Choose Life, A Christian perspective on abortion and embryo experimentation*(London: Marshall Pickering, 1988), p. 8를 보라.
5) 로 대 웨이드 사건에 대한 상세한 서술과 논의는 Harold O. J. Brown, *Death Before Birth*(Nashville: Thomas Nelson, 1977), pp. 73-96에 나와 있다.
6) 고대의 관점과 관행들에 대해서는 Michael J. Gorman, *Abortion and the Early Church, Christian, Jewish and Pagan attitudes in the Graeco-Roman world*" (Leicester: InterVarsity Press, 1982)를 보라.
7) 이 주제를 가장 철저히 다룬 것 중 하나는 *Abortion: A Christian Understanding and Response*(Grand Rapids: Baker, 1987)다. 그것은 James K. Hoffmeier가 편집한 미국 연구자 논문집이다. 기고자 중 열다섯 명은 휘튼 칼리지 교수다. 또한 Nigel M. de S. Cameron, *Is Life Really Sacred?*(Eastbourne: Kingway, 1990)를 보라.
8) Cf. "Psychological trauma after abortion", Dominic Beer, *Triple Helix*, Autumn 2002, Christian Medical Fellowship; and "Previous induced abortions and the risk of very preterm delivery: results of the EPIPAGE study", C. Moreau et al., *British Journal of Obstetrics & Gynaecology*, 2005, 112:430-437.
9) R. F. R. Gardner, *Abortion: The Personal Dilemma*(Carlisle, Penn: Paternoster Press, 1972), p. 62의 Abortion Law Reformed(1971)에서 인용.
10) 같은 책, p. 126.
11) John T. Noonan, *The Morality of Abortion*(Cambridge, Mass.: Harvard Univ. Press, 1970), p. 45에서 인용.
12) C. Everett Koop, *The Right to Live: the Right to Die*(Toronto: Life Cycle Books, 1981), pp. 43-44.
13) Ronald Dworkin, *Life's Dominion, An argument about abortion, euthanasia and individual freedom*(London: HarperCollins, 1993).
14) 같은 책, p. 39.
15) 같은 책, p. 90.
16) 같은 책, p. 76.

17) John M. Frame은 Richard L. Ganz, *Thou Shalt Not Kill, The Christian Case Against Abortion*(New Rochelle, N.Y.: Arlington House, 1978), pp. 50-57에 나오는 그의 글에서 이 본문을 거기 사용된 히브리어 의미까지 포함해서 상세히 논한다.
18) 1965년에 Faber에 의해 처음 출간.
19) Oliver O'Donovan의 입장에 대해서는 그의 *The Christian and the Unborn Child*, Grove Booklet on Ethics, no. 1(Cambridge: Grove Books, 1973)와 1983 London Lectures in Contemporary Christianity, *Begotten or Made?, Human procreation and medical technique*(Oxford: Oxford Univ. Press, 1984)을 보라. 또한 Paul Fowler, *Abortion: Toward an Evangelical Consensus*(Sister, Ore.: Multnomah, 1987)를 보라.
20) Donald MacKay는 Christian Medical Fellowship의 잡지인 *In the Service of Medicine*, no. 30(2), 1984, pp. 9-13에 실린 "The Beginning of Personal Life"라는 글에서 자신의 입장을 자세히 쓴다. 또한 그의 1977년 London Lectures in Contemporary Christianity, *Human Science and Human Dignity*(London: Hodder & Stoughton, 1979), 특히 pp. 64-65, 98-102를 보라. O'Donovan 교수와 MacKay 교수로 대표되는 이 두 입장은 Church of England Board for Social Responsibility의 보고서 *Personal Origins*(CIO, 1985)에 더 상세히 표현되어 있다. 소수파는 융합 순간부터 개인의 연속성을 강조하는 한편, 다수파는 인격적 존재가 되려면 의식을 가지고 있어야 하며, 의식이 있으려면 특정한 뇌 구조가 필요하다고 강조했다. 그러고 나서 1987년에 Gareth Jones 교수는 *Manufacturing Humans, The challenge of the new reproductive technologies* (Leicester: InterVarsity Press), 5장, pp. 125-167에서 태아의 '인간의 특성'에 대해 상세히 논의했다.
21) Tertullian, Apology, Chapter ix. Michael J. Gorman은 그의 *Abortion and the Early Church*에서 기독교가 초기 5세기 동안 만장일치로 생명 찬성, 낙태 반대 입장을 취한 것에 대해 대중적이면서 철저한 설명을 한다. Tertullian에 대한 그의 언급은 pp. 54-58에 나온다.
22) Paul Ramsey, *Fabricated Man: The Ethics of Genetic Control*(New Haven, Conn.: Yale Univ. Press, 1970), p. 11.
23) Smedes, *Mere Morality*, p. 129.
24) Church of Scotland's Board of Social Responsibility의 1985년 총회 보고서에 인용됨. Torrance 교수의 소책자 *Test-tube Babies*(Edinburgh: Scottish Academic Press, 1984)를 보라.

25) G. R. Duncan, "The Moral Status of the Embryo: A Tradition Recalled", *Journal of Medical Ethics* 1(1984): 38-44. 또 Duncan, Dunstan and Welbourn(eds.), *Dictionary of Medical Ethics*(London: Darton, Longman and Todd, 1981), '낙태' 항목에 나오는 G. R. Dunstan 교수의 글을 보라.
26) Glanville Williams, *The Sanctity of Life and the Criminal Law*(London: Faber, 1958), p. 212.
27) 같은 책, p. 31.
28) Koop, *The Right to Live: The Right to Die* 첫머리에 나오는 그의 책 Humanly Possible에서 인용.
29) Norman St John Stevas가 *The Right to Life*(London: Hodder & Stoughton, 1963), p. 20에서 인용.
30) 이 기관들의 주소는 다음과 같다. Birthright, 777 Coxwell Avenue, Toronto, Ontario, Canada M4C 3C6. Alternatives to Abortion, International, 2606 1/2 West 8th Street, Los Angeles, California 90057, USA. LIFE, 7 The Parade, Leamington Spa, Warwickshire. UK. SPUC, 7 Tufton Street, London SW1. CARE Trust, 53 Romney Street, London SW1P 3RF, UK. CARENET, 109 Carpenter Dr., Suite 100, Sterling, Virginia 20164, USA.
31) Gardner, *Abortion: The Personal Dilemma*, p. 276에 인용. 또한 Louise Summerhill, *The Story of Birthright: the Alternative to Abortion*(Kenosha, Wisc.: Prow Books, 1973)을 보라.
32) *Abortion: An Ethical Dilemma*, a report of the Board for Social Responsibility (CIO, 1965), p. 57.
33) Peter Singer, *Rethinking Life and Death*(1994; Oxford: Oxford Univ. Press, 1995)
34) 같은 책, pp. 176, 180-183.
35) 같은 책, p. 220.
36) Dworkin, *Life's Dominion*, p. 217.
37) 같은 책, p. 214.
38) 같은 책, p. 213.
39) 같은 책, p. 237.
40) Margaret Mead, quoted in Nigel M. de S. Cameron, *The New Medicine*(London: Hodder & Stoughton, 1991), p. 9.
41) Nigel M. de S. Cameron, *The New Medicine: Life and death after Hippocrates* (Wheaton: Crossway, 1991)를 보라.「기독교 의료 윤리」(햇불).

42) 예를 들어, Nigel M. de S. Cameron (ed.), *Death Without Dignity*(Edinburgh: Rutherford House Books, 1990)에 실린 "Euthanasia: the Hospice Alternative"를 보라.
43) Dworkin, *Life's Dominion*, p. 239.
44) Encyclical *Evangelium Vitae*, March 1995에서.

15. 새로운 생명공학
1) Lee Silver, *Remaking Eden*(New York: Avon, 1997), pp. 224-225.
2) Z. Imam, "India bans female feticide", *British Medical Journal*, 1994, 309: 428.
3) Lee Silver, *Remaking Eden*.
4) G. N. Allahbadia, "The 50 million missing women", *Journal of Assisted Reproduction and Genetics*, 2002, 19: 411-416.
5) Aldous Huxley, *Brave New World*(London: Chatto & Windus, 1932).
6) O'Donovan, *Begotten or Made?*(Oxford: Oxford Univ. Press, 1984).
7) Silver, *Remaking Eden*.
8) Bentley Glass, "Science, endless horizons or golden age?", *Science*, 1971, 171: 23-29.
9) Nick Bostrom, "Transhumanist values", *Review of Contemporary Philosophy*, vol. 4, 2005, www.nickbostrom.com/.
10) O'Donovan, *Begotten or Made?*
11) Gilbert Meilander, *Bioethics: A Primer for Christians*(Carlisle, Penn: Paternoster, 1997)
12) Vinoth Ramachandra, *Gods That Fail*(Carslie, Penn.: Paternoster, 1996).
13) Meilander, *Bioethics*.

16. 동성애
1) 연령은 18-49세까지다. Edward O. Laumann, John H. Gagnon, Robert T. Michael and Stuart Michaels, *The Social Organization of Sexuality: Sexual Practices in the United States*(Chicago: University of Chicago Press, 1994), pp. 294, 303에 보도되었다.
2) 같은 책, p. 296.
3) 같은 책, p. 296. 9.1퍼센트라는 이 최고치가 나타낸 이유는 두 가지 다른 요인 때문이다. 우선, 이 구체적인 질문을 직접 물은 게 아니라 개인 설문지를 통해 물었기 때문이고, 또 성적인 행동이라는 표현이 폭넓기 때문이다. *Sexual Behaviour*

*in Britain*이라는 조사에서도 유사한 질문을 했다. 동성과 어떤 성적인 행동을 해 보았는지에 대해 질문을 했고, 남성 응답자의 경우 6.1퍼센트, 여성 응답자의 경우 3.4퍼센트가 그러한 경험을 한 적이 있다고 답했다. K. Wellings, J. Field, A. Johnson and J. Wadsworth, *Sexual Behaviour in Britain* (London: Penguin, 1994), p. 187.

4) 같은 책, p. 187. 16-59세의 성인 18,900명이 답한 결과다. 여기 인용된 답은 비밀을 보장받고 스스로 설문을 작성한 것이다.

5) 같은 책, p. 213, 그리고 C. Hart, S. Calvert and I. Bainbridge, *Homosexuality and Young People* (Newcastle: The Christian Institute, 1998), p. 32.

6) Wellings et al., *Sexual Behaviour in Britain*, p. 187.

7) 같은 책, p. 209.

8) *National Survey of Sexual Attitudes and Lifesyles* (Natsal, 2000), 16-44세까지 11,200명이 답했고, *The Lancet*, vol. 358, 1 December 2001, p. 1839에 인용되었다. 이는 조사 대상의 연령 상한선을 44세로 유지했을 확률이 크다. 그 조사는 전체 인구 중 남자 동성애자의 비율이 과대평가된 것이다. 예를 들어, E. O. Laumann and R. T. Michael(eds.), *Sex, Love and Health in America* (Chicago: University of Chicago Press, 2000), ch. 12, T 12.2를 보라. 게다가 1997년 통계청에서 실시한 16-69세까지의 남성 7,560명에 대한 조사에서 영국 남성의 3.2퍼센트는 한 번 이상 다른 남성과 성관계를 가진 경험이 있으며, 1.7퍼센트만이 동성 간 성행위를 단 한 차례 경험한 것으로 나타났다. *Contraception and Sexual Health 1997* (Office for National Statistics, London, 1999), p. 11을 보라.

9) 하지만 영국보다 미국에서 동성애 발생률이 높다는 점은 주목할 만하다. 예를 들어, Laumann and Michael, *Sex, Love and Health in America* pp. 442-443, and Hart et al., *Homosexuality and Young People*, p. 49를 보라.

10) Brian Whitaker, "Government Disorientation", April 29, 2003, *Guardian Unlimited*, www.Guardian.co.uk.

11) Malcolm Macourt(ed.), *Towards a Theology of Gay Liberation* (London: SCM Press, 1977), p. 3. 인용문은 그 책에 대한 Macourt 자신의 서문에서 나온 것이다.

12) www.lgcm.org.uk/

13) 전문은 www.archbishopofcanterbury.org/releases/2003/030529.html에서 볼 수 있다.

14) J. I. Packer, "Why I Walked", *Christianity Today*, 21 January 2003.

15) Derrick Sherwin Bailey, *Homosexuality and the Western Christian Tradition* (London: Longmans, Green, 1955), p. 4.

16) Robert A. J. Gagnon, *The Bible and Homosexual Practice: Texts and Hermeneutics*(Nashville: Abingdon Press, 2001), pp. 75-76.
17) Sherwin Bailey는 *Homosexuality and the Western Christian Tradition*, pp. 11-20 에서 Book of Jubilees와 Testaments of the Twelve Patriarchs의 참조문을 제시한다. Peter Coleman의 *Christian Attitudes to Homosexuality*(London: SPCK, 1980), pp. 58-85에는 신구약 중간기의 저술들에 대한 더욱 상세한 평가가 나와 있다.
18) Bailey, 같은 책, p. 27.
19) James D. Martin in Macourt(ed.), *Towards a Theology of Gay Liberation*, p. 53를 보라.
20) Bailey, *Homosexuality and the Western Christian Tradition*, p. 30
21) Coleman, *Christian Attitudes to Homosexuality*, p. 49.
22) Willam J. Webb, *Slaves, Women and Homosexuals: Exploring the Hermeneutics of Cultural Analysis*(Downers Grove: InterVarsity, 2001), pp. 250-251.
23) Gagnon, *The Bible and Homosexual Practice*, p. 253.
24) Coleman, *Christian Attitudes to Homosexuality*, pp. 95-96.
25) Gagnon, *The Bible and Homosexual Practice*, p. 306.
26) Coleman, *Christian Attitudes to Homosexuality*, p.277
27) 같은 책, p. 101.
28) Rictor Norton, in Macourt (ed.), *Towards a Theology of Gay Liberation*, p. 58.
29) Sherwin Bailey의 책은 이 장들에 대한 어떠한 암시도 포함하지 않는다. *Christian Attitudes to Homosexuality*을 쓴 Peter Coleman도 바울이 창 2:24을 인용한 고린도전서에 대해 부언해서 말할 때만 이 장들을 언급한다.
30) Michael Vasey, *Strangers and Friends*(London: Hodder & Stoughton, 1995), pp. 46, 82-83.
31) 같은 책, p. 116.
32) Norman Pittenger, *Time for Consent*(London: SCM, 1976), pp. 7, 73.
33) 동성애가 동물들 사이에서 만연하다는 증거는 www.subversions.com/french/pages/science/animal.html과 Bruce Bagemihl, *Biological Exuberance: Animal Hospitality and Natural Diversity*(New York: St Martin's Press, 1999)를 보라.
34) Pittenger, *Time for Consent*, p. 7.
35) Coleman, *Christian Attitudes to Homosexuality*, p. 50.
36) 3.3-3.5장. Coleman, 같은 책, p. 71에 인용
37) John Boswell, *Christianity, Social Tolerance and Homosexuality*(Chicago:

University of Chicago Press, 2000) p. 107이하.
38) Richard B. Hays, "A Response to John Boswell's Exegesis of Romans 1", Journal of Religious Ethics, Spring 1986, p. 192. 또한 그의 *The Moral Vision of the New Testament*(Edinburgh: T. & T. Clark, 1996), pp. 383-389를 보라. 「신약의 윤리적 비전」(한국 IVP).
39) C. K. Barrett, *Commentary on the Epistle to the Romans*(London: A & C Black, 1962), p. 39. 「국제성경주석: 로마서」(한국 신학 연구소).
40) C. E. B. Cranfield, "Commentary on Romans", in the *International Critical Commentary*(Edinburgh: T. & T. Clark, 1975), vol. 1, p. 126. 「로마서 주석」(로고스). 그는 고전 11:14에 대한 그의 주석에서 *physis*가 같은 의미를 갖고 있다고 본다. NIV에서 "본성"(the very nature of things)이라고 번역한 것을 Cranfield 교수는 "하나님이 우리를 만드신 바로 그 방식"이라고 번역한다.
41) Gagnon, *The Bible and Homosexual Practice*, pp. 299-302.
42) *Christianity Today*, 11 November 1996.
43) The Friends' Report, *Towards a Quaker View of Sex*(1963), p. 21.
44) 같은 글, p. 36.
45) Methodist Church's Division of Social Responsibility, *A Christian Understanding of Human Sexuality*(1979), 9장.
46) 보고서 5장을 보라.
47) David Reid et al., "Know the Score: Findings from the National Gay Men's Sex Survey 2001"(London: Sigma Research, September 2002), pp. 12, 24.
48) Anne M. Johnson et al., "Sexual Behaviour in Britain: Partnerships, Practices and HIV risk behaviours", *The Lancet*, vol. 358, 1 December 2001, p. 1838. 남성들의 연령은 16-44세까지다. 국민 건강과 사회 생활 조사에서 동성 파트너가 없는 남자들은 지난 5년 동안 평균 5명의 섹스 파트너가 있었다. 이는 동성 파트너가 있는 남자들의 21명과 대조적이다. Laumann et al., *The Social Organization of Sexuality*, p. 314를 보라.
49) Thomas E. Schmidt, *Straight and Narrow?*(Downer's Grove: InterVarsity Press, 1995), p. 108.
50) F. C. I. Hickson et al., "Maintenance of Open Gay Relationship: Some strategies for protection against HIV", *AIDS Care*, vol. 4, no. 4, 1992, p. 410. SIGMA 프로젝트는 런던을 기반으로 포츠머스 대학교의 지원 아래 진행된다. 이 프로젝트는 게이의 권리에 대해 매우 동조적이다. http://sigmaresearch.org를 보라.
51) Thomas E. Schmidt, *Straight and Narrow?*, Compassion and clarity in the

homosexuality debate(Leicester: InterVarsity Press, 1995), p. 122.
52) Dixon, *The Truth About AIDS*, p. 113. 또한 p. 88와 "Condoms are Unsafe", pp. 110-122를 보라.
53) *The Many Faces of AIDS: A gospel response*(United Stated Catholic Conference, 1987), p. 18.
54) www.unaids.org/en/
55) CDC Survey Report, vol. 14, Table 7, www.cdc.gov.
56) John Karon, L Fleming, R. Skeketee, Kevin De Cock, "HIV in the United States at the Turn of the Century: An Epidemic in Transition", *The American Journal of Public Health*, vol. 91, July 2001, pp. 1060-1068.
57) Centres for Disease Control and Prevention(CDC), *HIV and AIDS-United States 1981-2001*, MMWR 2001, 50:430-434.
58) Centres for Disease Control and Prevention(CDC), *HIV Prevention Starategic Plan through 2005*, January 2001.
59) *Christianity Today*, 7 August 1987, p. 17에 인용.
60) 예를 들어, The London Lighthouse(26개의 침상을 갖춘 에이즈 호스피스), 178 Lancaster Road, London W11 1QU, UK와 국제적으로 알려진 Mildmay Mission Hospital, Hackney Road, London E2 7NA. UK의 32실짜리 에이즈 병동. 두 호스피스는 가정 간호도 해준다. ACACIA(AIDS Care, Compassion in Action)는 맨체스터에 있는 자신들의 집에서 HIV/에이즈에 걸린 75명을 돌본다.
61) Gavin Reid는 그의 *Beyond AIDS, The real crisis and the only hope*(Eastbourne: Kingsway, 1987)에서 그렇게 올바로 주장한다.
62) ACET는 에이즈와 관련 있는 프로젝트들의 국제적인 네트워크다. 그 주소는 다음과 같다. ACET Internatinal Alliance Network, 1 Carlton Gardens, Ealing, London, W5 2AN, UK.
63) AIDS, the Church of England Board for Social Responsibility에 의한 보고(GS 795, 1987), p. 29.
64) "The Homosexual Movement: A Response by the Ramsey Colloquium", First Things, March 1994로 처음 출간.
65) Macourt(ed.), *Towards a Thology of Gay Liberation*, p. 25.
66) Pittenger, *Time for Consent.*
67) Alex Davidson, *The Returns of Love*(London: InterVarsity Press, 1970), pp. 12, 16, 49.
68) Norman Pittenger, in Macourt(ed.), *Towards a Theology of Gay Liberation*, p. 87.

69) 성 안드레의 날 성명서(1995년 11월 30일 출간)는 성육신하신 주님(그분 안에서 우리가 하나님과 우리 자신 둘 다를 알게 되는), 성령(우리가 시대를 해석할 수 있도록 해주시는), 성부 하나님(그리스도 안에서 깨어진 창조물을 회복시켜 주시는)과 관련된 세 가지 신학적 '원리'로 시작된다. 그 성명서의 후반부는 인간의 정체성, 경험적 관찰, 구원의 복음의 재단언, 그리스도 안에서 최종 성취에 대한 소망 등의 질문과 관련한 세 가지 '적용'으로 구성되어 있다. 2년 후에 *The Way Forward?*가 "Christian voices on homosexuality and the Church"라는 부제로 출간되었다. Tim Bradshaw가 편집한 이 공동 논문집은 광범위한 범위와 다양한 관점에서 본 성명서에 대해 13가지 응답을 한다. 끈기 있고 진지한 신학적 반성에 대한 요청은 감사하게 생각한다. 하지만 '대화'와 '통렬한 비난'을 유일한 선택권인 양 쓴 것은 정확하지 않다. 우리 중 몇몇 사람은 30-40년 동안 귀 기울여 듣고 곰곰이 생각했다! 결론에 이르기 전에 얼마나 오랫동안 그런 과정이 계속되어야 하는가? 새로운 증거들을 발견했다는 주장에도 불구하고, 성경의 명확한 증거와 오랜 교회 전통을 뒤엎을 만한 증거는 새로 나온 바 없다. 본 성명서는 교회가 두 가지 소명(결혼과 독신)을 인정해야 한다고 말하며, "교회가 그 외의 대안에 적법성을 부여할 수 있는 여지는 없다"고 덧붙인다. 게다가 그 성명서 작성자들은 그 책 기고가들에 의해 "교회의 가르침과 관행에서 일어난 중대한 변화를 지지하기 위한 상당한 입증 책임이 충족되었다"고 여기지 않는다(p. 3). 하지만 그 책은 성명서보다 더 확실하지 않은 인상을 준다. 그래서 반드시 진지한 신학적 성찰을 해야 하긴 하지만, 그 다음에 교회가 마음을 정해야 한다.

70) Pittinger, *Time for Consent*, p. 7. *The Courage to be Chaste: An uncompromising call to the biblical standard of chastity*(New York: Paulist Press, 1986)와 대조해 보라. 카푸친회(프란체스코회 계통의 탁발 수도사) 수도사인 Benedict J. Groeschel이 쓴 이 책에는 실제적인 조언이 많이 담겨 있다.

71) Jeffrey Satinover, *Homosexuality and the Politics of Truth*(Grand Rapids: Baker, 1996), p. 117.

72) 같은 책, pp. 18-19, 71.

73) Vasey, *Strangers and Friends*, p. 103.

74) See Satinover, *Homosexuality and the Politics of Truth*, pp. 31-40.

75) D. J. West, *Homosexuality*(1955; 2nd ed. London: Pelican, 1960; 3rd ed. London: Duckworth, 1968), pp. 266, 273.

76) Nelson Gonzalez의 글 "Exploding Ex-Gay Myths", in *Regeneration Quarterly*, vol. 1, no. 3, Summer 1995는 이전에 게이였던 사람들(ex-gay)을 위한 운동의 목표와 주장에 도전을 가했다. 1991년에 Charles Socarides는 National Association

for Research and Therapy of Homosexuality(NARTH)를 설립했는데, 그 곳은 '치유'의 가능성을 연구 조사하는 곳이다.
77) Martin Hallet, *I Am Learning to Love*(Grand Rapids: Zondervan, 1987), p. 155. Martin Hallet의 단체는 True Freedom Trust(TFT)라 불리며, 연락처는 PO Box 13, Prenton, Wirral, CH43 6 BY, UK이다.
78) PO Box 540119, Orlando, FL 32854, USA나 http://exodus.to/about_exodus.shtml.
79) Elizabeth R. Moberly, *Homosexuality: A New Christian Ethic*(Cambridge: James Clarke, 1983), p. 2. 또한 Lance Pierson, No-Gay Areas, *Pastoral care of homosexual Christians* Grove Pastoral Studies, no. 38(Cambridge: Grove Books, 1989)를 보라. 그곳은 Elizabeth Moberly의 가르침을 유용하게 적용한다.
80) 같은 책, p. 28.
81) 같은 책, pp. 18-20.
82) 같은 책, pp. 35-36.
83) 같은 책, p. 52.
84) Davidson, *The Returns of Love*, p. 51.
85) Macourt(ed.), *Towards a Theology of Gay Liberation*, p. 63.
86) Pittenger, *Time for Consent*, p. 2.
87) Macourt(ed.), *Towards a Theology of Gay Liberation*, p. 45.
88) www.petertatchell.net
89) 그 말은 처음에는 George Weinberg가 *Society and the Healthy Homosexual* (New York: Doubleday, 1973)에서 사용했던 것 같다.
90) Richard R. Lovelace, *Homosexuality and the Church* (Grand Rapids: Revell, 1978), p. 129; 참고. p. 125.
91) David J. Atkinson, *Homosexuals in the Christian Fellowship* (Oxford: Latimer House, 1979), p. 118. 또한 Dr Atkinson의 *Pastoral Ethics in Practice*(London: Monarch, 1989)에 나오는 더 광범위한 연구를 보라. Roger Moss는 *Christians and Homosexuality*(Carlisle, Penn.: Paternoster, 1977)에서 목회적 문제들에 집중한다.
92) Vasey, *Strangers and Friends*, p. 122.
93) 같은 책, p. 233.

17. 기독교적 리더십에 대한 요구

1) Bennie E. Goodwin II, *The Effective Leader: a Basic Guide to Christian*

Leadership(Downer's Grove: InterVarsity Press, 1971), p. 8.
2) William Shakespeare, *Twelfth Night*, II, scene iv, 158. 「십이야」(대현).
3) J. Oswald Sanders, *Spiritual Leadership* (London: Marshall Morgan & Scott, 1967; Lakeland ed., 1981), p. 20. 「영적 리더십」(요단).
4) 잠 29:18. NIV의 번역은 "계시가 없는 곳에서는 백성이 속박을 벗어 버린다"(Where there is no revelation, the people cast off restraint)는 것이다.
5) Ronald A. Knox, Enthusiasm, "A chapter in the history of religion"(Oxford: Oxford Univ. Press, 1950), p. 591.
6) *The Guardian Weekly*, June 1978에 재발간된 *Washington Post*에서.
7) Robert K. Greenleaf, *Servant Leadership: A journey into the nature of legitimate power and greatness*(New York: Paulist Press, 1977), p. 236.
8) Douglas Hyde, *Dedication and Leadership: Learning from the Communists* (Chicago: Univ. of Norte Dame Press, 1966), pp. 15-16.
9) 같은 책, p. 121.
10) 같은 책, pp. 30-31.
11) 같은 책, p. 52.
12) 같은 책, p. 59.
13) Greenleaf, *Servant Leadership*, p. 16.
14) "The Manila Manifesto", 1989, para. 11, in Stott(ed.), *Making Christ Known*, pp. 245-246를 보라.
15) David Bleakley, *Work: the Shadow and the Substance, A reappraisal of life and labor*(London: SCM, 1983), p. 85.
16) William Barclay가 그의 *Spiritual Autobiography* 혹은 *Testament of Faith* (Oxford: Mowbray and Grand Rapids: Eerdmans, 1975), p. 112에서 인용.
17 Canon R. W. Howard of James Leasor, *Wheels to Fortune, The life and times of Lord Nuffield*(London: J. Lane, 1954) 서평에서.
18) Basil Matthews, John R. Mott, *World Citizen*(London: SCM, 1934), p. 357.
19) Reginald Coupland, *Wilberforce*(London: Collins, 1923; 2nd ed. 1945), p. 77.
20) John C. Pollock, *Wilberforce*(Oxford: Lion, 1977), p. 27. (Reginald Coupland 경은 같은 책, p. 9에서 같은 사건을 다르게 이야기한다).
21) 같은 책, p. 56.
22) 같은 책, p. 304.
23) 같은 책, p. 308.
24) Greenleaf, *Servant Leadership*, pp. 7-10.

25) T. W. Manson, *The Church's Ministry*(London: Hodder & Stoughton, 1948), p. 27. 또 John Stott, *Calling Christain Leaders*(Leicester: InterVarsity Press, 2002)를 보라. 「리더십의 진실」(한국 IVP).
26) Sanders, *Spiritual Leadership*, p. 13.
27) M. A. C. Warren, *Crowded Canvas*(London: Hodder & Stoughton, 1974), p. 44.
28) Peter F. Drucker, *The Effective Executive*(New York: Harper & Row, 1966), p. 72.
29) "The Lausanne Covenant", para. 15, in Stott(ed.), *Making Christ Known*, pp. 49-53를 보라.

옮긴이 정옥배는 외국어대학교 서반아어과를 졸업하고 IVP 간사를 역임했으며, 합동신학대학원과 미국에 있는 웨스트민스터 신학교와 풀러 신학교에서 수학하였다. 현재 전문번역가로 활동하고 있다. 역서로 「비교할 수 없는 그리스도」, 「진정한 기독교」, BST 시리즈 중 「사도행전」, 「로마서」, 「에베소서」, 그 외에도 「이슬람의 딸들」, 「하나님을 아는 지식」, 「하나님의 선교」(공역, 이상 IVP), 「미션 퍼스펙티브」, 「인카운터 이슬람」(이상 예수전도단), 「적용」(성서유니온) 등 다수가 있다.

현대 사회 문제와 그리스도인의 책임

초판 발행 2005년 1월 19일 | 초판 7쇄 2010년 1월 20일
개정판 발행 2011년 3월 14일 | 개정판 11쇄 2025년 4월 25일

지은이 존 스토트
옮긴이 정옥배
펴낸이 정모세

편집 이성민 이혜영 심혜인 설요한 박예찬
디자인 한현아 서린나 | 마케팅 오인표 | 영업·제작 정성운 이은주 조수영
경영지원 이혜선 이은희 | 물류 박세율 정용탁 김대훈

펴낸곳 한국기독학생회출판부 | 등록번호 제2001-000198호(1978.6.1)
주소 04031 서울시 마포구 동교로 156-10
대표 전화 (02) 337-2257 | 팩스 (02) 337-2258
영업 전화 (02) 338-2282 | 팩스 080-915-1515
홈페이지 http://www.ivp.co.kr | 이메일 ivp@ivp.co.kr
ISBN 978-89-328-1232-8

ⓒ 한국기독학생회출판부 2005, 2011

책값은 뒤표지에 있습니다.
무단 전재와 복제를 금합니다.